医療保険改革の日仏比較

医療費抑制か、財源拡大か

尾玉剛士
Takaaki Odama

明石書店

目　次

図表一覧　11

略号一覧　13

序　章　　先進諸国の医療保険改革 —— 財政制約下の選択肢.........16

本書の目的　16

日本とフランスの位置づけ　19

本書の構成　21

第Ⅰ部　日仏における医療保険改革の分析枠組み

第1章　日仏比較の可能性と分析枠組み —— 先行研究の検討......28

1-1.　先行研究に見る日本とフランスの共通点.....................................28

a.　福祉国家の国際比較研究　28

b.　医療制度の国際比較研究　29

c.　政治制度の国際比較研究　31

1-2.　説明すべき対象 —— 医療保険改革に関する日仏の相違点............33

a.　日本の場合 —— 厳しい医療費抑制政策と財源改革の先送り　34

b.　フランスの場合 —— 医療費抑制政策の挫折と財源改革の進展　36

1-3.　社会保障改革を説明する先行研究の検討 38

a.　政治制度の違いに着目したアプローチ　38

b.　社会保障の制度設計に着目したアプローチ　41

3

c. 改革の際に選ばれる選択肢に関する研究　43

第2章　日本とフランスの医療保険制度 ……………………………………45

2-1. 日仏の医療保険制度体系の成立過程 ………………………………46
a. 日本における公的医療保険制度の登場　47
b. 日本における国民皆保険体制の確立　50
c. フランスにおける公的医療保険制度の登場　56
d. 第二次世界大戦後の状況　62

2-2. 医療保険制度の日仏比較 —— 有意味な違いを特定する …………68
a. 共通点 —— 皆保険・フリーアクセス・出来高払い方式　68
b. 相違点① —— 医療サービスの価格（診療報酬）体系の違い　69
c. 相違点② —— 診療報酬の改定方法の違い　71
d. 相違点③ —— 財源構成の違い　78

2-3. 結　論 ………………………………………………………………83

第3章　医療政治の日仏比較 ……………………………………………85

3-1. 政治制度が医療保険改革に与える影響 —— 行政府・与党の一体性とリーダーシップ …………………………………………………85
a. 行政府の一体性　88
b. 与党の一体性　99
c. 行政府と与党・議会の関係　106
d. 小　括　110

3-2. 利益団体 —— 医療費抑制のための妥協形成の成否 ………………112
a. 日本の医師組織　112
b. 日本の保険者　122
c. フランスの医師組織　124
d. フランスの保険者　129

3-3. 結　論 ………………………………………………………………132

目 次

第Ⅱ部　日本における医療費抑制

第4章　1980年代以降の日本における医療費抑制政策 ── 日本医師会はなぜ医療費抑制政策に妥協したのか？ 136

4-1. 医療費抑制の手段 137

4-2. 石油危機後の経済財政状況と自民党政権の対応 139

4-3. 第二臨調と医療保険改革 ── 国庫負担削減路線の始まり 144

  a. 鈴木内閣と「増税なき財政再建」 145

  b. 老人保健法の成立過程 ── 医療費抑制政策の始まり　150

  c. 考　察　157

4-4. 中曽根内閣の医療保険改革（1984年改正）── 医療費抑制の本格化 160

  a. 厚生省原案の公表とそれへの反応（1982～1983年）　161

  b. 自民党による介入から国会提出まで（1984年1月～4月）　165

  c. 国会審議（1984年4月～8月）　166

  d. 考　察　168

  e. 改正の影響 ── 国庫負担の縮小と自己負担の拡大　170

4-5. 結　論 171

第5章　1990年から2000年までの医療費抑制政策 ── 1997年改正を中心として 174

5-1. 1997年改正 ── 患者負担増と医療費抑制 176

5-2. 抜本改革論議と実際の政策（1997～1999年） 183

5-3. 2000年改正 ── 抜本改革の先送り 190

5-4. 結　論 193

第6章　小泉政権の医療保険改革（2001～2006年）── 医療費抑制のさらなる徹底 195

6-1. 小泉政権の特徴 ── 政府・与党の一体性向上と首相のリーダーシップ強化 196

6-2. 2002年改革 201

5

a. 2000年改正以降の動き　201

b. 小泉内閣誕生から2002年改革まで　206

c. 改正の過程と内容に関する考察 ── 強まる支出削減と財源拡大の先送り　222

6-3. 規制緩和をめぐる攻防 228

a. 医療保険制度に関する規制　229

b. 医療供給体制に関する規制　231

c. 結　論 ── 規制緩和はほとんど行われなかった　233

6-4. 医療費の伸び率管理をめぐる攻防と高齢者医療制度改革（2005 ～ 2006年） 234

a. 「骨太の方針2005」と医療費の伸び率管理　234

b. 2006年改革 ── 高齢者負担の増強と国庫負担削減　238

6-5. 結　論 254

第Ⅲ部　フランスにおける医療費抑制

第7章　医療費抑制政策の遅れ ── 第一次石油危機以降1980年代までのフランスの医療保険改革 262

7-1. 石油危機後の経済財政状況と政策対応 ── フランスの場合 ..263

a. シラク内閣（1974 ～ 1976年）の医療・社会保障政策　265

b. バール内閣（1976 ～ 1981年）の医療・社会保障政策　266

7-2. 1980年代のフランスの医療保険改革 270

a. ミッテラン社会党政権（1981 ～ 1986年）の医療保険改革　270

b. シラク内閣（1986 ～ 1988年）の福祉削減と抵抗運動　275

7-3. 結　論 279

第8章　医療費抑制政策制度化の挫折 ── 1990年代のフランスの医療保険改革 283

8-1. 1990年代前半の諸改革 285

a. 新たな医療費抑制政策の検討　285

b. 当事者自治の行き詰まりと政府主導の医療費抑制の試み（1990～1993年）　287

8-2. ジュペ改革（1995～1996年）―― 首相のリーダーシップとその限界............ 295

a. ジュペ・プランの発表と具体化（1995年11月～1996年）　295

b. ジュペ改革の政治過程 ―― 挑戦と挫折　300

c. 医療費抑制政策の挫折　305

8-3. 結　論..308

第9章　医師との対決の回避から受益者負担の強化へ ―― 2000年代のフランスの医療保険改革..310

9-1. 2004年の医療保険改革...311

a. 政権交代から改革実現までの経緯　311

b. 2004年改革の内容　315

c. ジュペ・プランからの変更点 ―― 医療費抑制政策の後退　318

d. 2004年改革に関する結論　321

9-2. サルコジ政権の医療政策..321

a. 政権公約に見るサルコジの経済戦略　322

b. サルコジ政権の経済・社会政策　323

c. 医療保険改革 ―― 受益者負担の強化　325

d. サルコジ政権の社会政策に関する結論　328

9-3. 結　論 ―― 日本との比較..329

第Ⅳ部　日本における社会保障財源改革

第10章　財源改革の遅れ（1979～1989年） ―― 消費税と社会保障の曖昧な関係..334

10-1. 一般消費税導入の挫折...335

10-2. 中曽根内閣の売上税法案の失敗...339

10-3. 竹下内閣による消費税導入 343

10-4. 結　論 ―― 消費税導入がもたらした社会保障制度への限定的影響...345

第11章 1990年から2000年までの医療保険改革と介護保険の導入 —— 財源改革の先送り 349

11-1. 1990年代前半の医療保険改革 351

a. 1991年の老人保健法改正 —— 介護に関する公費負担の引き上げ 351

b. 1992年の健保改正 —— 社会保障負担の抑制 354

c. 細川・羽田非自民連立政権下の医療保険改革（1994年） 359

11-2. 幻の公費負担大幅引き上げ（1997年改正〜2000年改正）.................362

a. 1994年から1997年改正までの動向 362

b. 1997年改正から2000年改正までの高齢者医療制度改革をめぐる議論 363

c. 2000年の健保改正 —— 財源改革の先送り 369

11-3. 介護保険 —— 不十分な財政基盤 370

a. 細川内閣での動き —— 国民福祉税構想と「21世紀福祉ビジョン」（1994年） 372

b. 自社さ連立政権での動き① —— 消費税増税と新ゴールドプラン（1994年） 376

c. 1994年の税制改革が福祉国家にもたらした影響 377

d. 自社さ連立政権での動き② —— 介護保険法の制定（1997年） 379

e. 参院選敗北後の自民党の介護政策 383

11-4. 結論 —— 負担増の先送りと財政の悪化 387

第12章 2000年代以降の展開 393

12-1. 2002年改革 393

12-2. 2006年改革 —— 国庫負担抑制政策の貫徹 394

12-3. 小泉政権以降の展開（2006〜2012年）.................397

a. 生活重視を打ち出す民主党の躍進（2007年参議院選挙） 397

b. 福田内閣・麻生内閣の「小さな政府」・新自由主義路線からの転換 398

c. 民主党政権 —— 道半ばにして終わった生活保障の強化 401

d. 社会保障と税の一体改革（2012年） 402

12-4. 結論 404

第Ⅴ部 フランスにおける社会保障財源改革

第13章 社会保険料の引き上げから一般社会拠出金 (CSG) 導入へ 408

13-1. 社会保険料の引き上げとアドホックな増税 (1970年代後半から 1980年代まで) 409

13-2. 社会保険料に代わる新たな財源の模索 (1980年代) 411

13-3. ロカール内閣によるCSG導入 (1990年) 414

13-4. 結 論 —— CSG創設はいかにして可能となったか？ 420

第14章 1990年代以降の社会保障財源改革 425

14-1. 医療保険の財源改革 —— 社会保険料からCSGへ 425

14-2. 普遍的医療保障 (CMU) 制度の導入 (2000年) —— 低所得者対策の強化 430

14-3. 1990年代の財源改革に関する小括 432

14-4. 2000年代の状況 —— CSG引き上げから民間保険へのコスト・シフティングへの戦略変更 434

　a. 2004年の医療保険改革　434

　b. 増税を否定したサルコジ政権 (2007〜2012年) —— 民間保険の役割増大　435

14-5. 結 論 436

終 章 439

1. 医療保険改革の分岐を説明する 439
2. 本書の意義 445
3. 今後の研究課題 446

巻末資料　451
参考文献　454

9

あとがき 481
索　引 485

図表一覧

表1-1　総医療費対GDP比（%）

表1-2　一人当たり総医療費（購買力平価・USドル）

表1-3　患者自己負担が総医療費に占める割合（%）

表1-4　高齢化率（65歳以上人口比率）（%）

表1-5　医療保険料率

表1-6　総税収対GDP比（%）

表3-1　20世紀第四四半期における日仏の政治制度上のコントラスト

表4-1　診療報酬改定・薬価基準改定の経緯、1981 ～ 2000年度

表4-2　老人保健法関連年表

表4-3　1984年改革関連年表

表5-1　国民医療費と経済の推移、1965 ～ 2000年度

表6-1　2002年改革関連年表

表6-2　厚生労働省「医療制度改革試案」（2001年9月）の主な内容

表6-3　診療報酬改定・薬価基準改定の経緯、2002 ～ 2016年度

表6-4　国民医療費と経済の推移、2000 ～ 2014年度

表6-5　2000年代前半における規制改革

表6-6　2006年改革関連年表

表6-7　厚生労働省「医療制度構造改革試案」（2005年10月）の概要

図6-1　療養病床数の推移（単位：万）

表6-8　2006年改革の主な内容

表7-1　全国被用者医療保険金庫（CNAMTS）の収支（100万フラン）、1970 ～ 1999年

表8-1　総医療消費の名目増加率（%）、1991 ～ 2000年

表8-2　ジュペ改革の概要

表8-3　医療保険給付費全国目標（ONDAM）と実績（%）、1997 ～ 2008年

表9-1　全国被用者医療保険金庫（CNAMTS）の収支（10億ユーロ）、2000 ～ 2013 年

表9-2　総医療消費の名目増加率（%）、2001 ～ 2010年

表11-1　1990 ～ 2000年の日本における医療・介護政策

表13-1　全国被用者医療保険金庫の保険料率の推移（%）、1967 ～ 1988年

表14-1　フランスの社会保障財源の構成割合（%）

表14-2　CSGの税率の推移（%）

巻末資料

付表1　総医療費対GDP比（%）

付表2　一人当たり総医療費（購買力平価・USドル）

付表3　患者自己負担が総医療費に占める割合（%）

付表4　公的医療費が総医療費に占める割合（%）

付表5　日仏のマクロ経済指標の推移（%）

略号一覧

AAH	Allocation adulte handicapé	成人障害者手当
ALD	Affection de longue durée	長期疾患
ANAES	Agence nationale d'accréditation et d'évaluation en Santé	国立医療認証評価庁
ARH	Agence régionale de l'hospitalisation	地域圏病院庁
ARS	Agence régionale de santé	地域圏州医療庁
CADES	Caisse d'amortissement de la dette sociale	社会保障債務償還基金
CANAM	Caisse nationale d'assurance maladie des professions indépendantes	全国自営業者医療保険金庫
CAPI	Contrat d'amélioration des pratiques individuelles	診療改善契約
CCAM	Classification Commune des Actes médicaux	医療行為共通分類
CCMSA	Caisse centrale de la mutualité sociale agricole	農業社会共済中央金庫
CERES	Centre d'études, de recherches et d'éducation socialiste	社会主義調査研究教育センター
CFDT	Confédération française démocratique du travail	フランス民主主義労働同盟
CFTC	Confédération française des travailleurs chrétiens	フランスキリスト教労働者同盟
CGC	Confédération générale des cadres	幹部職員総同盟
CGT	Confédération générale du travail	労働総同盟
CGTU	Confédération générale du travail unitaire	統一労働総同盟
CMU	Couverture maladie universelle	普遍的医療保障
CNAF	Caisse nationale des allocations familiales	全国家族手当金庫
CNAMTS	Caisse nationale de l'assurance maladie des travailleurs salariés	全国被用者医療保険金庫
CNPF	Conseil national du patronat français	フランス経営者全国評議会

CRDS	Contribution pour le remboursement de la dette sociale	社会保障債務返済拠出金
CREDES	Centre de recherche, d'étude et de documentation en économie de la santé	医療経済研究調査出版センター
CSA	Contribution solidarité autonomie	自律連帯拠出金
CSG	Contribution sociale généralisée	一般社会拠出金
CSMF	Confédération des syndicats médicaux français	フランス医師組合連合
DMP	Dossier médical personnel	個人診療情報記録
DL	Démocratie libérale	自由民主
DREES	Direction de la recherche, des études, de l'évaluation et des statistiques	研究調査評価統計局
EMS	European Monetary System	ヨーロッパ通貨制度
ENA	École nationale d'administration	国立行政学院
FEN	Fédération de l'Éducation nationale	国民教育連盟
FMF	Fédération des médecins de France	フランス医師連盟
FN	Front national	国民戦線
FNMF	Fédération nationale de la mutualité française	フランス共済組合全国連盟
FO	Force ouvrière	労働者の力
FSV	Fonds de solidarité vieillesse	老齢連帯基金
HAS	Haute autorité de santé	高等医療庁
IMF	International Monetary Fund	国際通貨基金
INSEE	Institut national de la statistique et des études économiques	国立統計経済研究所
MG France	Fédération française des médecins généralistes	フランス一般医連盟（MGフランス）
MIRE	Mission recherche du ministère des Affaires sociales	社会問題省研究ミッション
NHS	National Health Service	ナショナル・ヘルス・サービス
OECD	Organisation for Economic Co-operation and Development	経済協力開発機構
ONDAM	Objectif national de dépenses d'assurance maladie	医療保険給付費全国目標
RMI	Revenu minimum d'insertion	参入最低所得
RMO	Références médicales opposables	拘束力のある医療指標
RPR	Rassemblement pour la République	共和国連合

RSA	Revenu de solidarité active	積極的連帯所得
SML	Syndicat des médecins libéraux	自由医組合
SOFRES	Société française d'enquêtes par sondages	フランス世論調査会社
UCCSF	Union collégiale des chirurgiens et spécialistes français	フランス外科医・専門医合議連合
UDC	Union du centre	中道連合
UDF	Union pour la démocratie française	フランス民主連合
UDR	Union des démocrates pour la République	共和国民主連合
UMP	Union pour un mouvement populaire	国民運動連合
UN	United Nations	国際連合
UNCAM	Union nationale des caisses d'assurance maladie	全国医療保険金庫連合
UNOCAM	Union nationale des organismes d'assurances maladie complémentaire	全国補足医療保険者連合
URCAM	Union régionale des caisses d'assurance maladie	地域圏医療保険金庫連合
URML	Union régionale des médecins libéraux	地域圏自由医連合

序　章　先進諸国の医療保険改革 ── 財政制約下の選択肢

本書の目的

　経済の低成長や人口の高齢化などによって公的医療保険制度における収入と支出のギャップが拡大するようになると、先進諸国では一方での医療費の抑制と他方での必要な財源の確保が課題になった。人口のほぼ全てを公的医療保険によってカバーしてきた先進諸国のうちで、日本では医療費抑制がとくに重視され、財源の拡大は後回しにされてきた。一方、フランスでは医療費抑制に向けた努力もなされてきたものの、保険料の引き上げや増税といった財源の拡大による対応が顕著であった。本書の目的は、このような1970年代後半以降の日本とフランスにおける公的医療保険改革の展開の異同を、両国の政治制度・医療保険制度の異同に着目して説明することである。

　第二次世界大戦後に先進諸国の政府は全国民に対して医療機関へのアクセスを保障するために公的な医療保障制度を拡充していった。日本では1961年に国民皆保険が達成され、西欧諸国でもこれに前後して公的医療保険などの医療保障制度が一般化している[1]。医療機関の整備が進むとともに、公的医療保障制度が普及したことで、医療機関へのアクセスは飛躍的に改善された。

　しかし、1970年代に入り経済成長にブレーキがかかると、医療政策の拡張路線は見直しを迫られた。住民の所得水準が向上し、また医療保障制度が普及

---

[1]　アメリカでは、高齢者・障害者のための公的医療保険（メディケア）と低所得者向けの医療扶助（メディケイド）などが存在するものの、全国民を対象とした公的な医療保障制度は創設されなかった。現役世代の多くは職場を通じて民間の医療保険に加入してきた。

序　章　先進諸国の医療保険改革 —— 財政制約下の選択肢

したことによって、医療サービスへの需要は旺盛となったにもかかわらず、公的な医療保障制度を支えるはずの税収や保険料収入の方は伸び悩むようになったためである。医療保険の財政、ひいては国の財政が悪化するなかで、政策担当者は膨張を続ける医療費を問題視した。こうして、医療政策の目標は医療供給体制・医療保障制度の拡充から合理化へと変化していった（Palier 2011: chap 3 = 2010：第3章）。いわゆる医療費の抑制こそが医療政策の重要課題となった。[2] 各国政府は医療機関への報酬の抑制や支払い方式の改革（診療側に対する施策）、患者自己負担の引き上げ（患者側への施策）などの医療費抑制政策をとった。[3][4]

　ただし、医療保障制度の支出と収入のギャップを埋める方法は支出の抑制のみではなく、収入を増やすという方法もある。先進諸国にとってのもう一つの課題は、高齢化や医療技術の進歩などに伴い増大が予想される医療費を賄うために必要な財源をいかにして確保していくかということであった。短期的には、様々な医療費抑制政策の実施や経済成長によって、医療保険の保険料率が引き下げられることもあった。しかし、所得水準の向上・人口の高齢化・医療技術の進歩などにより増大する医療費に対して効率化のみで対応するのは困難であり、なんらかの形で医療保障の財源を拡大することは重要な政策課題であった。

　また、第三の選択肢として公債の発行に頼ることもできる。支出の抑制と収入の拡大のいずれかあるいは両方に失敗した場合、医療保障制度は政府の財政赤字に依存することになる。医療費の抑制には医師や医療機関の収入の減少、医療機関の統廃合、患者負担の増大などが含まれるため、しばしば政治的に困難な課題である。他方、増税や医療保険の保険料率の引き上げが経営者団体・労働組合・納税者らの反発を招くこともめずらしいことではない。それゆえ、

2　筆者が参照したPalier（2011）は第5版だが、日本語訳書（2010）は第4版に依拠している。
3　医療費抑制といっても、患者自己負担も含めた「総医療費の抑制」と、患者負担を除いた医療保険などの給付費、すなわち「公的医療費の抑制」の二つがあることに注意が必要である。総医療費と公的医療費の乖離が大きくなると、患者負担の拡大によって医療機関へのアクセスが阻害されかねないため、アクセスの公平性を重視する観点からは公的医療費のみを抑制すればよいということにはならず、総医療費の抑制が課題となる。
4　医療費抑制のための措置には様々なものが考えられ、なかには患者自己負担の引き上げのように短期的にしか効果が得られないものもある。本書では、総医療費を効果的に抑制する仕組みを制度化できたか否かに着目する。

政府は医療費抑制や財源の拡大に政治的に失敗し（あるいは急激な経済状況の悪化が原因で）、公債に依存することがある。もっとも、政府債務の蓄積はやがては増税や厳しい医療費抑制につながっていくだろう。

このように、財政制約に直面した政府が採用できる医療保障制度改革の選択肢には大きく分けて医療費抑制・財源の拡大・公債への依存という三つがあり、それらのうちでどれを優先するかについて、多様なパターンが存在しうるのである[5]。それでは、ある国ではどの選択肢が優先され、またなぜそうなったのであろうか。これが本書の出発点となる問いである。

1980年代以降の日本では、公的医療保険の財政を維持するために、医療費の抑制こそが最優先され、財源ベースの拡大は後回しにされてきた。公的医療保険制度は保険料収入に加えて多額の公費負担が投入されることで運営されてきたが、国も地方も赤字財政が続くなかで、究極的には公債発行に依存してきた。他方、同時期のフランスでは、増大する医療費を保険料負担の引き上げや増税によって賄おうとする対応が目立った。両国の対比を強調するならば、「小さな政府」志向の対応と「大きな政府」志向の対応が見られるといえよう。

こうした政策選択は医療保険のみに関わるものではない。過去数十年間にわたり、先進福祉国家は限られた財源ベースのもとで費用の切り詰めを行うのか、それとも財源の拡充に努めるのかという選択を様々な政策分野について突き付けられてきた。福祉国家の縮小か、維持・拡大かという岐路に立たされたとき、なぜ国によって対応が違ったのだろうか。こうした問いに包括的な答えを与えることは容易ではないが、本書は日本とフランスの医療保険改革の展開を詳しく比較分析し、理解を深めることを通じて、上記の問いに関する一定の考察の材料を提供することを目指している。

---

[5] 第1章で再度検討するが、マノウは財政制約に直面した福祉国家が支出抑制・財源拡大・公債発行の三つの選択肢のうちでどれをどのような順番で採用してきたかの説明を試みている（Manow 2010）。もちろん、単に医療制度の財政を再建すればよいというわけではなく、医療の質を維持・向上させ、アクセスの平等を確保しながら、なるべく費用をコントロールすることが政策担当者や住民にとっての課題であろう。本書でも、日仏両国が平等や質の向上と財政問題の解決とをどのように両立させようとしてきたか（あるいはそれに失敗してきたか）にも注意を払う。

日本とフランスの位置づけ

　日本とフランスを比較対象とする理由を明確にするために、医療制度改革の国際比較における両国の位置づけについて整理したい。

　主要先進国中で1980 ～ 90年代に最も医療費を抑制することに成功したのはイギリスである（巻末資料・付表1）。第二次世界大戦後、イギリスでは1948年に労働党政権によってナショナル・ヘルス・サービス（以下、NHSと略記）が創設され、国営・無償を原則とする医療が実現した（武内, 竹之下2009; 堀2016）。とはいえ、公的医療費が他の国に比べて膨張したわけではない。NHSの予算の大半は一般税財源によって賄われており、政府・議会が予め医療費の規模を決定することができたのである。2000年代に医療費の拡大へと舵が切られてからも、イギリスの医療費の規模（総医療費対GDP比）は先進諸国のなかで最も低い水準に位置している。

　イギリスの対極に位置するのがアメリカである。アメリカでは、総医療費対GDP比が先進諸国の中でも飛び抜けて高い水準に達しており、しかも公的医療保障制度を高齢者や貧困層などに限定しているという点でもイギリスとは正反対である。民間医療保険・民間医療機関を主役とするアメリカの医療制度において、国家は全国的に医療費を抑制する権限と手段を持たず、医療費抑制に失敗してきた（Giaimo 2001）。また、1990年代以降は無保険者の増加が社会問題化するようになり、バラク・オバマ政権は全ての人々が（民間）保険に加入できるように法整備を進めた（天野2013; 山岸2014）。

　このように、イギリスとアメリカは医療制度の設計においても、医療費の規模においても先進諸国の両極端を代表しているといえるが、その中間に位置するのがドイツ・フランス・日本などの社会保険としての公的医療保険制度を有する国々である。これらの国々では、加入者の職業ステータスごとに異なるいくつかの医療保険制度が併存することによって、全ての国民がなんらかの医療保険に加入できるようになっている（保険者は政府機関であるとは限らない）。こうすることで国営型とは異なる形で医療費の大部分が社会化されている。また、NHSにおける医療機関が一定の予算の枠内で運営されてきたのに対して、[6]

6　イギリスにおける医療機関への報酬支払い方式の変遷については、堀（2016）参照。

社会保険型の国々では医師・医療機関にはしばしば出来高払い方式で報酬が支払われており、医療費抑制が課題になりやすい。実際、ドイツやフランスの総医療費対GDP比はアメリカに次いで高い水準となっている。ここで注目されるのは、社会保険型内部での差異、とくに日本の医療費が非常に低い水準に抑えられてきたということである。[7]

　1980年代まで日本の総医療費対GDP比が低水準に抑制されてきた背景として、経済の高成長と、高齢化が本格化していなかったことが挙げられよう。しかし、1990年代以降長期にわたる低成長と高齢化の進展に直面しながらも医療費が低水準に抑えられてきたことは特筆に値する。2000年代に入り、日本の1人当たり医療費はイギリスのそれさえ下回るようになった。2000年代の後半には医療崩壊が叫ばれるようになり（小松2006; 村上2009など）、医療費抑制政策の見直しや、医療・介護にとって将来的に必要な人材と財源の確保の必要性などが議論されるようになったが、税収や社会保険料収入は伸び悩み、結果的に国債発行に依存する形で医療保険制度が維持されている。[8]

　他方、ドイツ・フランス・オランダなど西欧の社会保険型の国々では、総医療費対GDP比が日本よりも高水準であった。社会保険型の国々のなかで、なぜこうした違いが生じたのだろうか。第1章で説明するように、本書では医療制度や政治制度の共通点が多いという理由から西欧の社会保険型の国々のなかでもフランスに注目し、日仏の医療保険改革の展開の異同を理解することを目指す。日本政府が長期にわたり医療費抑制政策をとってきたのに対し、フランス政府は医療費抑制政策の制度化にたびたび失敗してきた。フランスの政策担当者や研究者自身、他国に比べてフランスでは医療費抑制に失敗しているという論調をとることが多い。[9]ただし、その反面で社会保障財源の確保に関する

---

[7] OECDの資料では、健康水準や高齢化率の高さに対して医療費が抑えられていることが日本の医療制度の長所として指摘されている（Jeong and Hurst 2001）。

[8] 1990年代後半以降、社会保険料収入の伸びが停滞したのに対して社会保障給付費は増加を続けた。2014年度の社会保険料収入は約65兆円であり、社会保障財源約137兆円の48%しか賄えていない（国立社会保障・人口問題研究所2016）。このため国庫負担が約32兆円投入されているが、同年度の一般会計当初予算の公債依存度は43%であり、国の財政赤字に依存しなければ社会保障制度は維持できない状態が続いている。

[9] 例えば、Commissariat général du Plan（1993）を見よ。この他に、政治学者によるHassenteufel et Palier（2005）では、隣国ドイツに比べてフランスでは医療費抑制に関する合意形成が失敗してきたことが強調されている。

議論は進み、1990年代には一般社会拠出金（CSG: contribution sociale généralisée）の導入によって象徴される財源改革に成功した。日本では、高齢化社会への対応を名目としつつ1989年に消費税が導入されるが、実際には福祉目的化はされず、社会保障の財源改革に関して遅れをとってきたといわざるを得ない。

　こうした社会保険型の国々の内部での様々な差異をどのように理解すればよいのであろうか。本書では、第一次石油危機以降の日仏において公的医療保険改革が異なる展開を見せた原因を、両国の政治制度・医療保険制度の異同に求めていく。

　日仏比較を行っていく上でのリサーチ・クエスチョンは以下のように要約される。なぜ日本では医療費抑制に成功し、反対に財源改革には成功しなかったのか、そしてなぜフランスでは財源改革に成功し、医療費抑制には成功しなかったのであろうか。この問いに答えるためには両国の医療制度の特徴を研究するのみならず、医療をとりまく政治のあり方をも検討していく必要がある。医療費抑制に伴う損失を誰に負担させるか、また医療費の財源を誰に負担させるかは政治的な駆け引きの対象だからである。

本書の構成

　序章の締めくくりとして、本書の構成と概要を示すことにしたい。「第I部　日仏における医療保険改革の分析枠組み」（第1章から第3章）では、両国の医療保険改革の分析の前提となる事柄について検討している。

　第1章では、まず日本とフランスが比較可能であることを示す。福祉国家や医療制度の国際比較研究、政治制度の国際比較研究においては日仏の共通性が指摘されてきた。続いて、本書が分析対象とする第一次石油危機から2000年代までの日仏における医療保険改革の展開の概要を示す。最後に、日仏の医療保険改革が異なる展開を辿った理由を解明していくために、医療や社会保障の改革に関する先行研究を検討し、本書の立場を明らかにする。

---

[10]　1999年から消費税の税収の一定割合を高齢者の社会保障費に充当することになったが、初年度から必要経費を賄えず実質的な変化はなかった（第11章11-3. c.）。
[11]　なお、フランスでは公的医療保険を補完する上で民間の医療保険が住民にとっても政策担当者にとっても無視できない役割を担っているため、本文でも適宜言及していく。

21

本書は日本とフランスにおける医療保険改革の展開を比較によってよりよく理解することを目的としている。第2章・第3章では、同じグループに属している、あるいは基本的な特徴を共有しているとされる日本とフランスの医療保険制度・政治制度を詳しく比較することで、医療保険改革の展開の分岐を生み出すと考えられる重要な制度的差異を特定することを目指す。これによって日仏の医療保険制度・政治制度の特徴が鮮明に浮かび上がり、より深く理解できるようになるだろう。また、医療保険の財政対策として、支出削減・財源拡大・公債依存の三つの手段のうち、どれが選択されやすいのかが明らかにされよう。

　第2章では、まず日仏の医療保険制度形成史を検討し、続いて1960～70年代に完成した医療保険制度体系を比較分析することで、1970年代以降の両国の医療保険改革の展開の分岐を生み出したと考えられる制度的な異同を探求している。とりわけ、日本で医療費抑制が行われやすかった制度的原因とフランスでは行われにくかった制度的原因を明らかにしていく。

　第3章では、医療保険制度改革の当事者である政府・与党、そして医師の団体や保険制度運営者（労使など）のあり方を比較していく。まず、20世紀第四四半期における日本の政府・与党それぞれの一体性の低さと両者の分離、同じくフランスにおける政府・与党それぞれの一体性の高さと政府の議会（与党）に対する優位について整理し、こうした政治制度上の特徴が医療保険や社会保障財源の改革に与えると考えられる影響について考察する。次に、両国の医師の団体や保険者の置かれた状況を、医療費抑制のための妥協形成が可能であったか否かという観点から分析している。

　第Ⅱ部以降では、医療保険制度・政治制度に関する差異が、実際の医療保険改革の過程においてどのように作用しているのかを事例研究によって明らかにしていく。すなわち、第2章・第3章で得られた知見をもとに、日本では医療費抑制が成功し、財源改革が成功しなかった経緯と、フランスでは財源改革が成功し、医療費抑制が成功しなかった経緯を、事例分析に即して解明していく。

　「第Ⅱ部　日本における医療費抑制」（第4章から第6章）では、日本における医療費抑制政策がなぜ成功してきたのかを解明する。日本では、1980年代に財源の拡大ではなく医療費抑制政策（診療報酬抑制・患者自己負担増・医師数と

病床数の抑制）による医療保険の財政均衡が自民党政権によって明確に選択された（「増税なき財政再建」）。国庫負担に大きく依存した日本の医療保険制度体系は国家財政の悪化に伴い厳しい歳出削減圧力にさらされるようになった（第4章）。

1990年代には、患者負担増と診療報酬抑制によって、ともかく次年度の予算編成を切り抜けるという対応が行われ（1997年改革）、さらに2000年代には、診療報酬本体のマイナス改定や患者負担増が繰り返され、医療費抑制政策は厳しさを増した（それぞれ第5章・第6章）。このため、確かに医療費は抑制されたのだが、医療供給の不足やアクセスの困難が問題視されるようになった。第Ⅱ部のポイントは、このような厳しい医療費抑制に対して日本医師会はどうして妥協してきたのかを明らかにすることである。

「第Ⅲ部　フランスにおける医療費抑制」（第7章から第9章）では、医療費抑制政策失敗の経緯を扱っている。第一次石油危機から1980年代までに、フランスでは診療側に対する医療費抑制策として公立病院に予算制が導入されたが、開業医の診療所には公定料金に対する超過料金請求権が（改めて）認められ、総医療費の増加要因となった（第7章）。

診療報酬は労使が中心となって管理する医療保険金庫と医師の組合が交渉を通じて決めてきたが、これらのアクターは医療費の伸びの抑制や医療供給体制の改革について合意することができなかった。そこで、1990年代には政府主導で医療保険給付費の総枠予算制を含む抜本的な医療費抑制が着手されたが、これも定着には至らなかった（ジュペ改革の挫折）。政府は分裂・競合する労働組合や医師組合の一部を味方につけることに成功したが、競合組織間の調整を行う仕組みがなかったのである（第8章）。

2002年から2012年まで続いた保守政権は診療側の効率化にはあまり踏み込まず、総医療費の規模は大きなものにとどまった。一方、患者負担の微増が繰り返され、民間保険の役割が増大していった（第9章）。日本とは異なり、政府が医師との医療費抑制の妥協形成に失敗してきた理由の解明が第Ⅲ部の分析の焦点となろう。

「第Ⅳ部　日本における社会保障財源改革」（第10章から第12章）では、改革先送りの経緯を検討する。1970年代後半には、医療保険財政の悪化、国家財政の悪化への対策として厚生省・大蔵省はそれぞれ医療保険の給付引き下げや

増税を画策するが、いずれも自民党の抵抗によって挫折した。大平・中曽根内閣の失敗の後、1989年に竹下内閣によってようやく消費税が実施されるが、その税収は社会保障財源には十分に結び付けられなかった。1990年代以降の高齢化と低成長に備えられるような社会保障の財源基盤は整備されなかったのである（第10章）。

　1990年代後半になると、高齢者医療費の増加を支えるための公費負担の増強が与党内でも議論されるようになるが、実際には財源改革は進まなかった（第11章）。この時期には介護保険制度の創設という重要な決定も行われたが、自民党は介護保険料の徴収にも躊躇していた。日本の介護保険制度は独自の財源基盤の不十分さ、絶えずかかる費用抑制圧力という特徴を医療保険と共有しており、第11章ではその創設過程も検討している。1990年代の日本では、景気低迷や高齢化によって社会保障制度の重要性が急速に高まっていったが、同じ要因によって社会保険料収入は停滞することになった。こうした状況で必要となる社会保障の財源調達方式の改革は進まず、それどころか、相次ぐ景気対策と減税によって税収は減り、財政赤字は拡大していった。

　1990年代以来、日本で社会保障財源の候補とされていたのは消費税であったが、その引き上げは小泉首相（2001～2006年）の任期中はタブーとなり、社会保障財源確保のための税制改革は進まず、支出抑制が徹底されることになった。その後も複数の内閣において消費税引き上げが目指されたが実現には至らず、増税が決められたのは小泉内閣退陣から6年が経った2012年のことであった。2014年の増税実施後には、一般会計税収が回復したものの、なお社会保障財源の確保には課題が残った（第12章）。以上のように、第Ⅳ部ではいかにして日本で社会保障の公的財源の拡大、財源調達方式の改革が先延ばしにされてきたのかが検討される。財源改革の失敗は結果的に、医療費抑制による財政対策を後押しすることにつながった。

　「第Ⅴ部　フランスにおける社会保障財源改革」（第13章・第14章）では、第Ⅳ部とは反対に改革の進展について検討している。フランスの場合、1980年代には社会保険料による財源調達の限界に関する認識が広まり、財源改革の準備が進められ、1990年には社会保険料よりも賦課対象が広い定率所得税であるCSGが導入された（第13章）。ここではフランスにおける社会保障財源改革の進展を、税制改革をめぐる政治過程の集権的性格に注目して分析していく。

1980年代を通じてフランスでは医療費が増加し、構造的な対応策は限られたが、1990年には社会保障財源拡大の鍵となる社会保障目的税（CSG）の導入に成功したのである。

日本とは反対に、フランスでは1990年代に総税収対GDP比が増加した。医療費抑制政策が停滞する一方、1990年代にはCSGを繰り返し引き上げることによって社会保障改革が進められた（第14章）。1990年代末には、医療保険の無保険者対策が強化され、また低所得者に対する医療扶助の仕組みも刷新されている。第Ⅴ部の主題は行政府主導によるフランスの社会保障財源改革である。ただし、2000年代後半から、財源拡大による財政対策という従来の政府の方針とは異なる動きが顕著に見られるようになったことも指摘している。

最後に、終章では本章で提示した問いへの答え、本書の学術的意義および今後の研究課題について整理している。医療費の抑制や社会保障財源の拡大はどのような制度的・政治的条件下において成功し、あるいは失敗するのだろうか。また、そもそもなぜある時代・ある国の政府は医療費抑制を優先したり、財源拡大を優先したりするのであろうか。医療保険改革の展開を十分に理解するためには、政治学的な分析が不可欠であり、ある政策選択肢が選ばれやすい理由を解明するためには、その国の医療保険政策の制度設計に加えて、政府・政党などの政治制度や利益団体の配置をも含めた政治的構図を分析する必要があることを本書では示していく。

第Ⅰ部　日仏における医療保険改革の分析枠組み

第1章　日仏比較の可能性と分析枠組み ── 先行研究の検討

　本章の目的は日本とフランスの医療保険改革が比較可能であることを示すことである。まず、福祉国家・医療制度・政治制度に関する国際比較研究を参照し、比較の前提となる日仏の共通性を確認する。次いで、説明すべき対象である第一次石油危機以降の日仏の医療保険改革の展開の概要をまとめる。最後に、福祉国家の改革を説明する先行研究を検討し、本書の分析視覚を明らかにしていく。

1-1. 先行研究に見る日本とフランスの共通点

　なぜ日本とフランスの医療保険改革を比較の対象とするのだろうか。日仏における医療保険制度やその改革を本格的に比較した研究はほとんど存在しないため、日本とフランスが比較可能であり、また比較する意義があるということ[12]から論証する必要があろう。以下では、日仏はどのような点で比較の前提となる共通性を有しているのか説明していく。

a. 福祉国家の国際比較研究

　まず、福祉国家の国際比較研究・福祉国家類型論において日本とフランスがどのように位置づけられてきたのか確認しよう。

　この分野の代表的な研究であるエスピン゠アンデルセンの『福祉資本主義の

---

[12]　法学者による日独仏三カ国の比較研究として、笠木（2008）がある。また、独仏英日を比較したより最近の研究として、松本編（2015）がある。

三つの世界』（1990）は様々な福祉国家を、①万人を対象とした普遍主義的な社会政策によって労働力の「脱商品化（de-commodification）」を最も推し進め、階層格差を縮小している社会民主主義レジーム（典型的には北欧諸国）、②社会保険による雇用者の賃金代替を中核とするため、階層再生産的な傾向を持つ保守主義レジーム（典型的にはドイツ、フランス、イタリアなど大陸ヨーロッパ諸国であり、脱商品化度は中位）、③民間保険が発達する一方、社会政策の対象が貧困層に限定されがちなため、脱商品化度が低く、最も階層格差が大きい自由主義レジーム（典型的にはアメリカ、イギリスなどアングロサクソン諸国）という三つに分類した（Esping-Andersen 1990=2001）。

フランスは上記の通り保守主義レジームに位置づけられており、1980年の時点における年金・失業保険・疾病給付（日本でいう傷病手当金）の給付水準（脱商品化度）に基づくグループ分けでは、日本も同じグループに含まれている（Esping-Andersen 1990: 52 Table 2.2=2001: 57表2-2）。後にエスピン＝アンデルセンは日本の位置づけに関する論文のなかで、社会保険制度が発達しているものの、民間福祉（企業単位の年金や医療保険など）が大きな役割を果たしていることから、日本を保守主義と自由主義の混合型としている（Esping-Andersen 1997）[13]。また、『ポスト工業経済の社会的基礎』（1999）では、福祉レジームの分類基準として「家族主義（familialism）」ないし個人（とくに女性）の「脱家族化（de-familialization）」を加えており、フランスは保守主義諸国のなかでは家族主義の程度が弱いとされる（Esping-Andersen 1999=2000）。

このように日仏ともに保守主義の類型から逸脱する側面が指摘されるようになったわけだが、社会保障制度の設計やその階層化に対する効果に着目する限りにおいて、日本とフランスの社会保障制度が職業別の社会保険を中核としており、制度間に格差が存在するという大きな共通性を有してきたことは否定できない。そこで次に両国の医療保険制度の共通点について検討する。

b. 医療制度の国際比較研究

医療制度の国際比較研究においても日仏は同じグループに分類されてきた。

---

[13] または、Esping-Andersen（1990=2001）の「日本語版への序文」を見よ。この他に日本の位置づけを分析した論文として、宮本, ペング, 埋橋（2003）、新川（2009）参照。

これらの研究では先進諸国は三つのグループに大別される（OECD 1987=1991; Blank and Burau 2014）。第一に、イギリスやスウェーデンなどの国営（公営）医療型の国々では、税を主財源として医療サービスが全ての人々に提供され、医療機関は公立であるか、あるいは行政の強いコントロールを受ける。このグループでは、財源についても医療サービスの供給についても国家の役割が大きい。

　第二に、ドイツ・フランス・日本などの社会保険型のグループでは、民間部門被用者・公務員・農民などの職業別に公的医療保険制度が複数併存することで、全体として国民皆保険かそれに近い状態を実現している。社会保険としての公的医療保険制度においては本来労使の代表と医師の代表が交渉を通じて自治的に医療保険を運営することが期待されており、国家の役割は全体的な法的枠組みの設計に限定される。また、公的医療保険制度においては労使が拠出する社会保険料を主たる財源として、治療費や休業時の賃金を代替する手当金が支払われる。ただし、実際には多かれ少なかれ国による補助金も投入されており、近年社会保険料収入の確保が困難になるにつれそうした傾向が強まっている。管理運営面についても類似した傾向が見られ、理念型としては社会保険としての公的医療保険制度の運営は労使が自治的に行うものだが、ドイツでもフランスでも1990年代以降の諸改革によって国家によるコントロールが強化されている[14]。また、日本の中小企業被用者が加入していた政府管掌健康保険（現・協会けんぽ）や市町村の国民健康保険のように、そもそも政府が保険者の場合もある（前者では旧社会保険庁、後者では市町村）。医療サービスの供給においては開業医の診療所や私立病院などの民間の医療機関の役割が無視できず、報酬支払い方式としてはしばしば出来高払い方式が採用されてきた。国営型に比べれば、国家の役割は財源面とサービス供給の両面において部分的・間接的なものとなる。

　第三に、最も国家の権限・役割が小さいのがアメリカに代表される市場重視型の国々である。アメリカでは、職場や個人ベースで民間の医療保険を購入することが一般的であり、公的な医療保障制度の対象は高齢者・障害者・貧困層・軍人などの特定のカテゴリーの人々に限定される[15]。民間の医療保険への

---

[14]　ドイツについては、Balnk and Burau（2014: 191-2）、フランスについては、Palier（2005: 387-99）参照。

[15]　かつてはオーストラリアでも現役層は民間保険に加入していたが、1984年に労働党政権

政府介入の強化は企業活動への不当な介入として保険会社や経営者らによる反発を招いてきた（Giaimo 2001）。サービス供給においても民間の医療機関の経営の自由（例えば、価格の自由）が重視される。[16]

　ここで日仏の医療制度に見られる基本的な共通点を整理しよう。日本とフランスはともに国営医療制度を導入するのではなく、社会保険としての公的医療保険を職域別に複数組織することで万人のための医療保障を実現しようとしてきた。日本では1960年代初頭に、フランスでは1970年代に原則的には全ての人々が公的な医療保険制度に加入可能となっている。また、医師や医療機関への報酬支払い方式は予算制ではなく、出来高払い方式が中心であった。さらに、基本的に患者は好きな医療機関にかかることができるというフリーアクセス制が原則とされてきた。患者が自由に医療機関を受診することができ、医師が出来高払い方式の下で好きなだけ治療を行うことができれば、医療費は高騰するだろう。この点をどう改革していくかが1980年代以降の医療費抑制政策の大きな課題となった。こうした共通性から、日本の専門家のなかにもフランスの医療制度（改革）から示唆を得ようとする向きもある（真野2011, 2013; 松田2013）。両国における医療保険制度の発展の歴史的な経緯や制度設計上の有意味な相違点の詳しい検討は第2章で行うとして（改革の展開の異同を理解する上では、両国の医療保険制度やその発展史における有意味な差異を特定することが重要となる）、次に両国における医療保険改革の推進主体である国家のあり方について、どのような共通点があるのか見ていきたい。

C. 政治制度の国際比較研究

　政治制度の国際比較研究においても日仏の共通性を指摘する研究は多い。確かに、直接選挙によって選ばれ実質的な権力を有する大統領が存在するか否かという一見して明らかな憲法上の違いがある。しかし、現在の第五共和制フランスの政治制度は半大統領制（régime semi-présidentiel）とも呼ばれ、直接選挙によって選ばれた大統領が大きな権限を有する一方で、首相が率いる内閣は下院

によってメディケアという税財源の公的医療保障制度が実施された（西田2013）。

[16] ただし、マネージドケアの登場、さらにはオバマ改革によって、自由診療・出来高払いから俸給制や人頭払いへの移行が進んだ（天野2013; 山岸2014）。

の多数派の支持に依存する仕組みとなっている（Duverger dir. 1986; 建林, 曽我, 待鳥 2008: 106-8; 藤嶋 2015）。こうした内閣が議会の信任の下に存立するという議院内閣制的な側面に着目し、日仏の政治の実態の類似性を指摘する研究もある。例えば、国会学者の大山礼子は、内閣と与党が混然一体となっているイギリスと比較して、内閣が議会の外部に存在し、下院の支持によって内閣が存在しているという点で日仏が同様であることを強調し、日本の国会を考える上ではイギリスよりもフランスに代表される大陸ヨーロッパ諸国との比較の方が容易であると指摘している（大山 2003: 26-7）[17]。

　もともとフランスの大統領は第三共和制（1870 〜 1940 年）以来象徴的な存在であり、政治制度の実態は議院内閣制であった。現在の第五共和制の政治制度は上記のように議院内閣制的な政治制度を存続させつつ、大統領権限を強化したものとみなすことができる（大山 2011: 113）。なお、大統領の出身政党と下院の与党が異なるコアビタシオン（cohabitation）[18]の下では、大統領は内政に関する実権を失い、政治体制のあり方はとりわけ議院内閣制に接近する。

　他方、行政官僚制の国際比較研究においても日本とフランスはどちらも強力な官僚機構を有する国とされてきた。両国では、歴史的に議会政治が本格化するのに先立って中央集権的な官僚制が整備されている（大嶽, 野中 1999: 127-8）。

　シルバーマンによる比較官僚制史研究によれば、歴史的にアメリカとイギリスで「専門指向型（professional orientation）」の官僚制が発展してきた一方で、日本とフランスでは「組織指向型（organizational orientation）」の官僚制が発展したという（Silberman 1993=1999）。専門志向型の官僚制では、既に専門的な能力を有する個人が登用されるため、組織内でのキャリア構造はパターン化されておらず、組織と個人の結びつきは緩やかである。行政と企業の間の垣根も低く、個人にとって官僚組織への所属は職業キャリアの一時期をなすに過ぎない。これに対して組織指向型の官僚制では、早い段階からの組織への忠誠が重視され、組織内での人事パターンが高度に体系化されているため、官僚組織と個人の一体性は高い。人事は閉鎖的であり企業からの中途採用は稀である。日

---

[17]　Huber（1996）もフランス政治の議院内閣制的性格を強調している。
[18]　保革共存とも訳される。大統領の任期が 7 年、下院の任期が 5 年であることから生じていたが、2000 年の憲法改正によって大統領任期が下院の任期と同じ 5 年に短縮され、それ以来コアビタシオン政権は誕生していない。

本の場合のように、大学卒業後に中央省庁に入省した若者が退官するまでその省庁内で昇進を続けていくのは分かりやすい例だろう。組織志向型の官僚制はフランス革命や明治維新のように大規模な政治体制の変動が生じて政治リーダーの権力の継承における不確実性が高まった場合に（政治的な不安定性が高まった場合に）、脱政治化した形で官僚制の合理化が進んだことによって生じたという。

　より最近の時代を扱った研究においても、第二次大戦後の日仏では自律的な官僚制[19]が社会の様々な領域に介入し、経済発展を指導してきたとされる（Zysman 1983など）。医療保険改革の領域に限ってみても、日本では1980年代に厚生省のキャリア官僚が改革の推進者であったことが多くの論者によって指摘されており（加藤淳子1991; 新川2005; Campbell 1992=1995）、フランスについても同様の研究が存在している[20]。

　以上のように、日仏に関しては医療制度についても、1980年代以降それらの改革に取り組むことになるアクターが組み込まれている政治・行政の仕組みについても、基本的な特徴を共有しているとされてきた。ところが、福祉国家の財政制約への本格的な対応が始まった1980年代以降、日仏の医療保険改革は異なる展開を見せるようになる。

1-2. 説明すべき対象 —— 医療保険改革に関する日仏の相違点

　本節ではまず、日仏両国の医療に関連するいくつかの重要な指標を比較検討し、続けて日仏における医療保険改革の展開の概要をまとめる。

　第一に、総医療費対GDP比、一人当たり総医療費ともに日本の方が低水準で推移しており、2000年には1980年の時点と比べ両国の差が広がっている（表1-1, 表1-2）。第二に、高齢化率は1980年代の段階では日本の方が低かったが、フランスでは上昇の速度が緩慢であり、日本では急上昇したため、2000年には両国の高齢化率は逆転している（表1-4）。それにもかかわらず日本の方が医

---

[19]　梶田（1985: 250）は日本の官僚制と似てフランスの官僚制は自律的性格が強いとしている。
[20]　アッサントゥーフルらは医療保険改革に強い影響力を有する一群の高級官僚を「福祉エリート（élite du Welfare）」と名付け、そのキャリア・パターン、政策アイディア、政策決定への影響を分析している（Hassenteufel dir., 1999, 2008; Genieys 2005）。

療費の水準が抑えられているのは注目に値する。第三に、患者自己負担が総医療費に占める割合はフランスの方が大分低くなっており、1割を下回っている（表1-3）。これはフランスでは公的医療保険に加えて民間医療保険が普及していることにより、最終的な自己負担が抑えられているためである[21]。第四に、フランスの方が公的医療保険制度を運営するための社会保障負担がかなり重たくなっている（ここにさらに民間医療保険の保険料が加わる）（表1-5）。第五に、社会保険料を含む総税収の規模もフランスの方が非常に大きい（表1-6）。以上を要約すると、フランスに比べて日本では医療費の水準は低く、社会保険料負担や総税収の規模も小さなものとなっている。

　続いて1980年代以来の両国の医療保険政策の流れをまとめてみたい。序章で述べたように、財政制約下における医療保険改革の選択肢は医療費抑制・財源拡大・公債発行の三つである。1970年代以降どの国も医療費抑制に取り組んできたが、その達成度は異なる。財源の拡大についても同様である。つまり、三つの選択肢のうちどれを優先してきたか、またどの程度達成してきたかは国によって異なるのである。

a. 日本の場合 —— 厳しい医療費抑制政策と財源改革の先送り

　1980年代以降、日本では医療費抑制が優先され、財源の拡大は絶えず後回しにされてきた。1980年代に入ると国家財政の逼迫を背景として公的医療保険制度への税の投入（国庫負担）が繰り返し縮小され、なおかつ医療保険の保険料率引き上げもかなりの程度抑制された。他方、医療サービス・医薬品の公定価格（診療報酬）を低く抑えることや患者自己負担の引き上げを通じて医療費を主要先進国中でもとくに低い水準に抑えてきた（巻末資料・付表1, 付表2）。1980年代には経済の高成長（収入の自然増）と医療費抑制（支出の抑制）によって医療保険財政は支えられ、財源ベースの拡大には取り組まずともすんだ。

---

[21] ただし、1990年代以降、公的医療費が総医療費に占める割合は日本の方がフランスよりも大きい（巻末資料・付表4）。第2章以降で詳しく検討するように、日本ではフランスに比べなるべく多くの医療を公的医療保険の適用対象とし、患者自己負担を抑えようとしてきたが、フランスでは公的医療保険適用外の私的医療費の拡大を許してきてしまった。このため民間医療保険の役割が重要になるのである。笠木（2012: 28-30）参照。

第1章　日仏比較の可能性と分析枠組み —— 先行研究の検討

表1-1　総医療費対GDP比（%）

	1980	1990	2000	2010
日　本	6.4	5.8	7.4	9.5
フランス	6.7	8.0	9.5	10.7

出典：OECD（2016a）.

表1-2　一人当たり総医療費（購買力平価・USドル）

	1980	1990	2000	2010
日　本	545	1117	1915	3205
フランス	650	1401	2484	3860

出典：表1-1に同じ。

表1-3　患者自己負担が総医療費に占める割合（%）

	1995	2000	2010
日　本	14.5	15.9	14.6
フランス	7.8	7.3	7.7

出典：表1-1に同じ。なお、この点に関しては日本の数値が1995年からしか利用できない。

表1-4　高齢化率（65歳以上人口比率）（%）

	1980	1990	2000	2010
日　本	9.0	11.9	17.2	22.9
フランス	13.9	14.0	16.1	17.0

出典：UN（2015）.

表1-5　医療保険料率

	1984	2000
日　本	8.4%＋ボーナスの0.8%	8.5%＋ボーナスの0.8%
フランス	18.1%（全給与）	13.55%（全給与）＋一般社会拠出金（CSG）7.5%のうち5.1%

出典：医療保険制度研究会編（各年）。日本は旧政府管掌健康保険、フランスは被用者一般制度のもの。

表1-6　総税収対GDP比（%）

	1980	1990	2000	2010
日　本	24.8	28.5	26.6	27.6
フランス	39.4	41.0	43.1	42.0

出典：OECD（2016b: 96-9）.

しかし、1990年代に入り雇用者の給与が伸び悩むことで社会保険料収入も停滞するようになったにもかかわらず、財源調達方式の改革はおろか議論さえ遅々として進まなかった。低成長と高齢化の時代には企業と労働者の社会保険料拠出に依存した社会保障制度の運営は困難になっていく。1989年に高齢化社会への準備を名目として導入された消費税は10年後の1999年からようやく税収の一定割合を高齢者の社会保障に用いることがルール化されたが、初年度から必要経費を賄うことができなかった。2000年代に入ってからも消費増税は行われない一方で社会保障費は伸び続けたため、収入と支出のギャップは拡大し続けた。

1990年代に歴代内閣が減税と財政出動による景気対策を繰り返した結果、2000年代に入る頃には政府債務残高は膨大な規模に達し、医療費はさらに抑制されなければならなくなった[22]。実際に小泉政権（2001 〜 2006年）は患者自己負担の引き上げと診療報酬の引き下げによって徹底的に医療費を抑制しようとし、一時的には医療保険財政は好転した。ところが、その後も社会保障のための財源ないし税収が確保されぬまま2008年に経済危機が訪れ、社会保障制度は国の財政赤字（国債発行）無しでは運営できないという状態が定着した。

要するに、日本では医療費抑制による医療保険制度の財政均衡が重視され、2000年代に至っても社会保険料負担の引き上げ以外の顕著な財源改革が行われなかった。医療保険制度の給付水準を維持するための財源が確保されなかったため、再び厳しい医療費抑制を行うか、それでも足りない財源については公債発行に依存する形となった。

b. フランスの場合 —— 医療費抑制政策の挫折と財源改革の進展

フランスでは医療費抑制は日本ほどに成功せず、総医療費対GDP比、一人

---

[22] 減税などによる福祉国家の財源ベースの縮小（defunding）は将来の社会保障プログラムの給付削減を準備するというピアソンの指摘は重要である（Pierson 1994: 7, 15-6）。つまり、政府が直接社会保障プログラムの給付の引き下げをせずとも、減税や、増税の先送りを続ければ、中長期的には社会保障制度に対する支出削減圧力が強まることになる。また、加藤淳子は、戦後の高成長期の段階で所得税だけでなく付加価値税のような逆進税制を導入して福祉国家の税収基盤を確立することができたか否かによって、1980年代以降の政府の財源調達能力が決まり、それゆえ福祉削減の動きに対する当該福祉国家の抵抗力が規定されるとしている（Kato 2003）。

当たり医療費ともに比較的高水準のまま推移してきた。その代わり、1990年代には財源調達方式の改革が進められた。

1980年代のフランスでは、公立病院に総枠予算制が導入されたことを除けば、医療費抑制のための重要な施策は導入されなかった。他方、日本に比べて早くから医療保険料の引き上げが繰り返された。

1990年代に入り、重複した受診・処方をなくすための施策や、公的医療保険の給付費全体の伸びを議会が決定する仕組みが導入されたが、実質的な効果は乏しかった。医師の協力をとりつけることができなかったためである。他方、1990年には稼働所得だけでなく資産所得や投資益などにも課税される一般社会拠出金（CSG）が導入され、医療保険料がこれによって代替されるようになったことで、医療保険の財源ベースが拡大していった。[23]1981年に誕生したミッテラン左翼政権が緊縮政策へとUターンしてからは既に財政赤字縮小を重視した経済・社会政策が追求されていたが、1990年代に入ると欧州経済通貨統合に参加するためにも公債発行は制約されるようになった。他の先進諸国のようにフランスも1990年代の初めに深刻な不況に陥ったが、日本とは対照的にフランスでは1990年代を通じて税収の規模が拡大した。1990年代末には国家財政の赤字は縮小し、2000年には被用者の公的医療保険制度もほぼ財政均衡を達成した。

2000年代に入ると保守政権は1990年代の医療費抑制の試みによって悪化していた医師の組合との関係修復を優先し、医療費抑制を軽視するようになった。2004年の医療保険改革はCSGの引き上げと患者自己負担の拡大によって財政再建を目指したものであった。つまり、医療費を抑制できない（しない）分のコストは納税者の社会保障負担や患者の自己負担となっている。医療費の増加を賄うもう一つの手段は公的医療保険から非営利の共済組合を中心とした民間の補足医療保険へとコスト・シフティングを行うことである。サルコジ政権（2007～2012年）時代にはCSG引き上げという1990年代以来の伝統的手段が用いられず、患者負担の拡大と共済組合の役割強化が進められた。

結局、フランスでは増大する医療費を公的財源の拡大で賄い、それでも賄い

---

[23] CSG以外にも社会保障債務返済拠出金（CRDS: contribution pour le remboursement de la dette sociale）などが導入され、フランスでは1990年代以降社会保障財源が多様化している（第V部）。

きれない部分は共済組合の公的ではないが集合的な財源で賄うという公私の医療保険の組み合わせによって医療費の増大に対応してきた。これら二つの医療保険に入っていれば最終的な患者自己負担はごく低水準に抑えられるが（巻末資料・付表3）、公的医療保険・補足医療保険双方を合わせた住民の負担は重いものとなっている。

　以上のように、日本とフランスは同じ社会保険型の医療制度を有するものの、財政制約下での政策対応において優先されてきた選択肢は異なっている。日本では、医療費抑制に成功してきた一方、財源改革が先送りされ、足りない財源は公債発行で賄われるようになった。フランスでは、医療費抑制に関して顕著な成果を挙げることができなかったが、1990年代の段階で財源調達方式の改革に成功し、社会保険料収入の停滞という社会保険型福祉国家の財政問題を乗り越えることができた。では、こうした相違をどのように説明すればよいのだろうか。

1-3. 社会保障改革を説明する先行研究の検討

a. 政治制度の違いに着目したアプローチ

　まず、医療保険改革の展開をその国の政治制度の特徴から説明する研究について検討しよう。インマーガットはスイス・フランス・スウェーデンという公的医療保障制度の発展度の異なる国々における20世紀の医療政治を比較することを通じて、政府の医療保障政策（医師の報酬や診療に対する公的規制が含まれる）を医師が阻止して経済的自律・診療上の自律を維持する上でポイントとなるのは、医師という職業の特性や医師の団体の組織力・資金力などではなく、医師が政治制度上の「拒否点（veto points）」にアクセスできるか否かであると主張した（Immergut 1990, 1992）。例えば、第四共和制（1946 ～ 1958年）のフランスのように、政府が議会に安定して多数派を確保できなかったり、与党のメンバー議員に対する規律が弱い場合、医師らは議会という拒否点にアクセスすることで、自分たちの利益を侵害しかねない政府の改革案を阻止することができる。国民投票という政治制度上の重要な拒否点のあるスイスでは、1970年までに公的医療保険の一般化を実現できず、反対に政府が拒否点に悩まされ

なかったスウェーデンでは、公的医療保障制度が発達した。また、フランスでは第二次大戦後の時期に公的医療保険が拡大され、さらに第五共和制（1958年～）になってからは政府が医師の抵抗を乗り越えられるようになったが、これは政治制度の変化により政府が議会という拒否点を克服できるようになったことによるという。

　このように各国の政治制度に存在する拒否点を観察することで、公的医療保障制度の発展度の違い、政府が医師に対する統制を強めることができた程度の違いを説明することができるというわけである。インマーガットの分析枠組みは、医師の医療保険政策に対する影響を説明する上で、医師という専門職の特性や医師の団体の組織力（政治的影響力を行使する側の特徴）ではなく、政治制度の設計（影響力を受ける側の特徴）に着目する必要性を示した点で重要である[24]。

　しかしながら、1970年代以降の日本とフランスの医療保険改革の展開を理解する上では拒否点によるアプローチは困難に突き当たる。すなわち、自民党政権は与党の規律が弱く、内閣の一体性も低いという拒否点が多くなりがちな構造を有していたが[25]、1980年代以降ほぼ一貫して診療報酬のコントロールをかなめとする医療費抑制政策が継続されてきた。他方、第五共和制のフランス政府では、大統領・首相のリーダーシップが確立され、ほとんどの場合、政府は議会の多数派によって支持されており、また議会に対する政府の優位が制度化されている。したがって、医師は政府や議会といった拒否点を通じて影響力を行使しづらいはずである。ところが、1970年代以降フランス政府は医療費抑制政策の制度化にしばしば失敗してきたのである。また、政府が拒否点に悩まされていない場合に、医療費抑制・財源拡大・公債発行のいずれを選択するのかという問題に対して、このアプローチでは答えを導くことはできないだろう。

---

[24]　このように政治制度や政党に着目して政策の変化・安定性を説明する議論は、「拒否権プレイヤー（veto players）」論として発展していった。ツェベリスによれば、拒否権プレイヤーとは政策を変更するために同意が必要なアクターのことを指し、大統領・上院・下院といった「制度的（institutional）拒否権プレイヤー」と、連立政権を構成する与党各党のような「党派的（partisan）拒否権プレイヤー」からなる。「拒否権プレイヤーが多いとき」、「拒否権プレイヤー間のイデオロギー的距離が大きいとき」、「拒否権プレイヤー内部の結束が強いとき」に、政策の重要な変更は困難になるという（Tsebelis 2002=2009）。
[25]　日本とフランスの政治制度の特徴については、第3章で詳しく検討する。

以上のように、政治制度の一般的な特徴のみで日仏の医療保険改革の展開を理解するのは難しそうである。各国で医師の団体が医療保険政策に影響力を行使する機会構造を把握する上では、政府・議会（政党）のみならず医療保険政策に特有の政策形成の場があることを過小評価してはいけないだろう（各種の団体が参加して医師らの報酬を決定する協議機関など）。また、インマーガットは報酬や診療に対する政府による統制に対して医師が反対するという局面に着目した比較研究を行っているが、医師の団体がどのような政策選好を持つようになるのかは国によって（あるいは一国の内部でも）多様であり、それ自体として分析する必要がある（第3章）。

続いて、医師の団体のあり方も考慮した研究について検討する。インマーガットが利益団体の特徴ではなく政治制度の設計に着目するのに対して、ウィルスフォードは国家の構造と医師の組織の双方を分析している（Wilsford 1991, 1995, 2001; Rochaix and Wilsford 2005）。フランスとアメリカを中心とした先進諸国における医療費抑制の比較研究のなかで、彼はフランスには集権的・自律的な国家と分裂し弱体な医師組織が、日本には集権的・自律的な国家と統合され結束力の強い医師組織が存在するとしている。ウィルスフォードは強い医師組織が存在する日本で医療費抑制の妥協が成立し、弱体な医師組織しか存在しないはずのフランスで医療費抑制が挫折してきたというパラドックスを観察しているが、両国における妥協の成立・不成立のメカニズムを十分に明らかにできていない。国家の構造や医師の組織に関する彼の記述は参考になるが、医療費抑制をめぐる政府と医師組織の関係や政治過程の実態分析が不十分であるように思われる。

ウィルスフォードは1980年代以降の日本では強い国家と強い医師組織が出来高払い方式を維持することなどによって医療費抑制（診療報酬抑制）について妥協したと整理しているが（Wilsford 1995: 590-2）、本書では石油危機後の日本の政権を利益団体に対してむしろ脆弱であったとみなし、にもかかわらず日本医師会との間で妥協形成が可能となった背景を解明していく。また、1990年代以降のフランスで開業医の診療所について医療費抑制が失敗し続けたことについての彼の説明は、医師と患者が出来高払い方式と医療機関へのフリーアクセスによる高コストな仕組みを維持することに利益を見出しており、経路依存（後述）的な状況が生じているなかで、変化のきっかけとなる重要な機会

（conjuncture）が不足していたために、強い国家といえども重要な改革をなしとげられなかったという抽象的なものにとどまっている（Wilsford 2001; Rochaix and Wilsford 2005）。本書では、フランスの医師組合の分裂・競合状況が医療費抑制の妥協成立を阻んできたメカニズムをより具体的に明らかにしていく。

　以上、インマーガットとウィルスフォードの研究を検討し、各国における国家の構造ないしは政治制度の一般的なあり方から見て、医療保険改革が逆説的な展開を辿ることがあり得ることを指摘した。両者の研究の限界を乗り越える手がかりを探すために、個々の社会保障制度の設計そのものが改革の展開に与える影響を重視する研究を見ていきたい。

b. 社会保障の制度設計に着目したアプローチ

　福祉国家に関する研究のなかには、同じ「制度」といっても一国の政治制度の特徴ではなく、年金や失業保険などの個々の社会保障制度の設計に着目する必要性を強調する流れがある（Pierson 1994, 1996; Pierson ed. 2001; Palier 2005; Palier ed. 2010他）。政治制度が同一であっても（あるいは異なる政治制度を通じて）、社会保障制度自体の設計に応じてその改革の展開が異なってくるというのである。

　代表的な例として、ピアソンの研究を検討しよう（Pierson 1994, 1996）。ピアソンは石油危機後の財政危機とネオリベラリズム（以下、本書では「新自由主義」と表記する）の台頭という環境変化のなかで、英米などの先進諸国で行われた福祉プログラムの削減（retrenchment）を目指した改革を研究した結果、発達した社会保障制度の縮小は受益者の団体や福祉国家を支持する広い世論を敵に回すことになり、選挙で再選を目指す政治家にとって基本的に困難な課題であると指摘した。また、年金制度に見られるような、制度が成熟するにつれて政策の変更にともなうコストが増大し、大幅な政策変更が困難になるという「経路依存（path dependence）」ないしは「ロックイン効果（lock-in effects）」も福祉国家の削減を阻んだとする。[26] 以上のような社会保障削減の困難さは集権的

26　賦課方式の年金を積み立て方式に切り替えようとすると、現役世代は現在の年金受給者のための拠出と自分の将来のための積立金の拠出という二重の負担に悩まされることになる（Pierson 1996: 175-6）。

な政治制度を有するイギリス、分権的な政治制度を有するアメリカの双方に当てはまり、サッチャー、レーガンいずれにとっても福祉国家の解体は不可能であったという。

　彼によれば福祉削減が進んだか否かについては、政治制度の異なる国家間の差異よりも、福祉プログラム間の差異の方が顕著であった（Pierson 1994: 5-6, Pierson 1996: 178）。例えば、イギリスではNHSは民営化されなかったが、公営住宅の民営化は進められたことが挙げられている。政策によって削減が生じたり生じなかったりする理由は以下のように説明される。すなわち、人気のある福祉プログラムの削減は当然有権者の反発を買うため、政府にとっては福祉プログラムの削減の可視性を低下させることができるかどうか、有権者の支持を得られる改革へと転化させられるかどうかが重要になってくる。例えば、公的年金は制度が成熟するにつれて受益者集団が大規模化し、給付水準を直接的に低下させようとすれば大きな反発が予想される。そこで、支給額を調整するスライド方式の変更などの、より可視性が低く政治家が責任を問われにくい改革手法（日本におけるマクロ経済スライドの導入もこれに当たるだろう）が実現しやすく、大規模な削減・民営化はなかなか実現されないということになる。他方、イギリスで公営住宅の民営化が進められたのは、住宅購入者と納税者双方にとって利益を生むことから公的プログラムの削減が人気政策となった稀な例だという（Pierson 1996: 161）。

　こうした社会保障制度の設計に着目した研究は、成熟した社会保障制度にはそれに固有の政治的力学・政策展開があることを指摘した点で重要である。日本でも、例えば年金と医療保険では改革の政治過程が異なることが指摘されている（加藤淳子1991; 中野1992）。年金の場合、支出削減は直ちに給付削減となって現れるが、医療の場合、医師や看護師などのサービス提供者が介在しており、医療保険の給付水準を下げなくても、医療サービス・医薬品の価格引き下げや医療供給体制の効率化などによって医療費を削減することが可能である。政府がこうした医療費抑制を進めるためには、医師の団体をはじめとした医療関連の団体と妥協を形成する必要があるだろう。

　ここで重要なことは、こうした利益団体の組織化のされ方や、影響力を行使する機会の構造が、日仏では異なっているということである。したがって、両国における医療保険改革もまた異なる展開を辿ることになる。次章では、日仏

の医療保険制度の特徴を詳しく比較検討することで、医療保険制度の設計自体が両国の医療保険改革の展開に与える影響を明らかにしていく。同じ公的医療保険制度とはいっても、日仏では診療報酬の改定メカニズムが異なっていること、また財源基盤が異なっていることがとくに重要な違いである。このように医療保険制度の設計を詳しく分析することによって、政治制度のみを見ていても理解しがたい政策展開がよりよく理解できるようになるであろう。

C. 改革の際に選ばれる選択肢に関する研究

最後に、社会保障制度の財政均衡を達成するために用いられる選択肢がいかにして決められるのかという問いに取り組んだ先行研究として、マノウの論文を検討したい（Manow 2010）。この論文は、福祉国家の発展・拡大に関する研究、その後興隆した福祉国家の削減に関する研究に次ぐ、再編期の福祉国家において国によって政策選択が異なっていることを理解しようとする研究として、注目に値する。

マノウは福祉国家改革の「順序（order）」の説明を試みている。彼はピアソンの福祉削減に関する研究を批判し、1970年代以降の社会保障改革について給付削減とそれへの抵抗のみに着目することに反対している。つまり、社会保障の財政対策には給付削減・財源拡大・公債発行の三通りの手段があり、これらはいずれも不人気な政策であるが、実現されてもいる。OECD諸国においてこれらの選択肢がどのように組み合わせられてきたのか、またどのような順序で実施されてきたのかは、その国の福祉国家の制度に応じて異なるという。

例えば、社会保険料の引き上げは増税に比べて政治的可視性が低く実施しやすいため、社会保険型の福祉国家では社会保険料の引き上げという選択肢が差し当たり財政問題への解決策として用いられるとしている。選択肢は社会保障制度の設計によって規定されており、政権が交代してもその都度「制度的に支持された戦略（institutionally supported strategies）」（Manow 2010: 299）が採用されるという。次章からは、こうした観点から日仏の医療保険政策において何が「制度的に支持された戦略」なのかを明らかにしていく。

日仏の医療保険改革の長期的な傾向を改めて要約すると、日本では1970年代後半以降、社会保障財源確保のための増税が失敗したため医療費抑制が必要

第I部　日仏における医療保険改革の分析枠組み

になり、その後も増税が先送りされた結果、再び医療費抑制政策が強められている。他方、フランスでは1980年代まで社会保険料の引き上げが、1990年代から2000年代前半までは社会保障目的税の引き上げが中心的な戦略であった。その後、2000年代の後半になって税や社会保障負担の抑制がついに政権課題とされると、患者自己負担が少しずつ引き上げられるようになった。

　それではなぜこのような政策展開が生じたのであろうか。第2章では、1970年代後半以降の政策展開を理解する上での大前提となる日仏の医療保険制度体系の比較を行い、第3章では、両国の政治制度（政府、与党、および両者の関係）と利益団体の特徴を比較分析することで、実現されやすい政策選択肢とそうでない選択肢について見通しを得ることを目指す。

第2章　日本とフランスの医療保険制度

　本章では、日仏の医療保険制度体系を比較する。それによって1970年代以降の両国の医療保険制度改革において医療費抑制が成功（失敗）しやすい理由、財源改革が成功（失敗）しやすい理由を医療保険制度の設計から考察していく。

　まず、2-1.では、日仏における医療保険制度体系の確立に至る歴史的経緯を振り返る。そうすることで、日本の医療保険制度においては運営面でも財源面でも政府の役割が大きく、政府によるコントロールが効きやすくなっているが、フランスでは医療保険制度は労使が管理し、財源面でも労使の社会保険料拠出が用いられているため政府からの自律性が相対的に高く、政府による医療保険制度を通じた医療費のコントロールが困難になりやすいことを示す。いいかえれば、フランスの医療保険制度がドイツ型（ビスマルク型）の社会保障制度の理念型に近く、日本のそれは政府・税財源の役割が大きく、ドイツ型からの逸脱が顕著であることが要点である。

　2-2.では、1960年代以降確立された両国の医療保険制度をより詳しく比較することで、日本の制度設計の方が費用抑制圧力がかかりやすく、また費用抑制を実施しやすいことを示す。検討対象は医療機関が受け取る診療報酬のシステ

1　パリエはビスマルク型の社会保障制度の特徴を以下の4点にまとめている。すなわち、①労働と社会保険料拠出に基づく受給権、②拠出実績に応じた給付、③税ではなく社会保険料による財源調達、④政府機関ではなく労使が管理する社会保障基金などの準公的組織による運営である。パリエやボノーリら大陸ヨーロッパの研究者はビスマルク型とベヴァリッジ型の社会保障制度を対置している。ベヴァリッジ型の社会保障制度では、①受給権は居住または必要によって得られ、②給付は均一であり、③税を財源とし、④制度の管理者は国家であるとされる（Palier 2010a: 24; Bonoli 1997a; Barbier et Théret 2009: 16-8）。ただし、ボノーリも認めているように、ベヴァリッジ型という類型にはミーンズテスト付きの選別主義的な給付と万人に受給権がある普遍主義的な給付の区別ができないという欠点があり、そもそもベヴァリッジ（William H. Beveridge）はミーンズテストを嫌い拠出制の制度を重視していたため名称にも難がある（Bonoli 1997a: 357-8）。

45

ム、その改定方法、医療保険の財源構成の三点である。

2-1. 日仏の医療保険制度体系の成立過程

　本章の狙いは日仏の医療保険制度の歴史的な形成過程を検討し、基本設計における共通点と相違点を明らかにすることである。とくに1970年代以降の日仏における医療保険改革の展開の相違を説明するために鍵となる医療保険制度上の重要な相違点を特定していく。

　第二次世界大戦後に西欧では普遍的な医療保障を実現するために大きく二つの方法がとられた。イギリスのナショナル・ヘルス・サービス（NHS）に代表される税財源の国営医療制度を創設する方法と、社会保険としての医療保険制度を賃金労働者のみならず全国民（住民）に拡張適用していく方法である（Palier 2011: 19-22=2010: 22-5）[2]。日本とフランスでも第一次世界大戦後にまず賃金労働者向けの公的医療保険制度が創設され、続いてそれ以外の農民や自営業者などの人々が公的医療保険制度に包摂されていった。したがって、両国とも第二の方法をとった国々、すなわち社会保険の多元化によって万人のための医療保障を整備した国々に分類されよう。

　ただし、日本は被用者保険（労働者保険）とは別に、農民や自営業者らのために地域単位の国民健康保険制度を導入し、ドイツ型の職域保険と北欧型の地域保険の二本立てによって国民皆保険体制を実現していくという独特の経路を辿ってきた。こうした制度創設期におけるデザインの違いはその後の医療保険改革の展開にも大きな影響を与えていく。

　以下では、第一次大戦後の最初の公的医療保険制度の創設から第二次大戦後の公的医療保険の一般化に至る歴史的な経緯を検討する。日仏どちらも社会保険の分立によって医療保障の一般化を目指すのだが、その分立社会保険に対する政府の関与の仕方には重要な違いが見られる。つまり、保険者は誰か、財源には何が用いられているかという点で、日本では中央・地方政府の役割が大きく、フランスでは医療保険制度を労使の代表が管理し、財源には税ではなく労使の社会保険料を用いるという意味で社会保険制度の国家からの自律性が相対

2　筆者が参照したPalier（2011）は第5版だが、日本語訳書（2010）は第4版に依拠している。

第2章 日本とフランスの医療保険制度

的に高い。本節では、両国の医療保険制度の歴史的特徴を整理し、次節2-2.では、より詳しい制度比較を行っていく。

a. 日本における公的医療保険制度の登場[3]

健康保険法（1922年）

日本で健康保険法が制定されたのは第一次世界大戦後の1922年のことである（1927年実施）。明治維新以降、とくに19世紀末から産業化が進んだことに伴い、日本でも労働運動が勃興するようになった。明治政府は労働運動・社会主義運動対策に取り組み、治安警察法の制定（1900年）に見られるような弾圧策をとっている。他方、重化学工業化を進めていく上で工場労働者を保護する必要もあったため、1911年の工場法のように労働者保護法制も行われた。1922年の健康保険法制定もこのような労働運動の抑止と産業労働者の保護という政策の流れに位置づけられる。第一次大戦後には労働運動が激化しており、また大戦を通じて工業化がさらに進展していた。

健康保険法には以下のような特徴があった（西崎1991: 46-8; 井伊2009: 240-1）。第一に、労働者を対象とした労働者保険であるとともに、多数の保険者が分立する職域保険であった。上記のような経緯から、健康保険法の適用対象は鉱山・工場などで働くブルーカラー労働者に限定され、農民や従業員10人未満の零細事業所の労働者は対象外とされていた[4]。また、保険者は大企業については独自の健康保険組合の設立が可能とされ（組合管掌健康保険）、中小企業については政府とされた（政府管掌健康保険）。第二の特徴は、政府の役割が大きいことである。既に長崎三菱造船所や鐘紡など一部の大企業は独自の共済組合を有していたが、民間の共済組合には健康保険法の事務代行が認められず、健康保険組合への移行が強制された。政府管掌健康保険についてはその名の通り

---

[3] 日本の公的医療保険制度の成立史については以下の研究がある。横山, 田多編（1991）、相澤（2003）、中静（1998）、島崎（2005）、吉原, 和田（2008）、井伊（2009）、田多（2009）、佐口（1977）、坂口（1985）、菅谷（1988）、厚生省五十年史編集委員会編（1988）。

[4] 1934年改正による適用範囲の拡大や、1942年改正によるホワイトカラー労働者の職員健康保険（1939年創設）との統合により、1944年には約470万人が被保険者となった（西崎1991: 49-50）。

47

政府が保険者となっている。[5]第三に、財源として労使の保険料のみならず国庫補助が導入されたことである。

　要約すると、日本の医療保険制度はドイツの疾病保険を範とした職域社会[6]保険であるものの、保険者の自律的・自治的性格が弱く（政府の役割が大きく）、その意味でビスマルク型の社会保険制度の理念型から逸脱した形で出発することになった。こうした特徴はその後も医療保険制度体系の発展を通じて維持されていく。

　なお、この健康保険制度における保険診療は、政府管掌健康保険では政府と医師会の契約に基づき、被保険者数に基づく総額を医師会に支払い、これが個々の医師に活動実績に応じて配分されるという仕組みで行われていた（人頭割請負方式）。この仕組みのもとでは医師は低額の報酬しか受け取れず、粗診粗療や差別診療が生じていたとされる（西崎1991: 48-51）。また、組合管掌健康保険はそれぞれ医療機関と直接契約を結び、人頭式や定額式で診療報酬が支払われていた。

国民健康保険法（1938年）

　労働者保険に続けて1938年には農民・零細事業者のために国民健康保険の導入が決まった。健康保険法が導入された1920年代の日本では有業者に占める第二次産業（鉱業、建設業、製造業）従事者の割合は20%に過ぎず、第一次産業（農林漁業）従事者が50%を占めており（国立社会保障・人口問題研究所2010）、第一次大戦後の不況や社会不安への対策としてはブルーカラー労働者のみならず農民や零細事業者の保護が重要であった。

　1920年代後半以降、金融恐慌の発生に続いてアメリカ発の世界恐慌の波及により都市では銀行や企業が倒産し、失業者が増加した。農村でも輸出の減少により生糸や繭を生産していた農家が打撃を受けており、都市の失業者が帰村したことで農村はさらに窮乏した（井伊2009: 242）。農村では貧困と健康状態の悪化（結核の蔓延）が深刻化し、無医村の問題も認識されていた。また、兵

5　これはドイツとは異なり医療保険の運営を担えるような自治的共済組織が十分発達していなかったためと指摘されている（島崎2005: 4）。
6　1880年代にドイツで初めて導入された公的医療保険はビスマルクによる上からの労働者懐柔策であった。日本の官僚や医師会は健康保険法制定に先立ち、ドイツで導入された社会保険を研究していた。

力の供給源でもある農村における健康状態の悪化は軍事的な観点からも問題視されていた。こうして政府は1930年代に農民の医療費軽減と医療供給の確保の検討に取り組み、1938年に国民健康保険法が制定された。

国民健康保険の加入対象者は、市町村単位で設立される普通国民健康保険組合（農村）の場合、先に成立していた健康保険の被保険者以外の者（典型的には農民）とされ、また同業者を組合員とする特別国民健康保険組合（都市）の結成も可能とされた。これによって労働者以外への公的医療保険制度の適用が図られることになった。組合の設立・加入は任意とされたが、1941年には約2,000組合、630万人程度が制度の対象となった（西崎1991: 55）。財源には組合員の保険料に加えて、国庫補助も導入された。

被用者の健康保険組合でも新設された国民健康保険組合でも、保険診療は組合と医療機関との契約によって行われる仕組みであったが、1942年の法改正によって政府による医療保険・医療機関に対する統制が強められた。第一に、知事が必要と認めた場合、国民健康保険組合の強制設立が可能とされた。第二に、知事が各保険共通の保険医療機関を強制指定できるようになった。第三に、診療報酬については厚生大臣が全国的な公定料金を定めることとなった（支払いは出来高払い方式）。戦時下の健民健兵政策の一環として、政府による医師に対する統制、医療保険に対する統制（それを通じた農村社会の統制）が図られたのだった（西崎1991: 55-6; 吉原, 和田2008: 105-8）。これによってほとんどの市町村に国民健康保険組合が一応設立されたが（第一次国民皆保険）、実際には医師・医薬品不足によって医療保険としての実質は備わっていなかった。とはいえ、診療報酬公定価格制や行政による保険医の指定制（戦後、強制指定制から同意指定制に戻される）など、戦後の医療保険制度の骨格がこの時作られたとも評価されている（吉原, 和田2008: 106-7）。

被用者保険と地域保険の二元体制

以上のように、第二次世界大戦前の段階で日本では労働者のための健康保険と、それ以外の農民や自営業者のための国民健康保険の二本立てによる医療保険制度体系が成立することになった。ここで注目されるのは、後者の普通国民健康保険組合が、企業や同一職種を単位としたビスマルク型の職域保険とは異なり、北欧型の地域保険であるということである（李2011: 112）。先述のよう

に、20世紀前半の日本では有業者の約半分が第一次産業に従事しており、都市労働者を対象とするドイツ型の社会保険だけでは医療保険の一般化（そして、それを通じた貧困の削減と社会の安定）を達成することができなかったのである（広井1999: 55-61）。このため日本の公的医療保険はドイツ型と北欧型の折衷型と特徴づけられている（広井1999: 38-48; 李2011; 金2013: 180-2）[7]。

　こうした被用者保険と地域保険の二元体制は戦後の国民皆保険実現時においても維持される。つまり、国民皆保険の実現は、地域保険たる国民健康保険の全国的普及によって達成されるのである。フランスとの比較の上で重要なのは、戦後国民健康保険が公営化され、また国庫補助の増強によって発展していくことである。第二次世界大戦後には、運営面でも財源面でも政府の役割が大きいという日本の医療保険制度体系の特徴が明確化していく。こうした制度的な特徴が経済の高成長終焉後の医療保険改革の展開に大きな影響を与えるのである。

b. 日本における国民皆保険体制の確立

医療保険制度の再建

　第二次大戦後に日本の医療保険制度は危機的な状況に陥るが、1950年代には経済復興に伴って既存の制度の再建を超えて制度の拡大・完成へと向かっていく。終戦後の物資不足と激しいインフレのなかで、戦前に創設された医療保険制度は機能停止に陥った。被用者の健康保険・農村の国民健康保険ともに被保険者数が激減し、またインフレを背景として保険診療を拒否する医療機関が多数存在していた。こうした状況に対して、医療保険から医療機関に支払われる診療報酬の単価の引き上げが繰り返され、また支払いの迅速化が図られたことなどにより、1940年代の終わりから保険診療が広く行われるようになった。

　1950年代に入ると朝鮮戦争による特需景気を背景として医療保険財政は好転し、1953年には健康保険の適用業種の拡大や給付期間の延長などの拡大策がとられている。また、加入者の減少と財政赤字によって存亡の危機に立たされていた国民健康保険の建て直しも行われた。第一に、1948年改正によって

---

[7]　これらの研究はこうした日本の医療保険制度の特徴を日本が後発資本主義国であるという視点から把握している。この点については後で再び触れる。

保険者が従来の国民健康保険組合から市町村公営に変更され、引き続き設立は任意とされたものの、いったん制度が設立された場合の対象者の加入は強制とされた。第二に、1951年からは保険料徴収を確実なものとするために、保険料ではなく国民健康保険税としての徴収が可能になった。[8] 第三に、1953年に医療費の2割にあたる国庫補助が導入された。その後、国庫補助率は法定化され、現在に至るまで国民健康保険は国庫負担を前提として成り立っている。国庫補助の増強によって国民健康保険の運営は次第に安定化していった。[9]

なお、健保・国保の再建と並行して終戦から1950年代にかけて国家公務員共済や私学共済などの多数の共済組合が創設された。こうして、職域保険が多数存在するとともに、各市町村には地域保険としての国保が存在するという、独特の二元的医療保険制度体系が成立することになった。

しかし、それでも公的医療保険の未適用問題は存続していた。とりわけ、市町村国保の設立が任意であったため、1950年代になっても約4割の市町村は国保を設立していなかった。国保未設立の市町村では農業従事者や自営業者は医療保険に加入できず、また従業員5人未満の零細企業も健康保険が任意適用とされていたため、1950年代後半にはなお2,000万人を超える人々が公的医療保険に未加入の無保険者となっていた。[10]

国民皆保険の実現

無保険者対策に弾みをつけたのは1955年に政府管掌健康保険の赤字問題を検討するために設置された「7人委員会」である。[11] 政管健保の再建・拡大に伴い給付費も増加し、再び赤字が深刻化していたが、同委員会は、医療保険未適用者が多数存在するなかで政管健保の財政対策として国庫負担を導入するのは認めがたいとして、未適用者問題に触れることになった。同年、同委員会は従業員5人未満の零細企業の従業員のために特別健康保険制度を創設し、また農

---

[8] 保険料よりも税とした方が住民の滞納が減るだろうという考えに基づく「収納率向上のための一種の便法」であり、法律効果の違いはほとんどない（島崎2011: 59）。

[9] 以上、戦後の再建については、横山（1991: 123-32）、田多（2009: 111-8）、井伊（2009: 246-7）に依拠した。

[10] 以上、田多（2009: 133-4）による。

[11] 正式名称は「健康保険および船員保険の財政対策に関し審議するため臨時に委嘱された委員会」。田多（2009: 140）参照。

民や商人など被用者以外の人々にも医療保障を提供するために、国民健康保険の強制設立を提言した。

その後、1955年に保守合同によって結成された自由民主党の鳩山一郎首相も1956年1月30日の施政方針演説で「将来、全国民を包含する総合的な医療保障を達成することを目標として、計画を進めていくつもりでございます」と皆保険実現計画を明らかにし、社会保障制度審議会の「医療保障制度に関する勧告」（1956年）でも皆保険実現が強調された。これらを受けて、政府は1957年2月に「国民健康保険全国普及4カ年計画」の大綱を発表し、4月には厚生省に国民皆保険推進本部を設置して、国民健康保険法の全面改正のための作業に着手した。新国民健康保険法案は1958年3月に国会に提出され、同年末に成立した[12]。

新国保法では市町村に国民健康保険事業の運営が義務づけられ、他の医療保険制度に加入していない全ての住民が加入することになった。財源としては加入者の保険料に加えて、医療費の25%を国が負担することになった。同法は1959年から施行され、1961年に国民皆保険が実現した。この時点で日本の公的医療保険制度体系は完成されたといえよう。また、1963年には診療報酬の地域差が撤廃され、全ての国民がなんらかの公的医療保険制度に加入し、全国一律の料金体系に基づいて自由に医療機関を受診することができるという現在まで続く医療制度が成立する[13]。

考察 —— 運営・財源における国家の役割の大きさ

このように戦後日本における国民皆保険の達成は、労働者向けの健康保険の拡張適用（および各種共済組合の設立）を経て、これらの保険に加入できない農民・自営業者らのための受け皿として地域保険である国民健康保険を各市町村に設立することによって最終的に実現された。したがって、日本はまず賃金労働者向けの公的医療保険制度を創設し、その後制度の多元化によって万人のための医療保障を実現した国々のなかに分類されよう。

ただし、日本の公的医療保険制度体系にはドイツやフランスには見られない

---

[12] 以上、田多（2009: 140-3）に依拠してまとめた。

[13] ただし、加入する医療保険制度によって保険料負担や給付水準が異なるという制度間格差が存在していた。

重要な特徴が見られる。第一に、被用者保険における政府の役割の大きさである（広井 1999: 52-5; 池上，キャンベル 1996: 105-6）。日本では大企業は独自に健康保険組合を設立することができるが、中小企業の被用者は一括して政府管掌健康保険（現協会けんぽ）に加入している。ビスマルク型の社会保険制度が本来職域の代表（労使）によって自治的に運営されることが期待されているのに対して、政府管掌健康保険の保険者はその名の通り政府（厚生省）であり、政府（厚生省）が直接その財政や運営に責任を有しているのである[14]。千を超える健康保険組合があるなかで、全国の中小企業被用者が加入する政管健保は突出して大きな保険者であり、しかもそれを厚生省が管轄しているということは、診療側との交渉においても政府が大きな役割を果たすことを含意する。日本の医療保険制度体系においては、政府は保険者間の調整役や、保険者と診療側の調整役を超えて、自身が保険者であり交渉当事者でもあるのである。

　第二の特徴は、地域保険としての国民健康保険である。ドイツやフランスでは職域保険の分立によって医療保険の適用対象が拡大していったのに対して、日本ではドイツ型の職域保険と北欧型の地域保険の双方を組み合わせるという独特の手法で国民皆保険を達成することになった（広井 1999: 38-48; 李 2011; 金 2013: 180-2）。国保の保険者は全国の市町村であり、診療報酬をめぐる診療側との交渉には市町村代表が参加してきた。なお、1958年の新国保法により国保事業は市町村の固有事務から団体委任事務に改められ、国の責任が明確化された（島崎 2011: 60）。また、国保には後述するように多額の国庫補助が投入されている。以上を要約すると、ドイツやフランスと比較した場合、保険者としての政府（とりわけ中央政府）の役割が大きいことが日本の医療保険制度体系の特徴といえる。

　日本でビスマルク型社会保険の理念型に近い組合健保とは別に政管健保や市町村国保が導入されてきたことは、後発資本主義国としての日本における「経済の二重構造問題」への対応として説明されてきた。後発国がキャッチアップを急ぐ過程では大企業と中小企業の間で生産性と賃金の格差が広がる。両大戦

---

[14]　正確には、厚生省保険局の医療課が医療費の推計を行い、診療側との交渉にあたり、同じ局の企画課が政管健保の企画面を担当し、同省の外局である旧社会保険庁が運用面を担っていた（池上，キャンベル 1996: 126）。昭和期の厚生省の組織については、厚生省五十年史編集委員会編（1988）、『厚生白書』（各年）を見よ。

53

第I部　日仏における医療保険改革の分析枠組み

間期の日本でも、重工業化を目指すなかでこうした経済の二重構造化が生じて
おり（速水1995: 188-9）、政管健保は「中小企業対策」として機能したというの
である（広井1999; 54）[15]。

　戦後、1950年代に至っても日本では農業・自営業・零細企業部門の規模が
欧米の先進資本主義国に比べて大きなままであった。1957年の『経済白書』
は「わが国雇用構造においては一方に近代的大企業、他方に前近代的な労資関
係に立つ小企業および家族経営による零細企業と農業が両極に対立し、……
いわば一国のうちに、先進国と後進国の二重構造が存在するのに等しい」と
述べ、二重構造問題の解決を重要政策課題としている（経済企画庁編1957: 35-
36）。1950年代半ばの日本の就業構造を従業上の地位別に見ると、①賃金労働者
の割合は46%にすぎず、イギリスの9割、アメリカの8割に比べてはるかに及
ばなかった（経済企画庁編1957: 34-5）[16]。他方、②農民や中小商工主のような自
営業者は24%、③農村の婦女子のような家族労働者は30%と欧米先進諸国に
比べて極めて高水準だった。この他にも、1955年の時点の農業人口の割合は
日本では38%であり、アメリカの10%、イギリスの4%に比べて圧倒的に大き
いこと、企業規模別に見た場合、国際比較上日本では零細企業の比重が大きい
ことが指摘されている（経済企画庁編1957: 34-5）[17]。

　こうした就業構造においては、被用者保険のみでは国民皆保険の実現は不可
能であった。安定した雇用関係と労使の保険料拠出を前提とする労働者保険を
零細企業や農民に適用するのは困難であり、別途地方政府を保険者とする地域
保険が導入されることになったというわけである[18]。

　こうして全国民を対象とする医療保険制度体系の確立にあたっては、①規模
が大きく高賃金の大企業は独自の健保組合を有し（組合管掌健康保険）、②中小
企業被用者のためには政府が保険を提供し（政府管掌健康保険）、③これにも加
入できない零細企業従業員や農民などのために市町村が保険を提供することに
なった（国民健康保険）。これ以降、日本の医療保険制度体系においてはこれら

---

[15]　広井良典はこれをまた「一種の国家パターナリズム」、「国家主導の社会保険」としてい
る（広井1999: 53）。

[16]　数値は1956年版のILO Year Bookによるもの。

[17]　同上。

[18]　国民皆年金も、被用者向けの厚生年金（1941年創設）とは別に1959年に農民・自営業者
らのための国民年金制度が法制化されることで実現した。

が三大医療保険制度であり続けている[19]。

　また、こうした医療保険制度体系の設計方法からは大陸ヨーロッパ諸国に比べた際のもう一つの大きな特徴である税財源（国庫負担）の割合の高さが導かれることになる（広井1999: 47; 田多2009: 180-1; 李2011: 115-6）。すなわち、国保に加入する自営業者には使用者負担分の保険料を拠出してくれるような事業主が存在せず、零細企業の従業員には大企業の被用者に比べて保険料の負担能力が限られるため、加入者の保険料以外にも税の投入がなければ制度の運営が困難であった[20]。国保における国庫負担の割合は1953年の段階で医療費の2割だったが、繰り返し引き上げが実施され、1966年には医療費の45%が国庫負担となる。また、大企業の組合健保と比べ、中小企業被用者が加入する政管健保でも保険料収入が限られ、やはり国庫補助なしでは給付水準を維持・改善することができなかった。1973年には政管健保への国庫補助が定率化（10%）され、国保ほどではないにせよ、一定の国庫負担が投入され続けている。

　このように財源面についても日本の医療保険制度はビスマルク型の理念型から逸脱しており、保険料方式と税方式の混合型となっている（広井1999: 47）。第二次世界大戦後、ドイツやフランスの医療保険制度にも税財源が全く利用されていないわけではないが、各保険者が保険料を自主財源とすることが原則であり、日本のように大規模に税負担が導入されているというわけではない。これに対して日本では国庫負担の増強が医療保険の充実のための財源として用いられ、国民医療費に占める国庫負担の割合は1960年度の15.7%からピーク時の1983年度には30.6%にも達した（厚生省「平成7年度版国民医療費の概況」[21]）。しかし、高度経済成長が終わり国家財政が逼迫するようになると、国庫負担へ

19　就業構造の変化によって、皆保険発足当時の主たる国保加入者であった農林水産業者は急速に減少に向かったが、被用者保険の退職者が国保に移行するという仕組みが存在するため、国保が医療保険制度体系に占める重要性は必ずしも低下しなかった。時代を経るにつれ、農民・自営業者の保険だった国保は高齢者・退職者の保険という性格を強めていく。さらに、1990年代から雇用環境の悪化によって被用者保険から国保に移る者も増え、医療保険制度加入者全体に占める国保加入者の割合は増加に転じている。この点に関しては、2-2. d.で再び触れる。
20　同様の事情から、国民年金においても国庫負担が投入された。
21　国民医療費とは1年間に保険診療による治療にかかった費用を指し、財源別に見ると公費負担（国庫負担・地方負担）、保険料負担（事業主負担・被保険者負担）、患者負担の三つからなる。

の依存度の高さは医療保険制度に対する財務担当官庁（大蔵省）からの厳しい費用抑制圧力を招くことになるだろう。

　以上の日本に関する議論を要約すると、日本の医療保険制度体系の第一の特徴は、政府自身が保険者（の一員）となり、保険者間の調整や保険者と診療側の調整にとどまらず、政府自ら医療保険制度の運営に責任を持ち、診療側との交渉にも参加するということである。中小企業被用者については政府が保険者となり（政府管掌健康保険）、被用者保険に加入できない者については地方政府（市町村）が保険者となっている（国民健康保険）[22]。第二の特徴は、医療保険制度体系を運営するにあたって、税負担（その大部分は国庫負担）の規模が大きいことである。経済の高成長時代に市町村国保は財源の半分を国庫負担に依存し、被用者保険である政管健保でさえ国庫負担による財政対策がとられていた。これに対してフランスでは、社会保険の管理運営と財政の双方における国家からの自律が制度設計の基本原則であった。

C. フランスにおける公的医療保険制度の登場[23]

　フランスの社会保険の発展の前史として重要なのは19世紀の後半以降増加した共済組合である（中上1979a, 1979b; 松本2012; Gibaud 1986）。フランス革命期以降、一時同業組合が禁止されたが、19世紀半ばになるとむしろ国家と個人の間に中間団体が存在することによってこそ個人の自由が確立されるという考え方が強くなっていき、共済組合の合法化と設立の推進が行われた。第二帝政期の1860年代には、「福祉国家（l'État-providence）」という言葉は社会改良主義者らによって否定的なニュアンスで用いられていた。つまり、フランス革命以来、国家と個人の間に位置する労働組合や共済組合などの中間団体の活動が抑圧され、国家が「神の摂理（la divine providence, la providence de Dieu）」に代わって救済を独占的に実施しようとすることを批判するために用いられていたのである（Merrien 2000: 7-9=2001: 13-5; 深澤2013: 1-3）。19世紀後半以降、各地に組織

---

[22]　大企業の健康保険組合は労使が運営しているが、これは国の健康保険事業を委託されたものである。

[23]　フランスの医療保険制度成立史については以下の文献がある。加藤智章（1984, 1995）、田端（1985）、久塚（1991）、松本（2012）、Galant（1955）、Hatzfeld（1963, 1971）、Baldwin（1990）、Immergut（1992）。

された共済組合は組合員からの掛け金を原資として疾病、老齢、傷害などの[24]リスクに対する給付を行っており、組合員は無料または有料で医師の治療を受けることができた[25]。両大戦間期に社会保険制度が導入される際に共済組合は国家管理に反対し、保険者としての役割を維持することになる。

　フランスで法定の医療保険制度が成立したのは隣国であるドイツやイギリス、さらには日本よりも遅く1928年のことである[26]（ドイツでは1880年代に疾病保険制度が、イギリスでは1910年代に国民保険制度が誕生している）。しかし、この法律は共済組合、農民、医師など多くの社会集団による反発を招き、上院による修正を受けて1930年に再可決されている（このため1928-30年法などと表記される）[27]。

　このようにフランスで社会保険制度の創設が遅れた理由として、第一に工業化のペースが緩慢で自営業者（農民・職人・小商人）が多数存在し続けたという社会構造上の理由が指摘されている（Baldwin 1990: 103）。つまり、都市労働者の失業や貧困に対処する緊急性が相対的に乏しかったというのである[28]。

　第二に、イデオロギー的な背景として、第三共和制期（1870〜1940年）における自由主義的な国家観、すなわち介入主義的国家に対する強い警戒が挙げられる（Baldwin 1990: 102; Guillaume 2002: 203-4）。ナポレオン3世を皇帝とする第二帝政の崩壊後に成立した第三共和制では、大統領・内閣の権限を極力抑制することが共和主義的と考えられ、実際に政治制度はそのように運用されていた（押村1993; 渡辺, 南, 森本1997）。第三共和制時代の中核的社会集団である小ブル

---

[24]　もともと労働運動との結びつきが強かったが、時代を経るにつれ小商人・手工業者などの比重が増大した。第三共和制期の1898年の共済組合法によって設立が容易になり、同年190万人だった組合員数は1914年には530万人へと増加した（松本2012: 46-7）。

[25]　この他に一部の経営者によるパトロナージュ、パターナリズムとしての企業福祉も行われていた。

[26]　これに先立ち、貧困者に対する医療保障制度として1893年に無償医療扶助法（assistance médicale gratuite）が成立している。

[27]　公的年金制度の導入も抵抗に直面した。1910年には一定所得以下の商工業・農業部門雇用者を対象とする強制加入の年金制度が創設されたが、加入を強制すること（保険料の徴収）に対する反発が強く、破棄院の判決によって創設後まもなく任意加入とされた。

[28]　20世紀の前半に英米に比べてフランスでは失業者が少なかった理由として、そもそも失業者を生み出すような都市労働者層自体が薄かったことが挙げられる（竹岡2001）。なお、フランスは19世紀後半の段階で既に高齢化社会に突入しており、人口増加のペースが緩やかであったため、20世紀前半には失業よりも労働力不足の方が懸念されていた。このため家族政策の充実による出生率向上や移民の受け入れによって労働力の確保が目指された。

第I部　日仏における医療保険改革の分析枠組み

ジョワジー（農業経営者・自営業者）は保護主義的な経済政策を享受しており、彼らにとっては国家による社会政策は必要以上の余計な介入であった（Baldwin 1990: 104）。それが彼ら小ブルジョワジーから都市労働者への再分配を含むものであればなおさらである。第三共和制期の多くの社会集団は国家による社会政策に対して消極的であった[29]。

　第三に、政治制度上の要因として、弱体な国家の存在を指摘できるだろう。第三共和制の政治体制は一言でいえば「議会絶対主義」である（押村1993: 27-9）。大統領は第三共和制初期の段階で実権を持たない象徴的な存在となり、内閣も議会の支持を得られない場合に議会解散権を行使することができず、総辞職に追い込まれていた。第三共和制の内閣は短命かつ弱体であり、70年間に100回以上内閣が交代していた。国家には政策革新に取り組んだり、それを社会に定着させる能力が欠けていた。20世紀前半のフランスでは社会立法の成立や定着は様々な社会集団の抵抗に直面し、推進者の期待通りには進まなかった。この点、ドイツでビスマルク宰相が国家主導で社会保険の導入を推進することができたのとは対照的であった（Baldwin 1990: 102-3）。

　1928-30年の社会保険法制定の経緯を振り返ってみよう[30]。第一次世界大戦後にアルザス・ロレーヌ地方がドイツから返還されたことで、当地に存在していたドイツ式の社会保険をフランス全土に一般化しようという機運が高まった。しかし、既に述べたように社会保険制度の導入は容易ではなかった。大企業経営者は保険料負担を強制されることを嫌い、CGT（Confédération générale du travail: 労働総同盟）と社会党は社会保険法案を支持したものの、CGTU（Confédération générale du travail unitaire: 統一労働総同盟）と共産党は反対し続けた[31]。手工業者・小商人などの自営業者は個人の自由の名の下に公的医療保険への強制加入に反対した。農民たちは農業における自営業者と雇用者の区別が困難であることや保険料負担を強制されることに反対し、労働者とは別建ての

29　後述するように、社会政策の主たる対象となるはずの労働者たちのなかにも（他の国々と同様に）社会政策に対する警戒・反発が見られた。

30　加藤智章（1984）、田端（1985）、松本（2012）、Hatzfeld（1963, 1971）、Palier（2011）による。

31　第一次世界大戦後の社会党分裂・共産党結成に伴い労働運動も社会党系のCGTと共産党系のCGTUに分裂していた。CGTUは社会保険を労働者懐柔策として攻撃し、年金のための保険料の積立が軍国主義国家や資本家に利用されることに反対していた（Hatzfeld 1971: 254）。

制度の創設を要求した。従来から疾病リスクなどへの対応を担ってきた共済組合も自分たちの活動に対する国家管理の強化に抵抗した。

　様々な社会集団による反発のなかでも重要なのは、医師たちが公的医療保険の創設に反対していたことである。一般に共済組合や公的医療保険のように医療費を集団的に負担しようとするメカニズムは医師にとってチャンスとリスクの双方を提供する（Palier 2011: 14=2010: 17; Hassenteufel 1997a; Immergut 1992）。つまり、医療保障の仕組みによって患者は医師の治療を受けやすくなり、これは医師にとっては顧客が増えることを意味する。しかしながら他方では、保険制度の運営を維持するために保険者が医師の診療や報酬について介入してくる恐れもある。実際、日本でもフランスでも公的医療保険の歴史は、医師が公的医療保険によって様々なコントロールを受けることで、診療や報酬に関する自由（自律性）を奪われていく歴史でもある。第Ⅱ部・第Ⅲ部で見ていくように、医療費抑制が重要課題になるにつれ政府は医療機関に対するこうした統制をさらに強めようとしていった。

　19世紀後半には既にフランス各地で医師の組合が結成されていたが、公的医療保険制度創設に対して医師たちは診療の自由と経済的利益を守るために団結を強めていった。こうした動きが1927年の「自由医療憲章（Charte de la médecine libérale）」の採択につながる。この憲章は医療保険制度創設の動きに対して医師の診療に関する自由・報酬に関する自由の確保を目指したものであり、その7原則は以下の通りである（Palier 2011: 17=2010: 20）[32]。

1. 患者による医師の自由な選択（医療保険金庫が医師に患者を押し付けることへの拒否）
2. 職業上の秘密の遵守（医療保険金庫が医師の活動をコントロールすることへの拒否）
3. 患者を診察する度に報酬を受け取る権利（出来高払い方式への執着、定額制や俸給制への拒否）
4. 患者から医師への料金の直接払いと、医師による自由な料金設定（医療保険からの第三者払いの拒否と、医師と患者による料金の直接取決め、す

---

[32]　翻訳は筆者が原書第5版に基づき行った。Hassenteufel（1997a: 97-8）も見よ。

なわち医療保険金庫による料金決定の拒否）

5. 診療と処方の自由（医療保険金庫による医師の診療のコントロールの拒否）

6. 医療保険金庫による患者のコントロールと、医師組合および医療仲裁委員会（commission médicale d'arbitrage）による医師のコントロール（医療保険金庫による医師に対するあらゆるコントロールの拒否）

7. 医療保険金庫における医師組合の代表の参加（同業組合的なコントロールへの意志）

　憲章に掲げられたこれらの原則は21世紀に至るまでフランスの医師組合の行動規範となっている。[33] 7原則からは医師と患者との一対一の関係に対して第三者である保険者が介入することを極力防ごうとする意図が読み取れる。とくに重要なのは、医師と患者が料金を決めること、そして患者が医師に料金を直接支払うことが明記されていることである。前者は医療保険創設によって診療に対する統一的な料金表が設定されることを拒否したものであり、後者は患者がいったん治療費を全額支払った上で患者が保険者たる医療保険金庫に保険給付の申請を行う償還払い方式を志向したものといえる。これ以降、フランス政府は今世紀に至るまで医師に全国一律の料金表を受け入れさせるのに苦労していくことになる。また、保険者が診療の内容をコントロールすることが困難な状況が続いていく。次節2-2.で述べるように、日本では全国一律の公定料金システムと、医療機関が保険者に保険給付を請求する第三者払い方式の確立に成功し、これらが1980年代以降に政府が医療費抑制政策を推し進めるにあたって有利な制度的条件となるのである。

　難産の末、最終的に1930年に成立した社会保険制度は疾病・出産・老齢・障害・死亡を保険事故とする総合的な社会保険であり、フランス社会保障史上の重要な一歩であった。[34] 一定賃金以下の商工業被用者が強制加入の対象とされ、労働者の大半が社会保険の対象となった。[35] しかしながら、様々な社会集団に対する妥協も見られた。第一に、保険者は各県に設置される県金庫（caisse

---

[33] もう一つの自由は、医師は好きな場所で開業することができるという「開業の自由」である。しかし、この自由を認めると医者が過剰または過少な地域が生じるため、近年フランス政府は開業の自由を制限しようと試みている（日本でも同様の状況が見られる）。

[34] 内容については、松本（2012: 75-81）が詳しく検討している。

[35] 1936年の時点で非農業部門では就業人口の約80%が加入していた（Guillaume 1999: 256）。

60

départementale）と共済組合等が設立する初級金庫（caisse primaire）とされ、共済組合が役割を果たし続けることになった。当初は県ごとに金庫を設置し、対象者を強制加入させるはずだったが、共済組合金庫・労働組合金庫・事業主金庫などの多様な金庫の設立が容認され、被保険者は金庫を自由に選択できることになった。第二に、財源については当初10%の保険料を労使折半するはずだったが、負担が重すぎるとして労使の反発を招き、引き下げが決まった（松本2012: 77-8）。これを補うために国庫補助が導入されたが、1935年に減額、1941年には廃止された（松本2012: 77-8; 加藤智章1984: 470-1）。第三に、医師たちは出来高払い・償還払い・自由な料金設定という医療保険に対する自律を維持した。自由な料金設定について補足すると、疾病に関する金庫からの給付は金庫が定める責任料金表（tarif de responsabilité）に基づいて行われ、診療費・薬剤費の80%から85%が金庫によって償還されることになったが、医師たちは金庫が定めた料金を上回る額を患者に請求していた。医師による報酬の超過請求（dépassement d'honoraires）は医療政策上の重要争点となってゆく。最後に、農民に対しては別建ての制度を創設した上で財源を補うために国庫補助金を投入することになった。日本のように地域保険は導入されず、農業被用者は独自の職域保険に加入し、これが財政移転によって維持される形となる。要するに、様々な政治的妥協の結果、金庫の設立の自由・被保険者による金庫の選択の自由・治療費の自由な料金設定といった種々の自由が認められ、政府による社会保険制度の直接的な管理や社会保険制度を通じた医師の活動の管理が避けられる形となった。

　日本との比較の視点からこの社会保険制度について指摘しなければならない重要な特徴は、創設過程における議論および実際の制度化において社会保険の国営化が否定されたことである（加藤智章1984: 471）。公的社会保険の保険者として共済組合などの役割が認められており、財源に関しても保険料不足分を補うため当初国庫補助が導入されたが、社会保険の財政上・管理運営上の自律性を強化するために後に廃止されている。管理運営面・財源面での自律性という原則は第二次大戦後の社会保障制度の設計においても重視されることになる。

d. 第二次世界大戦後の状況

一元的制度創設の失敗と分立型社会保険体制の確立

　他の先進諸国と同様に、フランスでも第二次大戦直後に社会保障制度の刷新が試みられるが、国家は戦後になっても社会集団の抵抗に直面した。終戦前の1944年の時点で対独レジスタンスによって戦後社会保障制度の構想が明らかにされ、終戦後の1945年秋には、社会保障の組織に関する1945年10月4日のオルドナンスと、社会保険制度について定める1945年10月19日のオルドナンスが制定されている。[36]労働省の高級官僚として戦後社会保障制度の創設に携わったピエール・ラロック（Pierre Laroque）は、ラロック・プランとも呼ばれる社会保障計画のなかで、全人口への社会保障の一般化（généralisation）、全制度の単一組織への一元化（organisation unique）、国家ではなく当事者自身（労使の代表）による管理運営という三原則を掲げていた（Laroque 1946）。[37]

　しかし、全国民を単一の制度によってカバーするという目標は達成されず、職業別に異なる制度が併存していくことになる。以前から存在していた公務員や鉱山労働者などの職域保険は戦後も存続が認められ、農民や自営業者も労働者と同一の制度に加入することを拒否したため、全国民を対象とする単一の制度は創設されなかった。

　結局、職域社会保険の分立によって、社会保険の一般化が目指されることになった。1945年に創設された一般制度（régime général）は商工業部門の全ての被用者を対象としており、これによって人口の約半分が公的医療保険に加入することになった。その後、1961年に農業経営者に対する医療保険制度が、1966年に自営業者に対する制度が創設されたことでほぼ全住民がカバーされるようになった（松本2012: 133-8）。1978年には個人加入できる医療保険制度も法制化された。

　一般制度は当初全てのリスクへの保険給付を行うはずであったが、これも実現せず、1967年以降、老齢年金金庫・医療保険金庫・家族手当金庫の三つに

---

[36]　オルドナンス（ordonnance）とは政府が委任立法の形で制定する法規である（滝沢2002: 136-7）。この時にはまだ大統領も正式な議会も存在せず、臨時政府によるオルドナンスという法形式をとることで戦後社会保障制度の刷新が急がれた。

[37]　ラロック・プランを分析した研究として、加藤智章（1984, 1995）参照。

分かれている。このため全リスク・全住民をカバーする単一の社会保障制度は確立されなかった。

また、戦後になってからもフランス政府は医師に公定診療報酬を強制適用するのに苦労した。一般制度での償還率は80%とされたが、実際の給付率はこれを下回った（松本2012: 127-33; 藤井1996: 37-40）。1945年10月19日のオルドナンスによって、診療報酬料金表は各県で医師組合が作成し、医師組合と社会保障金庫が協約を締結することで決定されることとされたが、多くの県で医師組合は協約を締結しなかった。この場合、医師・社会保障金庫・政府の三者構成からなる全国料金表委員会（Commission nationale des tarifs）において、料金表が作成されるルールになっており、政府と社会保障金庫の代表によって低額の料金表が設定されたが、医師たちは料金表に対して超過料金を請求することによって対抗した。1950年の時点で協約が締結されたのは91県中57県にとどまり、協約未締結県では患者自己負担率が5割を超えることもめずらしくなかった。医師の報酬の出来高払い、償還払い、そして超過料金の請求は戦後も続いたのである。

第四共和制になっても政権の不安定性という問題は克服されなかった（押村1993: 31-3）。1946年に新憲法の成立によって始まった第四共和制では、第三共和制の議会政治の混乱への反省から首相による議会解散権が認められたり、議会内では上院に対する下院の優越を規定したりすることで、政権の不安定性を克服しようとした。しかし、下院選挙が比例代表制で行われたため多党制が続き、内閣は以前と同様に議会に安定した支持基盤を持てなかった。しかも、内閣による議会解散権は一度だけしか行使されず、結局12年間に21回内閣が交代する結果となった。

戦後の就業構造に目を向けると、農業従事者の割合は減少傾向にあるもののその速度は緩やかであり、1950年代に入っても約3割が農業部門に従事してい

38　1958年には労働協約に基づいて失業保険制度も創設されている。

39　なお、公的医療保険制度の公式の償還率を80%に抑えることで、残りの自己負担部分に関しては共済組合の活動の余地が残された。公的医療保険制度と共済組合などの補足医療保険制度を組み合わせることで最終的な患者自己負担を抑えるという手法は現在でも用いられており、近年公的医療保険の給付範囲縮小に伴い共済組合の役割が再び重要となっている（第9章）。フランスの民間医療保険については、笠木（2012: 27-30）参照。

40　上院は内閣不信任動議の提出権を奪われた。1954年から上院にも法案の議決権が与えられるが、下院と議決が異なる場合、下院の判断が優先された。

た（Piketty 1998: 77）。経済近代化のなかで農民・手工業者・商店主などの旧中間層が淘汰の危機にさらされると、プジャーディズムに代表される抗議運動が盛り上がりを見せた。1956年の総選挙ではプジャード主義者たちが52議席を獲得している。いいかえれば、この時期にはまだ旧中間層が一定の政治的影響力を持っていたものと考えられる。

　要するに、第四共和制期のフランスでは引き続き様々な社会集団の抵抗によって当初の政策目標が実現できない状況が続いた。一元的な社会保障制度の確立に失敗したことや、医師の診療報酬の統制に失敗したことはその例である。

　診療報酬の全国的な料金表が実現したのは、第五共和制に入ってからの1971年のことであった（加藤智章1995: 279-95; 久塚1991: 100-6; 藤井1996: 40-2; 松本2012: 187-90）[41]。医師組合と全国医療保険金庫の間で全国協約が締結されたのである。もっとも、既に超過料金請求を行う権利を認められていた医学部教授や大病院の医師（加藤智章1995: 216-8）には協約料金への超過請求権が認められ、協約の適用を望まない医師は協約から脱退することも可能とされた。ほとんどの医師は協約医となったが、1974年の時点で2割程度の医師が超過料金請求権を有していた（藤井1996: 42; 松本2012: 190）。1980年の第三次全国協約では一部の医師に対して新たに超過料金の請求を許してしまう。医師は出来高払い方式・償還払い・金庫に縛られない超過料金請求という戦前以来の要求を維持しているのである。この点が医師の報酬のあり方に関して日本と大きく異なる点であり（日本では超過料金請求は認められておらず、医師は患者からではなく医療保険から主に報酬を受け取っている）、超過料金の容認はフランスの総医療費を押し上げる要因になった。超過料金請求の問題は21世紀に至るまで医療保険改革に影響を及ぼし続けている。

労使自身による管理と財源調達 ── 日本との違い

　次に第二次大戦後に確立されたフランスの医療保険制度体系が日本とどのような点で異なっているのかまとめたい。最終的に、フランスの医療保険制度体系は大きく分けて被用者一般制度・農業制度・自営業者制度の三つによって構成される形となった。公務員や公共企業体の職員は年金に関しては独自の制

---

[41] 第五共和制の政治制度については、第3章で詳しく検討している。

度を有しているが、医療保険に関しては一般制度に統合されており、個人保険も一般制度によって管理されている。日本の場合、被用者保険に加入できない人々に対しては市町村の国民健康保険が受け皿になってきたが、フランスではそうした地域保険は存在せず、他の医療保険制度に加入できない人々のためには被用者の一般制度が受け皿となっている。また、退職者は現役時代に加入していた制度に加入し続ける（大田 1989: 267; 江口 1999: 205-6）。

　したがって、被用者（とその家族）が加入する一般制度が圧倒的に大きな制度となっている。1980年代には住民の約80%が一般制度に加入しており、2014年現在、90%に達している（大田 1989: 268-9; Direction de la Sécurité sociale 2015: 10）。このため、医療保険の一般化が達成されて以降のフランスの医療保険改革論議は一般制度を中心として行われている。この点、国民皆保険達成後の日本で高齢者・低所得者を多く含む地域保険（国保）と若年層・高所得者を多く含む被用者保険が併存してきたのとは状況が大きく異なる。全住民を単一の制度に包含するという戦後初期の構想は挫折したものの、結局のところほとんどの人々は一般制度に加入することになったのである。ここで重要なことは、最大の医療保険制度である一般制度の管理運営は労使に委ねられ、財源も原則的に労使の保険料が用いられてきたということである。

　ラロック・プランにおける当事者自身による管理運営という原則は（後述するように不完全ながらも）制度化を見た。これは国家ではなく被保険者を中心にした管理運営を意味し、具体的には労働者を社会保障制度の管理運営に参加させることを通じて戦後の新たな社会秩序へと統合することが目指されていた。そのため社会保障制度の管理運営は国の行政機関とは区別される社会保障金庫（caisse de sécurité sociale）と呼ばれる組織に委ねられた[42]。金庫の理事会（conseil d'administration）は労使の代表を中心に構成され、労使代表の比率は労働側に有利に設定された。左翼が圧倒的優位を占めた終戦直後の政治状況において、社会保障における社会民主主義の実験が試みられたのである（Guillaume 2002: 207-8）。

---

[42]　全国金庫は公法人とされたが、地方に設置された金庫は私法人である。

[43]　戦時中のヴィシー政府やドイツ軍への協力によって大企業経営者は戦後になって政治的に極めて不利な立場に立たされた。ルノーなどは懲罰的国有化の対象となっている。反対に、共産党は対独レジスタンスへの貢献というレジスタンス神話によって、戦後国民から圧倒的な支持を受けた。終戦後の10月の総選挙で第一党となったのは共産党であった。

第I部　日仏における医療保険改革の分析枠組み

　社会保障制度の財源が租税ではなく労使の拠出する社会保険料とされたの
も、このような当事者自身による管理の追求という文脈において理解される。
戦後日本の医療保険制度では国庫負担の増額によって制度の拡充や赤字の解消
が図られたのに対して、フランスでは社会保険料によって社会保険を運営す
ることが原則とされた。これは国家財政を司る財務当局の社会保障財政への
介入度を考える上で重要なポイントとなる（Manow 2010）。財政対策として社
会保険料以外にも自動車保険に対する課税（1967年）、タバコ税・アルコール
税（1982年）などが導入されたものの、これらはあくまでも補足的なものであ
り、1994年には一般制度の医療保険の財源の94.5%が社会保険料で賄われてい
た（De Foucauld 1995: 154）。

考　察

　以上の検討から分かるように、戦後フランスの医療保険制度は日本よりもビ
スマルク型の社会保障制度の理念型に近い。ビスマルク型の社会保障制度にお
いては、受給資格を持つのは保険料を納めた労働者とその家族であり、財源は
労使が拠出する社会保険料によって賄われ、運営は職域ごとに労使の代表によ
って行われる[44]。こうした制度設計は、財政や管理運営について医療保険制度
が国家に対して自律的性格を有するということを意味する。戦後初期には労使
は独自に保険料や給付の水準を決定する権限を与えられなかったが（先に当事
者による管理運営が不完全な形で制度化されたと述べたのはこのためである）、1967
年の改革によって医療保険金庫はそうした決定を行うことが可能とされた（加
藤智章1995: 第4章第2節; Palier 2005: 141）。

　ところが、医療保険財政が悪化しても医療保険金庫（その理事長ポストは労
組の代表が握ってきた）は医療保険料の引き上げや医療費抑制のための施策を
自主的に行うことを避け、結局政府が保険料引き上げや自己負担増などの財政
対策を決定してきた。労組は寛大な給付の維持と国庫負担による低所得者対策
を望んでおり、当事者による自主的な財政再建は達成されなかった。

　とはいえ、労使が社会保障金庫の日常的な管理運営を担ってきたのは事実で
あり、そのことの政治的な含意は、社会保障改革をめぐる政治的対立が左右の

44　本章注1参照。

政党間というよりも、社会保障制度の財政持続性を重視する政府と、寛大な社会保障給付ないし社会的既得権（aquis sociaux）の守護者としての労働組合との間に位置するようになるということである（Palier 2005: 183）。実際、1980年代以降、給付削減型の改革が行われるようになると労働組合は反対運動の先頭に立つことで改革の行方に強い影響を及ぼしてきた。政府の側では労使に管理を委ねてきた医療保険制度に対する国家統制の強化、国家化（étatisation）を通じて財政再建を達成しようとしてきたのに対して、労使の側では内部に目標の相違を抱えつつも自治的な運営を維持しようと努めてきたのである（伊奈川2000: 150-61）。いいかえれば、こうした医療保険金庫の自律志向は、政府と医療保険金庫が医療費抑制のために足並みを揃えることを妨げる可能性をはらんでいた。

　もう一つの含意は、医療保険制度が原則的に社会保険料によって運営されてきたことで、日本のように多額の国庫負担金が投入されている場合に比べて、財務当局による介入の必要性と正当性が低くとどめられたということである。次節2-2. d. で詳しく検討するが、この知見は1970年代以降の医療保険改革がどのように展開していくかを分析していく上で一つのポイントになる[45]。

　フランスに関する議論を整理しよう。戦後フランスでは、医療保険の保険者は労使であり、政府が直接保険者になることはなかった。財源面でも労使の保険料拠出による運営が原則であり、国家予算からの財政的な自律性の確保が重視された。また、医師は公的医療保険による診療報酬の統制に反対を続け、償還払い方式や料金の超過請求が20世紀後半になっても続けられた。要するに、国家は医療保険を直接運営せず、その医療保険は医師の診療に対する統制を十分に行うことができないという体制が成立したのである。日本の場合とは異なり、こうした状況下では政府は医療保険制度を通じた医療費の統制が行いにくくなろう。次節では、日仏の医療保険制度の設計の仕方によって医療費抑制や財源調達の難易度がどのように変わるのか、より詳しく検討する。

---

[45]　マノウは社会保険の一般財源からの財政的自律性をビスマルク型福祉国家における改革の軌道を規定する要因の一つとして重視している（Manow 2010）。

第Ⅰ部　日仏における医療保険改革の分析枠組み

2-2. 医療保険制度の日仏比較 ── 有意味な違いを特定する

a. 共通点 ── 皆保険・フリーアクセス・出来高払い方式

　前節で見たように、戦後日本とフランスでは公的医療保険制度を職業別に多元化することで、1960 ～ 70年代には全ての人がなんらかの公的医療保険制度に加入できるようになった。これによって患者が医療機関にかかる際の自己負担額は抑制され、医療サービスへのアクセスが改善された。また、経済の高成長が続いたことによって国民の所得水準が向上したこともあり、医療サービスの消費は旺盛になった（Palier 2011: 60-2=2010: 65-7）。

　日仏の医療保険制度には医療費の高騰を招くような特徴がいくつか組み込まれてきた。第一に、患者が病院であれ開業医の診療所であれ好きな医療機関を選んで受診することができるフリーアクセス制を享受してきたことである。フリーアクセス制は先進諸国であっても一般的というわけではなく、例えばイギリスでは患者は予め決めた一般医を受診し、続いて病院への紹介状を書いてもらうという形でアクセスが制限されてきた。[46]こうした一般医によるゲートキーパー制が採用されてきたことで、病院医療へのアクセスが制限され（一般医についても特定の医師を受診することが原則である）、それが英国の患者のNHSに対する不満の種となっていた。1990年代には病院での治療を待つ待機患者リストの縮小が大きな政策課題となる。他方、ゲートキーパー制のような仕組みによって医療サービスの利用が適正化されることで、総医療費を抑制する効果が期待されている（もっとも、イギリスのNHSの場合、予め決定されている予算内でしか医療サービスを提供することができず、そのためゲートキーパー制や長い待機期間が必要となっている）。日本やフランスなどでかかりつけ医制の導入が議論されてきた理由の一端はここにある。また、ゲートキーパー制には治療の継続性や一般医と病院の連携を高めることで医療の質を向上させる効果が期待されている。

　医療費増につながる第二の制度的な特徴は医療機関に対する報酬が出来高払

---

[46]　他方、アメリカでは民間の保険会社が治療費の高騰を防ぐために被保険者が利用できる医療機関を制限している。ヘルス・メンテナンス・オーガニゼーション（HMO）はその典型である。

い方式に基づいて支払われてきたことである。出来高払い方式の下では医師は
より多くの患者を診るほど、また一人の患者についてもより多くの検査や投薬
などを行うほど受け取る報酬が増加する。この場合、予算制の下で過少診療が
行われるリスクを回避することができるものの、反対に過剰診療が発生するリ
スクがあるため（池上2010: 32）、出来高払い方式を修正することが日仏の医療
費抑制政策の焦点の一つをなしてきた。

　国民皆保険によって治療費の負担は緩和され、患者は医療機関に自由にアク
セスすることができ、医師は出来高払い方式の下で存分に治療を行うことがで
きるとなれば、総医療費は高騰するはずである。しかし、実際には日本では総
医療費がかなり低い水準に抑制されてきた。第1章で強調したように、日本の
高齢化率がフランスのそれを大きく追い抜くようになってもこの状況が維持さ
れている。このパズルを解くために、以下では日仏の医療保険制度における有
意味な違いを特定していく。

b. 相違点① —— 医療サービスの価格（診療報酬）体系の違い

　医療制度がどのように設計されているかによって、政府として制度に働きか
けるための手段は異なってくる。政府が医療費を抑制したり公平性を確保した
りするためには、政府が医療「制度のパラメーターを設定する法的権限と制度
的な手段」（Giaimo 2001: 343）を有するか否かが重要である。[47]

日　本

　日本では保険診療を行う全ての医師・医療機関は全国一律の診療報酬点数表
に基づいて患者と医療保険から報酬を受け取っている。[48] 次項 c. で検討するよ
うに、この診療報酬の操作が日本の医療費抑制政策のかなめである。1980年

---

[47]　アメリカの医療費が極端に高水準なのは、国家がこうした医療費抑制の制度的手段を持
たないためとされる。

[48]　1927年に健康保険制度が実施された際には、政府管掌健康保険では、被保険者数に基づ
く総額を医師会に支払い、これが個々の医師に配分されるという仕組みだった（人頭割請負
方式）。その後、1942年に点数単価方式が採用され、診療報酬は厚生大臣が告示する公定料
金となった（支払いは出来高払い方式）。第二次大戦後には1958年から点数の一点単価が10
円に固定され、1963年に医療機関の都市部への集中是正のために点数表の地域差が撤廃され
た。吉原, 和田（2008）、西村（1996）参照。

代から入院時の室料やアメニティの部分については料金の自由化が認められており、この点では患者の所得による格差が容認されてきたが、医療行為本体については料金の超過請求は認められていない。また、公的医療保険が適用される治療とそうでない治療を併用する場合、治療費を全額患者が負担することになっており（混合診療の禁止）、これが保険適用対象の拡大を促すとともに所得による医療格差の予防に貢献していると考えられている（遠藤2005: 227）。いいかえれば、必要な治療は全て公的医療保険によってカバーされることが前提となっているのである（笠木2008: 34）。こうした仕組みの下では、公定料金を抑制することで治療費を抑えることができる。

フランス

他方、フランスでは戦前から医師組合が公的医療保険によって医療行為の価格を固定されることに反対してきた。全国的な公定価格体系の確立は1971年と遅く、しかも料金の超過請求権が少なからぬ医師に既得権として認められていた。1980年には、公的料金に対する超過請求権が新たに一部の開業医に認められた。この後、セクター2（secteur 2）の医師と呼ばれる超過料金請求を行う医師は増加し続け、1990年には開業医の32%がセクター2に属していた（都市部の医師や専門医に多い）（Barbier et Théret 2009: 70 Tableau 12）。このように医師に公定料金を上回る超過料金請求権を認めると公定料金の操作による医療費抑制政策が機能しなくなる。これはフランスの公的医療保険の給付水準が低いことの一因であり、治療によっては超過料金も含めた治療費全体に対する公的医療保険の給付率が5割を下回ることもめずらしくない。[49]マクロ・レベルでは2010年にフランスの公的医療費が総医療費に占める割合は78.1%であり、同年の日本の81.9%を下回っている（巻末資料・付表4）。このため住民の大半が共済組合などの提供する私保険に加入することで自己負担を抑制している（低所得者は公費で加入できる）。[50]1990年代からセクター2の縮小が進められているが、2007年には25%の医師がなおセクター2に属していた（Barbier et Théret 2009: 70

---

[49] *Le Parisien*, 23 juillet 2012 « Négociation cruciale sur des honoraires trop élevés ». Tabuteau （2010）も見よ。

[50] 民間保険への加入率は1960年には住民の31%だったが、1980年には69%、2005年には92%に至っている（Fantino et Ropert 2008: 291）。

Tableau 12）。

超過料金請求の有無

　全国一律の公定料金システムの下では、医師の治療の経験や実績によらず同じ医療行為については同じ料金が支払われる。このため超過料金の請求を医師の評判や技能に応じた上乗せ評価を行う一つの方法として積極的に評価することもあり得るだろう。他方、患者負担の増大や医療へのアクセスの不平等を問題視する立場からは超過料金請求は否定的に捉えられよう。いずれの立場をとるにせよ、医療費抑制との関連で指摘しなければならないことは、超過料金請求が認められていることで、フランスでは公的医療保険適用外の患者負担が押し上げられ、したがって総医療費が押し上げられているということである。

　これに対して日本では病院・診療所を包括する診療報酬システムが成立しており、それに対する超過料金を認めないことで、総医療費の抑制と、総医療費に対する高い公的医療費の割合を実現してきた。さらに、以下で述べるように診療報酬全体の改定率を閉鎖的な仕方で決定可能であることが分権的な日本の政治システムにおいて医療費抑制を可能にしてきた。政府は制度的に医療費抑制の手段を有しており、かつ医師との政治的な妥協を形成する余地もあったのである。

C．相違点② ── 診療報酬の改定方法の違い

日 本

　日本では診療報酬が2年に一度、物価・賃金・医療機関の経営動向を考慮して改定されている（島崎2011: 364）。戦後長らく診療報酬の改定は厚生省の審議である中央社会保険医療協議会（中医協）において行われてきた[51]。中医協は診療側委員8名（日本医師会・病院団体など）、支払側委員8名（旧社会保険庁・労働組合・経営者団体・市町村代表など）、公益委員4名（学者・ジャーナリスト）[52]

---

[51]　以下、本項c.は、尾玉（2011）の基礎的検討を発展させたものである。
[52]　1950年設置。沿革については、島崎（2011:106）参照。元会長による解説として、森田（2016）がある。

第I部　日仏における医療保険改革の分析枠組み

の三者構成となっている。日本医師会を盟主として医療費増（診療報酬引き上げ）を求める診療側委員に対して、政府・労働組合・経営者団体などの支払側委員は一致して医療費抑制を求めてきた（池上, キャンベル1996: 第1章）。

　診療報酬の改定は二段階に分けられ、まず診療報酬全体の改定率を決めた上で、個々の医療行為の点数を配分・調整していくという仕組みから成っている。診療報酬全体の改定率を低く抑えた上で、個々の点数を操作することが日本における医療費抑制政策の決定的な手段をなしてきた。出来高払い方式の下では政府・議会は予め医療費の総額を固定できないが、代替策として診療報酬の操作を通じた医療費抑制が行われてきたのである。前項b.で述べたように、日本では必要な治療は全て診療報酬体系の内部に含まれ、公定価格が設定されることになっているため、診療報酬改定を通じた医療費全体に対する統制も行いやすくなっていることが重要である。また、診療報酬の点数配分は中医協に一本化されており、そこでの決定が全ての医療保険と保険医療機関に適用されるため、個別の保険者が個別の医療機関と料金の交渉を行う場合と比べてはるかに効率的である（池上, キャンベル1996: 153）。

　インフレが昂進していた1970年代には薬価部分を除いた診療報酬本体部分（医科）の改定率は平均して10%を上回っていたが、1984年の改定時には2.8%まで低下し、それ以降1990年代の半ばまで3%前後の改定率が続く（表4-1）。薬価部分の引き下げも含めると全体としての改定率はさらに低くなる。二木立はこうした長期的な診療報酬の抑制を先進諸国でも例をみない「世界一の医療費抑制政策」としている（二木1994）。

　小泉政権時代の2002年改定の際には、中医協で改定率について合意が得られず、塩川正十郎財務相と坂口力厚労相との閣僚折衝によって決着が付けられ、診療報酬本体部分の史上初のマイナス改定が決められた（第6章）。もっとも、それ以前から改定率は中医協ではなく自民党と日本医師会（日医）トップの非公式な会談によって政治的に決定されていた（西村1996; 池上, キャンベル1996; 結城2006）。実質的には、診療報酬全体の改定率は首相・大蔵（財務）大臣・厚

53　2006年に三者の比率は7：7：6に変更された（第6章）。
54　二木立は、診療報酬の点数操作が厚労省にとって「医療費抑制の最大の武器」であるとしている（二木2001: 67）。元厚労官僚の島崎謙治も、医療費増加型の日本の医療制度において、診療報酬の抑制が「疑似的な総額予算制」としてマクロ管理機能を果たしてきたと指摘している（島崎2011: 365）。

生（厚生労働）大臣・与党幹部・日医トップらの間で密室的に決定され、これによって医療費の総枠が概ね決められてきた（島崎2011: 365; 印南, 堀, 古城2011: 111-4）。2004年に歯科の診療報酬改定に関する贈収賄事件が発覚すると中医協の改革が行われ、2006年には中医協に代わって内閣が年末の予算編成過程で診療報酬の改定率を決定することが明確化されるに至った（島崎2011: 106, 364）。

　医療費抑制の別の手段としては、他にも患者自己負担を引き上げるという方法もあるが、そのためには法律の改正が必要となるため、多くの与党議員が関与することになる上に、国会審議を経る以上野党対策（国会対策）も必要となってくる（また、医療費抑制効果が短期間しか持続しないようだ）。しかし、診療報酬改定は上記のように閣僚と与党幹部（政調会長や厚生族のリーダー議員など）が医師会トップと交渉するという密室的・集権的な決定スタイルをとっているため、政治的抵抗（骨抜き攻勢）を受ける機会が少ない。また、年末の予算編成の日程に合わせて改定率が決定されるため、決定過程が長期化することもない。したがって、診療報酬の抑制は政治的にコストの少ない医療費抑制の手段といえよう。小泉政権時代の2002年にマイナス改定、2004年にプラスマイナスゼロ改定、2006年に再びマイナス改定が行われたことから、この仕組みを極めて費用抑制的に運用することができることが明らかになった。なお、理論上はこの仕組みを用いて医療費の引き上げを政治的に決断することも可能だが、そのためには財源の捻出が必要である（あるいは財政赤字を覚悟する必要があろう）。医療費増を公約した民主党は2009年の政権交代後に十分な財源を確保することができず、2010年の改定はプラス1.55％（本体部分）にとどまった（表6-3）。

　さらに、診療報酬改定率の抑制が政府・与党と医師会との間で成立可能な妥協点となりうることを指摘しておきたい。つまり、医師会の側にも診療報酬の抑制を受け入れることで他の重要な利益を守るという戦略を採用する余地があるのである。例えば、患者自己負担の引き上げによって受診抑制が発生すれば医療機関にとっては顧客である患者そのものの減少を意味し、その経済的損失は診療報酬の点数を引き下げられた場合よりも大きなものとなろう（医師会としては受診抑制による健康上の損失を主張する）。また、仮に診療報酬点数が抑制されても、患者自己負担が低く抑えられ、出来高払い方式が維持されていれば経済的損失を抑制できるであろう。日本医師会は国民皆保険体制のもとで全国

第I部　日仏における医療保険改革の分析枠組み

民が平等に医療機関にアクセスできるという体制の維持（およびその体制における医療機関の共存共栄）を重視しており、診療報酬のある程度の抑制を受け入れることを交換条件として、患者自己負担の拡大や混合診療の解禁などによる国民皆保険の空洞化に反対するという戦略をとる可能性が考えられる。[55]実際に、小泉政権時代に坪井栄孝日医会長は小泉首相にこうした取引をもちかけていたという（第6章）。医師会が診療報酬の引き上げ（あるいはより少ない引き下げ）を求めてきたのは確かだが、改定率の抑制を受け入れることが、他の重要な利害を脅かすような改革を阻止するための手段、政権との妥協形成の手段ともなり得るのである。こうした政治的メカニズムによって、国家財政の逼迫時には診療報酬改定率の抑制が医療費抑制の手段として採用されやすいものとなるだろう。第3章で述べるように、自民党政権は利益団体に対して脆弱なはずだが、それにもかかわらず1980年代以降、診療報酬の抑制が長期的に実現した背景にはこのような政治的メカニズムがあった。

　診療報酬全体の改定率が決められてからは、第二段階として個々の医療行為に対する点数配分が中医協で行われてきた。上記のように、診療報酬改定率の決定は中医協の外部で政治的に決定されることが多く、1970年代以降中医協の実質的な役割はこちらにあった（西村1996: 60）。第二段階においても、個別の点数の操作や定額払い方式の導入などによって医療費抑制が目指されてきた。[56]ここで重要なことは、点数配分に医師会が関与することで、様々な医療機関や診療科、診療行為に対して医療費を配分し、利害を調整するという役目を医療界の代表自身が担ってきたことである。この点、開業医の診療所・公立病院・私立病院の三部門で診療報酬システムが異なる状況が続き、開業医も複数の団体に分裂し調整がままならなかったフランスとは対照的である。

　日医は中医協の診療側委員のなかで最大の影響力を持っており、診療報酬全体の改定率が抑制されるなかでも主たる会員である開業医の利益を守る機会を

---

[55] また、患者自己負担を導入するとしても定率制よりも（少額の）定額制を要求するはずである。なぜなら、定率の患者自己負担が導入された場合、診療報酬の点数を引き上げるとそれに伴って患者負担まで増えてしまうからである。反対に、医療費抑制を目指す政府は定率制を主張するだろう。定率制と定額制の違いに関する旧厚生省の整理として、厚生省保険局企画課課監修（1985: 62-3）参照。

[56] ただし、抑制一辺倒というわけではなく、一部重点化も図られてきた。また、現行の診療報酬体系は医療機関の経営にとってリスク要因になっていたり、意図せぬ結果を招いたりするといった問題点も指摘されている（島崎2011: 366-7）。

有してきた。全体の改定率の決定という第一ラウンドで敗北しても、個々の点数配分という第二ラウンドで開業医に対する被害を縮小しようとしてきたのである。実際に、日本の診療報酬体系においては、比較的安価な開業医の診察料と、より費用のかかる病院の手術や手厚い看護体制に対する診療報酬とでは、前者の伸びの方が大きいことが明らかにされている（高木2005）[57]。こうした点数配分によって厚生省としては医療費全体を抑制し、日本医師会はそのなかでも開業医への重点配分を獲得することができ、両者の利害は一致している（高木2005: 96）。この点もまた、診療報酬改定率の抑制に関する妥協がなぜ成立しうるのかを理解するために重要であろう。

　以上の日本に関する議論を要約すると、第一に、政府は総医療費をコントロールするための手段を有している。つまり、日本では制度設計上診療報酬全体の改定率の引き下げを行うことが可能になっており、これが政府にとっては医療費抑制を行う上での重要な手段となっている。第二に、政治的にも診療報酬抑制による医療費抑制が、政府・与党と医師会との間で成立可能な妥協点となっていたものと思われる。まず、必要な治療には全て公定価格が設定され、公的医療保険の対象となること、それによって患者が必要な治療を受けられるようにすることに関して、厚生（労働）省と医師会は一致している。また、医師会には、第一段階の改定率の決定においては低い改定率を受け入れる代わりに、その他改革案を後退させるという取引を行って重要な利害を守る余地があり、第二段階の点数配分では開業医への重点配分を獲得することで開業医の利益を守ることができたのである。

　1980年代以降の日本で医療費抑制政策が機能するようになった理由として、しばしば厚生省・大蔵省といった財政当局が、日本医師会に対して優位に立つようになったからであるとされるが（高橋1986; 池上, キャンベル1996: 137-9; 二木1994: 8-9など）、医師会が完全に屈服したと見るのではなく、診療報酬改定率の抑制に関して妥協の余地があることにも注意するべきであろう。そうでなければ、利益団体や与党議員からの反発に脆弱な日本の政府が診療報酬抑制に漕ぎ着けた理由がうまく理解できないのではないだろうか。

　これに対して、政府がほかの医療費抑制策として患者自己負担の引き上げを

---

[57]　池上, キャンベル（1996: 158-9, 211）などにも同様の指摘がある。

提案する場合、受診抑制が生じることで医師会の利益はより大きく損なわれる。医師会は与党議員への働きかけによって負担増を撤回ないし極力縮小させようとするだろう。第Ⅱ部で見るように、日本では実際に患者自己負担の引き上げが医師会と与党の反発によって度々撤回・緩和されている。

フランス

フランスでは、日本のように医療費の総枠を決定した上で報酬の配分を行うというメカニズムが成立していない。1971年以来、開業医の診療報酬や医療費抑制政策などに関する取り決めは全国協約（convention nationale）の枠内で行われてきた。全国協約とは労使が中心となって管理する医療保険金庫（caisse d'assurance maladie）と医師組合（syndicat médical）[58]によって締結されるもので、政府（保健医療担当大臣など）が承認することで効力を発揮する。協約は概ね5年おきに締結されており、診療報酬は協約の付属書において毎年改定可能である[59]。このようにして全国一律の医療サービスの公定価格を設定しているのは日本と同様である。

しかし、重要な違いが残っている。日本の場合、診療報酬の改定が国の財政事情から捻出可能な範囲に限定されることで、医療費の総枠がある程度決定されてきた。フランスにはこのように全体の改定率を決定する仕組みがない。つまり、医療費総枠を管理する仕組みがないのである。

また、日本では長い間診療側の意見を日本医師会が代表し、政治決着によって診療報酬改定率を決めてきたが、フランスの場合、一般医の組合、専門医の組合など複数に分裂した医師組合がそれぞれ報酬引き上げを要求するため、診療側の対立の収拾が困難であった（第3章）。ある医師組合が協約に合意しても、別の組合が反対することで協約締結が困難になり（あるいは締結後に取り消され）[60]、結局報酬の引き上げによってしか新たな協約が締結されえないとい

---

58 利益団体については、第3章で詳しく検討する。

59 正確には、医療行為の単価が協約によって設定され、これに対して行政が定める当該医療行為の難易度を乗じたものが最終的な料金とされた（加藤智章1995: 68-9）。例えば、「虫垂炎手術＝50KC」とは、50が手術の難易度を、KCが外科的治療を意味し、KCの単価が協約によって決められていた。1986年にはKCは12.45フランであり、虫垂炎手術は50×12.45＝622.5フラン（1万4300円）だった（大田1989: 271）。

60 こうした全国協約の法的不安定性について、加藤智章（1995: 291）参照。

う状況が続いてきた（Hassenteufel 1997a: 272; Hassenteufel et Palier 2005）。

　こうした状況のもと、政府としては一方で医療保険料の引き上げに努め、他方では患者自己負担を拡大することで財政対策を行ってきた。しかしながら、公的医療保険制度の給付縮小は共済組合の普及によってカバーされ、患者自己負担増を通じた医療費抑制効果は相殺された。このため2004年から公的医療保険のみならず、共済組合も費用負担してはならない少額の患者自己負担が導入されることになる（第9章）。

　なお、フランスでは開業医部門（診療所）・公立病院部門・私立病院部門で料金体系が異なっており、公立病院部門に対しては1984年から従来の日額方式（患者の入院日数に応じて病院に報酬が支払われる仕組み）に代えて総枠予算方式が導入されたことで費用が抑制されるようになった[61]。1990年代には私立病院部門にも費用を抑制する枠組みが導入されている。したがって、それ以降は診療所（外来）部門の医療費抑制が課題とされてきた。1996年には診療所部門をとくに標的として議会が公的医療保険の費用の伸び率を決定する仕組みが法制化され、全国協約に盛り込まれたが、医師による行政訴訟を含む反対運動によって、拘束力を持たない形に骨抜きにされている（第8章）。

　以上の議論をまとめると、日本では必要な治療が全て公的医療保険の範囲内で提供されることを原則として（2-2. b.）、診療報酬の操作を通じて総医療費を圧縮しようとしてきた（2-2. c.）[62]。これに対して、フランスでは公定診療報酬に対する超過請求が認められており（2-2. b.）、日本の診療報酬改定率のような医療費総額を管理するメカニズムが欠如してきた上に、診療報酬を定める全国協約が安定して更新されていない（2-2. c.）。フランスで医療保険給付費のマクロ管理が本格化するのは1990年代に入ってからのことである。

　いいかえれば、日本の医師は超過請求および混合診療の禁止、第三者払い方式などに見られるように公的医療保険制度のなかに深く埋め込まれているのだが、フランスの医師は超過請求が容認されていたり償還払い方式がとられてい

---

[61] 開業医（外来）部門と入院部門とでは診療行為の一覧表や表記方法も異なるものが用いられてきた。両部門共通の診療行為の表記方法として、2005年3月からようやく「医療行為共通分類（CCAM: Classification Commune des Actes médicaux）」が導入された（笠木2008; 加藤智章2016）。

[62] ただし、既に述べたように室料やアメニティなどの医療行為以外の費用については必ずしも抑制政策はとられていない。

たりと公的医療保険制度に対する自律性が強い。その結果、公的医療保険の関連制度を通じた医療費の管理が行いにくくなっているといえよう。[63] 1927年の「自由医療憲章」によって象徴されるように、歴史的にフランスでは国家や保険者による診療への介入を排除し、個々の医師の判断を尊重することが医療の世界における基本原則であった（笠木2008; 松本2012）。1990年代に入り、フランスの医療保険改革は医療費と医療の質に対するコントロールを強化するために、医療保険における国家の役割の強化、医療保険の国家化（étatisation）に向けて大きく舵を切っていくことになる。次に、医療保険の財源構成の違いが、医療費抑制や財源の拡大にどのような影響を与えるかについて考察したい。

d. 相違点③ ── 財源構成の違い

支出削減圧力の強弱

2-1.で述べたように、日本の医療保険制度体系の特徴の一つは民間部門被用者の健康保険や公務員の共済組合などの職域保険に加えて国民健康保険という地域保険が導入されたことである。これに対してフランスでは、あくまでも職域保険の多元化という形での医療保険の一般化が図られた。

　もう一つの重要な違いは、フランスの医療保険制度は被保険者が退職後も従来の制度に加入し続ける突き抜け方式だが、日本の被用者保険の被保険者は退職後には国保に加入することになっている点である。[64] 当然ながら国保加入者

---

[63]　公的医療保険制度に関連した医療費抑制の仕組みについて、もう一つ日仏の違いを付け加えるとするならば、診療に対する事後的なチェックのあり方が挙げられよう。日本の医療機関では、患者は窓口負担部分のみを支払えばよく、医療機関が保険者に保険給付を請求するという第三者払い方式が一般的である。被用者保険に関しては診療報酬支払基金が、国保に関しては都道府県単位の国保団体連合会がそれぞれ医療機関から送られてきた診療報酬明細書（レセプト）をチェックしている。この時、計算ミスなどの形式的な審査に限らず、医学的な妥当性の審査も行われる。診療報酬の算定要件を満たしていない場合、減点査定が行われる。これに対して、フランスでは診療に対する事後的なチェックが弱いと指摘されている（真野2011: 80）。日本におけるレセプトの審査については、池上, キャンベル（1996: 170-7）、島崎（2011: 362-3）を、フランスについては、奥田, 池田（2001）を、またこの点について日独仏の比較を行っている、笠木（2008）をとくに参照されたい。

[64]　もともと、退職した高齢者は被用者である子どもの扶養に入ることで、被用者の健康保険制度の被扶養者になるものと考えられていたが、年金の給付水準が高まるにつれて退職者が子どもの扶養から外れて国保に加入する例が続出するようになった（広井1997: 85）。

の平均年齢は高くなる上に、退職者の保険料拠出能力は乏しいため、国保は自主財源による運営がますます困難となる。しかも、就業構造上農業従事者などの占める割合が低下しても[66]、他制度に加入していた人々が退職後に移入してくるため、国保はなお重要な制度であり続けた。1990年代以降、失業の増加や雇用の不安定化によって被用者保険から国保に移る者も加わり、医療保険制度の加入者全体に占める国保加入者の割合は増加に転じ、1995年度末から2002年度末にかけて34.4%から39.7%へと増えた（医療保険制度研究会編1997: 66, 2007: 66）。こうした事情によって国保では加入者の平均年齢が高く、平均所得は低くなり、絶えず公費負担と他の医療保険制度からの財政移転によって支援することが必要になる。

　したがって、1970年代まで日本の健康保険は国庫負担の増強によって給付水準が改善されてきた（公的年金制度も同様である）（田多2007: 55-60）。とりわけ国保では1966年に給付費の45%が国庫負担で賄われるまでに至った。確かに、「歴史的にみれば、繰り返し行われた国庫負担の引き上げという財政的弥縫策の結果、国民健康保険や国民年金の所得再分配効果がアクシデンタルに高まったというプラスの側面が生じたと評価することもできる」（権丈2005: 262）。しかし、国庫負担が多いということは医療保険制度の財政的自律性が低いということであり、国家財政の状況が悪化するにつれて財務当局から支出削減圧力がかかりやすくなる（Manow 2010; 田多2007）。1970年代の半ば以降、社会保障費は国の一般会計歳出の約20%を占め、地方交付税交付金と公共事業費と並ぶ三大支出の一つをなしてきた（草野2012）。社会保障費は膨張を続け、上記の割合は2010年代に入ってからは約30%となっている。増額の決定をせずとも高齢化に伴い自然に増加する社会保障費（とりわけそのなかの国庫負担）をいかに抑制するかは、国の財政赤字縮小を目指す大蔵省（財務省）にとって重要課題となろう[67]。

65　また、公的年金等控除によって保険料負担が軽減されている（広井1997: 85）。

66　国民皆保険発足直後の1962年には市町村国保加入者（世帯主）の職業は農林水産業と自営業が全体の約7割を占めていたが、1994年には全体の3分の1まで減少し、他方で無職の割合は1割から4割へと増えた（吉原, 和田2008: 457）。

67　池上直己とJ. C. キャンベルは、日本の場合、「医療費の増加に対して一つは保険料、もう一つは国の予算という二重の縛り」があり、片方のみの場合よりも医療費が抑制されるという見方を示している（池上, キャンベル1996: 211-2）。

第I部　日仏における医療保険改革の分析枠組み

　実際に、1980年代から大蔵省は社会保険への国庫補助を減らしてきた。1980年度の国民医療費の財源（患者負担を含む）に占める国庫負担の割合は30.4%だったが、1990年度には24.6%まで低下している（厚生省「平成7年度版国民医療費の概況」）。第3章で検討するように（純）増税は政治的に困難であったため、差し当たり1980年代には財政的に余裕がある医療保険制度からそうでない制度への財政調整が選択され、次いで1990年代には保険料引き上げオプションが選択された。一般に、社会保険料は使途が明確であること、引き上げに伴う政治的可視性が低いことなどから増税に比べて実施しやすいとされる（Manow 2010: 282-4; Palier 2005: 43-4）。ところが、1990年代半ば以降、賃金や被保険者数の伸び悩みにより、保険料率を引き上げても十分に保険料収入が伸びないという隘路に入り込んでしまった。[68] 1990年代には実質増税が回避され続けた結果、税収も社会保険料収入も伸び悩む状態となった。[69] こうして高齢化に伴って増大する医療費を賄えるだけの財源基盤の拡充が行われぬまま2000年代に突入し、小泉政権下では患者負担引き上げと診療報酬引き下げを中心とした厳しい医療費抑制政策が繰り返されることになるのである。

　他方、フランスでは社会保険の財源には社会保険料を用いることが原則であったため、国家予算と社会保障予算の分離が相対的に明確である。第二次大戦後の社会保障制度創設の段階で国家ではなく労使の代表が保険者となり、財源にも税ではなく社会保険料が選択された背景には、まさに国家の財政状況によって社会保障制度が影響を受けないようにするという意図があった（Laroque 1946: 19）。[70] 前節でも述べたように、1994年には一般制度の医療保険の財源の94.5%が保険料で賄われていた（De Foucauld 1995: 154）。[71] 確かに、農業制度のよ

68　国や制度によっても異なるが、社会保険料の上げ下げは各保険者に多かれ少なかれ委任されており、必ずしも法改正を必要としない。

69　労働時間や日数が一定以下の非正社員は被用者保険が適用されないため、企業は非正規雇用者を活用することで社会保障負担を回避することができる。こうして正規雇用者には社会保障負担が集中し、増大する非正規雇用者は不十分なセーフティネットに甘んじることになった。佐藤（2013）参照。

70　ただし、本来租税で賄うべき低所得者に対する給付が社会保険料を財源として支出されることがあり（年金の保険料を用いて高齢者の最低所得保障を行うなど）、社会保障金庫の側ではこれを「不当な負担（charges indues）」として政府を批判していた（Masnago 1978）。1990年代以降は一般社会拠出金（CSG: contribution sociale généralisée）が不当な負担の問題を解消するための財源として用いられていくことになる（第V部）。

71　また、1991年の時点で社会保険以外の制度も含めた社会保護（protection sociale）制度全

うに国の補助金に依存した制度もあるが、農民人口の縮小に伴って同制度の規模も縮小している。時代を経るにつれ国民の大半が被用者一般制度に加入するようになった。医療保険制度間の財政調整が実施されているが、今や住民の約90％が被用者一般制度に加入しており（2-1. d.）、また突き抜け方式が採用されているため、日本のように制度間の財政調整は大きな争点にはならないといえるだろう。最大の制度である一般制度は労使の保険料という目的財源を中心にして運営される以上、一般会計からの補助金に依存する程度が高い日本の制度に比べて財務当局からの支出削減圧力は小さくなる。

財源拡大の難しさ、容易さ

　とはいえ、社会保険制度の財政状況が悪化した場合、保険者ないしそれを監督する社会保障担当大臣は、財政対策として保険料の引き上げと給付の削減という二者択一を迫られることになる。マノウは、ビスマルク型の福祉国家ではコスト削減よりも収入の増加、とりわけ社会保険料の引き上げが選ばれるだろうとしている（Manow 2010: 282-4）。なぜなら、第一に、先述のように社会保険料の引き上げは増税に比べて政治的に争点化しにくく、また使途が明確であることから増税に比べて実現しやすい。したがって、専ら社会保険料によって財源が調達されている制度では、税財源の制度よりも増収措置がとりやすい。第二に、国庫補助が投入されていない社会保険制度について財務大臣は意見を述べる公式の権限がなく、また社会保障担当大臣は大抵支出増バイアスを有している。第三に、財務担当省庁は社会保険への国庫補助を要求されるのであれば、社会保険料の引き上げに賛成するだろうというのである。

　給付の削減と保険料の引き上げとでどちらが選択されるかは、政権の方針や選挙までの時間的余裕などほかの様々な要因によっても左右されるであろうし、社会保障担当大臣が支出増バイアスを有しているとも限らない。実際に、ビスマルク型の福祉国家でも年金や医療保険の給付削減は行われている。とはいえ、マノウの議論は、社会保障制度がそれに結びついた財源を中心として運営され、財政的な自律性が高い場合に、財源拡大という選択肢がよりとられやすいことを示唆している点で重要であろう。

体の財源に占める社会保険料の割合も約80％であり、これは同時期のドイツやイタリアよりも高い水準である（Eurostat 2003: 237-8）。

81

第Ⅰ部　日仏における医療保険改革の分析枠組み

　実際に、フランスでは1970年代に医療保険の財政が悪化してから保険料の引き上げが繰り返されてきた。1976年から1981年までに一般制度では6回も保険料が引き上げられている（表13-1）。1984年度の日本の政管健保の保険料率が賃金の8.4%（労使折半）であったのに対して、フランスの一般制度の保険料率は18.1%（事業主負担12.6%、被用者負担5.5%）にも達していた。保険料引き上げは増税に比べて相対的に行いやすいとされるが、フランスの場合、一般制度の保険料率の改定には国会の議決を必要とせず、医療保険金庫（労使）の自主的な判断あるいは政令で変更できるため、やはり保険料率の引き上げに伴う政治的コストは小さいといえよう。

　さらに、1980年代に保険料引き上げに伴う労働コストの高騰、企業の国際競争力の低下、新規雇用の抑制などの問題点が指摘されるようになり、保険料引き上げオプションが限界に達したと認識されると、財源調達方式の改革への流れができた（Palier 2005）。1990年には賃金だけでなく、資産・投資運用益・賭博益など公的扶助以外の所得に広く課税される一般社会拠出金（CSG）の導入が決定され、社会保険料以外の社会保障目的財源が確保されることになった（第13章）[72]。一般に高齢化・低成長・高失業・雇用の不安定化などが進行するにつれ、被保険者数の減少と被保険者の収入の減少によって社会保険料収入は停滞することになるが、フランスでは1990年代の初めに社会保険料に代わる社会保障財源を導入することに成功した。導入以降、CSGの税率の引き上げや課税ベースの拡大が繰り返し行われており（1993年、97年、98年、2004年）、90年代の終わりには所得税よりも税収の規模が大きくなった。こうして社会保障支出の削減がある程度回避されたのである（Manow 2010; Kato 2003: 94-112）。以上を要約すると、フランスの医療保険制度は医療保険目的財源による運営がかなりの程度実現されてきたことで、財務当局による医療費抑制圧力が緩和されてきたといえよう。

　これに対して、日本では1970年代末以降増税の失敗・先送りが目立ち、多額の国庫補助によって発展した医療保険制度体系は国家財政の赤字を背景として、1980年代以降、大蔵省によって厳しい費用抑制圧力がかけられた（第4章）。増税が先送りされるなかで、大蔵省としては医療保険のために国庫補助

---

[72]　CSGは社会保険料の徴収ベースを拡張したものであり、一種の社会保障目的税である。

を拡大するわけにはいかず、財源拡充策としては1990年代の後半になってようやく保険料の引き上げが行われるようになる（第11章）。

2-3. 結　論

　本章では、日仏の医療保険制度の形成過程から議論を始め、両国における医療保険制度改革の展開を規定する医療保険制度上の要因について比較検討してきた。とくに、社会保険型の国々のなかでも日本では医療費が抑制され、フランスでは医療費が高水準となってきた原因を医療保険制度の設計に即して解明してきた。[73]

　まず、2-1.の検討によって日本では医療保険制度が運営面でも財源面でも政府からの自律性が低く、政府による医療費抑制圧力がかかりやすく、また医療費抑制政策を実施しやすい制度設計になっていることを示した。反対に、フランスの医療保険制度では管理者である労使と診療側との自律的な交渉が重視されており、政府主導で医療費抑制政策を実施しづらいといえよう。

　2-2.では、1960 〜 70年代に医療保険制度体系が確立された後の両国の医療保険制度を詳しく比較検討した。日本では、病院・診療所を包括する診療報酬システムが成立しており、それに対する超過料金を認めないことで、総医療費の抑制と、総医療費に対する高い公的医療費の割合を実現してきた。かつ、診療報酬全体の改定率を閉鎖的な仕方で決定可能であることが、分権的な日本の政治システムにおいて医療費抑制を可能にしてきた。公的医療費の割合を高い水準に維持することを目指す日本医師会にとっても、診療報酬の抑制は患者自己負担率の引き上げや混合診療解禁に比べて妥協しやすい政策選択肢であった。また、国庫負担の拡大に依存してきた医療保険制度が国家財政悪化後には財務当局による厳しい費用抑制圧力の下に置かれることを指摘した。

　他方、フランスでは開業医（外来）・公立病院・私立病院の三部門で料金体系が異なっている上に、一部の開業医には公定価格に対する超過料金が認めら

---

[73]　無論、一国の医療費の規模を規定する要因としては所得水準、人口構造や医療供給体制のあり方などの影響も考えられるが、本章の分析は医療保険の制度設計上、医療費抑制圧力がかかりやすいか否か、また実際に医療費抑制を行うことが容易であるか否かという問題を扱ったものと理解していただきたい。

れており、単一の診療報酬システムの操作によって医療費を抑制することが不可能になっている。公立病院には1980年代に予算制が導入されたが、開業医の診療所の医療費総枠を決定するメカニズムはなかなか定着しなかった。開業医の診療報酬などは医療保険金庫と医師組合が全国協約を通じて決定することが原則であり、国家主導で医療費抑制政策を強制することはできなかった。日本では、政府・与党と医師会との間で診療報酬抑制について妥協の余地がありえたのに対し、医療保険金庫（労使）と医師組合が全国協約を通じて診療報酬を改定する仕組みの機能不全[74]が費用の高騰を招いた。政府によって患者自己負担の引き上げが繰り返されたものの、それによる医療費抑制効果は短期間に限られる。また、自己負担の増加は共済組合によって相殺された。財源面に関しては、フランスでは社会保険の財源には社会保険料を用いることが原則であり、医療保険制度も目的財源の割合が高く、外部（財務当局）からの費用抑制圧力が日本の場合に比べて相対的に低い。以上のような背景から、1980年代までのフランスにおける医療保険の財政対策の基本は社会保険料の引き上げであった。

　本節の検討は医療保険に関連するアクターたちが行動する前提となる医療保険制度の設計に関するものであった。次章では、医療保険改革をめぐるアクターたちがどのような目標と権力を有しており、相互にどのような関係にあるのかを整理したい。医療保険制度の比較検討に続いて両国の政治制度の分析を行うことで、日仏の医療政治の全体像を描き出すことが狙いである。

---

[74] この問題については、第3章3-2.で詳しく検討する。

第3章　医療政治の日仏比較

　本章では、日本とフランスにおいて医療保険改革に関与する政府・政党・利益団体などのアクターがどのような特徴を有しており、その特徴が医療保険改革の展開にどのような影響を与えるのかについて見ていく。

　3-1.では、両国の政治制度を比較することで、医療保険改革の政治過程がどのような特徴を帯びることになるか検討する。20世紀の第四四半期において、日本では行政府・与党それぞれの一体性が低く、首相・内閣が官僚制や与党に対してリーダーシップを発揮することが困難だったが、フランスでは行政府・与党それぞれの一体性が高く、執政府（大統領・首相）のリーダーシップが確立されていた。こうした政治制度上のコントラストが社会保障改革にもたらす影響について考察する。

　続いて3-2.では、医療保険改革に関係する重要な利益団体である医師の団体と、労使などの保険者のあり方について比較分析を行う。日本で医療費抑制のための妥協が形成されやすい理由、フランスではされにくい理由を利益団体の配置から明らかにしていく。

3-1. 政治制度が医療保険改革に与える影響 ── 行政府・与党の一体性とリーダーシップ

　本節では、日仏における医療保険改革に関連するアクターを行政府と政党（与党）の二つに分け、それぞれのアクターが埋め込まれている制度的環境を検討する。それによって両国における医療保険改革の政治過程がどのような展開を辿ることになるかについて見通しを立てることを目指す。

　行政府・与党の特徴づけをする上では、それぞれの結束が強いか否かという点に着目する。内山融によれば、行政府や与党の凝集性の高低は、①リーダー

85

第I部　日仏における医療保険改革の分析枠組み

表3-1　20世紀第四四半期における日仏の政治制度上のコントラスト

	行政府の一体性	与党の一体性	行政府と与党・議会の関係	政策的帰結
日　本	低い	低い	内閣と与党の二元体制とリーダーシップの不在	非決定の問題と与党による骨抜き
フランス	高い	高い	政官のトップエリートのリーダーシップが確立	行政府の決定が貫徹されやすい

出典：筆者作成。

とメンバーとの政策選好の距離と、②リーダーとメンバーの力関係によって決まる（内山2005: 121）。つまり、行政府内で首相と各省の選好の乖離が大きく、各省の自律性が大きい場合、行政府の凝集性は低くなる。凝集性を高めるには、政策課題を行政府内で共有したり、首相の決断の重みを増すための制度的な枠組みの設定が必要になる。政党についても、党首と各議員の選好の乖離が大きく、各議員の自律性が大きい場合、政党の凝集性は低くなる。ここで凝集性を高めるためには、党としての明確な政策プログラムを共有したり、党首の権限を大きくする仕組みが必要である。

　以下では、内山（2005）の基準に従って日仏の政府・与党の特徴を比較検討していくが、①選好の一致度と②リーダーとメンバーの力関係という二つの側面を区別して論じるために、建林, 曽我, 待鳥（2008）の用語法に従って、選好の一致を「凝集性」、リーダーからのトップダウン式の統制を「集権性」と呼ぶことにする。そして、凝集性・集権性のいずれかまたは両方の高さによって、政府や与党が一致した行動をとれることを「一体性」と表現する[1]。すなわち、一体性の高い行政府・政党では、第一に、リーダーとメンバーとで目標や考え方の共有が図られており（凝集性が高く）、組織としての結束が強い。第二に、リーダーのメンバーに対する統制が確立されており、組織構造の集権性が高い。第三に、これらの理由からリーダーの目指す目標がメンバーの抵抗によって妨害されることが少なく、リーダーシップが発揮されるはずである。

---

[1]　建林, 曽我, 待鳥（2008: 153-5）は、政党内の意見集約の方法として、党執行部からのトップダウンによる強制（「集権」）、一般議員によるボトムアップによる調整（「分権ないし調整」）、党内における選好の一致（「凝集性」）を挙げ、いずれかによって議会で政党がまとまった行動をとれることを「一体性」と呼んでいる。

以上の定義に沿って、予め日本とフランスの場合の概要を述べておくと、1990年代までの日本では行政府・与党（自民党）ともに一体性が低く分権的であり、内閣に対する与党の独立性が高く（内閣と与党の二元体制）、首相が行政府においても与党に対しても強いリーダーシップを発揮することが困難であった[2]。重要な問題について意思決定が下されない非決定の問題が発生したり、政策の当初案が与党やそれを支持する利益団体、官僚らによって骨抜きにされたりというように、リーダーシップの不在やリーダーシップの貫徹の困難が顕著であった。利益団体に関していえば、政策領域ごとに中央省庁・族議員とともに連合を形成し、業界に対する補助金・優遇税制・有利な規制などを求めてきた[3]。

以上のように、政府が与党や利益団体からの反発に対して脆弱な立場に置かれるという政治状況下において、日本では税制や医療保険の抜本改革は先送りされ、財政均衡を達成するためには既存の制度的な枠組みを前提とした上での医療費抑制策の強化が行われてきた。

他方、第五共和制（1958年〜）のフランスでは行政府・与党ともに日本に比べて一体性が高く、執政府（とりわけ大統領、次いで首相）の行政府・与党に対するリーダーシップが確立されている[4]。また、行政府の立法府に対する優位が様々な形で確保されており、行政府主導で迅速な法制化を実現することができる。とりわけ新政権の発足直後においては、大統領の政権公約に従ってトップダウン型の政策革新が目指され、政府案の迅速な法制化が実現しやすい。

しかし、利益団体の側に目を向けると、フランスの政治社会は高度に分裂・断片化しており、利益団体間での調整や国家による調整のメカニズムが存在しないため、採用された政策が市民社会レベルでの定着に失敗してしまうことも

---

[2] 日本の政治制度の特徴に関しては以下の文献に依拠している（飯尾1995; 野中1995; 山口1998; 内山2005）。これらの論文ではイギリスまたはフランスが比較対象とされているが、いずれにしても日本の行政府・与党の一体性の低さや、内閣・与党の二元体制という基本的な特徴に関しては一致している。

[3] 他省庁の場合とは異なり、厚生省は医療に関連する最も重要な利益団体である日本医師会とは対立関係にある。日本医師会は自民党との密接な関係を通じて厚生省による医療機関に対する統制の強化や医療費抑制政策に抵抗してきた（池上, キャンベル1996）。

[4] フランスの政治過程の概要に関しては以下を参照（大山2013; Huber 1996; Hayward and Wright 2002; François 2011）。また、日仏の比較政治学研究の貴重な例として、野中（1995）、大嶽, 野中（1999）がある。

指摘されている（吉田2004; Hayward and Wright 2002）。フランスの医師組合は複数に分裂・競合しており、政府の社会保障改革案に対して激しい反対運動を繰り広げてきた（一般労働者の労働組合についても同じことがいえる）。利益団体との広範な妥協形成に失敗した場合、政府は反対運動をコントロールすることができず、政策革新の断念に追い込まれてきた。1980年代末からフランスでは新しいタイプの社会保障政策が多数打ち出され、広く薄く負担を求める社会保障財源改革には成功するが、医師組合という利益団体との妥協形成に失敗してしまい、医療費抑制に関する新施策を有効に定着させることができなかった。

a. 行政府の一体性

日 本

　日本の行政府では首相の求心力が弱く、各省庁の自律性が高い。いいかえれば、行政府全体の一体性が低い。以下では内山（2005: 122-4）の整理に依拠しつつ、a）内閣において首相が各大臣を統制できるか、b）各省において大臣が官僚を統制できるかという二つのレベルに分けて検討していく。

　a）内閣のレベルでは、日本の首相は閣内で強いリーダーシップを発揮することは多くの場合困難であった。確かに、戦後日本国憲法によって首相には大臣の罷免権が与えられ（憲法68条第2項）、行政各部を指揮監督する（同72条）とされたように法的権限は強化されたものの、実際には様々な制約が首相のリーダーシップの行使を阻んできた。

　まず、内閣の制度・慣行に由来する制約である。内閣法上首相の地位は他の大臣と同等に近いものとされており、各大臣は「主任の大臣として、行政事務を分担管理する」という所轄の原則が規定されている（内閣法3条）。法律によらない慣行としては、閣議に上げられる案件は全て官僚制内（各省協議と事務次官等会議）で合意が得られることになっていた。同様に、慣行として閣議で

5　例えば、1988年に導入が決まった参入最低所得（RMI）をはじめとして、1990年代から社会保険型・ビスマルク型福祉国家の範疇に収まらない新施策が相次いで導入されるようになった（Palier 2005; Palier 2010b）。第Ⅴ部で事例研究として検討する一般社会拠出金（CSG）や普遍的医療保障（CMU）などはその例である。

は全会一致による意思決定がルール化され、首相が多数決を迫ることはできなかった（そもそも閣議は形式的なものであり、ここでの修正や否決は行われず、事前に行政府内部や与党との調整が済んだもののみが案件となっていた）。

　次に、与党のあり方と関連した政治的制約である。後述するように、自民党は派閥の連合体であり、閣僚の人事において首相は派閥間の均衡に配慮する必要があった。自分の方針を支持する者や自派閥の者だけで閣内を固めることはできなかった。同様の理由から、首相による大臣の罷免権の行使にも強い政治的制約があった。自民党政権の内閣は与党の構造を反映した派閥連合体であり、首相の地位も党内で多数派を形成する派閥連合に依存する不安定なものであった。派閥間の競争を一因として内閣の存続期間は概して短く、佐藤栄作・中曽根康弘・小泉純一郎のような少数の例外を除いて首相の任期も短かった。

　最後に、首相がリーダーシップを発揮しようにも、その方向性を定める政策プログラムを内閣が持てなかった。自民党の選挙公約には既定の政策がそのまま盛り込まれていることが多く、政策全体を指揮する理念が欠けていた。この背景にも自民党の凝集性が低く分権的な組織構造が存在しており、党の政策プログラムはそれぞれの選挙区や支持団体の利益を代表する個別の政策の寄せ集めとなってしまい、総花的な内容にならざるを得なかった。

　こうした首相のリーダーシップの弱さ、内閣の一体性の低さは1990年代の行政改革論議において克服すべき重要課題とされ、2001年には内閣府が設置されることになる（そのなかには小泉政権の司令塔となる経済財政諮問会議も設置される）。

　b)　各省庁のレベルでは、大臣がリーダーシップを発揮することは稀であり、官僚制内部での決定を追認することが多かった。この理由として、第一に官僚制と与党の密接な協働関係の存在を挙げることができる。自民党長期政権下においては与党政治家は政策立案を官僚に委任し、自分は再選を目指して選挙活動に勤しむというパターンが形成されていた（村松2010: 第1章）。各省の官僚と結びついた族議員が官僚と協調しつつ支持基盤への利益誘導を行うことで、官僚は天下り先を確保し、政治家は票や献金を手にする。この過程で官僚制と与党（政務調査会）の間で水平的・組織的に調整が行われるのであって、各省の大臣が官僚制に対してトップダウン型のリーダーシップを発揮するという形にはなっていなかった。

第I部　日仏における医療保険改革の分析枠組み

　第二に、大臣個人と官僚組織の関係性も重要である。自民党政権の派閥均衡人事の下では頻繁に内閣改造が行われ、閣僚の任期が概して短かった（1年に満たないこともめずらしくない）。他方、日本の中央省庁の高級官僚たちは昇進の過程で他省庁や地方などへの出向を経ることはあっても、基本的に退官するまで入省時の省庁に所属し続ける。彼らの人事は退職後のポストまで含めて各省内で組織的に管理されており、これが各省庁（場合によっては各局）の組織的な一体性の源泉となっている。人事に対する政治介入がかなりの程度遮断され、人事面での政治家に対する自律性も高かった（野中2005, 2008a）。こうした人事パターンが制度化されている状況下では、大臣が自分の政治的意志を支えてくれるスタッフで周囲を固めてリーダーシップを発揮することは困難である。そもそも自民党政権下における大臣ポスト（および党の重要ポスト）は派閥間競争と年功序列に基づいて配分されていたのであって、大臣となった政治家は任期中に必ずしも独自の成果をアピールする必要性に迫られていたわけではなかった[6]。支持基盤への利益誘導を行う財政的余裕が存在していた時代には、大臣にはあえて官僚と対決する必要性も乏しかったといえよう。大臣は政策立案に関して、強固な自律性を有した官僚組織に依存していたのである。

　第三に、上述したように自民党が一貫した政策プログラムを持てなかったことで、大臣も官僚制に対するリーダーシップを発揮する上での基本的な方針を持つことができなかった。それゆえ、大臣は内閣の方針を基に省庁に対してリーダーシップを発揮するというより、各省の官僚の代表として行動しがちとなったのである。

　1990年代には首相のリーダーシップの強化とともに、大臣による各省の統制強化も行政改革の焦点になり、1999年に制定された「国会審議の活性化および政治主導の政策決定システムの確立に関する法律」により、2001年に各省に副大臣と大臣政務官が設置され（どちらも与党議員から任命される）、国会答弁は大臣・副大臣・大臣政務官が行うこととされた（ただし、細かい事項に

6　それでは自民党以外の政党の政治家が大臣となった場合に何が起きるのであろうか。1990年代の自社さ連立政権において、さきがけの菅直人は厚生大臣となった際、従来の自民党政権に対する独自色をアピールするために、HIV問題に対する厚生官僚の対応を徹底的に追及する姿勢を示した。1993年の自民党下野後、非自民の諸政党は自民党政権の政治システムの見直し（政治改革および行政改革）を掲げていく。1990年代以降の変化については、小泉政権の医療保険改革を扱う第6章で改めて整理する。

90

ついては官僚が答弁できるという規定も新設された）（大山2003: 112-6）。その後、民主党は官僚依存からの脱却、政治主導の確立を掲げ、2009年8月の政権交代後には内閣が任命する大臣・副大臣・政務官という政務三役をトップとした政策決定を目指すことになる。

a)、b)の検討内容をまとめなおすと、自民党長期政権下の日本では首相が大臣に対してリーダーシップを発揮し、大臣が官僚に対してリーダーシップを発揮するというヒエラルキー的な意思決定構造が成立してこなかったといえる。内閣も官僚制も縦割り割拠型であり、政治リーダー（首相・大臣）による垂直的な統制は機能しづらく、省庁間の水平的な調整もしばしば容易ではない。[7]その結果、政治的リーダーシップが空白化することで非決定の問題が生じる。また、政策は経路依存的になり、政治的な推進力を背景とした政策革新が起こりにくい。

社会保障改革への影響

医療保険のような社会保障制度の改革においても、首相や大臣が政治的にリーダーシップを発揮することは稀であった。この場合、厚生官僚が重要な改革案をとりまとめられる限りはなんとか社会保障改革は実現していくが、そうでないときには抜本改革を指揮するリーダーシップは不在となってしまう。実際、1980年代半ば以降の日本の医療保険改革は政策革新というよりも古典的な医療費抑制政策（患者負担の引き上げや診療報酬の抑制）とコスト・シフティング（負担の擦り付け合い）を中心とした、財政の帳尻合わせとして展開していくことになる。高齢化に伴って増大する社会保障費を支えるための税制改革も政治的な推進力を得ることができず先送りが続く。

もう一つの問題はメリハリのきいた予算配分が困難になることである（Campbell 1977=1984）。官僚組織は予算と権限の拡大を目指すとされるが（Downs 1967=1975; Niskanen 1971）、日本では各省の官僚が与党族議員の支援を受けつつ予算の拡大と業界への優遇税制を要求してきたため、予算配分は漸増主義的に

---

7 このため「省あって国なし」、さらには「局あって省なし」ともいわれた。後者の例として、旧大蔵省における公平・簡素な税制の確立を目指す主税局と、毎年の財政の健全性を目指す主計局の機関哲学の違いや人事面での隔たり（真渕1989）、旧厚生省内部で医療と福祉を担当する部局間の対立（池上, キャンベル1996: 5-7）などが指摘されている。

なり、また財政赤字が生じやすくなる。分権的で求心力が欠如した政治システムのなかで官僚と族議員は結託することで互いの影響力を強めており、これがいわば財政赤字連合を形成してきた。ここで大蔵省主計局にとって可能な対応は支出の凍結や予算の一律削減であり、複数の政策ないし事業の間で優先順位を決めるには政治的な意思決定が必要であった。

　こうした状況下では高齢化に伴い社会保障費が伸びていくとしても、そのための安定財源を確保していくことは容易ではない。第一に、そもそも大蔵省以外の各省庁と応援団議員が求めているのは業界への減税であり、また与党議員は増税による有権者からの反発をできれば回避したいため、とくに選挙基盤が固まっていない若手議員を中心に増税には消極的である（加藤淳子1997）。つまり、日本の分権的な政治システムでは税収を増やすこと自体が困難なのである。第二に、仮に消費税率の引き上げなどのなんらかの増税が決定したとしても、増収分に関心を持つのは厚生省だけではなく、各省庁とそれに結びついた政治家や利益団体の利害が反映される結果、新たな財源を社会保障のみに充当するのは容易ではない（権丈2005）。財政を司る大蔵省（財務省）としても、せっかくの新たな財源は福祉の拡大よりも財政赤字の解消に用いることを選好するはずであり、社会保障目的税の導入には消極的となろう。

　こうしたなかで社会保障目的財源を拡充するには、政治リーダーの意志とそれを貫徹できるような行政府と与党のシステムが必要である。ところが、日本の分権的な政治システムにおいてはリーダーシップの発揮は困難であった。結果的に、厚生省は1990年代以降経済社会状況の変化によって社会保険料の収入が伸び悩むようになっても新たに十分な税財源を確保することができず、ほとんど恒常的に厳しい医療費抑制政策を策定する必要に迫られてきたのである。

　自民党長期政権下における税制改正の過程では、行政側では大蔵省主税局の管轄となり、与党の側では自民党税制調査会が外部に対する自律性を保持していた。党税調は税制のプロで構成されており、短期的な財政収支のために税制を歪めたり、支出ありきで税制の方を改正していくことを嫌っていた（加藤淳子1997; 木城1985; 上川2010）。主税局が事務局となる政府税制調査会も存在していたが、最終的な決定に影響力を有するのは党税調の方であった（いわゆる党高政低）。

大蔵省主税局と党税調の専権事項である税制改正の過程に厚生省が直接的に影響力を行使するのは困難であり、大蔵省主計局と厚生省の間では予算編成のための帳尻合わせ的な調整こそできるものの、中長期的な視点に立った社会保障財源に関する議論ができない。行政府の内部において、福祉国家の財源をどうやって調達していくかについて議論するための制度的な基盤が不十分なのである。大蔵省が社会保障目的税の導入を嫌い、厚生省が社会保険料という既存の社会保障目的財源にこだわるという状況が続けば、中長期的に必要な財源のあり方に関する議論は遅れてしまうだろう。第11章で検討するように、政党政治のレベルでもバブル経済崩壊以降、減税と公共支出による景気刺激が各政権の経済政策の基本となり、結局これが1990年代いっぱい続いたのであった。

フランス

　フランスでは日本に比べて行政府全体の一体性が高く、行政府内における大統領と首相のリーダーシップが確立されている[8]。日本の場合の検討と同様に、a) 内閣において大統領・首相が各大臣を統制できるか、b) 各省において大臣が官僚を統制できるかという二つのレベルに分けて説明していく。

　a) 第五共和制のフランスでは、大統領による首相を含めた閣僚に対する統制が確立されている。第三・第四共和制時代における内閣の不安定性と政治的イモビリスム（退嬰主義）に対する反省から、第五共和制では執行権の強化、とくに大統領権限の強化が行われた。現在のフランスの大統領に憲法上与えられている権限には、首相と大臣の任免・下院（国民議会）の解散・法律案の国民投票手続きの請求・軍事と外交の指揮・非常時態措置権などがある（大山 2013: 55-9）。1958年にドゴール大統領は間接選挙によって選ばれたが、1962年に憲法が改正されて大統領は直接選挙によって選ばれることになり、民主的な正統性が高まった。ドイツやイタリアの大統領のように象徴的な存在ではなく、フランスの大統領は実質的な影響力を行使することができる。その政治的背景として、日本の首相とは異なり、フランスでは大統領こそが与党のリーダーであるということが挙げられる。

8　以下、下記の文献に依拠している（野中 1995, 2005, 2008a; 大嶽, 野中 1999; 大山 2013; Hayward and Wright 2002）。

第I部　日仏における医療保険改革の分析枠組み

　組閣に際して大統領は首相として自分に忠実な協力者を選ぶことが多く[9]、その他の閣僚の任命についても、論功行賞的なポスト配分が全く行われないということではないにせよ、大統領の意向が大きな影響力を持つ。また、フランスでは組閣の度に閣僚の人数が大きく変動し、大臣の所管領域も変化する[10]。つまり、組閣の段階で政権の重要課題に応じて大臣の所管領域と大臣を補佐する担当大臣（ministre délégué）、閣外大臣（secrétaire d'État）の所管領域を調整することで、意思決定のラインを整備することが可能となっているのである。なお、閣僚ポストは当選回数による年功序列に則って配分されているわけではなく、抜擢と実力主義が基本である。このため当選一回の財務大臣（エドゥアール・バラデュール）や政治家としての経験のない首相（ジョルジュ・ポンピドゥー、ドミニク・ドヴィルパン）といった抜擢人事もありうる。バラデュールもドヴィルパンも高級官僚として保守政権内で経験を積んで来た人物であり、実績を買われての人事といえよう。このように、組閣の時点から大統領（コアビタシオン政権の場合、首相）の政権公約実現に向けた取り組みが始まっているのである。

　次に、首相の役割についてだが、外交・安全保障に関する重大決定を除けば、日常的な政策立案や調整における首相の役割はとても大きい。これはコアビタシオンではない政権に関してもいえることである。省庁間の調整については、首相を頂点として首相官房・各省大臣官房・各省各局からなるヒエラルキー的な調整が発達している[11]。このため首相の側近官僚の役割も大きく、とりわけ有能な高級官僚が首相官房にリクルートされる仕組みとなっている。日常

---

[9]　ドゴールとポンピドゥー、ミッテランとファビウス、シラクとジュペなど。シラクはジョスパンとのコアビタシオン（保革共存）期を除けば、ジュペ、ラファラン、ドヴィルパンといった自分に忠実な人物を首相に任命している。ただし、ジスカール＝デスタンとシラク、ミッテランとロカールのように右翼陣営・左翼陣営それぞれの内部でライバル関係にある政治家が首相に任命されることもある。なお、コアビタシオン政権の場合、外交・安全保障以外の政策に関しては首相がリーダーとなって内閣を指揮する。

[10]　日本では省庁再編は滅多に行われず、閣僚の数や所管も変更されない。新たに省庁が設置される場合や特命担当大臣が任命されることを除けば、省庁組織の大枠は硬直的である。ただし、同一省庁内での組織改革はしばしば行われる。例えば、次章で検討する老人保健法の成立直後の1982年9月に、厚生省では公衆衛生局に老人保健部が設置され、これが1988年7月には大臣官房老人保健福祉部となり、1992年7月には老人保健福祉局に昇格した。

[11]　総合調整と首相（府）について、大嶽、野中（1999: 187-90）、野中（2008a: 27-9）; Hayward and Wright（2002: 73-7）を参考にした。

94

的な首相の役割の大きさを反映して首相の補佐機構も充実している。大統領が最高の政治的意志を体現する一方で、首相はその意を受けつつ政策立案や調整のトップに立っているといえよう。

　大統領・首相がリーダーシップを発揮する際の指針となるのは大統領選挙や総選挙における政権公約である。ミッテラン政権の社会主義の実験とそれに対する右翼RPR（後述）の民営化路線、あるいはサルコジの減税路線とオランドの高所得者増税公約にも見られるように、左右の大政党は選挙の際に重要争点に関する立場を明らかにし、政権獲得後にはそれらの実現を目指す動きが活発になる。一貫した政策プログラムの形成が可能になる背景には、大政党の一体性の高さ、とりわけ集権的な組織構造がある。フランス社会党内では政策プログラムをめぐる党内競争が活発だが、党大会で選ばれた党執行部は強い指導力を有する。ドゴール派のRPR（現・共和派）も党首であるジャック・シラクとその側近グループが権力を確立し、その後リーダーとなったニコラ・サルコジも集権的な党の構造を維持した。

　b）フランスでは、各省において大臣が官僚に対してリーダーシップを発揮している。その理由として、第一に、大臣を補佐する大臣官房のスタッフや各省庁の局長が政治任用ポストとなっていることが重要である。政治任用ポストには多くの場合、ENAやポリテクニーク出身の高級官僚から、大臣に政治的・個人的に近しい者が任命される。大臣の側では優秀な政策スタッフである官僚の助けを必要としており、官僚の側では大臣の側近となることで、政策の実現を通じて名声を高めることができるとともに政界や財界への進出の機会を得るので、大臣と協力する動機を有している。このため大臣と官僚が協力して政策形成においてリーダーシップを発揮している。日本では不安定な大臣の地位と自律的な省庁組織が対比されるが、フランスの中央省庁では年功制があまり整備されておらず、個人のイニシアティブでポストを獲得していくことが多い。[13]

---

[12]　ENA（École nationale d'administration: 国立行政学院）とポリテクニーク（École polytechnique: 理工科学校）はいずれもエリート官僚の養成を担う高等教育機関である。

[13]　フランスの官僚はコール（corps）と呼ばれる官僚団に所属した上で対応した省庁組織などで勤務しているが、キャリアの途中で所属省庁やコールそのものを変えてしまうこともある。このため各省庁組織の凝集性が日本の中央省庁に比べて低いものと考えられる。ただし、後述するグラン・コールに関しては年功制がより整備されており、組織的な凝集力も一般省庁に比べてとても強い。野中（2005, 2008a）参照。

第I部　日仏における医療保険改革の分析枠組み

こうしたなかで官僚が政策形成に影響力を及ぼしたり出世したりするためには、大臣と協力する必要があるのである。

　第二に、政策形成の起点が各省大臣官房になっていることである。自民党長期政権下の日本における政策形成は省庁内におけるボトムアップ式の立案・調整過程と並行して与党内でもボトムアップ式の検討が進み、官僚制内および官僚制・与党間の全ての調整が済んだ段階で閣議に上げられるというものであった。一方、フランスでは政策形成の出発点は各省の大臣官房（さらには与党の選挙公約）であり、各局は大臣官房の指示の下で技術的な側面を担当するというトップダウン型の過程が基本である[14]。また、本節 c. で述べるように、政府・与党間の調整は議会審議を通じて行われ、政策立案過程には与党は介入しない。大臣が政権の基本方針を踏まえつつ、自分でリクルートした側近の官僚たちとともに政策形成を担うのである。大臣官房は行政府の一部であるとともに、政策の立案や利害調整、国会対策という政治的な役割も担い、また政治家としての大臣の広報活動なども担うことから、日本に比べて政治的な色彩が強く、政治家としての大臣と行政機関たる省庁部局との結節点として重要な役割を担っている（大嶽, 野中 1999: 136-8; 野中 2008a: 28-30）。

　第三に、さらにいえば、フランスでは行政府のトップレベルでは政治家と官僚という区別があいまいになり、両者は混然一体となっている。日本では憲法上の規定により国務大臣の過半数は国会議員でなければならないが（憲法68条）、フランスでは行政と立法を明確に分離するために、大臣となった政治家は国会議員としての資格を失う（議席補充者が予め選ばれている）。大統領・首相・閣僚たち自身が高級官僚（とりわけグラン・コール官僚）出身であることが多く、このことも行政府の凝集性を高めている。官僚出身の閣僚が官僚のなかから自分の側近スタッフを選ぶ以上、両者の選好の乖離は小さくなるだろう。また、エリート官僚たちは日本とは異なり官職を保持したまま政治家になることができ、政治と行政の垣根は非常に低くなっている（野中 2005; Lacam 2000; François 2011）。ドゴール派政党にとっても社会党にとってもエリート官僚は将

---

[14]　大嶽, 野中（1999: 136-8）および本書第Ⅲ部・第Ⅴ部の事例を見よ。ただし、省庁部局の側から大臣官房へと政策案を上げることもある（野中 2008b: 242）。そもそも各局の局長は大臣官房での勤務経験がある場合も少なくなく、大臣官房と省庁部局は人事面で断絶しているわけでない。

96

来のリーダーの供給源である[15]。こうした政治と行政の役割をあわせもつエリート官僚（出身者）が第五共和制の政治過程の主役として官僚制と与党の双方に対してリーダーシップを発揮しているのである。反対に、閣僚になれないような与党議員は日本の場合に比べ影響力が小さい。

　政治・行政のトップエリートの供給源となっているのがグラン・コールである。ENAを最も優秀な成績で卒業した一握りのエリートたちは一般省庁とは区別されるグラン・コールに所属する。コンセイユ・デタ（Conseil d'État）・会計検査院（Cour des comptes）・財務監察官団（Inspection générale des Finances）などのグラン・コールは省庁横断的に統制・チェック活動を行うことを任務としている。グラン・コールの官僚には、コールのメンバーとしての資格を保持したまま、一般省庁の局長ポストに就いたり政治家となったり企業で勤務したりする特権が認められている。大臣官房のスタッフにも多くの場合高級官僚、とりわけグラン・コール官僚が任用されている。というのも、官房に「グラン・コールの職員がいればこそ、他の省庁、特に財務省との交渉が可能になる」ためである（人事院1999: 41）。このようにグラン・コール官僚が省庁横断的に大臣官房や局長ポストを占め、さらには閣僚になっていくことで、フランスでは行政府の上層部においてゆるやかな統合が存在しており、これが行政府全体としての凝集性を高めることに一定程度貢献していると考えられる[16]。なお、グラン・コール官僚でなくとも複数の省庁間を異動することはめずらしくなく、例えば、予算担当省庁と社会保障担当省庁の間にも人的な交流がある。予算局（direction du Budget）で社会保障財政を担当しているスタッフのなかには元々社会保障行政に携わっていた者が含まれており、反対に財務省の側から社会問題省へと異動する者もいる[17]。

　最後に、明確な政権公約が存在していることには、大臣が各省庁にとりこまれるという事態を防ぐ効果があるだろう。個別的な政策の提案や政策の技術的

---

[15] 反対に、有能な有力政治家が高級官僚団に迎え入れられることもある。

[16] グラン・コール官僚が官房で勤務したり、局長ポストに就いたりするというキャリア・パターンだけでなく、省庁部局で局長まで出世した者が後にグラン・コールに迎えられるというキャリア・パターンも見られ、トップレベルの高級官僚は柔軟に重要ポストを異動している。フランスの厚生官僚のキャリアの分析として、尾玉（2013）参照。

[17] 筆者が2013年2月6日に聞き取りを行った社会問題省の高級官僚も、以前は予算省に所属していた。

な側面について大臣が各省の官僚に依存することはフランスでも当然あるが、政権の方針が定まっていることで大臣として各省の官僚を指揮することが可能になる。

a)、b)の検討内容をまとめなおすと、第五共和制のフランスでは大統領・首相が閣僚に対してリーダーシップを発揮し、大臣が官僚に対してリーダーシップを発揮するというヒエラルキー的な意思決定構造が成立している。内閣の凝集性は高く、また行政府全体として集権性が高いため省庁間の縦割り問題は日本ほど深刻化しない。省庁間の調整については、首相を頂点とした垂直的な調整様式が発達している。省庁内での調整は大臣官房を頂点として行われる。こうしたメカニズムによって、大統領を頂点とする政治的な意志が貫徹されやすくなっている。いいかえれば、いったん政府上層で決定された新規の政策は行政府においては覆されにくい。また、政権交代に伴い政治的な推進力を背景とした大胆な政策革新が起こることが期待される。

社会保障改革への影響

医療保険などの社会保障改革においても、首相や大臣が側近の高級官僚の力を借りながらリーダーシップを発揮している。本書で扱う1970年代から2000年代の医療保険改革では、社会保障行政を専門とする高級官僚たちが政策立案や政府組織間の調整において中心的な役割を果たし、また政治リーダーが決定において重要な役割を果たしている。とりわけ1990年代にはかねて高級官僚たちが準備してきた政策アイディアが政治的推進力を得ることで次々に法制化に向かった。1980年代までに繰り返された保険料と患者負担の引き上げではなく、医療費の総枠予算制や医療供給体制の効率化という新たなアプローチが模索されるようになった（第8章）。財源面でも社会保険料が抱える限界に対処するために社会保障目的税が導入されている（第13章）。政治的なリーダーシップに支えられながら医療保険制度の運営・財源から医療供給体制に至るまでの抜本改革が目指されたのである。

予算に関しても首相のリーダーシップが強い。財務省予算局と他省庁の水平的な交渉に対して首相官房が垂直的に仲裁の役割を果たすことでメリハリのきいた予算配分が行われている（Hayward and Wright 2002: 77-87, 164-87）。社会保障の財源確保のための税制改革についても、大統領・首相という執政府のリー

ダーシップが重要である。与党議員が（とりわけ選挙前の）増税を好まないこと（一般的に、右翼政党の政治家は高所得者や企業への課税を嫌い、左翼政党の政治家は逆進的な税制や庶民増税を嫌っている）、財務担当省庁が税率の上昇が予想される社会保障目的税の導入を避けたがることは日本と同じである[19]。しかし、第13章で詳しく検討するように社会保障のための増税の決定は大統領と首相の決断で決まっている。ここでフランスの行政府・与党の集権性の高さと執政府のリーダーシップの確立が重要となるわけである。結果的に、フランスの厚生官僚たちは社会保険料に加えて別種の社会保障目的税を獲得することができ、社会保障制度に対する支出削減圧力をある程度緩和することに成功する。社会保障目的税の導入は、政府が厳しい医療費抑制政策をとって医師と対決する必要性を少なくとも短期的には低下させたはずである（Manow 2010）。

b. 与党の一体性

日 本

　自民党長期政権下の日本では、与党の一体性も低かった。その原因として、第一に各議員が政治資源（資金・票）を党執行部に依存せずに各自で準備してきたことが重要である[20]。政治資金は各政治家が企業や個人からの政治献金やパーティ収入によって調達しており、集票活動も後援会などの議員個人の支持基盤を通じて行われていた。このため党中央が資源配分を通じて議員を統制することが困難になり、後者は党の方針に反する政策を掲げることができた。21世紀に入り、小泉首相が「聖域なき構造改革」を掲げ、郵政民営化法案に反対する与党政治家を追放したことは、1990年代以前の自民党であれば考えられないことであった。

　また、政治家が個人で資金や票を集めなければならないということは、各政治家に地元や利益団体への利益誘導を行うインセンティブを与えている。そし

---

[18]　社会保障目的の増税に関する省庁間の調整も社会問題省・財務省間の水平的な二者関係ではなく、各省から首相レベルに要望を上げ、そこで再生産される対立を首相が裁定しているという。2013年2月5日にコンセイユ・デタで行った聞き取りによる。

[19]　政党や財務省などの税制に対するスタンスについては、Palier（2005: 358-75）、Kato（2003: 94-112）などを見よ。

[20]　以下の整理は、内山（2005: 121-4）に基づく。

て政治家が官庁や利益団体と同盟関係を形成することで、行政府・与党を横断して複数の政策コミュニティが自律性を獲得する。もし党としての方針が自分の支持基盤の利益に反するものであった場合、その政治家は党の方針に反発するだろう。官僚や利益団体はこうした与党議員の応援をあてにできる。こうして行政府も与党も凝集性が低下することになる。

第二に、衆議院選挙で用いられていた中選挙区制という選挙制度も自民党の内部対立を助長した（大嶽，野中 1999: 第12章；野中 1995: 10, 15, 102-5）。各選挙区において3～5名の当選者が出る中選挙区制では、各選挙区で自民党から複数の候補者が出馬し、自民党候補者同士で競争していた。党内の諸派閥は各選挙区で競い合い、メンバー議員を資金面などで支援していた。なお、衆院選の公認候補は党本部が一方的に決めるのではなく、地元選挙区で地盤を確立した政治家が自民党の県連を通じて党本部に公認の申請を行っていた。公認の仕組みにも党中央の弱体性（集権性の低さ）と各議員（候補者）の自律性の強さが見られる。

社会保障改革への影響

このように自民党では一般議員の党中央に対する自律性が強く、また派閥対立の存在によって、党としての一体性は低いものとなっていた。こうした状況下では、やはり首相＝党総裁がリーダーシップを発揮することは困難である。患者自己負担拡大のような医療費抑制政策を行おうとすれば医師会の支持を受ける議員たちを中心とした抵抗が生じ、消費税の導入・増税のように関係者の多い増税の場合にも当選回数が少なく支持基盤が固まっていない議員（いわゆる陣笠議員）を中心に反発が生じてきた。「負担は少なく給付は多く」という与党議員の姿勢は絶えず社会保障制度に赤字圧力をかけることになる。

ただし、1990年代以降、選挙制度改革と政治資金制度改革によって政治家を取り巻く状況に変化が訪れ、それが首相のリーダーシップにも影響を与えていくことになる。政治改革・行政改革の成果によって首相のリーダーシップ強化が明確になるのは小泉政権になってからであるため、第6章で小泉政権下の医療保険改革を分析する際に改めて検討したい。

フランス

フランスでは、与党の一体性も高い。ここでは1980年代以降、政権の座に就いた社会党と、右翼政権の中核をなしたドゴール派政党RPR（Rassemblement pour la Republique: 共和国連合）を例としてとりあげたい。最初に、シラク総裁を頂点とした党の集権性の高さが明白であるRPRから検討しよう[21]。

第五共和制初期のドゴール派政党はドゴール個人とその政府を支持する政治家集団という幹部政党的な性格が強かったが、1960年代後半にドゴールからポンピドゥーへとリーダーが移行する頃には地方組織が強化され、組織政党としての性格を帯びるようになっていった。RPRとはシラクがこれを乗っ取って1976年に創設・再編したものであり、シラクは1981年の大統領選挙を目指して極めて集権的な支配体制を確立していた。

まず、党中央では総裁と側近グループに権力が集中している。総裁を補佐するナンバー2ポストである幹事長（Secrétaire général）は総裁によって任命され、意思決定を担う常設組織についても総裁が人事を掌握することで、集権的な支配体制が構築されていた[22]。党内に存在するグループ（sensibilité）は後述する社会党の派閥と異なり、党内の手続きにおいて公認されたものではなかった（野中1995: 86）。

また、地方支部に対する党中央の統制も確立されている。とりわけ重要なのは、各県の連合（Fédération）の活動を指揮する県幹事（Secrétaire départemetal）が党綱領に基づいて幹事長によって任命されていたことである。これによって、RPR誕生以前に地方組織を牛耳ってきた地方名望家層が排除され、党中央の意向に沿った人物が各地に押し込まれていった。総裁−幹事長−県幹事というヒエラルキー構造によって地方統制が行われるようになったのである。RPR誕生以前に、地方組織の強化が課題であった1967年のリールでの党大会では公認候補の決定は県レベルの組織が権限を持つとされたが、シラクはこうしたドゴール派政党の分権化の流れを覆し、国政選挙での公認候補の決定権をシラ

---

[21] 以下のRPRに関する記述は主に野中（1995: 57-69）に依拠している。2000年代以降の動向については、Haegel（2007, 2014）、Bréchon（2011）を見よ。

[22] 総裁自身は2年に一度全国党大会にて選出されるが、1995年に大統領に選出される前年までシラクは総裁の座にとどまり続けた（後任は彼の側近であるアラン・ジュペ）。なお、シラク総裁は臨時党大会を招集することもでき、そこで下部党員の支持を直接調達することによるプレビシット的な権力基盤の強化も可能であった（野中1995: 62）。

クと側近グループに集中させたのだった（野中1995: 103-4）[23]。このため自民党に比べて落下傘候補が多く、世襲議員は少ない[24]。地盤（fief électoral）を確立している政治家もいるが、同じ政治家が選挙区を移動する例も多い[25]。第五共和制の下院選挙では定数1の小選挙区二回投票制が用いられており、当選するためには大政党の公認を得られるか否かが決定的に重要である[26]。このため公認権を有する党執行部の各政治家への権力は非常に強いものとなる[27]。

　以上を要約すると、シラクは党中央と地方支部の双方に対する総裁の支配体制を築き上げたといえよう。このためRPRはシラクによる独裁政党であるとかシラクを大統領に選出するための選挙マシーンであるとか評価されてきた（Passeron 1984; Crisol et Lhomeau 1977）。野中尚人（1995: 61-3）はRPRの組織構造が「強力な総裁権限」と「中央による地方統制」という二重の意味で集権的であるとしている。RPRはシラク総裁とその側近グループを中心とした非常に集権的な政党であった。なお、政党の集権化はドゴール派政党に固有の現象ではない。第五共和制のフランスでは、大統領が強大な権限を有しており、大統領（候補者）には所属政党における権威が集中しやすい（その結果、ますます大統領は大きな権力を発揮することができる）。こうした集権化のメカニズムは社会党にも見られる（後述）。

　RPR創設後、シラクは1981年、1988年の大統領選挙で続けてミッテランに敗北するが、1995年にようやく社会党のリオネル・ジョスパンを破って当

---

[23]　RPRになってからも地方組織の活動の強化が推進されたが、上意下達型の構造が支配的であった（野中1995: 68-9）。

[24]　1988年の時点で下院におけるRPRの世襲議員の割合はわずか8.5%であった。社会党下院議員ではさらに低く4.9%、下院議員全体では5.9%であり、同時期の自民党衆議院議員の約3分の1が二世議員であったことと比べればその差は大きい（野中1995: 113-4; 大嶽，野中1999: 162-4）。

[25]　また、公選職の兼任が許されているため、地方選挙と国政選挙で異なる地域で出馬することもある。例えば、シラクはパリ市長であると同時にコレーズ県選出の下院議員でもあった。

[26]　第一回投票で有効投票の過半数かつ選挙人（棄権者を含む）の25%以上の得票を獲得した候補がいない場合、選挙人の12.5%以上の得票を得た候補の間で第二回投票を行い、その相対多数得票者が当選者となる。1986年の総選挙のみ比例代表制が用いられ、極右・国民戦線（FN: Front naional）の躍進につながった。選挙後に成立したシラク内閣は選挙制度を小選挙区二回投票制に戻している。

[27]　日本でも1996年以降、衆議院選挙において小選挙区比例代表並立制が導入され、公認権を有する党執行部の個々の議員への統制が強化される（第6章）。

選し、腹心のアラン・ジュペを首相に据えて強力な政権を構築することになる。2002年にシラクは再選され、RPRが非ドゴール派の右派政党連合であるUDF（Union pour la démocratie française: フランス民主連合）出身の政治家の大半を吸収する形でUMPが結成された。新生UMP（Union pour un mouvement populaire: 国民運動連合）では、党内グループの制度化が打ち出されたが、リーダー層に慎重論が根強く、結局実施されなかった（Haegel 2007）。2004年にUMP総裁となったサルコジは党を乗っ取って2007年に新大統領となるが、彼はシラク以来の集権的な党構造を存続させた（Bréchon 2011; Haegel 2014）。

　一方、社会党（PS: Parti socialiste）では党員による投票と地方（県連）の自律性が重要な原則であり、民主性・分権性が重視されている[28]。また、1971年の結党以来、様々な思想潮流を持った派閥の連合体である上に、党中央の指導委員会（Comité directeur）と、そのなかから選出される執行局（Bureau exécutif）では、メンバーの選出が派閥間の比例代表制に基づいて行われてきた[29]。したがって、社会党は地方組織・党員の重視と、比例代表原則に基づく派閥の公認という二重の意味で分権的である。

　ただし、日本の自民党の場合と比べると、社会党の派閥には多くの点で活動に制約が課されていた。すなわち、独自の事務所や資金源、党の合意を得ない集会の開催、党の公式見解とは異なる立場の公開は党中党的な派閥活動として除名の事由とされた（野中1995: 83）。党の運営上派閥の存在を公認した上で、その活動をコントロールしているのである。もっとも、実際にはこうしたルールがいつも遵守されていたわけではない。派閥の活動は党の公式見解通りに純粋に思想的な多様性の表現というわけではなく、党内での主導権をめぐる権力闘争も激しかった。

　ここで重要なことは、党中央の上層部において第一書記のリーダーシップが強化されてきたことである。第一に、投票による人事が党中央－地方支部を貫く原則とはいえ、実質的な党の最高指導機関である全国書記局（Secrétariat

---

[28]　社会党の党構造に関する記述は主に、野中（1995: 69-87）による。より最近の文献として、Bachelot（2011）、Lefebvre（2014）を参照せよ。

[29]　1981年の政権獲得前後の主なものは、ミッテランをリーダーとする主流派、そのライバルである旧統一社会党系のロカール派、旧社会党系のモーロワ派、シュヴェーヌマンを代表とする最左派のCERES（Centre d'études, de recherches et d'éducation socialiste）などである（Cole 1989）。

第I部　日仏における医療保険改革の分析枠組み

national)[30]の人選における第一書記[31]の指名権限は大きい。党の他の機関とは異なり、全国書記局においては比例代表制が徹底されておらず、多数派連合を形成する諸派閥のなかでもミッテラン派が有力ポストの占有率を高めていった。第二に、1970年代の段階でミッテラン第一書記の周辺に補佐機構と側近グループが組織化され、第一書記個人によって任命される者たちが党務や政策の研究において重要な役割を果たすようになった[32]。要するに、全国書記局の周辺では第一書記による裁量的な指名・任命がかなり広く行われていた（野中1995: 76）。全国書記局では集団指導が原則のはずだが、実際にはミッテラン第一書記へと権力が集中していった[33]。

　派閥間の競争が激しいのは確かだが、こうした仕組みにより、党大会で多数派が構成され運動方針が決定されれば、党執行部の指導力は強力なものとなる[34]。指導委員会、執行局のポストは比例代表制によって各派閥に配分されるが、全国書記局では多数派のリーダーの意向が強く働くのである。

　なお、各派閥には比例代表制に基づいて党機関のポストが配分されるのだが、それらのポストに就く者を選出するための派閥内での選挙では多数代表制がルール化されており、派閥内では集権的な構造が生まれやすい。党が地方の自律、派閥の併存という二重の分権性を有するなかで、派閥ごとの一体性は高く、派閥が中央−県−支部を垂直的に連結する機能を果たしている。そして、こうした縦のつながりを党中央執行部で束ねることで党全体の一体性が維持されている（野中1995: 86-7）。また、選挙での公認候補の決定についても、党員による投票・県連の承認・党中央での最終決定という手続きを基礎としながらも、1970年代以降地方に対する中央の権限が徐々に強化された（野中1995: 81-

---

[30]　1971年に10名で出発し、その後人数が増加していった（野中1995: 76）。

[31]　第一書記自身は執行局によって選出される。執行局のメンバーは派閥間で比例代表制に基づいて選出されるので、第一書記には多数派連合のリーダーが選ばれる（野中1995: 94-5注80）。

[32]　例えば、1978年6月時点でのミッテラン第一書記の側近グループは経済担当のジャック・アタリを含む特別補佐7名、特別顧問ロラン・ファビウス、その他の顧問5名からなっていた（野中1995: 94注79）。

[33]　ジョスパン、ファビウス、クレッソンなどのミッテランの若手の側近たちはこうして抜擢された（野中1995: 86）。

[34]　党大会は2年に一度開催され、その際に採択された動議（motion）に従って党運営が行われる。異なる派閥がそれぞれ動議を提出することで競争している。

3, 104）。

　以上を要約すれば、社会党中央の最上層部においては第一書記が裁量的な人事権を有しており、リーダーシップが確保されている。最大派閥への権力集中は派閥の分裂を抑止する効果があり、とりわけ最大派閥のリーダー（ミッテラン）が首相・大統領になることが期待される際には多数派が形成されやすかった（Cole 1989）。また、地方支部に対する党中央の権限強化と派閥を通じた縦の統合によって、党全体の一体性が高められている。

　1980年代後半にミッテランの病状が悪化して以降、社会党はリーダー不在の状況となり、後継者（大統領候補）の座をめぐって党内抗争が深刻化していった。1988年にミッテランが大統領2期目に入り後継者争いが激化すると、1990年のレンヌ大会ではミッテラン派がジョスパンとファビウスを中心としたグループに分裂してしまい、新執行部が形成されぬまま閉会となってしまった（Lefebvre 2014: 47）。つまり、派閥対立を超えて多数派を形成する上では、最大派閥への権力集中に加えて、大統領（候補）たるミッテラン個人の求心力も重要であったと考えられる。とはいえ、社会党が政策の方針を競わせるために派閥の存在を意図的に制度化しており（党大会はそうした方針＝派閥を選ぶ機会である）、その上でさらに派閥の活動条件のコントロールと第一書記のリーダーシップ強化によって、派閥対立を克服するための制度作りも進められてきたということに注意されたい。

　1990年のレンヌ大会や1993年の総選挙での壊滅的敗北など、1990年代前半は社会党にとって危機の時代であったが、1990年代後半には党勢を回復していった。[35]1995年の大統領選挙の際には、党員の投票で候補者に選ばれたジョスパンが善戦し（第一回投票では得票一位）、第一書記の座に返り咲いた。決選投票ではシラクに敗れ大統領の座は失ってしまったが、1997年の総選挙で社会党は与党に復帰し、ジョスパンは以後5年間にわたって首相を務める（第五共和制三度目のコアビタシオン政権）。

　1995年に、ジョスパンは党員の直接投票によって第一書記に選ばれた。ドゴール派政党が大統領候補者を中心とした政党であったことは既に述べた通りだが、社会党についても党内民主主義の「人格化」（personalisation）、大統領（候

---

[35]　以下の社会党の動向については、Lefebvre（2014: 47-8）による。

補者）への権威の集中、これらに反比例した派閥の重要性の低下が指摘されている（Lefebvre 2014）。首相になったジョスパンは2000年の憲法改正によって大統領任期を5年に縮め、大統領選挙が総選挙に先立って実施されるようにすることで、フランス政治の大統領制化をさらに推し進めた。

このように与党となる大政党の執行部・党リーダーの権力が大きいため、日本でしばしば見られる与党議員の反対による政府の方針の撤回や倒閣運動といった現象は容易には生じない。次項で検討するように、政府提出法案の国会提出前に与党の一般議員は介入せず、国会審議を通じて法案が大きく修正されることも少ない。政府の与党に対する優位が確立されているのである。このため日本に比べて社会保障改革や増税が与党の抵抗によって停滞するという事態が起きにくくなっている。次に、この点について詳しく考察する。

C. 行政府と与党・議会の関係

日 本

日本では行政府（内閣）が与党を指揮することができず、反対に、与党内の組織（政務調査会・総務会）の意向による制約を受けてきた。自民党の長期政権が続くなかで、内閣が議会に法案を提出する前に自民党が内容をチェックし、ここで了承されないと内閣は法案を国会に提出できないという、与党による法案の事前審査が慣行として制度化されていた[36]。自民党政務調査会は中央省庁の管轄に対応する部会に分かれており、各部会の族議員たちは政府の法案に対して実質的に拒否権を行使することができた。これが内閣と与党の二元体制と呼ばれるものである。

こうした事態を招いた制度的な原因として、いったん召集された国会の運営について、政府が介入することができないことが挙げられている（大嶽, 野中 1999: 103-5, 121-2）。政府は議事日程をコントロールすることができず、閣僚は国会議員からの質問に答えることしかできないため、政府は国会の外で実質的な意思決定を行うようになった。与党政治家の側としても審議以前の法案作成の段階で自己の利害（支持母体の利害）を反映させることに利益を見出すであ

---

36 事前審査制の定着過程については、奥（2014）参照。

ろう。こうして議会審議よりも与党との事前調整が優先されるようになったのである。

　また、既に述べたように自民党政権の首相は派閥の合従連衡を通じて決まっており、党総裁＝首相よりも与党内の派閥の領袖がキングメーカーとして強い影響力を有してきた（例えば、田中角栄）。こうした意味でも、首相は与党に対するリーダーシップを行使できる状況にはなかった。国会議員自身、政策形成・決定における政党の影響力の強さを自覚していた。1992年に野中尚人は日仏の国会議員全員に対するアンケート調査のなかで「国の政策の形成及び決定の過程に於て最も強力なアクターはどれですか」という質問を行った（野中1995: 242-3, 325-6）。その結果、日本では政党、首相、中央官庁の順に最も強力なアクターとみなされていた（回答リストにはその他に閣僚・利益団体・マスメディアなどがある）。総理大臣よりも政党の影響力が大きいと考えられており、中央官庁の影響力も大きいと認識されている。このように、自民党長期政権下の日本における政策形成過程の主役は与党と各省庁であり、首相や内閣ではなかった。

社会保障改革への影響

　こうした内閣と与党の二元体制ないし後者の前者に対する優位は社会保障改革に対してどのような影響を与えるであろうか。自民党政調会の部会では若手議員にも発言権が与えられており、ボトムアップ式で意思決定を行っていく過程は民主的であるともいえるが、調整過程が複雑で決定に至るまでに時間がかかった（大嶽、野中1999: 151-2, 第13章, 第14章）。社会保障改革の際にも厚生省が原案を作成し、自民党政調会の社会部会や医療基本問題調査会がこれを審査して最終的な法案の内容を詰めていた。厚生族議員たちは有権者一般や利益団体の反応を考慮することで、場合によっては官僚が作成した原案の骨抜きにかかった。例えば、特定の利益団体を持たない年金改革と異なり、医療保険改革には日本医師会という自民党の支持団体の利益が関わってくるため、健保改正は利益団体政治の舞台になりやすく、法案作成や国会審議の過程が長引くことが指摘されてきた（加藤淳子1991; 中野1992: 第1章第1節）。

　要するに、日本では首相・内閣は与党に対して受け身の立場にあり、政府の議会に対する権限も弱体である。このため首相がトップダウン方式でリーダー

第I部　日仏における医療保険改革の分析枠組み

シップを発揮することは困難であった。社会保障の財源改革が進まぬなかで、厚生官僚たちは大蔵省が設定する財源の枠内で診療報酬抑制を中心とした医療費抑制に取り組むことになる。ただし、2001 〜 2002 年に行われた調査では1986 〜 1987 年の調査に比べて、政党の影響力が重要であると答えた政治家は減少し、官僚の間では首相や大臣の影響力が強いと考える者が増えており（村松 2010: 108-9, 265-6）、政治的リーダーシップの強化の兆しが見られた。2000 年代に入り首相となった小泉純一郎は慣行であった派閥均衡人事や与党による事前審査の仕組みに挑戦していく。第 6 章で見るように、2002 年の健保改正では与党族議員との対立が激化するが、2005 年のいわゆる郵政選挙後には内閣への政策決定の一元化が進む。これによってますます厳しい医療費抑制政策が進むことになった。

フランス

　フランスでは、与党のリーダーである大統領・首相の一般与党議員に対するリーダーシップは強く、行政府の立法府への優越が法的にも実質的にも確立されている[37]。

　第一に、日本とは異なり、法案の作成過程に与党の一般議員は介入しない。政策立案は閣僚と大臣官房の側近官僚が中心になって行い、省庁部局が技術的な細部を詰めるという仕組になっている。しかも、行政府内では大統領・首相のリーダーシップが確立されているため、政策決定までの調整コストが小さい。

　第二に、政府による議会への介入が広く行われ、政府は議会審議をコントロールすることができる（François 2011: 39-41）。第三共和制以来の議会中心主義の弊害への反省から、第五共和制では議会の権限は制約されている（parlementarisme rationalisé: 合理化された議会制）。具体的には、議会審議における優先順位や審議日程を政府がコントロールできるようになっている。このため議会審議を通じて与党議員が抵抗を続けたり拒否権を行使したりすることは難

---

[37] フランスの政府・与党関係、政府・議会関係についてはとくに、大嶽、野中（1999: 100-5, 122-3）を参考にした。なお、既に触れた野中による 1992 年の調査におけるフランスの国会議員の回答を確認すると、最も強力なアクターは大統領、首相、中央官庁の順となっており、大統領が圧倒的な影響力を持つと認識されていた。続いて首相の影響力の大きさが明確に認識され、中央官庁や政党の影響力は日本ほどには強く意識されていない（野中 1995: 242-3）。

しい。政府・与党間の調整は議会審議を通じて行われるため、与党議員からも修正案が提出されるが、重大な修正が行われることは稀である。[38]

　第三に、小選挙区二回投票制の下では大政党に議席が集中するため、第五共和制の政府は与党からの安定した支持を得ている場合が多い。例外は1988年の総選挙の結果、社会党が単独で過半数の議席を確保できなかった後の時期である（続く1993年の総選挙でRPR・UDFの右翼連合が圧勝したことでこの状態は解消された）。また、日本と比べた場合、下院の上院に対する優越が憲法上明確化されているため、上下院で与野党が逆転すること（日本でいうねじれ国会）による影響も小さい。両院で意見が一致しない場合、国民議会の絶対多数によって最終的な議決が行われるため、上院にできることは法案成立を遅延させることに限られる（ただし、憲法改正案と上院の組織法律案については上院が拒否権を有している）。[39]

　第四に、そもそも第五共和制憲法下では政府の政令（décret）事項の範囲がとても広く、行政府内での決定を法制化しやすい。例えば、公的医療保険の保険料率や給付水準は政令で決定できるため議会での投票を必要としない。また、授権法律（loi d'habilitation）が成立すれば、政府がオルドナンス（ordonnance）によって委任立法を行うことができる。1995年のジュペ・プランに基づく社会保障改革の多くはオルドナンスによって法制化されている（第8章）。

　最後に、第五共和制憲法49条3項は議会審議の役割を著しく制約している。この条文によれば、首相が法案について国民議会に政府の責任をかけた場合、24時間以内に提出された内閣不信任動議が可決されなければ、審議なしで政府は法案を通過させることができる。第五共和制憲法が規定する議会に対する政府の優位を保証する手段の一つである。[40]1990年に一般社会拠出金（CSG）が導入された際にはこの規定が用いられている（第13章）。

　このように、フランスでは内閣が与党を指導するという議院内閣制の下での

---

[38]　また、官僚の側から与党議員に修正案を渡すことで花を持たせるということも行われている。2013年2月6日に社会問題省で行った聞き取りによる。

[39]　上下院の関係については、大山（2013: 105-8）、大嶽, 野中（1999: 109, 111）、今関（1993: 52-3）参照。

[40]　ただし、2008年の憲法改正によりこの条文を利用できる範囲が財政（予算）法案または社会保障財政法案に限定され、他の法案については一会期につき一度のみとされた（Carcassonne 2013: 247-50）。この他にも、2008年にはあまりにも制約されてきた議会の役割を一定程度強化する憲法改正が行われた（野中 2015）。

標準的な政府・与党関係が成立している（大嶽, 野中1999: 102）。ただし、イギリスのような仕方で内閣と与党が一体化しているというわけではない。フランスでは閣僚が国会議員を兼任することは禁止されているが、これは「議会内における党派的争いから政府構成員を引き離し、執行権の独立性を確保すること」を目的としている（今関1993: 50）。行政府と立法府の分離と前者の後者に対する優越が第五共和制の政治体制の基本的な構図である。とはいえ、1980年代以降、右派政権においても社会党政権においても党のリーダーたちが大統領や閣僚になっており、実質的には政府と与党は一体化している。[41]こうした行政府と与党・議会との関係を背景に、医療保険の財政問題が深まるにつれ、行政府主導で改革が推進されてきた。

d. 小　括

日　本

　日本における行政府と与党それぞれの一体性の低さ、内閣・与党の二元的意思決定体制は社会保障改革にどのような影響を与えると考えられるかまとめてみよう。第一に、首相が一貫した政策プログラムに基づいてリーダーシップを発揮できないということによって、社会保障改革においても理念が欠如し、弥縫策による対応が支配的になるだろう。政策革新は起こりにくく、経路依存的な対応が繰り返されることが予想される。第二に、与党の一体性が低く、かつそうした与党が重要な影響力を持つということは、利益団体による介入の余地が大きく、利益団体の利害に抵触する改革案は与党議員によって骨抜きにされる可能性が大きい。医療保険に関しては、改革の度に日本医師会が自民党議員への活発な働きかけを行っている。

　社会保障の財源改革に関しても、こうした日本の政治制度上の特徴が足かせとなろう。社会保障の安定財源の確保を目指す税制改革においては、誰かに新たな負担を求めることになり、その選択を貫徹させるには政治的なリーダーシップが必要である。ところが、日本では首相のリーダーシップには多くの場合

41　例えば、サルコジ大統領時代（2007 ～ 2012年）にUMP総裁ポストは不在となっていた。自民党政権では、党総裁＝首相となっているが、自民党長期政権時代の党総裁が党に対して強い統制力を有していなかったことは既述の通りである。

様々な制約が課されていた。1970年代後半の財政危機以降、首相が増税を目指した場合でも、与党の反発によってしばしば増税は先送りされてきた。例えば、消費税の導入が大平内閣・中曽根内閣の失敗を経て竹下内閣によってようやく決まったことが想起されよう。選挙での敗北を恐れる与党議員（とくにリーダー格とはいえない若手議員）を統制できない限り、増税提案の貫徹は困難であった（加藤淳子1997）。増税の回避は社会保障改革の方向性に影響を与え、日本では1980年代初め以来、行政改革（歳出削減）を増税に先行させようとする議論や政策が繰り返されている。1989年の消費税導入、1997年の税率引き上げは減税とのセットであり、1990年代を通じて日本では総税収が減少してしまった。純増税型の消費税率引き上げが決まったのは2012年になってのことである。もっとも、この間に社会保障費の伸びと税収の停滞とのギャップは広がっており、それによって社会保障費を十分賄えるという見通しは乏しかった。

　要するに、日本では医療保険改革に関しても、社会保障財源改革に関しても、政策革新は起こりにくく、結局のところ古典的な医療費抑制策（医療機関への報酬の削減・病床の削減）を繰り返すか、あるいは国債発行（財政赤字の容認）によって制度の当面の維持が図られることになったのである。

フランス

　他方、フランスでは正反対の政治的メカニズムが作動しており、政治的リーダーシップを背景として政策革新が目指されてきた。[42]1990年代には医療保険給付費の総枠予算制のようなマクロ的な医療費抑制策や、保険者による診療に対するコントロールの強化、かかりつけ医制度の導入のようなミクロ的な効率化策が多数打ち出された。2-2. a.で検討した、医療費の増加を招くような既存の医療保険制度の設計を修正しようとしたのである。これらの新施策は一体性

---

[42]　大統領・首相・与党が一体となって行動した場合、少数派がそれに抵抗するのはほとんど不可能だが、第五共和制のフランスでは憲法院（Conseil constitutionnel）が、「唯一、強い政府に対する歯止めとして機能」している（大山2013: 129）。憲法院は法律の合憲性を審査する憲法裁判所であり、1974年の憲法改正によって上院議員60名以上または下院議員60名以上の連名によって提訴が可能になり、与党が可決した法案の審査を野党議員が求めることができるようになった。とはいえ、政府は違憲とされた条文だけを削除して、法案の残りの部分だけを成立させることができる。

第I部　日仏における医療保険改革の分析枠組み

の高い行政府の構造や行政府の与党・議会への優位を活かして迅速に法制化された。

　ところが、医師の団体との妥協形成に失敗したことで、これらは結局実質的な効果をもたらすことができなかった。強いはずの国家は医療費抑制に失敗してきたのである。ここにはフランスの政治社会の分裂と、そうした分裂した利益団体との調整を不得手とする国家の姿が見られる。とりわけ、開業医の診療所部門の医療費抑制に関する施策は医療保険金庫と医師組合の合意が形成されなければ機能しない仕組みとなっていることが事態を悪化させた。

　このため患者自己負担の引き上げと、医療費の伸びに合わせて財源を拡充することによる財政均衡が目指されてきた。1990年代には社会保険料からより算定基礎が広いCSGへの財源の切り替えが進められた。これらの措置は利益団体（とりわけ労働組合）の反発を受けたとしても、行政府主導で決定が可能であった。行政府内では計画庁（Commissariat général du Plan）での議論や首相官房による調整によって社会保障財源に関する省庁横断的な合意形成が可能であった。

　以上、本節では日仏の政治制度上の特徴が社会保障改革の展開に与えるであろう影響について考察してきた。続いて、医療保険改革に関連する利益団体のあり方を整理したい。日仏両国では、医師の団体や経営者団体、労働組合などの利益団体が医療保険制度の運営や政策決定に関与してきた。これらの利益団体の特徴や役割を比較検討することで両国の医療保険部門における政治的な構図をより明確にできるであろう。

3-2. 利益団体 —— 医療費抑制のための妥協形成の成否

a. 日本の医師組織

日本医師会

　日本の医療政策に関係する最も重要な利益団体は医師の全国組織である日本医師会である。[43]厚生省が医療機関の統制と医療費抑制を目指すのに対して、

---

[43]　日本医師会に関する先行研究として、以下を参照した（田口1969: 第2部第2章; 高橋1986; 池上, キャンベル1996; 水野2003; 水巻2003; 結城2006; 辰濃, 医薬経済編集部2010）。ま

第3章　医療政治の日仏比較

日医はプロフェッショナル・フリーダム（医師の裁量）の確保と医療費増を求めてきた。他の政策分野とは異なり、ここでは利益団体と監督官庁が天下り先と政策を交換するという結合関係は見られない。他方、他の政策分野と同様に、日医は票と政治献金で自民党の政治家を支援し、自民党の政治家は日医の要求を医療政策に反映させようとするという利益政治のパターンが見られた。[44]第二次世界大戦後の経済成長期には、日本医師会は農協と並んで自民党の最も重要な支持団体の一つであった。しかし、1970年代の後半に国家財政が悪化し、1980年代に「増税なき財政再建」が自民党政権の公式目標となると、大蔵省・厚生省が医療費抑制政策を追求しやすい環境が訪れた。いずれにせよ、過去数十年間にわたる日本の医療政策は厚生省（厚労省）、日本医師会と両者の間に位置する自民党の三者を中心として展開してきた。

　以下では、日本医師会の組織上の特徴および行政府・与党との関係を検討することで、医療政策の決定過程に対する日医の影響力行使の可能性と限界を明らかにしていく。それによって1980年代以降、日医が厳しい医療費抑制政策に妥協するようになった背景が理解できよう。

　日本の医療提供者の様々な団体のなかで医療政策に最も強い影響力を有してきたのは日本医師会である。1947年の発足時に約5万3,000人であった会員数[45]は増加を続け、2000年代に入り伸びが鈍化しているが、2010年12月1日現在の会員数は約16万6,000人に達している（結城2006: 40;『日本医師会会員数調査（平成22年12月1日現在）』）。他方、組織率は減少傾向にあり、1960年代の全盛期には全医師の7割以上が加入していたが、2010年現在では約56%まで低下している。[46]とはいえ、医師の団体として日医に競合する勢力は存在せず、日本

た、日本医師会自身による会史として、日本医師会（1986）、日本医師会創立50周年記念事業推進委員会記念誌編纂部会編（1997）がある。なお、以下の本文の記述は、尾玉（2011: 56-8）を基礎として大幅な加筆を行ったものである。

[44]　池上、キャンベル（1996: 12-4）は自民党を日医の支援者と位置づけている。ただし、厚生族の有力政治家が厚生省の支援者としても振舞ってきたことも考慮する必要がある。

[45]　1916年に北里柴三郎らによって大日本医師会が結成され、戦時期には翼賛体制に組み込まれたが、戦後、1947年に日本医師会として再出発することになった。

[46]　結城（2005: 40-1）。2010年の組織率は、「日本医師会会員数調査（平成22年12月1日現在）」による会員総数165,841人を厚生労働省「平成22年（2010年）医師・歯科医師・薬剤師調査」の医師数295,049人（平成22年12月31日現在）によって除したもの。なお、日医の中核メンバーである病院・診療所の開設者に関しては組織率が高く、病院勤務医に関しては低いとされてきたが、厚労省の「医師・歯科医師・薬剤師調査」と「日本医師会会員数調査」

政治における医師（とりわけ開業医[47]）の利益は日医によって代表されてきたといってよい。[48]日医は中医協をはじめとした政府の医療関係の審議会に推薦委員を送り込むことで医療政策への影響力を確保しようとしてきた。

日医以外の医療関係団体では、日本歯科医師会（日歯）と日本薬剤師会（日薬）が各自の領域で自律性を保っており、日医と合わせて三師会と呼ばれてきた（池上、キャンベル 1996: 12; 結城 2006: 第2章）。この他には、日本看護協会が看護士の地位向上を目指して独自の活動を続けてきた。これらの団体は医療費のパイや専門職としての縄張り（仕事の範囲）を巡って日医と対立することもあるが、医療界の意見を団結して主張する際に盟主となるのは日医であった。例えば、中医協改革直前の2005年には診療側委員8名のうち5名が日医推薦委員、2名が日歯推薦委員、1名が日薬推薦委員であった（ただし、当時の日医推薦枠のうち2名は実際には病院団体枠となっていた）（結城 2006: 25-6）。日医は開業医中心の団体であり、病院勤務医の組織率が低くなっているが、病院部門では病院単位で加入する病院団体が複数存在している。[49]

日本医師会の組織

　それでは、医療関連団体の頂点に立つ日医の組織的な特徴を検討してみよ

とでは医師の分類の仕方が異なるらしく、下位分類ごとの組織率の計算が困難になっている。例えば、厚労省の上記資料によれば2010年の「診療所の開設者又は法人の代表者」は72,566人だが、日医の資料の「診療所開設者」は73,402人であり、組織率が100%を超えてしまう。ともあれ、厚労省資料では「診療所の従事者」が約10万人弱、「病院の従事者」が約18万人であるのに対し、日医では診療所開設者を中心とするA①会員が約8万5千人、勤務医や研修医などのその他の会員が約8万人であるということから、開業医の方が加入率が高いことは間違いない。

[47] 開業医は通常開業に際して地区医師会に加入する。加入を通じて地区医師会の組織する学術集会や研修会、医師年金、医療事故の際の医師賠償責任保険などを利用することができる。

[48] 日医以外の大規模な医師の団体として、保険医協会の全国組織である全国保険医団体連合会（保団連）がある。2017年1月1日現在の会員数は医科約6万5,000人、歯科約4万人であり、開業医が中心である。無視できない会員数を有しているが、政治団体を組織しておらず政治的な影響力は日医に比べて小さい（ただし、国会の公聴会に呼ばれることがある）。全国保険医団体連合会ホームページ < http://hodanren.doc-net.or.jp/nyuukai/ > 2017年12月1日閲覧。

[49] 代表的な病院団体は公私立の病院が加入する日本病院会（日病）と、そこから中小の私立病院が分離して設立した全日本病院協会（全日病）である。病院団体には対立と融和の歴史があるが、簡潔にまとめたものとして、結城（2005: 51-4）参照。

第3章　医療政治の日仏比較

う。日医は非常に集権的な組織であることが指摘されてきた（田口1969: 165-70; 高橋1986: 239-44）。日医は三層構造からなる医師会の頂点に位置している。つまり、各地区の郡市区医師会からその地区の会員数に応じて都道府県医師会の代議員が選出され、各都道府県医師会からは再び会員数に応じて（会員500人につき一人）全国組織たる日本医師会の代議員が選出されるという選出経路が成立している。日医の会長は2年ごとに日医代議員によって選出され、会長の座をめぐってしばしば激しい対立が繰り広げられてきた（辰濃, 医薬経済編集部2010）。都道府県医師会にも会長とそれを支える執行部が存在しており、各[50]都道府県の代議員は日医会長選において団結して行動すると考えられている。日医会長選では各候補は副会長や常任理事などの役員ポストを提示することで都道府県医師会の支持を集める。このため会長が選出されるときには役員のリストも選出され、いったん新会長が決まれば新執行部は新会長を支持する人物で固められる（キャビネット選挙）。したがって、利害を共有したメンバーからなる日医執行部の凝集性は高いものとなる。[51]

　日医の意思決定に関する権限は会長・副会長・常任理事らからなる執行部に集中しており、医療保険改革の際には執行部の決定した対応が都道府県医師会へとトップダウン式で伝達される（田口1969: 165-70; 高橋1986: 239-44）。与党自民党との合意形成も執行部のメンバーが密室的に行ってきたため、医師会内部では組織の民主化を求める声が存在してきた。したがって、日医は執行部へ[52]の権力集中、また地方の医師会へのトップダウン型の影響力の優位という二つの意味で集権性が高い。

　政治的には、自民党の一党優位体制において日医は同党の代表的な支持団体であり続けた。正確には、日医は学術団体としての性格を有する社団法人（2013年に公益社団法人に移行）であり、政治活動は制限されている。そのため政治団体としては日本医師連盟（日医連）が別個に存在しているのだが、日医連のトップはほとんどの場合日医会長が兼任しており、都道府県医師会の加入者は自動的に都道府県医師連盟にも加入することになっていたため、医師会

---

[50] 最大の日医代議員数を有するのは東京都医師会であり、日医会長には1957年から1982年まで会長を務めた武見太郎をはじめ東京都医師会出身者が多い。

[51] ただし、キャビネット選挙は2010年の日医会長選の際に廃止され、新会長の陣営以外からも執行部に参加する者が多数出現した。

[52] 例えば、水巻（2003）参照。

115

第I部　日仏における医療保険改革の分析枠組み

と医師連盟は実質的に一体である。このため日医連の活動は日医のそれとしてまとめて語られることが多い。本書でもこうした慣行に従い表記を日本医師会（日医）に統一することにする。

　選挙の際には日医は主として自民党の政治家を推薦し、多額の献金を行ってきた（池上、キャンベル1996: 13; 加藤淳子1991: 175-6）。現在でも16万人程度の会員数しか持たない日医の集票力が実際にどの程度のものであったのかは定かではないが、参議院の日医の組織内候補は自民党の全国区の名簿の上位に置かれていた。1977年の参院選では、福島茂夫が100万票を超える票を得て当選している。21世紀に入り参院選の比例区に非拘束名簿式が導入されてからは、日医の組織内候補は20万票強を獲得している。また、献金額に関しては長年日医は自民党にとって最大の貢献者であった。したがって、日本の場合、医師の団体と政権与党との関係は概ね協調的であったといってよいだろう。日医は中医協などの審議会に参加するだけでなく、自民党の政治家との結びつきを通じて政府・議会という拒否点（1-3.a.）にアクセスし、厚生省の政策を後退させる機会を有していた。

日本医師会の目標

　次に、日医の目標を理念と利益に分けて解説しよう。日医の定款には「本会は、都道府県医師会及び郡市区等医師会との連携のもと、医道の高揚、医学及び医術の発達並びに公衆衛生の向上を図り、もって社会福祉を増進することを目的とする」とあり、学術団体として日医は日本医学会を下部組織としてきた。つまり、日医はまずもって医学・医療の向上と国民の健康の増進を理念として活動してきた。

　他方、日医が医師の職業的・経済的利益を守ることを目標としてきたことも否定できない。職業的利益とは医療の世界における医師の裁量の確保（官僚統制の回避）と医師の支配的地位を守ることを指し、経済的利益とは中核メンバーたる開業医の診療所を経営難から保護することである。仮に日医執行部のメンバーが住民の目線に立って（あるいは一般的な利益を考慮して）僻地医療の義務化や診療報酬の引き下げを受け入れようとすれば、日医内からは自由開業医制の堅持と医療費増を望む声が上がり、これらを無視すれば会長選での再選は

おぼつかなくなってしまう。このように官僚統制を忌避する一方で診療報酬の引き上げや優遇税制を要求する日医の会員たちは「欲張り村の村長たち」などとも称されてきた（水野 2003: 96）。

　結局のところ、日医の重要な使命は中核メンバーたる開業医の診療所の経営を保護することであり、同業者の利益擁護団体としての性格が強い。非常に同業組合的である。医療の世界で極端に勝ち組と負け組が発生することを避けようとする護送船団方式的な発想が日医の基本的な行動原理であるともいえる。

　こうした日医の組織基盤と行動原理からはいくつかの重要な方針が生じる。第一に、日医は国民皆保険堅持の立場をとってきた。国民皆保険の存在は住民の医療機関へのアクセスを保障するという意味で日医の理念に合致するとともに、医療機関に対して顧客の存在を保障することで利益にも合致している。1970年代までは日医と自民党とは医療保障制度の拡充に関して利害が一致していた。この点、民間の保険者とともに政治家と医師会が医療の社会化に反対してきたアメリカ（Steinmo and Watts 1995）とは対照的である。フランスでも国民皆保険下での医療サービスの公定価格制に医師たちが激しく反対してきたのは第2章で述べた通りである。日本医師会が皆保険体制を重視してきたのは、後述するように医療機関間の平等を重視してきたことと関連している。

　なお、国民皆保険維持を掲げてきた点で厚生省は日医と立場を同じくするが、その手法に関しては主張が大きく異なる。1980年代以降、財政制約下でこの目標を実現するために厚生省は診療報酬抑制と患者自己負担の拡大を繰り返すことになる。これに対して日医は公的な医療保障の充実、具体的には患者自己負担の縮小と医療保障制度に対する公費負担の拡大を求めてきたのである（加藤淳子 1995: 120）。

　第二に、日医は医療の世界における市場原理の導入に反対してきた。小泉内閣時代に争点となった混合診療の解禁や株式会社による医療機関経営の解禁に日医は断固として反対していた（第6章）。これらを認めれば所得による医療へのアクセスの格差が発生することで日医の理念が侵害され、また高所得者向けに先端治療や高額サービスを提供する医療機関と低所得者向けに最低限の医療

53　日医内部からの反発について、水巻（2003）、辰濃, 医薬経済編集部（2010）参照。
54　他の先進諸国の医師の団体については、Freeman（2000）、Blank and Burau（2014）参照。

を提供する医療機関への二極化が発生する恐れがあり、医療機関間の平等という日医の組織目標が損なわれかねないためである。医療機関同士の競争が強まれば、淘汰される医療機関が発生し、メンバーである開業医の利益を損なう恐れもある。

　日医と厚生省（厚労省）は医療費抑制をめぐっては対立関係にあるものの、こうした点では利害が一致しているといえよう。確かに、現在の国民皆保険体制の下では、診療報酬点数表、療養担当規則、医療法などに基づく様々な規制が存在しており、これらによって医師・医療機関の活動が事細かに束縛されている。厚生省はこれらの規制を通じて画一的な医療サービスを全住民に平等に提供することを医療政策の基本としてきた（池上, キャンベル1996）。ところが、こうした厚生省の方針は所得による医療格差や医療機関間の格差を避けようとする日医にとっても都合のよいものでもあるのである。要するに、日医と厚生省は反新自由主義（反市場原理主義）という点においては一致しているといえよう。このことは2000年代の医療保険改革の構図を規定していく。

日本医師会の医療政策への影響力

　続いて、日医が医療政策にどのようにして影響を及ぼしてきたのか、その限界を含めて検討したい。自民党の長期政権時代、日医は医師の頂上団体として強力な資金力と一定の集票力を有し、大規模な分裂や競合する医師組織の存在にも直面してこなかった。こうした医師を代表する独占的な地位、集権的な組織構造、政治献金と票による与党への影響力などから、日医は日本における最も強力な利益団体の一つに数えられてきた。とくに1957年から1982年まで四半世紀にわたって続いた武見太郎会長時代は日医の絶頂期とされる。武見は吉田茂の義理の甥にあたり、銀座の彼の診療所では多くの政治家が彼の診察を受けていたという（田口1969: 169; 結城2006: 69）。武見は吉田を通じて知己を得た自民党幹部に対する直接的な働きかけを影響力行使のチャンネルの一つとしていた。

　これまでに述べた選挙に際してのカネとフダによる与党の支援、組織内候補の擁立、中医協などの審議会への推薦委員の派遣、与党政治家へのインフォーマルな働きかけに加えて、武見時代の日医は要求貫徹のために中医協に対する空席戦術や保険医総辞退のような実力行使も行っていた。保険医総辞退とは全

国の開業医が一斉に保険診療をやめることである。患者は治療費を窓口で全額支払った上で、領収書を用いて自分で保険者に保険給付を要求することになる。要するに、フランスのように償還払いが行われるようになるのである。

1971年2月に、日医常任理事会は中医協で公益委員が提出した診療報酬の包括払いと薬剤費削減などを含む「審議用メモ（診療報酬体系の適正化について）」が撤回されない限り、厚生行政には協力しないとする決定を行い、中医協から診療側委員を引き揚げさせた。5月31日に日医は会員の保険医総辞退を一斉に各知事に提出した。山口県などを除く約7万1,000人の辞退届が提出された。6月に入り保利茂官房長官や佐藤栄作首相は武見に新たな厚生大臣の人選などを持ちかけ説得に努めたが武見は応じず、最終的に7月1日に約6万6,000人の医師が保険医総辞退に突入した。このことは日医のトップダウン式の命令がかなりの程度貫徹されたことを示している。

保険医総辞退が行われた1971年7月には前年度に比べて受診件数の大幅な落ち込みが見られ、同年度政管健保では100億円、組合健保では140億円医療費が下がった。結城康博は保険医総辞退の意義を以下のようにまとめている。「償還払いによって、これだけの受診抑制がなされたことは、現物給付による医療制度が患者の医療機関へのアクセスを容易にしていることを改めて印象づけることになった。1971年の保険医総辞退突入の結果、一カ月の医療費は大幅に削減され、結果的には医療費削減のシミュレーションとなった」（結城2006: 90）。もっとも、これ以降保険医総辞退戦略は用いられていない。一度実行してしまえばその政治的効果は薄れ、患者の受診抑制、医療機関の収入減、そして世論の医師会に対する非難といった副作用にも耐えなければならないからである。1971年7月には公立病院に患者が殺到し、待ち時間が長引く結果となった[55]。1980年代以降、医師会は他の医療関連団体と協力して政府の医療保険改革に対する反対集会を組織したり署名運動を行ったりはするものの、1970年代以前に見られたような実力行使は行わなくなっていく。

日医の医療費増という要求の実現が経済の高成長によって財源的に可能になっていたという側面は否定できない。1980年代から自民党政権の優先課題が「増税なき財政再建」になると、日医は患者自己負担の引き上げや診療報酬

---

[55] 以上の保険医総辞退に至る経緯と帰結に関する記述は、結城（2006: 88-90）による。

第I部　日仏における医療保険改革の分析枠組み

の抑制などの医療費抑制政策に対する妥協を迫られるようになった（第4章）。
3-1.で述べたように自民党は分権的で一体性が低く、また政策決定における与党の影響力が強いため、日医は与党に揺さぶりをかけて医療費抑制政策の撤回を求めた。ここで医療費抑制型の改革が実現するか否かは、与党執行部が医師会の支援を受ける一般議員の抵抗を抑え込むことができるか否かにかかっていた。1980年代前半の医療保険改革では政府・与党は医療費抑制という方針を堅持したため、日医は条件闘争を強いられた。結局、患者自己負担の引き上げ幅を当初案よりも縮小することで自民党政権と日医は辛うじて妥協している。

　その後、小泉政権時代には政府・与党ともに一体性が高まり、日医は1980年代以上に厳しい医療費抑制政策（診療報酬本体のマイナス改定と患者自己負担の大幅引き上げ）を押し付けられることになる[56]。医療費抑制が政府・与党の基本方針として堅持される場合、日医は政治制度上の拒否点を利用することができない。ここで日医がとりうる戦略は厳しい改革を押し付けられるリスクを負ってでも全面対決や交渉拒否を方針とするか、交渉の枠内に留まりつつ可能な限り妥協を引き出すかのいずれかであろう。結局、日医は2009年の民主党政権誕生に至るまで自民党の支持団体としての立場を崩さず、条件闘争を続けていく。小泉政権時代に二度の診療報酬本体のマイナス改定が決まったのも、首相の裁定によるさらに厳しい引き下げを避けるために、日医トップと与党政治家との間で妥協を形成したものだった。2002年の史上初のマイナス改定の際には、日医会長だった坪井栄孝は診療報酬引き下げを受け入れることと引き換えに、老人医療費の伸び率管理や株式会社病院解禁の撤回を首相に求めている（第6章）。

　医療費抑制政策の成否を見る上でもう一つのポイントは医師会側の組織的特徴である。組織率が低下傾向にあるとはいえ、医師が日医という単一の団体によって代表されており、しかも執行部に権限が集中している状況は、政権側にとっては交渉窓口が一本化されることを意味し、交渉コストが低く保たれるのである。全ての医師を代表しようとする以上、日医の内部には潜在的に様々な利害対立が存在している。勤務医の増加による病院・診療所間の利害対立はそ

---

[56]　小泉政権が厳しい歳出削減策を打ち出すに至った財政的コンテクストとして、1990年代を通じて増税の回避と景気対策によって膨大な財政赤字が蓄積されたこと、増大する社会保障費を賄える財源が用意されなかったことが挙げられる（第11章）。

の代表であり、日医執行部のポストをめぐる地域対立も強い。日本の医師の過半数は日医という単一の組織に統合されており、一見して非常に強力に見えるが、加入者の同質性は低い。したがって、日医は本来的に弱いはずの組織の凝集性を執行部への権力集中によって克服しようとしてきたともいえよう。

政府・与党としては日医執行部と合意をまとめてしまえば、医療界内部での調整は日医が行ってくれる（2-2. c.）。日医執行部が自民党政権との診療報酬改定率の抑制について密室的に妥協を形成し、その後の点数配分においても指導力を発揮してきたことは、日医の下部メンバーからは反発を招いてきたが、自民党政権にとっては医療費抑制政策を実施しやすい環境をなしてきたといえよう。つまり、医師が日医によって代表されることで交渉窓口が一本化され、また保険医総辞退のような交渉外での直接行動が稀にしか行われなかったことで、政府は医療費抑制政策の押し付けを行いやすい状況にあったということである。

最後に、21世紀に入ってから日本医師会は様々な困難に直面していることを指摘したい。小泉政権は医療費抑制政策を追求するだけでなく、医療政策に対する医師会の影響力の低下を狙った。第一に、2006年の中医協改革によって日医の推薦枠は一つ減らされ、しかも診療報酬の改定率は内閣が決定するものと明確化された。したがって、中医協という場で改定率に関する拒否権を行使することは不可能になった。第二に、日医の組織率が低下傾向にあることに加え、都道府県医師会と都道府県医師連盟への加入の分離が進んだことで、日医連の組織力・資金力も低下したものと考えられる（結城2006: 59-60）。以上の変化によって、日医は利益団体として、あるいは拒否権プレイヤーとして弱体化していった。第三に、小泉政権の医療費抑制政策に対して日医では内部対立が深刻化し、2009年の衆院選では一部が民主党支持へと離反した。翌年の日医会長選では親民主党を掲げる原中勝征・茨城県医師会長が勝利し、初の親民主党の日医会長が誕生した。自民党政権が医療費抑制政策を追求していた時期に日医にできることは政策の影響をなるべく小さくするという条件闘争であったが、民主党という政権獲得が可能な別の政党を支持することに、医療費抑制政策の支配から脱却するための活路が見出されたのである。小泉政権時代に日

57　診療報酬制度とその改定の仕組みこそが日本で医療費抑制を可能にした重要な要因（少なくともその一つ）であることは第2章2-2.で述べた。

第Ⅰ部　日仏における医療保険改革の分析枠組み

医執行部は医療費抑制政策に対して全面対決に踏み切らず妥協を強いられていたが、日医内の不満は限界に達していた。しかし、民主党の台頭に対する対応は日医内の対立の火種となり、2010年の参院選では組織内候補をまとめることができず、出馬した3名全員が落選してしまう。2000年代末から政府・与党と医師の関係は流動化するようになった。日本医師会は利益団体として自民党政権に圧力をかけていた時代、自民党の医療費抑制政策をなるべく後退させるという防衛戦を強いられた時代を経て、混沌とした状況に突入していった。

　以上のような重要な変化の兆しは見られるものの、1980年代以降日医の独占的・集権的な性格と自民党との協力関係は政府が医療費抑制に取り組むにあたって安定的な環境を提供してきた。こうした点は、医師組織が複数の組合に分裂・競合しつつ政府に非妥協的な姿勢をとってきたフランスの場合と比較することでより明確になるだろう（本節 c.）。

b. 日本の保険者

　日本における公的医療保険制度の保険者たる労使（被用者保険）と市町村（国民健康保険）は、厚生省とともに支払側として日医に対して医療費抑制の立場をとってきた。また、これらの保険者は国庫負担の増額による財政的な支援を要求しており、この点に関して厚生省は保険者と大蔵省を仲裁する立場にあった（池上、キャンベル 1996: 10-1）。

　国民健康保険は各市町村の自営業者や退職者などによる保険料と公費負担[58]（国と都道府県の補助金を含む）によって運営されてきたが、加入者の平均年齢が高く所得水準も低いため構造的に赤字化しやすく、財源が不足した場合、市町村の一般会計から繰り入れが行われてきた。多くの市町村にとって国保は財政を圧迫する大きな要因である。このため、国民健康保険中央会（各都道府県の国民健康保険団体連合会によって構成）は全国市長会、全国町村会とともに各種の医療保険制度の一本化とそれによる市町村の負担軽減を要求してきた。

---

[58] 2010年3月末現在の市町村国保の加入者は約3,550万人。この他、中小企業被用者が加入する全国健康保険協会（2008年に旧社会保険庁から政府管掌健康保険の業務を受け継いだ）の加入者が約3,490万人、大企業被用者向けの組合管掌健康保険の加入者が約2,960万人、公務員などの共済組合の加入者が合わせて約900万人、後期高齢者医療制度の加入者が約1,430万人などとなっている（健康保険組合連合会編 2013: 62-3）。

122

他方、大企業の組合管掌健康保険は組合ごとに労使によって運営されており、健保組合の連合組織である健康保険組合連合会（健保連）の役員には日経連（現・経団連）と連合の代表が含まれている[59]。また、健保連は厚生官僚の天下り先の一つでもあった（池上, キャンベル1996: 11）。健保連と労使の団体は高齢者医療制度（1983年から老人保健制度、2008年から後期高齢者医療制度）への健保組合からの拠出金の廃止と国庫負担の強化を一致して要求してきた[60]。健保組合では他制度への財政支援が支出の半分にもおよぶことがあり、市町村とは反対に各制度の財政的な分離をうったえてきた。

　以上を要約すると、保険者のなかでも支援される側の市町村と支援する側の健保連（労使）とで目指す医療保険制度体系に違いがあるが、医療費抑制と医療保険料負担の抑制を目指すという点では一致していた。これらの目標は厚生省によっても共有されており、日本の場合、保険者と医療保険担当省庁の凝集性が高く、医療保険改革の際に保険者の反対が重要な障害となることはフランスに比べて少ないといえよう。

　a)、b)の検討を受けて、日本における利益団体の構図をまとめたい。医療提供者の諸団体は対立を抱えつつも日本医師会を盟主として厚生省の医療費抑制政策に反対してきた。他方、保険者の側でも対立を抱えつつも厚生省の低医療費・低保険料路線を支援してきた[61]。1980年代以降、日医は自民党政権の医療費抑制政策に妥協するようになり、医療界における利益（不利益）の配分・調整は中医協での点数配分を通じて行われてきた。日医は診療報酬改定率が抑制されるなかで、個別の点数配分に影響力を行使することと、患者自己負担をなるべく抑制することで開業医の利益を守ろうとしてきた。

　他方、フランスでは利益団体の配置や医療費抑制政策の展開は日本の場合とは大きく異なるものであった。医師の団体は複数に分裂・競合しており、保険者と政府の関係も日本に比べて敵対的であった。このため医療費抑制に関する妥協はなかなか形成されなかった。しかしながら、開業医の報酬や医療費抑制に関する措置は保険者たる医療保険金庫と医師組合が締結する全国医療協約に

---

[59] 日医会長だった武見太郎は健保連を「日経連の番犬」と痛罵していたという（新川2005: 142）。

[60] 健保連と労使の主張の内容については、第4章以降の医療保険改革の事例分析を見よ。

[61] 労使は日医と対決する上では利害が一致していた（池上, キャンベル1996: 10-1; 新川2005: 142）。

第I部　日仏における医療保険改革の分析枠組み

よって有効化されねばならないため、政府が一方的に医療費抑制を行う余地が制度的に制約されていた。

C. フランスの医師組織

分裂と競合

フランスの医師の団体は公的医療保険制度への対応、とりわけ医師の報酬のあり方をめぐって対立と分裂を繰り返し、これが医療費抑制のための妥協形成を困難にしてきた[62]。フランスでは、職業倫理の遵守と懲戒ための強制加入の団体としての医師会（Ordre des médecins）[63]とは別に、医師の経済的利益を守るための任意加入団体として医師組合（syndicats médicaux）が存在するという二元構造が成立している。このうち後者が診療報酬など医療保険に関する保険者（労使）との交渉にあたる。

交渉を行う代表性を政府によって認められている医師組合のうち、最古のものは1928年に設立されたCSMF（Confédération des syndicats médicaux français: フランス医師組合連合）である。CSMFは当時設立が議論されていた公的な医療保険制度に対して医師の利益を守るために結成された。患者と医師の直接交渉による料金の決定を含む「自由医療（médecine libérale）」を標榜し、公的な医療保険制度の枠内で医師の報酬が決定・抑制されることに反対してきた。しかし、1950年代から政府が公定診療報酬の拘束力を強化しようとすると、交渉の枠内に留まって妥協を模索しようとする路線と交渉から離脱して抵抗しようとする路線との間で対立が深まっていった（Stephan 1978: 24-5）。結局、CSMFから分離した強硬派は1968年にFMF（Fédération des médecins de France: フランス医師連盟）を結成する。なお、1980年代前半における両組合を合わせた開業医の組織率は40％を下回っており（Wilsford 1991: 100）、先進国中でもとくに低い値であった。

さらに、1980年代に入ってCSMF内部で一般医と専門医の利害が対立するようになると、CSMFを離脱した一般医たちが1986年にMGフランス（Fédération française des médecins généralistes: フランス一般医連盟）を結成し、1989年には保険

---

[62]　以下の記述は、尾玉（2011: 58-9）を加筆・修正したものである。

[63]　久塚（1991: 212-20）、松本（2012: 94-5, 151）、Wilsford（1991: 142-3）参照。

者との協約交渉に参加する代表制を有する組合として認可されている。1994年に地域圏レベルでの開業医の代表を決める最初の選挙が行われると、MGフランスは一般医の過半数の議席を獲得している[64]。これらの医師組合は加入者数の推移を公表していないため組織率の正確な把握は困難だが、これまでの選挙結果を見る限り1990年代以降MGフランスとCSMFが一般医の世界では二大勢力をなしているようである。この他に、1981年には診療報酬の超過請求権を守るためにSML（Syndicat des médecins libéraux: 自由医組合）が結成され、また2002年には二つの小規模な組合が合体することで同盟（Alliance intersyndicale des médecins indépendants de France: フランス独立医師組合同盟）が形成されており、代表制を有する組合が五つも並存する状況となった。

　このようにフランスの医師組織は「セクト主義（particularism）」（Wilsford 1991: chap. 4）によって特徴づけられ、日本医師会のように実質的な独占性を有する医師の組合は存在しない。また、これらの組合の内部で加入者に対するコントロールが確保されておらず集権性も低い。政治的には、医療費抑制が政策課題になるにつれ、とくに1990年代以降、政府と医師組合はしばしば深刻な対立関係に陥ってきた。ところが、第五共和制の政治制度においては医師は拒否点を利用することが困難であるとされる（Immergut 1990, 1992）。また、保険者と協調しながら政府から自律的に医療保険政策を決定してきたとはいいがたく、保険者との交渉の枠組みは政府がリードして設定してきた（第III部）。以上から、フランスの医師組合の組織率・独占性・集権性は低く、政府の政策形成に対しては受動的になりがちだったといえよう。

医療費抑制に関する妥協形成の困難

　ところが、同様に分裂し組織率も低い一般労働者の労働組合と並んで医師組合はフランスの社会保障改革に対する強力な拒否権プレイヤーとして考えられている[65]。複数分立した医師組合が「集合行為」の問題（Olson 1965=1996）を解

---

[64]　MG Franceホームページ < http://www.mgfrance.org/index.php/le-syndicat/historique > 2017年12月1日閲覧。

[65]　Palier（2005）など。ウィルスフォードはフランスにおける中央集権的で一体性の高い国家と分断されて受動的な医師組合を、アメリカの分権的な国家と強力な医師会と対置させており、フランスの国家の方が有効に政策を実施できるとしている。ただし、ときにはフランスでも国家が社会集団の抵抗によって後退を余儀なくされることを認めており（Wilsford

第I部　日仏における医療保険改革の分析枠組み

決できないため、医療費抑制政策の成立にとって重大な障害となるのである。一般に、医療費抑制が政策課題となっている時代には医師内部での利害対立に拍車がかかる。組合が分裂・対立した状況において、複数の医師組合が協調して費用抑制に関するコンセンサスを形成することは困難であった。分裂した各組合の規模は小さいものの、それぞれの組合には利害が同質的な医師が集まりやすくなるため、各組合の凝集性が高く個別的な利益がむしろ強力に主張される。例えば、FMFは専門医中心の組合として自由医療の原則と専門医の高い地位の維持を重視しており、MGフランスは一般医の組合として一般医の経済的利益と専門医に対する地位向上をうったえてきた[66]。

　1990年代に入り政府が医療費抑制と医療供給体制の再編に本腰を入れるようになると、医師の内部対立が顕在化することになった。1990年の全国協約をめぐる交渉のなかで政府と医療保険金庫が提案したセクター2凍結（専門医の報酬抑制）と、MGフランスが主張していた一般医のかかりつけ医化（医療供給体制の再編と医療費の抑制）は、専門医にとっては受け入れがたいものだった（Dammame et Jobert 2000: 196-7; Hassenteufel 1997; 273-9）。一般医と専門医の利益を代表する組合が別個に存在し、それぞれの利害を主張している事態は、日本医師会という単一の組織が曲がりなりにも全医師を代表し、医療費抑制政策を前提としつつ診療報酬の点数配分に影響力を行使してきたのとは対照的である。一般医と専門医の利害対立はこれ以降の医療保険改革においても繰り返し見られることになる。

　全国協約に関する保険者との交渉において全ての医師組合が合意に至った例は少なく、政府・医療保険金庫は医師組合との安定したパートナーシップの構築に失敗してきた。ある医師組合が政府・医療保険金庫と医療費抑制について合意した際には、別の組合が反対運動の組織的基盤となってきた。以下のように、全国協約に調印した組合は支持離れに直面し、反対姿勢をとった他の組合が支持を集めるという展開が繰り返されている[67]。MGフランスは1993年の全国協約への調印を拒否した翌年の選挙で一般医の投票の過半数を獲得したが、

1991: 161）、その後1990年代の状況については医療政策が麻痺していると見ている（Wilsford 2001; Rochaix and Wilsford 2005）。

[66]　これに対してCSMFは一般医・専門医双方が加入しており加入者の同質性が低く、内部の調整に苦労している（Dammame et Jobert 2000: 189）。

[67]　以下、このパラグラフの記述は、Hassenteufel et Palier（2005: 22-3）を参考にしている。

1997年の協約に調印した後の2000年の選挙では調印を拒否したCSMFに敗れている。その後、MGフランスは2005年の協約への調印を拒否し、翌年の選挙で多数派に復帰した。このように政府・金庫が特定の医師組合とパートナーシップを構築しようとしても、かえってその組合を周縁化してしまう結果になった。医師組合の側では政府・金庫との交渉の枠内に留まることで影響力の維持を図ろうとしても、組合員の反発や他の組合へと支持が移る恐れを考えると、組合のリーダーは対決姿勢を取らざるを得ないのである。[68]

　こうしたなかで全国協約は医療費抑制に関して骨抜きにされた形で締結されるか、そうでない場合は締結後に街頭デモによる反対運動や訴訟によって無力化されてきた。1996年から議会が公的医療保険給付費の伸びを決定するのに伴い、目標額が達成されなかった場合には医師は報酬を返還するという制裁措置が全国協約に盛り込まれたが、協約に合意しなかったCSMFやFMFが取消訴訟やデモなどの反対運動を繰り広げ、結局制裁措置は葬り去られた（第8章）。協約に先立って政府が委任立法（オルドナンス）によって改革を強行したことも反発を招いた。医療保険金庫と医師組合の協約は医師組合のうちいずれか一つと締結できれば有効であるとされていたが、一つの組合の開業医全体に対する代表性はかなり低いものにならざるを得ない。1997年に協約に合意した専門医の組合（UCCSF）はその規模の小ささから協約交渉の当事者としての代表性を法的に認められず、翌年に協約は取り消されている。結局、協約を無事に機能させるために政府・保険者は可能な限り多くの医師組合との協約の締結を成立させねばならない状況に追い込まれている。その後、交渉による費用抑制は行き詰まり、2002年に医師の報酬の大幅引き上げを認めることで政府はようやく医師組合との（一時的な）関係修復に漕ぎ着けた（表9-2参照）。ここで重要なことは、組合の組織率が低いとはいえ抗議運動を組織する能力はあるということである。また、こうした直接行動は医師組合の政策形成過程への統合度が低いことと、与党議員を通じて拒否点を利用することが多くの場合困難であることの裏返しでもある。

　こうしたフランスの状況は日本で日本医師会という単一の集権的な組織が政府・与党と密接な関係を維持してきたのとは対照的である。日本の場合、診療

68　例えば、1992年にはCSMFのリーダーであったジャック・ボーペール（Jacques Baupère）が医療費抑制に対して妥協的であるとして辞任に追い込まれている。

第I部　日仏における医療保険改革の分析枠組み

報酬全体の改定率は政府・与党の一部の政治家と日医のトップによって決められ、診療所と病院間や診療科間の医療費の配分はその枠の中で事後的に調整されてきた。フランスではこのような枠組みが成立しておらず、それぞれの団体が報酬引き上げを要求するため、支払側と診療側での統一的な妥協形成や医療界内部での調整が困難であった。3-1.で検討したように、フランスでは政官のトップレベルでの調整・決定は容易である。ところが、医療保険金庫と医師組合との協約交渉においては妥協の形成が困難であり、政府主導で医療費抑制政策を制度化しようとする場合にはデモ・スト・訴訟による反対運動が繰り広げられてきた[69]。1990年代には医療保険給付費の年間総枠予算制や拘束力のある診療ガイドラインなどの医療費抑制策が矢継ぎ早に打ち出されたが、失敗に終わった。1996年のジュペ改革が政官のエリートにより密室的に作成され、一気に法制化されたのはトップダウン的政策決定過程を有する国家の強さを示しているが、その後医師組合の反対によって新施策が葬り去られたのは、社会との調整が不得手な国家の無力（吉田 2004; Hayward and Wright 2002）をむしろ示している。1997年の総選挙で保守派が敗北すると、新たに成立した左翼連立政権は戦略を転換し、医療費抑制政策の拘束力を弱め、押し付けから協力・インセンティブ付与へと政策スタイルを変えた。さらに、2002年の政権交代後には保守政権が医師との妥協をより鮮明にしていく（第9章）。

　状況を打開するために1990年代から政府のイニシアティブによって医療保険関係者間の関係の整理が図られてきた。医師組合の協調行動を促すために1993年には地域圏自由医連合（URML: Union régionale des médecins libéraux）が設置され、職域ごとに複数存在している医療保険金庫についても1996年に地域圏単位の医療保険金庫連合（URCAM: Union régionale des caisses d'assurance maladie）が、2004年に全国レベルでの医療保険金庫連合（UNCAM: Union nationale des caisses d'assurance maladie）がそれぞれ設立されている。また、2004年の医療保険改革以降、開業医との交渉を医療保険金庫（労使）ではなく国家（高級官僚）が担うようになり、労使の役割が相対化され支払側の代表の一本

---

[69]　日本に比べると街頭運動（街頭の政治）の存在感が大きいのもフランス政治の特徴である。これは住民や様々な団体が政府・議会へのアクセス・ルートを持たず、政治から排除されているという感覚を元に街頭運動に打って出ているものと理解されてきた。中山（1999）参照。

化が進んでいる。

しかし、2004年の全国協約では医師（とくに専門医）との関係修復を優先する保守政権が報酬の大幅引き上げによって医師組合を交渉のテーブルに着かせたものの（例えば、専門医の診察料は23ユーロから27ユーロへと約17%も引き上げられた）、それでも全ての医師組合が合意したわけではない。2004年の医療保険改革によって協約交渉の枠組み自体が医師組織に有利なように改変されたが、2010年の協約交渉は不調に終わった。政府は医療保険金庫と医師組合が全国協約を締結するという枠組みを維持し、交渉過程の合理化に取り組んできたが、医療費を合理化するための妥協形成はなかなか進まなかった。

d. フランスの保険者

医療保険金庫

戦後初期にフランスで重視された社会保障の三大原則の一つは当事者による自治的管理であり、公的医療保険についても政府が直接保険者となるのではなく、当事者による管理運営が基本原則であった（2-1.d.）。被用者とその扶養家族が加入する一般制度の管理運営は労使の代表によって担われてきた。具体的には、1967年に社会保障金庫が老齢年金金庫・医療保険金庫・家族手当金庫の三部門に分離されて以来、CNPF（Conseil national du patronat français: フランス経営者全国評議会）と労働組合のナショナル・センターの一つであるFO（Force ouvrière: 労働者の力）が全国被用者医療保険金庫（CNAMTS: Caisse nationale de l'assurance maladie des travailleurs salariés）の理事会において多数派連合を形成してきた。左翼政党による政権奪取を懸念しつつ、CNPFは反共産主義・反CGT（Confédération générale du travail: 労働総同盟）の立場をとるFOという相対的に協力しやすい労組をパートナーとしていた。CNPFの狙いはFOとの妥協による社会的平和の維持と、共産党およびCGTの影響力拡大の阻止にあった。[70] 診療

---

[70] 1970年代の終わりまでフランス共産党は下院国民議会で80議席強を確保し、二極四党体制の一角を担っていた。70年代後半には地方選挙でも勢力を拡大していた。大嶽秀夫は石油危機後にシラク内閣が労働者に対して厳しい賃下げ政策をとらなかった理由として、保革伯仲状況・左翼への政権交代の恐怖を挙げている（大嶽1996: 27-9）。なお、ミッテラン政権が誕生した1981年の総選挙で共産党の下院における議席数は半減し、その後も勢力が縮小していく。

129

第I部　日仏における医療保険改革の分析枠組み

側では1980年代までCSMFとFMFが二大医師組合であり、どちらも小企業家たる開業医の組合として自由医療を掲げ、CNPFとは自由主義的な価値観を共有していた[71]。

　また、これらのアクターは反共産主義と自由主義という価値観だけでなく、反国家介入主義という立場も共有していた。FOは医療保険金庫における役割を自分たちの正統性や影響力の源泉としており、政府による医療保険に対する介入を批判し続けた[72]。CNPFも政府による一方的な決定には批判的であった。医師組合が自由医療を根本的な価値規範としてきたことは2-1.で述べた通りである。

　こうした支払側・診療側の組み合わせは医療費の増大を促した（Damamme et Jobert 2000: 187-90）。FOは医療費抑制よりも医療へのアクセスの保障を強調することで医療保険部門における自己の立場を安定化させようとした。CNPFは医療費の増大を警戒しつつも、上記のような政治的理由からFOとの妥協の維持を重視していた。医師組合は無論医療費の増加と医療機関の経営の安定を望んだ。

医療費抑制をめぐる政労使の動き

　しかし、第一次石油危機の翌年以降、全国被用者医療保険金庫では赤字が続き、政府の医療政策の基調は医療保険・医療供給体制の拡大から医療費抑制へと移行していく。1977年には政府の最初の医療費抑制計画が発表される（第7章）。ところが、医療保険金庫（労使）は医療費抑制のために独自の努力を行うのではなく、政府による保険料率の引き上げや患者負担の拡大に依存してきた。金庫は独自に保険料を引き上げるという決定もできるのだが、そうした決定を政府に転嫁し、なおかつ政府が金庫をバイパスして決定を行うことを非難していた。FOは医療保険財政が逼迫するのは、本来国家が税金を用いて負担するべき費用が医療保険料によって賄われているという「不当な負担（charges indues）」のせいだという主張を続けた（Damamme et Jobert 2000: 197）。

　このように支払側の内部で政府と金庫の間に対立が存在しており、政官のエ

---

[71]　以上のアクターの立場は、Damamme et Jobert（2000: 187-90）による。
[72]　こうした象徴的な利益のみならず、金庫の管理に携わることでポストや資金という物質的な利益も得ていた（Palier 2010bなど）。

130

リートや専門家の間ではこれが医療費用抑制政策の障害になっていると考えられてきた（Palier 2005: 383-4）。また、小規模とはいえ、農業従事者、自営業者の医療保険制度の保険者もそれぞれ医師組合との交渉当事者となっており、被用者医療保険金庫と共同歩調がとれずに交渉過程が複雑化することもあった（第8章）。その意味では、支払側の性格を把握するにあたってウィルスフォードのように「強い国家」の一体性・自律性ばかりを強調するのは適切ではないといえよう（Wilsford 1991, 2001）。社会保障行政は国家が直接担うのではなく、保険者たる金庫の活動を国家が監督するという形で行われてきたのである。

1980年代には上記のアクターの配置は動揺し始める。[73]共産主義（フランス共産党とCGT）の脅威が縮小するにつれてCNPFにとってはFOと連合する政治的必要性が低下し、また医療費抑制の方が主要な関心事となっていく。1990年代初頭の不況と欧州統合による企業の国際競争の強化によってこうした関心はより強まり、医療費抑制と企業の社会保険料負担の抑制が明確に主張された。1992年にはCNPFは医療費抑制の行き詰まりに業を煮やし金庫の運営から離脱してしまう（1995年のCNPF新会長選出後、医療保険金庫の理事会の構成を労働側優位ではなく労使同数制にすることを条件に復帰する）。労組の側に目を向けると、1988年に社会党のロカールを首相とする内閣が成立すると、新政権では社会党系（しかもロカールに近い）労組CFDT（Confédération française démocratique du travail: フランス民主主義労働同盟）をパートナーとして社会保障改革に取り組もうとする動きが活発になる。社会党政権の官僚とCFDTは医療保障の一般化とそのための財源の一般化（社会保険料以外の財源の確保）、医療供給体制の合理化などのアイディアを共有していった。[74]政府は労働界の支援を必要としており、CFDTも労働界での影響力強化を狙っていたため、両者の利害は一致していた。CFDTを改革のパートナーとする戦略は1993年以降保守政権にも受け継がれていく（第8章）。他方、FOは上記のような社会保障改革に反対であり、CGTと連携していくことになる。

本節c.とd.の検討をまとめると、フランスでは支払側は政府・被用者医療保

---

[73] このパラグラフの記述は、Damamme et Jobert（2000: 193-7）に基づく。

[74] 診療側では1989年にMGフランスが金庫との協約交渉に参加する権利が認可されたことで、開業医の組合間の勢力関係および政府と医師組合の関係が再編された（Damamme et Jobert 2000: 197）。一般医の組合であるMGフランスは一般医をかかりつけ医とすることによる医療供給体制の組織化を主張し、1990年代の医療制度改革論議に影響を与えていく。

131

険金庫（労使）・その他の医療保険金庫に、診療側は保険診療を重視する一般
医の組合・自由診療（超過料金請求）を重視する専門医の組合などに分裂して
おり、政府主導で医療費抑制を進めることが困難であった。1990年代以降の
フランスの社会保障改革ではアクター間の関係の整理そのものが課題となって
いく。ジャック・シラクが1995年の大統領選挙に当選した後で、アラン・ジ
ュペ首相は国と社会保障金庫（労使）の関係そのものを改革し、社会保障制度
の運営の立て直しを図ることになる（第8章）。

3-3. 結　論

　本章では、まず日仏の政治制度が医療保険改革の展開に与えるであろう影響
について考察し、次いで両国における医師の団体と保険者のあり方を検討する
ことで、医療保険改革の政治的構図を整理した。

　3-1. では、両国の政治制度、具体的には行政府・与党それぞれの一体性と両
者の関係を比較検討した。1990年代まで、日本では行政府・与党ともに一体
性が低く、首相・内閣がリーダーシップを発揮することが困難であった。こう
した政治的背景により、大胆な医療保険改革や社会保障財源改革（端的には増
税）が実現しにくく、大蔵省と厚生省によって診療報酬抑制などの古典的な医
療費抑制政策による対応が繰り返されることになった。

　他方、フランスでは行政府・与党とも一体性が高く、大統領・首相が官僚制
と与党に対してリーダーシップを発揮できる。また、行政府の立法府に対する
優位が法制度上確立されている。このため行政府主導で大胆な政策革新が目指
されることになる。1990年代には社会保険料よりも賦課対象の広いCSGが導
入され、社会保障目的財源が確保された。しかしながら、医療保険のように利
益団体の自律的な合意に重要な役割が与えられている政策分野では、強いはず
の国家が思うように政策を推進できないことにも注意が必要である。

　そこで3-2. では、国家外のアクターである利益団体の配置を比較検討した。
日本では、過半数の医師が日本医師会という単一の組織に加入しており、強力
な利益団体として自民党政権に影響力を有してきたが、政府が大規模な補正予
算を組めなくなって以降、医療費抑制政策への妥協を迫られるようになった。
ここで日医は診療報酬抑制をある程度受け入れつつ他の政策の変更には激しく

抵抗して妥協を引き出し、点数配分で影響力を行使するという仕方で開業医の利益を守ろうとした。ところが、2000年代に入り小泉政権下で政府・与党の一体性が高まると診療報酬抑制のみならず患者自己負担の引き上げも貫徹されるようになった。他方、医療保険の支払側では、市町村・経営者団体・労働組合・健保連といった保険者たちは、目指す医療保険制度体系は異なるものの、厚生省とともに医療費抑制を追求してきた。

これに対してフランスでは医師の組合が複数に分裂・競合しており、医療界で資源配分を担うことができる頂上団体が存在していない。それぞれの組合が異なる利害を主張するため医療費総枠の抑制に至る合意が形成されないのである。また、保険者（労使）の国家からの自律性が相対的に高く、とりわけ労働組合（FO）は政府の医療費抑制に協力するよりも医療へのアクセスの保障を重視していた。このため保険者と医師組合による自律的な交渉によっては医療費抑制のための妥協が形成されなかった。

これまでに、日仏の医療保険制度（第2章）と政治制度（第3章）の双方を詳しく比較分析することで、日本とフランスにおいて医療保険の財政対策として選択されやすい手段の解明を試みた。日本では、診療報酬システムを通じた医療費抑制政策がとられやすく、その効果が現れたことおよび政治的な推進力の欠如から財源調達方式の改革が先送りされやすい。フランスでは、医療保険部門のアクターと権限の配置から医療費抑制に関する妥協が成立しにくく、政府にとってより容易な手段である社会保険料の引き上げが選択されやすい。また、財源調達方式の改革は執政府の与党・議会に対するリーダーシップが確保されていることによって実現に至った。次章からは以上の分析枠組みに基づいて、石油危機以降の両国の実際の医療保険改革・社会保障財源改革の内容と過程を検証していく。

第Ⅱ部　日本における医療費抑制

第4章 1980年代以降の日本における医療費抑制政策 —— 日本医師会はなぜ医療費抑制政策に妥協したのか？

　これまで本書では、第一次石油危機後の日本においては政府・与党それぞれの一体性が低く、利益団体からの圧力に対して脆弱であったが、それにもかかわらず政府は日本医師会と妥協を形成し、総医療費を比較的小規模に抑えてきたと述べてきた。第Ⅱ部では、1980年代以降の日本で、医療保険の財政対策が医療費を支える公的財源の拡大ではなく、診療報酬システムの操作などによる医療費抑制を中心として行われてきた経緯を明らかにしていく（公的財源拡大の先送りの経緯については、第Ⅳ部で検討する）。

　以下、第4章では、第一次石油危機以降1980年代前半までの日本の医療保険政策の展開を検討する。考察の焦点は、1980年代前半の日本で自民党政権が医療保険の財政対策として社会保障財源の拡大ではなく、医療費抑制政策（診療報酬の抑制と患者自己負担の拡大）を選択したことである。自民党と日本医師会との政治的妥協によって医療費抑制政策が成立し、医療費の経済に対する規模は抑えられ、健康保険料負担の引き上げも極力回避された。国庫負担の増強によって医療保険制度を維持・充実させるのではなく、国庫負担の削減こそが目指されたのである[1]。

　本章の議論の流れは以下の通りである。まず4-1.では、医療費抑制政策の展

1　しかしながら、その結果として、経済の高成長に依存した社会保障財源システムが温存され、低成長と高齢化に対応するための社会保障財源の準備は先送りされた。1989年に高齢化社会への備えを名目に消費税が導入されたが、実際には税収の一部しか社会保障には充当されなかったのである（第Ⅳ部）。

開を論じる前提作業として、医療費抑制政策を①患者側への施策、②診療側への施策の2つに分けて整理する。

　続いて4-2.では、1975年以降の日本では財政赤字に依存した景気対策が行われ、大蔵省は老人医療費無料化廃止などの福祉見直しによる歳出削減を求めたものの、自民党の抵抗によって先送りされたことを示す。1970年代には公債発行に依存する形で高福祉低負担路線がとられた。大平首相による一般消費税導入の失敗により増税という選択肢が否定されたため（第10章）、1980年代初頭には「増税なき財政再建」が自民党政権の公式目標となった。

　4-3.では、1981年の第二次臨時行政調査会（第二臨調）の設置から翌年の老人保健法成立までの過程を分析する。1980年代前半の行財政改革の流れのなかで各種社会保障制度も歳出削減の対象とされるようになった。1982年に成立した老人保健法は70歳以上の高齢者医療費を増税ではなく、高齢者の患者自己負担の導入（老人医療費無料化制度の廃止）と、現役世代の健康保険料の一部を拠出金として集めることで賄おうとしたものだった。

　老人保健法はあくまでも老人保健事業の推進を建前としたものだったが、続く1984年の医療保険改革では医療費の抑制とそれによる租税・社会保障負担の抑制という臨調路線がはっきりと打ち出された（4-4.）。1984年の健保改正は被用者保険に1割の患者自己負担を導入するとともに、それによって浮いた資金を70歳未満の退職者の医療費に充てようとしたものだったが（退職者医療制度の創設）、財政効果としては国庫負担の削減が顕著であった。つまり、患者負担を増やし、国庫負担は減らすという改革であった。

　それでは、日本医師会はいかにしてこのような医療費抑制に妥協していったのだろうか。この点を明らかにしていくことが本章の目標である。

4-1. 医療費抑制の手段

　さて医療費の抑制といっても様々な方法が考えられるため、本論に入る前にその点に関して整理を行っておくことが有益であろう。

　第一に、患者側・需要側に対する医療費抑制政策として、①患者自己負担の引き上げや②医療機関へのアクセス制限といった手法がある。

　患者自己負担の引き上げは公的医療保険から患者へのコスト・シフティング

であり、公的医療保険の給付費が縮小する。また、引き上げ直後の時期には患者の受診抑制が発生することで総医療費の縮小も期待される。以下で見ていくように、患者自己負担の引き上げは1980年代以降、繰り返し実現してきた。しかし、受診抑制や医療機関経営への打撃を懸念する医師会が与党政治家に働きかけつつ強力に抵抗してきたことによって、引き上げ幅が縮小されたり、決定まで時間がかかったりと政治的に困難を伴う選択肢であった。また、総医療費の抑制が短期的にしか生じないという政策効果上の限界も指摘されている（西村 1997: 18-21）。

　患者側に対するもう一つの施策はかかりつけ医制の導入などによる医療機関へのアクセス制限であり、重複受診・重複処方などを防止することによる医療費抑制効果が期待される。ただし、厚生省（厚労省）は医療機関へのフリーアクセスを重視しており、紹介状なしでの大病院受診について割増料金を認めるといった経済的措置を除けば、直接的にアクセスを制限する措置はとられてこなかった。[2]

　第二に、診療側・供給側に対する医療費抑制政策にも様々なものがある。その一つは、①公的医療費の総枠予算制・各医療機関への予算制であり、イギリスのNHSはその代表であろう。この方式では医療機関は予算内でしか活動できないため、医療費抑制の行き過ぎによる過少診療のリスクが指摘される（池上 2010: 32）。なお、開業医を中心とする日本医師会は、公的医療保険制度とは共存してきたものの、医療国営化には反対してきた。

　日本では医療機関運営の予算制が回避されてきた一方、②治療費や薬剤費の価格抑制・引き下げが行われてきた。政府は診療報酬の改定率を予算編成との関連で許容可能な範囲に収めるように努め、また個々の点数を高めに（あるいは低めに）設定することで医療機関の行動を誘導しようとしてきた。厚生省（厚労省）と日本医師会は医療機関へのアクセスの公平性を重視する点では一致しており、必要な治療が全て公的医療保険の適用対象となり、したがって公定価格が設定されることを目指してきた。それゆえ、政府にとっては診療報酬システムを通じた医療費のコントロールを制度上行いやすくなっている（第2章）。他方、医師会にとっては、診療報酬の改定率を政府・与党との交渉によ

---

[2]　ただし、患者自己負担や保険料負担の重さから、医療機関や公的医療保険にアクセスできない人々が生み出されてきたことにも注意が必要だろう。

って決める仕組みには、与党が選挙で苦戦しそうなときや政府の財政に余裕があるときには、政治的に報酬引き上げを勝ち取れる可能性があるという利点があった。つまり、同じ診療報酬システムを通じて、医療費を増やすことも可能である。そこで、なぜ診療報酬の抑制（医療費の抑制）に日本医師会が妥協したのかを明らかにすることが本章を含めた第Ⅱ部のポイントである。

次に、報酬支払い方式を③出来高払い方式から包括払い方式に変更することで医療費を抑制するという方法がある。検査・投薬・処置などを包括した料金を設定することで、検査漬けや薬漬けを防ぎ、医療費を抑制するのである。1980年代以降、日本では出来高払い方式を原則としつつも少しずつこうした包括払い方式の要素が診療報酬システムのなかで広がっていった。

以上のような医療機関への報酬に関する措置とは別に、④医学部定員の削減、⑤医療機関の開設や病床数に対する規制などによって、医師や医療機関の供給量を抑制しようとする手法もある。日本では1980年代半ばからこうした量的規制によって医療供給が抑制されてきた。

1980年代に入り、日本政府は患者側への医療費抑制策（老人保健法・1984年健保改正による患者自己負担の引き上げ）、診療側への医療費抑制策（診療報酬の抑制、薬価引き下げ、包括払い方式の導入）、供給量の抑制（医学部定員の削減、病床規制の強化）の3面から医療費の抑制に取り組むようになった。本書は医療費抑制をめぐる妥協形成がいかにして可能であったかという政治学的視点から医療保険改革の展開を明らかにしていくことを狙いとしており、以下ではとくに診療報酬の抑制が日本の政治制度・医療保険制度のあり方、そして利益団体（日医）の選好から帰結する政治的な妥協点であったことを明らかにしたい。

4-2. 石油危機後の経済財政状況と自民党政権の対応

他の先進諸国と同様に1973年の第一次石油危機以降、日本も不況に陥り、財政赤字が発生するようになった。1975年度補正予算において歳入欠陥を補うために赤字国債が発行され、78年度当初予算では国債依存度が30％を超えた。その後、1980年代の終わりまで毎年赤字国債に依存して予算が組まれる。1973年は老人医療費無料化や年金額の大幅引き上げなどが実現し、社会保障関係費の大幅な増額が行われたことから「福祉元年」ともいわれた年でもあっ

たが、それ以降、大蔵省や保守系の知識人などによって社会保障費の抑制、福祉見直しが盛んに唱えられるようになった。しかし、実際には1970年代の終わりまで自民党政権は福祉削減型の改革には踏み切らなかった。他方、財源面での動きに目を向けると、大蔵省は付加価値税の導入を検討し、1979年には大平首相が一般消費税導入を宣言するが世論と党内の反発に直面して失敗してしまう（第10章）。こうして1980年代の初めに自民党政権は「増税なき財政再建」を公式目標として掲げ、行財政改革が課題となる。

財政赤字の蓄積

石油危機後の狂乱物価に対処するため、田中・三木内閣では総需要抑制政策と個別の物価対策がとられた[3]。1974年には戦後初のマイナス成長に陥ったが、日本経済は他の先進諸国に比べると早い段階で回復する。実質成長率は1975年には3%に回復し、76年、77年には5%を超えている。景気回復とともに経常収支の黒字も拡大したが、とりわけ対日貿易収支が悪化していたアメリカは日本に内需拡大を要求した。国内でも日本商工会議所は中小企業に打撃を与える総需要抑制策に反対しており、当初はインフレ抑制を重視していた経団連も1975年の春闘で賃上げの抑制に成功すると一転して積極的財政政策を要求するようになった。1974年度、75年度には一般会計の公共事業関係費の伸びはそれぞれ0%、2.4%と抑えられていたが、76年度には21.2%と大幅に伸び、79年度まで20%台の伸びが続く。75年度の補正予算から赤字国債が発行されるようになり、78年度には当初予算の段階で国債依存度が30%を超えた。1979年までこうした積極財政がとられた。

福祉見直し論の台頭

国家財政が悪化するなかで、1970年代半ば以降、「福祉見直し論」が台頭した。1975年には財政制度審議会が中間報告「安定成長下の財政運営」（7月）および「社会保障についての報告」（12月）によって、福祉拡大路線からの転換を強く求めた（田多2007: 73）。また、同じ頃から政府・与党・保守系知識人らによって、社会保障制度の役割を限定し、個人の自助努力や、家族・地域・企

3　石油危機後の日本の経済財政状況と政策対応については主に、新川（2005: 第1篇第5章1）を参考にした。

業の助け合いを強調する「日本型福祉社会論」が打ち出された。1975年9月に村上泰亮らによって三木首相への提言として提出・刊行された『生涯設計（ライフサイクル）計画：日本型福祉社会のビジョン』（村上，蠟山ほか: 1975）、1976年の「昭和50年代前期経済計画」（経済企画庁編: 1976）、経済企画庁の『総合社会政策を求めて』（経済企画庁国民生活政策課編: 1977）などがこれに当たる（田多2007: 72-4）。自民党も1979年8月に『日本型福祉社会』を発表し、「できるだけ多くを政府よりは民間（個人、家庭、企業など）の手に委ねる」ことが適切であり、日本の現実に合致しているとうったえた（自由民主党1979: 97）[5]。

　他方、社会保障制度審議会の1975年12月の建議「今後の老齢化社会に対応すべき社会保障の在り方について」や、厚生省の1975年版『厚生白書』（厚生省編1976）では、なお高福祉高負担が主張されていたが、厚生省も1977年版の『厚生白書』から社会保障制度見直しに転じた（田多2007: 74-6）。次の引用文には、日本型福祉社会論の要素が見られる。「我が国の社会保障の将来については、例えば積極的な健康づくりや老齢者の就労援助のほかコミュニティ、家族、企業等の役割の評価と整理等により社会保障をめぐる諸条件の整備を図るとともに、また各制度の重点化、効率化を進めつつ、給付と負担の両面を含めた社会保障の姿について国民の選択と合意を得て日本に適した福祉社会を形成する必要がある」（厚生省編1977: 142）。このように1970年代後半には、レトリックにおいては社会保障の見直しが支配的となった。

　1979年1月に大平正芳首相は施政方針演説で「日本型福祉社会の建設に努めたい」という考えを明らかにし（堀1981: 38）、8月には「新経済社会7カ年計画」が閣議決定され、日本型福祉社会論は政策目標として採用されるに至る（田多2007: 91）。同計画では、「欧米諸国へキャッチアップした我が国経済社会の今後の方向としては、先進国に範を求め続けるのではなく、……個人の自助努力と家庭や近隣・地域社会等の連帯を基礎としつつ、効率のよい政府が適正な公的福祉を重点的に保障するという自由経済社会のもつ創造的活力を原動力とした我が国独自の道を選択創出する、いわば日本型ともいうべき新しい福祉

---

[4] 戦後の福祉先進国であるイギリスの経済停滞が英国病などといわれ、それに対して日本の進むべき道を示した思想として、「日本型福祉社会論」が唱えられた（新川2005: 98-102; 早川1991: 128-32）。

[5] 堀勝洋は「日本型福祉社会論」を分析論、政府・自民党による推進論、それに対する批判論に分けて整理しており参考になる（堀1981）。

第Ⅱ部　日本における医療費抑制

社会の実現を目指すものでなければならない」（経済企画庁編1979: 11）とされ、欧米諸国とは異なる日本型福祉社会を目指すべきだとうたわれている。1980年代に入ると、社会保障負担（とりわけ国庫負担）の抑制という政策目標が医療保険改革にも色濃く反映されていく。

福祉削減の先送り

　もっとも、日本型福祉社会論が登場したとはいえ、実際の社会保障政策は石油危機以降も1970年代の間は拡充路線が基本であった。日本型福祉社会論が実施に移されるのは1980年代に入ってからである。

　1970年代後半に大蔵省は公共支出抑制のために社会保障政策の見直しを主張した[6]。具体的には、①社会保険料の引き上げと②給付の削減（受益者負担の強化・所得制限の強化）によって、国庫負担増額による給付の拡大という高度経済成長期の社会保障政策からの転換をうったえた。注目されるのは、大蔵省がこの時期にはまだ社会保険料の引き上げを容認していることである。社会保障制度に対する国庫負担の削減、それによる国家財政健全化を目指す大蔵省にとって、社会保険料の引き上げは給付削減とともに国庫負担を抑制するための手段の一つであった。ところが、大蔵省の福祉見直し提案は自民党の支持を得られず見送りとされるか、あるいは国会に法案が提出された場合でも審議を通じて与野党によって拡張的な路線に修正された。

　例えば、大蔵省は1976年度予算の編成過程で1973年に導入された老人医療費の無料化の見直しを提案したが、自民党の支持を得られず、三木武夫首相の裁定によって見送りとされた。1976年に入り厚生省は無料化継続の方針を明らかにする一方、大蔵省は一部負担金の導入を主張し続ける。しかし、その後も有料化は実現せず、1979年12月に自民党三役の立ち会いの下で、野呂恭一厚相と竹下登蔵相が1981年度からの有料化でようやく合意に至った。大蔵省の再三の要求にもかかわらず70年代の間は自民党は高福祉路線を追求したのだった[7]。無料化廃止（一部負担金導入）は1982年の老人保健法制定によって実

6　1970年代後半の社会保障改革については、田多（2007: 76-80）、新川（2005: 109-19）を見よ。

7　以上、老人医療費無料化廃止の先送りについては、田多（2007: 76-8）による。その他の1970年代後半の給付改善や給付削減の骨抜きについても、同書を参照せよ。

第4章　1980年代以降の日本における医療費抑制政策──日本医師会はなぜ医療費抑制政策に妥協したのか?

現する（4-3.）。

　この他にも、1976年、1977年の健保改正では医療保険の赤字対策として患者自己負担や保険料負担の引き上げが含まれていたが、国会審議を通じて負担は少なく給付は多くという方向に沿って修正された。赤字対策のはずであったものがかえって給付水準の引き上げを進め、財源の不足に対しては国庫負担の増額という石油危機以前の対応策が用いられたのだった（田多2007: 76-7; 吉原, 和田2008: 278-81）。しかし、高福祉路線の継続によって社会保障制度を支える国家財政の方は悪化していった。

　要するに、大蔵省の福祉削減案は自民党によって拒否されるか、国会審議を通じて修正されるかのいずれかであった。このように1970年代に社会保障費の削減が困難になっていた政治的理由として、国会における保革伯仲状況が指摘されてきた（新川2005: 119; 田多2007: 80）。1974年7月の参議院選挙、そしてロッキード事件発覚後の1976年12月に実施された衆議院選挙において自民党は敗北を重ね（前者では252議席中126議席、後者では511議席中249議席）、保守系無所属議員を加えることで辛うじて過半数の議席を確保していた（田多2007: 80; 石川, 山口2010: 124-34）。野党が社会保障の充実を唱えつつ議席を増大させているなかで、自民党としても社会保障の削減に踏み出すわけにはいかなかったというわけである（田多2007: 80）。[8]

　ただし、自民党の政治家が選挙への影響を考慮して政府原案に対して負担は少なく給付は多くという方向での修正を加えようとする場面は1980年代以降にも繰り返し見られる。第3章で検討したように、日本では政府の議会と与党に対する指導力が弱く、また与党の一体性が低いため、政府の方針に対する与党議員の造反が生じやすい。このため自民党政権が福祉削減を行うことができるかどうかは、党内の反対の抑え込みに成功するか否かによって大きく左右されることになる。これに対して、フランスでも石油危機以降毎年のように社会保障財政再建のための計画が発表されるが、政府によって給付削減と保険料や税負担の引き上げが迅速に決定・実施されている（第7章）。

8　新川敏光は「1970年代後半において大蔵省の福祉見直しを抑えたのは、厚生省ではなく自民党であった」とまとめている（新川2005: 119）。

第Ⅱ部　日本における医療費抑制

小　括

　以上の経緯のまとめを行いたい。1975年以降、自民党政権は景気対策のため赤字国債の発行を続けた。大蔵省は危機感を強め、社会保障費についても聖域扱いをやめて削減に踏み込むことを求めるようになり、やがて厚生省も妥協していく。ところが、国会で保革伯仲状況が出現するなかで自民党は福祉削減に踏み込まなかったのである。

　なお、1970年代末には公共支出の削減だけでなく、政府歳入の拡大も試みられたが、こちらも自民党の支持を得ることができず失敗に終わる。財政再建に向けた首相の決意が与党の反対によって挫かれたのである（大平正芳首相による一般消費税導入失敗の経緯は第10章で検討する）。

　1970年代後半の日本では、福祉支出の削減も収入の拡大も与党の反対によって退けられた。しかしながら、財政赤字に依存した支出の拡大という政策選択肢は、短期的には解決策たりえても長引けば財政赤字の増大という解決すべき問題へと転化してしまう（Manow 2010）。1980年代には反動的に財政再建が重要政策課題となり、社会保障政策にも行政改革の波が押し寄せることになる。

　次節では、増税失敗後の日本で行政改革による財政再建が課題となり、社会保障給付の切り下げと医療費抑制政策が行われていった経緯を検討する。増税とともに社会保障の給付削減や医療費抑制もまた困難な政治的課題である。それがどのようにして可能になっていったのかが焦点となろう。医療保険改革実現の成否を観察する上では、自民党政権がその一体性の低さ（与党の規律の低さ）を克服できるか否かが鍵となる。

4-3. 第二臨調と医療保険改革 ── 国庫負担削減路線の始まり

　一般消費税導入失敗後、1980年代の初めに自民党政権は「増税なき財政再建」を公式目標として掲げ、行政改革が課題になり、世論もこれを支持した。1981年に行革の司令塔として第二次臨時行政調査会が設置され、国民医療費の伸び率が国民所得の伸び率と関係付けて考えられるようになった。一方、大蔵省はゼロ・シーリング（各省予算の一律凍結）を開始して社会保障費への締め付けを強める。当初厚生省は高齢者の窓口負担復活や第二臨調への対応に消

極的であったが、やがて臨調路線のなかでこれまで実現できなかった医療制度改革の実現を目指すように方向転換する。1980年代前半に行われた医療保険改革は、第二臨調の推進する行革の一環として位置づけられたことで政治的推進力を得ることができた。こうして需要側・診療側双方に対する医療費抑制政策の端緒が開かれた。

a. 鈴木内閣と「増税なき財政再建」

　1980年6月の衆参同日選挙で自民党が大勝したことにより、保革伯仲状況は解消された。この時、党内抗争への反省から自民党では挙党体制が実現しており、党の一体性が高まっていた。これらの理由から、選挙後に成立した鈴木善幸内閣ではそれ以前の内閣に比べて財政再建に取り組みやすい状況にあった。もっとも、一般消費税導入の失敗とその後の政治的混乱により大規模増税は選択困難になっており、経営者団体も企業増税を回避するために歳出削減による財政再建を重視していた。大平内閣の時点で行政改革の実施が目指されていたが、鈴木内閣においては行政改革の目標は政府歳出削減とそれによる財政再建へと絞られていった（新川2005: 132-4; Kato 2003: 174）。

　1980年10月3日の鈴木首相の所信表明演説で臨時行政調査会設置の方針が示されると、11月28日には臨時行政調査会設置法が成立し、翌年3月には第二次臨時行政調査会が発足した。臨調の会長に任命された土光敏夫・前経団連会長は「徹底的な行政の合理化を図って『小さな政府』を目ざし、増税によることなく財政再建を実現することが、臨時行政調査会の重大な使命の一つである」という申し入れを鈴木首相に行い、首相もこれを支持した（神原1986: 20）。こうして行政改革による「増税なき財政再建」こそが鈴木内閣の政権課題となった。当時、国際的に見れば日本の一般政府支出対GDP比や租税・社

9　一般消費税の導入が失敗したので大蔵省は別の増税によって歳入を補うことにした。1980年度は退職給与引き当て金の繰り入れ限度額を50％から40％に引き下げるなど実質企業増税が行われ、翌年度は法人税（2％引き上げ）や物品税などが増税の対象となった（田多2007: 94-5）。

10　第二臨調については、神原（1986）、新川（2005: 133-5）、田多（2007: 92-8）、Kato（2003: 173-4）を参考にした。

11　このため鈴木は行政改革ではなく行財政改革という言葉を頻繁に用いていた（新川2005:

会保障負担率は先進国中でも最低の水準であったが、なおも歳出削減と国民負担率の抑制が選択されたのだった（加藤淳子1991: 168）。1980年代前半に自民党政権は第二臨調とともに西欧型福祉国家を目指さないという日本型福祉社会論の方針をさらに明確にした。

　各種経営者団体は行革の推進に熱心に取り組んだ。臨調発足前には経団連会長らの財界トップ5人による「行政改革推進五人委員会」が結成され、補助金一括削減、児童手当と老人医療費の所得制限強化、教科書無償見直しなどを主張した。とりわけ重要な役割を果たしたのは臨調の会長に就任した土光敏夫であった。マスコミを通じて土光は「神格化」され、土光人気によって臨調は世論の圧倒的な支持を受けることができた。かくして「土光臨調」には聖域とされた福祉に手を付けることが可能になったのである[13]。

　大蔵省はもともと「増税なき財政再建」ではなく増税と歳出削減の両面から財政再建を進めるつもりでいたが、首相と世論が臨調を支持していたため、臨調の歳出削減路線を利用する戦略をとった（新川2005: 135）[14]。

　一方、厚生省は大蔵省からの圧力を受けつつ医療保険制度・年金制度の抜本的改革（制度体系の合理化）を検討してはいたものの、財政再建のために社会保障費を削減するという臨調路線への協力に消極的な向きがあった（新川2005: 136）。しかし、吉村仁官房長は、支出削減に協力しつつ「臨調第一次答申」をできるだけ厚生省の主張に近づけるという戦略をとり、省内各局にはほとんど相談せずに大臣官房主導で大蔵省のゼロ・シーリング（対前年度伸び率ゼロ）に積極的に協力していたという（橋本1981）[15]。

　1980年代前半の医療保険改革は厚生省主導だったのか、あるいは臨調や大蔵省主導だったのかという問いに対する答えは吉村のこの姿勢に要約されていると思われる。つまり、臨調・大蔵省によって厚生省が厳しい支出削減を迫られたのは確かだが、一方で厚生省は行財政改革機運の高まりを好機として従来から準備してきた医療保険などの構造的な改革を推し進めたのである。医療保

134; 神原1986: 14）。

[12]　1980年当時の日本の総税収対GDP比は24.8%であり、アメリカの25.5%、イギリスの33.4%、ドイツの36.4%、フランスの39.4%を下回っていた（OECD 2016b: 96）。

[13]　以上の財界の動きに関する記述は、新川（2005: 134-5）に基づく。

[14]　大蔵省と第二臨調の関係については、西尾（1984: 242-3）も参照せよ。

[15]　衛藤（1995: 101-2）も参照せよ。

険改革を行革の一環として位置づけることができれば、厚生省は行革実現を至上命題とする自民党政権の強い支援を期待することができた。実際、1982年の老人保健法にも1984年の健保改正にも短期的な支出削減に留まらない長期的な影響のある施策が含まれていた。厚生省が医療保険制度の合理化に取り組むにあたって臨調は有利な環境を整備したともいえるのである。[16]厚生官僚たちは自民党の政治家の支持をとりつけるよう注意しながら、これまで挫折してきた医療保険改革の実現を目指していく。[17]

診療報酬抑制の開始（1981年6月）

石油危機後の急激な物価上昇に伴い、診療報酬も大幅に引き上げられ、1970年代後半には医科部分は改定の度に10%前後の引き上げとなった（吉原、和田2008: 368-9）。これに伴い国民医療費も急騰し、医療保険の赤字要因となった。

ところが、「増税なき財政再建」が政権目標となってから行われた1981年6月の診療報酬改定は様々な点で従来とは異なっていた（藤田1994; 西村1996; 吉原、和田2008: 第26章）。第一に、1974年から1978年までの診療報酬改定では物価急騰による医療機関のコスト増に対応するために、物価・賃金スライド方式がとられていたが、1981年改定からは医療の高度化や過剰診療などによる医療費の自然増部分については、診療報酬引き上げの際に差し引かれることになった。要するに、引き上げ率が以前よりも圧縮された。また、薬価算定方式が変更されたことで大幅な薬価引き下げとなった。[18]第三に、大蔵省が予算編成の際にシーリング方式をとるようになったことで、診療報酬の引き上げがシーリングの枠内で可能な範囲に限定されることになった。

以上により、前回1978年2月の診療報酬改定では本体プラス11.6%、薬価マイナス2%で差し引き9%のプラス改定であったのに対し、1981年6月改定は本体プラス8.1%、薬価マイナス6.1%で差し引きプラス2.0%へと急激に引き上げ幅が圧縮された。さらに、1983年、1984年の改定では薬価引き下げ幅が本

---

[16]　加藤淳子も1984年の健保改正や翌年の年金改正は臨調の設置という環境の変化があっての政策転換であったとしている（加藤淳子1991: 181-2）。

[17]　臨調路線に協力することで医療保険改革を進めようとしていた厚生官僚の代表としてしばしば吉村仁の名前が挙げられている（新川2005: 136; 加藤淳子1991: 180; Campbell 1992: 297=1995: 427-8）。

[18]　詳しくは、吉原、和田（2008: 372-6）参照。

147

第Ⅱ部　日本における医療費抑制

体の引き上げ幅を上回る実質マイナス改定となる（表4-1）。

　とりわけ注目されるのは、1981年改定からシーリングの設定という政府の財政管理手法の変化との関連で診療報酬の大幅引き上げが困難になったことである（藤田1994: 263-4）。多額の国庫負担が投入されている日本の医療保険制度体系においては、大蔵省が予算編成においてシーリングを設定することで、診療報酬引き上げ幅にも枠をはめることになったのである。

表4-1　診療報酬改定・薬価基準改定の経緯、1981～2000年度

	医科・歯科・薬局（調剤）の平均改定率（%）	薬価基準の改定（医療費ベース、%）
1981年6月1日	8.1	▲6.1
1983年1月1日		▲1.5
1983年2月1日	0.3（医科のみ）	
1984年3月1日	2.8	▲5.1
1985年3月1日	3.3	▲1.9
1986年4月1日	2.3	▲1.5
1988年4月1日	3.4（医科、薬局のみ）	▲2.9
1988年6月1日	1.0（歯科のみ）	
1989年4月1日	0.11	0.65
1990年4月1日	3.7	▲2.7
1992年4月1日	5.0	▲2.4
1994年4月1日	3.3	▲2.1
1994年10月1日	1.5	
1996年4月1日	3.4	▲2.6
1997年4月1日	消費税引き上げに伴う医科0.32%, 歯科0.43%, 調剤0.15% 診療報酬改定に伴う医科0.99%, 歯科0.32%, 調剤1.00%	▲1.32
1998年4月1日	1.5	▲2.7（外に材料価格▲0.1%）
2000年4月1日	1.9	▲1.7

出典：藤田（1994: 263表1）、吉原, 和田（2008: 517第32-1表）。

　ここで重要なことは、日本の場合、必要な医療行為には公定診療報酬が設定され、また医療機関が公定診療報酬に対する超過料金を請求することが原則的に認められず、医療機関の主な収入源が公定診療報酬だったということであ

る。このため、公定診療報酬の抑制を通じた総医療費の抑制が制度的に容易になっていると考えられる。公定診療報酬抑制政策に対して、医療機関には私的医療費の拡大によって収入増を図るという対応も考え得るが、上記のように超過料金の請求は禁止されてきたし、日本医師会も自由料金制がもたらす所得による医療格差を否定し、必要な医療行為には公定料金が設定され、公的医療保険が適用されるという制度枠組みを支持してきた。いいかえれば、公的負担による医療を重視し、なるべく患者の私的負担を抑えようとする日医は、政府に公的負担の枠をはめられれば、その枠内での報酬に満足せざるを得ない。この意味では日医は総医療費の抑制に協力的なのである。

　また、1981年6月の診療報酬改定において注目すべき四番目の点として、検査点数の包括化が行われたことが挙げられる（藤田1994: 264; 吉原, 和田2008: 370-1）。また、人工透析の点数が約15%引き下げられた。これ以降、部分的な包括化や個別の点数の引き下げが進められるようになった。予算編成と関連した診療報酬改定率の決定によって医療費の伸びの大枠がマクロ的に設定されるだけではなく、それを達成するために個別の点数操作やマルメ（部分的包括化）の導入が駆使されるようになったのである。

臨調第一次答申（1981年7月）

　1981年7月に提出された臨調「行政改革に関する第一次答申」[19]の二大理念は「活力ある福祉社会の実現」と「国際社会に対する貢献の増大」であった。[20]前者の「活力ある福祉社会」を実現するためには「自由経済社会の持つ民間の創造的活力を生かし、適正な経済成長を確保することが大前提」であるという。また、日本社会の特性として家庭、地域、企業などが大きな役割を果たしてきたことが重視され、「個人の自立・自助の精神に立脚した家庭や近隣、職場や地域社会での連帯を基礎としつつ、効率の良い政府が適正な負担の下に福祉の充実を図ることが望ましい」と述べられている。要するに、1970年代後半に台頭した日本型福祉社会論が繰り返されている。

　「増税なき財政再建」、「活力ある福祉社会」の実現のためには、国庫負担削減を主眼とした社会保障制度の改革が提案された。医療保険改革については、

19　第二臨調の諸答申は、臨時行政調査会OB会編（1983）に収録されている。

20　以下の本文では、答申のうち社会保障に関する部分に焦点を絞る。

149

第Ⅱ部　日本における医療費抑制

国庫負担の削減が求められるとともに、老人保健法案の早期成立が促され、高齢者医療の有料化、診療報酬支払い方式の変更、医療保険制度間の財政調整などが挙げられた（臨時行政調査会OB会編 1983: 246）。厚生省は首相・世論の支持を受けた第二臨調によって医療保険改革に向けた強い推進力を与えられたのだった。

　こうして1980年代前半の医療保険改革の目標は第一に国庫負担削減となり[21]、そのために求められたのが患者負担の引き上げや診療報酬支払い方式の改革による医療費抑制であった。次節4-4.で述べるように、老人保健法成立以降は医療費抑制が厚生省の公式目標となる。年金に関して保険料率の引き上げが見込まれるため、医療保険については国庫負担を削減するだけでなく保険料率の引き上げも極力抑制することで国民の税・保険料負担を全体として抑制することが目指された。つまり、医療保険制度の財政均衡のためには財源の拡充ではなく、専（もっぱ）ら支出の抑制が重視されたのである。

b. 老人保健法の成立過程 —— 医療費抑制政策の始まり

　1973年の老人医療費無料化以降、国民医療費は急速な増加を続けていた。1970年度に約2兆5,000億円だった国民医療費は1975年度に約6兆5,000億円、1980年度に約12兆円と急速に増加した（厚生省「平成7年度版国民医療費の概況」）。とりわけ老人医療費の伸びが著しく、国民医療費に占める老人医療費の割合は1970年度の7.6%から1980年度には17.8%へと伸びていた（地主1985: 325第16表）。当時厚生省にとっての政策課題は老人医療費の抑制と、老人加入者の多い国民健康保険制度を財政難から救うことであった[22]。1970年代までは国庫負担の増額によって赤字制度を救済したり給付の格差を改善したりすることも可能であった（田多2007: 122-3）。ところが、鈴木内閣以降、自民党政権が「増税なき財政再建」を公式目標とするとそうした選択肢は利用できなくなっ

---

[21]　臨調一次答申では、公的年金制度についても国庫負担の削減が求められ、この他に支給開始年齢の段階的引き上げ、保険料の段階的な引き上げ等が要請されていた。また、児童手当の低所得世帯への限定なども提案されている。

[22]　1980年度末の時点での老人医療費支給対象者の加入割合は、最も多い国民健康保険で8.9%だったのに対して、政府管掌健康保険では3.0%、最も少ない組合管掌健康保険では2.4%と大きな開きがあった（厚生省編1983: 224）。

第4章　1980年代以降の日本における医療費抑制政策 —— 日本医師会はなぜ医療費抑制政策に妥協したのか?

た。そこで提出されたのが老人保健法案であった。

老人保健法案の内容

1981年5月に国会に提出された老人保健法案は相互に関連した複数の要素からなっている。ここではジョン・C・キャンベルの整理に沿って四つの論点を順に見ていこう（Campbell 1992: 290-4=1995: 420-4）[23]。

表4-2　老人保健法関連年表

1981年	
3月16日	第二次臨時行政調査会発足
5月15日	老人保健法案国会提出
7月10日	第二臨調「第一次答申」発表
10月15日	臨時国会にて老人保健法案の審議開始
11月13日	衆議院本会議で可決
1982年	
4月1日	武見太郎引退後の日医会長選で花岡堅而が当選
4月6日	参議院で老人保健法案の審議再開
8月4日	参議院本会議で可決
8月10日	衆議院本会議で可決・成立
12月	中医協で老人医療に関する特別な診療報酬の設定で合意（29日答申）
1983年	
2月1日	老人保健法施行

出典：筆者作成。

第一に、70歳以上の老人医療の有料化が打ち出された。これは大蔵省がかねて要求してきたものであり、臨調と大企業が求める福祉削減のシンボルでもあった。

第二の目的は高齢者の医療費を医療保険各制度が共同で負担する仕組みを導入することで、高齢加入者の多い国民健康保険を財政難から救うこと、つまり、財政的に余裕のある制度からそうでない制度への財政調整の仕組みを制度化することであった。また、大蔵省にとっての目標は被用者保険の負担を増やすことで高齢者医療に対する国庫負担を削減することであった。

---

[23]　この他に、新川（2005: 138-46）、吉原, 和田（2008: 第22章）、土田（1991: 277-98）、岡光編（1993: 45-66）を参照した。

第Ⅱ部　日本における医療費抑制

　第三に、疾病の予防・治療・機能訓練などからなる高齢者に対する総合的な保健事業の実施である。厚生省にとってはこれこそが老人保健法案の目的であり、自己負担の拡大や国庫負担の削減よりも、「疾病の予防や健康づくりを含む総合的な老人保健対策を推進するための制度」[24]という側面を前面に押し出していた。

　第四に、法案そのものには明記されていない点だが、1981年から翌年にかけて診療報酬の出来高払い方式の見直しが国会の内外で争点となった。老人医療の有料化は患者側に対する医療費抑制策であり、出来高払い方式の見直しは診療側に対する医療費抑制策であった。

　最終的に、①老人医療の有料化、②保険制度間の財政調整、③保健事業は実施に移され、④老人医療費の支払い方式の変更については抜本改革こそ実現しなかったものの、法案成立後に中央社会保険医療協議会（中医協）で合意が得られていく。

　個々の争点をめぐる経緯を検討する前に国会過程を簡単に要約しておこう（表4-2）。1981年3月の臨調発足後、老人保健法案は5月15日に国会に提出されたが、会期末であったため委員会付託もなされぬまま継続審議となった。7月に臨調の「第一次答申」が提出されると、法案の早期成立が促された。9月に臨時国会が召集され、翌月に法案の審議が開始された。社会党、公明党、民社党などの野党が一致して強く要求したのは診療報酬の支払い方式の見直し（総額請負方式または登録人頭方式への変更）と患者自己負担の軽減であった（吉原, 和田2008: 307）。自民党は日医への配慮から支払い方式の変更については中医協に委ねることにし、患者負担については野党の要求を取り入れて軽減を図った。11月には衆議院本会議にて自民党・公明党・民社党の賛成により法案は可決された。しかし、参議院では趣旨説明が行われただけで継続審議となった。翌82年4月に通常国会での参院審議が始まるが、健康保険組合連合会（健保連）が出来高払い方式の見直しをせぬまま健康保険組合に負担増（老人保健制度への拠出金）を求めることに激しく反発し、健保組合の拠出金の増加率は老人人口の増加率程度に抑えるという修正が行われた。最終的に法案は82年8月10日に成立した。

24　1981年10月の村山達雄厚生大臣による国会での趣旨説明（吉原, 和田2008: 303）。

第4章　1980年代以降の日本における医療費抑制政策——日本医師会はなぜ医療費抑制政策に妥協したのか?

老人医療の有料化

　臨調発足に先立つ1980年6月に厚生省は老人保健医療対策本部を省内に設置し、9月には老人医療改革に関する「厚生省試案」を公表している（新川2005: 138）。そこでは老人医療費無料化は原則維持しつつも所得制限を強化する方針が示された。しかし、1981年3月の臨調発足により自民党政権が財政再建に本格的に取り組むようになると、厚生省は原則有料化へと方針を転換する（新川2005: 138-9）。同月、厚生省が社会保障制度審議会（社制審）[25]と社会保険審議会（社保審）[26]に諮問した「老人保健法案要綱」では、高齢者も「一部負担金を支払う」とされた。厚生省は自己負担導入の意義として、患者にコスト意識を喚起し、過剰受診を抑制する効果をうったえていく。

　行政府内で大蔵省と厚生省が原則有料化で一致する一方、自民党や労働組合は患者負担の抑制を望んでいた。自民党の社会部会は老人クラブなどの陳情[27]を受けて負担額の引き下げを要求していた。[28]労働組合のうち、総評は有料化そのものに反対であり、同盟は初診料のみ有料化という立場であった。大蔵省は有料化によって高齢者の病院通いに歯止めをかけることを優先し、自己負担額の引き下げに抵抗しなかった。自己負担に関する厚生省の当初案は国会への提出の前後に与野党によって引き下げられ、最終的に一部負担金は外来月400円、入院は2カ月を限度に1日300円となった（吉原、和田2008: 300, 302, 307）。

　こうして一部負担金の問題は決着が付いた。法案成立にとってより大きな問題は、健保連が医療機関への報酬支払い方式の見直しを強く求めるとともに保険制度間の財政調整による健保組合の負担増に反対し、他方で医師会が支払い

---

[25]　1948年に設置された総理大臣の諮問機関であり、戦後の社会保障政策に影響を及ぼした。委員として学識経験者に加えて、国会議員や関係省庁の官僚を任命することが法定されていた。2001年に廃止され、関連審議会の統廃合によって新たに社会保障審議会が設置された。医療保険に関連する審議会については、島崎（2011: 105-6）参照。

[26]　1950年に設置された厚生大臣の諮問機関であり、労・使・公益の三者代表制の下で政管健保・船員保険の事業運営（とりわけ保険料率）に関する審議を行っていた。

[27]　以下、本文中の各アクターの立場は、新川（2005: 139）による。

[28]　一方、キャンベルが1982年に厚生官僚に対して行ったインタビューによれば「最大の老人団体である全国老人クラブ連合会は、厚生省の官僚との折衝で、病院医療費の自己負担分（差額ベッド代、付添看護料）を医療保険に取り込むように努めるという約束を得て、この法案を事実上是認した」という（Campbell 1992: 290-1=1995: 420）。なお、付添看護の問題は1990年代に入り非自民連立政権によって対応がとられることになるが、差額ベッド代は現在も混合診療の禁止に対する例外事項として認められている。

方式の見直しに反対したことで、自民党が板挟みに陥ったことであった。

財政調整制度（老人保健制度）

　老人保健法は高齢者自己負担を再導入するとともに、医療保険制度間の財政調整によって高齢者医療費を負担する仕組み（いわゆる老人保健制度）を新たに導入した。厚生省や大蔵省にとって、財政調整の導入は老人医療に必要な費用を長期的に賄っていくための仕組みとして、また国庫負担の削減を可能にする仕組みとして重要な意味を持っていた。

　財政調整の実施によって被用者保険（とりわけ大企業の健保組合）は持ち出しとなり、反対に市町村は国保の負担が軽減されることになるのだが、厚生省は当初この点を明確にしていなかった。ところが、衆議院で野党が被用者保険の負担増と、国庫負担の縮小を問題にしたため、被用者保険の負担拡大を制限するための修正案が可決された（吉原、和田2008: 304-7）。このため一度は健保連も法案賛成に回るのだが、老人医療費の増加に伴い健保連の拠出金負担の将来的な増加が予想されたこと、また出来高払い方式の見直しによる医療費抑制について自民党が積極的な姿勢を見せなかったことから一転して法案に反対するようになる（吉原、和田2008: 309; Campbell 1992: 294=1995: 425）。健保連を通じて経済四団体（経団連・日経連・日本商工会議所・経済同友会）も自民党に支払い方式の見直しを迫り、自民党は行革を支えるはずの財界から反発を受けることになった。

　最終的に、政府と経営者団体は老人保健制度に対する被用者保険からの拠出金については老齢人口の増加率である3％程度に抑えること、法施行から3年後の見直しを行うことで合意に達し、1982年8月に参院ではこの合意に沿った修正案が可決されている。老人医療費については患者一部負担を除く医療給付費のうち、3割が公費負担（国20％・地方10％）、残りの7割を各保険制度からの拠出金で賄うことになった。拠出金については、老人加入率が小さい制度ほど多く負担するものとされた。

出来高払い方式の見直し

　もう一つの重要争点は診療報酬の支払い方式の見直し、つまり出来高払い方式の見直しであった。高齢者自己負担の導入の目的は過剰受診の抑制であった

が、出来高払い方式見直しの狙いは医療機関による過剰診療の抑制である。

　出来高払い方式の見直しは診療側と支払側の激しい対立を招いた。開業医にとって出来高払い方式は医師優遇税制と並ぶ最も重要な関心事であり、日本医師会は出来高払い方式の堅持を一貫して要求していた（新川2005: 140-1)[29]。他方、支払側では健保連が、出来高払い方式は医療費の無駄を生んでいるとして見直しを強くうったえた。園田直厚生大臣は健保連の主張に理解を示し、1981年3月に社制審、社保審に諮問した「老人保健法案要綱」にも支払い方式の見直しが盛り込まれ、社保審答申には現行の支払い方式の見直しが明記されたが、社制審答申では日医推薦委員の強い反対によりこの点は触れられなかった。

　この後、日医と健保連（およびその背後に控える経営者団体）との対立は続き、政府・与党は妥協案の形成に苦労して方針を二転三転させる。1981年5月15日に国会に提出された老人保健法案では、支払い方式の変更に関する規定はなく、老人保健審議会を新設し、支払い方式や老人保健制度に関する重要事項はそこで検討されることになった。9月に臨時国会が召集され法案審議が始まると、日医の武見太郎会長は自民党社会労働委員会有志委員との会合で法案への全面対決姿勢を改めて示した（10月5日）。鈴木首相が法案の早期成立をうったえていたこともあり、政府は老人保健審議会は設置せず、診療報酬は中医協で議論するという、日医に完全に譲歩した修正案を発表する（10月29日）。日医は老人保健審議会が診療報酬の決定権を持つことを恐れ、日医が強い影響力を及ぼしてきた中医協にて診療報酬を決定することと、出来高払い方式を維持することを望んでいた。

　日医に対する政府の譲歩に対して健保連と労使は一致して反対した。中医協では診療側と支払側の対立によって診療報酬の決定機能が麻痺しており、老人保健審議会を設けなければ支払い方式の変更は不可能であった。政府は今度は支払側との調整に追い込まれた。10月31日に政府と日医は再調整を行い、老人保健審議会は設置するが、支払い方式の見直しはしないという妥協に至った。翌月衆議院では「老人保健審議会は保険者の拠出金や一部負担のことのみを審議することとし、老人の診療報酬は中医協で審議する」という修正案が可

---

[29]　以下、支払い方式をめぐる対立については主に、新川（2005: 138-46）に依拠している。

決されている（吉原、和田 2008: 307）。

　しかし、健保連はこれに納得せず、11月12日の全国大会において「支払い方式改善の道を閉ざす老人保健法案には絶対反対」という決議を満場一致で採択する。また、老人保健制度を導入した場合、同制度に対する拠出金負担は一人当たり年間7,744円の保険料アップにつながると公表し、支払い方式の見直しをうったえた（新川 2005: 143）。健保連の意向を受けて、経済四団体は翌年の1月27日に自民党三役との定例懇談会にて、医療費への歯止めがなければ企業負担が増え続けるとして支払い方式の変更を迫った。政府・自民党は日医との約束がある以上、老人保健審議会に支払い方式の検討を委ねるわけにはゆかず、診療報酬については中医協に諮問して検討することを約束した。しかし、支払側は中医協の機能に懐疑的であり、交渉はさらに続いた。最終的には、5月6日になって政府と経営者団体は老人保健制度に対する被用者保険からの拠出金を老齢人口の増加率程度に収めることで合意に達した。こうして関係団体間の妥協が形成され、1982年8月10日に衆議院本会議にて老人保健法案は可決・成立する（翌年2月1日から施行）。

　経営者団体が出来高払い方式の見直しに固執せずに政府案に妥協した背景として、新川敏光は「老人医療有料化が、臨調第一次答申を具体化するものとして位置づけられていた点」を挙げ、財界は支払い方式の変更に固執するよりも行革関連法案である老人保健法の成立を優先したと見ている（新川 2005: 144）。ところが、老人保健制度導入以降、健保連と労使は彼らが懸念していた通りに繰り返し拠出金負担の増加を求められていく。新川と田多英範は臨調路線の社会保障改革を自民党政権が資本（財界）と手を組んで進めたものと把握しているが（新川 2005: 153; 田多 2007: 95-7, 150）、経営者は企業増税を回避する代わりに老人医療費を支えるための拠出金負担を押し付けられることになった。労使の負担増による高齢者医療費の財源調達は、大蔵省による医療保険に対する国庫負担削減戦略と軌を一にしており、結局のところ臨調路線による医療制度改革における最大の勝者は大蔵省であったといえるかもしれない。ついに大蔵省は老人医療の有料化と国庫負担削減を勝ち取ったのである。[30]

---

[30]　一方、厚生省は医療保険制度改革を進めることができたものの厳しい歳出削減を求められており、日本医師会も少額とはいえ高齢者の自己負担や後述する部分的包括払い方式の導入によって妥協を強いられている。

老人病院に関する診療報酬の改革 —— 包括払い方式の部分的導入

老人保健法案成立に先立つ1982年4月の日本医師会会長選では、武見引退後の新会長として反武見派の花岡堅而が選ばれた。花岡は対話と協調を方針として武見日医との違いをアピールしていた。花岡らは当初法案に対して「全面反対」の立場であったが、出来高払い制度を維持するために議論に加わることを是認する「原則反対」に軌道修正していた（Campbell 1992: 296=1995: 426）[31]。

法案成立後の9月に厚生省は老人の入院期間短縮や過剰診療（投薬・検査・点滴）の抑制による老人医療費の削減を狙った診療報酬の設定を中医協に諮問し、12月には、出来高払い方式を維持するものの老人病院にて注射・検査・点滴などを包括化（いわゆるマルメ）した点数を設定することで合意に至った（吉原, 和田 2008: 310-2; 岡光編 1993: 257-8）。この時にも医師会は反対したが、出来高払い方式を原則としつつその内部に一定の包括払い方式の要素を導入するということで、診療側・支払側の妥協が形成されたのだった。医師会が恐れていた、老人保健審議会のなかで老人医療の包括払い方式や人頭払い方式が決められるという事態は回避された。また、出来高払い方式のなかでの評価単位の包括化が行われたのであって、包括払い方式そのものが導入されたわけではない（島崎 2011: 364）。

とはいえ、1980年代にはこうした部分的包括化が進められ、これが医療費抑制に貢献したと指摘されている（二木 1994: 4-6; 広井 1992: 9-18）。投薬や検査のように数をこなして収入を増やすことができる部分に枠がはめられるようになったためである。

C. 考 察

老人保健法の制定は①高齢者医療における患者自己負担、②保険制度間の財政調整、③老人保健事業を導入し、また④診療報酬システムの中に包括払い方式の要素を部分的に導入したという点で、その後の医療保険改革の経路を決定付けた重要な改革であった。増大する医療費を患者負担増と診療報酬抑制によ

---

[31] 1982年に入り厚生官僚たちが登録患者ごとに一月当たりの支払いを定額にする人頭払い方式の導入を検討していたことがリークされ、医師会はこうした支払い方式への変更は行わないという厚生省の確約を得るように努めたという（Campbell 1992: 294-5=1995: 425）。

ってコントロールしつつ、国庫負担ではなく患者負担と大企業の保険料（拠出金）負担によって賄うという戦略は、これ以降2000年代に至るまで日本の医療保険改革の基本戦略となっていく。

大改革であったとはいえ、1981年10月の衆議院での趣旨説明から翌年8月の成立まで1年もかかっておらず、1973年、1977年、1980年の健保改正が審議未了・廃案・再提出・継続審議などを経て数年がかりでようやく成立していたことに比べれば（加藤淳子1991: 175）、短期間で決着している（Campbell 1992: 295=1995: 426）。患者側・診療側に対する医療費抑制措置や、保険者の負担増を含む改革が短期間で成立したことをどう理解すればよいであろうか。ポイントを整理してみよう。

第一に、首相と臨調によって行政改革を通じた増税なき財政再建が政権課題として明確に位置づけられ、公共政策全般が歳出削減という共通目標に支配されていた（Campbell 1992: 296=1995: 426-7）。財界の強い支援を受けつつ、臨調は政府の政策を歳出削減・増税なき財政再建へと方向づける上で強力な権威を有していたとされる。[32]

第二に、行政府内では、臨調行革のなかで老人保健法を成立させることについて大蔵省・厚生省は利害が一致していた。大蔵省は国庫負担削減を勝ち取り、厚生省も老人医療費の抑制措置の導入（自己負担導入・包括払い方式の部分的導入）や長期的な財源の確保（保険者間財政調整の制度化）に成功した。臨調路線に乗りながら中長期的に必要な改革を実現するという吉村仁の戦略はかなりの程度成功したといえるだろう。[33] これ以降、厚生省はもはや国庫負担の増額を望めないという環境変化のなかで、医療保険制度体系の合理化（国民皆保険体制のなかでの負担と給付の公平化）という目標の達成に努めるようになる。

第三に、政治状況に関しては、1980年6月の衆参同日選挙で自民党が大勝したことで保革伯仲状況は解消されており、1970年代後半に自民党に福祉削減を躊躇させていた要因は存在しなくなっていた。鈴木首相が組閣以来党内融和路線をとったことで、この時期自民党政権の一体性が向上していたことも重要

---

[32] 新藤宗幸によれば、第二臨調は「党内調整の外部委託機関としての性格を持ち、『超権力』的機関として権勢をふる」っていた（新藤1989: 44）。
[33] 他方、老人保健法第1条に掲げられた「疾病の予防、治療、機能訓練等の保健事業」は不十分さが批判の対象となった（健康保険組合連合会編1984: 50; 新川2005: 145）。

である。

第四に、自民党政権は老人保健法案を福祉見直しではなく行政改革の一環として提示したことで、世論の反発を緩和しようとした（新川 2005: 153）。もっとも、1980年5月に厚生省が実施した「昭和55年度高齢化問題調査」では、老人医療費支給（無料化）制度について、「税金や保険料があまり高くならないようにして、余裕のある老人には医療費を一部負担」が48.4%、「余裕のある家庭の老人には一部負担をしてもらい、その財源を老人福祉にまわすのであれば賛成」が31.3%、「今の制度は続けていくべきだ、そのために負担が高くなってもしかたがない」が18.2%との回答結果になっており、一部負担導入を容認する意見の方が多かった（堀 1980: 24）。

このように、1980年代前半の様々な給付削減型の社会保障改革にとって世論は必ずしも大きな障害とはならなかった。社会保障費の削減自体が世論によって強く支持されていたわけではないが（加藤淳子 1991: 182-3）、サラリーマン世帯を中心とする豊かな新中間層は増税によって福祉国家を維持・拡大するよりも、税負担の軽減を望んでいた（加藤淳子 1997）。1980年代の日本は先進国中でも際立った高成長・低失業を享受し、多くの人々にとって社会保障給付に依存する必要性が低下していた（田多 2007: 101-2）。とりわけ大企業のサラリーマンは企業単位の雇用保障・年功賃金・企業福祉を享受しており、公的な社会保障制度への依存度が低いため、高福祉高負担路線は彼らにとっては社会保障負担の増大を意味した（神野 1992）[34]。こうした意味において、臨調の掲げる「活力ある福祉社会」や税と社会保障負担の抑制という方針は彼らの利害に合致していたのである。

最後に、利益団体については、経営者団体は臨調行革の明確な支援者であり、臨調は老人保健法案の早期成立を促していた（「第一次答申」）。国会審議の過程で大企業の負担が増加することに気付いた健保連と財界は自民党に圧力をかけるようになるが、負担の増大に歯止めをかける修正案によって妥協が図られた。日本医師会は出来高払い方式を維持すること、老人保健審議会では診療報酬の議論を行わないことを勝ち取り、支払い方式の抜本改革の実現を阻止し

---

34 反対に、社会保障支出に占める現役世代向けの給付（失業手当・家族手当・住宅手当など）の比重が高いフランスなどの西ヨーロッパ諸国では現役世代の社会保障制度への支持が強くなるものと思われる。

第II部　日本における医療費抑制

ている。とはいえ、老人医療の有料化や部分的な包括払い方式の導入が決まったことからすれば、日医も全面的な勝利者とはいえず、妥協を迫られたと見るのが適切であろう。[35]

こうして医療費抑制政策が開始されたわけだが、与党の介入によって一部負担の金額が軽減されたこと、また医師会の抵抗によって原案の修正がなされたこと（老人保険審議会の権限の縮小）も無視できない。次に検討する1984年の健康保険法改正では、与党と医師会の抵抗による修正と法案成立の遅延という事態がより明確に見られることになる。

なお、老人保健法の施行後、短期的には老人医療費の伸び率は抑制された。1982年度の対前年度伸び率は13.2%だったが、同法が施行された83年度には8.2%となった。しかし、その後84年度には8.8%、85年度には12.7%と再び高い伸びを見せるようになる（田多 2007: 109）。このため高齢者医療費をどのように負担するのかが1980年代以降の日本の医療保険改革の基本問題であり続けることになる。老人保健法は70歳以上の高齢者を対象としたものだったが、続く1984年の医療保険改革では現役層の患者自己負担を拡大することで浮いた資金を用いて、70歳未満の退職者の医療費を賄う仕組み（退職者医療制度）が導入される。

4-4. 中曽根内閣の医療保険改革（1984年改正）—— 医療費抑制の本格化

「増税なき財政再建」に向けた鈴木首相の決意に反して国家財政は好転しなかった（巻末資料・付表5）。1982年8月には大蔵省が6兆円の歳入欠陥を公表し、10月に鈴木は引退を表明する（草野 2012: 155）。翌月に首相となった中曽根康弘はもともと鈴木内閣時代に行政管理庁長官として臨調設置を提案してお

---

[35] 老人保健法の成立を可能にした他の要因として、新川と田多は1970年代半ば以降の左派労働勢力の衰退を挙げている（新川 2005: 153; 田多 2007: 99-101）。また、キャンベルは法案の内容が多次元的で条項によって関係団体の利害が食い違っており、一貫した反対戦略を作り上げるのが困難であったことも法案通過の助けとなったと指摘している。これは吉村仁を中心とした厚生官僚たちが長年の関係団体との駆け引きを通じて、支持を最大化し反対を最小化するために提案を巧妙に構成するように訓練されていたことによるという（Campbell 1992: 296-7=1995: 426-8）。

り、臨調を司令塔とした行革路線・増税なき財政再建を継続した。1982年度の予算はゼロ・シーリングだったが、83年度からはマイナス・シーリング予算が編成されることになった。中曽根は政策決定を官僚制や党に委ねるのではなく、臨調のような政府・与党の外部に位置する機関に政策立案を求め、首相主導のリーダーシップ・スタイルを確立しようとした（佐々木1986: 56; 石川、広瀬1989: 234-7; 五十嵐1989）。とはいえ、中曽根派は田中派、鈴木派、福田派に次ぐ第四派閥でしかなく、田中派と鈴木派の支持なしでは政権を維持することはできなかった。1984年の医療保険改革の行方にもこうした党内力学が影響を与えることになる。

　老人保健法は建前としては高齢者の保健事業の充実を目的としていたが、1984年の健康保険法等改正では厚生省はついに医療費と保険料負担の抑制を正面から目標として掲げた[36]。国家財政の健全化が進まぬなかで老人保健法成立後も医療保険制度は歳出削減の標的であり続けた。厚生省は吉村仁保険局長を司令塔として行革・財政再建路線を逆手にとって医療保険制度体系の合理化を推し進めていく。日本の高齢化の速度が欧米諸国に比べて非常に早く将来的な社会保障費の急増が見込まれるなかで、1980年代前半当時、厚生官僚たちは年金や医療保険制度の維持に危機感をもっていた（加藤淳子1991: 168）。1984年2月に国会に提出された健保改正案は被用者に対して定率の患者自己負担を導入する条項を中心に野党や医師会などによる厳しい批判にさらされながらも、一国会で成立に至る。1984年の健保改正によって、国庫負担や保険料負担を引き上げずに、医療保険制度間の財政調整と「徹底的な医療費抑制」（吉原、和田2008: 320）によって医療保険財政を維持しようとする厚生省の方針が明確となった。

a. 厚生省原案の公表とそれへの反応（1982～1983年）

　老人保健法成立に先立つ1982年7月に、第二臨調は「行政改革に関する第三次答申」のなかで、今後年金を中心に社会保障費の増大が予想され、「租税負

---

[36] 1984年の健保改正については、加藤淳子（1991）、土田（1991）、青木（1988）、早川（1991b）などの先行研究がある。また、改正に携わった関係者による出版物として、吉原、和田（2008: 第23章）、有馬（1984）、厚生省保険局企画課監修（1985）がある。

第Ⅱ部　日本における医療費抑制

担と社会保障負担とを合わせた全体としての国民の負担率（対国民所得比）は、現状（35％程度）よりは上昇することとならざるを得ないが、徹底的な制度改革の推進により現在のヨーロッパ諸国の水準（50％前後）よりはかなり低位にとどめることが必要である」とし、医療に関しては「医療費適正化対策を一層推進し、医療費総額を抑制する」ことを求めていた（臨時行政調査会OB会編 193: 281-2, 286-7）。

　年金については給付額の引き下げと支給開始年齢の引き上げを行ったとしても将来的に保険料負担が増大することが見込まれ、国民負担率の抑制のために厚生省には医療費を効率化して医療保険料の引き上げを回避する必要があった。そこで、「第二臨調の答申や、年金制度改革後の国民負担の将来動向といったことを踏まえると医療費の伸びは国民所得の伸び率程度に止め、国民負担率が上昇しないようにする」ことが次期健保改正の目的とされた（厚生省保険局企画課監修1985: 37）[37]。医療費の伸びを国民所得の伸び程度に抑え、医療保険料の引き上げを抑制することは以降の厚生省の医療保険政策の基本目標となる。

　臨調「第三次答申」が発表された1982年7月に、厚生省では吉村仁が保険局長に就任していた。吉村は今回改正でも臨調が求める歳出削減を前提としつつ医療保険制度体系の改革を狙った（加藤淳子1991: 176, 180）。8月の老人保健法成立後、厚生省は次の医療保険改革の具体案作成へと向かった。翌83年2月[38]に吉村は『社会保険旬報』（1424号）において、医療費抑制の必要性とその進め方について述べた論文「医療費をめぐる情勢と対応に関する私の考え方」を発表している[39]。「今、医療費は財政再建、行政改革の上でも、予算編成の上でも、租税・社会保障負担の上でも、最大の問題の一つである」という一文で始まる吉村の論文では、このまま医療費の増大を許せば国民の租税・社会保障負担が上昇し、西欧諸国のような「先進国病」にとりつかれることで「日本社会

[37]　租税負担と社会保障負担を合わせた国民負担率（対国民所得比）は1960年度に22.3％、1970年度に24.3％と60年代には緩慢に推移していたが、70年代に上昇速度を速め1980年度には31.3％に達した。その後、1985年度には35.3％、1988年度には39.7％と上昇を続けた（厚生大臣官房政策課1990: 198）。

[38]　以下の経過に関する記述は、加藤淳子（1991）、吉原, 和田（2008: 第23章）、厚生省保険局企画課監修（1985）による。

[39]　厚生省保険局企画課監修（1985: 267-72）、吉原, 和田（2008: 744-9）に再録。

162

表4-3　1984年改革関連年表

1982年	
7月30日	第二次臨時行政調査会「第三次答申」発表
10月1日	厚生省内に国民医療費適正化対策第一総合対策推進本部が発足
1983年	
2月	吉村仁保険局長がいわゆる「医療費亡国論」を発表
8月25日	翌年度予算の概算要求で厚生省の医療保険改革案が明らかに
12月18日	総選挙で自民党敗北
1984年	
1月19日	自民党政権トップの裁定により厚生省案が修正（患者負担縮小）
2月25日	健康保険法改正案国会提出
4月3日	衆議院で審議入り
7月13日	衆議院本会議で可決
8月7日	参議院本会議で可決
8月8日	衆議院本会議で可決・成立

出典：筆者作成。

の活力が失われる」という「医療費亡国論」が披露されている。これは吉村保険局長の私見として公表されたものだが、厚生省幹部によって西欧福祉国家を目指さないという臨調の方針（日本型福祉社会論）が踏襲されたことは注目に値する。[40]

　厚生省の医療保険改革の具体案は、マイナス・シーリングが原則とされた1983年夏の84年度厚生省概算要求を通じて、翌年度予算を成立させるための歳出削減策という形で発表された（8月25日公表）。高齢化による社会保障費の当然増約9,000億円のうち、シーリング外であった年金の費用増を除いた約6,900億円の予算削減が必要になり、厚生省はその大部分を医療費の削減で対応することになった。

　概算要求に盛り込まれた厚生省の医療保険改革案は、①医療費適正化対策の推進、②給付の見直し、③負担の公平の三本柱からなっていた。主たる改革案は、第一に被用者保険の本人について2割の自己負担を導入すること、第二に

---

[40]　厚生省保険局の『医療保険制度59年大改正の軌跡と展望』（1985年）でも医療費が膨張を続ければ、将来社会保障負担が過重になる「先進国病」にかかりかねないとされている（厚生省保険局企画課監修1985: 1（刊行によせて），36）。

163

第Ⅱ部　日本における医療費抑制

退職者医療制度を創設することである[41]。

　当時被用者保険では、本人負担が初診時800円・入院1日500円という定額制であり、家族（被扶養者）は外来7割・入院8割給付、国民健康保険では、外来・入院とも7割給付というように給付率に格差があった。また、被用者が退職すると国保に移動することで高齢期にもかかわらず医療保険の給付率が7割に低下してしまい、かつその財源として国庫と他の国保加入者（自営業・農業者など）に依存することになっていた。

　厚生省はこうした状況を改めるために、被用者が退職して国保に加入してから老人保健制度の対象となる70歳までの間は、退職した被用者とその家族が被用者保険並みの給付を受けられるようにし、その財源として各保険制度からの拠出金を利用する仕組みを退職者医療制度として新設しようとしたのである。要するに、老人保健法によって導入された保険制度間の財政調整の仕組みを70歳未満の退職者にも適用しようとしたのだった[42]。被用者本人の給付引き下げには退職者医療制度の財源を確保するという意図と、将来的に医療保険各制度の給付率を8割に統一しようという意図が込められていた。また、退職者医療制度導入によって国保の負担が軽減されるので、国保に対する国庫補助の削減も予定された。

　この他には、医療費適正化対策として医療機関による保険者に対する不正請求や過剰診療に対するチェック体制の強化、特定療養費制度の創設による混合診療に関するルールの導入[43]などに加えて、高所得者の公的医療保険からの適用除外という大胆な案も盛り込まれた。以上の改革によって、国庫負担は約4,200億円の削減、保険料負担は約800億円の減少、患者負担は約900億円の[44]増加になると推計された（吉原, 和田 2008: 324, 327）。

　関連団体の反応は以下のようなものであった（厚生省保険局企画課監修 1985: 59; 加藤淳子 1991: 177）。日本医師会は、給付引き下げは受診抑制と健康水準の

---

[41]　詳しい内容については、厚生省保険局企画課監修（1985: 45-58）、吉原, 和田（2008: 321-4）を見よ。

[42]　ただし、退職者医療制度には国庫負担が投入されないといった老人保健制度との相違点もある。

[43]　まだ保険適用が認められていない高度先進医療や、入院時の個室料金、歯科の補綴材料など患者の選択に委ねるべきものについて、保険診療との併用が認められた。

[44]　この他に、薬価基準の引き下げによって約2,000億円が削減され、医療のみで合計約6,200億円分の国庫負担が削減される見込みであった。

低下を引き起こすとして厚生省の改革案に全面的に反対し、総評・同盟などの労組も被用者負担引き上げを批判した。健保連は、給付引き下げを行うにしても段階的に行うべきであり、退職者医療制度は被用者保険の枠内で創設するべきであるとした。負担減となる国保中央会は退職者医療制度創設には賛成だが、国庫補助の引き下げには慎重な配慮を求めた。他方、日経連など経済団体は第二臨調の答申に沿うものとして厚生省案を評価した。

　与党自民党はというと、厚生省概算要求の大蔵省への提出を容認したものの（吉原、和田2008: 321）、10月にロッキード事件に関して田中角栄に実刑判決が下され、解散総選挙が予定されるようになると健保改正に対して慎重になり、結局、厚生省案の修正を前提として選挙後に具体案を詰めることになった（加藤淳子1991: 176; 厚生省保険局企画課監修1985: 60）。1983年12月18日に行われた総選挙では、自民党は過半数の議席を得ることができず（511議席中250議席獲得）、新自由クラブと連立内閣を組織した。一方、医師会推薦議員は多数当選しており（後述）、健保改正の行方は不透明となった。

b. 自民党による介入から国会提出まで (1984年1月〜4月)

　1984年に入り政府・与党による調整が開始され、自民党四役（二階堂進副総裁、田中六助幹事長、藤尾正行政調会長、金丸信総務会長）と渡部恒三厚相、竹下登蔵相による政権トップレベルでの裁定によって、給付引き下げが大幅に緩和された。すなわち、84・85年度の間は被用者本人負担を1割にとどめること、給食材料費・一部薬剤費の給付除外と高所得者の医療保険適用除外は見送ること、その代わり保険料の算定基礎となる標準報酬の引き上げによって保険料負担を引き上げることとされた（加藤淳子1991: 176-7; 吉原、和田2008: 325-6, 777）。

　厚生省は裁定に従って改正案を修正し、標準報酬の上下限を大幅に引き上げ（上限を47万円から71万円へ、下限を3万円から6万8,000円へ）、1月25日に社会保険審議会・社会保障制度審議会に諮問した。給付見直しや退職者医療制度について賛否が分かれ、結局、審議会での合意が形成されぬまま、政府は2月25日に国会への法案提出に踏み切った。医療費削減を含むこの法案が成立しなければ翌年度予算が成立しないためである。

第Ⅱ部　日本における医療費抑制

　一方、関係団体による反対の動きは強まっていた[45]。2月下旬には「健保改悪案」の撤回が労働団体統一要求として掲げられた。また、医師会は保険医総辞退のような行動はとらなかったが、票とカネによって与野党に働きかけていた。1983年末の総選挙では、医師会推薦議員が271名当選し（多くが健保改正反対を掲げていた）、同年度の日本医師連盟（日医の政治団体）の政治資金の支出額は約15億3,000万円にのぼり、政党とその政治資金団体を除いた利益団体のなかでは2年連続のトップだった。日医は給付引き下げが患者の受診抑制を招くとして改正案を批判し、猛烈な反対運動を繰り広げた。1984年2月上旬には常任理事会で「全面対決」の方針を決定し、中曽根首相・渡部厚相に改正案撤回を申し入れ、中旬には全国の日本医師連盟に自民党党員・党友の引き揚げを指示し、下旬には日本歯科医師会・日本薬剤師会と合同で国民医療破壊阻止全国三師会大会を開いて政府・自民党を非難した。4月の日医会長選では、花岡堅而前会長は敗れ、改革反対強硬派の羽田春兎が新会長に選ばれた。花岡前会長は老人保健法制定や診療報酬の抑制に有効に対抗することができず、会員の不評を買っていた（板垣1987: 103）。

C. 国会審議（1984年4月〜8月）

　健保改正案の国会での実質審議は4月3日に衆議院社会労働委員会にて始まった（加藤淳子1991: 177-8; 吉原、和田2008: 328-34）。先に年金改正法案が上程されていたが、健保改正案は予算関連法案とされ優先的に審議された。野党は被用者本人負担の導入を中心として一斉に改正案に反対した。これに対して、厚生省はこれまでにも給付率の違いがあっても受診率の差がほとんどみられないこと、被用者本人以外で健康が阻害されている実態も見られないことを指摘し、患者自己負担を導入することで患者のコスト意識を喚起し、医療費の適正化が図れることなどのメリットを挙げた（吉原、和田2008: 331）。野党は法案の撤回を求めたが、厚生省は法案が成立しなければ予算の補正要因（一月の遅れで約500億円）になり、国民の医療にも重大な支障が出かねないとして早期成立をうったえた。

---

[45]　このパラグラフの記述は、加藤淳子（1991: 175-7, 1995: 119-22）による。

野党の抵抗に加えて、政府と与党執行部にとってより大きな脅威だったのは
医師会によって自民党議員の造反が促されたことであった[46]。4月下旬には医師
会の支援を受けた100名を超える与党議員たちが党本部で「21世紀の国民医療
を考える会」を開き、慎重審議を決議した。既に1983年の9月には非主流派で
あり医系議員を抱える福田派は被用者本人負担導入に反対という決議を行って
いたが、今回の会合には中曽根内閣を支える最大派閥の田中派からも参加者が
出ていた。与党内での造反の広がりは政府・与党の改正推進派を慌てさせ、5
月に入り同会が二度目の会合を開こうとした際には、改正推進派も参加して
「勉強会」としての開催となった。

与党の一体性が回復したのは、健保改正が1984年秋の自民党総裁選での中
曽根再選をうらなう法案と位置づけられるようになったためであった。行革関
連法案である健保改正が成立しなければ、行革を政権課題とする中曽根内閣に
対する評価も影響を受けることになる。中曽根首相支持の立場から田中派では
田中元首相が改正案の無修正での成立を強調し、5月13日には二階堂副総裁が
健保改正を中曽根再選の条件と述べて改正推進を呼びかけた[47]。

5月中旬以降、田中派を中心に改正推進派が日医との関係修復をはかり始め
る（加藤淳子1991: 178-80）。同じ頃、日医は社会党から関係緊密化を求められ
ていたものの、社会党の目指す医療国営化には賛成できず、自民党の支持団体
としての立場を明確化した。こうして日医も野党も全面対決から条件闘争へ転
じていった。

6月に国会審議が再開されると妥協の形成が模索され、2割負担の導入を条
件として退職者医療制度を受け入れた財界に配慮してこれを原則維持する一方
（加藤淳子1991: 179）[48]、日医と野党の反対を弱めるために附則で1986年度以降も
国会の議決承認を受けるまでは9割給付を継続するという修正案が示された。
社会党は本人・家族の10割給付に固執したが、公明党・民社党は本人・家族

46　以下の法案成立までの経緯に関する記述は主に、加藤淳子（1991）、厚生省保険局企画課
　監修（1985）によっている。

47　1970年代後半に武見日医との対決を経験していた吉村保険局長は与党政治家に対する根
　回しの必要性を重視しており、田中元首相を説得して支持を得たとされる（田原1986: 301;
　加藤淳子1991: 180）。

48　健保連は当初退職者医療制度に反対していたが、既に一部の大企業で実施されていた付
　加給付（退職後の医療費を健保組合と本人が負担する仕組み）の存続と被用者本人負担の導
　入とを条件に容認の立場に転じた（樋渡1995: 133）。

の給付率統一を前提に本人負担導入を容認した（樋渡1995: 133）。また、日医には被用者の少額の医療費負担を定額制とする、高額療養費[49]の自己負担限度額を5万1,000円に据え置きとするといった妥協がなされている。7月13日に与党による賛成多数で改正案は衆議院を通過し、参議院では高額療養費についてさらに患者負担を軽減する修正が行われ、8月6日に本会議で可決、衆議院に回付され翌日可決・成立した。

改正案の審議は異例の長時間に及んだが（加藤淳子1991: 179）、会期延長をともなったものの一国会で成立した。与党の介入によって本人負担が1割にとどめられたが、給付率の統一と退職者医療制度導入による制度間財政調整という厚生省案の骨格は守られた。

d. 考　察

1984年の医療保険改革は医療費抑制や患者負担引き上げを正面から打ち出していたこと、それにもかかわらず迅速に成立したことから、それ以前に比して異例の改正であったといえる。一国会での成立はいかにして可能になったのであろうか。

第一に、老人保健法制定の時と同様に、行政改革と財政再建が政権課題であり、健保改正がその一環に位置づけられたことが改正の推進力となった。国家財政の赤字が解消されず、第二臨調によって増税・保険料引き上げオプションが否定されているという状況下で、医療保険は社会保障制度のなかでも歳出削減の重要な対象とされ、84年改正が実現しなければ大規模な補正予算が必要となることが見込まれていた。

第二に、与党内の造反は健保改正が中曽根総裁再選と結び付けられ、与党内主流派の結束が強まったことで克服された。とはいえ、与党内に足並みの乱れがあったことは否定できず、与党の一体性（集権性および凝集性）の低さ、利益団体からの介入に対する脆弱さが法案の国会提出の前後に明るみに出た。日本の政治過程における与党内力学の重要性が再確認されたともいえる。今回改

---

[49]　日本の公的医療保険では、一カ月の患者自己負担額が一定額に達した場合、それ以上の自己負担が免除されるという高額療養費制度が設けられている。2000年改正によって、自己負担が上限額に達してからも医療費の1%を追加的に負担するよう改められた（第5章）。

正に際しては、歳入欠陥や総裁選を人質にして党内の求心力が高められた（加藤淳子1991: 180）。

第三に、医師会は自民党との関係の決裂を回避し、条件闘争に甘んじた。1970年代までとは異なり、「増税なき財政再建」が自民党政権の課題となって大幅な補正予算を組めなくなると、医師会が大幅な医療費増を勝ち取ることは困難になった（西村1996: 55-6）。今回の改正では、日医は本人負担を1割にとどめ、その他の譲歩を引き出すことでなんとか面子を保った[50]。

第四に、厚生省が反対を最小化するという政治的考慮を働かせつつ、巧みに政策を設計したことが挙げられる。今回改正は84年度予算を成立させるために短期的に必要な措置であった一方で、実際には被用者本人負担の引き上げと退職者医療制度創設による給付と負担の公平化という中長期的観点に立った措置が含まれており、こうした改革案は吉村仁がかねて準備してきたものであった。医師会に限らず、今回の改正案に反対する勢力（労組・野党）は改正案の各条が相互に関連していたために部分的な反対という立場に追い込まれていた（加藤淳子1991: 177）。老健法の際には経済団体が反発したが、今回は全体として社会保険料負担が減となり、保険料引き上げも示されなかったことで、財界の反対が抑えられた（田多2007: 124）。1984年には政管健保の保険料率は8.5%から8.4%に引き下げられている。被用者1割負担を導入することで退職者医療制度を創設し、退職者の給付を改善するとともに国保の財政状況を助け、国庫負担を削減するというパッケージに対して、包括的な代替案を示すことは容易ではなかった。こうして反対勢力は弱体化された。

今回改正には、歳出削減策と合わせて医療保険制度体系の合理化を進めるという老人保健法の際に見られた厚生省の戦略が再び見出される。歳入欠陥を回避するためには自民党政権は厚生省に協力せざるを得ない。そして厚生省の側では単に短期的な歳出削減策のみを並べるのではなく、中長期的な観点に立った医療保険制度体系の改革を推し進めようとしたのである。選挙や自民党の党内力学という不確定要素はあったものの、厚生省は自民党の支持をつなぎとめることができた。

---

[50] ただし、少額医療費の定額化はほとんど実施されなかった（吉原, 和田2008: 339）。

第II部　日本における医療費抑制

e. 改正の影響 ── 国庫負担の縮小と自己負担の拡大

当時の厚生省の目標は、分立した医療保険制度間の格差を国庫負担拡充によって解決することがもはや困難になったため、各制度の給付水準を8割程度に統一し、制度間の財政調整を行うという形で医療保険制度体系の合理化を図ることであった（吉原, 和田2008: 338）[51]。この時点では、医療費を賄うための財源は制度間の財政調整（被用者保険からの財政移転）と患者自己負担に求められており、同時に診療側に対する医療費抑制策を強化することで、保険料率の引き上げを回避することが目指されている。つまり、税・社会保険料負担の増大を回避することが目標であり、医療保険制度を維持していくための新規財源を中長期的にどこに求めるのかという点は明らかではない。

また、老人保健法も今回の健保改正も給付の削減と同時でなければ医療保険制度体系の構造改革が実施できていないことが注目される。将来的には家族の給付率も10割に引き上げるという前回改正までの目標は撤回され、84年改正では8割への統一を目指すという方針の大転換が行われた（吉原, 和田2008: 334-5）[52]。

確かに、1980年代に入って老人保健法の制定、診療報酬の抑制（1984年改定は医科2.8％引き上げ、薬価5.1％引き下げで差し引き2.3％のマイナス改定だった）、そして今回改正と医療費抑制政策がとられた結果、1983年から85年までの国民医療費の伸びは国民所得の伸びを下回った（吉原, 和田2008: 338）。一方、今回改正によって退職者本人の給付率は入院外来とも8割、その家族は入院8割・外来7割とされ従来の国保よりも給付水準が引き上げられたが、衆議院での修正案で設けられた被用者保険の被扶養者と国保の被保険者給付率を8割とするよう必要な措置を講ずるという規定はその後実施されぬままとなった。

今回改正の財政効果として目立ったのは国庫負担の削減である。まず、従来退職後に国保に加入していた人々については退職者医療制度が適用されることになり、その医療費は退職被保険者の保険料と被用者保険からの拠出金で賄

---

[51] 給付を抑制しつつ、制度間の財政調整によって公平性を確保するという手法は1985年の年金改革でも見られる（加藤淳子1991）。

[52] 本文で触れたように、厚生省原案には高所得者の適用除外さえ盛り込まれていた。これは吉村の持論でもあった（吉村1986: 16）。

170

い、国庫負担は行われないことになった。また、国保への国庫補助率は1960年代以来患者負担を含む「医療費全体の45%」とされてきたが、退職者医療制度の導入によって国保の負担が軽減されるのに合わせて、補助率が患者一部負担を除いた「医療保険給付費の50%」に改められた。その結果、総医療費ベースでは45%から38.5%への切り下げとなった[53]。こうして国庫負担削減（「増税なき財政再建」への貢献）という目標は実現した。

　1980年代に入り、国民医療費に占める国庫負担の割合は医療保険改革の内容に対応して低下し始めた。1961年の国民皆保険達成以来、国民医療費に占める国庫負担の割合は増加し続け、1980年には30%を超えたが、84年には28.6%、85年には26.6%と縮小していく（厚生省「平成7年度版国民医療費の概況」）。とりわけ国民健康保険に関しては、1980年度には収入に占める国庫負担の割合が63.9%であったが、85年度には50.6%、90年度には40%まで減少し、10年間で国庫負担率が20ポイント以上低下した（田多2007: 146第17表）。反対に、国民皆保険発足以来低下してきた国民医療費に占める患者負担の割合は1982年の10.5%を底にして次年度から微増を始め、1985年には12%へと増大した（厚生省「平成7年度版国民医療費の概況」）。

4-5. 結　論

　第2章で検討したように、国庫負担依存型の日本の医療保険制度体系は、国家財政の悪化によって厳しい歳出削減圧力にさらされることになった。国庫負担が減るのを補うためには保険料を上げるという手段もあるが、臨調の国民負担率抑制路線のなかでそれは封じられた。収入を増やせないのならば、余裕のある制度から別の制度へと財政移転を行うか、支出を減らすしかない。実際、老人保健法制定と84年健保改正という1980年代前半の二大改革はどちらも国庫負担を削減し、その代わりとなる財源を被用者保険からの財政移転と患者自己負担に求めるものであった（ただし、84年改正では保険料負担は減少してい

53　国保の給付率は7割なので、給付費の50%は医療費全体でみると50%×7割で35%となるが、高額療養費が適用されると給付率が7割を超えるため、医療費全体に対して約38.5%の補助率となる（寺内順子, 国保会計研究会2011: 28）。

第Ⅱ部　日本における医療費抑制

る[54])。

　自己負担増強と並行して診療報酬の抑制や支払い方式の部分的変更（高齢者医療における部分的な包括払い方式の導入）が行われていることにも注意が必要である。また、この時期には医学部定員の削減が始まるとともに、地域医療計画によって病床数の規制も強化された[55]。受診側に対する医療費抑制、診療側の報酬に働きかける医療費抑制、そして医療供給量のマクロ的な総量規制と多様な手法で医療費抑制が強化されている。日本医師会は患者負担増や診療報酬抑制政策に反対したが、自民党政権との関係決裂を回避し、自己負担の緩和などを目指した条件闘争に甘んじていた。ただし、国民皆保険・出来高払い方式・自由開業医制といった医師会が重視する医療制度の骨格は守られており、なお妥協形成の余地があったと見ることもできよう。

　1980年代に厚生省は上記のような医療費抑制政策の整備を進め、また制度間財政調整の仕組を確立したことで、医療保険財政問題に対処することができた。実際、1980年代に入り政管健保の財政は好転した。1970年代には政管健保は国鉄、コメと並ぶ3K赤字といわれていたが、1980年の改正によって保険料率が引き上げられ、翌年度から黒字基調となった。1983年度には累積赤字も償還され「もはや3Kとはいえない」とされた（医療保険制度研究会編1993: 81）。このため1984年には保険料率が8.5％から8.4％に引き下げられ、1986年にはさらに8.3％へと引き下げられている。黒字化の背景には、社会保険料収入の増加要因として1981年以降の経済成長と標準報酬の伸び、被保険者数の増加、女性の社会進出などによる扶養率の減少などがあり、他方で支出減少の要因として1984年の被用者1割負担導入、薬価基準の引き下げなどがあった

54　1980年代後半以降、健保連と労使は国庫負担の増強を強く求めていく。
55　1984年5月に厚生省に設置された「将来の医師需給に関する検討委員会」、「将来の歯科医師需給に関する検討委員会」は1986年に「最終意見」をまとめ、それぞれ1995年を目途に医師の新規参入を10％、歯科医師の新規参入を20％削減するべきとした。1984年に8,280人とピークだった医学部定員は2000年代半ばまでに1割程度減少していく。新規参入削減は過当競争を防ぐという意味で日本医師会・歯科医師会の利益に合致していた。他方、都道府県単位の地域医療計画による民間病院の開設・増床規制は医療の官僚統制に当たるとして日医の反発を招いた。地域医療計画は1985年12月に成立した第一次医療法改正によって制度化されるが、医師会の主張によって、策定に当たっては都道府県の三師会の意見を聴かなければならないなどといった修正が加えられた。地域医療計画の導入は短期的には駆け込み増床によってかえって病床を増やすことになったが、総病床数は1992年をピークにそれ以降減少していくことになる。以上、吉原, 和田（2008: 380-4）、藤田（1994）参照。

第4章　1980年代以降の日本における医療費抑制政策──日本医師会はなぜ医療費抑制政策に妥協したのか?

（吉原, 和田2008: 432）。要するに、景気拡大と医療費抑制政策によって保険料負担を抑えつつも財政健全性が保たれたといえよう。1980年代後半になっても国庫負担の抑制は続けられ、1986年の老人保健法改正では労使の拠出金と患者負担の引き上げによる財政対策が繰り返された[56]。

　しかし、医療費抑制政策の徹底と制度間の財政移転とで医療保険制度体系の財政問題に対処できたのは経済の高成長が続いていたためであって、1990年代に入り経済成長がストップし、他方で高齢化が急速に進むことで状況は一変する。国民医療費は経済成長率を上回って伸びるようになり、財源の拡大が不可避となった。ところが、1989年に導入された消費税は部分的にしか社会保障費にあてられず、しかも差し引き減税型の税制改正だった（第10章）。1990年代に入ってからも医療費の増加を賄う新規財源をどこに求めるのかは決着がつかず（第11章）、90年代には保険制度維持のための患者自己負担増・診療報酬抑制が繰り返されることになる。

---

[56]　とはいえ、厚生省は社会保障の縮小ばかりを検討していたわけではない。1980年代前半に重要な年金改革・医療保険改革を実現したことで、厚生省にとっては高齢者福祉サービスの充実が課題となっていた（吉村1986）。また、1986年に厚生事務次官が吉村仁から幸田正孝に交代すると、医療政策の重点が医療保険改革から医療供給体制の改革へと移行していった（藤田1994: 268）。

第5章 1990年から2000年までの医療費抑制政策 —— 1997年改正を中心として

　1986年以降の好況のおかげで税収は大きく伸び、1990年代初頭の段階で日本の国家財政・医療保険財政は良好な状態にあった。1990年度予算では赤字国債の発行がようやく停止され、政管健保では蓄積された多額の余剰資金の扱いが課題となっていた。こうした財政状況を背景として、1991年の第2次老人保健法改正ではそれまでとは異なり国庫負担を増強する措置がとられ、1992年の健保改正には保険料負担の引き下げと診療報酬の引き上げ（実質プラス2.6％という1980年代以来最大の引き上げ）が含まれたように、与野党や利益団体の激しい反発を受けずに済む改革が続いた（第11章）[1]。

　しかし、1991年にバブル経済が崩壊してから、国民医療費の伸びが経済の伸びを大きく上回るようになった（表5-1）。経済の低成長や人口の高齢化はどちらも社会保険料収入を停滞させる。となれば、医療費抑制のみに頼るのではなく、経済社会環境の変化に応じた社会保障財源の改革も必要なはずであったが、財政対策の基調はやはり医療費抑制であった。1990年から2000年までに65歳以上人口比率は12.1%から17.4%へと急速に伸びていき（総務省統計局『国勢調査』）、高齢者医療費の抑制は政策課題であり続けた。1990年代後半には国民医療費の伸びはとりわけ低く抑制される。

　1993年から政管健保は赤字続きとなり、他の医療保険制度の財政も悪化していったが、そこで採られた財政対策は患者自負担の増加や診療報酬の抑制という医療費抑制政策の強化であった。本章ではまず、被用者本人負担を1割か

---

[1]　1990年代前半の医療保険改革は医療費抑制を主目標としていないため、第Ⅳ部第11章にて財源改革の観点から整理している。

第5章　1990年から2000年までの医療費抑制政策 ―― 1997年改正を中心として

表5-1　国民医療費と経済の推移、1965～2000年度

年　次	国民医療費 （億円）	国民医療費 対前年度 増減率 （%）	国内総生産 （GDP）対前 年度増減率 （%）	国民所得 （NI）対前 年度増減率 （%）	国民医療費 のGDPに 対する比率 （%）	国民医療費 のNIに対す る比率 （%）
1965年度	11 224	19.5	11.1	11.5	3.32	4.18
1970	24 962	20.1	15.7	17.1	3.32	4.09
1975	64 779	20.4	10.0	10.2	4.25	5.22
1980	119 805	9.4	10.3	11.9	4.82	5.88
1981	128 709	7.4	6.5	3.8	4.86	6.08
1982	138 659	7.7	4.4	4.0	5.02	6.30
1983	145 438	4.9	4.6	5.1	5.04	6.29
1984	150 932	3.8	6.7	5.1	4.90	6.21
1985	160 159	6.1	7.2	7.2	4.85	6.15
1986	170 690	6.6	3.6	2.8	4.99	6.37
1987	180 759	5.9	5.9	4.9	4.99	6.43
1988	187 554	3.8	7.0	7.7	4.84	6.20
1989	197 290	5.2	7.3	6.0	4.74	6.15
1990	206 074	4.5	8.6	8.1	4.56	5.94
1991	218 260	5.9	4.9	6.4	4.61	5.92
1992	234 784	7.6	2.0	△ 0.8	4.86	6.41
1993	243 631	3.8	△ 0.1	△ 0.2	5.05	6.67
1994	257 908	5.9	1.4	1.3	5.27	6.97
1995	269 577	4.5	1.7	△ 0.3	5.42	7.31
1996	284 542	5.6	2.3	3.0	5.59	7.48
1997	289 149	1.6	2.3	0.6	5.63	7.56
1998	295 823	2.3	△ 2.0	△ 3.5	5.88	8.02
1999	307 019	3.8	△ 0.8	△ 1.3	6.15	8.43
2000	301 418	△ 1.8	0.9	2.0	5.98	8.11

出典：厚生労働省「国民医療費の概況（平成26年度）」。

ら2割へと引き上げた1997年改正の経緯を検討する（5-1.）[2]。続いて、97年改

2　これに先立ち、1994年6月には非自民連立政権による健保改正が行われた（第11章）。①病院での付添看護の廃止、②療養の給付（公的医療保険の給付対象）への在宅医療のとり入れ、訪問看護療養費の創設、③入院時の食事に関する自己負担の導入、④出産育児一時金（30万円）の導入など、小幅な給付範囲の見直しが行われた（吉原，和田2008: 496-52;『週刊社会保障』1795, 1994.6.27）。

175

第Ⅱ部　日本における医療費抑制

正以降の抜本改革論議とそれが挫折した経緯を振り返り（5-2.）、2000年改正が小規模な改革に終わったことを示す（5-3.）。財源改革が進まぬなか、診療報酬抑制と患者自己負担増という医療費抑制政策が強められていった。

5-1. 1997年改正 —— 患者負担増と医療費抑制

赤字化する医療保険各制度

　1993年に政管健保は13年ぶりに赤字に陥り、財政状況は急速に悪化していった。90年代には組合健保と国保でも赤字化が進み、1995年度の決算では健保組合は全体で約1,200億円の赤字（全体の63％にあたる1137組合が赤字）となり、市町村国保も全体で約1,100億円の赤字（全体の66％にあたる2157市町村が赤字）という状況だった（吉原, 和田2008: 461）。景気停滞により保険料収入が伸び悩む一方で、医療費（とりわけ高齢者医療費）の方は増加を続けていた。1996年度には政権健保の収支は約5,000億円もの赤字となり、何も対策をとらなければ翌年度にはさらに赤字が拡大して積立金が枯渇することが予想された（吉原, 和田2008: 460-1）[3]。被用者保険の保険者は老人保健制度への拠出金が被用者保険の財政を圧迫しているという不満を強め、医療保険制度体系の抜本改革を要求するようになる。

　しかし、抜本的改革については意見がまとまらず、1997年の健保改正は1997年度予算を成立させるための帳尻合わせにとどまった。患者自己負担の引き上げ、被用者保険の負担増、国庫負担圧縮からなる改正内容は関係団体の批判にさらされ、自民・社会・さきがけの与党三党は高齢者の医療保険・診療報酬・薬価基準・医療提供体制の四つの抜本改革の検討に着手することになる。与党内では、現役世代の医療保険から老人保健制度への拠出金を増やすことで高齢者医療費を賄うというこれまでのやり方が限界に達したと認識され、公費負担の思い切った引き上げが議論されるようになる。ところが、そのための財源のありかは不明だった（第11章）。

---

[3]　政管健保・組合健保・国保の1990年代の財政状況については、吉原, 和田（2008: 437）参照。

1997年改正に至る議論の状況

1996年1月に橋本龍太郎内閣が発足すると財政再建に本腰が入れられ、医療保険にも支出削減が求められた。当時日本経済には生産・消費とも回復の兆しが見られていたが、宮澤喜一内閣以来、財政出動による景気対策が繰り返された結果、国家財政は悪化する一方だった（草野2012: 202）。1996年度には7年ぶりに赤字国債が発行された。橋本内閣では消費税増税を含む財政再建策が実施に移され、社会保障費には厳しい効率化が求められた。1996年4月の診療報酬改定は本体部分プラス3.4%、薬価マイナス2.6%で差し引き0.8%の引き上げという1990年代に入ってから最も低い引き上げ幅となった（表4-1）。5月には社会保障関係八審議会の会長によって構成される社会保障関係審議会会長会議が厚生省に設置され、11月の報告では国民負担率を50%以下にするためには医療・年金の給付を2割以上抑制する必要があるとされた（吉原, 和田2008: 431）。

1996年10月20日の総選挙で自民党は勝利し、小勢力に転落した社民党とさきがけは閣外協力に回った。第二次橋本内閣はひさびさの自民党単独内閣であり、厚生大臣には竹下内閣、宇野内閣でも厚相を務めた小泉純一郎が就任した。第二次橋本内閣は行政改革・経済構造改革・金融システム改革・社会保障構造改革・財政構造改革・教育改革からなる六大改革を掲げ、医療保険改革も財政再建に向けた内閣の一連の政策に位置づけられることになる。

11月27日に医療保険審議会がまとめた建議書「今後の医療保険制度のあり方と平成9年改正について」（吉原, 和田2008: 461-2, 781-2, 800）では、介護保険創設を念頭に老人保健制度に代わる新制度を創設するという見通しが示され、1997年の医療保険改革に向けては医療保険各制度間の公平、現役世代と高齢者世代との公平、保険給付の重点化という観点から、高齢者の患者負担の定率化、若年層の自己負担の最低2割への引き上げ、薬剤に関する給付除外ないし3〜5割負担、保険料率の引き上げなどが提案されている[4]。

また、12月2日には老人保健福祉審議会も意見書「今後の老人保健制度改革と平成9年改正について」を作成し、やはり介護保険実施と同時に老人保健制

---

[4] その他、特定療養費の拡大（混合診療の規制緩和）、紹介がない病院受診の患者負担強化、参照価格制度（薬剤に対して医療保険給付の基準となる価格を定め、薬剤の価格がそれを超える場合、超過部分は患者の自己負担とする仕組み）の導入、民間保険の活用、予防・健康増進の推進、保険証のカード化、レセプト電算処理の本格実施などが提案された。

度に代わる新たな制度を創設して老人医療費の負担方法を見直すとしたが、関係団体の意見の相違を反映して、独立方式・突き抜け方式・全制度の統合一本化・現行制度の微修正の四案が提示された[5]。

当時、日本医師会は高齢者のための独立した保険制度と現役世代からの積立型保険料の徴収を、経団連と日経連は老人保健制度と拠出金の廃止、公費負担の強化（歳出削減・消費税）による新制度創設を、連合も突き抜け方の採用と制度間財政調整の廃止、公費負担割合の強化を、健保連も拠出金制度廃止を、また市町村は統合一本化を主張していた[6]。

一方、高齢者の患者自己負担については老人保健福祉審議会は上記の意見書のなかで、世代間の公平、医療を受ける者と受けない者との公平、コスト意識の一層の喚起といった観点から1割程度への引き上げを提案した（吉原, 和田 2008: 463）。同じ頃、経団連と健保連がそれぞれ拠出金制度の廃止と高齢者の1割負担の導入をうったえている[7]。関係団体からの抜本改革の要求は強まっていた。

改革案の作成

しかし、政府と与党三党の調整は難航し、翌1997年の通常国会に抜本的改革案を提出することは日程的に困難となり、ともかくも1997年度予算編成を切り抜けることが課題となった（吉原, 和田2008: 463）。大蔵省原案の内示を控えた12月16日、自民党の丹羽雄哉元厚相を座長とする与党三党の医療保険制度改革協議会（与党協）が発足し、翌日には座長試案として、①高齢者の自己

---

[5] 四つの選択肢の内容は以下の通り。「①全高齢者を対象とした独立の保険制度を創設する、②高齢退職者が被用者保険制度、国保制度にそれぞれ継続加入し、高齢者の加入率の違いに着目した制度間の財政調整を実施する、③医療保険制度を全国民を対象とするものへと統合し、そのなかに高齢者を位置づける、④現行老人保健制度の基本的枠組みは維持しつつ、必要な見直しを実施する」（吉原, 和田2008: 461, 463）。

[6] 1996 〜 1997年における各審議会・関係団体の意見は、吉原, 和田（2008: 799-802）にまとめられている。

[7] 経済団体連合会「国民の信頼が得られる医療保障制度の再構築（1996年11月12日）」、健康保険組合連合会「医療保険等改革に対する考え方（1996年11月15日）」。いずれも、国立社会保障・人口問題研究所（2005）所収。

[8] 与党協は自民党議員4名、社民党議員2名、さきがけの議員1名からなっていた。与党協に関する以下の記述は、丹羽（1998）に依拠している。同書には自民党厚生族のリーダーから見た1997年改正の経緯やその後の議論の展開がまとめられている。

負担を月1,020円から受診ごとに500円とする、②被用者の本人負担は1割から2割へと引き上げる、③薬剤外来1種類につき定額15円を別途徴収するという考えが示された。丹羽はもともと高齢者負担の定率制に賛成だったのだが、医療関係者の反発が強く撤回せざるを得なかったという。

自民党社会部会では丹羽の案に対して厳しい批判が出たが結局了承され、社民党も予算編成を目前にして丹羽の案に乗らざるを得なかった。19日には三党の幹事長・政調会長の出席のもと被用者自己負担の2割への引き上げや保険料率の引き上げなどの応急処置からなる改革案が合意される。同時に、患者負担と保険料の引き上げを求める以上は医療機関にも経費削減努力を求める必要があるとして、1997年度内に医療保険制度の抜本改革の検討を進めることも確認された。このとき合意された検討事項10項目には医療費総枠の設定や病院における定額払い方式の試行などが含まれている[9]。与党三党の合意を受け厚生省は「平成9年度厚生省予算案の考え方」をとりまとめた（吉原, 和田2008: 463）。国家財政が悪化するなかでの1997年度予算編成は緊縮的なものとなり（巻末資料・付表5）、厚生省の改革案は医療保険と老人保健制度の国庫負担削減を重視したものとなった。つまり、今回の改正案は医療保険の財政難を国庫負担で救済するのではなく、患者負担増と保険料引き上げで財政難を切り抜け、かつ国庫負担を縮小しようとしたものであった。

1997年の医療保険改革の当初案のうち主なものは以下の通りである（吉原, 和田2008: 463-5）。施行予定日は1997年5月1日とされた。

① 被用者本人負担の2割への引き上げ。
② 70歳以上の高齢者の一部負担を入院1日710円から1,000円に引き上げ、外来月1,020円を1回500円、同一医療機関につき月4回までに変更。1995年度から一部負担額は消費者物価の伸びに応じて改定してきたが、老人医療費の伸びに応じたスライド制に変更。
③ 薬剤について特別負担を新設。年齢によらず外来薬剤1種類につき1日15円。以上の措置により、70歳以上の高齢者の実質的な自己負担割合は5.5%から9%に上昇する。

---

[9] 検討事項10項目は、丹羽（1998: 76-8）、吉原, 和田（2008: 464）に掲載されている。

④ 政管健保の保険料率を8.2%から8.6%に引き上げ。

⑤ 老人保健拠出金の算定方法の見直し（被用者保険は230億円の負担増、国保と国庫はそれぞれ230億円、100億円の負担減）。

　以上の改正案のうち、保険料引き上げで2,800億円、患者負担引き上げで7,700億円の財政効果があり、現行制度を維持した場合に1997年度から1999年度までに政管健保に生じるはずの赤字は相殺できるものとされた（吉原、和田2008: 465）。しかしながら、今回の改正案は3年間の財政均衡を条件として設計されたもので、2000年度以降の先行きは不透明であった（『朝日新聞』1997年1月28日朝刊）。こうしたことからも患者自己負担増や保険料引き上げのみならず医療制度自体の効率化が求める声が高まり、改正案の内容は短期的な財政対策との批判を受けることになった。

審議会と国会での審議過程

　医療保険改革案は1997年1月に医療保険審議会、老人保健福祉審議会、社会保障制度審議会に諮問され、三審議会とも抜本改革の先送りを批判しながらも、当面必要な改革として容認する答申を行った（『週刊社会保障』1924, 1997.2.3: 54-9）。医師会は既に自民党に対して高齢患者の定率自己負担導入を断念させていたが、さらに薬剤費負担の軽減を求め、反対に労使や保険者の代表は定率制断念など高齢者医療に関する踏み込みが甘いことに不満だった（『朝日新聞』1997年1月28日朝刊）。他方、小泉厚相は改革案について、患者自己負担増に対する批判は承知の上だが、医療費の増大や大病院への患者集中などの「医療がかかえる構造的な問題を、ひとつひとつ解決するためにも、当面の医療保険財政を持ちこたえさせなければなりません」と述べていた（小泉1997: 117）。[10]

　2月10日に医療保険制度改革関連法案が閣議決定され、国会に提出された。野党のみならず与党内部からも医療制度の抜本改革を抜きに患者負担の引き上げを進めようとする改革案を批判する声が上がっていた。財政対策の代替案として、2月12日の衆議院予算委員会では民主党の五島正規（社会党出身・医師）

---

[10]　小泉は1997年改正の成立後も患者自己負担の引き上げを重視していく。

第5章 1990年から2000年までの医療費抑制政策 —— 1997年改正を中心として

から政管健保の国庫負担率を13%から1992年改正以前の16.4%に戻すべきだとの意見が出されたが、小泉厚相は「歳出削減を聖域なしに考えると、今の財政状況からは国庫負担引き上げは大変難しい」と否定的だった（『朝日新聞』1997年2月13日朝刊）。

4月7日に与党医療保険制度改革協議会が抜本改革に関する中間報告[11]を発表したことで、1997年改正案の国会審議が開始された。改正案のなかでは患者負担増の最大の要因となる薬剤負担の特別徴収の修正が焦点となった（丹羽1998: 101-3;『日本経済新聞』1997年4月16日朝刊;『読売新聞』1997年6月17日朝刊）。医療保険改革関連法案は5月8日に衆議院で、6月13日に参議院でそれぞれ薬剤の特別負担について一部修正の上で与党三党などの賛成により可決され、6月16日に衆議院本会議で可決・成立した。5月に予定されていた改正法の実施時期は9月に延期された。

医師会からの圧力を受け、自民党は高齢者定率負担を国会審議以前の段階で断念し、国会では薬剤の特別負担の見直しに追い込まれたが、部分的な修正と施行の数カ月の延期を除けば自己負担増・保険料負担増という財政対策からなる政府案は成立したのだった。

1997年改正の影響 —— 患者負担は増えたが、財政は健全化せず

1997年改正は患者自己負担を様々な形で拡大した。第一に、被用者保険の本人負担が1割から2割へと引き上げられた。第二に、高齢者の定額負担が増額された。70歳以上の高齢者の一部負担は外来では月1,020円から通院1回につき500円（月4回まで）に、入院では1日710円から1,000円に改定された。第三に、薬剤に関して新たに特別な負担が追加されることになった。外来患者の薬剤費負担は参院での再修正によって見直され、投薬が1種類の場合は負担ゼロ（従来の定率負担はある）、2〜3種類は1日分30円、4〜5種類で同60円、6種類以上は同100円とされ、6歳未満の乳幼児と低所得高齢者は免除された。とはいえ、新たな患者負担が追加されたことには違いない。[12]

---

[11] 丹羽（1998: 93-9）に収録。

[12] なお、「今回の制度改革の結果、厚生省のモデルケースに基づく試算によると、一カ月に外来患者が病院などの窓口で支払う一部負担は、サラリーマンが現行の1,470円から3,490円に、70歳の高齢者が1,020円から2,510円に引き上げられる」見通しだった（『読売新聞』1997年6月17日朝刊）。

第Ⅱ部　日本における医療費抑制

　他方、財源拡大策としては政管健保の保険料率が8.2%から8.5%へと引き上げられるとともに、被用者保険から老人保健制度への拠出金が再度増額されることになった。労使の団体や健保連は拠出金廃止と公費負担増額を望んでいたが聞き入れられず、現行制度の枠内での被用者保険の負担増という選択肢がとられることになった。

　1997年9月に被用者本人負担の引き上げなどが開始されると医療費の伸びは顕著に抑制された。1997年度の医療保険医療費の対前年度伸び率は1.5%にとどまり、統計を取り始めた1986年度以降最低となった（1995年度4.9%、1996年度6.0%、1997年度上期2.5%、1997年度9月以降0.8%、1998年度4月から8月まで0.7%）[13]。被用者とその家族の医療保険医療費は初めて減少した（マイナス1.9%）。消費税率が5%に引き上げられた4月から8月までも0.1%増にとどまっていたが、被用者の本人負担が2割に増えた9月以降はマイナス3.3%と減少に転じた（被用者本人に限ればマイナス5.6%）。なお、被用者本人の受診率は1997年9月から翌年8月までの間に5%減少したが、高齢者の受診率は2.3%増と伸び続けていた。

　こうして1997年度の後半から医療保険各制度の赤字は縮小したが、それでも黒字化には至らなかった。1999年度からは再び赤字が増大していった。大幅な患者負担増を求めた以上、与党協は医療制度の抜本改革に取り組まないわけにはいかなくなった。1997年改正以降、制度間の財政調整（被用者保険の負担への依存）による対応は限界に達したと認識され、与党協では独立した高齢者医療保険制度の創設と公費負担の引き上げが検討されるようになる（第11章）。しかし、そのための財源をどこに求めればよいのかは明らかではなかった。

　他方、医師会は1997年改正による患者負担の増額や、その後の抜本改革に含まれるであろう医療費抑制策に対して危機感を強め、自民党に働きかけていく。1998年の参院選以降、日医は再び自民党への影響力を強める。結局、2000年の健保改正でも日医に対する配慮から抜本改革は先送りされ、有権者に社会保障負担の引き上げを求めることも回避されたため、患者負担の引き上げが繰り返されることになる。

---

[13]　以下の数値は『朝日新聞』1998年8月8日朝刊、吉原、和田（2008: 473）による。

1997年改正は患者負担増額の条件として医療制度の抜本改革論議を活発化させる契機にはなったが、実際には自民党の政権基盤の脆弱化によって2000年改正では抜本改革は達成されぬままとなる。患者負担増と診療報酬抑制を通じた医療費抑制策が繰り返されるものの、財源調達方式の改革は先送りされ（第11章）、そのため2000年代には再び医療保障制度は縮小し、診療報酬は引き下げられるのである。

5-2. 抜本改革論議と実際の政策 (1997〜1999年)

　1997年6月に健保改正法案が成立すると、8月には政府・与党がそれぞれ医療制度の抜本改革案を公表した。ところが、1998年7月の参議院選挙で大敗してから自民党は医師会や（とりわけ高齢の）有権者の反発を買うような医療保険改革に消極的になり、抜本改革となるはずだった2000年の医療保険改革は小幅なものに終わってしまう。本節では、97年改正以降の抜本改革論議の内容と、その実現が暗礁に乗り上げていった経緯を検討する。

厚生省案と与党協案

　厚生省の「21世紀の医療保険制度 —— 医療保険及び医療提供体制の抜本的改革の方向」（1997年8月7日）[14]は国民皆保険の堅持を基本方針とした上での抜本改革実現を目指したもので、四つの柱からなっている。[15]第一に、診療報酬体系に関しては急性疾患には出来高払いを、慢性疾患には定額払いを原則としている。第二に、薬価基準については公定価格制の廃止と、市場実勢価格を基本に公的医療保険の償還額を決める方式（参照価格制度）の導入をうったえている。第三に、医療提供体制に関しては医療機関の機能分担、長期入院の是正、過剰病床の削減という従来の厚生省の路線に沿った方針が列挙されている。以上は医療費抑制と関連した改革案であるといえる。また、第四の柱として、医療保険制度体系の改革については、地域ごとに医療保険を統合する案と

14　吉原、和田（2008: 468, 783-98）に概要、全文が掲載。
15　厚生省案も同月の与党協案も四つの柱からなっており、柱ごとに比較するとわかりやすい。この四つの柱は同月以降の医療制度改革論議の出発点であった（尾形2005: 163）。厚生省案の大臣による解説として、小泉（1997）を、与党医療保険制度改革協議会としてそれをどう受け止め、与党協案を作成したかについては、丹羽（1998）をそれぞれ参照せよ。

第Ⅱ部　日本における医療費抑制

高齢者医療制度を別建てにする案が示されている。

　また、保険給付の見直し案として現役世代については自己負担を3割とし、大病院の外来については5割負担とする、[16] あるいは一定額まではそもそも公的医療保険の対象とせず自己負担とする、高齢者については1割または2割の定率負担とするなど負担拡大メニューが並んだ。当時小泉厚相は著書のなかで国民皆保険の堅持をうったえる一方で、医療保険制度の財源問題への解決策については、[17]「増税はできる状況にありません。まして、次世代にツケを残す国債の発行は避けなければなりません」と明確に述べた上で、批判を覚悟で患者自己負担引き上げを選択している（小泉1997: 39-40）。財源の拡大によって患者の必要を充足するのではなく、受益者負担の拡大を志向していたといえよう。

　これに対して、8月29日に与党協がとりまとめた最終報告「21世紀の国民医療 —— 良質な医療と皆保険制度確保への指針」[18] は以下のような内容からなっていた。まず診療報酬体系については出来高払いと定額払いの最善の組み合わせを目指すとし、[19] 薬価制度については日本型参照価格制度の導入を明記した。医療提供体制については第三者による病院機能評価事業の充実や医療費明細書の発行などの情報公開の推進が強調された。この他に、丹羽は大病院への患者の集中を是正するために、まず近所のかかりつけ医を受診し、必要に応じてその紹介で大病院にかかるというシステムの確立を主張したが、さきがけの堂本暁子と社民党の上山和人が反対した結果、紹介制の「制」の字を削除して大病院の「外来については原則として紹介とし、入院医療に重点を置く」という文言となったという（丹羽1998: 141）。また、老人医療費の適正化のために介護と在宅医療の推進による社会的入院の是正が提唱されている。

---

[16]　これは大病院への患者の集中の是正策として提案された（小泉1997: 43; 丹羽1998: 142）。

[17]　「私は、アメリカのような医療状況にすることだけは、避けたいと考えています。アメリカでは、民間の医療保険などが普及していますが、いちど病気になると、法外な医療費を負担しなければならないのです。そうならないためには、国民皆保険での医療保険は維持しなければならないのです」（小泉1997: 58-9）。後の小泉内閣においても国民皆保険の堅持が基本政策であり、民営化は議論されていない（次章）。とはいえ、受益者負担の拡大が繰り返し実施されているのも確かであり、皆保険とはいえ給付水準は低下している。

[18]　吉原、和田（2008: 469）に概要が、丹羽（1998: 237-56）に全文が掲載。

[19]　社民党とさきがけは定額払い方式の拡大に積極的であったが、自民党は医師会の反発から及び腰だった。4月の与党協中間報告の作成の際には、三党の政調会長・政審会長レベルまで上げて調整がなされ、結局「定額、出来高の両制度の最善の組み合わせを目指す」という表現に落ち着いた（丹羽1998: 89-91）。

第5章　1990年から2000年までの医療費抑制政策── 1997年改正を中心として

　新たな高齢者医療制度については、介護保険との一元化を視野に入れた独立した医療保険制度を創設するとされ、新たな財源として被用者保険の被扶養者となっている高齢者からも保険料を徴収し、公費負担は現行3割に対して「3割から4割を目安」とした。また、高齢者の患者負担は介護保険との整合性をとるために「定率[20]」とされ（ただし、現役世代のように高額療養費制度を設けることで自己負担を抑制する）、一定収入以上の者には現役世代と同程度の負担を求めている。このように高齢者の定率負担が明記される一方、厚生省案にあった現役世代自己負担3割（大病院外来5割）は無視された。

　こうして診療報酬、薬価、医療供給体制、高齢者医療制度に関する政府・与党の抜本改革案がまとめられた。ところが、関連審議会での意見の不一致や、自民党の選挙戦略・日医との接近などにより、2000年「抜本」改革は幻に終わる。

壁に突き当たった抜本改革

　1997年10月末に医療保険抜本改革を具体化するための諮問機関として医療保険審議会と老人保健福祉審議会とを統合し、医療保険福祉審議会を設置することが決まった。先に見た1997年8月の厚生省案「21世紀の医療保険制度」では、診療報酬と薬価基準の改革については1999年度実施とされており、厚生省はそのための法案を1998年の通常国会に提出する予定だった。

　1997年11月から新審議会は定額払い方式の拡大と参照価格制度の導入に関する審議を行ったが、医師会側委員がこれらに反対したため議論が膠着状態に陥ってしまう。定額払い方式は医療費抑制を目的としたものであり、参照価格制度に対して医師会は患者負担が過大になるとして反対していた[21]。翌年の夏には参議院選挙が予定されており、医師会の支持を期待する自民党内にも法案提出への慎重論が出ていた（『朝日新聞』1998年3月24日朝刊）。結局、1998年5

---

[20]　丹羽は「（1997年の）健保改正の際には、定率制導入に強い反発があったが、今回は定率があっさり決まった。あの騒ぎはなんだったか」と述べているが（丹羽1998: 178）、報道によれば、医師会や社民党の反対に配慮し、「1割」負担の明記は避けられたという（『読売新聞』1998年8月27日朝刊）。

[21]　この他に、厚生省の改革案には診療報酬体系を医師の技術を重視したものに改めるために、医師が技術や経験に応じて患者から別途負担を徴収することができる方式の導入が含まれていたが、医師会と連合は患者の所得によって医療水準に差が生じることを懸念して反対していた（『朝日新聞』1997年11月13日朝刊；1998年3月24日朝刊）。

185

第II部　日本における医療費抑制

月に厚生省は国会への法案提出を断念し、抜本改革は出鼻をくじかれた（『読売新聞』1998年5月13日朝刊）。秋に審議会での議論を再開し、法案提出は1999年度通常国会に先送りすることになった。

財政構造改革法と医療費抑制（1997〜1998年）

　抜本改革が早速壁に突き当たる一方、1997年11月に成立した財政構造改革法により歳出削減を求められた厚生省は再び予算編成を通じて国庫負担の抑制と被用者保険の負担増という1997年改正時にも使われた手法にうったえることになる。短期的な財政対策と抜本改革の先送りは1998年にも繰り返された。

　1997年の秋には財政構造改革法案と介護保険法案という二つの重要法案が成立した（後者については第11章でやや詳しく検討する）。11月に成立した財政構造改革法では、2003年までに国と地方の財政赤字を合わせてGDPの3％以下にし、赤字国債をゼロすることが目標とされた。しかし、同じ月には山一證券と北海道拓殖銀行が破綻し不況は深刻化していた。4月に消費税増税、9月には医療費自己負担の引き上げ（労働者本人2割負担）という財政再建策を実施してきた橋本政権だったが、ここに至って財政赤字を出してでも経済対策を行うことが求められた。[22] 金融機関への公的資金注入の財源として赤字国債の発行が不可避となり、また緊急対策として1997年度補正予算では2兆円規模の減税も実施された。年末に成立した1998年度予算は財政構造改革法にのっとり11年ぶりに一般歳出（一般会計のうち国債費と地方交付税を除いた政策経費）がマイナスになったが、国債発行額は先進国中でも最大規模となった。

　国家財政の悪化は再度予算編成を通じた医療保険に対する国庫負担の削減と被用者保険の負担増をもたらした（吉原, 和田2008: 471-3）。財政構造改革法によって社会保障費にはキャップ制が設けられ、1998年度厚生省予算は前年度当初予算に対する増加額を3,000億円以内に抑えることになり、医療費については高齢化による自然増1,800億円のみが認められた。厚生省は1998年度予算編成にあたって被用者保険の老人保健拠出金の引き上げと国庫負担の縮減、薬価の引き下げによってシーリングを切り抜けることにした。被用者保険の負担増に関する措置は1998年2月に国保法等改正案として国会に提出され、6月に

22　以下、橋本政権の経済対策については、加藤淳子, ロススタイン（2005: 67）、石川, 山口（2010: 193-4）を参照した。

186

成立している。この際に参議院では抜本改正について「平成12年度までのできるだけ早い時期に」と実現を促す修正が行われた。被用者保険と労使の不満は募る一方だった。

　また、1998年4月の診療報酬改定では医療機関の人件費などの上昇に対応するため本体部分は1.5%の引き上げとされたが、医療費ベースで2.7%の薬価引き下げが行われたため実質マイナス改定となった。前回の1996年改定では差し引きプラス0.8%に改定率が抑えられたが、今回はこれをさらに下回るマイナス1.3%となった（表4-1）。

1998年の参院選と1999年度予算編成 ── 弛緩する財政規律

　1997年9月から被用者保険の自己負担引き上げと薬剤別途徴収（定率負担に加えて外来の薬剤について種類数や日数に応じて患者が支払う定額負担金）が始まり、1998年の診療報酬改定も実質マイナス改定であった。医師会はこれらの医療費抑制政策に対する不満を強めていた。

　1998年7月の参院選での選挙支援にあたって医師会は自民党と薬剤特別負担の見直しを合意する（吉原, 和田2008: 473）。[23]12月には自民党の首相・厚相経験者や医系議員が中心となって「21世紀の社会保障制度を考える議員連盟」（会長・竹下登）が発足し、約170名もの議員が入会した。[24]自民党内では患者負担縮小に向けた動きが強まっていた。ところが、その費用を賄うための財源は確保されず、参院選大敗後に誕生した小渕内閣では赤字国債への依存によって社会保障費を賄う姿勢が顕著になっていく。[25]同月には1999年度予算編成の最終

---

[23]　ただし、他方で日医は高齢者の定率1割負担を受け入れることを含む医療保険改革案を8月26日に医療保険福祉審議会に提出している。既に1997年9月の一部負担の改定と薬剤費の別途徴収によって高齢者の実質負担率は10%に近付いており、またこれらの費用負担に関する医療機関の事務が煩雑になったため、日医は定率制容認に傾いていった（『読売新聞』1998年8月27日朝刊; 丹羽1998: 73）。

[24]　『日医ニュース』872, 1998年1月5日（日本医師会ホームページ＜http://www.med.or.jp/nichinews/n100105h.html＞2017年12月1日閲覧）。タルコット（2003: 242）も参照。

[25]　第11章11-3.で検討するように、介護保険実施に際しても小渕内閣は国債発行によって財源を調達している。ただし、既に橋本内閣も1998年に入り財政規律を重視する方針を放棄していた（加藤淳子, ロススタイン2005: 67; 石川, 山口2010: 193-4）。4月24日には一時的な所得税減税と公共事業からなる総合経済対策が発表された。減税を含む支出の合計は16兆円に達し、細川内閣時代の1994年2月の15兆2,500億円を超える過去最大規模のものとなった。5月末には財政構造改革法が改正され、赤字国債の発行をゼロにする目標は2003年から2005

第Ⅱ部　日本における医療費抑制

段階で、薬剤費の特別負担を翌年7月から高齢者についてのみ国庫負担で肩代わりすることが決められている（国庫負担増加額は1,270億円）（吉原，和田2008：473）。参院選の前に社民党・さきがけとの連立関係が解消されたことで、自民党は日医と接近しやすくなっていた（新川2005：338-40）[26]。こうした政治状況の変化にともない、自社さ連立政権時に検討された抜本改革に向けた政治的推進力は低下してしまった。

抜本改革の不成立（1999年）

　厚生省は1999年の通常国会に高齢者医療制度改革関連法案を提出しようとしていたが、新制度の設計に関して審議会で意見がまとまらず、法案提出には至らなかった[27]。

　抜本改革のその他の要素に目を向けると、診療報酬体系については高齢者・慢性疾患に関する定額払い方式の拡大が決まった。1回または1日あたりの包括払い方式の導入について、粗診粗療を招く恐れや、原材料費・人件費のコスト削減につながる恐れが指摘されたが、1999年4月16日に医療保険福祉審議会・制度企画部会が宮下創平厚相に提出した意見書では、高齢者や定型的な治療で対処できる慢性疾患については「段階的に包括払いの導入を図ることが必要」と明記された（吉原，和田2008：518；『朝日新聞』1999年4月17日朝刊）。

　他方、これに先立って自民党の医療基本問題調査会（会長・丹羽雄哉）と社会部会は4月13日の合同会議で「薬剤定価・給付基準額制」（日本型参照価格制）を白紙に戻すことを決めた。参照価格制度とは、同じ効果の薬剤グループごとに保険給付の対象となる上限価格を定め、価格が上限を上回る場合、差額を患者が負担する仕組みであり（丹羽1998：145-6）、これによって同じ効能でもより安価な医薬品の利用が促進され、医療費全体が抑えられるというのが厚生省の

年へと早くも延期された。

[26]　1998年7月12日の参議院選挙で自民党は改選61議席を下回る44議席しか獲得することができなかった。恒久減税に関する首相の発言が一貫しなかったことが国民の不信を招いたとされる（石川，山口2010：194；草野2012：205）。自民党は参議院で過半数を確保しておらず、秋以降、自由党・公明党との連携を模索していった。

[27]　医療保険福祉審議会は1999年1月には厚生省に対して三つのモデル案を示し（吉原，和田2008：474, 803-7）、8月には報告書「新たな高齢者医療制度のあり方について」で四つのモデルを併記している（吉原，和田2008：475, 808-17）。後者は厚生労働省ホームページで閲覧可能＜http://www1.mhlw.go.jp/shingi/s9908/s0813-1_17.html＞2017年12月1日閲覧。

188

立場だった。しかし、医師会は患者負担の増大を招き、高価な医薬品の使用が困難になるとして反発していた（『朝日新聞』1999年4月13日夕刊）。日医の坪井栄孝会長時代（1996～2004年）に副会長を務めていた糸氏英吉は丹羽の著書に寄せた文のなかで、参照価格制度が混合診療に連動することになるとして「断乎反対」と述べている（丹羽1998: 220）。日医が所得による医療格差に反対し、公的医療保険の適用対象の拡大・高い給付水準の維持を重視していることがここからも読み取れる。

　ただし、糸氏は不透明な薬価差益（医療機関は公定価格よりも安く薬を仕入れ、経営の助けにしてきた）の解消には積極的であり、その代わりに医師の技術料が評価されることを望んでいた（丹羽1998: 146-7, 219）。日医と製薬業界は限られた医療費のパイをめぐって競合関係にあり、日医は医薬品の価格引き下げによる医療費抑制を認めることによって、診療報酬本体へと医療費抑制の被害が及ぶのを避けようとしてきた（丹羽1998: 220）[28]。一方、製薬企業の団体である日本製薬団体連合会（日薬連）は日医とは異なる立場から参照価格制度に反対していた。日薬連は医薬品の公定価格制を廃止し自由価格制とした上で、上限なしで公的医療保険の給付対象とすることを主張していた（丹羽1998: 227-30）。長年にわたる薬価引き下げ政策（表4-1）の廃止を求めたのである。

　翌年には衆議院選挙が控えていたこともあり、自民党厚生族は日医や医系議員の反発に配慮して、自社さ政権時代に自らリードしてまとめた参照価格制度を撤回したのだった（『朝日新聞』1999年4月13日夕刊;『読売新聞』1999年4月15日朝刊社説）。財政難に苦しんでいた健保組合はこれに反発し、7月には老人保健制度への拠出金の支払いを一時停止している（『朝日新聞』1999年6月11日朝刊, 7月5日朝刊・夕刊）。

　その後、7月末に自民党医療基本問題調査会・社会部会が基本方針を作成し、2000年改革では70歳以上の高齢者の自己負担を1割の定率制に変更し、薬剤の別途負担を廃止する方針が明らかにされた[29]。上述のように、薬剤特別負担廃止は98年7月の参院選支援にあたっての日医との合意事項だった。

---

[28]　1972年に日医のリードの下で中医協が行った「建議」（1月22日）では、薬価基準の引き下げを財源に技術料（診療報酬）を上積みするとされ、1990年代までの慣行となっていた（二木2014: 59-64）。

[29]　ただし、丹羽医療基本問題調査会長は記者会見で「1割相当額」という表現によって、定率1割負担の明言を避けた（『朝日新聞』1999年7月30日朝刊）。

薬剤別途負担の廃止の財政的影響は国・地方・保険者合わせて8千億円に
ものぼり、年末の診療報酬改定では合理化が不可欠となった（吉原, 和田2008:
477-8）。中医協で日医は3.6％という大幅引き上げを求めたが、支払側は賃金・
物価動向を勘案すれば0.3％の引き下げになると主張して合意が得られず、12
月19日に政府・自民党と日医との政治決着で0.2％の引き上げ（本体1.9％引
き上げ、薬価1.7％引き下げ）という小幅なプラス改定が決定された（新川2005:
339-40; 吉原, 和田2008: 518;『朝日新聞』1999年12月19日朝刊, 20日朝刊;『読売新聞』
1999年12月19日朝刊, 20日朝刊）。1998年、2002年の改定では差し引きマイナス
改定だったが、2000年改定は辛うじてプラス改定となった。自民党は総選挙
が近づくなかで保険料率の引き上げは避けるべきと判断し、小幅な患者自己負
担増によってプラス改定の財源を確保することにした。なお、この改定を通じ
て、包括払いの範囲拡大とともに、歯科と薬局も含めてかかりつけ機能の強化
などによって医療機関の機能分担が進められた（吉原, 和田2008: 519）。

　結局、老人保健制度の抜本改革、参照価格制度という新制度の導入は挫折
し、高齢者・慢性疾患に関する定額払い方式の拡大という従来の施策のみが成
立している。関連団体によって抜本改革が叫ばれてきたが、厚生省が実現した
のは診療報酬システムを通じた医療費のコントロールと医療機関の機能分担の
促進のみであった。包括払いの拡大が進められたものの、日医は辛うじてプラ
ス改定を勝ち取り、また参照価格制度という新規の政策をブロックしている。
第3章で述べたように、日医は診療報酬政策について妥協しながら、自己の利
益・理念に反する他の政策の導入を阻止してきた。こうした医師会の振る舞い
は2000年代にも見られる（第6章）。反対に厚生省の側から見れば、診療報酬
制度による医療費のコントロールや医療機関の行動に対する政策誘導は、政治
的推進力の欠如や妥協形成の困難によって他の政策が停滞するなかで採りうる
重要な政策手段なのである。

5-3. 2000年改正 ── 抜本改革の先送り

国会審議

　以上の経緯から医療保険抜本改革は先送りされ、2000年2月に国会に提出さ
れた健康保険法等改正案は1997年の時と同様に当面必要な措置からなるもの

第5章　1990年から2000年までの医療費抑制政策 —— 1997年改正を中心として

となった。主な内容は、①老人医療費の月額上限付き定率1割負担制への移行（コスト意識の喚起と介護保険の利用者1割負担との公平確保が提案理由）、②老人の薬剤別途負担を廃止（若年層については廃止に伴って必要となる財源が確保できず、2002年までに廃止とされた）、③高額療養費制度の患者自己負担額の引き上げの三つであった（吉原、和田2008: 478-9）。通常国会では法案は成立せず、6月の衆院選を経て秋の臨時国会で審議が行われた。選挙で自民党は敗北したが、自民・公明・保守の与党三党で過半数の議席が確保された。

　健保法等改正案は11月2日に衆議院で、同30日には参議院で与党三党の賛成多数によって可決された[30]。注目すべき点を挙げておくと、10月後半の衆院厚生委での審議では、高齢者医療制度のための公費負担の財源をどこに求めるのかが議論の対象となったが、津島雄二厚相（自民党）は景気に左右されない安定財源の必要性を強調する一方で消費税引き上げなど具体的な案は示さず、今後国民的合意を得て決めると述べるにとどめた。また、11月後半の参院国民福祉委員会での質疑で津島厚相は民主党の今井澄から高齢者医療制度について突き抜け方式で年齢リスク構造調整を行う方向性の是非を問われ、「独立方式と突き抜け方式の間で、自分なりの結論が出せないのが現状である」と述べている。

　11月30日午前に参院国民福祉委員会で森喜朗首相、津島厚相の質疑を経て採決が行われ、改正案は可決された。この際、15の付帯決議が採択され、冒頭に2002年度に必ず新たな高齢者医療制度を創設することが明記された。森首相は1997年以降議論されてきた四つの課題について、2000年度には薬価差の縮小、診療報酬の包括化（以上、診療報酬改定）、高齢者1割負担（健保法等改正）、病床区分の見直し（同年の医療法改正）によって抜本改革に向けて一歩踏み出したと述べ、高齢者医療制度の見直しは2002年度を目途に実現を図る予定とした。また、首相・厚相はそれぞれ医療費の伸びをできるだけ経済の動向とバランスのとれたものとすること、老人医療費の伸びを抑制する仕組みづくりを提唱しており、これが小泉政権期の医療費伸び率管理論争につながっていく。同日午後、参議院本会議で健保法等改正案が可決・成立した（2001年1月1日施行）。

30　衆議院での審議については、『週刊社会保障』2110, 2000.11.6: 40-5を、参議院での審議については、『週刊社会保障』2114, 2000.12.4: 40-5を参照した。

第Ⅱ部　日本における医療費抑制

2000年改正の内容と考察

　2000年改正の主な内容は、①高齢者について定率1割負担制の（一応の）導入、②1997年改革によって導入された薬剤特別負担の廃止[31]、③現役世代の高額療養費制度の見直し（高所得者の患者自己負担上限額の増額）であり、高齢者・現役世代のいずれにとっても小幅な自己負担増であった（吉田2001）。

　定率1割負担制には月額上限が設定されており、診療所と200床未満の病院の外来では自己負担は月額3,000円まで、200床以上の病院では5,000円までとされた[32]。薬剤一部負担金が廃止されたため、差し引きで高齢者の実効負担率は7.7％から7.9％へと微増した（『週刊社会保障』2110, 2000.11.6: 42）。1997年以来懸案だった高齢者の定率1割負担が導入されたわけだが、月額上限付きであり、また診療所では事務処理負担を考慮して従来通り定額制を選択することも可能とされ、高齢患者・診療側双方に配慮した内容となっている。他方、高額療養費の見直しによって、自己負担限度額を超えた部分の医療費の1％を患者が追加的に負担することになった（吉田2001;『週刊社会保障』2114, 2000.12.4: 47）。

　要するに、患者自己負担を微増させた改正だった。政府は今回の改正を「医療制度抜本改革の第一歩」と位置づけていたが、関係団体との妥協や抜本改革の先送りが目立った。薬剤特別負担が廃止され、定率負担が選択制とされたことには自民党と日医との妥協が見られる[33]。また、定率1割負担といいながらも高齢者の患者負担の引き上げはわずかなものにとどめられた（タルコット2003: 244）。こうした小幅な改革だったにもかかわらず、6月の衆院選への影響を考慮して自民党は法案成立を秋の臨時国会に先送りした（新川2005: 340）。1998年の参院選、2000年の衆院選と選挙での敗北が続き、自民党には厳しい医療費抑制や患者負担の拡大が困難になっていた。

　高齢者医療制度改革に必要なはずの財源の拡充についても同じことがいえるだろう（第11章）。2000年改正では、全ての高齢者からの保険料徴収という

---

[31]　若年層については改正健保法の附則で「平成14年度までに……必要な財源措置に関し検討を行い、その結果に基づいて廃止する」（2条）と規定された。
[32]　大病院の自己負担限度額が高く設定されているのは、外来患者を診療所や中小病院へと誘導するためである。
[33]　同時に成立した医療法改正でも、日医の反対によってカルテ開示義務の法制化は見送られた。

第5章　1990年から2000年までの医療費抑制政策 —— 1997年改正を中心として

1997年以来の案も導入されず、公費負担の拡充も避けられた。医療保険各制度の財政問題は解決しなかった。政管健保では2000年度も赤字が続き、健保組合も65%が赤字だった（『朝日新聞』2001年10月12日朝刊）。

5-4. 結　論

　1990年代後半には医療保険各制度の赤字が拡大し、診療報酬抑制と患者自己負担の引き上げが進められた。1997年の健保改正では保険料率の引き上げも行われたが、財政対策の主力は患者負担の引き上げであり、被用者負担の2割への引き上げだけでなく薬剤別途負担も導入された。2000年改正でも高齢者・若年層双方の自己負担の微増が決められている。こうした改革が続いた結果、国民医療費に占める患者自己負担の割合は1990年の12.1%から2000年には13.4%まで増加した（厚生労働省「平成12年度国民医療費の概況」）。

　1997年改正によって大幅な患者負担拡大を行った以上、政府・与党には医療費の効率化を可能とする医療制度抜本改革が求められたが、こちらは実現せずに終わった。1998年の参院選や2000年の衆院選の前になると自民党は医師会との関係を重視し、医師会が望まぬ抜本改革に消極的となった。結局、厚生省は1998年から2000年までに抜本改革と呼べるような法案を国会に提出することができなかった。新たな薬価制度は導入されず、老人保健制度の再編も進まなかった。

　一方、1980年代に始まった診療報酬抑制政策が90年代後半には復活した。1996年以降の診療報酬改定率は実質プラス0.8%（1996年4月）、マイナス1.3%（1998年4月）、プラス0.2%（2000年4月）と低く抑えられた。高齢者医療や検査料などの包括払いの拡大も進められている。その他の医療保険政策に関する政治的推進力が弱体化したり、合意形成が困難になったりした際に、厚生省にとって2年に一度実施できる診療報酬改定は医療費政策上重要なツールであった。

　要するに、1980年代と同じく財源拡大ではなく費用抑制オプション（診療報酬抑制および患者自己負担増）が優先されていたのだが[34]、医療保険制度体系の財政問題は解決には至らなかった。問題解決のためには、さらに厳しい医療費

---

[34]　1990年代の日本における福祉国家財源改革の停滞については、第11章参照。

抑制か、財源改革による財源の拡充、あるいはこれらの両方が必要であった。1997年・2000年の改革の不徹底さに不満だった小泉純一郎は、2001年に首相になると徹底した医療費抑制を選択していく。1990年代に進められた行政改革・政治改革は政府・与党それぞれの一体性を高め、高齢者自己負担の増加や診療報酬本体のマイナス改定を目指す首相のリーダーシップ貫徹を助けることになる。

第6章　小泉政権の医療保険改革（2001 ～ 2006年）
──医療費抑制のさらなる徹底

　2000年代の日本では、2002年と2006年に重要な医療保険改革が行われており、いずれも小泉内閣によるものである。2002年、2006年には薬価のみならず診療報酬本体部分のマイナス改定が行われており、小泉政権時代の日本では従来以上に厳しい医療費抑制政策が行われた。1990年代末に自民党を中心とする連立政権は公債発行を容認しつつ高齢者の社会保障負担の軽減や医師会との妥協を重視する政策をとったが、2001年4月の小泉政権成立により国債発行の抑制・公的支出抑制が優先課題になると、受診側（高齢者を含む）・診療側双方に対する医療費抑制政策が強化されることになった。減税と国債の発行という1990年代に繰り返された解決策は今や膨大な財政赤字という問題へと転化し、反動的に厳しい支出抑制策がとられるようになった[1]。公共支出削減を回避できるような財源は1990年代を通じて用意されなかったのである[2]。さらに、年金財源として考えられてきた消費税の引き上げは小泉が自分の首相在任中は行わないと公言したことで2001年以降もタブーとなり、小泉政権期においても社会保障財源を確保するための税制改革は進まず、支出抑制が徹底されることになった。

　また、小泉政権時代には日本の政治制度の特徴に変化が生じたことで、緊縮政策への方針転換がより貫徹されやすくなった。つまり、政府・与党それぞれの一体性が高まり、政府・与党関係についても前者の優位が目立つようになっ

---

[1] こうした「改革の軌道（reform trajectory）」の変化という観点から福祉国家の政策を長期的に捉えようとした研究として、Palier（2010a）、Manow（2010）参照。

[2] 1990年代の日本における社会保障財源改革の先送りの経緯については、第11章で検討している。

第Ⅱ部　日本における医療費抑制

た。とりわけ2005年の郵政選挙後には首相の権威が強まった。このように意思決定過程の集権性が高まったことは医療費抑制の貫徹を助けた。国債発行を抑制する場合、残された選択肢は財源の拡大と支出の削減だが、強化された首相の権威は後者の選択肢を追求するために用いられたのだった。1996 〜 1998年にかけて厚生大臣を務めていた小泉は1997年、2000年の医療保険改革の不徹底さに不満を持っており、首相となってから医療保険改革においてリーダーシップを発揮しようとする。また、それまで医療制度改革の原案作成を担当してきた厚生労働省（旧厚生省）は首相の周辺に位置する経済財政諮問会議や総合規制改革会議によって作成された新自由主義的な医療制度改革案への対処を迫られるようになる。

　以下では、まず小泉政権誕生後の政治状況を検討した上で（6-1.）、「三方一両損の改革」といわれた2002年改革（6-2.）、医療に関する規制緩和の（非）展開（6-3.）、高齢者医療制度改革（後期高齢者医療制度の導入）を実現した2006年改革（6-4.）の経緯と内容を分析していく。小泉政権時代の医療保険改革は診療報酬の引き下げと患者自己負担の拡大という診療側・患者側双方に対する医療費抑制政策の徹底からなり、1990年代後半に議論されるようになった公費負担の拡大は回避された。1990年代以前であれば医師会と与野党の政治家の反発によって医療費抑制政策の程度が緩和されるのが常であったが、2000年代には首相のリーダーシップが強化されたことで政府（首相）の方針が貫徹されやすくなった。

　こうした支出削減に偏った財政均衡戦略は医療現場の疲弊や医療機関へのアクセスの低下を招き、福田康夫内閣以降、医療費抑制政策からの転換が目指されるようになったが、不安定な政権が連続したことと、経済危機によって税収が劇的に落ち込んだことによって、医療保障の強化のための財源の確保は進捗しなかった（第12章）。

6-1. 小泉政権の特徴 —— 政府・与党の一体性向上と首相のリーダーシップ強化

景気回復よりも構造改革を —— 小泉内閣の誕生

2001年4月の自民党総裁選挙で小泉純一郎は「構造改革なくして景気回復な

し」という立場を打ち出し、景気回復優先の麻生太郎・亀井静香、景気回復と構造改革の両立を唱える橋本龍太郎を抑えて当選する（草野2012: 222）。小泉内閣成立直前の2000年度補正予算では国債発行額は34兆6,000億円となり、国債依存度は38.5%にも上っていた（内山2007: 46）。5月7日の所信表明演説で小泉は不良債権の最終処理、競争的な経済システムの確立（規制改革）、財政構造改革を主張し、財政健全化に向けて2002年度の国債発行額を30兆円以下に抑えると公約している[3]。財政改革の標的となったのは、まず1990年代の度重なる景気対策で膨れ上がった公共事業費、そして公共事業費と並んで一般会計予算を圧迫していた社会保障費であった。2001年度の当初予算で社会保障費は17兆6,000億円に上り、一般会計の21%を占めていた（内山2007: 74）。後で見るように、小泉政権の「聖域なき構造改革」では社会保障制度のなかでも医療制度が主な標的になっていく（二木2001; 尾形2005: 165）。

　小泉政権は閣僚人事においても政策形成においても従来の自民党政権の慣行から逸脱していた。第一に、小泉新総裁は党役職と閣僚の人事について派閥均衡人事の慣行を無視した。最大派閥の橋本派は冷遇され、総裁選の際に小泉と政策協定を結んで辞退した亀井静香も見返りを得ることはできなかった（草野2012: 221）。第二に、各省各局が自民党の族議員と協調しながらボトムアップ式で政策を形成するという慣行に対して、経済財政諮問会議を司令塔とした首相官邸主導のトップダウン式の政策形成が目指された（内山2007; 竹中治堅2006; 上川2010）。つまり、首相官邸が省庁横断的にリーダーシップを発揮することで、メリハリのきいた予算配分や経済・財政の構造改革を実現しようとしたのである。医療保険改革にもこうした小泉政権時代の政治過程の特徴が明確に観察される。

　そこで次に、1990年代以降の政治改革・行政改革がどのように自民党政権の一体性の低さを補い、首相のリーダーシップを強化するようになったのかを検討したい。1990年代の政治改革・行政改革は小泉が官邸主導の政策決定を行うための制度的な基盤を整備していた。第3章で概要を示した日本の行政府と与党の一体性の低さが、これらの改革によってある程度克服されるようになったのである。

---

[3] 「第151回国会における小泉内閣総理大臣所信表明演説（2001年5月7日）」首相官邸ホームページ<http://www.kantei.go.jp/jp/koizumispeech/2001/0507syosin.html> 2017年12月1日閲覧。

第Ⅱ部　日本における医療費抑制

行政改革 ── 行政府の一体性の高まり

　まず、橋本政権下で決定された行政改革によって首相のリーダーシップ強化と個々の政策の統合の条件が整えられた[4]。1998年の中央省庁等改革基本法に基づき、森内閣時代の2001年1月には国の行政機関が1府22省庁から1府12省庁へと再編された。より重要なのは同時に内閣機能が強化されたことである。第一に、内閣官房に政策立案権が認められるとともにスタッフが拡充され、政治任命の補佐官を置けるようになった。例えば、郵政民営化法案の作成は総務省ではなく内閣官房に設置された郵政民営化準備室で行われたため、首相によるコントロールが容易になった。第二に、総理府・経済企画庁・沖縄開発庁が統合され、首相直属の内閣府が設置された。内閣府は首相と内閣官房を助けて重要政策の立案や省庁間の調整を担うことを任務としており、重要政策に関しては特命担当大臣が置かれることになった（経済財政政策担当、男女共同参画担当、少子化対策担当など）。また、内閣府には首相の諮問に応じて経済・財政政策の基本方針を調査審議することを目的とした経済財政諮問会議が設置された。

　小泉政権時代に首相がリーダーシップを発揮するための場として、また個別の政策の統合（政策の体系性の向上）[5]を行うための場として、とくに重要な役割を果たしたのが経済財政諮問会議（以下、諮問会議と略称）であった[6]。まず、政策の統合についてだが、第3章3-1.で述べたように自民党長期政権下において政策立案は各省庁の官僚が担い、首相・内閣はこれらに受動的に対処していた。また、行政の縦割り構造・割拠状態の下で政策の体系性が考慮されにくかった。しかし、毎年6月に諮問会議によって「骨太の方針」が発表されるようになるとアジェンダ設定の主導権が各省庁から諮問会議へと移行し、また諮問会議において首相・官房長官らのメンバーとテーマに応じて関連省庁の大臣が臨時議員として一堂に会することで、各省の政策が政府全体の基本方針と関連づけられるようになった。かねて閣議の役割が形式化・形骸化していたのに対

4　以下の記述は、上川（2010: 9-10）、内山（2007: 36-46）に依拠している。
5　内山融は「議題（アジェンダ）の統合」という言葉を用いている（内山2007: 41）。
6　諮問会議の議長は首相であり、その他に内閣官房長官、経済財政政策担当大臣、財務大臣、経済産業大臣、総務大臣、日銀総裁、民間議員4名によって構成された。小泉政権時代の民間議員は奥田碩・トヨタ自動車会長、牛尾治朗・ウシオ電機会長、本間正明・大阪大学教授、吉川洋・東京大学教授の4人だった。

第6章　小泉政権の医療保険改革（2001～2006年）──医療費抑制のさらなる徹底

して、諮問会議がこうした実質的な役割を果たす場として活用されるようになったのである。

　また、諮問会議では意見の対立が生じた場合、最終的には首相の裁断が求められており、議論が公開されていることもあって（諮問会議ホームページでも議事録や配布資料を閲覧可能）、首相の判断が重みを増すようになった。小泉政権では、その大半の期間に経済財政政策担当大臣を務めていた竹中平蔵が諮問会議の運営にあたり、事前にシナリオを準備した上で小泉と打ち合わせを行っていたという（竹中平蔵2006: 257）。つまり、諮問会議は意見の対立が予想される問題に対して、予め準備された首相の裁断を広く公開するという機能を担っていたのである。

　このように小泉政権下で経済財政諮問会議が活用されたことで省庁横断的な政策の統合と首相のリーダーシップ発揮の機会が訪れた。行政府の凝集性の低さ、首相のリーダーシップの欠如（集権性の低さ）が諮問会議において克服されようとしていたのである。

　この他に、民間議員の参加によって官僚機構の内部からは出てこないような政策アイディアがアジェンダに載せられるようになった。具体的には、公共支出の削減と規制緩和による「小さな政府」の実現、そして市場競争の強化による経済成長が諮問会議によって提案されるようになった。こうしたアイディアは予算の拡大と規制をかけることによる権限行使を目指す官僚制の内部からは登場しにくい。つまり、諮問会議には政策転換の促進という機能も期待された。例えば、諮問会議によって厚生労働省は従来よりもはるかに厳しい医療費抑制政策や規制緩和の推進を要求され、対応に追われることになる。

政治改革 ── 与党の一体性の高まり

　こうした行政府の求心力の高まりとともに、自民党内でも総裁と党執行部に権力が集中するようになった。1990年代以降の政治改革、すなわち小選挙区制の導入と政治資金改革によって、政党の一体性の向上、いいかえれば党執行部の強化と派閥の役割の低下、各議員の自律性の低下が生じた[7]。

　第一に、1994年の選挙制度改革によって衆議院選挙に小選挙区が導入され

7　以下の記述は、主に上川（2010: 7-9）の整理に依拠している。その他に、竹中治堅（2006）、内山（2010）を参照した。

第Ⅱ部　日本における医療費抑制

たことで、候補者が当選する上で大政党の公認候補となることの重要性が高まり、公認候補の決定権を有する党総裁・執行部の一般議員に対する影響力が強まった。[8] 2000年の「加藤の乱」では党執行部が解散総選挙と非公認を示唆して倒閣運動の鎮圧を図り、2005年の総選挙では小泉首相は郵政民営化法案に反対した議員を公認せず、造反議員の選挙区に刺客候補を送りこむことで、公認権を有する党総裁の権威を誇示した。

　第二に、1994年の政党助成法制定・政治資金規正法改正によって政党への公的助成制度が導入され、さらに2000年から政治家個人の資金管理団体向けの企業・団体献金が禁止されたことで、以前に比べて党執行部が配分権を持つ資金が重要になった。政治家が支部長を務める政党支部への企業献金は認められていたため、政党に所属していれば企業献金を受け取ることは可能であり続けたが（内山2010: 12）、旧経団連が政治改革に合わせて1994年から各企業への政治献金の斡旋を廃止して以降、既に企業献金は激減していた。1991年には100億円近かった自民党への企業献金の額は、2004年に新経団連が企業献金への関与を再開する前年の2003年には30億円を下回っていた（川北2011: 73, 100）。これに対して、2003年に自民党が受け取った政党交付金は約154億円である（「平成16年9月10日付官報」）。こうして個々の政治家の資金面での自律性が低下し、交付金の配分権を握る党執行部の権限は強化されたのである。なお、政党から除名された場合、政党交付金も企業献金も受け取れなくなるため、資金面でのリスクは非常に大きくなった。また、派閥のリーダーが個人で集めた資金を派閥のメンバーに配分することも困難になり、派閥の役割が低下した。

　以上のように党総裁・執行部の権力が強化され、小泉総裁時代の自民党では党の一体性が以前に比べて高まったといえよう。さらに、小泉の個人的人気という要素も無視できない。もともと小泉は党内に強い基盤を持っていなかったが、以上のような1990年代以降の政治改革や行政改革の成果を利用することができただけでなく、世論による強い支持によっても支えられていた。小泉内閣の発足当時の支持率は80％を超える驚異的な水準に達していた。[9] 小選挙区

8　また、2003年の衆議院選挙以来、個々の政治家ではなく政党同士が争うマニフェスト選挙が定着し、個別利益誘導型の選挙からの脱却が図られるようになった。

9　世論調査における小泉内閣の支持率の推移は、内山（2007: 254-5）にまとめられている。

制の下では「選挙の顔」としての首相の人気が重要であり、内閣が高支持率を維持している限りは首相を退陣に追い込むことは困難であった（上川2010: 9）。とりわけ自民党は党のイメージが低下していたため、選挙の際には小泉個人の人気を頼りとせざるを得なくなっていた（上川2010: 29注21）。

小　括

　以上のように、1990年代以降進められた行政改革・政治改革によって、首相が官僚制と与党に対してリーダーシップを発揮できるような制度的な基盤が強化された。また、小泉首相の権威は世論による圧倒的な支持によってさらに強められていた[10]。2001年7月の参議院選挙と10月末の衆議院補欠選挙で勝利を収めると自民・公明・保守の連立与党が両院の過半数を確保し、当分の間選挙を気にしなくてもよい状況が訪れた。こうして公的支出の抑制と市場競争の強化を掲げる強力な政治権力が到来した。

　ただし、以上の整理は自民党長期政権時代の行政府と与党の特徴とのコントラストを強調したものであり、実際には各省庁と族議員たちは官邸主導のトップダウン式の意思決定方式にすぐに従属するようになったわけではなかった。首相となった小泉はこれまで不徹底なものに終わってきたとみなしていた医療保険改革に乗り出していくが、2002年の医療保険改革は小泉が与党や利益団体（この場合、日本医師会）の抵抗に負けずに改革を実現することができるか否かを占う試金石の一つとなった。

6-2. 2002年改革

a. 2000年改正以降の動き

　以下では、まず小泉政権誕生直前期における医療保険改革をめぐる議論の状況を確認しておこう。2000年の11月末に健保改正案が成立した際、改正附則には「医療保険制度等については……抜本的な改革を行うための検討を行い、

---

[10]　いいかえれば、そうした首相（内閣）への高支持率という条件なしでは強いリーダーシップの発揮はなお困難であった。実際に、小泉内閣退陣以降、低支持率を背景とした首相の辞任が見られた（竹中治堅2006: 246-7; 上川2010: 334）。

第Ⅱ部　日本における医療費抑制

その結果に基づいて所要の措置が講ぜられるものとする」（3条）という規定が盛り込まれた。翌2001年1月6日には中央省庁再編により第二次森改造内閣における初代厚生労働大臣には公明党の坂口力が就任した。3月には厚労省と政府・与党社会保障改革協議会がそれぞれ医療制度改革に関する論点をまとめている。

表6-1　2002年改革関連年表

2001年	
3月5日	厚生労働省『医療制度改革の課題と視点』発表
3月30日	政府・与党社会保障改革協議会「社会保障改革大綱」発表
4月26日	第一次小泉内閣発足
6月26日	「骨太の方針2001」閣議決定
9月25日	厚生労働省「医療制度改革試案」公表
11月29日	政府・与党社会保障改革協議会「医療制度改革大綱」決定
12月17日	史上初の診療報酬本体のマイナス改定が決定
2002年	
2月	政府・与党が健保改正について合意
3月1日	医療制度改革関連法案閣議決定、国会提出
7月26日	健康保険法等改正案が政府原案通り成立

出典：筆者作成。

厚生労働省『医療制度改革の課題と視点』（2001年3月）

3月5日に厚生労働省は『医療制度改革の課題と視点』を発表した（厚生労働省高齢者医療制度等改革推進本部事務局編2001）[11]。この資料は「国民生活に密接に関係する医療制度の現状や課題について、共に考えるための資料として作成」され、厚労省による日本の医療保険制度に関する見方をうかがいしることができ、以降の医療保険改革との関連で注目される点もある。

第一に、高齢者医療制度についてはかねて議論されてきた①独立保険方式、②突き抜け方式、③年齢リスク構造調整方式、④一本化方式の四つの改革案が紹介され、いずれをとるべきか明確化されていない。一方、この『課題と視点』の発表に先立つ2月に幸田正孝元厚生事務次官は講演のなかで「老人保健

---

[11]　この資料の分析として、二木（2001: 80-95）を参照した。

202

制度というのはかなり良くできた制度だ……再来年度（2002年度）の改革に向けて、現在の制度を多少調整するということで話し合いがまとまる……おそらく（公費）5割の線で意見が一致する」と発言していた[12]。

実際、2002年の医療保険改革では老人保健制度の改革は対象年齢の70歳から75歳への引き上げや公費負担割合の5割への引き上げといった既存制度の手直しに終わり、新たな高齢者医療制度の創設は再び先送りされる。さらに議論を先取りするならば、2006年に創設が決まる後期高齢者医療制度は上記①の独立方式の一種であり、国庫負担を抑制しつつ高齢者自身の保険料拠出と若年世代の医療保険からの支援金の増加によって運営されることになる。

第二に、小泉政権登場以降の医療制度改革論議との関連で注目されるのは、解説・資料編の後半部「Ⅱ 医療制度改革の視点（高齢者医療制度の改革を中心として）」のなかで、「改革案を取りまとめるための基本的な留意点」の一番目に「高齢者が増加する中で、全体としての負担の上昇は避けられないが、老人医療費の伸びを経済とバランスのとれたものにする仕組みであることが必要ではないか」と指摘されていることである（p.137）。1980年代前半以降、厚生省は若年世代も含めた国民医療費の伸びを国民所得の伸びの範囲内に抑えることを目標としてきたが（第4章4-4.）、老人医療費の伸び率を経済成長率と同程度に抑制するためには極めて厳しい医療費抑制政策が必要になってくる[13]。後に高齢者医療費の伸び率管理は経済財政諮問会議によっても採りあげられ、小泉政権時代の医療保険改革の重要争点となっていく。なお、『課題と視点』発表後の4月には厚労省の中村秀一大臣官房審議官も高齢者医療制度改革について、「四案云々はさして重要ではない、本質には関係のないこと」と述べ、問題は老人医療費が全体の38%を占めていることだとしている（中村2001: 8-11）。「請求書の割り勘の仕方」でもめるよりも、医療供給体制の見直しによってコスト削減を図っていくこと（請求書の額を減らすこと）を重視していたのである。

最後に、もう一つの注目される点は、経済戦略会議や規制改革委員会などが

---

[12] 幸田正孝, 2001,「21世紀初頭の医療」『病院新聞』2001年2月15日号（二木2001: 92に引用）。

[13]「わが国では、老人人口が急増しているため、老人医療費の増加率は国民医療費の増加率よりはるかに高い。たとえば、1998年度の国民医療費の対前年度増加率は2.6%だが、老人医療費の増加率はそれの2倍以上の6.0%である」（二木2001: 83）。新聞でも同様の解説が行われていた（『朝日新聞』2001年6月13日朝刊）。

第Ⅱ部　日本における医療費抑制

求めていた混合診療解禁や保険者と医療機関の直接契約（マネージドケア）といった市場志向の改革案には否定的なことである。混合診療解禁については、解説・資料編の「コラム　混合診療について」のなかで、以下のように述べられている。「基本的な医療サービスについて患者から費用徴収を自由化することについては、標準的な医療とは何かが確立しておらず、また、医療についての患者への情報提供が十分でない現状では、所得によって受けられる医療サービスに格差ができ、必要な医療サービスを受けることができなくなる可能性があるとの意見もあり、慎重に検討することが必要です。なお、良質な療養環境や医療技術の高度化等への対応については、現在の特定療養費制度[15]をより積極的に活用することが考えられます」（p.55）。つまり、厚労省は医療本体については所得によるアクセスの格差を認めず、差額ベッド代などの療養環境については価格自由化を認め、高度先進医療については差し当たり保険診療との併用を認めるという立場をとっている[16]。

また、「各保険者による医療機関の選別や診療報酬の独自決定を認めるべき」という意見に対しても否定的である。これは1999年2月の経済戦略会議答申「日本経済再生への戦略」（国立社会保障・人口問題研究所2005所収）に見られた発想で、アメリカのマネージドケアをモデルにしている。簡潔に説明すれば、マネージドケアにおいては人々は自由に医療保険を選択することができるため、保険会社はより安価で充実した保険商品を開発するよう競争する。医療機関も保険会社と契約するためにより安価で充実した医療サービスを提供できるよう競争する。保険者間・医療機関間に競争メカニズムが働くことで効率性が高まるというわけである（池上2002: 85-7）[17]。

---

[14] 医療保険が適用される診療とそうでない診療を併用する場合、患者が全額治療費を自己負担しなければならない（混合診療の禁止）。第2章2-2. b.参照。

[15] 混合診療の禁止に対して、入院時の室料や保険未適用の高度先進医療は例外扱いとされてきた（特定療養費制度）。

[16] 旧厚生省は1997年の「21世紀の医療保険制度」（吉原、和田2008: 783-98に収録）のなかで診療報酬のあり方について「一定の範囲内で医師及び歯科医師がその技術や経験に応じて患者から徴収できるような途を開く」、「地域格差を考慮しつつ、施設管理費用に対応する診療報酬上の評価を明確にする」という言い回しによって、従来の画一的な料金体系の見直しを提案していた。二木立はこれを一種の混合診療の導入提案であったとして、『課題と視点』では厚労省は方向転換したものと評価している（二木2001: 92-3）。

[17] 元厚生官僚の広井良典も、保険者と医療機関の直接契約を提案していた（広井1997: 45-8）。競争メカニズムの導入は1990年代の先進諸国の医療制度改革における流行のテーマであ

第6章　小泉政権の医療保険改革（2001～2006年）——医療費抑制のさらなる徹底

　『課題と視点』はこうした発想に対して、「①保険者が一部の医療機関とのみ契約を結ぶようになると、被保険者等の医療機関へのフリーアクセスを保障しようとする公的医療保険制度の基本的考えに反しないか。②多数の保険者が膨大な数にのぼる医療機関を個々に選択して、しかもお互いに合意したうえで、契約を結ぶことは事実上不可能ではないか。③被保険者は保険者を選択することができないため、所属する保険者によって診療についての不公平が生じるのではないか」と疑義を呈し[18]、「慎重な検討を要するため、実際問題として困難ではないか」としている（以上、p.147）[19]。いいかえれば、厚労省は医療保険制度の民営化や人々が自由に保険者を選択することによって保険者間に競争を促すといった改革案を考えていなかったといえよう。また、保険者と医療機関の直接契約を認めれば全国一律の診療報酬点数制度は成立しなくなり、厚労省は「診療報酬点数操作という医療費抑制の最大の武器」（二木2001: 67）を失うということからしても、反対は当然であった。他方、保険者の側では直接契約に積極的な声も聞かれたが（丹羽1998: 223）、実際に直接契約を行うには保険者が医師や看護師を直接雇用したり電算化のために投資を行ったりする必要があるため本音では消極的だった（二木2001: 67-8, 91-2）[20]。

　要するに、厚労省は小泉政権発足前の時点で、医療保険制度体系の抜本改革よりも老人医療費の抑制を重視していた。また、同省は市場志向の改革には反対であったが、混合診療の解禁や保険者と医療機関との直接契約は小泉政権下において医療分野における規制緩和の目玉とされ、攻防が繰り広げられていく。

政府・与党社会保障改革協議会「社会保障改革大綱」（2001年3月）

　小泉政権発足直前のもう一つの重要テクストは2001年3月30日に発表された政府・与党社会保障改革協議会の「社会保障改革大綱」である（政府・与党

り、例えばドイツでは90年代に被保険者による保険者の選択が可能になり、保険者の合併が進んだ。

[18]　日本では、職業に応じて加入する医療保険制度が自動的に決定されている。なお、直接契約を導入しないとしても、加入する医療保険制度によって給付や負担について格差が存在してきたことにも注意が必要である。

[19]　なお、マネージドケアによる医療費抑制効果は必ずしも明らかではない。例えば、池上（2002: 80-96）参照。

[20]　この点に関しては二木立氏から直接ご教示をいただいた。記してお礼申し上げる。

205

社会保障改革協議会2001a）。冒頭部では、「近年、経済の伸びを大きく上回って社会保障の給付と負担が増大することが見込まれ、また、国・地方の財政は極めて厳しい状況に陥っており、経済・財政との関係が無視できないものとなっている」として経済成長と社会保障費の伸びの乖離が問題視され、「経済・財政と均衡のとれた持続可能な社会保障制度を再構築」することが重要な課題とされている。

　医療制度改革については今後の課題や改革の方向性が8項目にわたり列挙されているが、ここでは翌年の医療保険改革との関連で注目される二つの項目に触れたい。まず、6番目の「高齢者医療制度などにおいて、高齢者の経済的能力に見合った適切な負担も求め、これから増加する負担を若い世代とともに分かち合う」という項目からは（高所得の）高齢者に対する負担強化が示唆されている。また、最後の項目として「上記の諸点を踏まえ医療や医療費の在り方を改めて見直すとともに、とくに高齢化の進展に伴って増加する老人医療費が、経済の動向と大きく乖離しないようその伸びを抑制するための枠組みを構築する」と書かれており、『課題と視点』と同様に老人医療費の伸びの抑制が提案されている。

　なお、社会保障財源のあり方についても独立した項目が設けられているが、公費負担の財源については具体的な記述はない。2000年の年金改正法附則に規定された基礎年金の国庫負担割合の2分の1への引き上げの実現方法についても、「鋭意検討する」との記述に止められている。

　「大綱」の終わりでは、「今後の進め方」のなかで「特に、医療制度については、昨今の医療保険財政の厳しい状況にかんがみ、検討作業を急ぎ、平成14年度には、高齢者医療制度の見直しをはじめとする医療制度改革の実現を図るものとする」と締めくくられている。小泉政権成立後、医療保険改革は経済財政諮問会議によって重要課題として採りあげられ、改革への流れができていく。

b. 小泉内閣誕生から2002年改革まで

「骨太の方針2001」—— 官邸主導の医療保険改革へ

竹中平蔵は著書のなかで不良債権処理や郵政民営化と並ぶ小泉改革の柱の一

つとして「政策プロセスの改革」を挙げている（竹中平蔵2006: 9）。既に述べたように、小泉政権のトップダウン式の予算編成・政策決定の司令塔となったのが首相を議長とする経済財政諮問会議であった。2001年5月以降、諮問会議で株式会社による医療機関経営の解禁、保険者と医療機関の直接契約、混合診療の拡大、老人医療費の伸び率管理などが議論されるようになると、日本医師会や自民党厚生労働部会からは反対論が相次いだ。自民党厚労部会は7月の参院選の前に医師会の反発が明らかな改革案を決めようとする諮問会議に対して強く反発し、「こんな絵にかいたモチみたいなものがうまくいくわけがない」、「具体的な議論は参院選が終わってからというのが常識」などと不満をもらしていた（『読売新聞』2001年6月24日朝刊）。こうした反応からは従来いかに党が政府に対して強い立場にあったかをうかがいしることができよう。厚労省にとってもこれらの改革案は従来の路線から逸脱しており、受け入れられるものではなかった。同省は株式会社病院や直接契約をかねて否定しており、混合診療や医療費の伸び率管理については運用方法をめぐって諮問会議と対立していく。

　こうした反発をよそに、6月に閣議決定された諮問会議の「今後の経済財政運営及び経済社会の構造改革に関する基本方針」（骨太の方針）には、上記の医療制度改革案は全て盛り込まれた（経済財政諮問会議2001）。ある厚労省幹部は基本方針について、「下から議論を積み上げる従来の政策決定方式であれば、できなかった」と認めている（『読売新聞』2001年6月24日朝刊）。もはや厚労省のみが医療制度改革のイニシアティブを握ることはできず、諮問会議（および総合規制改革会議）の改革案への対応に追われるようになった。

　「骨太の方針2001」では冒頭から「市場」と「競争」が強調されており、「小泉構造改革」の基本方針が示されている。ここで重要なのは、官僚と族議員からは提出され得ないような新自由主義的アイディアが民間議員を含む諮問会議によって小泉政権の中心課題として据えられるようになったことである（内山2007: 44-6）。それゆえ、市場メカニズムや競争原理の導入による効率化という発想は「骨太の方針2001」の医療制度改革案にも見ることができる[21]。「骨太の方針2001」の第3章は「社会保障制度の改革」であり、そのなかでも「医療制度の改革」には「年金制度の改革」以上の大きなスペースが与えられている。

---

[21] 「骨太の方針2001」の医療制度改革案に関する先行研究として、二木（2001: 53-76）を参考にした。

まず、医療制度改革にあたって最も重要なことは、「医療供給体制を効率化することなどにより、国民皆保険体制と医療機関へのフリーアクセスの下で、サービスの質を維持しつつコストを削減し、増加の著しい老人医療費を中心に医療費全体が経済と『両立可能』なものとなるよう再設計することである（傍点筆者）」という。国民皆保険とフリーアクセスという日本の医療制度の重要な特徴自体は守るとされており、かつての経済戦略会議における議論に見られたような国民皆保険解体論や日本版マネージドケア論は姿を消した。[22]第5章で触れたように、小泉も橋本内閣の厚生大臣を務めていた際に、皆保険の維持とアメリカのような状況の回避を強調していた（小泉1997: 58-9）。また、3月の二つの資料にも見られた老人医療費の伸びの抑制が最も重要な課題とされていることが注目される。これを受けて厚労省は老人医療費の伸びのうち高齢者人口の増加による伸びは容認し、それ以外の治療費などによる医療費については伸び率の上限を設定して、上限を超えた場合には医療機関に負担を求めるという構想を明らかにしている（『朝日新聞』2001年6月13日朝刊）。伸びの上限の設定については「高齢者増加による伸びが4%の場合、例えば国民所得の伸びが1%なら、高齢者増加分の4%を足した5%とする案など」が検討されていたという。超過分については、老人医療に携わる各医療機関に対して診療報酬の単価を引き下げることで負担してもらうという案が報道されている（『朝日新聞』2001年6月13日朝刊）。[23]

　これ以降、諮問会議と厚労省の間では伸び率の指標のあり方（単純に経済成長率と老人医療費の伸び率が乖離しないようにするのか、老人医療費のうちで高齢者人口の増加分は除外するのか）と、伸び率管理制度の拘束力（医療費の伸び率を機械的に経済成長率以下に抑えるのか、あくまで努力目標としての目安を設定するのか）をめぐって攻防が繰り広げられる。

　「骨太の方針2001」に目を戻すと、「医療制度の改革」のなかには「『医療サービス効率化プログラム（仮称）』の策定」という項目があり、医療に関す

---

[22]　戦略会議の議長代理であった中谷巌一橋大学教授（当時）は「経済戦略会議委員と各省庁との政策対話（第7回）」のなかで、医療保険を民営化した上でマネージドケアを導入し、無保険者が発生した場合政府が救済すればよいと発言したという（二木2001: 73）。
[23]　ただし、単価を一律で切り下げることの不合理さも指摘されていた（『読売新聞』2001年11月21日朝刊；二木2001: 62-3）。なお、1958年に診療報酬点数1点が10円に固定される以前には点数と単価の双方が操作されていた。

る情報基盤の整備と情報公開を通じた患者による「選択」、そして医療機関の「競争」による効率化を実現するための様々な施策が列挙されている。このなかにはかねて厚労省が主張・実施してきた施策に加えて、厚労省の従来の方針とは異なる改革案が含まれている。後者の代表は株式会社方式の医療機関経営、保険者と医療機関による直接契約、混合診療に関する規制緩和の三つである。発表当時、日本医師会はこの「効率化プログラム」を「いずれもこれまで審議会でも検討されたものばかりで、いわばゴミ箱だ」と評し（『読売新聞』2001年6月24日朝刊）、二木立は上記三つの改革案はかえって医療費を増加させる上に、厚労省と日本医師会が強く反対している以上、全面的な実現は困難だろうと予想していた（二木2001: 54, 64-5）。とはいえ、首相が議長を務める諮問会議によって提案された以上、厚労省はこうした規制緩和の要求を全く無視するわけにはいかなくなった。

　医療制度改革に関する記述の最後のパラグラフは「医療費総額の伸びの抑制」に割かれており、老人医療費の伸び率管理のための仕組みの導入が再度強調されている。他方、1990年代後半以降あれほど議論の対象となってきた高齢者医療制度の改革については、最後の一文で、「……高齢者医療制度などについて、費用負担の仕組みをはじめ、そのあり方を見直していく」と言及されているのみである。ここから経済財政諮問会議にとって重要だったのは経済の伸びに見合った医療費（とくに老人医療費）の伸びの抑制および「効率化プログラム」に見られた医療における規制緩和・競争原理の導入であり、高齢者医療制度改革への関心が低かったことがわかる。こうして医療制度改革の焦点が高齢者医療制度の改革から医療費の伸び率管理や規制緩和に移行していった（二木2001: 74-5）。2001年当時、政府管掌健康保険は再び破綻の瀬戸際に立たされており、厚労省は諮問会議の改革案を受けて秋までに医療制度改革案をまとめることになった。

厚生労働省「医療制度改革試案」（2001年9月）

　2001年7月の参院選で与党が勝利を収めた後、9月25日に厚労省が公表した

24　9月7日の社会保障審議会・医療保険部会で坂口厚労相は2002年度には政管健保の赤字が約7,300億円となり、積立金を全額投入しても約4,300億円の資金不足の見込みとなることを報告した（『読売新聞』2001年9月8日朝刊）。

第Ⅱ部　日本における医療費抑制

「医療制度改革試案」（厚生労働省2001）[25]では、被用者と高齢者の患者自己負担の引き上げとともに、老人医療費の伸び率管理制度の導入が明記された。試案に示された改革案は表6-2の通りである。

　患者負担の増加、保険料負担の増加、伸び率管理制度や診療報酬の見直しによる医療費抑制などの改革案が並んでおり、患者・保険者（労使）・医療機関の三者に痛みを求める「三方一両損」の改革が提案されたのだった。2002年の診療報酬改定については「最近の経済の動向、保険財政の状況等を勘案」[26]するという表現にとどまったが、9月上旬の素案の段階では診療報酬本体部分のマイナス改定が盛り込まれており（『読売新聞』2001年9月7日朝刊）、首相はマイナス改定実現を公言していく。また、1990年代後半から議論されてきた老人保健制度に対する公費負担割合の3割から5割への引き上げが明記されていることが注目されるが、これは対象年齢を70歳から75歳へと引き上げ、かつ高齢者自身の自己負担も引き上げることと同時に提案されているのであって、単純に公費負担の3割から5割への大幅増を提案したものではない。ここから、痛みを分かち合うというものの国が身を切っていないという批判が生まれていく。翌年には国会審議を通じて、高齢者医療制度改革が完了する2007年度には患者負担は5,000億円増えるのに対して、老人保健制度に対する公費負担の規模は現行水準とほぼ変わらないことが明らかになる。[27]

　老人医療費の伸び率管理制度については、高齢者数の伸び率に一人当たりGDP成長率を乗ずることによって目標値を設定し、目標値を超過した場合には2年後に診療報酬支払総額を調整するとしている。経済財政諮問会議と財務省は単純に一人当たりGDP成長率を目標値とすることを主張していたが、厚労省は高齢者人口の伸びによる老人医療費の伸びは認めるという立場を堅持した。

　その他、諮問会議が要求していた三つの規制緩和案についての対応を見ると、まず株式会社による医療機関経営については具体的な言及はない。第二に、混合診療については「特定療養費制度の拡大」が提案されているものの、

---

[25]　この試案の分析として、二木（2001: 77-9）を参照した。

[26]　ただし、乳幼児の給付率改善が提案されており、医療費抑制基調のなかで辛うじて一定の重点化を図ろうとしたものと評価できる。

[27]　現役世代の医療保険制度からの老人保健拠出金は1兆1,000億円減となるが、74歳までの退職者医療制度への拠出金が増加するので結局相殺される見通しだった（『週刊社会保障』2190, 2002.6.24: 3）。

混合診療の解禁を示唆する記述はない。第三に、保険者と医療機関による直接契約のみ「健康保険法等の規定に基づき、保険者と医療機関が保険診療につき診療報酬に係る個別の契約を締結することを可能とする」と明記されている。

　要約すれば、「試案」の内容は、一方で①患者自己負担と保険料負担の引き上げ、②診療報酬の抑制、③微修正による老人保健制度の延命という1980年代以来のレパートリーが再利用されたものと見ることができる。他方、老人医療費の伸び率管理制度のあり方や各種の規制緩和に関して、厚労省が外部からの圧力に対して抵抗している様子もうかがえる。しかしながら、「試案」の内容は抜本改革（それがどのようなものであるかについての合意はもともと存在しなかったが）を抜きにして再び患者や保険者に負担の増加ばかりを求めるものとして読むこともでき、与党・医師会・労使などから一斉に批判を浴びることになる。

厚労省「試案」に対する関連アクターの反応

　1990年代まで政府の医療保険改革案は、厚生省が大蔵省や与党と調整を行った上で作成するのが通例であったが、今回改正ではそうした事前調整なしで厚労省案が発表され、財務省が独自に対案を公表するという異例の展開となった（『読売新聞』2001年10月12日朝刊）。厚労省の「試案」に対する関連アクターの反応を見てみよう。

　まず、諮問会議と財務省は「試案」の方向性は支持していたが、不徹底であるとみなしていた。財務省は10月の初めに「試案」よりもさらに厳しい医療費抑制、患者自己負担増の方向性を打ち出した「医療制度改革の論点」を発表し、反対勢力に囲まれる厚労省を支援していく（『読売新聞』2001年10月3日朝刊, 6日朝刊, 12日朝刊, 11月23日朝刊）。財務省は医療費の伸び率管理を高齢者医療費だけではなく現役世代の医療費に対しても行うこと、高齢者にも3割の自己負担を適用することを求め、厚労省の「試案」では曖昧化されていた診療報酬改定については経済動向（物価・賃金動向、医療費の伸びと経済成長の乖離）に合わせた引き下げの必要性をうったえた。財務当局が厚生行政の具体的な選択肢にまで踏み込んだ提案を独自に発表するのは異例であった。経済財政諮問会議を司令塔として財政再建を目指す小泉政権において、財務省の影響力はさらに強まっていた。また、10月9日の経済財政諮問会議第22回会議で本間正明ら民間議員は「試案」の内容を不十分とし、財務省とほぼ同様の主張を行っ

第II部　日本における医療費抑制

表6-2　厚生労働省「医療制度改革試案」(2001年9月) の主な内容

給付引き下げ

・健康保険被保険者本人の患者負担割合の2割から3割への引き上げ

・老人保健制度の対象年齢を75歳以上に引き上げた上で、75歳以上の高齢者には1割の自己負担を徹底 (一定所得以上の高齢者については2割負担)

・70歳から74歳までの高齢者[28]の一部負担を2割に引き上げ

・高額療養費の自己負担限度額を引き上げ (低所得者については据え置き)

給付改善

・3歳未満の乳幼児の患者負担割合を3割から2割に引き下げ

・外来薬剤一部負担金制度の廃止

財源拡大策

・社会保険料の算定について総報酬制を導入 (ボーナスを賦課対象に) (2003年度実施予定)

・政府管掌健康保険の保険料率の引き上げ

老人保健制度の改革

・老人医療費の伸び率管理制度の導入 (2002年度実施予定)

・2002年から5年間かけて対象年齢を70歳から75歳へと段階的に引き上げ

・同様に公費負担割合を3割から5割に段階的に引き上げ

診療報酬

・医療保険適用の療養病床と介護保険適用病床の機能分化の促進と、長期入院に係る医療保険給付の見直し (医療保険適用の療養病床の点数引き下げによって介護保険適用病床への転換を促進)

・包括払いの拡大

・「医療技術の急速な進歩に対応するため」の特定療養費制度の拡大など

その他

・保険者自身によるレセプトの審査支払いあるいはその民間委託

・保険者と医療機関の直接契約 (2002年度実施予定)

・パート労働者や派遣労働者への社会保険適用など

出典：厚生労働省 (2001) に基づき筆者作成。

ている。もっとも、坂口厚労相は、財務省が政策案を作成することを「いささか越権行為ではないか」と批判し、政府・与党内の意見集約は先に発表された厚労省の「試案」を基本に進めたいと考えていた (『読売新聞』2001年10月6日朝刊)。

28　当時の老人保健制度の対象者の約4割に相当 (二木2001: 77)。

第6章 小泉政権の医療保険改革（2001 ～ 2006年）── 医療費抑制のさらなる徹底

　他方、医師会や保険者などの関係団体は「試案」を短期的な財政均衡ばかり
を重視し、医療保険制度の将来像を欠いたものとして、こぞって批判した（『読
売新聞』2001年11月10日朝刊；『週刊社会保障』2155, 2001.10.8: 3; 新川2005: 341）。
日医は「試案」を「財政偏重の誤った改革」として反発し、高齢者医療制度
の改革案にも不満を表明した（水巻2003: 17）[29]。健保連・連合・日経連は老人保
健制度と拠出金の存続を批判し、国保中央会も医療保険の一元化が進められず
に、老人保健制度の対象年齢が引き上げられることを不満とした。要するに、
これらの団体が各々主張してきた高齢者医療制度の抜本改革が退けられた上
に、保険料負担や患者自己負担の引き上げが繰り返されることに反発の原因が
あった。

　「試案」に含まれた改革案のなかで主たる争点となったのは被用者本人負担
の3割への引き上げと老人医療費の伸び率管理制度であった。これらは患者が
必要な治療を受ける機会を奪う恐れがあるだけでなく、医療機関の経営を悪化
させる恐れがあったため、日医は理念の面でも利益の面でも「試案」に抵抗せ
ねばならなかった。また、医療費の伸び率管理制度の導入によって診療報酬の
改定が経済成長率に合わせて自動的に行われるようになれば、日医は政府・与
党に圧力をかけることで政治的に診療報酬引き上げを勝ち取る機会を失ってし
まうため断固反対する必要があった（『読売新聞』2001年11月23日朝刊）[30]。

　日医は署名運動、意見広告（新聞広告・チラシの配布）、決起大会の三本柱で
反対運動を繰り広げた[31]。11月14日に日医は請願として合計500万人分の署名
簿を衆参両院の議長に提出した。衆院議員167名、参院議員65名が紹介議員と
なり、政治家に対する影響力の強さを見せつけている。都道府県医師会も地元
紙への意見広告の掲載やチラシの配布を通じて住民への働きかけを行った。さ
らに、12月1日には日医ほか日本歯科医師会、日本看護協会、日本病院会、全
日本病院協会など23団体によって日比谷公会堂で「国民医療を守る全国総決
起大会」が開催された[32]。全国16カ所で地域大会も組織され、大阪では2万人

29　2002年改革の前後の日医の動向については、水巻（2003）が詳しい。
30　他方、支払側の健保連・日経連・連合は伸び率管理制度を支持していた（『読売新聞』
2001年11月10日朝刊）。
31　以下の記述は、水巻（2003: 14-9）に依拠している。
32　ただし、日本薬剤師会は医薬分業に関して日医と対立しており参加しなかった（水巻
2003: 24-8, 30）。

第Ⅱ部　日本における医療費抑制

規模の集会が実現した（『読売新聞』2001年11月23日朝刊, 30日朝刊；水巻2003:
19）。

　次に与党の反応を見ていこう。「試案」の発表を受けて自民党政調会内の医
療基本問題調査会と厚生労働部会は厚労省から説明を受けつつ議論を進めてい
くが、党内からも自己負担増や伸び率管理制度への反対論が生じていた。前回
1997年9月の被用者負担の1割から2割への引き上げの後には受診抑制が生じ
ており、医師会に近い議員は負担引き上げを先送りしたがっていた（『読売新
聞』2001年11月30日朝刊）[33]。前回の引き上げから5年も経たずに再び自己負担
割合を引き上げることで有権者の反発も予想された。また、医師会の支援を受
ける政治家は伸び率管理制度を是非とも阻止せねばならなかった。

　公明党内にも患者負担引き上げに対する反発が生じていた。当時厚生労働大
臣を務めていた坂口力は厚労省の立場を代弁するだけでなく、公明党の政治家
であるということからも経済財政諮問会議や財務省による給付削減・市場原理
重視の改革路線に対して慎重な姿勢を見せていた[34]。連立与党への参加以前か
ら公明党は福祉拡大をうったえてきたのであり、坂口は党内から「自己負担の
引き上げが重過ぎる」、「低所得者の負担軽減策が不可欠だ」などと突き上げを
受けていたという（『読売新聞』2001年11月24日朝刊）[35]。

　そもそも、坂口は厚労省事務方が準備していた「試案」が患者負担増に偏
り、将来的な医療保険制度体系の改革の方向性が示されていないことに不満
であった。坂口は厚労省「試案」公表前の9月18日に独自の「私案」を発表し
て、医療保険制度の将来的な一元化の方向性を示すとともに、増税をしない前
提でまとめた厚労省原案とは異なり、増税によって高齢者医療制度への国庫負
担を引き上げる必要性を強調した（『読売新聞』2001年9月16日朝刊, 19日朝刊）。
医療保険制度体系の抜本改革を重視し、患者負担を抑制しようとする坂口私案
の方向性は自民党厚労族議員のそれに近く、坂口と丹羽雄哉前厚相（橋本龍太
郎に次ぐ自民党厚労族のリーダー）は懇意でもあったとされる（『読売新聞』2002

---

[33]　自己負担の2割への引き上げの影響については、第5章5-1. p. 182参照。

[34]　例えば、坂口は株式会社による医療機関経営を認めるという小泉首相の方針に対し、「利
益優先の経営が進むことへの懸念」を挙げて反対していた（『読売新聞』2001年11月24日朝
刊）。

[35]　2004年の年金改革の際にも、坂口は給付削減を抑制するべく諮問会議において「孤軍奮
闘」していたと述懐している（田中2010: 68注14）。

214

年2月9日朝刊）。また、坂口私案の内容は日医の意向に沿ったものと見ることもでき（坂口自身もともと医師である）、坪井栄孝日医会長は「坂口厚労相の私案は私の主張と似ている。市場原理主義者の案とは違い医療の哲学があり、共感するところが多い」と評価していた（『朝日新聞』2001年10月29日）。厚労省「試案」が公表された後も坂口は記者会見で、改革の実施は「経済動向を踏まえて最終的に決定する」と発言し、慎重姿勢をとっていた（『読売新聞』2001年11月24日朝刊）。大臣自身が厚労省案の不支持を鮮明にする事態となっていた。

　他方、厚労省にとって最大の後ろ盾は小泉首相であった。より正確には、厚労省のイニシアティブを首相が支援するというよりも、与党の支持が得られそうもない改革案の作成に消極的な厚労省を首相と官邸スタッフが叱咤して改革案をとりまとめさせたというのが実態だった（飯島2006: 82, 94; 新川2005: 343; 水野2003: 137）。小泉の医療制度改革実現への決意は固く、与党との調整に自ら乗り出していく。

政府・与党間の調整

　1980年代の医療保険改革が厚生省と自民党族議員の連携の下で練り上げられ、医師会との妥協を経て成立したものであったとすると、今回改正におけるアクターの配置は大きく異なっている。まず、厚生労働大臣が臨時議員として出席していたとはいえ、医療制度改革の大きな方向性や個別の改革案までもが経済財政諮問会議によって予め設定され、厚労省はそれへの対応を迫られる形となった。自民党の厚労族議員は「骨太の方針2001」に含まれた患者自己負担引き上げなどの改革案もさることながら、諮問会議が細かい改革の内容にまで立ち入ること自体に不満であった（飯島2006: 84）。厚労省は患者負担引き上げと厳しい医療費抑制政策を迫る首相・諮問会議・財務省と、それに反発する与党議員との間で板挟みになった。また、医療制度改革のもう一つのテーマと

36　政府・与党内部には「抜本改革」の捉え方に相違があることに注意されたい。1997年以来、自民党厚生族や医療保険関係団体にとって抜本改革という言葉には高齢者医療制度改革による医療保険制度体系の見直しが含意されてきた。厚労省は現行の医療保険制度体系の変更に消極的であり、その意味で抜本改革を目指していなかったように思われる。他方、小泉は抜本改革といいつつ患者自己負担の引き上げや診療報酬引き下げ、すなわち医療費抑制を重視している。

第Ⅱ部　日本における医療費抑制

なった規制緩和についても、ほぼ同様の構図が見られた。[37]

　「試案」をめぐる政府・与党間の調整は森内閣時代に設置された政府・与党社会保障改革協議会を舞台として行われた。[38]党との調整を円滑に進めるために協議会は「試案」の発表前から設置されていたが、議論はなかなか進まず、11月に入ると首相自ら協議会の改革案とりまとめのために活発に動いていく。協議会の下に置かれ、政府・与党の合意案のとりまとめを実質的に担うワーキングチームの座長を務めていた宮下創平元厚相を小泉は首相官邸に呼び、「先延ばし、先延ばしで来て全くできなかった。ここでどうしてもやってほしい」と改革案の早期作成を指示すると、宮下は首相自身による説得を要求し、首相と歴代厚生大臣による異例の懇談会が11月9日に行われることになった（飯島2006: 85;『読売新聞』2001年11月23日朝刊、24日朝刊）。

　12月初めの「予算編成方針」の閣議決定に間に合わせるためには、11月中に政府・与党案のとりまとめが必要であった。11月16日の協議会には小泉が自ら出席し、患者負担引き上げ、高齢者医療の対象年齢引き上げ、診療報酬引き下げ、老人医療費の伸び率管理の四点について月末までに結論を出すよう要請し、皆保険体制維持のための「三方一両損」の改革実現に向けた尽力を求めた（飯島2006: 86;『読売新聞』2001年11月23日朝刊）。山崎拓幹事長も小泉を支持する発言を行った。

　もっとも、この日作成された政府・与党社会保障改革協議会の中間報告では厚労省「試案」の柱は骨抜きにされた。[39]患者負担引き上げと老人医療費の伸び率管理制度については「意見の集約を図る必要がある」と曖昧化され、来年度診療報酬改定については引き下げの明記は避けられた。他方、小泉首相としては、ここで患者負担増や診療報酬引き下げに失敗すれば、特殊法人改革や財政構造改革などについても「抵抗勢力」を勢いづかせかねず、最終報告では一切妥協しない構えだった。

---

[37] ただし、財務省は財政の立て直しを目標としている以上、公的支出をかえって増やすような規制緩和には反対すると考えられ、実際そうした発言が財務官僚によってなされている。二木（2007b: 100, 115-6［注］）参照。

[38] 協議会のメンバーは政府側が官房長官と関係閣僚、党側が党三役・調査会長クラスであった。詳しくは、飯島（2006: 83）を参照せよ。以下、政府・与党間の調整については同書を参考にした。

[39] 以下、このパラグラフの記述は『読売新聞』2001年11月22日朝刊および飯島（2006: 90）による。

最終報告作成に向けての政府・与党の調整では、被用者3割負担の実施が焦点になっていった。自民党の側では保険料引き上げを先行させて3割負担実施の先送りを要求していたが、小泉は官邸スタッフや自民党幹部に対して保険料引き上げよりも自己負担引き上げと診療報酬引き下げを優先させるべきだと主張しており、財源拡大よりも支出削減を重視する姿勢が見られる（飯島2006: 90, 92, 94-5）。今後年金の保険料率を上げていかなければならず、医療については支出削減によってなるべく保険料率を抑えるべきである、国保も被用者の家族も以前から自己負担率は3割だ、というのが小泉の言い分だった（第4章で見たように、これは1980年代前半の行革期の厚生省が用いたのと同じ論理である）。

11月29日になって政府・与党社会保障改革協議会の「医療制度改革大綱」が決定された（吉原, 和田2008: 823-8に収録）。厚労省試案との異同を見てみよう。まず、被用者自己負担については、2003年度から政管健保の保険料引き上げと同時に自己負担率を3割に引き上げるというのが政府（首相）の立場、3割への引き上げは保険料引き上げの成果を見極めてからというのが自民党政調会（麻生太郎政調会長・丹羽医療基本問題調査会長など）の立場であったが、「大綱」では「必要な時に」3割負担を導入することで妥協が図られた（『読売新聞』2001年12月1日朝刊）。高齢者医療制度については、「完全定率負担」（窓口負担の月額上限3,200円を撤廃）が明記されたが、伸び率管理制度については、老人医療費の「伸びを適正なものとするよう、伸び率抑制のための指針を定め、その指針を順守できるよう、速やかに、診療報酬の在り方、公私病院の役割分担など有効な方策を検討し、実施する」という形へと骨抜きにされた。既に触れた12月1日に医療関係者によって開かれた「国民医療を守る全国総決起大会」では、伸び率管理制度を粉砕したことで先勝ムードが漂っていたという（水巻2003: 14-6）。他方、診療報酬については「引き下げの方向で検討」することになり、12月中に引き下げ率をめぐる駆け引きが行われていく。

診療報酬マイナス改定の経緯

政府・与党が「大綱」決定に向けた調整を続けるなか、首相官邸と医師会との調整も行われていた。官邸側からの働きかけもあり、11月20日に坪井栄孝日医会長は首相官邸で小泉に会い、診療報酬引き下げと高齢者医療制度の改革は容認するが、伸び率管理・株式会社・混合診療解禁はやめてほしいと直談

第Ⅱ部　日本における医療費抑制

表6-3　診療報酬改定・薬価基準改定の経緯、2002〜2016年度

	医科・歯科・薬局(調剤)の平均改定率(%)	薬価基準の改定(医療費ベース、%)
2002年4月1日	▲1.3	▲1.4
2004年4月1日	±0	▲1.0
2006年4月1日	▲1.36	▲1.8
2008年4月1日	0.38	▲1.2
2010年4月1日	1.55	▲1.36
2012年4月1日	1.379	▲1.375
2014年4月1日	0.1	▲1.36
2016年4月1日	0.49	▲1.33

出典：2010年まで辰濃, 医薬経済編集部（2010: 174表3）。2012年は『読売新聞』2011年12月22日
　　　朝刊、2014年は『朝日新聞』2013年12月21日朝刊（消費税の増税対応分の引き上げを除い
　　　た実質改定率）、2016年は『読売新聞』2015年12月22日朝刊。

判した（飯島2006: 87-8;『読売新聞』2001年12月1日朝刊）。2年連続で会社員の
給与が減少するという経済状況下で、日医トップは診療報酬の引き下げを受け
入れることで、これまでの医療制度の骨格に変容を迫るようなその他の改革
案（これらは医療機関側・患者側双方にとって大きな影響が予想された）を撤回さ
せるという取引をもちかけたのである。日医は山崎拓幹事長、麻生太郎政調会
長、丹羽雄哉医療基本問題調査会長らにも働きかけ、「水面下で条件闘争」を
行っていた（水巻2003: 20-1）。その後、11月23日には大阪城ホールで反対集会
（参加者2万人）が開催され、同25日には植松治雄大阪府医師会長は塩川正十郎
財務大臣の自宅を訪問し、伸び率管理撤回を要求している（辰濃, 医薬経済編集
部2010: 163-4）。結局、上記のように11月29日の「大綱」では老人医療費の機
械的抑制方式は否定された。

　12月3日、坪井日医会長と坂口厚労相によるトップ会談がもたれ、坂口は
「医師会にも応分の負担をお願いしたい」と求めた（水巻2003: 31）。日医首脳
部では引き下げの覚悟はできており、あとは引き下げ率をどの程度にとどめる
ことができるか、あるいはどの程度日医として抵抗ぶりを示すことができるか
という、医師会メンバーや他の医療関連団体に対する体面の問題であったと
もいわれる（水巻2003: 31-2）。過去2年間の賃金が平均で1.5%低下していたこ
とや景気の状況から引き下げは既定路線であった（水巻2003: 33; 二木2001: 78）。

郵便はがき

101-8796

537

料金受取人払郵便

神田局
承認

8956

差出有効期間
2018年9月
30日まで

切手を貼らずに
お出し下さい。

【受取人】

東京都千代田区外神田6-9-5

株式会社 明石書店 読者通信係 行

|||l|l·l||l·l|l|l·l|||l·l|||l·l||||l·l||l·l·l|l·l·l·l·l·l·l·l·l·l·||l·l|||l|

お買い上げ、ありがとうございました。
今後の出版物の参考といたしたく、ご記入、ご投函いただければ幸いに存じます。

ふりがな	年齢	性別
お名前		

ご住所 〒　　-

TEL （　　） FAX （　　）

メールアドレス	ご職業（または学校名）

*図書目録のご希望	*ジャンル別などのご案内（不定期）のご希望
□ある	□ある：ジャンル（　　　　　　　　　　）
□ない	□ない

書籍のタイトル

◆本書を何でお知りになりましたか？
　　　□新聞・雑誌の広告…掲載紙誌名[　　　　　　　　　　　　　　　　　]
　　　□書評・紹介記事……掲載紙誌名[　　　　　　　　　　　　　　　　　]
　　　□店頭で　　　□知人のすすめ　　　□弊社からの案内　　　□弊社ホームページ
　　　□ネット書店 [　　　　　　　　　] 　□その他[　　　　　　　　　　]

◆本書についてのご意見・ご感想
　　　■定　　　価　　　□安い（満足）　　　□ほどほど　　　□高い（不満）
　　　■カバーデザイン　　　□良い　　　　□ふつう　　　□悪い・ふさわしくない
　　　■内　　　容　　　□良い　　　　□ふつう　　　□期待はずれ
　　　■その他お気づきの点、ご質問、ご感想など、ご自由にお書き下さい。

◆本書をお買い上げの書店
　　[　　　　　　　　市・区・町・村　　　　　　　　書店　　　　　　店]

◆今後どのような書籍をお望みですか？
　　今関心をお持ちのテーマ・人・ジャンル、また翻訳希望の本など、何でもお書き下さい。

◆ご購読紙　(1)朝日　(2)読売　(3)毎日　(4)日経　(5)その他[　　　　　新聞]
◆定期ご購読の雑誌 [　　　　　　　　　　　　　　　　　　　　　　　]

ご協力ありがとうございました。
ご意見などを弊社ホームページなどでご紹介させていただくことがあります。　□諾 □否

◆ご 注 文 書◆　このハガキで弊社刊行物をご注文いただけます。
　　□ご指定の書店でお受取り……下欄に書店名と所在地域、わかれば電話番号をご記入下さい。
　　□代金引換郵便にてお受取り…送料＋手数料として300円かかります（表記ご住所宛のみ）。

書名		冊
書名		冊

ご指定の書店・支店名	書店の所在地域		
		都・道 府・県	市・区 町・村
	書店の電話番号	（　　　　　）	

第6章　小泉政権の医療保険改革（2001～2006年）──医療費抑制のさらなる徹底

12月14日には中医協が総会を開き「痛みを公平に分かち合う観点から、相応の見直しを行う」との報告をまとめている（水巻2003: 32）。

　この頃、具体的な改定率をめぐる与党と日医の交渉は橋本元首相の影響力を背にしつつ丹羽自民党医療基本問題調査会長が坪井会長と直接行っていた（『読売新聞』2001年12月21日朝刊）。12月15日に帝国ホテルでの坪井・丹羽極秘会談においてマイナス2.7%という引き下げ幅について合意が得られ、翌日報告を受けた小泉首相も了解した。こうして治療・調剤などの本体マイナス1.3%、薬価マイナス1.4%という診療報酬引き下げ率が決着する（表6-3）。既に1984年と1998年に薬価引き下げを含めた差し引きマイナス改定が行われていたが（表4-1）、本体部分自体の引き下げは初めてのことであった。

　20日には来年度予算の財務省原案が決まる。政府方針では医療関係予算を2,800億円削減することになっていたが、70歳以上の患者負担を1割の定率（一定以上の所得がある場合には2割）にすることで1,000億円の削減となり、残り1,800億円の削減は診療報酬引き下げで達成されることになった（水巻2003: 32）。第2章2-2.で検討したように、日本では診療報酬制度とその改定方法こそが医療費抑制政策（医療関係政府支出削減）のかなめとなっている。2000年代初めの時点では、診療報酬を1%引き下げることで国庫負担が700億円程度節約できるとして予算が組まれていた（水巻2003: 32-3; 吉原, 和田2008: 477）。

　史上初の医療行為本体のマイナス改定が素早く決着した背景には、11月の段階で医療費の伸び率管理制度の見送りとの取引があったこと、賃金動向などから日医としてもマイナス改定への覚悟ができていたこと、さらには橋本・丹羽ら厚労族議員が改定への首相官邸の介入を避けたがっていたことが挙げられる（『読売新聞』2001年12月21日朝刊）。つまり、決定が遅延することで小泉が改定率について介入することを避けようとしたのである。厚労族議員と医師会という伝統的なアクターによる妥協形成を優先したといえよう。ただし、2.7%という引き下げ幅については坪井が単独で丹羽と交渉したものであり、坪井は副会長ら日医幹部から批判されることになる（飯島2006: 93;『読売新聞』2001年12月21日朝刊）。坪井としては取引に成功したともいえるのかもしれないが、医師会内部では小泉政権と坪井執行部への不満が募っていった。[40]

40　糸氏英吉日医副会長はマイナス改定について「日医とて苦渋の選択だ」と表明し、薬価を引き下げることで本体部分にまで引き下げの被害が及ぶのをとどめたかったが、それを十

219

第Ⅱ部　日本における医療費抑制

法案の国会提出へ

　自民党厚労族と日医は伸び率管理制度の骨抜きには成功したが、前者は3割負担について玉虫色の合意に甘んじ、後者は診療報酬マイナス改定で妥協することになった。しかし、与党も日医もこれであきらめたわけではなかった。通常国会への法案提出に向けて政府・与党の調整が続く。

　2002年1月18日に、小泉は日本記者クラブでの会見で2003年度の3割負担実施を明言し、一部自民党議員や厚労省の改革見直しの動きを牽制した。[41] 2月5日の閣議後に小泉は坂口に「抜本改革はもちろん大事だ。今までやらずに来たことがおかしい。本当は2000年にやるはずだったんだ」と改革の必要性を強調した。しかし、公明党出身の坂口は自民党内の調整に直接乗り出すわけにもいかず、業を煮やした坂口が辞任するといい出す一幕もあり、政府・与党の足並みの乱れは隠しようもなかった（飯島2006: 99；『読売新聞』2002年2月9日朝刊）。2月に入り小泉内閣の支持率が40%台にまで急落しており、自民党内には首相の譲歩を期待する向きもあった（『朝日新聞』2002年2月9日朝刊2面）。

　ところが、小泉は慣行である与党による法案の事前審査を省略してでも方針を貫く構えを見せ、これ以上の混乱の拡大を防ぐために政府・与党内の意見の不一致を解消しようとする動きが強まっていった（『朝日新聞』2002年2月9日朝刊1面、2面；新川2005: 343）。2月8日の午後に開かれた与党三党の幹事長会談では「首相の決意は固く合わせざるを得ない」との認識から、首相の意向を受け入れることが決まった。坂口は連立の維持を重視する公明党の冬柴鉄三幹事長の説得により、自民党内で意見がまとめられることを条件に、患者自己負担の引き上げを2003年4月から実施することを認めた。山崎拓幹事長はもともと小泉首相の医療保険改革に関する意向を支持しており（『読売新聞』2001年11月23日；新川2005: 343）、堀内光雄総務会長も対立の解消を求めるようになると、自民党内では反対を続ける厚労族が孤立していった。

　結局、2月後半に政府・与党が合意事項を列挙した確認書を交わすことで事態の収拾が図られた。11日には与党三党の幹事長・政調会長、福田康夫官房長官、坂口厚労相らが参加する会議が持たれ、「政調会長（麻生太郎 ─ 筆者注）が党内強硬派を押さえ込んだ形で最終的な合意が行われた」という（飯島2006:

分に成し遂げられなかったと釈明している（水巻2003: 33）。
[41]　以下の記述は、飯島（2006: 94-9）に依拠している。

第6章　小泉政権の医療保険改革（2001～2006年）——医療費抑制のさらなる徹底

99）。会議後、三党幹事長・政調会長が記者会見を行い、法案の国会提出は20日を目途にし、法案審査については厚生労働部会、政調審議会、総務会の了承という通常の党内手続きをとるつもりであることが明らかにされた（飯島2006: 99；『朝日新聞』2002年2月12日朝刊・夕刊）。ところが、その後も自民党厚生労働部会内には首相官邸や政調会長、部会長への不満が残り（飯島2006: 99-100）、2月22日、28日の二度にわたり、政府との合意事項の確認書が作られている。主な合意事項は、将来にわたり医療保険各制度の7割給付を維持すること、2002年度中に、保険者の統合再編・新しい高齢者医療制度の創設・診療報酬体系の見直しについて基本方針を策定すること、以上を法律案の附則に明記することなどであった。これらは実際に改正法の附則に盛り込まれることになる。翌3月1日、医療保険改革関連法案が閣議決定され、国会に提出された。

国会審議

　4月19日に衆議院本会議で審議が始まった。野党からは医療保険制度体系の抜本改革抜きで患者負担を引き上げることに批判が集中した（『読売新聞』2002年4月20日朝刊）。これに対する小泉の主張は1997年改正の時と同様であり、国民皆保険制度維持のためには自己負担の引き上げが必要だというものだった。なお、4月から診療報酬マイナス改定が実施され、医師会はこれに抗議して再改定を要求していたが、この日小泉は再改定の必要性を否定した（水巻2003: 69-70）。

　国会審議では抜本改革先送りに対する批判の他に、自己負担増により受診抑制や景気の悪化が生じる恐れ、行政の痛みの欠如などが野党による攻撃の対象となった（島崎2002: 53）。民主・自由・共産・社民の野党四党は廃案を求めていたが、6月14日の厚生労働委員会で、医療制度改革関連法案は自民・公明・保守の与党三党の単独採決によって原案通り賛成多数で可決された（『週刊社会保障』2190, 2002.6.24: 41）。強行採決に対する野党の反発から一時国会が空転したが、会期延長後の6月21日に衆議院本会議で、7月26日には参議院本会議で与党三党の賛成多数で原案通り可決された。26日の記者会見で小泉は「患者負担を引き上げなかったら国民に痛みはないか、というとそうじゃない。も

42　二つの確認書は、吉原、和田（2008: 482-3）に掲載されている。2002年改革当時、厚労省で保険課長を務めていた島崎謙治の論文も参照せよ（島崎2002）。

221

第Ⅱ部　日本における医療費抑制

っと大きな痛みは皆保険制度が壊れること。長い目で見れば痛みを和らげる法案だ」と改正の意義を強調した（『朝日新聞』2002年7月27日朝刊）。

C.　改正の過程と内容に関する考察 ── 強まる支出削減と財源拡大の先送り

2002年改正の政治過程 ── 首相VS与党族議員

　2002年4月に史上初の診療報酬本体部分のマイナス改定が実施されたのに続き、7月に医療制度改革関連法案が成立したことで患者自己負担の引き上げと保険料負担の引き上げが決まった。こうして「三方一両損」の改革が実現した。医師会や労使などの関係団体、与党議員の強い反発に加え、厚生労働大臣までもが慎重姿勢をとり、実現が危ぶまれていた法改正だったが、結果的には一国会で原案通りの可決となった。

　今回改正の経緯は自民党長期政権下および1990年代の連立政権時代までに見られた医療保険改革の過程とは大きく異なっていた。最大の特徴は首相を頂点とするトップダウン型の政策決定ないし首相のリーダーシップの発揮が顕著に観察されたことである。小泉首相は厚生労働省の大臣・官僚を牽引し、与党に対する働きかけも自ら行っていた。自民党長期政権下においては、政策形成は行政府内・与党内でボトムアップ方式で行われ、大臣や首相は受動的に対応するという過程が典型的であった（大嶽, 野中1999; 内山2007）。これに対して、2002年の医療保険改革ではまず2001年6月の「骨太の方針」によって経済財政政策全般、社会保障政策、医療政策のアジェンダが設定され、厚生労働省は完全に受け入れたわけではないもののこれを受けて「試案」を作成している。また、厚労大臣や与党からの反発に対して政府案の貫徹を支えたのは首相と官邸のスタッフだった。要するに、首相官邸の厚労省と与党に対するリーダーシップが重要な役割を果たした。

　それが可能になった背景として、第一に本章6-1.で説明したように1990年代後半に決められた行政改革の成果、とりわけ経済財政諮問会議が政府の政策全体の方向付けを行うようになったことが挙げられる。一般会計のなかでも社会保障費は最大の政策経費であり、「骨太の方針2001」でも重視されていたが、社会保障のなかでも医療は支出削減と規制緩和の標的とされていた。財務省もここぞとばかりに厳しい支出削減案を発表していた。第二に、厚相経験者でも

222

ある小泉自身が医療保険改革の実現にとりわけ熱心であったことと、彼の非妥協的なスタイルといったパーソナルな要因も働いていた。したがって、行政府のレベルでは改革実現に向けて強い推進力があったといえよう。また、政府・与党の協議会や厚相経験者懇親会への参加にも見られるように、小泉は与党に対する働きかけも自ら積極的に行っていた。与党族議員は抵抗を続けたが、小泉は被用者負担3割を含む法案の国会提出にこぎつけている。

　ただし、与党に対する首相のリーダーシップはこの時点では必ずしも確立されていたわけではなかった。例えば、老人医療費の伸び率管理の仕組みは2001年9月の厚労省「試案」の段階ではまだ存在していたが、11月の政府・与党の「大綱」では機械的な費用抑制は行わない形へと骨抜きにされている。また、「試案」では70歳から74歳までの患者自己負担は2割とされていたが、最終的に改正法では1割負担を基本として現役世代並み所得者は2割負担とされた。2002年2月には首相の意向により関連法案が与党審査にかけられず与党の反対によって廃案に追い込まれることが懸念されていたが、7割給付の維持などの政府・与党の合意事項を改正法の附則に盛り込むことで妥協が図られた。法案の与党審査の仕組みは残っており、首相と与党族議員の対立が続いた結果、最終的に前者が押し切ったというのが正確な描写であろう。こうして医療制度改革関連法案はとりまとめの段階では調整が長引いたが、国会提出後には与党三党の賛成多数によって一国会で成立したのであった。

2002年改正の内容

　問題はこのように意思決定の仕組みが変わったことで医療保険政策の内容がどのように変化したかである。今回の改正によって、第一に、被用者本人の自己負担率が2割から3割に引き上げられ、家族の入院費用についても2割から3割に引き上げられた（厚生労働省2002）[43]。現役世代の自己負担率は3割に統一されることになった。高額療養費に関する自己負担限度額も引き上げられている（72,300円＋医療費の1%）。他方、1997年改正で導入された薬剤一部負担は廃止され、少子化対策の観点から3歳未満の乳幼児の給付率は8割に改善された。

---

[43]　日医執行部は診療報酬再改定、3割負担凍結に失敗してしまい内部からの反発に直面した。2003年3月30日の定例代議員会では反執行部派が坪井会長の自主的な辞任を要求し、同年10月に坪井会長は引退を表明する（水巻2003: 1; 辰濃, 医薬経済編集部2010: 108-10）。

第Ⅱ部　日本における医療費抑制

　第二に、70歳以上の自己負担については2000年改正の際に診療所では定額制の選択が可能とされたが、定率1割負担が徹底されることになった（現役世代と同等以上の収入がある高所得者については2割負担）[44]。

　第三に、被用者保険の保険料がボーナスにも課される総報酬制が導入され、政管健保では保険料率が総報酬ベースで7.5%から8.2%へと引き上げられた。同一年収であってもボーナスが年収に占める割合によって保険料負担に差が出るという不公平の改善が目的だった（島崎2002: 51）[45]。なお、社会保険庁長官は中期的に政管健保の財政均衡が図られるように少なくとも2年ごとに保険料率の見直しを行うこととされ、「被保険者及び標準報酬の減少傾向を踏まえ、社会保険庁長官による厚生労働大臣への保険料率引き上げの申出事由として『保険料総額の減少を補うために必要がある場合』を追加する」ことになった（島崎2002: 52-3）。総報酬制の導入といい、保険料収入の確保が深刻な課題となりつつあったことがうかがえる。ところが、過去最高の失業率（2001年7月に5%突破）に対する小泉政権の雇用政策は派遣労働の規制緩和であり、保険料拠出能力の乏しい非正規雇用者が増加していくことになる。

　第四に、老人保健制度の対象年齢を5年間かけて70歳から75歳に引き上げ、同様に老人医療費の公費負担を5割へと引き上げることにした。また、老人保健拠出金について国民健康保険の負担を軽減し、被用者保険の負担を増やす措置が再び導入された（島崎2002: 52-3）。老人医療費の伸びの抑制については、「厚生労働大臣は、老人医療費の伸びを適正化するための事項を内容とする指針を定め、当該指針に即した都道府県及び市町村の取組に対する必要な助言その他の援助に努める」という規定が設けられるにとどまり、経済成長率などと機械的に連動させる仕組みは導入されなかった。

　最後に、法案提出前の与党の強い要求により、改正法の附則には、将来にわたり医療保険の給付率7割を維持すること、新しい高齢者医療制度の創設などに関する方針を2002年度中に策定することなどが規定された（島崎2002: 52; 吉原, 和田2008: 487）。

44　また、自己負担が限度額（1万2千円）を超えた場合、高齢者の申請に基づきその金額が払い戻される償還払い方式が導入された。低所得の高齢者に対する負担軽減措置の適用対象の拡大も行われた（島崎2002: 50-1）。

45　厚生年金についても、1999年改正により2003年4月からの総報酬制実施が決定済みだった。

第6章　小泉政権の医療保険改革（2001〜2006年）──医療費抑制のさらなる徹底

　以上のように2002年改正の内容は政管健保の財政危機への対処を中心とし
て、当面5年間の医療保険制度の財政安定を目指したものであった。改革の方
向性は医療費の増大に対処するために財源を拡大するというものではなく、医
療費を圧縮することで社会保障負担の増大を抑制することが目標であった。す
なわち、現行制度を維持した場合、医療保険医療費は2002年度の29.1兆円か
ら2007年度には35.4兆円となるが、2002年の改革により改革が完了する2007
年には7,000億円程度費用の伸びが抑制される見通しであった（島崎2002: 54図
表4）。また、患者負担は2002年改正によって2007年度には約5,000億円の増加
（6.1兆円）、同じく保険料負担は約1兆1,000億円の減少（18.4兆円）、公費負担
は同規模のままとされた（10.2兆円）。つまり、医療費全体の規模自体を縮小し
つつ、そのなかでは公費負担は一定、保険料負担は減少、患者自己負担は増大
するという見通しであった。

　これは小泉政権の増税はしない、国債発行には頼らない、支出の削減によっ
て財政再建を目指すという基本方針が医療保険にも適用されたものといえよ
う。[46]確かに、保険料負担の引き上げは行われているのだが、小泉の方針は診
療報酬引き下げと患者自己負担引き上げによって医療保険給付費を抑制し、そ
れによって保険料負担の引き上げをなるべく抑制するというものであり、厚労
族議員の保険料率引き上げによって自己負担引き上げを抑制するという方針は
打ち負かされたのだった。上記のように、今回の改正によって総額として実質
増となるのは患者自己負担であり、保険料負担総額は抑制されるというのが厚
労省の予測であった。[47]老人保健制度に対する公費負担率が3割から5割へと引
き上げられたものの、対象年齢自体が75歳へと引き上げられ、また患者自己
負担が増加させられたため、公費負担の規模は改正によって増加しないことに
も注意が必要である。公費負担の3割から5割への引き上げという表現が与え
る印象とは異なり、公費負担の増強は巧妙に回避されたのである。

　端的にいえば、強化された首相のリーダーシップは小泉の増税はしない、国
債発行には頼らないという方針の貫徹を助け、支出削減を重視する「小さな政

46　正確には、小泉政権時代に全く増税が行われなかったわけではなく、最も優先されたの
は国債発行額を抑制することであり、そのための手段として第一に支出削減、次いで増税と
いう優先順位であった（上川2010: 195）。
47　当時保険課長を務めていた島崎謙治は3割負担導入による保険料率の抑制、医療保険給付
費全体の圧縮の意義を強調している（島崎2002: 53-4）。

225

府」路線での財政均衡実現が医療保険改革の基本方針となった。2002年度には初の診療報酬本体のマイナス改定が実現するとともに、国民医療費も0.5%のマイナス成長となった（表6-4）。政管健保では1993年度以来赤字が続き、2002年度には過去最大の赤字を記録したが、2003年度に収支が改善され黒字に転じた。被用者保険の短期的な財政対策としては「三方一両損」の改革は成功したといえよう。小泉は小渕・森内閣の路線から方向転換して与党や医師会の反発を押し切り、厳しい支出削減策を実現したのである。ただし、いくつかの重要な課題は残されたままであった。

残された課題

第一に、小泉にとっては診療報酬引き下げ、自己負担3割という抜本改革が実現されたことになるのであろうが、与党議員や関係団体が求めてきた新たな高齢者医療制度の創設という抜本改革は再び先送りされた。2000年改正の際に参院の付帯決議で2002年度中に必ず新たな高齢者医療制度を創設することになっていたにもかかわらずである。患者自己負担増、老人保健制度の対象年齢引き上げなどの措置は現行制度の数字を変更したものであり、構造的な改革は行われていない。将来的に高齢者医療費をどう賄っていくのか、社会保険料収入の伸び悩みにどう対処していくのかという財源調達問題への対応は先送りされた。2007年までは老人保健制度の対象年齢を引き上げていくことで公費負担を増やさないこととされたが、それ以降75歳以上の人口が増えれば、公費負担の規模も増加せざるを得ない。また、2003年には政管健保の収支は改善され小康状態に入るが、その後も高齢者医療を支えるための拠出金が増加して2007年から再び赤字化した。同様に組合健保も2008年から全体として赤字に戻ってしまう。市町村国保の多くも赤字体質が続く。

高齢者制度改革先送りの背景にあった要因として、首相・経済財政諮問会議・財務省・厚労省といった政府アクターがこの問題に対してあまり関心を持っておらず、（高齢者）医療費の抑制の方を重視していたことが挙げられよう。高齢者医療の財源に限らず、小泉は税制に対する関心が低く、税制抜本改革に向けたリーダーシップを発揮しようとしなかったとされる（上川2010: 193-6）。2002年改正法成立後には、直ちに高齢者医療制度改革の検討が再開されるが、その後も支出削減が医療保険政策の基調となる。

第6章 小泉政権の医療保険改革（2001～2006年）―― 医療費抑制のさらなる徹底

表6-4　国民医療費と経済の推移、2000～2014年度

年次	国民医療費 （億円）	国民医療費 対前年度 増減率 （%）	国内総生産 （GDP）対前 年度増減率 （%）	国民所得 （NI）対前 年度増減率 （%）	国民医療費 のGDPに 対する比率 （%）	国民医療費 のNIに対す る比率 （%）
2000年度	301 418	△1.8	0.8	1.7	5.90	8.03
2001	310 998	3.2	△1.8	△2.2	6.20	8.48
2002	309 507	△0.5	△0.7	△0.8	6.21	8.51
2003	315 375	1.9	0.8	1.2	6.28	8.57
2004	321 111	1.8	0.2	0.5	6.39	8.68
2005	331 289	3.2	0.5	1.1	6.56	8.86
2006	331 276	△0.0	0.7	1.1	6.51	8.76
2007	341 360	3.0	0.8	0.8	6.65	8.95
2008	348 084	2.0	△4.6	△6.9	7.11	9.80
2009	360 067	3.4	△3.2	△3.0	7.60	10.46
2010	374 202	3.9	1.4	2.4	7.79	10.61
2011	385 850	3.1	△1.3	△0.9	8.14	11.04
2012	392 117	1.6	0.0	0.5	8.27	11.17
2013	400 610	2.2	1.7	2.3	8.30	11.16
2014	408 071	1.9	1.5	1.5	8.33	11.20

出典：厚生労働省「国民医療費の概況（平成28年度）」。

　第二に、首相・諮問会議・財務省が主張していた老人医療費の伸び率管理の仕組みは与党（そして医師会）によって骨抜きにされた[48]。老人医療費の伸び率管理制度が消えてしまったことについて、厚労省の大塚義治保険局長は衆院厚生労働委員会で「都道府県・市町村の協力を得て、医療の質を確保しながら、少し長い目で取り組むという意味を含めて、老人医療費の伸び率の指針を厚生労働大臣が策定し、それにしたがって、都道府県・市町村のみならず、保険者やその他幅広い協力を得て、老人医療費の問題に取り組んでいくこととした。形としてはソフトであるが、基本的な趣旨は同様である（傍点筆者）」と答弁している（『週刊社会保障』2190, 2002.6.24: 43）。後で見るように、厚労省としては中長期的な視点から高齢者医療の供給体制を合理化することで医療費抑制に

---

[48] もっとも、診療報酬のマイナス改定は実現しているので、方法は違えど短期的には目標はほぼ達成されたともいえる。2002年度のGDP成長率はマイナス0.7%だったが、国民医療費の伸び率もマイナス0.5%であり、その差は小さく抑えられた（表6-4）。

227

つなげたいと考えており、財務省や諮問会議などのアクターとは医療費抑制の方法論について考え方に違いがある。この対立は後に再燃することになる。

第三に、諮問会議や規制改革会議が求めてきた混合診療の解禁や株式会社による病院経営などの規制緩和は今回改正ではとりあげられていない。これらは厚労省の従来の政策に逆らった提案であり、与党が首相官邸に抵抗したように厚労省も諮問会議などの圧力に対して完全には屈服していないことがわかる。同様に、医師会も診療報酬抑制と自己負担増という従来型の医療費抑制政策には抵抗できなかったが、規制緩和の進展は避けることができた。ところが、これらの提案は「小さな政府」と市場競争を重視する小泉政権にとって重要なテーマであった。改正法の附則によって自己負担を3割以上引き上げられないこととされたが、それでも公的医療保険給付の総額を縮小しようとするのであれば、混合診療の拡大によって公的医療保険の給付範囲自体を縮小することが選択肢になるであろう。

要するに、2002年改正は前政権の医療保険政策と比べて厳しい支出削減路線へと転換したものといえるが、政策的なイノベーションは導入されなかった。診療報酬本体のマイナス改定、患者自己負担の引き上げ、社会保険料負担の総報酬制への変更などは既存の制度的枠組みを前提とした対応であった。日医が反対する老人医療費の伸び率管理や規制緩和は進まず、高齢者医療制度改革も残された課題となった。よりいっそう市場の役割を強め、公的負担は縮小させるのか、それとも公的医療保障を重視し、財源調達方式を改革していくのかという方向性の選択は明示されなかったのである。健保改正法の附則に従い、2002年後半から高齢者医療制度改革に関する厚労省案が提出されるが、諮問会議での議論は総合規制改革会議の提案でもある株式会社の参入と混合診療解禁に集中する。公費負担の増強どころか、医療の市場化が目指されることになる。高齢者医療制度の改革や医療費の伸び率管理が再度政策課題として浮上するのは2005年に入ってからである。

6-3. 規制緩和をめぐる攻防

イギリスのナショナル・ヘルス・サービス（NHS）の改革を始めとして、

第6章　小泉政権の医療保険改革（2001〜2006年）──医療費抑制のさらなる徹底

1990年代以降、先進福祉国家では医療制度への市場原理の導入が相次いだ。[49]
日本でも従来の規制体系が画一性や非効率性などの点から批判の対象となり、
1990年代後半から医療の世界に市場原理を導入することを目指す議論が盛ん
になった。市場原理を強化する政策として、保険者選択の自由化・価格規制の
緩和・混合診療の解禁・保険者と医療機関の直接契約・医療機関の参入規制や
広告規制の緩和などが提案されるようになった。小泉政権では、経済財政諮問
会議や総合規制改革会議などの首相に近い機関が自由化・規制緩和を求めるの
に対して、規制体系を維持してきた厚労省は守勢に立たされた。とはいえ、上
記のような規制緩和はごく限定的にしか実現しなかった。

a. 医療保険制度に関する規制[50]

① 公的保険への強制加入

　医療保険の自由化を代表する政策アイディアは「民営化」と「保険者選択の
自由化」である。被保険者に保険者を選択する自由が認められることで、保険
者間に競争圧力が作用することになる。そこで期待されるメリットは、①保険
者が経営効率を高めて保険料を抑制するよう努力すること、②医療機関に対し
て保険者が患者の有効な代理人となること（尾形2005; 遠藤1998）、つまり、医
療の質の向上と無駄遣いの削減に貢献すること、③保険者の合併が進むことで
管理コストが抑制されることなどである。

　しかし、今日に至るまで日本では公的医療保険を代替しうる給付範囲を持っ
た私的保険の参入は認められておらず、ドイツで行われたような高所得者の民
間保険へのオプト・アウトは実施されていない。[51]抜本改革を目指して2003年
3月に閣議決定された「健康保険法等の一部を改正する法律附則第2条第2項
の規定に基づく基本方針（医療保険制度体系及び診療報酬体系に関する基本方針に
ついて）」でも「将来にわたり国民皆保険制度を堅持する」ことが確認されて
いる。厚生労働省は国民皆保険の堅持を基本的な政策規範としており、[52]日本

---

[49]　1990年のサッチャー改革によって、一般医は患者のために病院医療サービスを購入する
役割を担うようになり、病院はサービスを買ってもらうために競争することが期待された。

[50]　医療に関する規制を整理した先行研究として、遠藤（2005）を参照した。

[51]　ドイツでは1992年に保険者選択の自由化が決定され、保険者の合併・再編が進んだ。

[52]　例えば、厚生労働省編（2007: 15）参照。

229

第Ⅱ部　日本における医療費抑制

の総医療費の大半は公的医療保険によって負担されている。民間保険の役割は小さく、入院時の室料をはじめとした公的医療保険の給付対象外となっている費用をカバーしてきた（公的医療保険の給付自体とは競合していない）。また、既存の公的な保険者のなかから選択を行う自由も導入されていない。したがって、日本では医療保険に対して民営化も競争の強化も実施されておらず、自由化は限られている。[53]

② 診療報酬公定価格制（価格規制）

　日本では医療サービス・医薬品には公定価格が設定されており、繰り返し述べてきたようにこれを操作することが医療保険制度を通じた医療費抑制政策のかなめであった。旧厚生省以来、政府は診療と医薬品の価格を市場価格に委ねるのではなく、必要な医療行為・医薬品をなるべく公的医療保険の対象とした上で、その点数を抑制することで国民の医療へのアクセスと医療費抑制を両立しようとしてきた。[54]価格の自由化が許されたのは入院時の室料など医療本体以外の部分に限られてきた。この点は2000年代に入っても変わっていない。これに対して、自由価格制の対象範囲を拡大しようとしたのが混合診療解禁論である。

③ 混合診療の禁止

　規制緩和論者たちが最も重視したものの一つが混合診療の解禁である（遠藤2005; 二木2009; Ikegami 2006）。2001年3月30日に閣議決定された「規制改革推進3カ年計画」（規制改革委員会2001）に混合診療の規制緩和が盛り込まれてから、小泉政権では、総合規制改革会議（2004年から規制改革・民間開放推進会議）が繰り返しこれを要求した。保険診療と保険外診療の併用が禁止されていることで、医療機関が患者の医療ニーズの多様化や医療技術の進歩に対応するのを

---

[53]　ただし、1980年代以来、患者自己負担の拡大が続いており、部分的な自由化・民営化が生じているともいえる。

[54]　個々の点数の抑制だけでなく、入院部門では包括払い方式が拡大されてきた。1980年代から検査料などのマルメという形で部分的な包括化が行われ（第4章）、1990年には老人病院に対して検査・薬代などが包括された入院料金（入院医療管理料）が導入された。急性期の入院治療についても、2003年から包括払い方式（DPC）が導入された。島崎（2011: 364）参照。

妨げているというのが解禁派の主張であった。しかし、混合診療の解禁は所得による医療機関へのアクセスの不平等を生むとして、厚生労働省と日本医師会は反対していた。反対派は解禁によって先進医療の公的医療保険への収載が停滞し、保険診療の対象が縮小することを懸念していた。結局、2004年12月に尾辻秀久厚生労働大臣と村上誠一郎規制改革担当大臣との間で、保険診療との併用が例外的に認められている特定療養費の対象を拡大するという妥協に落ち着いた（「いわゆる『混合診療』問題に係る基本的合意（2004年12月15日）」）。つまり、混合診療全面解禁には至らず、自由化はごく一部にとどまった。

④ 保険者と医療機関の直接契約の禁止

　保険者と医療機関の直接契約は、独自の料金設定や診療報酬の割引を可能にするとして健保組合、経団連、一部の専門家などが導入に賛成してきたが、厚労省と医師会はフリーアクセスの保障や公平性などの観点から反対してきた（本章6-2.）。2002年3月29日に小泉内閣が閣議決定した「規制改革推進3カ年計画（改定）」（総合規制改革会議2002）では、フリーアクセスの確保に十分配慮した上での診療報酬の個別契約を2002年度から解禁すると明記された。厚生労働省は2003年5月20日に医療サービスや診療報酬に関する保険者と医療機関の個別契約について、条件や手続きを各健康保険組合に通知した（「健康保険法第76条第3項の認可基準等について」）。こうして保険者と医療機関の直接契約は一応解禁されたが、厳しい条件が課せられたため全く利用されなかった（遠藤2005: 231; 二木2009: 13-4）。

b. 医療供給体制に関する規制

① 経営形態の制約（参入規制）

　総合規制改革会議などが強く求めていた株式会社による医療機関経営も全面解禁には至らず、2004年から構造改革特区（医療特区）において、公的医療保険が適用されない自由診療・高度医療を行う場合のみ認可されることになった（矢野2009）。これを利用して2006年には初の株式会社立診療所が誕生したが、開設はこの一件のみだった（二木2009: 13）。

第Ⅱ部　日本における医療費抑制

表6-5　2000年代前半における規制改革

【医療保険制度に関する規制】 　①公的保険への強制加入………自由化せず 　②診療報酬公定価格制（価格規制）………自由化せず 　③混合診療の禁止………限定的自由化 　④保険者と医療機関の直接契約の禁止………実質自由化せず **【医療供給体制に関する規制】** 　①経営形態の制約（参入規制）………限定的自由化 　②供給規制（医師数抑制・病床規制）………自由化せず 　③広告規制………自由化

出典：筆者作成。

② 供給規制（医師数抑制・病床規制）

　日本では、1970年代まで医師数・病床数ともに拡大が目指されたが、1980年代には医療費抑制のためにこの傾向は反転する（遠藤2010: 13-4）。政府は1980年代半ばから医学部定員の削減に乗り出し、最大時の1981 ～ 1984年に8,280人だった定員は、2003 ～ 2007年には7,625人へと約9％減少した。診療報酬改定率の操作と並ぶマクロ的な医療費抑制政策であった。

　病床についても1980年代から規制が強化されている。1985年の第一次医療改正にともない地域医療計画が導入されたことで、公立病院のみならず私立病院も病床規制の対象となった。こうして病院の開設や増床が抑制された。1992年の168.7万床をピークに病院病床数は減少を続け、2015年には156.6万床となっている（厚生労働省2016）。

　要するに、数量規制は2000年代に入っても継続された。ただし、小泉内閣退陣以降、医療崩壊論への対応として医学部の定員は増員され、療養病床削減計画が緩和されるようになる（第12章12-3.）。

③ 広告規制

　唯一大幅な規制緩和が実現したのは医療機関の広告規制である。医師会は患者による医療機関の選択が活発化することで医療機関間の競争が激しくなることを懸念していたが（『読売新聞』2002年2月11日朝刊）、患者主権を強化し、医療機関の選択を容易にするために、1992年の第二次医療法改正を皮切りに、

232

広告規制の緩和が繰り返された。その結果、2000年代前半までに病床数、スタッフ数、医療機器、治療方法、手術件数、平均在院日数など多くの事項が広告に記載可能となった（遠藤2005: 228-30）。小泉政権末に決められた第五次医療法改正（2006年6月公布・翌年4月施行）でも、医療機関に関する情報提供の強化と広告規制の緩和が定められている。

C. 結　論 ── 規制緩和はほとんど行われなかった

　以上、本節で検討してきた様々な規制のうちで、顕著に自由化が進んだのは広告規制のみである（表6-5）。国民皆保険の堅持は小泉首相にとっても与党自民党にとっても変わらぬ基本方針であり、小渕内閣時代に一部で提案されていた医療保険の民営化論は小泉政権期には勢いを失った。混合診療の禁止・保険者と医療機関の直接契約の禁止・医療機関の経営形態の制約については、限定的・条件付きの規制緩和が行われるにとどまった（二木2009: 13-4）。厚生労働省と日本医師会は所得によるアクセスの不平等に対する懸念から、混合診療の解禁や営利病院の参入に反対していた。医師会は医療機関間の競争強化や格差拡大も恐れていたものと思われる（Ikegami 2006: 1139）。財務省も公共支出の統制を重視する観点からこれらの規制緩和には慎重だった（二木2007b: 100, 115-6 [注][55]）。また、保険者と医療機関の直接契約については、本章6-2.でも説明したように厚労省は消極的であったし、財政難にあえぐ保険者もわざわざ人件費や設備投資を支出してまで直接契約に乗り出すはずがなかった。

　その他の価格規制や医療供給に関する数量規制はむしろ長期にわたって強化されてきた。厚労省は診療報酬や医療供給体制に関する規制を通じて医療費の抑制とアクセスの公平性を維持しようとしてきたのである。

　小泉政権期においても、医療の世界に市場原理を導入しようとする改革案はほとんど実現しなかった。他方、医療費抑制政策が断念されたわけではなく、2005年以降医療保険改革の焦点は医療費の伸び率管理制度の導入へと移行していく。

---

[55] マーガレット・サッチャーによるNHSの民営化に英国財務省が反対したのも、財政のコントロールが困難になることを懸念したためであった（Ranade 1998: 103）。

第Ⅱ部　日本における医療費抑制

6-4. 医療費の伸び率管理をめぐる攻防と高齢者医療制度改革（2005～2006年）

　2005年に再燃した医療費の伸び率管理をめぐる争いでは、厚労省や与党議員といった反対派が勝利を収めるが、その後の政治状況の変化によって小泉首相は医療費抑制を徹底的に追求できるようになった。すなわち、2005年9月の郵政選挙で小泉自民党が圧勝すると、2006年には高齢者の患者自己負担の引き上げと2002年改定以上の診療報酬の引き下げなどを含む医療保険改革が行われた。2006年の改革によって後期高齢者医療制度の導入が決まり、高齢者医療制度の改革には独立方式が採用されることになった。総選挙を通じてリーダーシップを確立したことで、小泉首相は2002年改革の時とは異なり、与党の抵抗に悩まされずに患者自己負担の引き上げを貫徹することができた。

a. 「骨太の方針2005」と医療費の伸び率管理

　2002年改革の際に高齢者医療制度改革と並んで曖昧化されたのが医療費の伸び率管理であった。伸び率管理は2005年の「骨太の方針」の策定へと至る議論のなかで再び争点として登場した[56]。2005年2月15日の平成17年度第3回経済財政諮問会議では、民間議員（牛尾治朗・奥田碩・本間正明・吉川洋）が「経済規模に見合った社会保障に向けて」と題した資料を提出し、「後世代まで安定的に続く社会保障制度のためには、給付費について何らかの指標を設け、伸びを管理することが不可欠である」として、「名目GDPの伸び率」を妥当な指標として提案している。注目すべきは先の引用部分に続けて「安易に増税や保険料引き上げを行わず、総額の目安を決め、制度改革や効率化を図るべきである（傍点筆者）」と明記されていることである。この他にも、「団塊の世代が老後を迎え、社会保障給付費が急増する2010年度までに給付の伸び率を管理する仕組みを完成させ、負担の急増を回避する必要がある」という一文からもわかるように、どのようにして適切な財源を確保するかではなく、専ら社会保障負担

56　伸び率管理をめぐる争いについては、内山（2007: 75-8）、大田（2006: 151-65）、二木（2007b: 91-2）、吉岡、村上（2008: 145-56）、村上（2009: 165-74）、辰濃, 医薬経済編集部（2010: 第3章）などを参照した。

第6章　小泉政権の医療保険改革（2001〜2006年）── 医療費抑制のさらなる徹底

表6-6　2006年改革関連年表

2005年	
6月21日	「骨太の方針2005」閣議決定
7月20日	中医協改革有識者会議「報告書」を尾辻秀久厚労相に提出
10月19日	厚生労働省「医療保険制度構造改革試案」公表
12月1日	政府・与党医療改革協議会「医療制度改革大綱」決定
12月18日	診療報酬本体の二度目のマイナス改定決定
2006年	
2月10日	医療制度改革関連法案閣議決定、国会提出
6月14日	医療制度改革関連法案成立

出典：筆者作成。

　の増加を回避するにはどうすればよいのかという観点に立っている。社会保障のなかでもとくに医療と介護の伸びは名目GDPの伸びを大きく上回るとされ、「診療報酬・介護報酬の改定方式のルール化」、すなわち「名目成長の伸び率とリンクするマクロ経済スライド方式の導入」が提案されている。既に年金については2004年の改革で物価・賃金の伸びに合わせて年金額を引き上げるだけではなく、被保険者数の減少や平均余命の伸びに合わせて給付額を調整（減額）する仕組みが導入されていた（マクロ経済スライド）。医療費についてもマクロ経済指標に連動した伸び率管理を行うことが改めて争点となったのである。

　これに対して、臨時議員として会議に出席していた尾辻秀久厚労相（自民党）は社会保障費の機械的な抑制に反対した。社会保障の規模と経済の規模は機械的に連動するものではなく、今後の高齢化などによって医療・介護の給付費の増加は不可避であり、「GDPの伸び率といった一律の枠の設定によるサービス制限は、限界を超えた利用者負担や国民の健康水準の低下を招く」と主張したのである（「社会保障給付費の『伸び率管理』について（尾辻臨時議員提出資料）」）。[57]

---

[57] この資料のなかでは、諸外国の例としてイギリスでは医療費の予算を厳しく抑制したことで待機患者リスト問題の深刻化や年度末の医療機関の閉鎖等の弊害が生じ、2002年から医療予算の増額に転換したこと、フランスでは目標超過時に開業医に一律の医療費返還義務を課そうとしたが違憲判決が出されたことが挙げられ（第8章8-2.参照）、後者に関連して医療機関に対して一律に診療報酬引き下げを行うのは不公平であると指摘されている。これは、厚生労働省が医療機関へのアクセスの容易さを重視していること、医療費の一律の返還請求や診療報酬の一律引き下げを困難と認識していることを示している。

235

第II部　日本における医療費抑制

3月18日の社会保障の在り方に関する懇談会（第7回[58]）に提出された厚労省資料では、もし医療給付費の伸びを名目GDPの伸びに合わせて抑制し、それを患者自己負担の増加のみによって賄うとすると、2025年には現役世代の自己負担割合は少なくとも5割、高齢者の場合少なくとも3割まで引き上げることになるとして、諮問会議を牽制している（「医療制度改革について（社会保障の在り方に関する懇談会・第7回2005年3月18日）」）。本章6-2.でも検討したように、1980年代以来、厚生省（厚労省）は医療費抑制を政策目標にしてきたが、その手法や程度については自律的に決定することを望んでいた。そこで厚労省としては、生活習慣病対策の推進と平均在院日数短縮を二本柱とする医療費適正化計画を都道府県ごとに策定し、中長期的に医療費の伸びを抑えるという対案を打ち出していく[60]。

　尾辻厚労相と民間議員の対立は続き、4月27日の第9回会議では民間議員が高齢者人口の増加を加味した「高齢化修正GDP[61]」を指標とすることで譲歩し、ミクロな効率化策の積み上げによって医療費抑制を達成するべきだという厚労省の立場にも賛同した上で、厚労省にもマクロ指標のあり方を検討して欲しいと迫ったが、尾辻はマクロ経済指標によって社会保障給付費を管理するという考え方にあくまでも疑義を呈した。最終的には（おそらく既定のシナリオに沿って）議長である小泉が「国会の審議になると、どうしても『給付は厚く、負担は軽く』になってしまう。……何らかの管理をしないと、誰だって『給付は厚く、負担は軽く』と言うのだから。税負担は嫌だと言うのだから一番難しいところだけれども、何らかの管理が必要です」と締めくくっている。

　その後、民間議員は「骨太の方針2005」に医療費の総額抑制の仕組みを明

---

[58]　2004年7月に細田博之官房長官の私的懇談会として設置された（首相官邸ホームページ< http://www.kantei.go.jp/jp/singi/syakaihosyou/konkyo.html > 2017年12月1日閲覧）。

[59]　二木（2007b: 106-7）も参照せよ。

[60]　健康づくりや在宅医療の推進による医療費適正化は、抜本改革に向けて2003年3月に閣議決定された「医療保険制度体系及び診療報酬体系に関する基本方針について」にも盛り込まれた規定路線であり、2005年当時、辻哲夫厚生労働審議官（翌年事務次官に就任）が熱心に提唱していたという（村上2009: 170-1; 辻2008: 54-5）。つまり、厚労省は省内の既定の方針を守ろうとしたのである。

[61]　社会保障給付費の伸び率（高齢化修正GDP）＝名目GDP成長率＋（65歳以上人口の増加数×1/2）÷全人口（前年度）。人口1000人で高齢者が3人増えた場合、名目GDP成長率＋0.15％が伸び率管理の指標となる。

記することを目指すが、丹羽雄哉・武見敬三（武見太郎元日医会長の子息）・自見庄三郎（医師）ら厚労族議員は反発を続けた。日医は自民党の国会対策委員長だった中川秀直にも働きかけて骨抜きにかかったという（辰濃, 医薬経済編集部 2010: 137-41）。自民党の与謝野馨政調会長が仲裁に入り、厚労族議員に対して、「マクロ指標」という文言を削除して「医療費適正化のための定性的・定量的政策目標を設定する」という代案を示したが、これも受け入れられなかった（『読売新聞』2005 年 6 月 17 日朝刊）。こうして 6 月 21 日に決定された「骨太の方針 2005」では以下のように抽象的な方針が記載された。

　　社会保障給付費の伸びについて、特に伸びの著しい医療を念頭に、医療費適正化の実質的な成果を目指す政策目標を設定し、定期的にその達成状況をあらゆる観点から検証した上で、達成のための必要な措置を講ずることとする。上記目標については、国民が受容しうる負担水準、人口高齢化、地域での取組、医療の特性等を踏まえ、具体的な措置の内容とあわせて平成 17 年中に結論を得る。その上で、平成 18 年度医療制度改革を断行する。

「一部調整未了である」と冒頭に但し書きされた 6 月 13 日の原案では「マクロ指標を設定し、実績と指標を照らし合わせ、適時制度・コストを見直すといった管理手法を導入する」とされていたのだが、最終的に「マクロ指標」の文言は消え去っている。なんらかの指標に合わせて医療費を機械的に管理するという当初のアイディアの本質は明記されずに終わった。厚労省・族議員・日本医師会というかつての医療保険政策の主役はみなマクロ指標の導入に反対しており、反対派が勝利を収めたといってよいだろう。2004 年 7 月の参議院選挙で自民党は敗北し[62]、小泉内閣の支持率も 2001 年当初ほどの高水準は維持できなくなっていた。このため小泉首相の権威には陰りが生じており、「骨太の方針 2005」の策定当時自民党内では 2006 年 9 月の小泉の総裁任期切れをにらんで、諮問会議から政策決定の主導権を奪い返そうとするベテラン議員の動きが活発化していた（『読売新聞』2005 年 6 月 18 日朝刊）。

とはいえ、医療費抑制政策自体が否定されたわけでは全くなく、翌年には診

62　自民党は改選 51 議席に対して 49 議席しか獲得できず、50 議席を獲得した民主党の後塵を拝した（石川, 山口 2010: 210-2）。

第Ⅱ部　日本における医療費抑制

療報酬の引き下げと患者自己負担の引き上げが繰り返されている。マクロ指標を退けただけに、厚労省は翌年の医療制度改革では厳しい医療費抑制策を具体化する必要に迫られた（吉岡, 村上2008: 155;『読売新聞』2005年12月2日朝刊）。2005年末には過去最大の診療報酬引き下げが決められる（後述）。

　また、「骨太の方針2005」でマクロ指標が骨抜きにされた翌7月には、中医協の在り方に関する有識者会議が尾辻大臣に報告書「中央社会保険医療協議会の新たな出発のために（2005年7月20日）」を提出し、診療報酬全体の改定率を中医協ではなく内閣が決定するという方向性が打ち出され、これ以降実際にこうした仕方で改定率が決定されるようになる[63]。かねて診療報酬改定率は中医協ではなく政府・与党トップと日本医師会トップのインフォーマルな交渉によって決められることが少なくなかったため、これをもって直ちに診療側の影響力の低下とはみなすことはできないかもしれない。日医は政府・与党に直接働きかけることもできるからである。

　ところが、同年9月の衆議院選挙（いわゆる郵政選挙）は医師会にとって不利に作用した。この選挙を契機として小泉首相は求心力を取り戻し、族議員と医師会の影響力が急速に低下していった。「骨太の方針2005」の決定後、こうした政治状況の変化が医療保険改革の方向性に影響を与えることになる。

b. 2006年改革 —— 高齢者負担の増強と国庫負担削減

　2005年8月11日に2006年度予算の概算要求基準が閣議了解され、厚労省は社会保障関係費の自然増8,000億円のうち、2,200億円を圧縮することとされた。さらに、9月13日の記者会見で谷垣禎一財務大臣はシーリング以上に医療費を抑制する意向を表明している（二木2007b: 95-6;『日本経済新聞』2005年9月15日朝刊）。同月の総選挙で自民党が圧勝したことで、再び診療報酬本体のマイナス改定が現実味を帯びていった。

　2005年9月11日の衆議院選挙で小泉自民党は単独で過半数を制し（296議席）、公明党の31議席を加えれば連立与党は3分の2を超える議席を有するようにな

---

[63]　2004年に発覚した日本歯科医師会による中医協支払側委員に対する贈収賄事件をきっかけとして、中医協改革の検討が進められていた。「骨太の方針2005」でも、中医協の委員構成の見直しと内閣による診療報酬改定率の決定が明記されている。

第6章 小泉政権の医療保険改革（2001～2006年）── 医療費抑制のさらなる徹底

った。小泉は党内からの反対派の一掃に成功し、ついに与党に対するリーダー
シップを確立した（内山2007: 195-9; 上川2010: 第6章;『朝日新聞』2005年12月16
日朝刊, 17日朝刊）。小泉が郵政民営化法案に反対した議員たちを公認せず、「刺
客」を差し向けたことで自民党議員たちは首相に歯向かうことの恐ろしさを理
解するようになった[64]。

　総選挙での自民党のマニフェストでは、社会保障の「過大な伸びを抑制し、
……税と社会保険料負担等をあわせた国民負担率を50%以内に維持する」とい
う目標が掲げられた。医療制度改革については、国民皆保険の堅持を前提と
しつつ、新たな高齢者医療制度を創設する改革案を年内にまとめ、次期通常国
会に提出することが明記された。ただし、給付と負担などに関する具体的な方
針は書かれておらず、総選挙でも医療制度改革は争点にはならなかった（二木
2007b: 101; 吉岡, 村上2008: 193）。なお、税制改革に関しては、「所得税について
は、所得が捕捉しやすい『サラリーマン増税』を行うとの政府税調の考え方は
とらない」とした上で「19年度を目途に、……消費税を含む税体系の抜本的
改革を実現する」とされた。

　選挙に際して日医はどう行動したのだろうか。当時日医の常任理事だった伯
井俊明は自民党の政治家と頻繁に接触しており、郵政選挙にも協力している[65]。
医師会内部では打倒小泉自民党を望む声もあったが、診療報酬で復讐されるこ
とを恐れた植松治雄会長（2004～2006年）は慎重姿勢をとり、日医としては支
持政党を鮮明にせず各地の医師会に判断を任せた。福岡の医師会は会員である
郵政造反派の自見庄三郎を支持したが、自見は落選してしまい、結局植松日医
は反小泉・抵抗勢力とみなされてしまう（『朝日新聞』2005年11月29日）[66]。日医
としては自民党への支援を続けており、見返りに医療費削減を抑制してもらう
はずだったが、総選挙後の年末には再度診療報酬本体のマイナス改定が決めら
れてしまう[67]。郵政選挙後、族議員の影響力低下もあり、日医の影響力は劇的

64　もはや「党内には首相に表だって反対する勢力は見あたらなくなった。『今は首相の方針
に反対すれば、何でも「倒閣運動」「抵抗勢力」と言われる』（閣僚経験者）というぼやきも
漏れる」（『朝日新聞』2005年12月29日）。
65　以下、辰濃, 医薬経済編集部（2010: 第3章）に依拠している。
66　ただし、植松会長は医師会の自見支持について山崎拓元幹事長から了解を得ていたとい
う指摘もある（辰濃, 医薬経済編集部2010: 170）。
67　日医にとっては、選挙で自民党がある程度苦戦してくれた方が影響力を行使する上で都
合が良い。総選挙前に植松会長は「自民党が圧勝するとなると、経済財政諮問会議、規制改

239

第Ⅱ部　日本における医療費抑制

に低下していた。

厚生労働省「医療制度構造改革試案」（2005年10月）

　選挙から約一カ月後の10月19日に厚労省の「医療制度構造改革試案」が発表される（厚生労働省2005b）。小泉政権の旗印である「構造改革」という表現が医療制度改革についても用いられるようになった（二木2007b: 101）。

　マクロ指標を退けた厚労省はそれに代わる医療費抑制の見通しと、裏付けとなる施策を提示しなければならなかった。表6-7でまとめたように、医療費の伸びの抑制策は生活習慣病予防と平均在院日数の短縮からなる中長期的な対策と、患者自己負担の引き上げという短期的対策からなっている[69]。

　2002年改正法の附則2条1項で、医療保険各法に規定する給付率は将来にわたり7割を維持するとされたため、若年層の負担割合こそ引き上げられていないものの、高齢者の負担割合の引き上げや、保険給付の範囲の縮小（高齢者の入院費用の拡大や高額療養費制度の縮小）によって、再度患者負担の引き上げが目指されている。これらの措置によって、2025年度には医療給付費が現行の制度を前提とした56兆円から49兆円まで圧縮できると試算されている（なお、経済財政諮問会議民間議員が提案していた高齢化修正GDPをマクロ指標として適用

革・民間開放推進会議の発言力はさらに増す。その矛先は、医療費の抑制が一番に出てくると思う」と予想していた（『日本醫事新報』4246, 2005.9.10: 63）。小泉自民党が圧勝すれば厳しい医療費抑制政策がとられるだろうが、かといって選挙に協力しなければさらに報復を受けかねないという複雑な立場に日医は立たされていた。

68　「試案」が発表された頃、小泉は引き続き「歳出削減と言いながら医療費だけ例外とはいかない。ある程度の管理は必要だ」と発言している。10月末に厚労相に就任した川崎二郎に対しても、医療費の適正化策実施と高齢者負担の見直しなどを指示している（『朝日新聞』2005年11月29日朝刊）。

69　今回の「試案」の詳しい先行研究として、二木（2007b: 101-16）がある。

70　65歳から69歳までの患者負担は3割から2割への引き下げとなる。なお、より患者負担の大きい別案も併記されている。

71　この他に、「試案」の最後には「参考」として経済財政諮問会議で提案された「保険免責制」の導入による医療費抑制額が試算されている。すなわち、「外来診療について、低所得者を除き、かかった医療費のうち、受診1回ごとに一定額（1,000円又は500円）までは自己負担とする」ことで、2025年度には1,000円の場合4兆円、500円の場合には2.3兆円医療給付費が削減されるという。第9章で検討するように、フランスでは2004年にこうした制度が導入されているが、これは公的医療保険と民間医療保険とを組み合わせることで自己負担がゼロになるという状況において、患者にコスト意識を持たせようとしたものである。

240

第6章　小泉政権の医療保険改革（2001 ～ 2006年）── 医療費抑制のさらなる徹底

表6-7　厚生労働省「医療制度構造改革試案」（2005年10月）の概要

【医療費の伸びの抑制】

1. 中長期的対策
  ・都道府県に5年計画の医療費適正化計画（仮称）の策定を義務づけ（生活習慣病の予防・平均在院日数の短縮）：達成状況に応じて各都道府県は費用負担・診療報酬について特例的な設定を行えるようにする。
  ・保険者に健診・保健指導の実施を義務づけ（生活習慣病予防の徹底）

2. 短期的対策
  ・高齢者の患者負担の見直し：2006年度から現役並み所得の70歳以上の者の負担を2割から3割に引き上げ、2008年度から65歳から74歳の前期高齢者の負担を2割に。75歳以上の後期高齢者の負担は現行通り1割に据え置き[70]
  ・療養病床に入院中の70歳以上の高齢者の食費・居住費の負担引き上げ（2005年の介護保険法改正によって、介護保険施設での食費・居住費が自己負担化されたのに合わせる）
  ・高額療養費の見直し（患者負担の引き上げ）[71]

【医療保険制度体系の見直し】

1. 都道府県単位の保険者の再編・統合
  （1）政管健保：国とは切り離した全国単位の公法人を保険者として設立し（2008年10月目途）、都道府県ごとに医療費を反映した保険料を設定
  （2）国民健康保険：都道府県単位での広域化を推進（共同事業拡充・国保財政基盤強化）
  （3）健康保険組合：同一都道府県内の健保組合の再編・統合の受け皿として、企業・業種を超えた地域型健保組合の設立を許可（2006年10月目途実施）

2. 新たな高齢者医療制度の創設
  （1）独立した「後期高齢者医療制度」（75歳以上）の創設。運営主体は市町村。給付費の財源は後期高齢者による保険料が1割（全ての後期高齢者から保険料を徴収）、現役世代の保険者からの支援金が4割、公費が5割。
  （2）前期高齢者（65 ～ 74歳）については、被用者保険と国保の間で財政調整を導入し、国保の負担を軽減。現行の退職者医療制度と異なり、給付費と被用者保険からの財政調整について公費負担を導入。

注：次ページに続く。

した場合の同年度の給付費は42兆円）[72]。全体として、「試案」では患者負担の引

---

[72] 「試案」では旧厚生省以来用いられてきた国民医療費ではなく、医療給付費（国民医療費から患者自己負担分を除いた公的医療費のこと）が主に用いられており、経済財政諮問会議が2005年に入って公的医療費の抑制に焦点を絞ったことに対応している。「小さな政府」を目指す立場からすれば、公的医療費の抑制が重視される一方で、私的医療費の拡大は民間医療機関や保険会社などの経済活動を拡大する機会として歓迎される。二木（2007b: 104）参

第Ⅱ部　日本における医療費抑制

【その他】
1. 混合診療：特定療養費制度の適用対象を将来的な保険導入のための評価を行うものと保険導入を前提としないものに再構成（2006年10月目途実施）
2. 中医協：診療報酬全体の改定率は内閣で決定し、改定に係る基本的な医療政策の審議は社会保障審議会の医療保険部会及び医療部会が担当し、中医協はこれらを前提として、具体的な診療報酬点数の設定に係る審議を行う。また、支払側8名・診療側8名・公益委員4名となっている委員構成を見直し、公益委員を支払側委員及び診療側委員のそれぞれと同数程度とする（2006年10月目途実施）。支払側委員及び診療側委員の団体推薦制の在り方については、引き続き検討する。
3. 社会保険料に関する見直し（2007年4月目途実施）：健康保険の標準報酬月額の上下限の範囲の拡大、負担の公平化を図るための標準賞与額の範囲の見直し

出典：厚生労働省（2005b）に基づき筆者作成。

き上げとその他の医療費抑制策が前面に押し出されており、財源拡大策については医療保険料の賦課対象の拡大（全ての後期高齢者からの保険料徴収、被用者保険の標準報酬月額の上下限の拡大）が記載されているのみである。[73]

　2004年12月に混合診療の全面解禁が否定され、2005年に入ってからは医療制度改革の争点は市場原理の導入ではなく「医療費……抑制の程度と手法」になった（二木2007b: 108）。「試案」では、「医療費の適正化を短期的方策のみにより行うこととすれば、将来、過度の患者負担増による公的医療保険の意義の低下や、医療機関の経営悪化による医療確保への不安を招くおそれもある」として中長期的手法の重要性が強調されている。しかしながら、生活習慣病予防と在院日数の短縮で医療費抑制が可能であるという根拠は不確かであり、患者自己負担の引き上げと診療報酬抑制という従来型の短期的対策が医療費抑制のかなめとなることが予想された（二木2007b: 108-10）。

　他方、医療保険制度体系の改革案としては75歳以上の高齢者を対象とした「後期高齢者医療制度」を独立した保険制度として創設することが明記された。給付費の財源については、老人保健制度では2002年改正によって公費負担5割・各医療保険制度からの拠出金5割という構成となり、高齢者自身の保険料

照。
[73] 現行制度においては、被用者保険の被扶養者となっている高齢者は保険料納付が免除されており、家族単位での保険料徴収の仕組みがとられているが、これを個人単位での徴収に改めるということである（介護保険に合わせる形となる）。

負担は後者に含まれる形になっていたが、新制度では公費負担5割・現役世代の保険者からの支援金4割・後期高齢者自身の保険料1割という形に改めることで保険料負担の配分の明確化が意図された[74]。また、「今後、後期高齢者の増加等を勘案して、後期高齢者の保険料総額の負担割合を高めていくことにより、現役世代の負担の軽減が図られる仕組みとする」とされ、改革後の2008年度には75歳以上の一人当たり保険料は6.9万円から7.2万円に増加すると試算された。高齢者自身による保険料負担が強調されているといえる。

　最後に、誰が今回の医療保険制度改革の負担を引き受けることになるのかを確認したい。「試案」の財政試算によると、改革が実施される2008年度には医療保険制度全体を通じて給付に必要な費用が2,000億円程度減少し、政管健保・市町村国保ではそれぞれ2,000億円以上負担が減少する一方、健保組合では2,200億円負担が増え、75歳以上の高齢者の保険料負担も400億円増となっている。また、公費負担は全体として2,200億円減少し、とくに国庫負担は2,200億円の減少となる。新たな高齢者医療制度の創設に際しても国庫負担削減という方針が貫かれていることは注目に値しよう[75]。1990年代後半に老人保健制度の抜本改革が議論されていた際には、公費負担の引き上げによる国の責任の明確化と、それによって若年世代が加入する医療保険制度の負担を軽減することが議論されていたのだが、この財政試算では国庫負担削減と健保組合（大企業労使）の負担増という1980年代以来の定番の費用配分方式が示されている。また、高齢者については保険料負担の増加に加えて、入院時の食費・居住費の負担の引き上げや高所得者の自己負担割合の引き上げが提案されており、国の負担の増強ではなく高齢者自身の保険料と患者負担によって医療費を賄おうとしていた。

---

[74]　なお、公費負担は5割のままとされたが、実際には減少が見込まれた。被用者保険などからの老人保健制度への拠出金には公費による補助が行われていたが、高齢者医療給付費に占める拠出金（支援金）の割合が5割から4割に減ることに伴って公費による補助の規模も縮小するためである（吉岡，村上2009: 169-70）。

[75]　公費負担が減少するメカニズムについて、詳しくは、吉岡，村上（2009: 168-71）参照。ただし、少々複雑だが、国民医療費全体に占める国庫負担の割合は1993年度の23.7%を底にそれ以降微増しており、2014年度には25.8%だった（厚生労働省各年「国民医療費の概況」）。高齢化によって、国庫負担割合の高い高齢者医療制度の加入者が増加したことが主たる原因である（島崎2015: 234）。1990年代以降の日本では、医療保険改革のたびにこうした国庫負担の増加に歯止めをかけようとしてきたのであった。

第Ⅱ部　日本における医療費抑制

政府・与党「医療制度改革大綱」（2005年12月）

11月上旬に政府・与党医療改革協議会が審議を始め、12月1日に「医療制度改革大綱」が決定された（政府・与党医療改革協議会2005; 吉原, 和田2008: 860-70所収）[76]。10月の厚労省「試案」との主な異同を検討しよう。

第一に、高齢者の患者負担の引き上げについては骨抜きにされるどころかかえって厳しい案が採用されている。つまり、厚労省と厚労族議員が推していた65〜69歳の負担を3割から2割に引き下げ、65歳から74歳までを2割負担にする案は退けられ、70歳未満の負担を従来通り3割に据え置いた上で、70歳から74歳までの負担を1割から2割に引き上げるとしている（低所得者については自己負担限度額を据え置き）。これは小泉首相が「せっかく3割に上げたのに、なんでまた下げるのか」と拒否したためという（『朝日新聞』2005年12月16日朝刊）[77]。3割負担は2002年改正の際に首相が与党議員の猛反対を押し切って導入したものだったが（本章6-2.）、今回は首相の優位が確立されており激しい対立が再燃することはなかった。その他、現役並みの所得のある70歳以上高齢者の3割負担や、入院中の高齢者の食費・居住費の自己負担化、高額療養費に関する負担引き上げなどの患者負担を増やす施策は維持されている。

このように高齢患者を中心に負担を求める一方、出産育児一時金を30万円から35万円に引き上げ、乳幼児医療費の負担軽減（2割）を3歳未満から就学前までに拡大するという給付改善案も見られる。

とはいえ、全体的な財政効果としては厚労省は「大綱」に示された施策によって2025年度の医療保険の給付費を同省「試案」の49兆円よりさらに抑制できるとし、2006年度には患者負担の増加によって給付費が約1,400億円削減される見通しと報じられた（『朝日新聞』2005年12月2日朝刊1面）。

第二に、高齢者医療制度については、75歳以上の高齢者を対象に新たな医療制度を創設し、全ての高齢者から保険料を徴収するものとされたが、厚労省「試案」とは異なり財政運営は都道府県単位で全市町村が加入する広域連合に委ねられることとされた。厚労省「試案」では、国保や介護保険の保険者であ

---

[76] 「大綱」決定に先立ち、11月30日に社会保障審議会・医療保険部会が「医療保険制度改革について（意見書）」を提出し、厚労省原案を承認している（社会保障審議会医療保険部会2005; 吉原, 和田2008: 852-9所収）。

[77] 『読売新聞』2005年12月2日朝刊も参照せよ。

る市町村が運営主体とされていたが、市町村が難色を示したため修正されたのだった（『朝日新聞』2005年12月2日朝刊社説）。

　第三に、患者負担引き上げのみならず、医療関係者にも「痛み」が求められている（『朝日新聞』2005年12月19日朝刊）。まず、「平成18年度の診療報酬改定については、賃金・物価の動向等の昨今の経済動向、医療経済実態調査（医療機関や薬局の経営実態調査 — 筆者注）の結果、さらに保険財政の状況等を踏まえ、引き下げの方向で検討し、措置する」と明記された。また、中医協委員の団体推薦制について「試案」では「引き続き検討する」とされていたが、「大綱」では団体推薦規定の廃止が盛り込まれた（ただし、「これに併せ、委員任命に当たっての、地域医療を担う関係者等の意見の配慮に関する規定を設ける」という補足も付け加えられている）。この点についても小泉首相の意向が反映されており、11月に厚労省から大綱案の説明を受けた際に首相は廃止の方向で指示を出していた（『朝日新聞』2005年11月29日朝刊, 12月16日朝刊）。診療報酬改定率の決定権の中医協から内閣への移行、公益委員の増員に加えて、団体推薦制の廃止によって診療報酬に関する日本医師会などの関係団体の影響力をさらに削ぐことが狙いとみられた。

　なお、経済財政諮問会議の民間議員が求めていたマクロ指標は「試案」と同様に「大綱」でも復活しておらず、代わりに医療費適正化対策や自己負担増の効果を考慮に入れた医療給付費の規模の見通しを、実際の給付費の伸びを検証する際の「目安となる指標」として策定することにしている。「医療給付費の実績が目安となる指標を超過した場合であっても、一律、機械的、事後的（遡及的）な調整を行うものではない」との注意書きまであり、生活習慣病対策や平均在院日数短縮などの施策の積み上げによって中長期的に医療費を抑制していくという厚労省の立場が守られている。また、一定額までを公的医療保険の対象外（患者自己負担）とする保険免責制についても記述はない。

　以上のように、「大綱」では高齢患者を中心とした負担増と75歳以上の独立型保険の創設という厚労省試案の骨格は守られ、そのうえ高齢患者負担のさらなる強化や中医協の団体推薦制廃止といった厚労族・医師会の反発が想像される提案が追加されている。2001年の厚労省「試案」発表から政府・与党の「大綱」決定までの経緯とは対照的に、今回は首相の与党に対するリーダーシップが明確に発揮されたのであった。この違いの背景として、2005年9月の郵政

第Ⅱ部　日本における医療費抑制

選挙の際に自民党から反小泉派が追放され、しかも小泉自民党が圧勝したことで、与党における党総裁＝首相の求心力の強化が生じたことが重要である。反対に、族議員の影響力は急速に低下することとなった。今回の医療制度改革においては首相のリーダーシップの貫徹と与党・医師会の影響力の凋落が顕著であった。

　2002年改革の際には「大綱」決定まで政府・与党の調整が難航し、決定後も与党が被用者3割負担に反発を続けた結果、翌年の2月まで決着がもつれこんだが、今回の「大綱」の内容はスムーズに決定された（上川2010: 210-1）。政府と厚労族議員の幹部で党内論議を経ずして患者負担増について合意したというのに、与党内から強い異論は生じなかった（『朝日新聞』2005年11月29日朝刊）。従来、健保改正といえば医師会とその支持を受けた族議員によって改革のプロセスが遅延するものであったが、今回は首相のリーダーシップ確立によって迅速に決定へと至った。また、1990年代までの健保改正では政府の自己負担引き上げ案が与党の介入によって緩和・撤回されることがしばしば見られたが、今回は首相が官僚制・与党を抑えて自己負担をさらに引き上げたことも注目される。厚労族議員らが準備した医療制度改革案が首相によって覆されたことで党内からは不満も聞かれたが、「抵抗勢力」「倒閣運動」といったレッテル貼りをされることを恐れる与党議員たちにもはや首相に逆らうだけの力はなく、与党内には諦念が漂っていたという[78]。2002年改革の際に小泉は伸び率管理制度の骨抜きなど与党との妥協を迫られたが、今回は首相のトップダウン型の政策決定がより明確であった[79]。「大綱」決定後には、診療報酬改定と予算編成が焦点となった。

---

[78]　「大綱」の内容が固まった11月末、日医の推薦を受ける武見敬三参議院議員は自民党医療委員会で「我々が議論したのは何だったのか。総理が言ったら、ひっくり返るのか。いくらなんでもひどすぎる」と嘆いたという（『朝日新聞』2005年12月16日朝刊）。

[79]　「郵政民営化反対派への徹底した締め付けが族議員たちをすくませている。……党内には『ボスが集まって答えを出しても、今は簡単にひっくり返される』（厚労族幹部）と無力感やあきらめムードが広がる」（『朝日新聞』2005年11月29日朝刊）。同じ記事（「族議員音なし、波風なし　医療制度改革」）では、郵政選挙を境に族議員と業界団体の力が弱まったことに加え、厚労族についてはリーダーだった橋本龍太郎元首相の引退による影響力の低下も指摘されている。

246

第6章　小泉政権の医療保険改革（2001～2006年）── 医療費抑制のさらなる徹底

過去最大の診療報酬マイナス改定

　2005年12月18日には政府・与党が診療報酬の過去最大のマイナス改定を決定する。治療や調剤などの本体部分がマイナス1.36％、薬価・医療材料部分はマイナス1.8％であり、合わせてマイナス3.16％の引き下げとなった（表6-3）。2002年度改定に続く二度目の本体部分引き下げであり、本体マイナス1.3％、薬価マイナス1.4％だった2002年度よりも引き下げ幅が大きい。今回の改定によって、国の医療費負担を約2,370億円減らす効果が見込まれた[80]。

　2002年改定時には自民党厚労族議員と日医の坪井会長がマイナス改定で合意することで首相の介入を避けたのだが、小泉が主導した郵政選挙で自民党が圧勝して以降、族議員と医師会の影響力は低下していた[81]。小泉は2002年改定以上の引き下げ幅に固執し、財務省（谷垣財務相）も同様に大幅引き下げを要求する姿勢だった。小泉が過去最大の引き下げ幅にこだわったのは[82]、日医が混合診療の解禁を妨害したり、郵政選挙の際に自民党支持を明確にせず、郵政民営化反対派の自見庄三郎元郵政相の支援を容認したりしてきたことへの仕返しであるとも指摘されている[83]。財務省もマクロ指標と保険免責制の見送りで厚労省に花を持たせた見返りに大幅なマイナス改定を望んでいた（『読売新聞』2005年12月2日朝刊）。他方、日医の側では2002年改定の本体部分マイナス1.3％より下げ幅を小さくしないと植松執行部はもたないという危機意識を持っており[84]、厚労省・川崎厚労相・厚労族は2002年度改定時並みの1.3％の引き下げでの決着を目指していた。ところが、小泉に川崎らの意見を聞き入れる気

80　ただし、「医師不足などに対応するため、小児科・産科・麻酔科や救急医療、一般病床の看護配置などに報酬を手厚くする方針で、川崎厚労相はこれらの分野の報酬については今より0.3％以上引き上げる考えを表明」し、点数配分を控えた中医協を牽制している。以上、『朝日新聞』2005年12月19日朝刊。

81　衆院選以降、族議員は日医と接触しづらくなり、日医は与党を通じて影響力を行使することが困難になっていた（『朝日新聞』2005年11月29日朝刊）。

82　前回の2004年改定時にも小泉は本体部分のマイナス改定を意図していたが、医師会と与党の抵抗によって実現できなかった。中医協では、政治決着によってマイナス改定が実現することを恐れ、プラスマイナスゼロ改定という「苦渋の合意」に至った（吉原, 和田2008: 520-1）。中医協による改定率の決定はこれが最後となった。

83　以下、辰濃, 医薬経済編集部（2010: 171-5）、『朝日新聞』2005年11月29日朝刊, 12月19日朝刊に依拠している。

84　植松会長は「診療報酬引き下げに反対しても国民はついてこない」と判断していたと報じられており（『朝日新聞』2005年11月29日朝刊）、そもそも引き下げ幅の縮小という条件闘争を考えていたものと思われる。

247

第II部　日本における医療費抑制

配はなく、植松会長と伯井常任理事は中川秀直自民党政調会長を頼り、中川の
とりなしで四捨五入すれば1.4%になる1.36%で妥協が図られたという。日医
と自民党とで交渉を長引かせれば首相の裁断が待っており、12月18日には安
倍晋三官房長官が「もう上（首相）がきついから、これで行くしかない。納得
して欲しい」と関係者に連絡し、過去最大のマイナス改定が決着した（『朝日
新聞』2005年12月29日朝刊）。翌2006年4月の日医会長選で植松会長は敗れ、1
期2年のみで退陣することになる。

残された問題 —— 療養病床削減をめぐる混乱（2005年12月〜）

　9月の郵政選挙で小泉内閣の政権基盤が固められて以降、10月中旬に厚労省
「試案」、12月初めに政府・与党「大綱」が決められ、2006年改革に向けた準
備が急速に進められた。ところが、「大綱」決定の後になって厚労省は長期入
院患者の療養病床を38万床から15万床へと削減するという改革案を突然追加
し、与党や医療関係者の反発を招くことになる。

　10月の厚労省「試案」と12月の政府・与党「大綱」には平均在院日数の短
縮や療養病床のホテルコストの引き上げは提案されていたが、療養病床の削
減に関する具体的な目標は挙げられていなかった。ところが、12月に入り診
療報酬・介護報酬の改定に関する議論のなかで療養病床の削減案が浮上した。
12月18日に政府・与党は翌年4月からの診療報酬マイナス改定（3.16%）とと
もに、介護報酬についても0.5%のマイナス改定を決定している[85]。これに先立
ち、社会保障審議会・介護給付費分科会では介護報酬改定の方針として、介護
療養病床（長期入院患者の療養病床のなかで介護保険に移管されていたもの）の廃
止が打ち出されていた。介護保険が適用される三種類の施設のうちで、介護療
養型医療施設（介護療養病床）では特別養護老人ホームと老人保健施設よりも
医師や看護師が多く配置され、その分利用料金も高くなっていたが、利用者の
半数は医療の提供がほとんど必要ないという実態調査が出たことで、費用の無
駄を指摘されていたのである（『読売新聞』2005年12月14日朝刊）[86]。12月21日に

85　介護報酬については10月に先行実施された改定と合わせれば2.4%のマイナス改定だった
（『読売新聞』2005年12月19日朝刊）。なお、介護報酬は3年に一度、診療報酬は2年に一度
改定されるため6年ごとに同時改定の機会が訪れる。
86　中医協の慢性期入院評価分科会平成17年度第4回会合（2005年11月11日）で提出された
「慢性期入院医療実態調査（中間集計結果）」のなかで、療養病棟では医療型・介護型とも

248

第6章 小泉政権の医療保険改革（2001～2006年）——医療費抑制のさらなる徹底

図6-1　療養病床数の推移（単位：万）

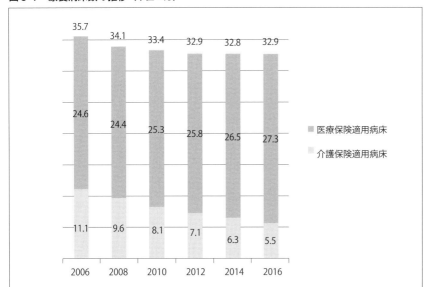

出典：厚生労働省（各年）「病院報告」より作成（6月末現在）。
注：病院のみ（診療所の療養病床数は含まない）。

　厚労省は2012年度に介護療養病床14万床を全廃する方針を決めた（『朝日新聞』2005年12月22日朝刊）。社会的入院[87]の解消が狙いとされ、医療保険が適用される24万床についても医療の必要性が低い患者については診療報酬を引き下げることで介護保険施設への転換を促す方針だった。その後、厚労省は2012年

「医師による直接医療提供頻度」が「ほとんど必要なし」が約5割、「週1回程度」が約3割と示されたことが、療養病床削減の根拠とされた。しかし、上記の「医師による直接医療提供頻度」とは実は「医師による指示の見直しの頻度」であって、村上正泰は「指示の『見直し』が必要ないからといって、医療が不要だということにはならない」と削減の根拠に反論している（吉岡, 村上 2008: 134-5）。

[87] 1990年代には、入院医療管理料（1990年）と療養型病床群（1992年）の導入によって病院の介護施設化が進み、社会的入院が政策的に後押しされていた（池上 2010: 172-3）。療養病床は急性期病床に比べて利益率が高いため、多くの病院が一般病床を療養病床に転換した。介護保険導入に伴ってそれまで医療保険が適用されてきた療養病床は介護保険へと移管されるはずだったが、2000年以降、前者はむしろ増加した（図6-1）。介護保険適用病床への移行は病院にとっては減収となり、また市町村は介護施設が増えることで介護保険負担が重くなることを警戒していた。したがって、介護保険実施以降も病院と医療保険が高齢者介護を担い続けていた（OECD 2009=2010: 112-3=123-4）。

度までに介護保険適用の療養病床14万床に医療保険適用の療養病床9万床を合わせて計23万床を削減する方針を医療制度改革関連法案の要綱に盛り込んでいく。元来、社会的入院の解消には患者の生活の質の向上という目標もあったはずだが（池上2002: 156）、費用抑制が優先される形になった。

療養病床の大量削減が急遽提案された背景には以下のような経緯があった。[88] 12月に、まず介護保険を所管する厚労省老健局が介護保険適用の療養病床を廃止する方針を打ち出したが、医療保険を担当する保険局は時間をかけて検討するべきではないかと慎重姿勢をとっていた。ところが、診療報酬マイナス改定のなかで医療保険適用の療養病床の点数を引き下げることになり、療養病床の減少（すなわち、平均在院日数の短縮）が確実化したので、先に決定されていた平均在院日数短縮の目標と辻褄を合わせる必要が生じ、法案提出直前になって急遽療養病床再編計画が発表されることになった。6月の第一次介護保険法改正の際にも介護療養病床の廃止は議論されておらず、医療・介護関係者との事前調整は不十分なままであった。

保険局はかねて医療保険適用の療養病床を介護保険に移管することによるコスト・シフティングを狙っていた（二木2007b: 97）。ところが、老健局としては介護保険施設のなかでは高コストの介護療養病床の縮小を狙っており、医療制度改革の枠内でそれを実現しようとした（吉岡, 村上2008: 135-6）。このため保険局は医療保険適用病床から介護保険適用病床への転換というステップをとばして一挙に介護施設への転換を進めることになった。ところが、強引に療養病床削減を進めれば医療・介護難民の発生が予想され、医療・介護関係者から激しく非難されることになる。

突然の提案に自民党厚生労働部会でも、「これまで議論していない話をいきなり出してきて『決定を急げ』とは乱暴だ」、「重度の人の受け皿は本当にあるのか」といった異論が噴出した（『朝日新聞』2006年2月4日朝刊）。最終的に、2006年2月7日に自民党の厚生労働部会・社会保障制度調査会の合同会議で、療養病床削減については、老人保健施設や有料老人ホームなどへの転換を病院経営者が行いやすいように、経過措置として医師や看護師の配置基準を緩和した病床を導入することとされ、医療制度改革関連法案の要綱が了承された（『朝

88　このパラグラフの記述は、吉岡, 村上（2008: 132-7）による。

第6章　小泉政権の医療保険改革（2001〜2006年）──医療費抑制のさらなる徹底

日新聞』2006年2月7日夕刊）[89]。同日に医療制度改革関連法案の要綱は総務会でも了承され、10日に閣議決定された。

国会審議

2006年2月10日に国会に提出された医療制度改革関連二法案[90]は4月4日に衆院本会議で趣旨説明が行われ審議入りした。7日に衆議院厚生労働委員会で川崎二郎厚労相が行った提案理由の説明によれば、「急速な高齢化など大きな環境変化に直面している中、国民皆保険を堅持し、医療制度を将来にわたり持続可能なものとしていくためには、その構造改革が必要」であり、①医療費適正化の総合的な推進（予防・生活習慣病対策・平均在院日数短縮・患者自己負担の引き上げ）、②新たな高齢者医療制度の創設、③都道府県単位を軸とした保険者の再編・統合を行うという（吉原, 和田2008: 494）[91]。

委員会審議では、野党は医療費抑制の根拠として用いられた医療費の将来推計や、健診による医療費抑制効果などを問題にしたが、5月17日に与党（自民・公明）の賛成多数で原案通り可決された。翌日本会議でも可決され、法案は参議院に送られた。

参院では5月22日に審議入りし、6月13日に厚生労働委員会で与党の賛成多数により可決されたが、同日には21項目にも及ぶ付帯決議が与党と民主党・社民党の賛成によって採択されている（吉原, 和田2008: 498）[92]。特定療養費制度の保険外併用療養費制度への改革に伴って混合診療の範囲が無制限に拡大しないようにすることから始まり、これまで被用者保険の被扶養者として保険料を負担していなかった高齢者に課される新たな保険料負担については特段の軽

89　吉岡, 村上（2008: 131-2）も参照せよ。
90　「健康保険法等の一部を改正する法律案」および「良質な医療を提供する体制の確立を図るための医療法等の一部を改正する法律案」（第五次医療法改正案）。双方の概要は、吉原, 和田（2008: 492-3）にまとめられている。
91　以下、衆議院審議については、吉原, 和田（2008: 495）、『朝日新聞』2006年5月17日夕刊, 18日朝刊・夕刊, 『読売新聞』2006年5月17日夕刊, 18日夕刊, 19日朝刊による。
92　吉原, 和田（2008: 496-8）に付帯決議の全文が掲載されている。
93　混合診療が認められるのは、将来的に保険給付の対象となるか否かの評価の対象となる「評価療養」と、差額ベッド代などの保険適用を前提としない「選定療養」とされた。また、保険導入手続きの透明化・迅速化も図られた（島崎2011: 241）。

251

第Ⅱ部　日本における医療費抑制

表6-8　2006年改革の主な内容

【2006年4月実施】
・診療報酬改定（マイナス3.16%）

【2006年10月実施】
・現役並みの所得がある70歳以上の高齢者（老年者控除の廃止などにより対象範囲が拡大された）の自己負担を2割から3割へ引き上げ
・療養病床に入院している70歳以上の患者の食費・居住費を自己負担化
・70未満の一般所得者について高額療養費の自己負担限度額を月7万2,300円＋（医療費－24万1,000円）×1%から、月8万100円＋（医療費－26万7,000円）×1%に引き上げ
・出産育児一時金を30万円から35万円に増額
・混合診療に関するルールを再構成

【2007年3月実施】
・中医協の委員構成の見直し、団体推薦規定の廃止

【2008年4月実施】
・70～74歳の医療費の窓口負担を1割から2割に引き上げ
・70～74歳の一般所得者について、高額療養費の自己負担限度額を月4万200円から月6万2,100円に引き上げ
・75歳以上を対象に「後期高齢者医療制度」を創設（老人保健制度は廃止）
・3歳未満の乳幼児を対象とした自己負担軽減措置（2割負担）を小学校就学前までに拡大
・都道府県ごとに医療費適正化計画を策定（入院日数短縮や生活習慣病予防）
・40歳以上の健康診断・保健指導を保険者に義務づけ

【2008年10月実施】
・政管健保の公法人化

【2012年4月まで】
・介護療養型医療施設（介護療養病床）の廃止

出典：吉原，和田（2008: 493第31-1表）、『朝日新聞』2006年6月14日夕刊を参考に作成。

減措置を講ずること、療養病床から老人保健施設等への転換支援策を講ずる[94]ことなど、改正による影響を限定しようとする規定が並び、最後に、2002年改正法の附則に明記されていた、医療保険各制度における給付は「将来にわたり100分の70を維持する」というルールを確認し、「安易に公的医療保険の範囲の縮小を行わず、現行の公的医療保険の範囲の堅持に努めること」という

---

[94]　受け皿として新設された「介護医療型老人保健施設」では病院に比べて医師・看護師の配置が少なく、移行を促すことで費用を抑制することが狙いだった（池上2010: 199）。

第6章　小泉政権の医療保険改革（2001～2006年）──医療費抑制のさらなる徹底

規定が置かれている。翌日の参院本会議で医療制度改革関連二法案は可決・成立した（6月14日）。衆院厚生労働委員会での採決が与野党間の対立によって遅れ、参院での審議日程も当初の予想より遅れたが（『読売新聞』2006年5月22日朝刊）、会期延長なしでの成立となった。

考　察

　郵政選挙後に首相の求心力が高まったこと、族議員の影響力が低下したこと、またこれに反比例して財務省の影響力が強まったことで、2006年には再び厳しい支出削減策が進められることになった。療養病床の削減が急速に決められたのも、こうした首相・財務省からの歳出削減圧力に厚労省が押された結果といえよう。また、2002年改正のときと比べると今回改正の過程では与党と医師会の影響力の低下が鮮明となった。「大綱」決定時にも法案提出前にも与党議員は政府の（究極的には首相の）方針に逆らえずにいた。医師会や野党は医療費の推移を過大に予測して患者負担増などの医療費抑制策を迫ろうとする政府の姿勢を批判していたが、医療費抑制と国庫負担抑制という方針が貫かれた。

　1970年代から1980年代までの自民党政権下の医療保険改革では、患者自己負担の拡大を求める政府原案は与党によって修正・撤回され、国会では野党との交渉を通じてさらに自己負担が緩和されていた（第4章）。小泉政権下の2002年改正の際にも、自民党族議員が被用者3割負担に猛反対したのは6-2.で見た通りである。ところが、今回改正では首相の官僚制・与党に対するリーダーシップが明確になり、その結果、史上最大の診療報酬マイナス改定が決められたのみならず、高齢者を中心とした患者自己負担の引き上げまでが一国会で決定された。改正に先立ち、厚労族議員と医師会は再度医療費の伸び率管理という構造的な変化を阻止することができたが、郵政選挙を通じて権威を取り戻した首相のリーダーシップを前にして診療報酬引き下げと患者自己負担増という伝統的な医療費抑制政策の強化を受け入れさせられたのである。

　内容をまとめるならば、2006年改革の本質は需要・供給両面からの包括的な医療費抑制政策であり、「小さな政府」・受益者負担強化の論理に基づいた改革であった。需要面では高齢者の自己負担割合の引き上げ、療養病床の食費・居住費の自己負担化、高額療養費の自己負担限度額の引き上げといった患者自

253

己負担の引き上げが行われ、供給面でも診療報酬の過去最大のマイナス改定、療養病床の削減、都道府県に対する医療費適正化計画の義務づけなどが決定されている。3歳未満の乳幼児に適用されていた自己負担2割ルールを就学前まで拡大したり、出産育児一時金を30万円から35万円に引き上げたりといった出産・育児に関連した給付拡大策も見られたが、施策の中心を占めていたのは医療費抑制政策であった。ようやく高齢者医療制度改革が決着したものの、高齢者は患者負担増や療養病床削減に直面することになり、医療・介護へのアクセスの困難が懸念される結果となった。

　一方、新たな高齢者医療制度に対する公費負担の増強は行われず、財源面での改革は2000年改革以来先送りされてきた全ての高齢者からの保険料徴収が規定されたことにとどまった。後期高齢者医療制度の財源構成では、被用者保険、とりわけ大企業労使からの財政移転に依存する構造が残されており、経営者団体・労働組合や医師会が要求していたような抜本改革（拠出金廃止と公費負担の大幅引き上げ）は行われなかった。1990年代までの医療保険改革に比べて高齢者の自己負担・保険料負担が強調された改革だったが、いずれにせよ改革の基調は患者自己負担増・診療報酬抑制などの医療費抑制政策であった。

6-5. 結　論

　5年5カ月にわたり続いた小泉政権期には、不良債権処理が進むとともに政府の財政状況も改善に向かった。1999年度のピーク時に37.5兆円に達していた公債発行額は小泉政権末期の2006年度には27.5兆円にまで抑え込まれた。[95] その反面、公共事業費や地方交付税とともに社会保障費も厳しい抑制の対象となった。以下では、小泉政権の医療保険改革に関する結論をまとめたい。

徹底した支出削減 —— 患者負担引き上げと診療報酬引き下げ

　小泉政権期には歳出削減・規制緩和が政策分野横断的な基本方針となり、医療制度改革は政権の重要課題の一つであったが、公的医療保険制度そのものは民営化政策の対象にはならなかった。2002年改革、2003年3月に閣議決定され

95　一方、グロスの政府債務残高対GDP比は2001年の148%から2006年の184%まで増加している（巻末資料・付表5）。

254

た「医療保険制度体系及び診療報酬体系に関する基本方針について」、2006年改革を通じて、国民皆保険の堅持という方針が貫かれたのである。

　ただし、改革の方向性としては「小さな政府」・受益者負担の論理が追求されており、「大きな政府」・応能負担の論理に従って財源を拡大することは避けられた。1997年の改革も含め、小泉の医療保険改革は、国民皆保険を維持していくために患者の負担を拡大する、すなわち、医療保険の給付水準を下げるという論理構成となっている。2002年改革、2006年改革とも財源調達方式に関する改革は総報酬制の導入（ボーナスからの保険料徴収）、高齢者からの保険料徴収という医療保険料の徴収ベースの拡大であり、税負担の増強は避けられている。1990年代以来、社会保障財源の切り札は消費税の増税と考えられていたが、小泉は自身の総裁任期中の消費増税を否定しており、社会保障の財源改革は進まなかった。医療保険部門では、患者負担増・診療報酬マイナス改定を中心とした支出削減による財政均衡が政権の基本戦略であった。[96]

　こうした戦略は小泉自身の政策選好が反映されたものであり、首相の意志貫徹を助けた要因として以下の三点を指摘することができる。第一に、6-1. で整理したように1990年代以降の行政改革・政治改革によって首相の官僚制や与党に対するリーダーシップの制度的な基盤が強化されていた。経済財政諮問会議の活用や郵政民営化に反対した造反議員への制裁に見られるように、小泉[97]は自らのリーダーシップの確立のために利用可能な手段を惜しまず利用した（内山2010: 14-5）。患者自己負担増と診療報酬抑制については、首相と厚労省は程度の差はあれ基本的な方向性としては一致していたと考えられるため、与党の抵抗を克服できるか否かが重要だったが、郵政選挙後の2006年改正では与党に対する首相の優越が明確になった。

96　上川龍之進は、小泉が消費増税を否定していた理由として、消費増税による増収が歳出削減の手綱を緩めることが懸念されたこと、そして世論による支持に権力基盤を置く小泉にとって消費増税が命取りになる危険性があったことを挙げている（上川2010: 196-8）。ただし、財政再建・国債発行額の縮小を政策理念とする小泉は、財源の裏付けのない減税に消極的であり、小渕内閣が導入した定率減税の廃止などの増税も行っている（上川2010: 195-7）。このため1990年代の諸内閣とは異なり、小泉内閣は大規模な減税に取り組まなかった。

97　その後、内閣の官僚制へのリーダーシップ強化は民主党政権においても追求されたが、2012年に誕生した第二次安倍政権においては、2014年の内閣人事局設置を通じて首相官邸による官僚制の統制がいっそう強化された。また、同政権については党に対する官邸の優位の強化も指摘されている。例えば、牧原（2016）参照。

第Ⅱ部　日本における医療費抑制

　第二に、一番目の点と関連して首相個人に対する世論の高支持が首相のリーダーシップをさらに強化していた。選挙での再選を目指す与党議員たちは、たとえ不満があっても小泉首相＝党総裁の意向に従わざるを得なかった（内山2010: 14; 上川2010: 29注21）。

　第三に、日本の診療報酬システムの構造によって医療費の伸びを抑制することが政策決定によって可能であったことも挙げられよう。2002年度、2006年度には国民医療費はマイナス成長となっている（表6-4）。医療費の伸びを抑え込むこと（支出削減）が可能ならば、財源拡大という選択肢は後退することになる。交渉によって診療報酬全体の改定率を決める仕組みでは、日医は選挙で苦戦が予想される政党や規律の弱い政党、あるいは財政的に余力のある政府への働きかけによって、改定率の引き上げを勝ち取る可能性を有している。しかし、実際には政府に財政余力は乏しく、自民党の集権性は高まっていた。ここで日医にできたことは、診療報酬の2002年改定交渉の過程で観察されたように、診療報酬引き下げを受け入れることを別の改革案を撤回させるという交換条件として提示することにとどまった。

　こうして小泉は与党議員や医療関係者らの反対を押し切り、2002年の「三方一両損」の改革、2006年の高齢者医療制度改革を実現させた。いずれの改革においても患者自己負担増・診療報酬マイナス改定による医療費抑制と政府の支出削減が図られた。2000年代に入り日本の一人当たり総医療費はイギリスと並んで主要先進国中で最低の水準となった（巻末資料・付表2）。医療費抑制に関しては小泉政権は成功したといえるだろう。

小泉政権の医療保険改革の限界

　しかしながら、小泉政権下の医療保険改革にも限界があった。第一に、総合規制改革会議や経済財政諮問会議の民間議員が求めていた混合診療の解禁、株式会社の参入、保険者と医療機関の直接契約などの市場原理志向の改革案はほとんど実現しなかった。厚労省・族議員・医師会が反対しただけでなく、財務省もこれらの措置によって医療費抑制政策が機能しなくなることを恐れていた。小泉政権期に用いられた患者負担増・診療報酬抑制・療養病床削減など[98]

---

[98] 2006年以降、介護療養病床は減少に向かい（図6-1）、介護費の抑制につながった（池上2010: 199）。

256

の医療費抑制策は旧厚生省以来の施策が強化されつつ再利用されたものであり、厚労省が真っ向から反対した混合診療解禁などの施策は実現していないのである。また、医療費に対するキャップ制も厚労省・族議員・医師会の反対によって実現しなかった。つまり、首相とその周辺に位置する総合規制改革会議や経済財政諮問会議が決定した方針に厚労省・族議員が粛々と従うという政策決定パターンが確立されたわけではなく、厚労省は選択的に拒否権を行使することができたといえる。また、2002年改正に見られたように、諮問会議や財務省が厚労省とは異なる改革案を提示したとしても、政府・与党の調整については厚労省案をベースにした事前（国会提出前）調整という形態が存続したのである。したがって、小泉政権下の医療保険改革では従来の意思決定方式が存続しつつ、首相とその周辺の機関の発言権が増大したというのが実態であり、ある意思決定方式から別のものへと完全に変化したわけではないというのが正確な描写であろう。それゆえ、診療報酬の抑制や患者自己負担の引き上げとは異なり、厚労省が反対していた新自由主義的な医療保険改革についてはごく一部しか実現しなかったのである。

　第二に、患者負担増と診療報酬抑制によって公的医療保険の財政は一時的に健全化したが、財源調達の問題は解決されなかった。2002年改正に基づいて2003年度から総報酬制が導入されたことで保険料収入が増加し、またサラリーマン3割負担実施によって保険給付が減少したことなどにより被用者保険は2003年度から黒字に転じた（健康保険組合連合会編2011: 126-9）。ところが、支出の伸びと収入の停滞により、政管健保は2007年度に、組合健保は2008年度に再び赤字化してしまった。政管健保（2008年から協会けんぽ）では2010年度には保険料率が都道府県平均で9.34%と2003年度以来の8.2%から1ポイント以上引き上げられ、その後も保険料率が上昇している（2017年度は平均10%であり、最高は佐賀県の10.47%）。高齢者医療を支えるための支出の増大に加え、2008年のリーマン・ショック以降、加入者の賃金が減少したことも保険料引き上げを不可避にした。協会けんぽの標準報酬月額は2003年度末には平均28.4万円だったのに対し、2011年度末には27.5万円へと低下している（『読売新聞』2012年6月18日朝刊）。2006年の改革は前期・後期高齢者医療制度の創

第II部　日本における医療費抑制

設に伴い被用者保険の負担を強化しており[99]、組合健保では2008年に西濃運輸や京樽などの健保組合が解散するに至り（『読売新聞』2008年9月13日朝刊）、翌年には約80%の組合が赤字となるとともに全体として過去最高の赤字が出た（5,234億円）（健康保険組合連合会2011）。このため被用者保険からは高齢者医療制度への財政移転の見直しと公費負担の引き上げという従来からの要求が出続けた。

　しかしながら、小泉政権の医療保険改革は医療費抑制による社会保障負担の引き上げの回避が基本路線であり、首相の強大な権力が財源調達方式の改革のために用いられることはなかった。医療保険の財源拡大策は、総報酬制の導入と高齢者からの保険料徴収の強化という社会保険料徴収ベースに関する改革にとどまったのである。

　第三に、厳しい医療費抑制政策の弊害が医療関係者のみならず広く世論に認識されるようになった。2006年5月には小松秀樹医師が医療現場の疲弊をうったえた『医療崩壊』を公刊し、その後も「医療崩壊」に関する出版が相次いだ（小松2006, 2007;『世界（特集：医療崩壊をくい止める）』岩波書店, 775, 2008年2月号; 岩本裕, NHK取材班2010など）。また、平均在院日数短縮・療養病床削減を目指す政策は医療・介護難民を発生させたとして強い反発を招いた。診療報酬や医療供給の抑制はかねて行われてきたものだが、小泉政権期の政策はそれらをさらに強化した。国民皆保険体制を堅持するために必要とされた改革は患者負担の増大、医療現場（とりわけ病院）の疲弊、医療機関へのアクセスの困難を生み出すことになった。また、保険料滞納による無保険者の増大も指摘されている。国民健康保険の保険料を1年以上滞納し、国民健康保険被保険者資格証明書の交付を受けた世帯数は2000年の9万6,849世帯から2006年には35万1,270世帯へと3.6倍になった[100]。

---

[99]　1984年改正で導入された退職者医療制度は退職して国保に移った元会社員・元公務員の医療費について制度間の財政調整を行うものだったが、前期高齢者医療制度では65歳以上75歳未満の全ての者の医療費について制度間財政調整を行うものであり、市町村国保の負担は軽減され、被用者保険の負担が強化された。さらに、2008年度には厚労省は政管健保への国庫補助金削減を組合健保と共済組合に肩代わりさせた（『読売新聞』2007年12月19日朝刊）。

[100]　資格証明書の交付を受けた世帯は医療機関受診時に全額自己負担をしなければならないため実質無保険状態といえるが、形式上は国保に加入していることになっており、その数が把握される。これに加えて資格証明書もない本当の無保険者も実数は不明とはいえ相当数存在しているものと考えられている。例えば、厚生労働省「社会福祉行政業務報告（平成20年

第6章　小泉政権の医療保険改革（2001～2006年）──医療費抑制のさらなる徹底

　こうして医療費抑制政策の限界が認識され、小泉の引退後に自公政権の内部から医療や社会保障政策の転換を目指す動きが現れる（五十嵐2008; 武川2009）。小泉政権以降の医療・社会保障に関する動向は第12章で検討しているため、ここでは医療費抑制に関する概要のみ述べておきたい。

　小泉政権退陣後、安倍内閣を経て、福田・麻生自公連立政権と民主党政権においては小泉政権による社会保障費抑制路線にストップがかけられた。福田内閣は2006年改革で決められた70歳から74歳までの患者自己負担の引き上げ（1割から2割）を凍結し、民主党政権による2010年・2012年の診療報酬改定では薬価引き下げ分をわずかに上回る本体部分のプラス改定が行われ、辛うじて実質プラス改定となった（表6-3）。民主党政権退陣前の2012年8月に決められた「社会保障と税の一体改革」に基づき、2014年4月には消費税率が8％に引き上げられ、一般会計税収は回復に向かう。

　しかし、2014年・2016年の診療報酬改定は実質マイナス改定へと戻り、2015年の介護報酬改定は小泉政権以降初のマイナス改定となった（2.27％）[101]。消費税増税による増収は、増加する社会保障費を賄う上ではなお不十分であった。2014年には、福田内閣が凍結していた70歳から74歳までの患者の自己負担の2割への引き上げも開始された[102]。診療報酬の抑制に加えて、病床削減に向けた動きも進められている（伊藤2016: 109-17）。消費税率は2015年10月には10％に引き上げられるはずだったが、安倍晋三首相は2014年11月と2016年6月の二度にわたって引き上げ延期を決めた。国民医療費・社会保障費の増加がとまらず、また公的財源の拡充が不十分であるなか、政府の医療費抑制政策の手綱が緩まる気配はない。

度）」によれば、2008年の生活保護の新規受給者のうち、受給開始時に医療保険に「未加入」または「その他」の者が全体の31.8%を占めていた。以上、二木（2010: 14-21）による。

[101]　自民党の2012年の政権復帰後の医療・社会保障政策については、二木（2014）、伊藤（2016）など参照。

[102]　既に70歳に到達している患者にはこの負担増は適応されず、2014年以降70歳に到達した患者についても、自己負担割合は69歳までの3割から2割へと減少することになるため、個人にとっては自己負担増は生じず、受診抑制は生じないはずである。とはいえ、制度設計として給付率は下がるので、医療保険給付費の抑制策にはなる。

259

第Ⅲ部　フランスにおける医療費抑制

第7章　医療費抑制政策の遅れ —— 第一次石油危機以降1980年代までのフランスの医療保険改革

　1980年代以降、日本では自民党政権が日本医師会との政治的妥協を形成しつつ診療報酬システムを活用した医療費抑制を推進してきたのに対して、フランス政府は医療費抑制に関する開業医との妥協形成にしばしば失敗してきた。以下、第Ⅲ部ではフランスにおける医療費抑制の試みとそれが直面した困難について検討する。議論のポイントは日本とは診療報酬システムが異なり、医療費抑制政策を行いにくくなっていたこと、また医療費をめぐる交渉過程が日本に比べ複雑であり、妥協形成が阻害されてきたことである。第Ⅰ部で整理したように、フランスの場合、政府・与党それぞれの一体性は高いものの、医療費抑制の手段自体が制約されており、また利益団体に大きな役割が与えられてきたため、政府主導の医療費抑制政策の推進は困難だった。

　本章では、第一次石油危機以降1980年代までのフランスの医療保険政策の展開を検討する。日本に比べると、フランスでは総医療費の抑制に成功せず、社会保障負担の拡大を中心とした財政対策がとられてきた。

　1970年代後半から社会保障財政再建のためのプランが各内閣によって打ち出されるようになり、それらは給付削減（入院定額負担金の導入・一部の薬剤の償還率引き下げ）と社会保険料を中心とした社会保障負担の引き上げからなっていた。ミッテラン社会党政権は発足当初は社会保障費拡大路線をとるが、すぐに緊縮政策へと転じ、社会保障の財政均衡を重視するスタンスは左右両方の政権に共有されることとなった。

　以上のような医療保険財政対策はフランスの行政府優位の政治構造を活かして迅速に決定された。日本で患者自己負担の導入や消費税の導入が与党の反発によって先送りされたり骨抜きにされたりしたのとは対照的である。

とはいえ、医療費抑制政策はあまり進展しなかった。バール内閣時代の1980年には開業医に新たに超過料金請求を行うことが認められ（セクター2の導入）、公的医療保険適用外の医療費増加が許されている。また、1981年のミッテラン政権の誕生は医療国営化をもたらさず、医療費抑制政策に関しては1984年から公立病院に総枠予算制が導入されたことを除けば、1980年代を通じて構造的な対応は限られることになった。

他方、社会保障財源改革の面では1980年代に入ると社会保険料を補完する財源として所得一般に賦課される定率の社会保障目的税が左翼・右翼両政権によって実験されるようになった。1970年代半ば以降の財政対策の中心は第2章2-2. d. で予想されたように医療保険料の引き上げであったが、1990年にはより賦課対象の広い一般社会拠出金（CSG: contribution sociale généralisée）の導入へと至る（第13章）[1]。

同時期の日本で診療報酬抑制と患者自己負担拡大による医療費抑制が進められ、保険料負担や国庫負担の上昇が抑制されたのとは、政策展開が大きく異なっているといえよう。石油危機以降のフランスでは社会保障負担が急増していった。

以下、7-1. では1974年から1981年までの保守政権下での医療保険改革を、7-2. ではミッテラン社会党政権（1981～1986年）とシラク保守内閣（1986～1988年）の医療保険改革を検討し、政策対応の基本が小規模な患者自己負担拡大と、医療保険料を中心とした財源拡大であったことを示す。

7-1. 石油危機後の経済財政状況と政策対応 ── フランスの場合

1973年の第一次石油危機の後でフランスでは社会保障制度の赤字化が進む[2]。医療保険金庫[3]は1960年代末から既に赤字基調であったが、1974年には被用

---

[1] CSGは定率の社会保障目的所得税というユニークな税制であり、日本でも社会保険料以外に社会保障の安定財源を確保することが喫緊の課題となったことで再度注目が集まった。例えば、柴田（2012）、佐藤（2013）を参照せよ。

[2] 第一次石油危機後のフランスにおける社会保障政策については、Join-Lambert et al.（1997: chap. 12）、Palier（2005: chap. 4）を参考にした。

[3] 以下で医療保険金庫と記述する場合、一般制度の全国被用者医療保険金庫（CNAMTS: Caisse nationale de l'assurance maladie des travailleurs salariés）のことを指す。

者一般制度の医療保険・年金・家族手当の三部門全てが赤字となった（Palier 2005: 171）。石油危機後の経済と労働市場の状況はフランスの社会保障財政を大きく悪化させた。ビスマルク型福祉国家であるフランスでは社会保障の財源に占める社会保険料の割合が大きい。ところが、第一次石油危機以降、フランスでは賃金総額が停滞し、また失業の増加と若者・女性・高齢者の労働市場からの退出によって被保険者数が減少したことで、社会保険料収入が伸び悩むようになった。他方でそれまでの社会保障改革による給付水準・対象の拡大や、高齢化・失業の増加などの経済社会状況の変化は社会保障費を増加させた。このため社会保障制度の収入と支出の乖離が生じ赤字が増加していった。

　かくして社会保障政策の中心課題は給付の改善から赤字への対応に変化し、1975年以降、毎年のように政府は社会保障財政を再建するための計画を発表するようになる（Palier 2005: 170）。これらの計画は一方での社会保険料率の引き上げや賦課対象の拡大（財源拡大）と、他方での給付水準の引き下げや給付対象の縮小（支出削減）からなっている。いいかえれば、1970年代後半から1980年代までの社会保障改革は既存の社会保障制度のデザインを前提とした上での微調整が主たるものであり、構造的な改革は少数である。医療保険についても、1983年に公立病院への総枠予算制の導入が決まったことを除けば、保険料の引き上げと自己負担の拡大による赤字対策が繰り返された。1980年代まではとりわけ社会保険料負担の引き上げによる対応が顕著である。この章では、第一次石油危機から1980年代にかけてのフランスの医療保険改革の特徴を日本との異同に注意しながら明らかにしていく。

　第一次石油危機後のフランスにおける経済・社会政策は1980年代の初めまで内閣の交代にともないケインズ主義的な景気浮揚路線とマネタリスト的な緊縮路線との間を行きつ戻りつする。すなわち、第一次石油危機直後にシラク内閣（1974 ～ 1976年）はケインズ主義的な景気浮揚策をとるが、バール内閣（1976 ～ 1981年）が成立すると緊縮政策が採用され社会保障費の抑制が始まる。その後、1981年に成立した社会党と共産党からなるモーロワ内閣（1981 ～ 1984年）の初期においては社会主義を目指す諸政策が実施されるが、1983年には緊縮政策への転換が決定的となり、それ以降フランスでは左右の政権間に経済・社会政策に関する一定の収斂が見られるようになる。国際的な政治・経済戦略の基本方針が欧州統合の推進と競争的ディスインフレ政策（物価・賃

第7章 医療費抑制政策の遅れ —— 第一次石油危機以降1980年代までのフランスの医療保険改革

表7-1 全国被用者医療保険金庫 (CNAMTS) の収支 (100万フラン)、1970〜1999年

1970	1971	1972	1973	1974	1975	1976	1977	1978	1979
- 442	- 431	- 2 021	- 2 029	- 2 742	- 6 323	- 3 855	2 935	- 5 521	- 289
1980	1981	1982	1983	1984	1985	1986	1987	1988	1989
8577	- 2 889	5 377	13 048	7 520	15 204	- 5 089	7 830	5 409	732
1990	1991	1992	1993	1994	1995	1996	1997	1998	1999
- 6 791	- 2 578	-4 228	- 27 614	- 31 502	- 38 594	- 35 724	- 14 141	- 14 355	- 8 292

出典：Palier（2005: 171 Tableau 5.1.）より医療保険部分を抜粋。

金の抑制によってフランス企業の国際競争力を高めようとする政策）となり、こうした方針との関連で社会政策の位置づけも変化していく。ケインズ主義的なマクロ経済政策の観点からは社会保障支出の増加は需要の拡大によって経済成長を支えるものとなるが、こうした発想はシラク、モーロワ両内閣の失敗によって説得力を失ってしまった（Palier 2005: 174）[4]。マクロ経済政策の基本はインフレを抑制することになり、政府・経営者団体にとって社会保険料は労働コストを押し上げる要因とみなされた。1980年代には社会保険料負担の引き上げが続けられるものの、それに代わる新たな社会保障財源を確保することが政権を超えた政策課題となった。

a. シラク内閣 (1974〜1976年) の医療・社会保障政策

1974年にヴァレリー・ジスカール＝デスタン新大統領によって首相に任命されたジャック・シラクは伝統的な景気浮揚策をとった。同年以降の社会保障制度の赤字化は経済状況の悪化に起因するだけではなく、シラク内閣による社会保障支出増額の帰結でもあった。首相就任直後の1974年6月にシラクは新内閣の社会政策を発表し、最低賃金・家族手当・最低年金などが増額された（Palier 2005: 176）。翌年にも年金の増額や成人障害者手当（AAH: Allocation adulte handicapé）の創設などが行われ、他方で社会保障の赤字化に対処するために医

---

[4] OECDの『福祉国家の危機』はこのように経済政策と社会政策の調和が困難になったことを問題にしている（OECD 1981=1983）。また、福祉国家が非効率な官僚機構となった結果、かえって社会連帯を阻害しているという左派からの福祉国家批判も見られた（Rosanvallon 1992 [1981]）。

療保険料と年金保険料の引き上げが決まる。このようにシラク内閣の社会保障政策は基本的に拡張志向であり、給付改善と保険料引き上げが行われた。この他にも社会保障制度の適用対象の拡大や失業手当の改善、大量解雇の規制なども行われている。

しかし、そうした政策によって経済財政状況は好転しなかった。1975年は不況の底であり、GDP成長率はマイナスとなり、政府の財政収支もマイナスとなった。失業者数は100万人に達し、1975年の年末には労組CGT、CFDTと左翼政党が失業と物価高に対する抗議運動を繰り広げ、翌年3月には大規模ストによって公共サービスが麻痺してしまう（Palier 2005: 176-7）。シラクはジスカール＝デスタン大統領と緊縮政策の実施（これはドゴール派の支持基盤である農民・商店主・中小企業に打撃を与える）や外交路線をめぐって対立を深め、1976年8月に辞任する。

b. バール内閣（1976～1981年）の医療・社会保障政策

続くレイモン・バール内閣では、シラク派が一掃され、経済学者でもある首相が経済・財務相を兼任することでマネタリズム的な緊縮政策への転換が明白となった。石油危機以降、先進諸国ではインフレと不況が同時進行するスタグフレーションという新たな経済状況、失業の増加、貿易収支の悪化、財政赤字の増大といった問題への対処が求められるようになった。そして、この状況を打開するための方法論として新自由主義や「小さな政府」を目指す議論が様々な国で台頭していった。バール内閣はフランスにおける新自由主義的経済政策の端緒を開いた（大嶽1996）。1976年9月にはインフレ抑制・貿易収支改善・財政赤字克服を目標とする最初の緊縮政策（バール・プラン）が閣議決定された。とくに貿易収支の改善が重視され、企業の生産が回復することで雇用も回復するという発想が見られる（渡邊1998: 195）。具体的には、物価と公共料金の凍結、自動車・ガソリン税の増税、そして社会保障赤字縮小のための社会保

5　シラク内閣からモーロワ内閣までの期間のフランスの経済（政策）については、葉山（1991）が詳しい。

6　この後、シラクはドゴール派政党UDR（Union des démocrates pour la République: 共和国民主連合）を乗っ取りRPR（Rassemblement pour la Republique: 共和国連合）へと改組し、党内での権力の集中化を進めた（第3章3-1. b.）。

険料引き上げなどが含まれていた。さらに、労働組合との合意形成をせずに賃金抑制政策が決められ、翌月にはプランに反対するため労組と左翼政党による大規模なストが再び組織されている（Beau dir. 1995: 99）。

翌1977年4月にはシモーヌ・ヴェイユ（Simone Veil）医療・社会保障大臣が社会保障財政悪化の予測に基づき、いくつかの社会保険料と患者自己負担額の引き上げ（入院定額負担金の導入と一部の薬剤の償還率の引き下げ）を含むヴェイユ・プランを発表する[7]。しかし、その後予想ほどに赤字が大規模なものではないことが判明し、労組による激しい抗議を招くことになった。

ブルーノ・パリエはこれを財政状況の悪化を強調することで施策の必要性を正当化するという政府の手法がとられた最初のケースの一つとしている（Palier 2005: 177）[8]。CGT、FOなどの労組は社会保険制度が赤字化しているのは、本来国家が租税を用いて実施すべき給付に社会保険料が用いられているという「不当な負担（charges indues）」に起因していると主張し、社会保障金庫、つまり自分たち労働者の代表をバイパスして社会保険料引き上げを決めようとする政府の姿勢を非難していた（Masnago 1978）。これらの労働組合は、政府は社会保障制度を解体しようとしており、自分たちこそが社会保障制度の守護者であるという対立図式を構築するようになる（Palier 2005: 183）。

1978年にはヴェイユ大臣によって再び医療保険料と入院費用の引き上げからなる財政再建プランが発表され、翌年にはジャック・バロ（Jacques Barrot）新大臣によってさらに厳しいプランが発表された。バロ・プランには医療保険料の一時的な引き上げ、退職者からの医療保険料の徴収、公立病院予算の凍結、予定されていた医師の診療報酬引き上げの取り消し、共済組合に対する保険免責制の導入などが含まれていた[9]。

こうした短期的な財政均衡を狙いとした措置に加えて、1970年代後半には

---

[7]　石油危機以降発表されたこれらの社会保障財政再建計画（プラン）の内容は、藤井（1997: 15-31）、Palier（2005: 435-54）がまとめている。

[8]　「社会保障の赤字（trou de la Sécu）」がメディアによってとりあげられ、フランスの社会保障改革論議の中心を占めるようになったことを批判的に分析した研究として、Duval（2007）を参照せよ。

[9]　共済組合による給付の対象を制限し、患者負担額を増やそうとしたものだが、共済組合は猛反対し、社会党政権が成立した1981年にこの制度の導入は撤回されている（Palier 2005: 436-7）。ただし、保険免責制は保守政権によって2004年の医療保険改革の際に改めて導入される（第9章）。

267

医学部定員の削減が始められている。1975年に約8,700人だった医学部2年生の定員は1993年までに約3,700人へと大幅に削減されていく（CREDES 2001）。

また、社会保障制度の財政状況の透明化とより堅実な根拠に基づいた社会保障政策の実現のために、1979年3月に社会保障会計委員会（Commission des comptes de la Sécurité sociale）が設置された[10]。新委員会の設置が物語るように、社会保障担当大臣や社会問題省にとっての主要な論点は連帯や社会正義から財政均衡へと変化していった[11]。

セクター2の導入

1979年には一般制度（被用者の社会保障制度）全体の収支は辛うじて均衡し、1980年には医療保険を中心に一般制度は大幅な黒字となった（表7-1）。翌年に大統領選挙が控えていることもあり、この年には新たな財政再建計画は発表されていない。ただし、医療保険の分野では重要な変化が生じている。

医療保険金庫と医師組合が1980年に締結した第三次全国協約によってセクター2という新たな協約医（保険加入医）のカテゴリーが導入され、この仕組みを利用する専門医や私立病院長には公定料金に制約されずに患者に料金を請求することが認められることになった（第2章2-2. b. 参照）。公定料金を上回る超過請求部分は患者が自分で負担するか、共済組合などの私保険（補足医療保険）によって負担される。バール政権は診療報酬凍結・総枠予算制導入によって医療保険給付の伸びを抑えようとしていたが、セクター2の医師には公定料金に加えて超過料金を請求することで収入を増やす道が残される。そして、社会保障金庫としては超過料金部分を負担する必要がない。つまり、医療保険金庫（労使）は新たな医療費負担を外部化することで医師組合と妥協したのである。

この妥協は公的な医療保険給付以外の私的医療費を含む総医療費を抑制する上で大きな障害となっていく。また、セクター2の導入は医師の内部に事実上専門医と一般医の格差を認めたということであり、医師の世界での内部対立

---

[10] 社会保障担当大臣が主催し、上下院議員・政府代表（行政官僚）・社会保障金庫・労働組合が参加する（Palier 2005: 177-8）。

[11] 社会問題省内では社会的公正に関心のある人々は社会保険を扱う社会保障局（direction de la Sécurité sociale）から、公的扶助などを扱う社会援護局（direction de l'Action sociale）へと移るようになったという（Hassenteufel dir. 1999: 81）。

を助長することになる。専門医の医師組合であるFMF（Fédération des médecins de France: フランス医師連盟）はセクター2を導入する全国協約に署名したが、一般医・専門医双方からなるCSMF（Confédération des syndicats médicaux français: フランス医師組合連合）はセクター2が「貧富2通りの医療（médecine à deux vitesse）」を生むものとして反対していた（藤井1996: 44）。なお、総枠予算制は実施されぬまま1985年の第四次全国協約で廃止された。[12]

　以上を要約すると、バール内閣の緊縮政策のなかでは社会保障についても財政赤字の縮小が主要な政策目標となった。目標実現のための手段は社会保険料の引き上げ（1976年から1979年まで毎年なんらかの形で引き上げが決まっている）と、医療費の抑制（患者自己負担の拡大・診療報酬の抑制）であった。小幅な給付削減が行われるようになったものの、保険料の引き上げという財源拡大と同時並行的に行われていることに注意が必要である。第一次石油危機以降、日本では1970年代末まで自民党が給付削減と増税に抵抗したことで財政再建のための諸改革は先送りされ、1980年代に入り患者自己負担拡大と診療報酬抑制を医師会との政治的妥協によってなんとか実現し、これによって社会保障負担の拡大が回避された。これに対してフランスでは、1970年代後半以降、政府の社会保障財政再建改革によって行政府主導で自己負担増・保険料負担増の両面から機動的に財政対策がとられている。

　他方、医師に対する報酬に関しては1980年代以降の日本とは逆にコントロールが弱められている。すなわち、バール内閣はセクター2の導入によって一部の医師への超過料金請求権を容認した。この措置がとられたことによって、その後の総医療費の抑制が困難になってしまい、異なる医師組合の間での意見の対立も（再び）表面化した。このため後の政権にとっては医療費を抑制するための個々の施策を導入するだけでなく、アクター間の関係自体を改革することが重要な課題となっていく。この点、自民党と大蔵省・厚生省が診療報酬改定を通じた医療費抑制政策について日本医師会と長期的に妥協を形成してきた

---

[12]　藤井良治は、医療保険金庫と政府に、あえて高い料金を請求する医師を患者は選ばないだろうとの期待があったとみている（藤井1996: 44）。ところが、セクター2を選ぶ医師は増加し、1990年には都市部の医師や専門医を中心として開業医の32%がセクター2に属していた（Barbier et Théret 2009: 70 Tableau 12）。

のとは大きく事情が異なっている。フランスでは、競合関係にある医師組合の
いずれかが協約に合意しても別の組合が反対運動や訴訟を起こすため、医療費
抑制に関する妥協を保険者側と診療側で形成することが困難なのである。患者
自己負担や社会保険料負担の増大については政府主導で迅速に決定がなされる
一方で、社会のレベルでは労使と医師組合の妥協形成が難航するという構図が
1980年代以降も続いていくことになる。

　最後に、政権交代直前の1980年の時点での経済社会状況を確認しておこう。
1980年には医療保険金庫の収支は大幅な黒字となった（表7-1）。同年には一般
政府の財政収支もマイナス0.4%とほぼ均衡していた（巻末資料・付表5）。他方、
1975年に3.4%だった失業率は1980年には5.3%に達した（INSEE 2016）。1970
年代後半には経済成長率は回復したものの、70年代末には物価上昇率が再び
10%を超え、1980年に入ると貿易収支も悪化した。つまり、国家財政は健全
化に向かったが、経済社会情勢の先行きは不透明であった。バール内閣は緊縮
政策へと舵を切ったが、1981年に社会党を中心とする左翼政権が誕生し、再
度ケインズ主義的景気浮揚策が採用されることになる。

7-2. 1980年代のフランスの医療保険改革

a. ミッテラン社会党政権（1981〜1986年）の医療保険改革

社会主義の実験と社会保障給付の拡大

　1981年5月に社会党のフランソワ・ミッテランが大統領に選出されると、
社会保障担当大臣（当時の名称は国民連帯大臣）には党内左派グループである
CERESのニコル・ケスチオー（Nicole Questiaux）が任命された。新政権の社会
政策は給付改善型であり、年金の支給開始年齢の65歳から60歳への引き下げ
（1983年4月から実施）や最低年金の増額（1981年7月に20%引き上げ）などが打
ち出された。また、1982年の12月には社会保障金庫の理事会における労使代
表の構成割合が5対2とされ、1967年以来の労使同数制が改められるとともに、
労使代表を選出する選挙が再導入された。

　ケスチオー大臣は記者会見の場で、財政均衡自体が社会保障の目的ではない
こと、自分は会計担当大臣ではないことをうったえ、前政権との違いをアピー

ルしていた（Wilsford 1991: 141; Palier 2005: 179）。とはいえ、給付の改善と経済状況から再び社会保障制度の赤字化が予想され、夏にはピエール・モーロワ首相はケスチオーに財源調達計画の作成を命じる。11月に発表されたケスチオー・プランは医療保険料の引き上げを中心として自動車保険に対する課税の強化と国庫補助の投入などからなっていた（Palier 2005: 437）。

　経済政策として社会党政権は国有化[13]、最低賃金の引き上げ、有給休暇の延長、公務員の増員などの施策を実施し、購買力の増大による経済と雇用の回復を図ったのだが、周知のようにこの実験は失敗に終わった（Ross et al. 1987）。購買力の増加は輸入品に向けられ国内の経済活動の再建には結びつかなかった。財政赤字の拡大、経常収支の悪化、フランの価値の下落、資本の国外逃避、インフレ、失業の増大などが生じ、かえって経済状況は悪化した。

　当時社会党内には経済政策をめぐって二つの立場が存在していた。党内左派はヨーロッパ通貨制度（EMS: European Monetary System）からの離脱と景気浮揚策の実施を主張し、経済・財務大臣のジャック・ドロールらはEMS残留と欧州統合のなかでのフランス企業の国際競争力強化・企業の社会保障負担抑制を主張していた（畑山2012: 164）。勝利を収めたのは後者であり、1983年3月にはEMS残留が決定され経済政策のUターンが明確化されるのだが[14]、1982年の段階で既に緊縮政策がとられはじめている。

緊縮政策への転換

　1982年6月にケスチオーに代えてピエール・ベレゴヴォワが社会保障担当大臣に任命され、ドロール経済・財務大臣が強く要求していた緊縮政策を社会保障部門で実施することになった[15]。ベレゴヴォワはそれまでミッテランの大統領府事務総長を務めていた腹心であり、毎週火曜の会合にミッテラン大統領、モーロワ首相、ドロール財務相、ジョスパン社会党第一書記らとともに参加

---

[13] ローヌ・プーラン（Rhône-Poulenc）など大手製薬企業の国有化も進められ、薬価の伸びがインフレ率以下に抑制された。とはいえ、医療国営化までは行われず「自由医療（médecine libérale）」の原則（第2章2-1 c.）は維持された。公立病院における私的診療の廃止は不徹底なものに終わり、医師会を廃止するという案も撤回されている（Wilsford 1991: 141-6）。

[14] 吉田徹はミッテラン政権のUターンを「20世紀最後の体制的闘争」の「敗北」としている（吉田2008: iv）。

[15] 以下、本項の経緯記述は主に、Palier（2005: 179-81）に依拠している。

第Ⅲ部　フランスにおける医療費抑制

し、政府執行部で一丸となって緊縮政策の実現に取り組んでいく（Hassenteufel dir. 1999: 189）。7月には物価と賃金の凍結が決定され、社会保障部門ではケスチオーによって予定されていた家族手当や住宅手当の増額が延期されることになった。[16] その後、11月のベレゴヴォワ・プランでは、財源拡大策として所得に対する1%の定率課税（contribution de solidarité）、タバコ・アルコール・医薬品の広告への課税が、支出削減策として患者自己負担の引き上げ（20フランの入院定額負担金、一部医薬品の償還率の70%から40%への引き下げ）と病院への総枠予算制の導入などが発表された。[17]「社会進歩は良好な経済運営と不可分である」というのがベレゴヴォワの言い分であり、ケスチオーとは反対に会計担当大臣を自認するほどであった（Palier 2005: 180）。しかし、労組は年金支給開始年齢引き下げとそのための国庫補助を勝ち取っており、これらの施策に対して反対運動を組織しなかった。

1983年の10月には1962年以来行われていなかった社会保障金庫の代表を選ぶ選挙が実施された。[18] 争点となったのは社会保障の赤字であり、経営者団体（および政府官僚）が保険料の引き上げには限度があり、費用抑制と別の財源が必要であるとうったえ、労組の側では本来税金で実施すべき無保険者への医療保険給付や最低所得保障給付などの無拠出制給付を国が負担すれば、社会保険制度の赤字は解消するとして、「不当な負担」問題の解決を求めた。こうした議論を受けて1984年に失業保険給付と税財源の失業手当の分離が行われるが、[19] 1980年代を通じて各内閣は（とくに被用者の）保険料負担の引き上げとタバコ税のような新たな税財源の導入を繰り返すことで財源問題に対処していく。

1984年にロラン・ファビウスを首相とする新内閣が発足するとベレゴヴォワは社会保障担当大臣から経済・財務大臣に昇格し、後任には家族担当閣外大臣であったジョルジーナ・デュフォワ（Georgina Dufoix）が就いた。医療保

16　この緊急措置はドロール経済・財務相が内閣改造に先立ってモーロワ首相と合意していたものであり、「実質的にはドロール・プラン」であった。ベレゴヴォワの官房長もドロールによって推薦された人物であった。Hassenteufel dir.（1999: 189）参照。

17　1983年3月にも薬価引き上げの延期や病院医療費の抑制などの節約策が発表された（Palier 2005: 437-9）。

18　最も得票が多かったのはCGTであり、これにFO、CFDT、CGC、CFTCが続いた（Palier 2005: 180 note 3）。

19　失業保険の受給期間が切れた者に対する税財源の失業扶助として、特別連帯手当（ASS: Allocation de solidarité spécifique）が導入された。

険制度は1982年以来黒字基調だったが（表7-1）、1984年には節約策としていくつかの診療行為の係数が引き下げられ、翌年にも一部医薬品の償還率が70%から40%に引き下げられている。

ミッテラン政権の医療保険政策のうち、財源の拡大という面から注目されるのはベレゴヴォワ・プランによってタバコ・アルコールなど特定の財に対する課税の税収が医療保険の費用に充てられるようになったこと、また賃金以外の所得に対しても社会保障目的の課税（1%の定率課税）が時限的にだが行われるようになったことである。こうした財源対策はシラク保守内閣によっても受け継がれることになる。社会保障目的の所得課税はロカール内閣によって一般社会拠出金（CSG）として改めて制度化され、やがて社会保障財源の切り札となっていく（第13章）。

公立病院への総枠予算制の導入

他方、ミッテラン政権の医療費抑制政策の目玉は公立病院への総枠予算制の導入である。[20] 18世紀来、フランスの病院の費用は日額方式（tarif journalier）によって賄われてきた。第二次大戦後、1953年3月28日のデクレによって病院の建設費・設備費は医療保険金庫と国庫が負担し、スタッフの給与と運営費用は患者の入院日数に応じて医療保険金庫が病院に支払うことになった。一種の出来高払い方式がとられていたといえよう。この仕組みの下では、病院の収入を増やすためには患者が長く病院に留まるようにすればよいため、費用が節約されにくい。このため医療費抑制が政府の優先課題となると日額方式の見直しが始まった。総入院日数に応じた事後的な支払い方式から事前に予算総額を決定する方式への転換が目指されたのである。1980年代前半の当時、病院医療費は医療費全体の半分を超えており、病院医療費の大半は公立病院のものであったため、公立病院の医療費を抑制することはとりわけ重要な課題であった。[21]

---

[20] 以下の公立病院改革に関する記述は主に、Wilsford（1991: 162-7）に依拠している。

[21] 1985年1月現在で、公立病院数は1,058、私立病院数は2,572と施設数では私立の方が多いが、病床数は公立病院のものが約51万床、私立病院のものが約21万床であり、総予算も公立約1,390億フラン、私立約510億フランと公立の方が大規模であった（Wilsford 1991: 163-4 Table 6. 1., Table 6. 2.）。こうした構図はその後も変わっていない。なお、私立病院部門では各病院が医療保険金庫と交渉することで医療保険給付費の支払いが行われてきた。私立病院部門における医療保険給付の仕組みが改革されるのは1990年代に入ってからである。

第Ⅲ部　フランスにおける医療費抑制

　病院の総枠予算制はバール内閣時代の1977年、1978年に既に実験されてい
た。[22] 社会党政権の目標はこれを公立病院一般に定着させることであった。後
述する開業医部門に対する諸改革とは異なり、公立病院の改革はスムーズに実
現に至った。1982年6月にベレゴヴォワが社会保障担当大臣に就任してから、
財政再建計画の内容は大臣官房の官僚たちによって考案され、病院局長であっ
たジャン・ドケルヴァスドゥエ（Jean de Kervasdoué）と協力しつつ病院改革案
が練り上げられていった（Hassenteufel dir. 1999: 193-4）。彼も政権交代以前から
日額方式の修正に積極的であり、やがては病院の活動の実態に合わせた予算
を保障することを目指していた（Hassenteufel dir. 1999: 193-4; de Kervasdoué 2004）。
11月のベレゴヴォワ・プランのなかで1984年からの予算制導入が発表される。

　翌1983年1月に総枠予算制を一般化する法案は早々と可決され、詳細はデク
レと省令で規定することになった。費用抑制実現に向けた大臣の強い後押しを
受けつつ、予算制の導入は当初案の練り上げから最終的な法制化まで行政官僚
主導で実現しようとしていた。一方、予算制の導入に対する主な反対勢力は公
立病院長たちであった。公立病院長の組合はデクレの試案に対してコスト抑制
の厳しさから反発し、下院議員たちに投書キャンペーンを行った。しかしなが
ら、予算制導入が政府の重要政策として位置づけられており、かつ社会党が単
独で下院の過半数を保有している状況下において、改革案を覆すことは困難で
あった。改革案は貫徹され、1983年8月12日に当初案に沿った形でデクレが
官報に掲載された。

　労使と医師組合が合意しなければ報酬に関する決定を行うことができない開
業医部門とは異なり、国家行政機構の末端である公立病院の改革は行政府主導
で実現された。[23] これによって公立病院の医療費の伸びは確実に抑制され、イ
ンフレ率を大きく下回るようになった。[24] 続くシラク内閣もこの仕組みを利用

22　その他の社会党政権の医療制度改革もジスカール＝デスタン政権に起源を持つものが多
い（Wilsford 1991: 180）。

23　社会党政権はインフレ対策としての公務員給与の引き下げに際しても、官公労組の反発
にもかかわらず一方的に給与抑制を決定した（前田2014: 254-5）。

24　公立病院の予算総額の伸び率は1981年に14%、1982年に13.4%、1983年に9%、1984年に
6.6%、1985年に5%、1986年に3.4%と一貫して減少している（Ministère des Affaires sociales,
1985, *Informations hospitalières*, décembre cited in Wilsford 1991: 317 note 2）。なお、各病院は年
度中に医療保険金庫に対して特別なプロジェクトや予期せぬ支出を事由として追加予算を要
求することができるが、医療保険金庫は政府に費用抑制を厳命されており、例外措置は容易

274

してさらに予算の伸び率を抑えた。ただし、病院長や病院の医師たちは予算の不足が医療の進歩を阻み、高額な治療の実施を困難にするとして不満を強めていった。このように医療の質の低下が懸念されたことに加えて、予算の設定が過去の実績に基づいていたため、病院間・地域間の格差が固定化されるという問題も指摘された（Barbier et Théret 2009: 70）。1990年代にはより合理的な予算配分を実現することでこれらの副作用を解消することが課題となる。また、私立病院（cliniques）部門には総枠予算制が適用されず、開業医の診療所部門の医療費抑制も課題として残った。

b. シラク内閣（1986～1988年）の福祉削減と抵抗運動

1986年3月の総選挙に際してシラク率いるRPRは社会党に対抗するべく民営化・新自由主義路線を明確に打ち出し、社会保障についても法定給付の縮小や積立方式の年金の導入をうたった。しかし、実際のシラク内閣の社会保障政策は社会党政権時代のものと大きく変わらなかった[25]。公立病院の総枠予算制は維持され、1987年度の予算総額の伸びは1.9％まで抑え込まれた（Wilsford 1991: 167）。1970年代以来の医学部定員の削減も続けられた。医療保険政策については引き続き医療費抑制と財政均衡が重視され、新自由主義的な政策、あるいは社会党政権とは異なる政策といえば公立病院内での私的診療を復活させたことくらいであった（Wilsford 1991: 151）。

総選挙で医師組合CSMFはRPRを支持し、新内閣の医療担当の副大臣として、RPRの医療政策の責任者を務めてきた婦人科医であるミシェル・バルザック（Michèle Barzach）が任命されたことを歓迎した[26]。ところが、6月にCSMFがパリで開催した「自由医療に関する会議（Congrès de la médecine libérale）」に招かれたバルザックは診療報酬引き上げについては明言を避けた。会議の参加者

に認められなかった（Wilsford 1991: 165-6）。また、1982年をピークとして病院の病床数は減少に転じた（松本2012: 304）。

[25] 1970年代以降のフランスの自由主義者たちは福祉国家が社会連帯を有効に実現できていないことを批判するとしても、社会保障制度の解体を主張したわけではなかった。また、社会主義政権への熱狂が冷めたからといって世論が社会保障制度の廃止を望むようになったわけでもなかった。Berger（1987）参照。世論の動向については本文で後述する。

[26] 以下の診察料引き上げに至る経緯については、Wilsford（1991: 146-8）に依拠した。

はパリ市長を兼任していたシラクに市庁舎へと招かれたが、そこでシラクは医療費抑制政策を継続する予定であり、もし診療報酬を引き上げる場合にはその後半年間にわたって医師のサービス量をコントロールすると明言した。

CSMFとFMFは保守内閣の医療費抑制政策にできる限り協力することで合意するが、自分たち開業医が医療費上昇のスケープゴートにされることに不満だった。CSMFの医師たちは医療費の増加は医師のせいではなく医療保険金庫（労使）と医療技術の進歩のせいであると考えていた。FMFも医療費抑制政策を通じた診療の「自由」の侵害には断固反対だった。

政府に促された全国被用者医療保険金庫は各県の初級金庫に医師組合と協力して医療費の評価を行うよう要請し、医師と金庫とで医療費の伸びの抑制についてキャンペーンを行うことになるが、医師組合は協力の見返りとして診察料の引き上げを要求した。診療報酬に関する金庫と両医師組合との交渉は数カ月に及んだが、結局、1986年12月に一般医の診察料は75フランから80フランに引き上げられることとなり、政府もこれを承認した。翌年6月には一般医の診察料は85フランへと再度引き上げられ、専門医の診察料も同年の4月に110フランから118フランに、9月には125フランに引き上げられた。

このように医師の診察料の引き上げは容認した一方で、シラク内閣は前政権のように患者負担と社会保障負担を拡大する財政再建計画を打ち出した。次に、保守内閣の社会保障財政再建計画の内容を見てみよう。

シラク内閣の社会保障財政再建計画

シラク内閣では、フィリップ・セガン（Philippe Séguin）が社会保障担当大臣に任命された（バルザックは副大臣として医療・家族問題を担当していた）。社会党のベレゴヴォワのようにセガンもまた会計担当大臣を自認し、社会保障制度は破綻寸前であると誇張する手法を用いて財政再建計画を正当化しようとした（Palier 2005: 182-3）。1986年の7月にセガンは財源拡大策として被保険者の年金保険料の5.7%から6.4%への引き上げに加えて、1983年にベレゴヴォワが導入した全ての所得に課される社会保障税（1985年に廃止）を税率0.4%で1年間に限り復活させること、また資本所得に対しても1%の徴収を行うことを決めた（Palier 2005: 439-40）。さらに、同年末には医療保険支出の合理化計画、いわゆるセガン・プランを発表した。このプランは入院時の定額負担金の25フ

ランへの増額やビタミン剤の保険適用除外などの節約策からなっているが、最も大きな財政的効果が見込まれたのは、長期にわたる疾患の場合に患者負担を100%免除してきた仕組みの見直しであった。フランスには日本の高額療養費制度に当たる仕組みはないが、糖尿病などの長期にわたる治療を必要とする一定数の長期疾患（ALD: affection de longue durée）については患者負担が免除されている。セガン・プランは糖尿病患者が風邪をひいた際の治療のように、ALDに該当する疾患以外に関する診療や医薬品には自己負担を導入しようとしたのだった（Wilsford 1991: 150; Palier 2005: 440）。

大幅な入院時自己負担の拡大によって医療費を抑制しようとしたこの計画は労働組合の強い反発を招き、翌1987年に入り計画が実施されると反対運動は大きな広がりを見せた[27]。CGT、FO、CFDT、CFTCといったナショナル・センターに加えて、教員組合を中心とするFEN（Fédération de l'Éducation nationale: 国民教育連盟）やFNMF（Fédération nationale de la mutualité française: フランス共済組合全国連盟）などの団体が集会やデモを組織した。3月にはCGTの呼びかけで計画反対のデモに20万人が集い、5月に入ってからも社会保障防衛の行進に10万人が参加した。1970年代の終わりから失業者の増加や新しい社会運動の台頭によって労働組合の動員力は低下したかに見えたが、社会保障改革を争点とする限りにおいてなお一定の動員力を発揮する可能性があることが確認された。政府の社会保障財政再建計画が頻繁に繰り出されるようになるにつれ、CGTとFOを筆頭として労働組合は「社会保障の守護者（défenseurs de la Sécu）」として振る舞うようになり、政府との対決姿勢を強めていった。

政府が医療保険の給付縮小を繰り返す一方、各種世論調査によってフランス人の社会保障制度への愛着の強さが明らかにされている。SOFRESの調査では1976年に社会保障制度の廃止を非常に深刻である（très grave）と回答した者の割合は79%にのぼり、1983年には同様の回答が85%、1989年の調査では84%であった（Palier 2005: 154 note 1, 185 note 3）。また、1997年の『レクスプレス（L'Express）』誌によると、西欧諸国のなかでもフランス人の自国の社会保障制度への満足度は非常に高い。西欧五カ国の市民に対する世論調査で、「あなたの国の社会保護の水準は満足のいくものだと思いますか（Jugez-vous le niveau

---

[27]　このパラグラフの記述は、Palier（2005: 183）に基づく。

第Ⅲ部　フランスにおける医療費抑制

de protection sociale de votre pays satisfaisant ou non?)」という問いに「満足できる（satisfaisant）」と回答した者の割合は、フランスで77%、スペインで56%、ドイツで53%、イギリスで44%、イタリアで26%となっている（Barbier 1997: 25）。

　政府が社会保障削減に取り組むようになると、労使が制度を管理し政府が監督するという第二次大戦後に社会保障部門に成立した妥協が動揺するようになった（Palier 2005: 183）[28]。1990年代に入るとフランス政府は国家と社会保障金庫の責任の明確化に取り組むようになるとともに、公立病院だけでなく開業医の組合との対決に乗り出していく。労使と医師組合による交渉に任せるのではなく、社会保障制度の国家化（étatisation）と国家主導の費用抑制が本格的に行われるようになるのである（尾玉2010）。

　費用抑制策に対する反対運動が続く一方、1987年5月には再度財源拡大のための計画が発表されている。内容は被用者の医療保険料と年金保険料の1年限りの引き上げ（それぞれ0.4%と0.2%）、0.4%の所得課税の継続、資産所得課税の強化（1%増）、タバコの値上げ（2%）、精神科治療に対する国庫補助などである。前年末のセガン・プランによる入院医療費の節約策の効果が約100億フランであったのに対して、今回の財源拡大計画の効果は213億フランと予測された（Palier 2005: 440-1; Wilsford 1991: 150）。つまり、保守政権とはいえ支出削減策のみで財政均衡を達成しようとはしておらず、保険料の引き上げとその他の税財源を複数組み合わせることで財源を確保しようとしている点で、社会党政権時代の財政再建計画との類似性が見られる。

　では、破綻寸前のはずの社会保障制度の財政はセガン大臣の改革によってどのように変わったのだろうか。まず、1986年の医療費の伸び率は8.2%だったが1987年には5.1%に低下している（Wilsford 1991: 149）。1986年に全国被用者医療保険金庫は赤字に陥ったが、翌年の収支は黒字となった。1989年まで黒字が続く。相次ぐ財政再建改革の甲斐もあって1980年代には医療保険金庫は1981、1986年度を除けば黒字基調であった（表7-1）。ところが、1990年代初頭の世界不況の影響を受け、フランスでは失業率が上昇し、医療保険を含め社会保障財政は再び赤字化することになる。

---

[28]　こうした観察に基づき、パリエはフランスの社会保障改革に関しては左右の政党間の対立軸よりも、政府と労働組合との対立軸の方が重要であるとみなしている（Palier 2005）。

7-3. 結 論

　石油危機以降1980年代までの医療保険改革に関する結論を述べよう。第一に、社会党政権が緊縮路線・欧州統合重視に転じたことで、社会保障の財政均衡を重視するスタンスは左右両方の政権に共有されることとなった[29]。つまり、医療費抑制の必要性、（事業主の）社会保険料負担の抑制と新たな税財源の開拓の必要性は左右の政治的立場を超えて政官のエリートの間ではコンセンサスとなった。

　第二に、改革の基本的な方向性のみならず、利用される施策も多くの場合共有されている。医療費抑制策・財源拡大策の双方について、政権交代を経ても新内閣が前内閣までのレパートリーを再利用している例が数多く見られ、医療保険政策には強い連続性が見られる[30]。例えば、公立病院の総枠予算制や税財源の投入による保険料負担の上昇の抑制などがそれにあたる。反対に、政権交代に伴う前政権の政策の見直しは部分的なものにとどまる。シラク内閣は公立病院での私的診療を復活させたが、それによる経済的影響は限定的なものにとどまり（Wilsford 1991: 144）、政権の基本方針である新自由主義を医療分野で辛うじて達成したに過ぎない（そもそも社会党政権以前から存在していたものを元に戻しただけである）。また、シラク内閣退陣後、社会党閣僚を中心とするロカール内閣は長期疾患（ALD）に関するセガン改革を見直したが、その他の医療費抑制政策が続けられることに変わりはなく、これも部分的に左翼政権らしさを実現したものといえる。

　第三に、公立病院部門での医療費の伸びの抑制には成功したものの、開業医

---

[29]　もちろん、右派政党の方が積立年金の普及に積極的であり、社会党の方が税制と社会保障を通じた再分配により熱心であるといった相違点はある。とはいえ、政権獲得後に社会党内では左派の影響力が低下し、右翼内部では新自由主義的な政治家は存在するものの、サルコジ政権に至るまで年金や医療保険の抜本的民営化が実施されたことはなく、左右の大政党間で社会保障政策の基本的な方向性について一定のコンセンサスがあると見ることができよう。Cf. Guillaume（2002: 203-18）.

[30]　1980年代以降の政権交代が医療保険政策に関してあまり大きな影響をおよぼしていないことはアッサントゥーフルやウィルスフォードなどの専門家によっても指摘されている（Hassenteufel dir.: 1999; Wilsford 1991: 156-60）。こうした医療保険政策の連続性を理解するにあたって、フランスの厚生官僚が政権を越えて政策アイディアの貯蔵庫として機能し続けているメカニズムに着目した研究として、尾玉（2013）参照。

部門（外来部門）の医療費抑制に踏み込まなかった点でも左右両政権は共通している。労使が管理する医療保険金庫と開業医の組合が交渉を通じて保険診療を行うという枠組みは維持された。とりわけ、シラク保守内閣は社会保障財政が危機だとして患者負担と社会保障負担の引き上げを行っている一方で、医師の報酬増額を認めている。セクター2の登場によって超過料金請求が続いたことも重要である。結局、フランスの総医療費対GDP比は1980年の6.7%から1990年の8%へと増大した（巻末資料・付表1）。

第四に、両政権とも増大する医療費を賄うために社会保険料の引き上げを繰り返しただけでなく、新たな税財源の投入を試みていることが注目される。1980年代の日本の医療保険改革の狙いが医療費の抑制とそれによる国庫負担の抑制であったのに対し、フランスでは国庫負担の拡大による医療保険財政問題への対応が開始されていた。

要するに、1980年代の日本で医療費の抑制が達成され、財源の確保は先送りされたのに対して、フランスでは医療費抑制は公立病院部門でしか進まず、医療費の膨張を主として社会保険料の引き上げや新規税財源の投入という財源拡大によって賄ってきた。とりわけ重要なことは、社会保険料への依存の限界が意識され、早くから新規財源の調達が模索されていたことである。このためフランスでは日本とは正反対に1990年代に入り社会保障財源の拡大、ひいては政府の総税収の拡大に成功することになる（第14章）。

医療保険の財政対策に関する日仏のコントラスト（1970～80年代）

第一次石油危機以降の医療保険赤字対策として、フランスでも入院時定額負担の導入や一部医薬品の償還率引き下げなどの形で患者自己負担の引き上げが行われるようになった。こうした給付削減は少しずつ行われており、老人保健制度導入以来、日本の高齢者の自己負担額が改正の度に増額されたことに類似している。

他方、日本で1980年代の初めに租税・社会保障負担を抑制することが自民党政権の方針になり、実際にそうした方針に沿って医療費抑制を重視した医療保険改革が行われてきたのに対して、1970年代後半以降のフランスでは社会保険料負担の引き上げが急速に進んだ（表13-1）。さらに、1990年には社会保険料よりも徴収対象の広いCSGの導入も決められる（第13章）。

第7章 医療費抑制政策の遅れ —— 第一次石油危機以降1980年代までのフランスの医療保険改革

　日本で1970年代いっぱい給付削減が回避され、また福祉を含む公共支出を賄うための財源として提案された消費税が最初の提案から導入までに10年かかったのと比べると（第10章）、フランスでは給付削減・財源拡大による財政対策が迅速に決定されている。この背景として、フランスの場合、医療保険の償還率や保険料率を政府が政令の形で決定できること、また議会が関与する場合でも、行政府の優位が確立されており、議会審議を通じた政府案の骨抜きを回避しやすいことが挙げられる。自民党政権では、行政府・与党それぞれの一体性の低さ、内閣と与党の二元体制（後者の優位）によって政府の社会保障改革案がしばしば後退・撤回させられたのに対して、フランスでは、大統領・首相という執政府のリーダー（彼らは与党のリーダーでもある）の意志が貫徹されやすい[31]。

　しかしながら、総医療費の規模を抑制することに関しては日本の方が成功している。日本では1980年から1990年までに総医療費対GDPが6.4%から5.8%へと縮小したのに対して、フランスでは6.7%から8%へと増大した（巻末資料・付表1）。対GDP比を指標とする場合、日本の方がGDP成長率が大きいことによる影響があるが、一人当たり医療費で見てもやはり日本の方が医療費が抑制されている（巻末資料・付表2）。1980年代に入り、日本では年末の予算編成と連動した診療報酬改定を通じて病院・診療所双方の医療費を包括的に抑制する政策がとられるようになったのに対し、フランスでは1983年に公立病院への予算制導入が決められたものの、開業医部門については本格的な医療費抑制政策がとられなかった。そもそも、フランスでは開業医の報酬は医療保険金庫（労使）と医師の組合が交渉によって決めることになっており、政府の影響力行使には限界があった。1990年代にはこうした状況を改め、国家主導の医療費抑制が本格的に目指されるようになる。

　1990年代に入り、日本では長引く不況と政権の不安定性によって医療保険の財政対策が先送りされていく（第11章）。その結果、2000年代には再び厳しい医療費抑制政策が実施されることになる（第6章）。フランスでは1990年代に入り医療費抑制を目指した抜本改革が挫折し（第8章）、結局CSG引き上げを中心とした財源の拡大が行われることになるだろう（第14章）。次章では、

---

[31] ただし、ロカール内閣がシラク内閣によって導入された長期疾患患者の自己負担拡大措置を廃止したように、政権交代に伴って前政権の政策の見直しが行われることがある。

第Ⅲ部　フランスにおける医療費抑制

1990年代のフランスにおける医療費抑制に向けた抜本改革の挫折の過程を検討する。

第8章　医療費抑制政策制度化の挫折 ── 1990年代のフランスの医療保険改革

　1990年代のフランスでは、政治リーダーの側近官僚たちが従来の制度的な枠組みを否定する大胆な医療費抑制政策を多数打ち出していく。ところが、医師組合との調整不足によってそのほとんどは失敗に終わった。1995年の包括的社会保障改革案ジュペ・プランのうち、医療費抑制に関する措置は行政府主導で一挙に法制化されたが、その後撤回されたり実質的に機能しなくなっていった。他方、医療保険の財源改革や低所得者対策は進み、1990年代以降も「大きな福祉国家」が維持されることになった（第14章）。

　以下ではまず、1990年代の初めに従来の医療制度の基本設計がどのように問い直され、「医学的費用抑制（maîtrise médicalisée）」という概念が生み出されていったかを検討し、その後で実際の医療保険改革の分析へと移っていきたい。

低成長と欧州統合の進展のなかでの社会保障改革

　1990年代に入りフランス経済は深刻な不況に直面し、1991年、1992年には実質GDP成長率は1%台にとどまり、1993年には0.6%のマイナス成長に陥った（巻末資料・付表5）。1993年以降、失業率は10%を超えた。低成長と高失業は税収・社会保険料収入の伸びを抑え、政府の財政赤字と社会保障赤字が拡大した。一般政府財政赤字は1993年のピーク時にはGDPの6.3%に達し、社会保障財政については1989年には一般制度全体（医療保険・年金・家族手当）としてほぼ均衡していたが、1990年に赤字が急拡大し、その後も赤字基調となる。一般制度のうち医療保険部門は1980年代には1981年、1986年を除いて黒字基調だったが、1990年度以降赤字が続く。また、65歳以上人口の比率は1985年

283

の12.9%から1990年には14.1%、1995年には15.2%へと、日本ほど急速ではないものの増加が続いていた（UN 2015）。医療費は高齢化や技術進歩などにより伸びていくのに対して、保険料収入の伸びが追い付かなくなった。1990年代後半には、欧州通貨統合に参加するために単年度財政赤字をGDPの3%以内に、累積債務をGDPの60%以下に抑えなければならないなどといった条件を満たすことが必要となり、社会保障財政の健全化はますます政府の重要課題となった。

　1990年代には1980年代までとは異なる様々な医療費抑制政策が打ち出されるようになり、社会保険料から一般社会拠出金（CSG）への切り替えを中心とした財源面での改革も進められた（第14章）。また、医療保険金庫の組織改革も行われ、1990年代にフランスでは支出・収入・組織を対象とした包括的な医療保険改革が試みられたといってよいだろう。

　しかし、医療費の伸び率は1980年代と比べて抑制されるようになったものの、開業医に対する医療費総枠予算制には強制力を持たせることができず、一部医師による超過料金請求の問題も持ち越しとなった。行政府優位の政治制度のなかで大胆な政策が一挙に法制化されたものの、利益団体（この場合、医師の組合）による反発を抑制することができず、結局、医療費抑制のための構造的な改革は定着しなかった。このため財政対策としては1980年代までと同様に財源の拡大に依存することになったのである。

　以下、8-1.では、1990年代の初頭には労使と医師組合による交渉が行き詰まり、医療費の合理化・医療保険財政の健全化のために政府の介入が不可避となったことを示す。続いて8-2.では、1995年に発表された包括的社会保障計画ジュペ・プランの準備・発表・法制化から挫折に至る経緯を検討する。ジュペ・プランは当事者自治という医療保険の歴史的原則に修正を迫り、国家による医療保険への統制、医療保険による医師への統制をそれぞれ強化しようとしたものであった。医療保険赤字の解消のためにジュペ首相は患者負担の拡大ではなく診療側に対する医療費抑制と財源改革を打ち出したが、成果の定着が見られたのは財源改革のみであった（第14章）。結論部では、1990年代の医療保険改革がどのような経緯をなぜ辿ることになったのか改めて整理し、改革がもたらした帰結にも触れる。

第8章　医療費抑制政策制度化の挫折 —— 1990年代のフランスの医療保険改革

8-1. 1990年代前半の諸改革

　第7章で検討したように、第一次石油危機後のフランスでは社会保障財政再建計画が毎年のように発表されるようになった。医療保険に関しては、医療サービスの需要側（被保険者）に対する施策として、保険料と患者自己負担の引き上げが繰り返された（とりわけ一部薬剤の償還率引き下げや保険適用対象からの除外が節約手段として頻繁に利用された）。しかし、患者負担の増加は医療費をコントロールするための構造的な解決策にはなりえず、また低所得者の受診抑制を引き起こすことも懸念されていた（Johanet 1998: 29）。

　他方、医療の供給側に対しては、支払方式の改革として1984年から公立病院（および非営利民間病院）において総枠予算制が実施されたが、民間の営利病院と診療所の医療費のコントロールが課題として残った。また、公立病院の総枠予算制に関しては、各病院の予算が過去の実績値を元に決められていたという問題や、人件費の削減やサービスの悪化につながったという問題も指摘され（Barbier et Théret 2009: 70）、1990年代にはより合理的な資源配分に基づく医療供給体制と医療費の効率化が目指された。

a.新たな医療費抑制政策の検討

　患者負担の増加は医療機関へのアクセスの平等を脅かす。また、予算制の締め付けが厳しくなれば公立病院のサービスの質の低下を招いてしまう。そこで、1990年代には平等やサービスの質を維持しつつ、なおかつ医療費抑制を目指す「医学的費用抑制（maîtrise médicalisée）」というコンセプトが政策担当者に重視されるようになった。つまり、重複受診・投薬の削減や医学的に不要または危険な治療の排除によって、医療の質を高めつつ費用を抑えることができるというわけである。[1]

　医学的費用抑制政策の代表例は「拘束力のある医療指標（RMO: références médicales opposables）」であり、医師が守るべき共通の診療ガイドラインを設定

---

[1] 1994年の『医療制度及び医療保険制度に関する白書』に見られる、医療費を「より良く支出する（dépenser mieux）」という表現も、同様に医療費の効率化を重視した発想に立ったものである（Commissariat général du Plan 1994: 195）。

285

し、不要・危険な治療を排除することで医療の質の向上と医療費抑制を同時に達成しようとしたものだった。この他にも、患者がまずかかりつけ医を受診し、そこから別の専門的な治療を行う医療機関を紹介してもらう仕組み（ゲートキーパー制）や、これと関連して患者の治療歴・服薬歴などの診療記録の導入が試みられた。かかりつけ医制度と診療記録を導入することで、患者の医療機関へのアクセスの適正化と医療機関の連携を促し、ひいては医学的費用抑制を達成することが目的であった。

　これらの医学的費用抑制政策は、患者の医療機関へのフリーアクセスや、医師と患者の二者間での治療に関する取り決めというフランスの医療における歴史的な原則に抵触するものであった。医療保険政策を専門とする高級官僚たちはフランスにおける「自由医療（médecine libérale）」の原則（第2章2-1., 2-2.）を医療の質や費用抑制などの観点から問題視し、患者や医師の自由の制限を志向していた。[2]

　以上のようなミクロ的な医療費抑制政策とは別に、マクロな医療費にキャップを設けようとする検討も進められていた。フランスでは、日本のように診療報酬全体の改定率を決定する仕組みがない。そもそも公立病院・私立病院・診療所という部門ごとに、公的医療保険からの支払方式が異なっていた。そこで、代替案として考えられたのが、医療保険給付費の年間伸び率を予め決定することだった。

　そもそも第二次世界大戦後に発展したフランスの社会保険制度は加入当事者による管理が原則とされ、社会保障費は政府・議会の決定事項ではなかった。[3]これに対して、1990年代の初めには政府内では社会保障予算を政府・議会が決定することで、費用をコントロールすることが検討されていた。例えば、1993年に計画庁（Commissariat général du Plan）[4]が発表した『健康2010』という全3巻の報告書では、政府・議会・保険者（労使）・医師の団体が医療費の伸びの

---

[2] 例えば、Johanet（1998）を見よ。著者のジル・ジョアネ（Gilles Johanet）は会計検査院所属のグラン・コール官僚であり、1989年から1993年、1997年から2001年の二度にわたって全国被用者医療保険金庫事務局長を務めた。自由化や市場原理の導入ではなく、官僚統制による医療制度の合理化・医療費抑制を目指すフランスの厚生官僚の発想は日本の厚生官僚のそれに類似している。

[3] ただし、石油危機以降の諸改革の検討を通じて見たように、政府はデクレ（政令）によって、保険料率や償還率を決定することができた。

[4] 計画庁については、第13章p. 412参照。

目標値を人口動態・経済成長率・医療需要などの予測に基づいて決定すること
を提案していた（Commissariat général du Plan 1993: 71-88）。この場合でも、単純
に経済指標に連動した形で医療費総枠を抑制するのではなく、人口変動や医療
需要の変化が考慮されることになっており、医学的費用抑制の発想が見出され
る[5]。さらに、医療費の目標総額を各地域圏（région）に配分することや、地域
圏ごとに医療サービス庁（Agence régionale des services de santé）を設立し、医療
需要の変化に対応するように医療供給体制を再編することなどが提案されてい
る。

　歴史的にフランスでは、診療の場面では医師と患者の自由が、医療保険の運
営に関しては労使と医師組合の自律的な交渉が重視されてきたが、1990年代
にはそうした自由・自律を重視したシステムこそが費用の無駄を生んでいると
いう認識から、政府官僚は患者・医師・医療保険者のコントロール強化を追求
したのである。次項では、1990年代の初頭には労使と医師組合の交渉による
合意形成が不可能になり、政府による介入が不可避となった経緯を見ていきた
い。

b.当事者自治の行き詰まりと政府主導の医療費抑制の試み（1990～1993年）

　1980年代の終わりから医療費抑制をめぐって診療側・支払側の当事者によ
る合意形成が困難になった（第3章3-2.）。このため1990年代には国家主導の医
療費抑制政策が展開していくことになる。1990年の全国医療協約によってセ
クター2の凍結が決まるが、協約に署名しなかった医師組合による提訴によっ[6]
て協約は無効化されてしまう。このため1993年に改めて協約が締結され、拘
束力のある診療ガイドラインや医療費の伸びの目標値が医療費抑制のための新
たな施策として導入される。その翌年には患者が指定する一般医に医療ファイ

5　翌年計画庁から発表された『医療制度及び医療保険制度に関する白書』でも、以下のよう
　に経済指標のみに基づいたマクロ的な医療費抑制を否定する記述が見られる。「財政制約の
　考慮は公衆衛生の目標設定を伴わなければならない。実際、GDPに対する医療費の割合を
　恣意的に決定するだけでは不適当であると思われる。……直ちに医学的な指標の利用によっ
　てこの方法が医学的現実に基づいた政策を伴うようにならなければならない」（Commissariat
　général du Plan 1994: 183）。
6　1971年以来、診療報酬や保険診療に関するルールは5年に一度医療保険金庫と医師組合に
　よって締結される全国医療協約によって定められることになった（第2章2-2.）。

ルを保有させ、継続的に診療と処方に関する情報を蓄積させるというかかりつけ医制度を志向した施策も導入される。ところが、これらの措置も強制力を欠き医療費抑制政策としての成果はあがらなかった。当事者自治の機能不全によって医療費抑制に関する合意は形成されず、国家は医療保険への介入を強めるが、結局医師組合の抵抗に遭って新たな施策は骨抜きにされた。こうしたパターンは1990年代後半にも繰り返されることになる。

1990年の全国協約 ── 分裂する医師組合と合意形成の困難[7]

　1988年6月に社会党が与党に復帰して以降、政府にとって1989年に締結が予定された全国医療協約の焦点はセクター2の縮小と開業医部門の医療費の伸びを抑制する仕組みの導入であった。1980年の全国協約によって導入されて以降、予想以上にセクター2を選択する医師が（とりわけ大都市で）増えた結果、公的医療保険の実質的な給付率が低下し、患者の医療へのアクセスが脅かされるようになった。また、バール内閣時代に提案された開業医の医療費の総枠予算制は実施に至らなかった。

　それまで全国協約の交渉は、全国被用者医療保険金庫（CNAMTS）の理事会で連合を形成していたFOとCNPFの代表と、医師組合の代表らによるインフォーマルな会合において実質的に行われ、保険者と医師組合とで妥協を形成することで医療保険への国家介入を避けてきた（Hassenteufel 1997a: 273-4）。ところが、今回は協約の更新をめぐって支払側・診療側双方に内部対立が生じ、複雑な経過を辿ることになった。

　1989年7月の基本合意では、医療費の伸びを抑制する仕組みの導入にCSMF[8]とFMFが合意した。しかし、一般医の組合であるMGフランスは合意しなかった。セクター1（一般医）の報酬引き上げが予定されておらず、彼らが要求していた「健康契約（contrat de santé）」というかかりつけ医指定制度が実験的なものとしてしか認められなかったためである。また、医療費の伸びを管理す

7　1990年協約の交渉の「混沌とした（chaotique）」経緯については主に、Hassenteufel（1997: 273-9）に依拠している。この他に、藤井（1996: 45-8）、Wilsford（1991: 151-3）も参考にした。

8　セクター2を利用できない一般医を抱えるCSMFにはセクター2の導入は失敗であったという意見があり、そもそもセクター2導入時には所得によって医療機関へのアクセスが生じるとして反対していた（藤井1996: 44, 46）。

第8章　医療費抑制政策制度化の挫折 —— 1990年代のフランスの医療保険改革

る仕組みに対する反対運動も生じ、CSMFとFMFも態度を硬化させざるを得なくなった。

　交渉はやり直しとなり、10月末に医療保険金庫はセクター2の医師の割合に上限を設けること、セクター1（一般医）の診察料を85フランから100フランに増額することなどを提示して医師組合の妥協を期待した。ところが、CSMFは11月の総会でジャック・ボーペール（Jacques Beaupère）代表に協約に一切署名をさせないと決議している。FMFの総会でも医療費抑制に反対する立場がとられた。このため社会党のクロード・エヴァン（Claude Évin）連帯相はMGフランスとの連携を狙ったが、他の医師組合の反発を招いた。

　1990年に入ると病院のインターンの医師たちがストに入った。彼らはセクター2の凍結によって将来の開業や医療機関経営が困難になることを危惧していた。これに私立病院や開業医の診療所のストが加わった。エヴァンは反対運動に直面してセクター2への新規参入を制限付きで認める譲歩案を示したが、医療保険金庫では理事長の出身団体である労組FOが1989年の春にセクター2廃止を決議していたため、譲歩に消極的であった。

　2月になって政府が協約による当事者管理に代えて法令によって医療保障を行う可能性を示唆したことで、労組・医師組合双方ともに医療国営化への危機感を抱くようになった（藤井1996: 47）。最終的に、FMFが診療報酬引き上げを条件として協約締結に前向きとなり、急遽協約は締結されることになった。全国協約は1990年3月9日に締結され、27日付けの省令（arrêté）として公布されている。新たな協約では、診察料の15フラン引き上げ、反対運動の急先鋒だったインターンの医師にセクター2への道を開くことを除いてセクター2を凍結すること、既にセクター2で診療を行っている医師の診療の4分の1を協約で定められた料金によって行うことなどが取り決められた。医療費の伸びの目標に関する項目も盛り込まれたが、強制力のない形にされた。また、かかりつけ医制度に関する記述は削除された。

　診療側では、一般医・専門医の双方からなるCSMF、専門医の組合であるFMF、一般医の組合であるMGフランスの間で利害が分かれており、ある組合が別の組合に先んじて支払側と妥協を形成しようとすると組合メンバーの反発を受けてしまう。かといって交渉に乗り遅れた場合、不利な協約が締結されかねない。このため組合のリーダーたちはジレンマに陥ってしまう（Hassenteufel

289

1997: 271-2）。日本のように診療側で日本医師会が明確に最大の発言権を有し、診療報酬改定率の枠内での個別の点数配分によって利益（そして不利益）の配分をリードしてきたのとは異なり、利害の調停を果たすアクターが存在しないのである。

支払側から見ると、ある医師組合と優先的にパートナーシップを構築しようとすると、別の組合やその組合のメンバーの反発を招いてしまい、かえってその組合を周縁化してしまう。また、支払側の内部で政府と医療保険金庫が立場を一本化できていなかった。交渉の過程は混乱し、結局当初の医療費の伸びを抑制するというアイディアは貫徹されず、報酬引き上げのような譲歩案が残るのである。この結果、政府としては患者自己負担の引き上げを行うことで、受診抑制による短期的な医療費抑制を狙うことはできても、医療費の伸びを抑える構造的な仕組みを導入することが課題であり続けた。

コンセイユ・デタ判決による1990年協約の無効化

この協約締結交渉を通じて明らかになったのは、医療保険金庫と医師組合という協約交渉当事者による医療費抑制をめぐる合意形成の困難と、政府による介入の不可避性であった。

協約締結の翌1991年2月に政府は検査センターとの間で医療費抑制に関する合意文書の調印に成功し、同じ年の12月には医療保険金庫を含む三者間でも合意文書が調印された。フランスでは、病院や開業医の診療所とは別に検査センターが存在しており、医療費全体に占める検査センターの割合は数パーセントに過ぎないが、政府は検査センターを突破口として医療費抑制の枠組みを導入・拡大しようとしたのである。医療費抑制の枠組みとは、具体的には検査センターに対する総枠予算制（enveloppe globale）の導入であった。「社会保障の当事者管理体制の弱体に乗ずる形で政府は総枠支払い方式への地ならしを進めていったのである」（藤井 1996: 50）。1991年4月には私立病院への総枠予算制導入についても政府・医療保険金庫・私立病院の間で合意文書が調印され、こ

9　さらに、後で見るように一般制度の全国被用者医療保険金庫の内部でも労使対立の可能性があり、また農業制度や自営業者制度といった保険者も小規模とはいえ協約交渉の当事者であるため、保険者の立場も一貫するとは限らない。
10　以下、このパラグラフの記述は藤井（1996: 49-50）に依拠している。

れ以降、私立病院は公立病院と同様の財政制約下に置かれることになり、医療費が抑制されるようになった（松本2012: 245-52）。この他に、看護婦や患者輸送機関についても医療費抑制に関する合意が成立した。同年の10月には政府と医療保険金庫との間で、交渉を通じた医療費抑制に関する合意文書が調印されている。

　開業医の診療所についても総枠予算方式の導入が進められていく。1992年2月27日にはCSMFと医療保険金庫は全国協約の付属文書第3号を調印し、医療費の伸びの目標値の設定や超過料金の扱いなどに関する取り決めを行った。前者については、医療費の伸びの目標値を毎年設定し、目標に対する超過が生じた場合には翌年度の診療報酬改定にて対処することになった。後者については、とくに一定数の医師に対して新たに「昇格セクター（secteur promotionnel）」を創設し、協約料金よりも高い料金請求を認め、かつ協約料金と同じ償還率を認めることにした。昇格セクターを利用することでセクター1の医師はこれまでよりも高い料金で診療を行うことが可能となるが、その背景には医学生の専門医志向に歯止めをかけようとする政府の意向があった。[11]また、セクター2の医師が昇格セクターを利用する場合にも、患者は協約料金よりも高い昇格セクター料金に基づいて償還を受けることができるので、自己負担額が抑制されるというメリットがあった。[12]

　こうした動きは超過料金を認められたセクター2（専門医）の方に合わせてセクター1の医師（一般医）の報酬を高めようとしたものであり、医療保険金庫にとっては医療保険給付費の増額を意味した。セクター2凍結の代償として結局新たな例外規定を導入することになったのである。

　以上のように、1990年の協約締結以降、個別の医療専門職や開業医の組合との合意形成が進められたのだが、1990年協約に署名しなかったCSMFとMGフランスが協約の認可省令の無効をうったえてコンセイユ・デタ（Conseil d'État; 行政裁判所）に提訴した結果、1992年7月10日に協約は無効化されてしまった（藤井1996: 64注36）。無効の理由は締結後の省令が協約の定めた料金引き上げの適用を限定したことと、協約がFMFのみによって締結されたことであった。

---

[11]　医師全体に占める専門医の割合は1985年から1990年にかけて43.2%から47.0%へと増加し、その後2000年には51.2%に達した（DREES 2001: 12）。
[12]　以上、付属文書第3号の内容については、藤井（1996: 50-2）に依拠した。

後者について補足すると、社会保障法典第162条の65によれば、全国協約が成立するには医療保険金庫と開業医を最もよく代表する一つ以上の医師組合が協約を締結するか、金庫が一般医と専門医のそれぞれについて少なくとも一つの全国的医師組合と協約を締結しなければならず、FMFのみとの締結では協約が成立しないとされたのである（同様の理由で1997年に締結された専門医との協約も無効化される）。このため1993年に新たに協約を締結しなおすことになった。

1993年協約とヴェイユ・プラン

1993年3月の総選挙で保守派が圧勝してエドゥアール・バラデュール内閣が発足すると、シモーヌ・ヴェイユ社会問題相とフィリップ・ドスト＝ブラジ（Philippe Douste-Blazy）保健医療担当相は関係者に書簡を送り、7月31日までに全国協約を締結し、そのなかで拘束力のある医療指標（RMO）、医療費抑制に関する契約、これらに関する義務が遵守されなかった場合の制裁措置などを盛り込むことを希望した（藤井1996: 52-3）[13]。

協約締結に先立ち、6月には社会保障会計委員会が赤字の拡大を予測し、財政再建のためのヴェイユ・プラン（藤井1997: 20; Palier 2005: 443-4）が発表される。これによって開業医の診療の償還率の75%から70%への引き下げ、入院定額負担金の50フランから55フランへの引き上げなどが決まった。患者負担拡大に対して各労組は激しく反発し、医療保険金庫の理事会（トップは労組のポスト）も政府が独断で財政対策を実施することを非難した。

9月末になって107億フランの費用節減を行う合意を含む協約が締結されたが、今回も満場一致とはいかなかった[14]。医師組合の側ではCSMFが署名したが、MGフランスとFMFは協約を認めなかった。医療保険金庫の側では全国被用者医療保険金庫と農業社会共済中央金庫（CCMSA: Caisse centrale de la mutualité sociale agricole）は署名したものの、全国自営業者医療保険金庫（CANAM: Caisse nationale d'assurance maladie des professions indépendantes）は医療費増加率の目標値

---

[13] 政府によるこれらの要求は社会党政権時代の1993年1月4日の「医療職種と医療保険の関係に関する法律第93-8号」によって、新たな協約に盛り込むべきことが定められていた（藤井1996: 64 注37）。

[14] 以下の経緯記述は、藤井（1996: 53）による。

3.4％の算定根拠が不明確なこと、医療費抑制を目標としながらも診療報酬の引き上げが含まれていること、セクター2の継続を認めていることを不服とし署名しなかった。

　新たに締結された協約の主な内容は、①24種類の拘束力のある医療指標（RMO）の導入[15]、②1994年度の医療費の増加率を3.4％に抑えること、③セクター2を凍結し、選択セクター（secteur optionnel）（先述の昇格セクターと類似の仕組み）を導入すること、④1994年7月から診察料を5フラン引き上げることなどであった[16]。前年に合意された1990年協約の付属文書第3号の内容が改めて導入されている。拘束力のある医療指標は無駄または危険な治療を排除することで医療費を効率化するという医学的費用抑制政策の代表的な施策であり、これが守られない場合には金銭的な制裁措置がとられることになった[17]。他方、開業医の医療費の増加を一定範囲内に抑制するための目標値を毎年12月15日までに定めることになったが、この「医療費増加目標値（objectifs prévisionnels d'évolution des dépenses médicales）」は強制力を持つものではなかった。

　今回の協約交渉においても政府が協約の枠組みを予め示しており、また協約交渉と並行して政府によって財政再建計画（ヴェイユ・プラン）が決められている。他方で医療保険金庫と医師組合はどちらも一部しか協約締結に合意しておらず、交渉当事者による自律的な意思決定がなされたとはいいがたい。1992年に全国被用者医療保険金庫では、経営側のCNPFがこうした状況に業を煮やして理事会から離脱するに至った。その上、医療費増加目標値が拘束力を持たなかったように、今回の協約によって医療費が抑制されるという見通しは確か

---

[15]　一例を挙げると「高血圧の管理が満足な状態であり、明らかな左心室肥大や関連する心異常がない場合に、心エコーを行うのは適切ではない」など、RMOには採用してはいけない治療方針が列挙されている（奥田、池田2001: 43）。

[16]　1993年の協約の内容については、藤井（1996: 53-8, 1997: 24）を参照した。

[17]　翌年には、1994年1月18日の「公衆衛生および社会保護に関する法律第94-43号」によって患者ごとの「医療ファイル（dossier médical）」が創設された。医療ファイルを患者の指定する一般医に保有させ、患者には「副本（dossier reflet）」を持たせることで、その他の医師の治療・処方についての情報も蓄積できるようにするという仕組みであった（藤井1996: 57, 1997: 24）。これも継続的な治療と医療機関の連携によって重複受診・検査や無駄な治療を防ぐこと、そうして医療費を効率化することを目指した、医学的費用抑制政策の一種といえるだろう。ただし、かかりつけ医の指定と診療歴の保存は1990年代以降繰り返し制度化が試みられているが、医療費抑制効果をあげるような実効性が与えられるには至らなかった。

第Ⅲ部　フランスにおける医療費抑制

表8-1　総医療消費の名目増加率（%）、1991 ～ 2000年

1991	1992	1993	1994	1995	1996	1997	1998	1999	2000
6.7	6.4	5.8	2.9	5.0	2.5	1.8	3.7	3.9	5.5

出典：DREES（2005: 77）.

なものではなかった。総医療消費（consommation de soins et de biens médicaux）[18]の伸び率は1993年の5.8%から1994年には2.9%へと低下したが、1995年には5%へと再び伸びが拡大している（表8-1）。こうした当事者による医療費抑制の行き詰まりを打開するために、1995年にはジュペ首相が国家主導の医療費抑制へと邁進することになる。

日本との比較

　ジュペ改革の検討に移る前に、本節で見てきたフランスにおける医療費抑制措置の定着の困難を日本と比較しながら整理してみたい。まず日本では、診療所・病院を包括する公定診療報酬システムが成立しており、診療側では日本医師会という単一の集権的組織が最大の発言権を有してきた（第3章3-2.）。政府・与党は2年ごとに診療報酬全体の改定率について日本医師会と妥協を形成することで疑似的な医療費のマクロ管理を行ってきた[19]。

　これに対してフランスでは、開業医の診療所部門・公立病院部門・私立病院部門で公的医療保険からの費用の支払い方式が異なっており、開業医のなかでも医師の組合が複数に分裂している。医療保険金庫も職域に応じて複数に分立しており、開業医の保険診療に関する全国協約交渉は複数の診療側・支払側代表が参加する複雑なものとなっている。協約締結には時間がかかり、締結を承認しなかった医師の組合が司法に訴えることで締結後に無効化されることもある。一般医を優遇しようとすれば専門医が反発し、専門医に譲歩すれば一般医が反発する。医師内部での利害調整を行う主体やメカニズムが存在していないのである。保険者の側では、経営者代表（CNPF）や一部の金庫（CANAM）な

---

[18]　1年間に消費された医療サービスと財の価格の合計（予防費用を除く）。

[19]　第2章でも指摘したように、日本医師会にとっては診療報酬改定率のある程度の抑制は、患者の自己負担率の引き上げや混合診療の解禁のような患者と医療機関にとってより大きな影響を与える改革案を認めるよりは受け入れやすいものと考えられる。

第8章　医療費抑制政策制度化の挫折── 1990年代のフランスの医療保険改革

どは医療費抑制が進まないことに不満を隠さなかった。

　政府は協約交渉にとって代わる意思決定方式を示唆しつつも、協約当事者による合意形成を促すという立場を崩さずにいたが、既存の全国協約方式の下で医療費抑制に関する妥協が成立するという見通しは明らかではなかった。結局、ヴェイユ・プランのように政府が患者自己負担の拡大を（それ以前のプランであれば保険料などの負担の引き上げも）決定することで、公的医療保険の財政均衡が目指されてきた。フランスの政治的コンテクストにおいてはその方が決定に至るコストが低く、確実な選択肢だったためである。

　日本医師会が受診抑制や医療機関の経営難の原因となる恐れから患者自己負担の導入や拡大に強く反対し、与党に働きかけることで患者負担の拡大が高度に政治争点化してきたのに対して、フランスの医師（とりわけ専門医）は公的医療保険に対する超過料金請求を重視してきたように、患者自己負担の存在に相対的に寛容であるように思われる。これには共済組合などの補足医療保険によって自己負担部分がカバーされるという事情も関連しているであろう。フランスの場合、患者自己負担の拡大は行政府優位の政治制度の下で迅速に決定されている。

　しかしながら、患者自己負担の引き上げや医療保険料負担の引き上げという技術的な財政再建手法にばかり頼るのではなく、医療制度の効率性を高めることで医療費を抑制するという発想（医療費の医学的抑制）が政府内では広まりつつあった。全国協約を通じた医療費抑制の行き詰まりに対処するため、1995年の大統領選挙・総選挙の後でシラク−ジュペ政権は公的医療保険制度のガヴァナンスの再建と医療費の抑制に本格的に取り組んでいく。

8-2. ジュペ改革（1995 〜 1996 年）── 首相のリーダーシップとその限界

a. ジュペ・プランの発表と具体化（1995年11月〜1996年）

　1995年11月15日にアラン・ジュペ首相は下院・国民議会において「公平（justice）」「責任（résponsabilité）」「緊急性（urgence）」を三原則とする政府の社会保障改革案を発表した（Juppé 1996）。ジュペは、年金・医療保険・家族手当の三大部門の改革に加えて、政府・議会と社会保障金庫（労使）の関係の再編

295

第Ⅲ部　フランスにおける医療費抑制

表8-2　ジュペ改革の概要

社会保障財政改革
・憲法を改正し、社会保障の毎年の予算を国会が決定できるようにする（社会保障財政法の導入）
・医療保険の保険料の一部を一般社会拠出金（CSG: contribution sociale généralisée）に切り替え
・CSGよりもさらに広い所得に対して課税される税率0.5％の社会保障債務返済拠出金（CRDS: contribution pour le remboursement de la dette sociale）の創設
医療費抑制政策
・医療保険給付費全国目標（ONDAM: objectif national de dépenses d'assurance maladie）の創設
・拘束力のある医療指標（RMO）の拡大・強化（医師が遵守しない場合、罰則として医療保険の償還率を引き下げる）
・医療保険金庫の医療監視部門（contrôle médical）の権限強化
・参照医（かかりつけ医制度）と健康手帳の導入
医療保険の組織改革
・政府が任命する全国被用者医療保険金庫の事務局長（高級官僚）の権限拡大
・医療保険金庫理事会における労働側優位を改めて労使同数制へ復帰
病院改革
・地域圏病院庁（ARH: Agence régionale de l'hospitalisation）の創設
・国立医療認証評価庁（ANAES: Agence nationale d'accréditation et d'évaluation en Santé）の創設による病院の認証・評価の実施
実施されなかった改革案
・普遍的医療保険制度（assurance maladie universelle）の創設

出典：Juppé（1996）、Hassenteufel（2003）、藤井（1999）、笠木（2007）を参考に、筆者作成。
注：年金改革・家族手当改革については省略。

をも視野に入れた「社会保障の真の改造、本当の再建」を目指した一大改革案を提案したのだった。

　医療保険に関しては、1970 ～ 80年代の社会保障財政再建計画に見られたような患者自己負担の引き上げや保険料率の引き上げといった技術的な財政対策にとどまらず、1990年代の新基軸が財源・支出・制度設計の各面について打ち出されている。すなわち、財源面では租税代替化の推進（社会保険料から税への切り替え）、支出面では議会のコントロールの強化による医療費の抑制を提案し、医療保険制度のあり方については普遍的な医療保険制度の創設と医療保

険金庫の組織改革を目指していた。

　予算編成を切り抜けるために患者自己負担率の引き上げと診療報酬改定率の抑制を繰り返してきた1990年代後半の日本の医療保険改革（第5章）に比べると、首相自身がリーダーシップをとって医療保険制度や医療供給体制の構造的な改革を進めることで医療費の効率化を図ろうとしたことは注目に値する。以下では、医療保険に関して実施された諸改革の内容を検討する（藤井1999; 稲森2003; 笠木2007; 松本2012; Hassenteufel 2003）。

財政改革 ── 社会保障財政法・租税代替化

　まず、社会保障の財政改革として、議会が政府財政法（政府予算）に加えて社会保障財政法（LFSS: loi de financement de la Sécurité sociale）を毎年議決することで、社会保障予算を決定することになった。11月にプランが発表されてから、翌年2月には同法を新設するために憲法が改正され、7月22日の組織法によって具体的な内容が定められた。[20]第2章で検討したように、国家から独立した保険者が社会保障制度の運営を行うのが第二次大戦後のフランスの社会保障における大原則であったが、ジュペ改革によって政府・議会の社会保障財政に関する法的な責任が明確化されたのである。[21]後述するように、これは医療保険部門に対する重要な影響を含意する改革であった。

　なお、財源面に関してはジュペ改革によって、医療保険料のCSGへの切り替えや、社会保障債務返済拠出金の新設が行われた。1990年代には社会保険料からCSGへの切り替えによる財源改革（これには財源の拡大が含まれる）が左右両政権によって進められた（第14章）。

マクロな医療費抑制政策

　医療費抑制に関する重要な改革は、制裁措置をともなう医療保険給付費のキャップ制が導入されたことである。社会保障財政法には社会保障各制度の収入と支出の見通しが含まれるが、その一環として「医療保険給付費全国目標

---

[20]　社会保障財政法創設の前史については、松本（2012: 268）参照。
[21]　予算原案を作成するのは政府（社会保障局と経済・財務省）であり、第3章でも見たようにフランスの法制度は政府の議会に対する優位を保障しているため、この改革は政府主導の社会保障の財政再建を目指したものといえよう。ジュペ改革自体にも首相を中心とした政府主導の政策立案・決定過程が際立って見られる（次項b.）。

（ONDAM: objectif national de dépenses d'assurance maladie）」が議決されることになった（公立病院・私立病院・開業医の診療所・社会医療の部門別に定められる）。しかも、ONDAMは単なる目標ではなく、目標を上回る給付が行われた場合、医師には医療保険への報酬の返還という経済的制裁措置が課されることになった。既に公・私立病院部門には総枠予算制が導入されており[22]、ONDAMはとりわけ開業医部門の医療費のマクロ的な抑制を目指したものであった。手続きとしては、社会保障財政法の決定後に政府と医療保険金庫が医療費増加の目標を含む契約を締結し、医療保険金庫と医師組合が全国協約を通じて再度医療費の伸びについて合意するという流れであった。しかし、主だった医師組合はこの施策に対して猛反発していく。

ミクロな医療費抑制政策

また、かねて導入されてきたミクロ的な施策も強化または再導入されている。第一に、拘束力のある医療指標（RMO）は量的に拡大されるとともに、医療保険による償還率の低下などの違反時の制裁措置が導入された[23]。遵守状況の審査・監督は医療保険金庫の顧問医からなる金庫の医療監視（contrôle médical）部門が担うこととされた。第二に、一般医をかかりつけ医とする制度である「参照医（médecin référent）」、そして第三に、診療記録を蓄積するための「健康手帳（carnet de santé）」が導入された。これらが重複受診の減少や医療機関の連携促進を通じた医学的医療費抑制を目指すものだったことは既に述べた通りである。患者にとっては、参照医制度（Hassenteufel 2003: 139）を利用することで第三者払い方式が適用され、自己負担部分のみを医師に支払えばよいという利点があった。反対に、医師の側では、超過料金請求を行うことができず、医療保険に給付を請求しなければならないというデメリットや、一定割合の処方をジェネリック医薬品にしなければならないなどといった様々な制約が

---

[22] 1996年には地域圏病院庁（ARH: Agence régionale de l'hospitalisation）が創設され、ONDAMの予算配分を含む公・私立病院行政を統括する機関となった。また、国立医療認証評価庁（ANAES: Agence nationale d'accréditation et d'évaluation en Santé）という病院サービスの質を評価する機関も設置された。

[23] 従来、RMOの作成は医療保険金庫と医師組合が担ってきたが、前述のANAESがこの役割を引き継ぐこととなった。病院・診療所を通じて、ジュペ改革では医療の質の向上が追求されている。

298

課されるが、制度に参加することに伴う報酬が約束された。

組織改革

以上に加えて、医療保険金庫の組織改革も行われた。第一に、全国被用者医療保険金庫（CNAMTS）の事務局長の権限が強化され、従来地方レベル（地域圏・県）の金庫の事務局長はその金庫の理事会が任命していたのだが、以後はCNAMTSの事務局長が任命できるようになった。CNAMTS事務局長は社会保障担当大臣によって任命される官僚ポストであり、1990年代にはジョアネら会計検査院出身の高級官僚が務めていた[24]。それまでは地方レベルでの金庫の自主的な運営が重視され、全国的な費用抑制が妨げられていたが（藤井1999）、政府の意向を地方まで貫徹させる体制整備を目指した改革と考えられよう。なお、CNAMTSの理事会は労使同数制に戻された。

第二に、医療保険金庫には被用者のものだけでなく、農業従事者、自営業者のための金庫などがあるが、水平的な調整を容易にするために、地域圏医療保険金庫連合（URCAM: Union régionale des caisses d'assurance maladie）が導入された。1993年の全国協約では、保険者（金庫）の足並みの乱れが見られたが、こうした改革は保険者間の強調を促し、医療費抑制を容易にしようとしたものであろう。この金庫連合には国の代表も参加している。

以上の組織改革を通じて、異なる職業や地域レベルに多数の金庫が割拠するなかで、政府官僚を中心としつつ一丸となって医療費抑制にとりくむ体制の整備が進められたのである。

小　括

ジュペの医療保険改革の目標は医療費と医療の質のコントロールを改善することであり、手段は自由化ではなく、医師と保険者（労使）の活動に対する政府・議会の統制を強めるものばかりであった。機能不全に陥っていた当事者自治に対するガヴァナンス改革によって医療費抑制を目指したものともいえよう。議会が社会保障予算を決定する仕組みの導入はとりわけ医療保険給付費の抑制を目標としていた。

24　1980年代以降のCNAMTSトップの経歴は、尾玉（2013: 57）にまとめられている。

第Ⅲ部　フランスにおける医療費抑制

　なお、ジュペ・プランに対しては当初社会保障の民営化を目指すものである
という評価も行われていたが（藤井1997; Blondel 1996）、その後サルコジ政権に
至るまでフランスの保守政権は年金や医療保険の抜本的な民営化を試みたこと
はない。低所得者に給付を重点化し、社会保険の縮小を私的年金や医療保険で
補うというモデルが1990年代以降の保守政権の社会保障改革の基本戦略であ
る（この点については、第9章で再び述べる）。社会党政権は私的年金の普及に消
極的であるものの、普遍的医療保障（CMU）導入時に民間医療保険への加入を
公費によって後押ししており、やはり社会保険の縮小を私保険で補うという戦
略を保守政権と共有しているといえる。

　1995年11月に発表されたジュペ・プランの諸施策は翌年の春までに行政府
主導で一挙に法制化されていった。ただし、公共部門年金改革は大規模な反対
運動に直面して法制化には至らず、医療費抑制に関する諸施策も強制力を持つ
には至らなかった。次に、ジュペ・プランの発表、法制化、そして失敗の経緯
を検討したい。

b. ジュペ改革の政治過程 ── 挑戦と挫折

　1995年5月の大統領選挙でシラクが当選した後、腹心であるジュペ首相は議
会多数派による信任の下で一挙に包括的な社会保障改革を実現しようとした。
ところが、改革案の発表後に政府・議会外で大規模な反対運動に直面したこと
で公営企業の年金改革は撤回に追い込まれ、医療費抑制に関する一連の施策は
法制化されたものの医師の協力を得られず成果を挙げることができなかった。
ジュペは経営者団体（CNPF）、一部労組（CFDT）、一部医師組合（MGフランス）
の支持を期待して、大統領選挙後間もない時期に改革案を迅速に法制化に持ち
込む戦略に打って出たのだが、医療費抑制政策はミクロ・マクロ両面とも失敗
に終わった。

シラク政権の置かれた政治状況・利益団体の立場[25]

　まず1995年当時の政治状況を振り返ってみよう。5月17日にジャック・シ

---

[25]　ジュペ改革の政治過程については、Hassenteufel dir.（1999: chap. 4）、Dammame et Jobert
（2000）などの先行研究がある。

300

ラクが大統領に就任した時、下院では1993年の総選挙のままRPRとUDFの保守連合が圧倒的多数の議席を保有していた。コアビタシオンが解消されただけでなく、RPR出身のジュペはシラクの腹心でもあり、極めて強力な政権が誕生していた。

　医療保険関連団体のうち、経営者団体CNPFは医療保険金庫の管理から離脱していたが、金庫理事会の構成を労働側優位から労使同数制に戻すことを条件に復帰を約束していた。[26]CNPFトップのジャン・ガンドワ（Jean Gandois）はジュペ・プランを支持していた。他方、全国被用者医療保険金庫理事会の理事長ポストを得てきた労組FOは医療費抑制と患者のアクセスへの制限に断固反対との姿勢をとり続けていた。もともとFOは反共産主義の立場からCGTより分離して結成された労組だが、この頃には政府の社会保障改革に反対するためにCGTと接近するようになっていた。

　一方、CFDTは1990年末のCSG導入（第13章13-3.）[27]の際にも見られたように、政府の社会保障改革に対してより融和的であった。つまり、年金・失業保険などの労働者の所得代替を目的とする制度は社会保険料によって運営されるべきだが、家族手当や医療保険のように普遍的な給付を行うための制度についてはCSGのような普遍的な財源を用いるべきだという社会保障改革のビジョンをCFDTは政府と共有していた。1993年以降の保守政府もCFDTとの関係を重視し、ジュペ改革の際には医療保険金庫理事会において1960年代後半に確立されたCNPFとFOによる反共連合に代えてCNPFとCFDTによる改革連合を樹立するという根回しが前もって行われていた。このためCFDTはジュペ・プランを大筋で支持していた。

　医師組合のなかでは、1980年代末の結成以来、MGフランスが一般医をかかりつけ医とする医療供給体制の組織化案を掲げており、これは1990年代の政府の医療制度改革の方針でもあった。ジュペ改革によっても参照医という新たなかかりつけ医制度の仕組みが導入されており、政府はMGフランスの支持をあてにしていた。他方、その他の保守政党に近い開業医の組合が与党（RPR・

26　以下、関係団体の立場については、Dammame et Jobert（2000）を参照した。
27　賃金だけではなく、年金・失業保険給付などの代替所得、資産所得、賭博益などにも課される定率の社会保障目的所得税。1990年代以降のフランスでは、社会保険料負担をCSGに切り替えることで社会保障財源改革が進められた。

UDF）を通じて影響力を行使する可能性があったが、これは以下で説明するようにジュペ改革の内容がオルドナンス（委任立法）によって法制化されることで回避された。

ジュペ・プラン発表までの経緯

続いてジュペ・プラン発表に至る経緯を見ていこう。[28]1995年5月17日のシラク大統領就任後、23日にはジュペ首相が一般政策の表明にて社会保障（とくに医療保険）の財政健全化をうったえた。7月には社会保障会計委員会が1995年度の医療保険の赤字を335億フランと予測し（前年度の赤字は315億フラン）、医療保険給付費の増加率は4.9％と予測する発表を行っている。1993年協約の枠組みによる医療費抑制の限界が認識され、社会保障の構造改革が政府のアジェンダに載せられた。同月末には首相が関係省庁を横断した対策委員会を設置している。

その後、8月末にシラク大統領・ジュペ首相の会談の後で秋に社会保障改革を行うことが発表される。9月には翌年の公務員の賃金凍結が発表され（松村2000: 174）、新政権の緊縮政策への傾斜が明らかになっていった。10月に入り下院・社会保障委員会にて公聴会が開始される。26日にはシラク大統領がテレビ演説で欧州通貨統合を引き合いに出しつつ社会保障赤字、とくに医療費の削減を主張し、社会保障改革の実現は政権課題となった（*Le Monde*, 28 octobre 1995）。同時期に社会保障会計委員会が1995年度の医療保険赤字を335億フランから366億フランへと上方修正し、社会保障全体の赤字は644億フランと予測している。11月7日には内閣改造によって労働・社会保障・医療が単一の省庁へと統合され、社会保障改革が政府の最優先課題に位置づけられる（ジャック・バロが大臣に着任）。この後、11月15日にジュペ首相が下院国民議会にて政府の包括的社会保障改革案（ジュペ・プラン）を発表するに至った。

政権発足時から改革の日程は綿密に準備されており、社会保障改革はシラクが選挙の際に強調していた「社会的断絶との戦い（lutte contre la fracture sociale）」のシンボルとして打ち出されることになった（Hassenteufel dir. 1999: 192）。10月から大統領官邸でシラク、ジュペと側近のスタッフたちは会合を重ねており、

---

[28] 主に、Hassenteufel dir.（1999: 191-2）に依拠してまとめた。

ジュペ・プランの作成は大統領官房・首相官房の官房長・次長と、会計検査院の社会保障に詳しい官僚および医療保険金庫事務局長など少人数のエリート官僚によって密室的に行われた（Hassenteufel dir. 1999: 198）[29]。つまり、ジュペ・プランは政治リーダーとその側近スタッフおよび社会保障行政のトップに位置する高級官僚によって行政府の最上層において生み出されたのである。ジュペはもともと財務監察官であり、予算担当大臣の経験もある。また、RPRの政治家のなかでも医療・社会保障問題に詳しい（Hassenteufel dir. 1999: 198）。そうした首相が中心となって政官のエリートによって生み出されたのがジュペ・プランだった。社会保障局は組織的には関与してないが、プランの内容自体は同局が従来から準備してきた施策そのものであり、政治的リーダーシップによって日の目を見た形となった（Hassenteufel dir. 1999: 199）[30]。いいかえれば、政治的リーダーシップは厚生官僚と対決する形ではなく官僚のアイディアを動員する形で発揮されている。こうしたプロセスにはフランスの行政府内での一体性（とりわけ集権性）の高さがよく表れている。

第9章で検討する2004年の医療保険改革についてもいえることだが、一般に意思決定の内容への厚生官僚の影響力は強く、首相官房・大臣官房と省庁部局のうちでは前者の官房組織が機軸となる[31]。官房のスタッフにはとりわけ有力な厚生官僚が任命され、改革案の内容を作成することになる。ただし、官僚組織間の相互作用のあり方は改革ごとに異なる。ジュペ・プランの場合、社会保障担当大臣官房よりも首相官房の役割が大きかった。とくにジュペの社会問題担当顧問のアントワーヌ・デュルルマン（Antoine Durrleman）の果たした役割が重要であった[32]。ジュペ自身も1980年代後半にRPR内の医療保険改革に関す

---

[29] ヘイワードとライトはジュペ・プランの作成過程を「超集権的調整（ultra-centralized coordination）」としている（Hayward and Wright 2002: 180-4）。

[30] 例えば、プランに含まれる普遍的医療保険は社会保障局が準備してきたものをジュペが採用したものであり、技術的な面での準備が行われていた（Hassenteufel dir. 1999: 196）。

[31] ジュペの演説とその後の政策は8-1. a. で検討した高級官僚たちによる考察をほぼ正確に反映している。これは官僚による政策の選択肢に対するコントロール能力を示しており、「福祉エリート（élite du *Welfare*）」官僚の確立の証拠とされている（Hassenteufel dir. 1999: 203）。また、平等重視・規制重視・官僚の役割増大という点で、ジュペの医療保険改革は厚生官僚の理念・利害に合致している。例えば、医療保険金庫の事務局長（官僚ポスト）の権限拡大、地域圏病院庁などの新設は厚生官僚の利害に合致している（尾玉2013）。

[32] 以下、Hassenteufel dir.（1999: 198-200）による。デュルルマンは長年会計検査院で社会保障財政を担当してきた。

303

る検討に参加しており、ジュペ・プランの内容は既にRPRに近い専門家のレポートにも含まれていた。他方、社会保障局はジュペ・プラン発表後のオルドナンスの作成という技術的な側面を担当した。大臣官房の監督の下、週に一度バロ大臣のチェックを受けつつ作業は行われた。

プラン発表から法制化まで

1995年11月15日のジュペ・プラン発表後、政府はとりわけ大規模な反対運動に直面した。既にプラン発表前の10月には教育環境の向上を求める学生や教員の抗議運動やストが発生しており、これに社会保障改革反対運動や欧州統合・グローバル化に反対する運動が合流することで極めて大規模かつ長期にわたる抗議運動が展開されることになった（松村2000:第5章第3節;軍司2003:第1章）。11月から12月にかけて国鉄、パリ交通公団、電力・ガス公社、郵便局、電話局などの公共部門の労働組合による大規模ストが続く（安達2001:14-5）。主要労組のなかでは、CFDTのニコル・ノタ（Nicole Notat）書記長が政府案支持を表明したものの、CGTとFOはデモを呼びかけ、1947年の分裂以来初めて両組合の書記長が並んでデモに参加することになった（松村2000:174）。CSMF、FMFなどの医師組合も自由医療の原則の防衛を掲げて抗議デモを行った（Hassenteufel 2003:128-9）。12月10日には国鉄改革の無期限延期が、13日には公共部門年金制度改革案の撤回が発表される。こうして公務員ストは沈静化へと向かった。

12月には社会保障改革について議会が政府に立法権を委任する授権法律（loi d'habilitation）が成立し、翌年に入りプランの施策が法制化されていく。1996年1月24日のオルドナンスによって社会保障債務返済拠出金（CRDS）[33]が創設され、2月22日には憲法改正が行われ国の予算に関わる財政法に加えて社会保障財政法が新設された。4月24日にはオルドナンスによって年金改革を除くジュペ・プランの内容が法制化された。

年金改革の撤回によって抗議運動が沈静化に向かったこと、労働組合のうち中道左派のCFDT、医師組合のうち一般医の組合であるMGフランスがジュペ・

---

[33] 社会保障の累積赤字約2,500億フランを償還するために、1996年2月から2009年1月までの13年間にわたって、最低所得保障給付などを除く所得から一律0.5%を徴収すると規定された。

プランの医療保険改革案を支持したことが改革の成立を助けた。また、オルドナンス（委任立法）の形をとることで迅速に法制化がなされた。ジュペ改革の過程にはフランスの行政府の集権性の高さ、立法府に対する制度的優位性が顕著に表れているといえる。

しかし、医師組合の多くは医療保険給付費の目標（ONDAM）に強制力をもたせることを断固として認めようとしなかった。結局、開業医部門では医療費抑制に関する様々な施策は成果をあげることができなかった。ジュペ・プランは議会による社会保障予算の決定を中心として、当事者による自治という戦後社会保障制度の基本原則に修正を迫るものであったが、医師との合意形成なしで医療保険改革を断行することの困難さを明らかにした。ことの顛末は、中央集権的な「強い国家」が関係者を無視して政策を断行するがゆえに反発を招き、その結果当初国家が期待していた成果が達成されないというフランスの政治過程に対する通説（吉田2004; Hayward and Wright 2002）を裏付けているといえよう。おそらくジュペはそれまでの社会保障改革の経緯から事前の広範な合意形成を困難と判断し、密室的に改革案を作成した上で迅速な法制化を目指す戦略をあえてとったものと思われるが、結果的にこの戦略は裏目に出た[34]。これ以降、左翼政権・右翼政権ともに労働組合や医師組合との事前調整を重視する傾向が見られるようになる。ジュペ改革の翌年の1997年春にはシラク大統領が解散・総選挙に打って出るが、社会党の大躍進を招き、保守政権は退陣することになる。

C.医療費抑制政策の挫折

医療保険給付費全国目標（ONDAM）の機能不全

医療保険給付費全国目標（ONDAM）は初年度（1997年度）には達成されたが、翌年以降は実績値が目標を上回る状況が続いた（表8-3）。1997年には

---

[34] 補足しておくと、ジュペ・プランの全ての施策が定着に至らなかったというわけではない。法制化以前に撤回された公共企業の年金改革、法制化後に撤回された開業医部門に対する医療費総枠予算制の強制（制裁措置）などを除けば、社会保障財政法、医療保険金庫の組織改革、地域圏病院庁の創設などの新施策が定着を見ている。第14章でとりあげるように、医療保険料からCSGへの財源の切り替え、社会保障債務返済拠出金の導入など社会保障財源改革も実現している。

第Ⅲ部　フランスにおける医療費抑制

表8-3　医療保険給付費全国目標（ONDAM）と実績（%）、1997 ～ 2008年

	1997	1998	1999	2000	2001	2002
ONDAM	1.7	2.4	1.0	2.9	2.6	4.0
実績	1.5	4.0	2.6	5.6	5.6	7.2
	2003	2004	2005	2006	2007	2008
ONDAM	5.3	4.0	3.2	2.5	2.6	2.8
実績	6.4	4.9	4	3.1	4.2	3.3

出典：Palier（2011: 103 Tableau 5= 2010: 111表4）. なお、日本語訳書は原書の第4版に依拠している。
注：数値は前年度の医療保険給付費総額に対する増加率。

目標を超過した場合の制裁措置を含む全国協約が一般医についてはMGフランスと、専門医についてはフランス外科医・専門医合議連合（UCCSF: Union collégiale des chirurgiens et spécialistes français）と個別に締結されたが、CSMF等の医師組合の取り消し訴訟によってコンセイユ・デタが協約を認可した省令を無効と判断した。一般医の協約では全国目標の他に地域圏ごとに目標が設定され、目標が達成されなかった地域圏では、地域圏単位で診療報酬を医療保険金庫に返還することになっていたが、それでは個々の医師の活動量が考慮されないため認可は取り消しとされた（1998年7月3日判決）。専門医の協約についてはUCCSFに専門医の組合としての全国的な代表制が認められず無効とされた（1998年6月26日判決）[35]。医療保険金庫と医師組合の協約に基づく医療保険運営の行き詰まりが再度明らかになった。

　ジュペ改革によって医療保険金庫と政府・議会の関係が法的に整理され、また医療保険金庫の理事長ポストがFOからCFDTに移行したことで、国家と医療保険金庫の関係は以前に比べて強固なものになった。しかしながら、開業医の報酬や医療費抑制に関する取り決めは医療保険金庫と医師組合の協約に基づくという枠組みは残され、協約の不成立によって医療費抑制政策が実現しないという状況が続いたのである。

　その後、1999年社会保障財政法のなかで左派政権は改めて報酬返還措置を規定したが、今度は憲法院による違憲判決が下されたことで制裁措置の設計は断念された。1999年社会保障財政法では、目標超過時の返還額を各医師の所

---

[35]　以上の経緯については、Hassenteufel（2003: 129）、稲森（2003: 29）参照。

得水準や報酬に関するセクター区分に応じて定めることになっていたが、憲法院は本来コントロールするべき各医師の活動量とは異なる基準によって返還額が決められることを平等原則に対する違反としたのである（Hassenteufel 2003: 129; 稲森2003: 29）。

そもそも翌年の医療保険給付費を合理的に予測することは困難である。ONDAMは12月に社会保障財政法によって決められるが、その時点ではその年の医療費の実績値も判明していない。社会保障財政法案の内容は財務省と交渉しつつ社会保障局が準備しているが、医療保険給付費の目標値は政治的判断によって決定されているようである（Hassenteufel 2003: 126; Hassenteufel dir. 2008: 24）。本章冒頭で見たように、計画庁のレポートでは単純に医療費総額を圧縮するのではなく、医療の需要・供給の現実に即した費用抑制が求められていたが、ONDAMの導入以降、マクロな医学的費用抑制を行うための計算式は公表されなかった。[36]

医学的費用抑制の失敗

ミクロな医学的費用抑制政策に関しても成果は乏しかった。第一に、拘束力のある医療指標（RMO）については、違反に対する制裁措置は稀にしかとられず、医療費抑制効果は限られた上に、1999年にコンセイユ・デタが制裁措置を無効化してしまった（Breuil-Genier et Rupprecht 1999: 152; Hassenteufel 2003: 134-5; 松本2012: 274）。第二に、任意加入とされた参照医（かかりつけ医）制度は一部の患者・医師にしか利用されなかった。その上、患者が参照医以外の医師を受診しても罰則はなく、参照医の診療にもあまり変化が見られないといった指摘もなされ、医学的費用抑制の成果は疑問視されていた（Hassenteufel 2003: 139; Dupeyroux 2005: 526-7）。参照医には登録患者一人につき医療保険から追加報酬が支払われていたことも考えればなおさらである。第三に、医療手帳は16歳以上の全ての患者を対象として想定していたが、患者はこれを利用せずとも罰則はなく、また職業上の秘密を守らねばならない医師が紙媒体を利用するはず

36　1996年4月24日の「医療費の医学的抑制に関するオルドナンス」は「地域圏医療会議（conférences régionales de santé）」を設置しており、地域圏単位で住民の医療需要を調査し、そこから全国的な医療（費）政策を策定していくという流れが想定されたのだが、実際に需要に基づく医療費の決定を行うのは技術的に困難であった（Vinot 2002; Hassenteufel 2003: 141-2）。

がなかった（笠木2007: 18-9; Dupeyroux 2005: 524）。

　以上のように、ジュペ改革による医療費抑制政策はほとんど成果を挙げることができなかった。参照医や医療手帳は設計上の問題点を抱えており、ONDAMやRMOに関連した制裁措置を含む全国協約は医師組合の反発によって葬り去られてしまった。1997年の全国協約をめぐる経緯は、医師組合の分裂状況がもたらす合意形成の困難がやはり見出される。

　ジュペ改革に由来する制裁措置による医療費抑制が行き詰ってから、ジョスパン左派政権期には医師の協力を引き出すことが重視されるようになった。例えば、1999年末の2000年社会保障財政法では制裁措置ではなく医療費抑制への協力に対する報酬を与える制度が導入されており、押し付けからインセンティブの付与へと目的達成手段の変化が見られた（稲森2003: 30-1）。あるいは、2001年5月には協約の付属書によって、参照医に対する追加報酬が倍増されている（Hassenteufel 2003: 139）。

　しかし、政策スタイルの変化は医療費抑制政策の後退でもあった。1990年代末には景気回復（巻末資料・付表5）と財源改革によって社会保障財政の健全化が進んでいたことも、医療費抑制の後退要因として指摘できる[37]。ジョスパン政権の医療政策は基本的にはジュペ改革の諸施策を継承しており、それらの定着を目指して試行錯誤していたものといえるが、医療費のコントロールには至らず、2000年以降、医療費は再び大きく伸びるようになった（表9-2）。

8-3. 結　論

　1990年度から医療保険制度は赤字が深刻化していくが（表7-1）、医療保険金庫（労使）と医師組合は自律的に医療費抑制に関する合意を形成することができなかった。このため政府の側では無駄な治療や重複受診などを排除するための医学的費用抑制政策を提案し（拘束力のある医療指標、かかりつけ医制度、健康手帳）、金庫と医師組合間の全国医療協約を通じた定着を狙った。医療保険の当事者自治は機能不全に陥り、政府内では国家主導で医療費抑制政策を推進しようとする動きが強まっていた。

---

[37] 左派政権時代には医療保険の財源改革が一挙に進み、公的医療保険や民間保険に加入していない者に対する対策も打ち出された（第14章）。

第8章　医療費抑制政策制度化の挫折 —— 1990年代のフランスの医療保険改革

　1995年のジュペ・プランはこうした動きを体系的に推し進め、議会が医療保険給付費の伸びを定め、金庫は目標実現を政府と契約するという法的枠組みを導入した。医療保険金庫の理事長ポストには改革反対派のFOではなく推進派のCFDTが就くことになった。ところが、分裂・競合する医師組合の協力をとりつけることができず、ジュペ・プランのうちで医療費抑制に関する施策は機能せず、医療保険給付費の伸びの目標は最初の1997年度を除いて達成されなかった。行政府の一体性が高く、また行政府の立法府への優位が確立されていることで大統領・首相が強いリーダーシップを発揮できるという政治制度上の仕組みの下で、ジュペ・プランの改革案は次々と法制化されたものの、医師との合意形成が不十分であったため、医療費の伸びが守られなかった際の制裁措置は葬り去られてしまった。拘束力のある医療指標不順守の際の制裁措置もほとんど発動されず、かかりつけ医制度や健康手帳も普及しなかった。政治制度上、行政府内で形成されたアイディアを法制化するところまでは一挙に進めることは可能だったが、市民社会レベルでの合意を醸成し、制度として定着させるという段階で躓いたのだった。ここには分裂した政治社会における合意形成の困難が表れている。

　医療費抑制の必要性は政権の左右を問わず共有されており、ジョスパン内閣はジュペ・プランの諸施策の定着に向けて努力したが、目立った成果をあげることはできなかった。結局、総医療費対GDP比は1990年の8%から2000年の9.5%まで増加した（巻末資料・付表1）。

309

第9章　医師との対決の回避から受益者負担の強化へ──2000年代のフランスの医療保険改革

　2000年代のフランスでは、医療の供給側（診療側）に働きかける医療費抑制政策が後退し、保守政権によって1ユーロの保険免責制のような需要側（患者側）に対する負担拡大策が重視されるようになった。2002年の政権復帰以降、保守政権は診療報酬の引き上げによって医師との和解に努め、医療保険財政の健全化のためには公的医療保険給付（したがって支出）を縮小し、それを民間保険によって補完する戦略へと傾斜していった。ラファラン内閣期の2004年の医療保険改革では、患者自己負担拡大とともに一般社会拠出金（CSG: contribution sociale généralisée）引き上げによる財政対策がとられたが（9-1.）、サルコジ政権では、減税・社会保険料負担の軽減が政権の基本戦略とされ、患者自己負担の拡大が前面に出る形となった（9-2.）。2004年改革では、CSG引き上げが財政対策の要であり、サルコジ政権下では、財源拡大よりも患者負担の拡大が重視されたという違いはあるものの、いずれも診療側の効率化にはあまり踏み込まず、総医療費の規模は大きなものにとどまった。

　1990年代にはジュペ・プランを頂点として診療側に対する医療費抑制政策が推進されたが、2000年代にはそうした路線からの転換が進み、患者負担の微増が繰り返された。これを補うために民間医療保険の役割が政策担当者・住民双方にとってますます重要になってきている。

9-1. 2004年の医療保険改革

a. 政権交代から改革実現までの経緯[1]

　1999年から2001年にかけて被用者一般制度全体（年金・医療・家族手当）としては黒字が出ていたが、医療保険部門では1990年代半ばに比べれば収支は改善されていたとはいえまだ赤字が続いていた（表9-1）。2002年度から医療保険の赤字が再び拡大し、社会保障局は改革の必要性をうったえた[2]。後述するように、2002年からの赤字拡大は景気後退のみならず保守政権が医療費抑制を放棄して診療報酬引き上げによる医師との融和を優先したことに起因している。赤字の拡大に対して2003年末に可決された2004年社会保障財政法では、タバコ税の増税や入院定額負担金の10.6ユーロから13ユーロへの引き上げなどの財政対策がとられたが（Palier 2011: 105＝2010: 112-3）、2004年の医療保険改革では、医療供給体制の合理化や責任の明確化といった1990年代以来のテーマが再び争点となった。

改革案の準備

　2002年春の大統領選挙・総選挙によって5年ぶりに保守政権が成立すると、ジャン＝フランソワ・マテイ（Jean-François Mattei）保健相はすぐに社会保障会計委員会に三つのワーキング・グループを設置し、医療保険関係者に今後の改革に関する検討を行わせた（Ruellan 2002; Coulomb 2003; Chadelat 2003）。続いて2003年10月には「医療保険の将来のための高等評議会（Haut Conseil pour l'avenir de l'assurance maladie）」が組織され、翌年1月に報告書が提出されている（Haut Conseil pour l'avenir de l'assurance maladie 2004）。

　高等評議会には政治家・官僚・労使・共済組合・医師組合・病院・患者の代表や有識者など50名を超す医療保険関係者が参加し、議長は会計検査院所属の大物社会保障官僚であるベルトラン・フラゴナール（Bertrand Fragonard）が

---

[1]　2004年改革の経緯については、Palier（2011: 104-11＝2010: 112-8）、Hassenteufel dir.（2008: chap. 1）を参照した。なお、Palier（2011）は第5版だが、日本語訳書は第4版に依拠している。

[2]　国家財政の赤字も拡大し、2002年度からフランスはEUの安定・成長協定に違反するようになった。

表9-1　全国被用者医療保険金庫（CNAMTS）の収支（10億ユーロ）、2000〜2013年

2000	2001	2002	2003	2004	2005	2006
- 1.6	- 2.1	- 6.1	- 11.1	- 11.6	- 8.0	- 5.9

2007	2008	2009	2010	2011	2012	2013
- 4.6	- 4.4	- 10.6	- 11.6	- 8.6	- 5.9	- 6.8

出典：Direction de la Sécurité sociale（2015: 12）.

務めた[3]。ジュペ・プランの時とは異なり、事前に広範な参加者を招いて改革に関する正当な合意を準備させたのである。高等評議会設置の公式の目的は「医療保険制度の現状の評価」と「制度の持続可能性のために必要な条件の確定」だったが、利益団体の反応の事前調査という政治的な目的もあった[4]。ジャン＝ピエール・ラファラン首相は事前のコンセンサス形成と反対デモの回避を重視していた（2003年に成立した年金改革でも同様の手法がとられた）。

　2004年1月に公表された高等評議会報告書のテーマは「緊急性」（危機的な赤字）と「ガヴァナンス改革」であった（Haut Conseil pour l'avenir de l'assurance maladie 2004）[5]。基本的な発想はジュペ・プランのそれと共通しており、自己負担や保険料負担の引き上げよりも医療制度（医療供給体制）の効率性を改善することが重視されている。すなわち、開業医の診療所部門（外来）と病院部門（入院）の連携不足や医師の地理的偏在、医師の間の所得格差などが問題視され、医療保険は単なる支払い機関ではなく、「治療の組織化の問題、公衆衛生一般の問題、ケアの社会的・社会医療的側面と不分離」であるとしている（Haut Conseil pour l'avenir de l'assurance maladie 2004: 26）。組織化の問題は医療供給体制のみならず医療保険制度についても指摘され、多様な関係者が存在し複雑な役割分担がなされているなかで責任が不明確であること、指揮者が不在であることが問題視されている。

---

[3]　フラゴナールは1997年から翌年にかけて全国被用者医療保険金庫（CNAMTS: Caisse nationale de l'assurance maladie des travailleurs salariés）の事務局長を務めている。また、全国家族手当金庫（CNAF: Caisse nationale des allocations familiales）事務局長としての経験や計画庁（Commissariat général du Plan）での勤務経験もあり、典型的な組織横断的に活躍するグラン・コール官僚である。

[4]　この点でかつての計画庁での議論と類似している。

[5]　内容を整理するにあたって、Palier（2011: 106=2010: 113-4）、Hassenteufel dir.（2008: 44-5）を参考にした。

提案としては小幅なCSGの引き上げ、自己負担引き上げとともに、1990年代以来のテーマである責任の明確化（ガヴァナンス改革）と医療機関の連携強化が改めて強調された。ガヴァナンス改革については、全国被用者医療保険金庫の事務局長（官僚ポスト）の独立性・権限の強化や医療保険給付の適用対象を機動的に変更できるようにすることなどが提案され、医療供給体制の改革に関しては組織化の改善、すなわち診療所・病院・社会福祉部門の縦割りの解消によって治療の質と効率性が高まるという1990年代以来のテーゼが繰り返されている。

報告書が発表された2004年1月には社会問題省の社会保障局（direction de la Sécurité sociale）のワーキング・グループも内部レポートを作成し、『高等評議会報告書』と同様にガヴァナンス改革が主題とされた。[6]改革の三本柱は、①医療保険金庫の改革（事務局長の権限拡大、被保険者のリスク管理の実施）、②高等医療庁（HAS: Haute autorité de santé）[7]の設立、③地域圏医療庁（ARS: Agence régionale de santé）[8]の実験的設置であった。これらの改革案は同年夏の医療保険改革で全て実現することになる。

他方、財務省でも2003年末に予算局（direction du Budget）内に「医療保険ミッション（mission assurance maladie)」なるワーキング・グループが設置されている。[9]ここでなされた提案は、①普遍的な保険免責制（ticket maladie universel）の導入（後述）、②公的医療保険と任意加入の民間保険の境界線の再定義、③[10]在宅療養や外来での外科治療の発展による入院の縮小であり、いずれも医療保険給付費の縮小を狙ったものであった。

---

[6]　未公開資料だが、Hassenteufel dir.（2008: 43）に概要の記述がある。

[7]　2004年改革によって設置され、医薬品・医療行為の評価や診療ガイドラインの作成、保険対象外とするべき医薬品に関する担当大臣への勧告を担うことになる。

[8]　病院行政は国の出先機関（地域圏病院庁）が、開業医の診療所部門のコントロールは医療保険金庫が行うという二元構造を改め、国の出先機関（地域圏医療庁）に役割を一元化しようとした。これは官僚の権限増大と労使の役割の周縁化につながる。

[9]　そのメンバーは上述の高等評議会にも参加していた（Hassenteufel dir. 2008: 43-4）。

[10]　これは上述の2002年に設置された三つのワーキング・グループのうちの一つが検討していた課題でもある（Chadelat 2003）。後で述べるように、保守政権は公的医療保険から共済組合などの補足医療保険へとコスト・シフティングを行う戦略を採用していく。

2004年改革実現までの政治的経緯

　次に当時の政治状況を確認しておこう。2002年5月の大統領選挙の決選投票では、国民戦線（Front national）のジャン＝マリー・ルペンに対してジャック・シラクが左翼の支持も得て圧倒的勝利を収めた。翌月の総選挙では、それまでRPR（Rassemblement pour la Republique: 共和国連合）やDL（Démocratie libérale: 自由民主）などの政党に分かれていた右派議員の大半がUMP（Union pour la majorité présidentielle: 大統領多数派連合）の旗印の下で出馬し、577議席中369議席を獲得して与党となった（Becker 2015: 250-1）。単独政党が下院国民議会の過半数を制したのは1981年の社会党以来のことであった。首相にはDL出身のラファランが任命され、新内閣では旧RPR以外の政党出身者にもポストが配分された。ラファラン内閣の発足によって、シラクと左派連立内閣によって5年間も続いたコアビタシオンは解消された。

　ラファラン内閣は2003年の夏に保険料拠出期間の延長などからなる年金改革を実現しており、続けて医療保険の改革にも取り組もうとしていた。ところが、2004年3月の地域圏議会選挙でUMPは大敗してしまい、有権者に負担を迫る改革の実施が困難になった。既に『高等評議会報告書』で大幅な患者負担増は否定されていたが、こうした政治状況によって財務省が提案するような給付抑制策の実施がより困難になった。

　省庁間の調整では社会保障局の方針がほぼ忠実に反映され、財務省予算局の提案は大幅な変更を経てから採用された。例えば、公的医療保険も共済組合も償還することができない定額負担（保険免責制）は、開業医の診察料に関してのみ導入されることになった（1ユーロ）。

　利益団体（共済組合・経営者団体）との調整は社会問題省の大臣官房のスタッフが担当し、法案の作成は社会保障局と社会問題省の大臣官房が中心となって行われた。議会審議では多くの修正案が提出されたが大きな修正は行われず、2004年8月に医療保険改革法案が成立した。

---

[11]　1998年にUDF（Union pour la Démocratie Française: フランス民主連合）から分離した。

[12]　同年の11月に略号はそのままだが、国民運動連合（Union pour un mouvement populaire）へと改称された。

[13]　以下の改革実現までの経緯記述は、Hassenteufel dir.（2008: 44-6）に基づく。

第9章　医師との対決の回避から受益者負担の強化へ —— 2000年代のフランスの医療保険改革

b. 2004年改革の内容

　2004年の医療保険改革の内容は、①財政対策（患者自己負担とCSGの引き上[14]げ）、②医療供給体制の改革（患者のフォローアップの強化）、③ガヴァナンス改革（医療保険金庫トップの権限強化）からなっている。いずれも1990年代の改革の延長線上に位置づけられるが、政権に復帰した保守派はジュペ改革からの方向転換も行っている。第一に、2002年の政権復帰以来、保守政党（UMP）は診療報酬引き上げによって医師との融和を図るようになった。第二に、ジュペ改革によって打ち出された、国が医療政策を定めることによって医療保険支出を合理化するという方向性は放棄された。以上の点を順に検討していこう。

財政対策

　まず財源拡大措置としては、①年金に対するCSGの税率が6.2%から6.6%に、同じく資産所得・投資益に対する税率が7.5%から8.2%に、賭博益に対する税率が7.5%から9.5%に引き上げられ、賃金に対するCSGの課税標準が95%から97%に拡大された。以上の措置によって23億ユーロの増収が見込まれた。ま[15]た、②企業の保険料負担の引き上げ（9億ユーロの増収）、③たばこ税の税収10億ユーロの充当などが決められた。[16]

　自己負担拡大措置は、①13ユーロの入院定額負担金を2007年まで毎年1ユーロずつ引き上げること（年間3億ユーロの節約効果）および②1ユーロの保険免責制の導入（同7億ユーロ）であった。後者は開業医と病院外来の診察のたびに、たとえ補足医療保険に入っている場合でも1ユーロは必ず自己負担を課すことで患者にコスト意識を喚起させようとするものであった。[17]

　以上、増収措置によって42億ユーロ、自己負担拡大措置により10億ユーロ、合計52億ユーロの財政効果が見込まれた（Palier 2011: 107=2010: 114-5）。2004年

14　当時の保健・社会保障担当大臣フィリップ・ドスト＝ブラジ（Philippe Douste-Blazy）の名前をとってドスト＝ブラジ改革とも呼ばれる。内容の分析として、加藤智章（2006）、Palier（2011: 106-11=2010: 114-8）、Bras（2004）を参照した。

15　正確には、2001年以来CSGの税率は稼働所得の全額に対して2.4%、稼働所得の95%に対して5.1%とされていたが、二段階制を改めて稼働所得の97%に7.5%を賦課することにした。

16　また、社会保障債務返済拠出金（CRDS）の算定基礎も稼働所得の97%に引き上げられるとともに、返済完了まで恒久化されることになった。

17　ただし、妊娠6カ月以降または出産後の女性とCMU受給者は免除された。

315

第Ⅲ部　フランスにおける医療費抑制

度の全国被用者医療保険金庫の赤字額は116億ユーロであったが、翌年度には80億ユーロに減少し、その後も2008年度まで減少が続く（表9-1）。

医療供給体制の改革

医療供給体制の合理化のためには、①主治医制度（médecin traitant）と②個人診療情報記録（DMP: dossier médical personnel）の導入が決まった。第8章で見たように、これらは1990年代にも導入が試みられていたものだが、今回もそれが実質的な効果をもたらすには至らなかった。

主治医制度は1998年に導入された参照医（médecin référent）制度に代わって創設されたもので、16歳以上の患者には主治医を選択することが義務づけられた。2003年末に参照医を登録していた患者は110万人程度だったが（Bras 2006: 60）、2006年には80%のフランス人が主治医を決めていた（ほとんどの場合一般医だが、頻繁に診察を受ける専門医を選ぶことも可能）（Palier 2011: 108=2010: 116）。ただし、主治医の受診が義務化されたわけではなく、主治医を経由せずに専門医を受診した場合、その専門医は超過料金を請求できるという仕組みになった。反対に、参照医制度とは異なり主治医になった一般医はそれによって特別の報酬を得ることはできなくなった。これは一般医の組合であるMGフランスの反発を招いた。

他方、個人診療情報記録（DMP）は被保険者にICカード（carte Vitale）を持たせ、そのなかに診療録を蓄積させることで検査の重複や処方の矛盾を減らし、医療機関の連携を強化するというアイディアに基づいたものであった。しかし、個人情報保護の問題や診療の内容をコントロールされることを懸念する医師の消極的姿勢から実施が進まず、2007年には予算が凍結されてしまう（Palier 2011: 107-8=2010: 115）。後述するように、保守政権は医師との対立をなるべく回避するようになった。

ガヴァナンス改革

ドスト＝ブラジ改革の三番目の柱は責任の明確化、すなわち権限の再配分である。とりわけ重要なのは全国被用者医療保険金庫（CNAMTS）の事務局長の権限強化と労使の役割の縮小である。CNAMTSの事務局長は三つの全国医療保険金庫（被用者一般制度・農業者制度・自営業者制度）を新たに束ねる全

316

国医療保険金庫連合（UNCAM: Union nationale des caisses d'assurance maladie）の事務総長（directeur général）を兼任することになった。UNCAMの事務総長は官僚ポストであり、閣議によって任命される。初代事務局長にはドスト＝ブラジ大臣の官房長を務めていたフレデリック・ヴァン＝ルケゲム（Frédéric Van Roekeghem）が任命されている。各県の初級医療保険金庫の事務局長の任免権はこのUNCAMの事務総長が握っている。こうして医療保険金庫のヒエラルキー体系が整理された。また、これ以降医療保険の償還率の決定はUNCAMの事務総長が行い、労使に代わって医師組合との交渉を行うこともその役割となった。UNCAM事務総長こそが医療保険制度体系のトップ・リーダーとなったのである。他方、労使の代表によって構成されてきた医療保険金庫の理事会（conseil d'administration）は廃止され、労使の役割は原則や方針に関する助言にとどめられることになった。[18]

　1996年のジュペ改革については、当事者管理の終焉ではなく、労使が果たすべき責任と国家に対する関係の明確化を通じた再出発の機会ととらえる余地もあったが（Hassenteufel 1997b）、2004年改革によって労使の役割の縮小が鮮明になった。医療保険金庫という組織が廃止されたり他の行政機関に置き換えられたわけではないものの、金庫はもはや労使自治を体現した機関ではなく、ほとんど国家化されたものと見なせよう（尾玉2010: 76）。地方レベルでも地域圏医療庁（ARS）の設立が予告され、金庫と行政の二元体制を改め、後者に一本化する方向性が打ち出された。

　こうしたガヴァナンス改革は金庫内部の組織改革にとどまらず、医師との協約交渉の枠組みにも変化をもたらした。UNCAMの設立によって全国医療協約の当事者のうち支払側の代表はUNCAMの事務総長に一本化されることになった。ところが、協約当事者たりうる代表制を有する医師組合は五つも併存しており、2004年の改革によって、締結された協約を不服とする医師組合が異議申し立てを行う手続きも導入された（加藤智章2006: 23; Bras 2004: 969-70）。第6章で見たように、日本では2006年に診療報酬の改定権が正式に中医協から内

[18]　この他に、高等医療庁（HAS）が設立され、医薬品・医療行為の評価や診療ガイドラインの作成を担うことになった。保険対象外とするべき医薬品について担当大臣に勧告を行うことも役割とされたが、大臣にはこれに従う義務はなく、また償還対象の決定権はUNCAMの事務総長が握っている（Palier 2011: 109-10＝2010: 117）。

第Ⅲ部　フランスにおける医療費抑制

閣へと移行したが、フランスの場合なお医療保険金庫と医師組合の協約によって医師の報酬を決めるという枠組みが維持された。結果的に、2004年の改革によって医療費抑制政策の導入の見通しは開けなかった。2005年の全国医療協約では、一般医の組合であるMGフランスは新たな主治医制度などに反対して、協約を締結しなかった。

C. ジュペ・プランからの変更点 ── 医療費抑制政策の後退

　以上の医療供給体制の効率性向上を目指す施策や医療保険金庫に対する国家のコントロール強化を目指す改革はジュペ・プランの延長線上に位置づけられるであろう。他方、保守政権はジュペ・プランからの方向転換も行っている。

表9-2　総医療消費の名目増加率 (%)、2001 ～ 2010年

2001	2002	2003	2004	2005	2006	2007	2008	2009	2010
5.4	6.1	5.9	5.2	3.8	3.8	4.3	3.3	3.3	2.4

出典：DREES（2013:219）.
注：表8-1とは集計基準が異なっており連続性がない。

医療政策に基づく医療費決定の断念

　1993年の『健康2010』には、地域ごとに住民の医療需要を考慮して医療保険給付費の規模を決定するという発想が見られ、これはジュペ・プランによる社会保障財政法とONDAMの導入によって具体化された（第8章）。社会保障財政法では、まず国家が医療政策の方針を決定し、それに基づいてONDAMが決められることになっている。ONDAMの合理的な決定が困難である事情は既に述べたが（8-2. d.）、2002年のラファラン内閣成立後にはこの点が再確認されている。

　保守政権発足後に設置された医療保険改革に関する3つのワーキング・グループのうち、国立医療認証評価庁（ANAES）[19]の事務局長だったアラン・クロン（Alain Coulomb）が議長を務めたグループはONDAMを医学的な観点に依拠して決定すること（médicalisation de l'ONDAM）を検討対象としていたが、2003年

---

[19]　ジュペ・プランによって設立された病院医療の認証・評価機関。

318

に発表された報告書では医療需要に基づいてONDAMを決定することは否定されている。というのも、「『医療需要』という観念は主観的な側面が強く、その不正確さを考慮すると、医療需要によるアプローチはONDAMの医学的決定にとって操作的な性格を持ち得ない」からである（Coulomb 2003: 15）。もともと1990年代にも医療保険給付費の伸びを予測することは技術的に困難であることが認識されていたが、ここに至って明確に断念されることになった。結局、同報告書で医療費抑制策として挙げられているのは、関係者に責任のある行動を取らせること、医療供給体制の組織化、治療と処方の評価などの1990年代以来、はっきりとした医療費抑制効果を挙げてこなかったレパートリーにとどまっている。

　さらに、2004年にはジュペ・プラン以来追求されてきた医療政策に基づく医療保険政策という目標からの方向転換が法律上明確化された。政権交代前の2002年3月に左翼政権は「患者の権利と医療制度の質に関する法律」を制定し、この際に社会保障財政法の審議の前提となる政府の医療政策の形成手続きが詳しく規定されていた。ところが、2004年8月13日の医療保険（改革）法に先立って8月9日に成立した「公衆衛生法に関する法律」では、上記の医療政策形成手続きは削除されてしまった。マクロな医療費の決定を単に財政的な観点からではなく、医療政策に基づいて行うという1990年代以来の目標はこうして退けられてしまったのである。

診療報酬の引き上げ[21]

　政権の座に就いたUMPは医療費抑制政策を強行して医師と対決することを避け、診療報酬引き上げを受け入れるようになった。2002年6月の政権交代後、マテイ大臣は2001年末から続いていた医師の抗議運動を鎮静化するために一般医の診察料を20ユーロへと大幅に引き上げた。大統領選挙前の2001年には医療費抑制のための重要な措置がとられず、外来部門の医療費が6％も伸びていたが、新政権は医療費の増加を容認する姿勢だった。2002年秋にはマテイは医療費の会計的抑制（maîtrise comptable）は全て失敗したと宣言し、赤字拡大

20　この点については、Tabuteau（2006）を参考にした。
21　この項の記述は、Palier（2011: 103-4, 111-2＝2010: 110-2, 118-20）、Hassenteufel dir.（2008: 48-50）に依拠している。

第Ⅲ部　フランスにおける医療費抑制

を覚悟でONDAMの目標値を高めに設定した（4%）。2002年度の実質GDP成長率は1.1%だったのに対して、医療保険給付費の伸びは7.2%に達した[22]。2002年度以降の赤字拡大は景気後退だけではなく政治的な妥協によって増幅されたのである。

　ドスト＝ブラジ改革後の2005年1月の全国医療協約でも、長期疾患や医薬品などに関して医療費を10億ユーロ節約することと引き換えに、専門医の診察料の大幅引き上げ（23ユーロから27ユーロへ）が決められている。同年6月に保健医療・連帯大臣に就任したグザヴィエ・ベルトラン（Xavier Bertrand）は秋に患者負担拡大による赤字縮小策を決定したが、その一方で2007年の大統領選挙・総選挙が近づくにつれ診療報酬の引き上げに踏み切っている。

　すなわち、2006年から91ユーロ以上費用がかかる病院治療について18ユーロの患者負担が導入され、医学的有効性が低いと判断された156種類の薬が償還対象から外された。さらに、主治医を受診しなかった場合の償還率が70%から60%に引き下げられた（2007年には50%、2009年には40%）。患者負担拡大の影響を緩和するために、政府は低所得者への支援を33%増額することを決定し、補足CMU[23]を受給するための所得上限から15%までの所得を有する世帯に対して補助金を出すことで補足医療保険（共済組合など）の利用を促した。

　他方、2006年の3月には全国医療協約の付属文書によって診療報酬の引き上げが決まった。ベルトラン大臣と医師組合は一般医の診察料を23ユーロに引き上げることを望んだが、UNCAMのヴァン＝ルケゲム事務総長が反対した結果、22ユーロへの引き上げになった。その後、2006年10月には2004年に新設された高等医療庁（HAS）が一部の医薬品の保険給付対象からの除外を勧告したが、ベルトランは拒否している。大統領選挙前の給付対象の縮小は回避されたのである（また、2005年から医療保険の赤字が縮小したため費用抑制の締め付けが緩んでいた）。

　以上から明らかであるように、政権復帰後の保守政党の戦略は、①診療側に対する医療費抑制の断念（診療報酬の引き上げ）、②患者の社会保障負担・窓口

---

[22]　それぞれ巻末資料・付表5と表8-3を見よ。また、表9-2は一年間に消費された医療サービスと財の価値の総計の伸びを表しており、やはり2000年代の前半に大きな伸びを示している。

[23]　1999年に導入が決まった、低所得者に公費で補足医療保険を適用する仕組み（第14章）。

負担の拡大、③共済組合による患者自己負担の吸収と低所得者に対する支援強化の組み合わせからなっていた。1994年から1999年にかけて医療保険支出の増加率は年3.5%だったが、2000年から2008年までの増加率は年平均6.3%となり、ペースが上がっている（Palier 2011: 104=2010: 111）。こうした医療費の増加はCSGなどの納税者負担および患者自己負担の拡大によって賄われた。そして公的医療保険の給付水準の低下を共済組合などの補足医療保険によって緩和しようとする政権の意図が見られる。フランスでは、2000年代に民間保険市場が急速に成長した（笠木2012: 28-30）。

d. 2004年改革に関する結論

　以上のように、2002年に保守派が政権に復帰して以降、診察料引き上げによる医師との関係修復が重視され、ジュペ・プランに見られたような診療側に対する医療費抑制政策は後退した。ONDAMによる医療費抑制は断念され、主治医制度や個人診療情報記録は制度としては定着していったが、医療費抑制効果は明らかではなかった。

　医療費の増大により再び赤字が拡大し始めた医療保険の財政を維持するために、2004年の医療保険改革ではCSGの引き上げや1ユーロの保険免責制導入などの納税者負担・患者自己負担の拡大が行われた。2004年改革の財政対策はCSG引き上げによる財源の拡大が中心だったが、サルコジ政権では財源の拡大ではなく患者負担の引き上げによる財政均衡が目指されるようになる。減税・社会保険料負担の軽減が政権公約とされ、また、財務官僚の影響力が増したためである。

9-2. サルコジ政権の医療政策[24]

　1990年代の初めから2004年のドスト＝ブラジ改革に至るまで、開業医に対する医療費抑制政策はことごとく失敗してきた。残された手段は診療報酬の凍結という消極的なものであり、これでは人口の高齢化などにより自然に増加し

24　本節は、尾玉（2014）を加筆・修正（とくに医療保険に関する記述を補強）したものである。

第Ⅲ部　フランスにおける医療費抑制

ていく医療費の伸びを抑制することはできない。2002年以降、保守政権はこれも放棄して診療報酬の引き上げを繰り返した。増大する医療費を賄ってきたのは入院時の定額負担金の増額、医薬品の償還対象の縮小などの患者側に対する給付抑制措置と、CSGの引き上げを中心とした収入拡大策であった。1990年代には被保険者の保険料負担のCSGへの切り替えが進んだことで医療保険の財源ベースが拡大され（第14章）、2004年の改革でも最も財政効果が大きかったのはCSGの引き上げ・算定基礎の拡大であった。

　ところが、2007年に大統領になったUMPのニコラ・サルコジは減税と社会保障負担の引き下げによる経済と雇用の拡大を選挙公約としていた。実際、彼の政権期間中にはCSGの引き上げは行われなかった。また、サルコジ政権下では社会保障局が社会問題担当大臣だけでなく、予算担当大臣の管轄下に置かれるという組織改革が行われた。こうして医療保険制度は厳しい財政制約下に置かれることになり、抜本的な民営化こそ目指されなかったものの、財源の拡大よりも患者自己負担の引き上げによる財政均衡が優先されるようになった。サルコジは公的年金制度や医療保険制度の解体を目指したわけではなかったが、減税と社会保険料負担の軽減を重視する経済戦略は少しずつ社会保障の機能を弱体化させていった。

a. 政権公約に見るサルコジの経済戦略

　以下ではまず、サルコジ政権の全体的な経済戦略を理解するために政権公約を振り返ってみよう。「一緒なら全てが可能になる（Ensemble tout devient possible）」（Cahuc et Zylberberg 2010: 234-58に収録）と銘打たれた大統領選挙のパンフレットは15項目からなっており、「1. 国家の無力状態に終止符を打つ」では、グローバル化時代における強い国家の必要性と、機会の平等のために公共サービスが果たす役割が強調されている。

　しかし、いわゆる「大きな政府」を志向しているとはいいがたい。むしろ、経済戦略として強調されているのは減税である。「3. 失業を克服する」では、ジョスパン政権によって導入された週35時間労働制は失業対策にはなりえず、労働に対する減税によって雇用創出を促すとしている。また、「5. 購買力を増加させる」でも、フランスの世界最高水準の税率が購買力低下の一因となって

322

いるとして「私は増税はしない、反対に減税のためならなんでもする」と述べている。とくに、残業代に対する税と社会保険料を免除するから「もっと働いてもっと稼ごう（travailler plus pour gagner plus）」というわけである。ここには、失業も貧困も減税を通じた経済と雇用の拡大によって克服されるという論理が見られる。

　社会政策に関連したもう一つの重要なテーマは「4. 労働を復権する」である。サルコジは「労働は自由と尊厳の条件であり、社会的上昇と成長の原動力であり、仕事のない人に仕事を与えるためにはあらゆることがなされねばならず、働けるのに働かない人がいることは受け入れられない」と述べた上で、勤労所得が必ず公的扶助の額を上回るようにすること、扶助受給者には就労復帰を促すことなどを公約している。

　このように、サルコジの政権公約においては減税の重視と労働を義務とする見方という新自由主義的な基調が見られる一方で[25]、公的年金や医療保険などの社会保障制度への直接的な攻撃は見られない。おそらく有権者の反発を招くようなテーマに触れることを回避したのであろう[26]。他方、最低年金の25%増額、障害者向けの施策の充実、介護保障制度の確立などいくつかの社会政策の強化が公約されている。

b. サルコジ政権の経済・社会政策

　それでは、実際にはどのような政策がとられたのだろうか。2007年6月の総選挙でUMPが過半数の議席を確保すると、サルコジ政権は公約で示された経

---

[25]　もっとも、福祉から就労への移行を支援する政策はとくに1990年代後半以降政権の左右を越えて追求されてきたものである（Hassenteufel 2012: 353）。

[26]　ただし、最低年金増額の財源を確保するために、かつてシラク―ジュペ政権が失敗した国鉄やパリ交通公団などの公営企業の職員が加入する特別年金制度（régimes spéciaux de retraite）の給付削減が示唆されていることは波乱を予感させた。実際、2007年の秋には大規模な交通ストが生じており、特別制度改革は成立したものの（過去の一般被用者・公務員の年金制度改革と同様に、満額受給のために必要な保険料拠出期間が37.5年から40年へと延長され、支給額の調整も賃金ではなく物価スライド制とされた）、代償措置がとられたため改革による財政効果は曖昧なものとなった（Cahuc et Zylberberg 2010: 29-34; Hassenteufel 2012: 344-5, 354）。

第Ⅲ部　フランスにおける医療費抑制

済戦略の実現に取り組み、8月には「労働・雇用・購買力促進法（TEPA法）[27]」を成立させる。これは減税を通じた経済活動の促進、とりわけ超過勤務手当に対する所得税と社会保険料を免除することで労働時間と購買力の増加を目指したものであった。このように減税路線が選択されたことは後の社会政策の展開にとって重要である。減税後に経済と雇用が十分に拡大しなければ、社会保障制度は財源不足に陥り、給付削減を余儀なくされるからである。

　現実には2008年秋以降世界経済危機の影響が波及するにつれ、フランスでも景気は低迷し、失業率は2008年の7.4%から翌年には9.1%に上昇した（INSEE 2016）。国家財政も急激に悪化し、財政赤字縮小のために社会保障制度の削減が行われていった。それまでフランスでは、1980年代には社会保険料が、1990年代には社会保険料よりも賦課対象が広いCSGが繰り返し引き上げられることによって社会保障の財源が確保されてきたのだが（第13章・第14章）、サルコジ政権は社会保険料の免除措置を優先し、CSGの引き上げも行わなかった（Hassenteufel 2012: 358）。増税よりも公共支出削減による財政均衡を優先したのである。

　次に主な社会保障制度がどのように変化したのか見てみよう[28]。まず、就労支援と購買力増加のための目玉政策として、参入最低所得（RMI: revenu minimum d'insertion）が積極的連帯所得（RSA: revenu de solidarité active）へと再編された（2009年6月から実施）。改正のポイントは従来の最低所得保障（基本手当）に加えて、一定額以下の勤労所得に対する所得補助が制度化されたことである。しかし、新施策の導入と大規模減税の両立は難しく、資産所得に対する課税（1.1%）が行われた。減税公約を部分的に放棄することで、購買力増加・貧困削減という他の重要公約の実現を図ったといえよう。勤労所得の補助により一定の貧困削減効果が見られたものの、経済・雇用状況が悪化するなかで基本手当の受給者の就労は進まず、与党内からは福祉依存を糾弾する声が上がった（Hassenteufel 2012: 355）。

　第二に、経済危機によって2010年に年金改革が繰り上げ実施されている。これによって年金の法定支給開始年齢が60歳から62歳へ、満額受給開始年齢

---

[27]　Loi du 21 août 2007 en faveur du travail, de l'emploi et du pouvoir d'achat.

[28]　サルコジ政権の社会政策に関する本節の主要参考文献として、Cahuc et Zylberberg（2010）、Hassenteufel（2012）を参照せよ。

が65歳から67歳へと段階的に引き上げられることになった。労組や左翼政党の参加も含む大規模な反対運動が繰り広げられたが、サルコジはギリシャのような事態を避けるには財政赤字削減が重要であると強調し、改革を断行したのだった（Hassenteufel 2012: 350）。抜本的な民営化こそ目指されなかったものの、公的年金制度の所得代替率のさらなる低下が見込まれている。

第三に、社会福祉政策に関しては成人障害者手当（AAH: Allocation adulte handicapé）の増額は行われたが、もともと財源問題がネックとなっていた介護保障の刷新は先送りされた。[29]

C.医療保険改革 ── 受益者負担の強化

給付削減と民間保険の役割の強化

年金と同様に医療保険についても給付削減が進んだ。これは減税路線の帰結であるとともに、サルコジ政権下で財務省の影響力が強まったためでもある。さらに、2009年以降は世界金融危機による国家財政・社会保障財政の急激な悪化という条件が付け加わることになる。

サルコジには財務大臣を務めていた経験があり（バラデュール内閣時代の1993年から1995年にかけて予算相、ラファラン内閣時代の2004年に経済・財務相）、大統領就任後には社会保障顧問を含めた彼の側近スタッフには財務官僚が多く登用された。[30] また、それまで国の予算を決める財政法と社会保障財政法は別個の省庁によって作成されていたが、新政権では社会保障局が社会保障担当大臣のみならず予算担当大臣の管轄下にも置かれたことで、社会保障制度の財政的な自律性が低下した。こうして医療保険改革にも財務官僚の影響が色濃く反映されるようになった。

サルコジが大統領に就任した2007年には医療保険の赤字拡大が予想され、年末の2008年社会保障財政法によって節約策が導入されることになった。[31] とりわけ注目されたのは医薬品などに対する保険免責制（franchise médicale）の

---

[29] フランスには公的介護保険制度は存在せず、県の社会福祉政策として介護サービスが提供されている。県の一般財源に加えてCSGの一部、企業負担（CSA: contribution solidarité autonomie）、年金・医療保険からの拠出金などによって財源が調達されている。

[30] このパラグラフの記述は、Hassenteufel（2012: 356-7）を参考にしている。

[31] 以下、Palier（2011: 112-4=2010: 120-1）、Hassenteufel（2012: 357）に依拠した。

第Ⅲ部　フランスにおける医療費抑制

導入であった。これはもともと2004年改革の際に財務省の予算局が提案していたものであり、今回は大統領の支持のもと医薬品の容器一つにつき0.5ユーロ、パラメディカルの診察ごとに0.5ユーロ、患者の輸送には2ユーロの自己負担が導入された（ただし、年間50ユーロの負担上限が設けられた）。これによって年間8.5億ユーロの節約が見込まれた。世論調査では反対意見が多数だったが、ロズリーヌ・バシュロ（Roselyne Bachelot）保健医療・スポーツ相はアルツハイマー対策や癌対策の財源確保に必要な措置であると説明した（Palier 2011: 113=2010: 121）。2004年に導入された1ユーロの保険免責制に続けて受益者負担の論理が前面に押し出された。また、2008年のONDAMの目標値は大統領の介入によって引き下げられ、2.8％に設定された（表6-3）。2008年には再び患者負担を引き上げるのを避けるためにアルコール度数の高い飲料と民間の補足医療保険への課税強化が行われたが、翌年にはまた患者負担が引き上げられた。世界金融危機の影響で医療保険赤字の増加が見込まれるなか、2010年社会保障財政法によって入院定額負担金の増額（18ユーロ）と医学的有効性の低い薬の償還率引き下げという手法が再度とられたのである。

　こうして徐々に患者自己負担の引き上げ、つまりは給付水準の縮小が進んでいる。[32] 2005年から2010年までに医療費に占める公的医療保険の割合は76.8％から75.8％へと減少し、反対に家計負担は9％から9.4％へと増加した（DREES 2011: 241）。また、共済組合などの民間の補足医療保険が占める割合も13％から13.5％へと増加している。ここで注目されるのは補足医療保険の役割と権限がますます強化されていることである。上記の補足医療保険への課税の条件として、2008年7月には共済組合が匿名化された医療データベースへのアクセスなどを通じて疾病リスクの管理に参加することが政府との間で合意された（Palier 2011: 114=2010: 121-2）。また、2004年の医療保険改革の際には民間の保険者の全国組織として全国補足医療保険者連合（UNOCAM: Union nationale des organismes d'assurances maladie complémentaire）が創設され、医療保険政策に関する発言権を与えられていた。このように、抜本的な民営化が行われたわけではないものの、公的医療保険・民間医療保険の「静かなる変容」が起きているのである（Tabuteau 2010）。しかしながら、補足医療保険は公的医療保険制度とは

---

[32]　社会保障給付の削減とは別に、公共政策全般の見直しによって社会保障担当省庁の人員削減も進められた（Hassenteufel 2012: 358-9）。

326

異なり所得の再分配効果が乏しく（充実した保険商品は価格も高い）、また2000年にCMUが実施されて以降も人口の数％は補足医療保険に加入していない。補足CMUなどの公的支援の対象となる所得制限をやや上回る所得層において、補足医療保険の購入は重荷であり、購入できない場合には患者自己負担額が家計に対してとりわけ重たくなっているものと考えられる。

このように患者負担が徐々に引き上げられてきた一方で、2009年社会保障財政法によって、「診療改善契約（CAPI: contrat d'amélioration des pratiques individuelles）」と呼ばれる一般医に対する成果報酬の仕組みが導入され、2009年末には対象となる医師の約3分の1が合意した。65歳以上へのインフルエンザの予防接種や50歳以上の乳がん検診など高等医療庁（HAS）が推奨する目標を達成した場合に成果報酬が支払われることになった[33]。

医療供給体制改革の進展と限界

サルコジ政権下では、医療供給体制の改革も進められたが、過去の政権と同じく医師の消極姿勢に直面することになった。行政面では、2009年7月に「病院・患者・保健医療・地域法（HPST法）[34]」が制定されたことにより地域圏医療庁（ARS）の創設が決まり、地域圏単位での医療供給体制の合理化を推進する役割が与えられた。1990年代以来の地域圏単位で医療制度の合理化を進めようとする政策がまた一歩推し進められたのだった。ジュペ・プランによって設立された地域圏病院庁（ARH: Agence régionale de l'hospitalisation）は公・私立病院に関する政策立案を担っていたが、新設の地域圏医療庁は開業医の診療所部門も含め、医療専門職の配置、病院・診療所間の連携、予防政策など地域圏レベルの医療政策全般の立案主体となった（これにともない地域圏病院庁は廃止）。同時に公立病院の事務局長（公務員）の権限が強化され、中央政府―地域圏医療庁―各病院というヒエラルキーの下で病院の再編が進められることになった（Bras 2009: 1131-4）。

ただし、行政組織の改革が進んだ一方で、医療機関の連携や医療過疎地域対

---

[33] Palier（2011: 115）。なお、版が異なるため2010年の日本語訳書にはこの記述はない。加藤（2015）も見よ。

[34] Loi du 21 juillet 2009 portant réforme de l'hôpital et relative aux patients, à la santé et aux territoires.

第Ⅲ部　フランスにおける医療費抑制

策は必ずしも進展しなかった。医療専門職や病院の連携は強制的なものではなく、財政的なインセンティブが与えられたもののあまり普及しなかった。また、医学生に医療過疎地域での開業を勧める「公共サービス参加契約（contrat d'engagement de service public）」に参加したのは2011年末の時点で300人程度にとどまった。2011年には、開業医の医師組合の反対が集中していた医療過疎地域への協力義務を課す「連帯医療契約（contrat santé solidarité）」と休暇の地域圏医療庁への報告義務が廃止された。

d. サルコジ政権の社会政策に関する結論

　本節のまとめとして、サルコジ政権の社会政策と従来の政権までの政策との異同を整理することでその特徴を浮かび上がらせたい。第一に、社会保障制度に対する攻撃を政治的にアピールしないという点では、サルコジ政権は前政権までと同様であった。年金や医療制度についてサルコジがうったえたのは民営化ではなく制度の救済や維持だった。第二に、年金・医療・就労支援政策などの改革の内容についても、既存のレパートリーを再利用するか、従来の路線を継承した施策を採用している。つまり、サルコジ政権の社会政策は従来の路線から大きく逸脱するものではなかった（Hassenteufel 2012）。

　社会政策の長期的な連続性を説明する要因として、1980年代以来左右の大政党の間で社会政策に関する一定のコンセンサスが形成されてきたこと（Palier 2005）、そして政策立案を担う主要なスタッフの人的連続性を指摘することができる。例えば、2010年までサルコジの社会政策顧問を務めていたのは1990年代前半に計画庁で医療制度改革に関する検討をリードしていたレイモン・スビィ（Raymond Soubie）であり、また社会保障局長は2002年から2012年までドミニク・リボー（Dominique Libault）が務めていた。社会的排除対策の分野でも、積極的連帯所得（RSA）の創設において左派系官僚のマルタン・イルシュ（Martin Hirsch）が大きな役割を果たしている。有力な厚生官僚たちは政権交代

35　以下の記述は、Hassenteufel（2012: 356）に依拠している。
36　2007年の秋には自由開業医制を制限する改革案が病院のインターンらの反対運動によって撤回されている。
37　第二次大戦後のフランスにおける福祉国家に関する政治的コンセンサスについては、Guillaume（2002: 203-18）を参照せよ。

を越えて「椅子取りゲーム」（Genieys 2005: 217-8）のように重要ポストを交代
で担ってきたのである。[38]

　他方、サルコジ政権は社会保障の財政均衡のために財源の拡大よりも給付
の削減を優先する傾向が強く、その点に関しては従来の政権とは区別されよ
う。政権後半には経済危機の影響によって年金・医療の給付削減の動きは加速
した。ただし、サルコジ時代の社会保障財政の悪化は世界経済危機という外在
的な要因のみによるものではなく、減税を重視する政権戦略にも由来している
ことに注意が必要である（Hassenteufel 2012: 358）。また、給付削減が決められ
たとはいえ、一方でサルコジは社会保障支出を彼の政権公約の一つである購買
力の向上の手段として位置づけており（最低年金などの増額やRSAの導入はその
具体例である）、急激な給付削減にも踏み切らなかった。景気後退後の2009年・
2010年社会保障財政法でも社会保障給付削減による家計の購買力の低下を避
けることが基本的な目標のなかに挙げられていた。このためサルコジ時代の公
的医療保険の給付削減はいくつかの小幅なものにとどまったのである。

　結局、減税路線は国家財政の悪化を招いた割には大きな経済効果をもたらさ
なかった。[39] 皮肉なことに、グローバル化時代における強い国家の必要性をう
ったえたサルコジ自身が政権後半には欧州経済危機への対応に追われることに
なった。さらにいえば、そもそも彼の減税公約自体も投資の呼び込みや富裕層
の国外逃避の予防を目標とした、グローバルな経済競争の制約に従属した戦略
にも見える。サルコジは一方で減税を行い、他方で社会保障給付の大幅な削減
も行わない（購買力向上のためには給付増の方が望ましい）という相反する目標
の間で板挟みとなり、その社会保障改革は小幅なものにとどまらざるを得なか
った。

9-3. 結　論──日本との比較

　1997年に誕生したリオネル・ジョスパン率いる左派連立政権がジュペ・プ

---

[38]　フランスの厚生官僚の人事については、尾玉（2013）も参照。
[39]　グロスの一般政府債務残高対GDP比は2006年の64％から、2008年には68％、2010年には
82％に達した（巻末資料・付表5）。他方、総税収対GDP比は2006年の43.1％から2008年に
は42.2％、2010年には42.0％に縮小した（OECD 2016b: 99）。

329

第Ⅲ部　フランスにおける医療費抑制

ランに由来する医療保険改革の定着を目指したのに対し、2002年に政権に復帰した保守派の政治家たちは医師との関係修復を優先し、医療費抑制を軽視するようになった。2004年の医療保険改革における財政対策は主としてCSG引き上げなどの財源拡大措置であった（ただし、患者自己負担引き上げ措置として1ユーロの保険免責制も導入された）。つまり、医療費の抑制・医療供給体制の効率化に踏み込まずに、財源の拡大によって財政健全化を目指していた。第6章で検討したように、2000年代前半の日本で小泉政権が社会保障財源の拡大よりも医療費の抑制を明確に優先した対応を行っていたのとは対照的といえよう。また、小泉政権が診療報酬全体の改定率の決定権を中医協から内閣へと移行させたのに対して、2004年のドスト＝ブラジ改革では、引き続き医師組合と医療保険金庫が全国医療協約を締結することで診療報酬に関する取り決めを行うという枠組みを維持し、医師組合の協約に対する拒否権を強化さえしている。2004年の改革の後も診療報酬の引き上げが続けられたが、サルコジが減税・社会保険料負担の縮小を政権公約としたため社会保障財源の拡大という選択肢がついに否定されることになり、財政再建のためには入院定額負担金や保険免責制などの患者自己負担の小幅な拡大策が利用された。[40]

　2002年以降、こうした医療費抑制の軽視と患者自己負担の拡大に保守政権が頼ることができた背景には、共済組合などの補足医療保険の普及があった。2000年代に入ってから、フランスでは住民の90%以上がなんらかの補足医療保険を利用しており、[41]マクロ的には公的医療保険・補足医療保険の給付を除いた最終的な患者自己負担率は7～8%程度という主要先進国中でも低い水準に抑制されている（巻末資料・付表3）。同時期の日本における患者自己負担率は15%程度であった。

　しかし、公的医療保険から補足医療保険へとコスト・シフティングを行っても、総医療費が抑制されるわけではない。財務省が補足医療保険によっても償還することができない保険免責制を導入したのは、過剰受診の抑制による総医療費の抑制を狙ったものと思われる。とはいえ、これも医療供給体制の効率化

---

[40]　9-2. c.で述べたように、サルコジ政権における財務省の影響力の拡大、社会保障局が社会保障担当大臣のみならず予算担当大臣の管轄下にも置かれるようになったという行政府内での変化も無視できない。

[41]　民間保険への加入率は1960年には住民の31%だったが、1980年には69%、2005年には92%に至っている（Fantino et Ropert 2008: 291）。

に寄与するものではない。2004年改革によって医療保険金庫のガヴァナンス改革は進められたが、医療供給体制の効率化は課題として残ったといえるだろう。かかりつけ医制度や診療情報の蓄積といった政策のレパートリーは1990年代以来変わっていないが[42]、これらの施策による成果はあまりあがっておらず、2000年代には患者負担増と共済組合へのコスト・シフティングによって増大する医療費を賄うという保守政権の政治的イニシアティブが目立つようになった。結局、2000年代には医療費が大きく伸びるようになり（表9-2）、総医療費対GDP比の規模は欧州諸国のなかでも最大規模のままであった（巻末資料・付表1）。

　2010年度に116億ユーロだった医療保険の赤字は2011年度には86億ユーロ、2012年度には59億ユーロまで減少した（表9-1）。経済危機後の急激な赤字拡大から徐々に財政は健全化に向かうようになったが、医療の質を高めつつ、医療費をコントロールするという課題は2012年6月に成立した社会党政権に持ち越されることになった[43]。

---

[42]　日本では、2000年代に入り厚生労働省が経済財政諮問会議や総合規制改革会議のような新たな組織の台頭に直面したが、フランスの場合、2000年代以降も社会保障を専門とする高級官僚が首相・大臣と協働しつつ政策形成への強い影響力を維持し続けている（尾玉2013）。また、1980年代以来、政権交代を越えてフランスの厚生官僚は長期的に同一の基本的な政策目標（国家による医療保険と医療制度の統制、低所得者への重点化）を追求している（Genieys 2005; Hassenteufel dir. 2008: chap. 1）。

[43]　2011年9月には新たな全国医療協約が成立し、改めて医学的費用抑制や成果型の診療報酬（rémunération à la performance）などが盛り込まれた（笠木2014）。翌年誕生した社会党政権は財源の拡充よりも社会保険料負担の軽減を重視し、上記の協約に基づきつつ医療費抑制による財政均衡を追求してきた。2000年代前半とは異なり、2010年代前半にはようやくONDAMが達成されるようになった（加藤智章2015も見よ）。2011年の全国協約や社会党政権による医療費抑制政策については、機会を改めて論じることにしたい。

第Ⅳ部　日本における社会保障財源改革

第10章　財源改革の遅れ（1979〜1989年）――消費税と社会保障の曖昧な関係

　本章以下、第Ⅳ部では第一次石油危機以降の日本で社会保障財源改革が延々と先送りされてきた経緯について検討する。第3章で分析したように、日本の政府・与党はそれぞれ一体性が低く、重要な税制改革を行うに際して政府内の不一致や与党内部からの反発が障害となる事態がしばしば見られる。また、改革が成立するか否かという以前に、社会保障行政を管轄する厚生省（厚労省）が社会保険料という財源に固執し、税制を司る大蔵省（財務省）が社会保障目的税の導入に消極的であるという状況では、社会保険料に代わる（あるいはこれを補う）財源をどのように調達するかという改革案自体がまとまりにくいという問題もあった。

　本章では、1970年代後半の財政赤字拡大に対して大平正芳首相が消費税導入を提案してから実際に消費税が導入されるまでに10年間を要した経緯を、第3章で行った日本の政治制度の分析に照らして検討していく。また、ようやく消費税が導入に至ったとはいえ、1980年代に取り組まれた社会保障の財源対策が、1990年代以降の福祉国家の財源問題に対処する上では不十分なものであったことを示す。

　10-1.では、1979年に大平首相が財政赤字対策として一般消費税を導入しようとしたが、世論と党の反発によって断念に追い込まれた経緯を検討する。この結果、1980年代に入り自民党政権は「増税なき財政再建」を課題とし、医療保険を含む社会保障政策は給付削減に直面するようになった。自民党政権の「増税なき財政再建」路線が世論に支持され、被用者の患者負担増などが成立した背景には、会社員の税負担に対する不満があった。とりわけ大企業の労働者たちは企業単位の雇用保障・年功賃金・企業独自の福祉制度（医療保険の付

334

第10章　財源改革の遅れ（1979 ～ 1989年）——消費税と社会保障の曖昧な関係

加給付など）を享受しており、国の社会保障制度への依存度が低かった。1984
年の健保改正の際にも、企業ベースでの公的医療保険に対する付加給付が認め
られたことが抵抗を抑える一つの要因となった（第4章）。彼らが求めていたの
は高福祉高負担よりも減税であった。

　10-2.では、中曽根政権が行政府内の不一致と与党および世論の反発によっ
て大型間接税導入に失敗したこと、10-3.では、竹下内閣においてこれらの問
題が克服され、ようやく消費税が導入されたことを示す。最後に、高齢化に備
えるという名目に反して消費税収の一部のみしか社会保障に充当されなかった
ことについて述べる（10-4.）。

　1980年代前半の日本では企業ベースの生活保障（長期雇用・年功賃金・企業
福祉）が健在であったことを前提として、社会保障費の抑制や租税・社会保障
負担の抑制が目指された。確かに、政府管掌健康保険は1980年代に入り財政
が健全化し、保険料率も8％台に抑制された（第4章）。しかし、高齢化率が低
水準であること、企業業績が堅調であることを前提とした福祉国家モデルは
1990年代に入って困難に直面する。1980年代の成功体験ゆえに、日本では雇
用や賃金が伸びることを前提とした福祉国家モデルから、低成長と雇用の不安
定化の時代にも持続可能な福祉国家モデルへの転換が遅れることになる。

10-1. 一般消費税導入の挫折[1]

　1973年秋の第一次石油危機の後で日本政府は当初物価抑制策をとったが、
程なくして積極財政へと転じた。税収不足を補うために1975年度の補正予算
から赤字国債が発行され、1978年度の当初予算では国債依存度が30％を超え
た（第4章4-2.）。

　財政赤字の拡大のなかで大蔵省は手をこまねいていたわけではなかった。同
省では1970年代の初めからEC諸国の付加価値税を研究していたが、とりわけ
1975年度の赤字国債発行以降、安定した税収が見込まれる付加価値税の導入
が大蔵省と関連審議会によって検討されるようになった。政府税制調査会は
1975年11月に中期的税制の見直しを始め、1977年10月に一般消費税の導入を

---

[1]　主たる先行研究として、加藤淳子（1997: 第II部第3章）、新川（2005: 129-31）に依拠して
いる。

335

第Ⅳ部　日本における社会保障財源改革

提案する。1978年11月には財政制度審議会も一般消費税の検討をうったえた。内需拡大を国際公約していた福田赳夫首相はこうした提案を受け入れなかったが、1978年12月に首相となった大平正芳は一般消費税導入に積極的だった。同月、大蔵省主計局長・主税局長が大平に消費税導入を直談判すると、大平はこれに好意的な反応を示したという（新川2005: 129）。大平は大蔵官僚出身であるというだけでなく、三木内閣時代に大蔵大臣として上記の赤字国債発行を決断し、その後も自民党幹事長として赤字財政に関与してきたことに対して自責の念を持っていたとされる。財政再建に向けた大平の決意は固く、一般消費税導入を熱心にうったえていく。首相の支持を背景に、年末に政府税調は「昭和54年度の税制改正に関する答申」で1980年度内の一般消費税導入を求めた。1979年度予算編成では、一般会計の伸びは12.6%と過去14年間で最低に抑えられたが、国債依存度は40%近くにも到達した（新川2005: 129）。

　しかし、大蔵省の狙いとは裏腹に新税に対する世論の反発は強かった[3]。大平内閣誕生以前から消費者団体、婦人団体、労働組合、大企業、小売・卸売業者などが新税導入に反対しており、自民党の政治家たちは新税導入に消極的とならざるを得なかった。大平内閣成立前の10月半ばに行われた『朝日新聞』による世論調査でも、新税による物価上昇と生活水準の低下、新税導入以前に不公平税制を見直す必要性、付加価値税の逆進性などが指摘されていた（1978年11月4日朝刊11面）。さらに、行政府内でも経済企画庁は新税による企業業績悪化を懸念し、通産省も不況脱却を優先したいという立場であった。大平と大蔵省は政府・与党・世論における支持を欠いたまま一般消費税導入へと向かっていくことになる。

　1979年1月に大平は一般消費税の早期導入を表明し、金子一平蔵相が閣議で1980年4月からの導入を発議して了承された。1月25日の財政演説で金子は、現状では自然増収による財政均衡が困難であること、税負担の引き上げなしでは福祉の向上は不可能であることをうったえ、「一般消費税を昭和55年度のできるだけ早い時期に実施するために必要な諸準備を積極的に進めてまいる所存であります」と述べた[4]。しかし、自民党では新税導入論議が1979年4月の統

2　それ以前にも奢侈品など特定の物品に対する物品税は存在していた。
3　以下、加藤淳子（1997: 132-3）による。
4　東京大学東洋文化研究所田中明彦研究室ホームページ（データベース「世界と日本」）<

第10章 財源改革の遅れ（1979～1989年）――消費税と社会保障の曖昧な関係

一地方選挙に与える影響が懸念されていた。選挙後に大平は再び新税導入をうったえるが、秋の解散総選挙をにらむ自民党は慎重姿勢を取り続けた。首相の熱心さにもかかわらず、自民党衆参両院の議員団217名は導入反対を公表した。第3章で述べたように、首相は与党を統制できていなかった。それでも大平は9月3日に臨時国会での所信表明演説で改めて「極力歳出の削減に努めるが、どうしても必要とする歳出を賄うに不足する財源は、国民の理解を得て、新たな負担を求めることにせざるを得ない」と財政再建のための新税導入の必要性をうったえた。解散総選挙を控えた首相としては「異例ともいえる率直な態度」（新川2005: 130）であった。

　大平が党内で孤立を深める一方、大蔵省は財政危機の深刻さをうったえるために大規模なキャンペーンを実施した。1979年8月末から9月にかけて各地で財政再建の必要性をアピールするためのフォーラムを開催した。また、消費税導入に消極的な財界に対して、マスコミを通じて一般消費税導入と、所得税・法人税の引き上げとで選択を迫った。中小企業への打撃を恐れる日本商工会議所は一般消費税には断固反対の立場であったが、大企業が法人税率引き上げの方を警戒していたため、その他の経済団体には妥協の余地があった。

　しかし、総選挙を控えた自民党の政治家に対して大蔵省のうったえは大きな影響を与えなかった（新川2005: 130-1; 加藤淳子1997: 135-7）。三木武夫や中曽根康弘のような派閥のリーダーたちは消費税導入への反対を表明し、大平派の斎藤邦吉幹事長も首相に対して消費税に関する発言の自粛を求めた。党内および世論の反発によって大平は消費税導入の撤回に追い込まれ、9月26日に「一般消費税を導入しないで、財政再建をすることに全力をあげたい」と方針転換を明確化した。結局、1979年10月7日の衆議院選挙で自民党は前回同様過半数獲得に失敗し（511議席中248議席）、保守系無所属議員10名を加えることで過半数が確保された。

　事前の世論調査では、自民党の復調が伝えられていたので、敗北の原因は大平の消費税導入提案に求められた。かくして選挙後の国会で一般消費税に頼

---

http://www.ioc.u-tokyo.ac.jp/~worldjpn/documents/texts/fim/19790125.SYJ.html > 2017年12月1日閲覧。

5　同上 < http://www.ioc.u-tokyo.ac.jp/~worldjpn/documents/texts/pm/19790903.SWJ.html > 2017年12月1日閲覧。

6　このパラグラフは、加藤淳子（1995: 123, 1997: 136-41）、Kato（2003: 172-3）に依拠してい

337

第Ⅳ部　日本における社会保障財源改革

らずに財政再建に取り組むことが決議される（1979年12月21日）。自民党税制調査会も一般消費税は国民の十分な理解を得るに至っていないと認め、別の手段による財政再建を実現するべきだとして方向転換した。また、自民党内の福田・三木・中曽根派は総選挙敗北について大平の責任を追及し、辞任を要求した。10月から11月にかけての「40日抗争」の後、最大派閥である田中派の支持により大平は辞任を免れ第二次大平内閣が発足したが、党内対立は深刻化していた。1980年5月に社会党が提出した内閣不信任案は自民党の反主流派議員たちが欠席したことで成立してしまう。大平は解散総選挙に打って出るが、6月の衆参同日選挙を前に死去する。総選挙後には大蔵省は消費税によって大平を死に追いやったとして世論の非難を受けることになる。この後、自民党は結束して選挙に臨み衆参両院にて勝利を収め、保革伯仲状況は解消されたものの、1979年から翌年にかけての一連の出来事によって一般消費税導入は政治的なタブーとなった[7]。増税の道が断たれたことで、1980年代には社会保障制度には厳しい歳出削減圧力がかかることになる。

　第3章で検討した日本の政治制度の特徴を念頭に置きながら以上の経緯を整理してみよう。まず、首相・大蔵省は消費税導入に賛成であったが、内閣は与党に対するリーダーシップを発揮することはできなかった。反対に、与党の非主流派閥のリーダーたちや一般議員が反対を表明したことで、首相は消費税導入の撤回に追い込まれた。大平は財政再建に向けて政策の転換を図ったが、首相の意図する政策転換を支える制度的基盤はあまりに弱体であった。さらに、総選挙敗北をきっかけとして党内抗争が激化し、大平は首相の座にとどまったものの内閣改造を余儀なくされた。こうして大平のリーダーシップがさらに低下してしまった。第3章で整理した首相・内閣のリーダーシップの弱体性（与党の自律性）、与党の一体性の低さ、内閣の頻繁な交代といった1990年代以前の自民党政権の特徴が見出される。これらが政府による増税の実現にとって不利な条件となることはいうまでもない。

　一方、石油危機以降のフランスでは増税に関して対照的な政治過程が見られる。財政状況が悪化した際には、行政府主導で増税（または社会保険料の引き上げ）が行われてきた。大統領・首相の与党に対するリーダーシップが確立され、

る。

[7]　金指（1988: 13）も参照せよ。

議会の役割が制度的に制約されているため、政治リーダーの増税の意図が貫徹されやすいのである。また、世論も増税そのものを好むわけではないものの、それ以上に福祉国家の維持のための財源確保を重視してきたことが重要である（第Ⅴ部）。

10-2. 中曽根内閣の売上税法案の失敗[8]

第4章で検討した1984年の健保改正が8月に実現した後、10月に中曽根は自民党総裁に再選され、税制構造改革を政権課題とした。中曽根は大蔵官僚のいいなりになることを嫌い、首相としてのリーダーシップを発揮することにこだわったが、大蔵省との意見の不一致や党内からの反発に直面して税制改革の政治過程は混乱した。結局、中曽根は持論の税制改革を実現できず、大蔵省も付加価値税の導入に失敗してしまう。84年健保改正が厚生官僚による周到な準備のもとで厚生族議員による政治的修正を経て、最終的に医師会との妥協によって成立に至ったのに対して、この税制改革では首相が十分な制度的基盤を欠いたままリーダーシップを発揮しようとして政治過程の混乱を招いてしまった。行政府・与党それぞれの一体性の低さと首相のリーダーシップ発揮の困難という、自民党政権の一体性問題が顕在化した事例といえる。

一般消費税が否定されてから1980年代前半には「増税なき財政再建」の下での緊縮政策が実施されたが、結局のところ赤字国債の発行が続いた[9]。鈴木首相は1983年度予算での赤字国債発行を防げぬまま辞任している。1984年まで財政赤字の減少は見られず、歳出削減のみで財政再建を行うことは困難であるという認識が与党政治家や世論の間で広まっていった[10]。また、実際には全く増税が行われなかったわけではなく、大蔵省は法人税などの小規模な引き[11]

---

8 以下の文献を参考にした（加藤淳子1995: 122-8, 1997: 第5章; Kato 2003: 174-80; 内田ほか1988; 新藤1989; 辻中1988: 第10章）。

9 このパラグラフは主に、Kato（2003: 174-5）を参考にしてまとめた。

10 一般政府（中央・地方政府・社会保障基金）の単年度財政収支は1980年から1983年まで4％台の赤字であり、1984年にマイナス2.8％、1985年にマイナス1.5％と縮小に向かう（巻末資料・付表5）。

11 自民党内では予算凍結に対する不満が高まっており、中曽根総裁の2期目には金丸信幹事長や藤尾正行政調会長らが公共投資増額のための間接税導入を主張していた（金指1988: 14-6）。世論については、Kato（2003: 174 note 4）参照。

第IV部　日本における社会保障財源改革

上げによって対応していた。1984年春から夏にかけて経団連は国際的に見て高水準の法人税が国際競争力を損なっているというキャンペーンを行い、法人税引き上げを避けるために付加価値税の導入に前向きになっていった。このため大蔵省は経団連を付加価値税導入の潜在的な支援者とみなし、支持を得られるよう腐心した（加藤淳子1995: 123-4）。ただし、大企業の利益を代表する経団連と中小企業や流通業界とでは付加価値税に対する態度は異なっていた。

中曽根は自民党総裁任期の1期目（1982～1984年）には行革に取り組んだが、1984年10月に再選されると今度は税制構造改革を政権課題とした。大蔵省は付加価値税導入に向けて動き始めていたが、大平正芳が財政再建のための一般消費税導入を率直にうったえて失敗した経緯もあり、慎重な姿勢をとっていた。歳出削減による財政赤字解消は説得力を失いつつあったが、世論は増税を積極的に支持していたわけではなかった。他方、中曽根首相はアメリカでレーガン政権が行っていた税制抜本改革（所得税の最高税率の引き下げと税率構造の簡素化）に影響され、所得税と法人税の減税を重視しつつ同額の増税を行うという歳入中立型の税制改革を主張していた（加藤淳子1997: 173-4）。

一方、大蔵省は1984年12月の来年度税制改正に関する議論のなかでマル優の廃止などによる増収を提案したが、利益団体と与党議員の強い反発によって失敗した。この時、他に税収を確保する策として与党議員によって付加価値税が再度注目されるようになった（Kato 2003: 175 note 5）。

結局、1985年に大蔵省は1987年度の税制改革を所得税の減税と大規模な付加価値税の導入とを組み合わせた歳入中立の改革とすることに決める（加藤淳子1997: 177）。大蔵省は純増税を持ち出して失敗することを恐れ、直接税と間接税の比率を改めることを目標に掲げつつ、消費課税の導入によって税収基盤を改善することが目標であった（加藤淳子1997: 167-9）。大蔵官僚たちは消費課税の導入を優先し、歳入中立性という中曽根の主張を受け入れたのだった。

他方、中曽根は歳入中立型の税制改革のなかでも所得税減税の方を重視していた。クロヨン問題[12]といわれたように当時会社員には自営業者に比べて所得税を不公平に課税されているという不満があった。中曽根は所得減税によって都市の会社員層にアピールすることで都市部の選挙区での自民党の支持基盤を

12　収入に対する課税所得の割合が会社員では9割、自営業者は6割、農家は4割であることを問題視した言葉。

第10章 財源改革の遅れ（1979～1989年）——消費税と社会保障の曖昧な関係

固めようとしたのである[13]。このため中曽根にとっては付加価値税の導入は二次的なものでしかなかった。このように行政府内での首相と大蔵省の合意は不十分なものでしかなく、これが新税導入にとって足かせとなっていく。

1985年1月の通常国会で中曽根内閣は間接税と直接税の改革を含む包括的税制改革に取り組むことを公表した。ところが、中曽根首相が大規模な消費税、大型間接税の導入を否定していたのに対して、竹下登蔵相は課税ベースの広い消費課税の導入を主張したため、政府内の矛盾が野党による攻撃の対象となった（加藤淳子1997: 175-6）。

その後も中曽根は大蔵省に対して自己の主張を譲らず、同省に対して政治的指導力を発揮することに固執する（加藤1997: 178, 183）。1986年4月25日には政府税制調査会が中間報告を発表するが、所得減税のみが強調され、減税分を賄うためのマル優制度（少額貯蓄非課税制度）の見直しや付加価値税の導入については、議論はされていたのだが言及されなかった。衆参同日選挙をにらむ中曽根が公表を許さなかったという（加藤淳子1997: 178-9; Kato 2003: 176）。

この後、中曽根は衆議院を解散し1986年7月6日に衆参同日選挙が行われることになった[14]。この選挙では税制改革が重要争点の一つとなり、野党は中曽根政権の減税案は財源が曖昧であり、選挙後の増税を隠しているという批判を繰り広げた。また、自民党内部からも増税の必要性を公表する議員が現れた。ポスト中曽根総裁を狙う自民党幹部たちは中曽根政権下で減税のみが実施されることを恐れ、また中曽根自民党が大勝することで彼の任期が延長されることを懸念していた。第3章で検討した自民党の一体性の低さが露呈したといえる。6月半ばに中曽根は「国民と党が反対するような大型間接税と称するものは、やる考えはない」と言明し、増税隠しに対する疑念の払拭に努めた。こうした経緯にもかかわらず、自民党は衆議院で512議席中304議席、参議院で改選126議席中72議席を獲得して大勝した。9月11日に自民党の両院議員総会で中曽根の総裁任期は1年延長されることになり、税制改革の実現が政治課題となった。

選挙後も中曽根は大型間接税を導入しないという方針を堅持し、大蔵省に対

---

[13] 宮本太郎によれば、中曽根総裁1期目の「行政改革は、歳出についての都市新中間層の不信をテコにしたものであった。それに手応えを感じた中曽根は、今度は歳入面、つまり税制についての不信をテコにした税制改革で、都市新中間層の支持を広げようとした」という（宮本2008: 115）。
[14] 以下、このパラグラフの記述は、加藤淳子（1997: 180-1）に依拠している。

341

第Ⅳ部　日本における社会保障財源改革

する政治的指導力を発揮することを望んだが、11月頃から態度に変化が現れ
た。付加価値税の導入なしでは所得税・法人税の減税分を賄うことができない
こと、自民党税制調査会の山中貞則会長が税の専門家としての自負から付加価
値税導入を支持したこと、中曽根の後を狙う竹下登、宮澤喜一、安倍晋太郎ら
のいわゆるニューリーダーたちが中曽根政権の間に増税をやってしまおうとし
たこと、経団連・経済同友会が付加価値税を支持したことが背景として指摘さ
れている（加藤淳子 1997: 183-5）[15]。

　こうして売上税と呼ばれる日本型付加価値税の導入を目的とした法案が国会
に提出されることになった。選挙で自民党が圧勝した後、自民党税制調査会の
税制族議員たちは大蔵省を支援して首相を説得し、いったんは党内の反対派
を抑え込んだ（加藤淳子 1997: 186-7; Kato 2003: 176-7）。1986年12月に政府税調・
自民党税調が改正案を公表し、それを受けて自民党は「税制改正大綱」を決定
した。そこでは所得税・法人税の引き下げ、所得税の課税区分を15から6へ
と減らすこと、マル優の廃止、そして5％の売上税導入が提案されていた。翌
1987年2月までに関連7法案が国会に提出された。

　ところが、今回も間接税の導入は世論には支持されなかった。サラリーマン
はクロヨン問題解消のために打ち出された所得税改革を支持せず、売上税導入
に対する批判ばかりが募った（加藤淳子 1995: 125）。売上税法案に対しては様々
な業界・団体が適用除外を要求して自民党議員に圧力をかけ、党税調に参加し
ていた中堅・若手議員たちはそうした利益団体の利害を代表しようとした。自
民党内では300人を超える議員が「財政再建議員研究会」に集まって大型間接
税導入反対の決議を行っていた（1986年11月）（加藤淳子 1995: 127-8, 1997: 187）。
また、流通業界、中小企業団体、消費者団体、労働組合は立場は違えど売上
税反対の統一戦線を組織した[16]。反対派は衆参同日選挙時の大型間接税を導入
しないという首相の公約違反を追及した（加藤淳子 1995: 124, 1997: 194）。朝日、
毎日、日経などの全国紙は反対運動の側を支持し、1987年3月から自民党は友
好団体に対するPR活動を始めたものの遅きに失した（辻中 1988: 175, 183）。

　こうして中小企業への適用除外や非課税品目の拡大という大幅な妥協が図

---

[15]　ただし、中小企業を抱える日本商工会議所は付加価値税導入に反対していた。経済団体
の足並みの乱れは自民党にとって不利な要素の一つだった（辻中 1988: 182）。
[16]　利益集団政治の観点からの分析として、辻中（1988: 第10章）参照。

342

られたが[17]、体系性の低下は法案のイメージをさらに悪化させ（辻中1988: 175, 181）、1987年4月に審議未了のまま廃案となった。同月の統一地方選を控えて自民党政権は地方支部の反乱にも直面していた。その後、野党との妥協を経て9月に成立した税制改革ではマル優の廃止と前年末の案よりも小規模な所得税減税が決まった（加藤淳子1995: 124, 1997: 199-200）。

　当初首相がリーダーシップを発揮しようとした税制改革であったが、首相と大蔵省との意見の不一致という行政府内での足並みの乱れに加え、自民党議員が利益団体の利害を優先しようとしたため政治的な混乱が発生し、大規模な税制改正は実現せずに終わったのである。自民党長期政権下の日本の行政府・与党双方の一体性の低さ、首相の行政府・与党に対するリーダーシップの弱体性、利益団体の影響力の強さといった政策転換を阻む諸特徴がよく表れている事例といえよう。

10-3. 竹下内閣による消費税導入[18]

　翌1988年末に竹下登内閣によって消費税と名付けられた付加価値税の導入がようやく決定される。消費税導入の提案も所得税・法人税の減税と組み合わせられ、しかも減税額を超過させることで付加価値税の持つ逆進性に対する世論の批判を抑えようとした。社会党・共産党など野党は激しく反対し、国会で審議拒否の構えを見せたが、世論の支持を得ることはできず、消費税導入を含む税制改革関連法案は自民党の賛成多数によって1988年12月24日に参議院で可決・成立した。

　売上税の失敗後も大蔵省は付加価値税の導入を諦めなかった。1987年に同省が付加価値税制の詳細を説明する努力を行った結果、新税に対する不安を抑制することができた。また、税制改革の目標が直間比率の是正ではなく、所得税制の不公平性の是正と高齢化社会に向けた安定税収の確保に切り替えられたことで、消費税の逆進性に由来する否定的なイメージが緩和された。ただし、

---

[17]　1986年12月5日の自民党内での売上税導入決定から翌年2月の閣議決定までに非課税品目は51品目までに拡大した（加藤淳子1995: 127; 新藤1989: 207-8）。
[18]　以下の文献を参照した（加藤淳子1995: 122-8, 1997: 第6章; Kato 2003: 178-80; 新藤1989: 第IV章2）。

343

第IV部　日本における社会保障財源改革

所得税改革による不公平性の是正は不徹底なものであったし、消費税収は福祉目的化されず、十分な低所得者対策もとられなかった[19]。また、高齢化に備えるといっても福祉国家の財源基盤が拡充されたわけではなく、消費税導入と所得税・相続税・法人税などの減税の差し引きで実質減税であった。これは当時の好況による自然増収があっての税制改革であった（新藤1989: 220）。

　中曽根政権下での失敗と比較すると次のような成功要因が見出される。第一に、自民党内の税制通の政治家と大蔵省との協力関係がより緊密に維持された（Kato 2003: 178）。中曽根は大蔵省に対する自己のリーダーシップの発揮にこだわっていたが、今回は蔵相経験の長い竹下首相と大蔵省が協力関係にあった。つまり、行政府内での足並みの乱れが抑えられた。

　第二に、自民党税制調査会の幹部たちが大蔵省の方針を支持し、業界利益を代表する一般議員による非課税措置の要求を認めなかった（加藤淳子1995: 128）。売上税の際には、党税調の幹部たちによる閉鎖的な運営が反発を招いたが、今回は前回の反対派を党税調の役職につけ、業界団体との懇談会を再開するなどして反対運動のコントロールが図られた（辻中1988: 184-6）。また、消費税導入反対派の議員に対しては各派閥を通じて統制が図られた。自民党の一体性は各派閥内の統制強化と派閥間の対立の減少によって1980年代を通じて高められていた。1970年代と比べ1980年代には自民党内での派閥間の競争が穏やかになっており、非主流派閥がポストの配分に関して冷遇されることも減ったため、派閥のリーダーたちが協力しやすくなっていた。他方、党・政府・国会での役職に関して派閥均衡人事が制度化されたことによって各議員は派閥への依存度を高めていた（加藤淳子1995: 130-1注28[20]）。消費税導入の決定過程ではこうした派閥を通じた一般議員統制のメカニズムが機能したことが重要であった。こうして自民党の一体性問題が克服されたのである。

　しかし、自民党政権は大きな代償を支払うことになる。税制改革関連法案の

---

[19]　以上、このパラグラフの記述はKato（2003: 178）に基づく。小規模事業者への免税措置や納税手続きの簡素化措置などがとられたが、これらは消費税収の大きな低下には結びつかない範囲で認められた。なお、同時に決まった所得税改革は減税となった。課税区分が12（1987年に15から12に縮小）から5へと減らされ、税率は10～50%とされた。課税最低限は引き上げられ、各種の控除が寛大に設定された（Kato 2003: 178-9）。
[20]　自民党内の人事と結束については、野中（1995: 172-9）、石川, 山口（2010: 164）を参照せよ。

344

審議中の1988年6月に発覚したリクルート事件[21]に対する批判と合わさって消費税は世論の強い反発を受けた。消費税が実施された1989年4月に内閣の支持率は一桁まで低下し、6月に竹下内閣は総辞職に追い込まれた。続く宇野宗佑内閣では税制の見直しが表明されるが、新内閣は2カ月しかもたなかった。同年の7月23日に行われた参院選では、消費税、リクルート事件、農業自由化問題[22]に宇野首相の個人的スキャンダルも付け加わって自民党は大敗し（改選126議席中38議席獲得）、参院での過半数割れを経験することになった。翌月に宇野内閣は敗北の責任をとって総辞職している。

　本章の締め括りとして、次節では1980年代の段階で福祉国家を支える財源構造改革が日本ではどのように先送りされ、また不十分なものにとどまったかを整理する。

10-4. 結　論 —— 消費税導入がもたらした社会保障制度への限定的影響

　大平正芳の失敗以来、消費税は10年がかりでようやく導入されることになった。大平・中曽根の時とは異なり、竹下内閣の下での消費税提案の理由には高齢化社会への準備が挙げられていた。しかし、実際には消費税導入に伴う社会保障政策の充実は限られていた。そもそも消費税は導入に際してなんらかの社会保障制度に対して目的税化されたわけではない。大蔵省はせっかく導入した消費税の税収を福祉支出にまわすのではなく財政赤字の償還財源に用いることを望むはずであり、厚生省以外の官庁も消費税収には関心を持つであろう。このため消費税の社会保障目的化は一部の政党や専門家によって検討されたものの一向に実現しなかった。1999年にようやく予算総則に消費税収の一定割合を高齢者の社会保障財源に充当することが明記されるが、膨張を続ける高齢者向け社会保障費を賄うには足りず、結局さらなる財源の確保が課題であり続けた。

　自民党が消費税収を社会保障支出へと充当する動きを見せるようになったのは1989年7月の参院選惨敗後のことである。選挙後に自民党は逆進的であり消

---

[21]　リクルート社が1985年から翌年にかけて関連会社であるリクルート・コスモス社の未公開株を中曽根・竹下らを含む与野党の有力議員や官僚などに譲渡したインサイダー取引事件。税制改革ではキャピタル・ゲイン課税が不完全なものにとどまっており、消費税の負担を迫られた世論の怒りを買った（加藤淳子1997: 221-6; Kato 2003: 179-80）。
[22]　牛肉、オレンジなど農産物が自由化され、小規模生産者への打撃となった。

345

第Ⅳ部　日本における社会保障財源改革

費者に負担を求める消費税について見直しを行うように追い込まれ、12月初め
に「消費税見直しに関する基本方針」をまとめた。この際に、消費税導入の目
的とされていた高齢化社会への準備が前面に押し出され、「高齢化に対応した公
共福祉サービスの充実」がうたわれた（田多2007: 190注17）。これを受けて厚生
省が策定したのが高齢者保健福祉推進10カ年戦略（ゴールドプラン）である[23]。

　ゴールドプランは1989年12月の予算編成の過程で大蔵・自治・厚生3大臣の
合意により策定されたもので、介護サービス充実の達成目標が数字を挙げて示
されるとともに財源面での裏付けも得ることができた。1990年から1999年まで
の10年間の総事業費は地方分、民間分も含めて6兆円強とされ、1980年代の3
倍以上となり、「福祉元年以来の大方針」ともいわれた（田多2007: 190-1）。社会
保障関係費全体も1990年度の前後には1980年代の平均に比べて大きく伸びて
いる。1970年代には二桁成長が続いた一般会計における社会保障関係費の伸び
は1983年度には0.6%まで抑え込まれ、その後2〜3%程度の伸びが続いたが、
1989年度が4.9%、1990年度には6.6%、1991年度には5.1%と一時的に伸びが回
復している（田多2007: 82第8表, 189）。1990年6月に老人福祉法などの社会福祉
関係八法が改正され[24]、翌年には老人保健法が改正されたことで、高齢者福祉サ
ービス充実のための制度的な基盤が整えられていった[25]。その後、1994年12月
にはゴールドプランの目標を上方修正した新ゴールドプランが策定され[26]、1997
年12月には介護保険法が制定されるに至る[27]。1990年代以降の高齢者介護政策
の展開にとってゴールドプラン策定は確かに重要な一歩であった。

---

[23]　詳しい経緯は、岡光編（1993: 20-3）による。

[24]　主な改正点は以下の通り（田多2007: 192）。第一に、在宅福祉サービスが居宅生活支援事
業として社会福祉各法において明確に位置づけられた。第二に、福祉サービスに関する市町
村の権限が強化された。第三に、市長村と都道府県は保健と福祉が一体となった老人保健福
祉計画の策定を義務づけられた。

[25]　1986年の第一次改正に続き、再度高齢者の患者自己負担が増額された。他方、老人訪問
看護制度が創設されるとともに、高齢者の介護に係る費用については公費負担が3割から5
割に引き上げられたことで、高齢者看護・介護対策が強化された。1990年代初頭には国家財
政の改善を背景とした一定の福祉改善努力が見られる。1991年の第二次老人保健法改正につ
いては次章で再検討する。

[26]　この他にも、看護・介護職者を確保するために1990年8月に厚生事務次官を本部長とす
る保健医療・福祉マンパワー対策本部が設置され、翌年にはその中間報告を受けて8月に「平
成4年度保健医療・福祉マンパワー対策大綱」がまとめられた（田多2007: 195-6）。

[27]　介護保険法の成立過程については次章で検討する。

第10章　財源改革の遅れ（1979 ～ 1989年）── 消費税と社会保障の曖昧な関係

　しかしながら、消費税収の多くがゴールドプランのために割かれたとはいいがたい。1990 ～ 1992年の開始3年間でゴールドプランのために計4,400億円の国費が投入されたが（『週刊社会保障』1672, 1992.1.20: 33）、消費税収は初年度3.3兆円、1990年度4.6兆円、1991年度5.0兆円、1992年度5.2兆円となっており桁が違う。また、厚生省としてはかねて検討を続けていたとはいえ、自民党の参院選大敗という偶然的要因によって高齢者福祉対策の充実が急遽政治的に推進されるようになったことにも注意が必要であろう。上述の通り、1980年[28]代の終わりから1990年代の初めにかけて社会保障費が大きく伸びたが、これは自民党の選挙での敗北とバブル景気による税収の伸びによって一時的に可能になったものだった。要するに、消費税実施に対する世論の不満をなだめる[29]ための策として高齢者福祉の充実が打ち出されたものの、1990年代以降の高齢化に備えるための社会保障（これには当然介護のみならず年金と医療が含まれる）の財源のあり方は不透明なままであった。

　1990年に日本では従属人口比率（15歳未満の年少人口と65歳以上の老齢人口の和を15歳から64歳の生産年齢人口で除した値）が43.5%で底を打ち、それ以降子供の減少数が老齢人口の増加数を下回るようになって従属人口比率が上昇していく。人口の高齢化は一方で現役世代の縮小を通じて税と社会保険料収入[30]の低下につながり、他方では高齢者向けの社会保障費の増大をもたらす。このため社会保障財政は逼迫する。高齢化対策に余裕を持って取り組む上では、従属人口比率が上昇していく人口オーナス期に入る時点（日仏では1990年代）で、「その後の膨大な高齢化費用を賄える財政的余裕をもつこと、少なくともその時期の財政的負債が少ない」か否かが重要である（埋橋2011: 67）。ところが、

---

[28]　こうして支出増が目指される一方、1990年度に予定されていた高齢者医療の自己負担増は見送られた。こうした自民党の財政均衡よりも選挙を優先する姿勢は90年代後半の政権復帰後にも見られる（次章）。

[29]　また、支出の増加はとりわけ社会福祉分野で生じており、年金・医療など社会保険支出は相対的に抑制されていた。つまり、高齢者福祉（介護）というそれまで比較的小規模にとどまっていた分野の支出が増強された一方、年金・医療を含む高齢者向けの社会保障全般が強化されたとはいいがたい。

[30]　日本の従属人口比率は1950年の67.6%から1970年には45.3%へと急速に低下し、1990年に43.5%で底を打ってから2000年に46.6%、2010年に56.9%となり、近年急上昇している。他方、フランスでも1990年代に入り従属人口比率が上昇に転じたが、1990年に51.5%、2010年に54.2%と上昇速度がより緩やかである（UN 2015）。

347

第Ⅳ部　日本における社会保障財源改革

日本では1990年代に入るまでに福祉国家の財源改革を進めることができなかった。

　1980年代前半の医療保険改革（第4章）に見られたように、1980年代には社会保障システムを維持するための財源は被用者保険から他の制度への財政移転に求められていた。経済が高成長を続け、雇用環境が安定している限りにおいては、社会保険料収入に依存することができた。政管健保では1981年度以来黒字が続き、1991年度には過去最高の黒字（約3,800億円）を計上している。また、1986年11月以降の好況によって税収も大きく伸びたことで、1990年度予算ではついに赤字国債依存からの脱却に成功した。このように1990年頃には国家財政や社会保障財政は一時的に健全性を確保することができた。自民党政権と第二臨調が目標にした通り、ヨーロッパ諸国に比べて租税・社会保障負担を低水準に保つこともできた（表1-6）。しかしながら、企業業績が堅調であり、また従業員が企業に安定的に雇用されることを前提とした福祉国家モデルは1990年代以降（とりわけ1990年代末の不況以降）大きな試練に直面する[31]。社会保険料以外の重要な社会保障目的財源を整備しなかったことは1990年代以降の社会保障改革に影響を及ぼすことになる。

　税率3%と低率に設定された消費税の税収は限られ、日本の税収構造を大きく変えることもなかった（Kato 2003: 181）。導入から8年後の1997年に税率は5%に引き上げられるが、この時も所得税などの減税とセットとされたため総税収は増大せず、また福祉支出の増額も限られた（次章）。1990年代に入り経済の低成長と少子高齢化が同時進行するなかで社会保障財源の確保は急務であったが、重要な改革は先送りされ、国家財政の赤字は再び急拡大していく[32]。

---

[31]　1990年代には終身雇用と企業ベースの福祉、低水準の社会保障支出の組み合わせからなる日本の福祉国家モデルがゆらぐようになったという指摘は、宮本（2008）などによっても行われている。また、1990年代の不況期に国民年金や国民健康保険はとりわけ財政状況が悪化していく。

[32]　第Ⅴ部で検討するように、1990年代にフランスで社会保障財源改革が進められたのとは対照的である。第五共和制のフランスでは行政府・与党の一体性（とりわけ集権性）が高く、大統領・首相による行政府・与党に対するリーダーシップが確立されている。また、政令事項の範囲が広く、議会の権限が制度的に制約されている。こうした政治制度を背景として、石油危機以降のフランスでは医療保険財政健全化のために医療保険料の引き上げと患者自己負担の引き上げが政府によって迅速に決定されている。また、1980年代には社会保険料に代わる新たな社会保障目的財源の検討も進められ、1990年に導入が決定される（第13章）。

第11章 1990年から2000年までの医療保険改革と介護保険の導入——財源改革の先送り

低成長時代への突入と高齢化対策の必要性の高まり

日本の場合、1980年代には経済の高成長がほぼ一貫して続いたことで医療保険料収入は拡大し、他方で医療費抑制政策が本格化したことで、ことさらに財源の拡充に努めずとも健康保険の財政健全性がなんとか維持された。第4章で検討したように、1981年改定以降、診療報酬は抑制され、1982年の老人保健法、1984年の健保改正によって患者負担が引き上げられたこともあり、国民医療費の伸びは抑制された。また、老人保健制度・退職者医療制度といった保険者間で財政調整を行う仕組みが整備されたことで、医療への国庫負担を削減しつつも財政難の保険者を助けることが可能になった。

しかし、1991年にはバブル経済が崩壊し日本経済は「失われた10年」へと突入する。1992年から国民医療費の伸びと経済の伸びの乖離が一挙に深刻化していった（表5-1）。さらに、人口の高齢化も加速していく。1980年から1990年までに65歳以上人口比率は9.1%から12.1%へと3ポイント増加したが、2000年には17.4%に達し、10年間で5ポイントを超える急速な伸びが生じた（総務省統計局『国勢調査』）。人口高齢化は当然高齢者医療費の増加をもたらす。もっとも、1990年代後半には医療費抑制政策が強化されており（第5章）、医療保険財政対策として不足していたのは、低成長・少子高齢化時代に必要な社会保障財源改革の方であった。

1993年から政管健保は赤字基調となり、組合健保や国保の財政も悪化していく。従属人口比率の上昇や雇用の非正規化が進むなかで、労使の社会保険料に依存した社会保障制度の運営は次第に困難となっていった。しかし、1990

349

第Ⅳ部　日本における社会保障財源改革

年代以降の医療保険改革では、自己負担増と保険料引き上げという技術的対応が繰り返され、財源改革は先送りされた。租税財源の確保は進まず、支出と収入のギャップは最終的には国債発行によって埋められた。1990年代には減税と国債発行による景気対策が繰り返され、1990年代末からは患者負担・社会保障負担を抑制するための赤字国債の発行も行われる。福祉国家の財源改革が先送りされ、減税と国債発行が繰り返された結果、2000年代に入る頃には膨大な国家財政赤字が蓄積されることになった。

　本章では、1990年代の医療保険改革が短期的な財政対策に終わり、財源の確保が先送りされた経緯を分析する。1980年代前半の医療保険制度改革に関しては多数の先行研究が存在するのに対して、1990年代の改革の政治過程を詳しく研究した論文は少ない[1]。結局のところ重要な改革が先送りされたためあまり注目を集めなかったのかもしれないが、1990年代の諸改革における議論の状況や、重要な改革の先送りに至った経緯を検討することには一定の意義があるだろう。とりわけ、2000年代以降の医療保険改革の展開を理解する上で、1990年代の改革（の先送り）を研究することは不可欠である。

　以下ではまず、1991年の老人保健法改正と1992年の健康保険法改正というバブル期の税収・社会保険料収入の増加を背景にした改革、そして1994年の非自民連立政権下の健保改正という1990年代前半の3つの医療保険改革を財政的帰結に注目しつつ検討する（11-1.）。

　次に、自社さ連立政権による1997年の健保改正以降の公費負担引き上げをめぐる議論の顛末を検討する（11-2.）。1997年改正は予算編成を切り抜けるための患者負担増を中心とした短期的な財政対策に終わったが、高齢者医療制度への公費負担引き上げを含む抜本改革論議の契機となった。結局、自公保連立政権による2000年改正でも抜本改革は先送りされ、公的医療保険への公費負担増強は幻に終わる。

　他方、1990年代には介護保険制度という新たな社会保険制度が創設されており、こちらの経緯については多数の研究が発表されている。介護保険創設の目的は従来不十分であった高齢者介護サービスを質・量ともに改善することにあったが、同時に社会的入院の解消による高齢者医療費の削減、つまり医

---

[1]　貴重な例外として、タルコット（2002, 2003）がある。
[2]　入院の必要性が乏しいにもかかわらず、家庭の事情、経済的理由、高齢者福祉施設の不足

療保険制度の負担軽減という目的もあった。また、実現には至らなかったものの、介護保険の導入後に高齢者の医療と介護を一体的に提供する制度の導入も考えられていた。このように介護保険の導入は医療保険政策とも強く関連しており、また医療保険と同様に財源確保の先送りが行われたということから、その創設過程を本章の分析対象に加えている（11-3.）。介護保障の充実は消費税増税との関連で議論されていたが（例えば、1994年の「21世紀福祉ビジョン」）、1989年と同様に（10-4.）、1997年の消費税の増税の際にも税収と高齢者福祉支出の制度的な結びつきは確立されなかった。結局、消費税ではなく介護保険料という別の財源が導入されることになるのだが、自民党は総選挙を控えて1996年には介護保険法案の国会提出を見送り、制度実施直前の1999年秋にも保険料免除措置の財源を赤字国債で賄うという負担先送りを決めている。

　要するに、1990年代の後半から2000年にかけて医療・介護とも社会保障負担引き上げをなるべく先送りする傾向が見られ、財政対策として患者負担の増加・診療報酬抑制が行われるか、あるいは公債発行によってこれらの措置が回避されたのである。高齢化・雇用の非正規化などに対処するための社会保障財源改革は1990年代を通じて実現されぬままとなった。社会保障財源が確保されず、しかも膨大な国家財政赤字が蓄積されたことで、2000年代には社会保障費は再び公共支出削減の重要な標的とされることになる（第6章）。

11-1. 1990年代前半の医療保険改革

a. 1991年の老人保健法改正 —— 介護に関する公費負担の引き上げ

老人保健法制定以降の動向

　1990年代最初の医療保険関連の法改正は、1991年9月に成立した第二次老人保健法改正である[3]。1982年に制定された老人保健法は医療費抑制・国庫補助削減という第二臨調の方針に沿ったものであり、高齢者医療費の財源をとりわ

などから入院を余儀なくされること。医療費の無駄、入院している本人の生活の質の低下などから問題視された（池上 2002: 155-6, 2010: 171-2）。高齢者介護の充実の目的の一つはこの社会的入院の是正にあった。

[3] この改正の内容や経緯については、岡光編（1993: 81-112）が詳しい。この他に、吉原, 和田（2008: 349-53）、田多（2007: 192-4）を参照した。

け大企業の労使に求めたものだった（第4章）。法制定時には、被用者保険から老人保健制度への拠出金が増大しないように歯止めをかけるということで、健保連や経営者団体が折れたのだが、1986年の第一次老健法改正では、被用者保険制度からの老人保健制度への拠出金を増加させることが決まり、1987年度と翌年度には健康保険組合全体で初めて2年連続の赤字となった（吉原，和田2008: 348）。また、病院（医療）と特別養護老人ホーム（福祉）の中間施設としての老人保健施設が創設され、高齢者医療・福祉の体制整備も進められた。1989年にはゴールドプランが策定され、翌年には老人福祉法等の改正が行われる。1991年の第二次老健法改正もこうした高齢者医療・福祉供給体制の強化という流れに位置づけられる。

第二次老人保健法改正（1991年）

　第二次改正に関して注目されるのは、労使の負担（老人保健制度への拠出金）を増やして国庫負担を減らすという1980年代の路線とは反対に、高齢者介護に関連する医療費（老人保健施設療養費・介護体制の整った老人病院の入院費など）の公費負担割合を3割から5割に増やしたことである（社会福祉制度の公費負担割合と同じになった）。また、老人訪問看護制度が創設され、これも公費負担5割の対象となった。老人医療費全体のうち公費負担引き上げの対象となる介護部分はわずかであり、改正法施行後の1992年度には老人医療費全体の公費負担率は30%から31.2%に変わっただけだったが、老人保健制度発足以来、初の公費負担増となった。[5]他方、1986年の第一次改正と同様に、患者一部負担金も引き上げられた。[6]

---

[4]　ゴールドプランにも全国5,000カ所の訪問看護ステーションの整備が付け加えられた（吉原，和田2008: 353）。

[5]　老人保健施設などが増えれば公費負担も増えていくだろうというのが政府・与党の立場だった（岡光編1993: 93-110）。なお、公費負担の内訳は国が3分の2、都道府県と市町村がそれぞれ3分の1とされ、変わらなかった。また、都道府県と市町村の負担増については、地方財政計画を通じて地方交付税による財政措置が行われることになった。

[6]　この他に、国会審議を通じて付添看護問題の適正化が附則に規定された（岡光編1993: 111）。付添看護問題とは、看護・介護体制が不十分な医療機関において、医療機関に雇用されていない付添婦が付添看護・介護を行っていることが安全性や費用負担の面から問題視されていたものである。付添看護の解消は1994年に非自民連立政権下の医療保険改革によって法制化される（後述）。

第11章　1990年から2000年までの医療保険改革と介護保険の導入 —— 財源改革の先送り

　要するに、今回の改正では国と高齢患者の負担が増える一方で、健康保険の保険者の負担（老人保健拠出金）は減少した（岡光編 1993: 108-10）。高齢者介護の充実は1989年のゴールドプラン、1990年の老人福祉法等の改正でも追求されており、今回の老健法改正でもそうした流れに沿って介護部分について国庫負担増額が行われている[7]。国庫負担引き上げの対象となったのは一部のサービスに限られたが、それでも国庫負担の増額が盛り込まれたことで日経連・連合・健保連・市町村などの支払側団体のみならず、国庫負担による社会保障の改善を求めてきた社会党などの野党の合意が得やすい改正案であった。なお、自民党は政府原案を支持する立場であったが、野党との妥協により高齢患者の一部負担金の増額は抑制され、公費負担増の適用対象は拡大された[8]。

　また、この時期には公費負担増を大蔵省に受け入れさせるような良好な国家財政状況が存在していたことも改革の成立を助けた。1985 ～ 1990年の間には毎年4兆円から5兆円のペースで一般会計の税収が伸びていた。1990年度予算は1975年度以来続いていた赤字国債への依存からついに脱却し、公債依存度は8.4%まで低下していた（久保田編 1990: 133）。1989年から1991年までは、財政状況の好転と自民党の選挙での苦戦（1989年参院選）を背景として厚生省が介護対策の充実を推し進めることができた時期であり、一時的な福祉拡大期であったといえよう。

　ところが、老健法改正が審議されていた1991年にはバブル景気の失速が明らかになり、税収は減少傾向に転じる。一般会計税収は1990年度の60.1兆円をピークとし、2000年度には50.7兆円、2010年度には41.5兆円と減少していく（財務省ホームページ「一般会計税収の推移」）。1991年末の予算編成では、再び社会保障費の抑制が始まる。高成長が続いた1980年代までとは国家財政の状況が一変し、高齢者介護需要の増大に備えるためにサービスを拡充するつもりでいた厚生省は再び厳しい財政制約に直面する。9月に第二次老健法改正が決められた後、年末の予算編成では、医療保険への国庫補助削減政策が再開される。

---

[7] 「高齢社会に向けた一連の改革としての位置づけが、結局は制度改革実現の基本であったといえよう」（岡光編 1993: 97）。

[8] 政府原案・衆議院修正・参議院修正の比較は、岡光編（1993: 114）にまとめられている。

353

b. 1992年の健保改正 ── 社会保障負担の抑制

　1990年代最初の健康保険法改正である1992年改正では、政管健保の財政運営を従来の単年度主義から5年程度の中期的運営方式に変更するとともに、国庫補助率と保険料率を引き下げることが決まった。現時点から振り返れば、「失われた10年」の入り口でわざわざ財源を縮小するような改革が行われたのは奇妙に思えるが、当時政管健保には好況期に蓄積された多額の積立金が存在していた。積立金を背景として、診療報酬の大幅引き上げと保険料率の引き下げを行うという政府案は関係団体の利害に合致しており、この改正は健保改正としてはめずらしくスムーズに実現された。他方、こうした改正によって医療保険の財政悪化を懸念する向きも存在していた。実際、今回改正以降、政管健保の財政は悪化していき、1997年改正は赤字対策が中心となる。

政府案の決定過程

　1991年にはバブル経済の崩壊により1980年代後半から続いた好況に終止符が打たれるとともに、法人税・有価証券取引税などの税収が大きく落ち込んだ。そのため1991年末に行われた1992年度予算編成は5年ぶりの緊縮予算となった。一般会計予算の伸びは2.7%と過去4年間の平均伸び率6.8%を大きく下回り、厚生省予算の伸びも概算要求時の5.7%から4.8%へと引き下げられた（吉原、和田2008: 432）。税収の低下が予想されたため、12月に予算編成がやり直されたのだった。

　当時、厚生省にとっては医療機関の経営危機への対処と高齢者医療・介護のためのマンパワー確保が課題となっており、1992年の診療報酬改定では一定の引き上げを行う必要があった。従来、診療報酬の改定は厚生省予算の枠内で対処してきたが、国の財政状況が悪化するなかでの大幅なプラス改定は困難であり、財源の捻出が課題となった（『週刊社会保障』1672, 1992.1.20: 13）。そこで厚生省は、黒字が続いている政管健保に対する国庫補助率を引き下げ、それによって浮いた額を看護婦などの処遇改善を中心とした診療報酬引き上げの財源として利用することに決めた。

　政管健保では1981年度以来黒字が続いていた。好況が続いたことによる被保険者数の増加や標準報酬の上昇による保険料収入の増加は政管健保の財政状

第11章　1990年から2000年までの医療保険改革と介護保険の導入 —— 財源改革の先送り

況を助け、1980年代に行われた患者自己負担の引き上げや診療報酬の抑制によって医療費の伸びも抑えられていた。政管健保の1990年度決算では約3,400億円という過去最高の黒字が計上され、1991年度末には積立金が1兆4千億円程度に達するものと予測されていた（吉原, 和田2008: 432）[9]。こうしたなかで政管健保への国庫補助の削減によって診療報酬引き上げのための財源が確保されることになった。

　12月20日に山下徳夫厚相は羽田孜蔵相と1992年度予算編成の事前折衝を行い、診療報酬の引き上げと健保改正の方針について合意した。診療報酬の改定幅は本体プラス5%、薬価基準が医療費ベースでマイナス2.4%、材料価格マイナス0.1%という差し引き2.5%のプラス改定となった（表4-1）。日本医師会や日本病院会・全日本病院協会などはより大幅な引き上げを要求して不満を表明したが、「大方の予想を上回る引き上げ幅」だった（『週刊社会保障』1671, 1992.1.13: 39）。

　他方、健保改正に関する主な合意内容は、①積立金の存在を前提とした5年程度の中期運営方式の採用、②保険料率と国庫補助率の引き下げ、③保険給付の改善（分娩費の最低保証額を20万円から24万円に引き上げ、出産手当の支給期間の改善）などからなり、1992年4月1日から実施することとされた（『週刊社会保障』1670, 1992.1.6: 61）。12月28日には臨時閣議において1992年度の政府予算案が決定され、このなかに健保改正案が組み込まれた。

審議会の反応

　予算案の決定を受けて厚生省は健康保険制度等の改正案要綱を作成し、関連審議会の諮問に向かう。年が明けた1992年1月14日に山下厚相は社会保険審議会に政管健保の財政運営方式の変更や医療保険審議会[10]の創設などの制度改革を諮問する。厚生省保険局の説明は以下のようなものであった（『週刊社会保障』1672, 1992.1.20: 12-7）。すなわち、保険料率は健保組合の平均保険料率を

---

[9]　こうした黒字傾向により1985年度から1989年度までの政管健保への国庫補助は特例的に減額されていた（吉原, 和田2008: 441-2）。
[10]　政管健保と船員保険を所掌する社会保険審議会を改組し、国保に関する事項も審議する場として設置された（吉原, 和田2008: 438-41）。1997年には老人保健福祉審議会（後述）と統合され医療保険福祉審議会となるが、その後、審議会全般の統合再編の一環として廃止され、2000年6月に社会保障審議会が設置された際にそのなかに医療保険部会が置かれた。

355

考慮して8.4%から8.2%への引き下げにするが、これでもまだ黒字が出るので国庫補助を減らして診療報酬引き上げ財源に利用する。ただし、老人保健制度への拠出金は今後も増えるので、これに関する国庫補助率は16.4%のまま据え置きとする。保険料率と国庫補助率は今後5年間は原則として変更されない。1996年度まで黒字が増えていく見込みである。厚生省としては経済変動を吸収できる中期的財政運営を健保組合や国保にも取り入れていきたいとのことであった。

改正案に対して連合を中心とした被保険者側（労働側）委員は国庫補助率の引き下げに難色を示したが、1月30日の総会では国庫補助率引き下げは暫定的な措置であり、中期的な財政運営の安定を確保できる範囲での引き下げで、診療報酬改定の財源にもなることから「やむをえざる措置として容認するものである」とされ、「基本的には了承する」との答申が行われた（『週刊社会保障』1675, 1992.2.10: 48-9）。1980年代以前の健保改正に際して社会保険審議会では激しく意見が戦わされるのが常であったが、今回は利害対立が少なく順調な審議となった（『週刊社会保障』1672, 1992.1.20: 36, 1674, 1992.2.3: 36-7）。

他方、社会保障制度審議会は1月27日に諮問を受け審議入りし、2月3日には、中期的安定的運営は繰り返し答申してきたことで「基本的に了解する」、国庫補助率引き下げは「当面やむを得ないものと認める」という答申を行っている（『週刊社会保障』1674, 1992.2.3: 54-5, 1675, 1992.2.10: 48-9）。

答申を受けて厚生省は法案作成に入り、2月12日には自民党の政務調査会・総務会でも了承された（『週刊社会保障』1677, 1992.2.24: 16）。

国会審議[11]

1992年2月14日に国会に提出された健康保険法等改正案の主な内容は、①政管健保への中期財政運営方式の導入、②保険料率と国庫負担率の引き下げ（前者は8.4%から8.2%、後者は16.4%から13%）、③出産手当金の支給期間と分娩費の改善、④医療保険審議会の設置、⑤標準報酬月額の上下限の引き上げなどであった。

衆議院で社会党・公明党は国庫補助率の見直し規定を要求したため、財政状

11　経過は『週刊社会保障』1683, 1992.4.6: 13にまとめられている。

況が悪化した場合には国庫補助率を戻すという修正案を自民党が提示したところ共産党以外の各党が了承し、3月12日に衆院本会議で修正の上可決された（『週刊社会保障』1680, 1992.3.16: 44-5）。法案は参議院に送られ、3月27日に参院本会議で修正案通り可決・成立した。国会提出からわずか43日間という健保改正案としては極めて短期間での成立となった。[12]

迅速な成立、しかし……

以上のように、1992年の健保改正はまず官僚制内で与党の反応を予想しつつ合意形成を行い、審議会による了承と与党による事前承認を経て、法案が閣議決定・国会提出され、国会の日程に応じて可決されるという自民党長期政権下の典型的な政策決定のパターンをなぞっている（タルコット2002: 246-7）。

審議会でも国会においても大きな混乱は見られなかった。保険料負担の引き下げに労使は賛成であり、[13]いつもならば労組と野党が反対するはずの国庫補助率引き下げも診療報酬引き上げ（看護婦の処遇改善など）のための財源確保策として正当化されていた。そのため労組も野党も強硬には反対できなかった。また、医療費増（診療報酬2.5%引き上げ）と給付改善（出産関連）を目的とした改正であり、医師会や被保険者の反発が問題になるような改正でもなかった。参議院で自民党は過半数の議席を有していなかったが、保険料率の引き下げが遡及適用できないため、衆議院での審議の段階で、日切れ法案と一緒に年度内に成立させるという合意が与野党間でできていた（『週刊社会保障』1683, 1992.4.6: 13）。

健保財政悪化のはじまり

1984年以来ひさしぶりに行われた健保改正は医療費抑制ではなく医療費増、保険者負担増ではなく負担減を狙ったものであった。これはバブル経済の恩恵（多額の積立金）を活かした最後の負担抑制・給付拡大型の健保改正である。[14]

---

[12] 同じく積立金が累積していた雇用保険でも保険料率と国庫補助率が引き下げられている。

[13] なお、保険料徴収の基準となる標準報酬月額の上下限は引き上げられ、保険料率引き下げによる財政効果の相殺が期待されていた（『週刊社会保障』1672, 1992.1.20: 17右上の囲み参照）。

[14] 「1991年にバブル経済が崩壊したとはいえ、この当時はまだ好景気の余韻があった」（島崎2011: 104）。

第Ⅳ部　日本における社会保障財源改革

1992年4月には改正健保法の施行と同時に診療報酬も10年ぶりの大幅引き上げとなった。いわば、積立金の存在を担保にして診療報酬引き上げに踏み切ったようなものであった。しかし、この時には既に景気後退が明白化しており、まさに国家財政・医療保険財政の危機の入り口で国庫補助率と保険料率を引き下げ、診療報酬を引き上げることになった[15]。

　こうした制度改正が政管健保の財政難に結びつくことを懸念する向きは当時からあった。例えば、1992年1月20日の社会保障制度審議会の総会では、厚生・労働両省の新年度予算の説明の後の質疑で浜西寿三郎（兵庫県医師会長）は健保改正で赤字が生じないか厚生省に説明を要求していた（『週刊社会保障』1673, 1992.1.27: 16）。また、健保連常任理事の澤江禎夫は改正内容を冷ややかに受け止め、診療報酬の10年ぶりの大幅引き上げと景気後退で組合健保の財政は「極めて厳しくなる」と予想していた（『週刊社会保障』1683, 1992.4.6: 32）。

　こうした懸念に対して、厚生省は1996年まで安定的な財政運営は可能であると主張していたが、中期的な財政の安定の根拠となった試算は1986年から1990年の5年間という好況期の実績がベースとなっており、改正健保法の施行後には厚生省の公式の予測を裏切る形で財政状況は悪化していく。1993年には政管健保は赤字に転落し、1996年には早くも積立金は枯渇寸前の状況に陥る。結局、1992年改正は政管健保の積立金の取り崩しによって数年間の保険料率の安定を確保するにとどまった[16]。

　国家財政・医療保険財政が悪化に向かうなかで1993年に自民党が分裂し、総選挙の結果、下野する。1980年代に大蔵省とともに財政再建を追求してきた自民党は政権復帰・維持のために財政健全主義を軽視し、予算拡張主義的な立場をとるようになる（タルコット2002）。次に、自民党下野後の非自民連立政権下における医療・社会保障政策を検討する。

---

[15]　1993年にも国庫負担の縮減と繰り延べが決定されている。また、同年の国民健康保険法改正でも、保険基盤安定制度の国庫補助が定率5割から定額制に変更され、補助金が削減された。吉原、和田（2008: 441-5）参照。

[16]　1992年には第二次医療法改正も行われ、特定機能病院・一般病院・療養型病床群の類型化が行われた。高度先端医療を担う特定機能病院の受診には紹介状が必要になり、療養病床は病状の安定した患者の長期療養のために導入された。こうして医療機関の機能分担の推進が図られた。

C. 細川・羽田非自民連立政権下の医療保険改革 (1994年)

　1990年代の二度目の健康保険法改正は1994年6月に非自民連立政権によって実現された。もっとも、この改正は非自民連立政権の誕生以前に厚生省と関連審議会によって準備されていた内容を法制化したものであった。政策決定過程についても、審議会が厚生省に建議書を提出し、それをもとに厚生省が政府原案を作成し、国会審議を通じて患者負担が抑制された上で法案が可決・成立するという自民党政権下で見られたパターンが再現された。[17] 改正案では、1日800円の入院時食事負担を導入することになっていたが、野党となった自民党は負担の軽減を主張し、与党もこれを受け入れた。以下では、1994年健保改正の経緯と内容を検討する。

1994年改正の経緯[18]

　1992年改正によって設置された医療保険審議会では、公的医療保険の給付範囲の見直しが議論され、1993年12月18日には大内啓吾厚相（民社党）に建議書を提出した。厚生省は建議書を受けて、付添婦問題の解消や1日800円の入院時食事費の導入などからなる健保改正案要綱をとりまとめ、翌年2月には医療保険審議会、3月には社会保障制度審議会がこれを了承する答申を行っている。[19]

　3月22日の国会提出後、4月8日に細川護熙首相の退陣表明、28日の羽田孜内閣発足をはさんで6月3日にようやく衆議院厚生委員会で審議が始まった。[20] 衆院では共産党を除く与野党共同提案で入院時食事負担を1日800円から600

---

[17] 1980年代までの社会保障改革では与野党が異なる政策パッケージを対決させるというより、厚生省が作成した原案に対して与野党双方が社会保障給付の抑制への反対を中心とした限定的・受動的な対応をとるのが基本であった。与野党は給付の拡大（ないし給付抑制への反対）という同じ方向性に沿って競合していた。樋渡（1995）参照。

[18] 1994年改正の経緯と内容については、吉原, 和田（2008: 446-52）と『週刊社会保障』（1795, 1994.6.27）に依拠している。

[19] 付添いの費用に対する保険給付は償還払い方式だったが、給付額と患者の実際の負担に差額があり、こうした保険外負担や付添婦の専門知識、病院における立場（患者との直接契約なので病院の管理に属さない）などが問題視されていた（吉原, 和田2008: 449）。

[20] 『週刊社会保障』1795, 1994.6.27: 44-53（「特集　入院時食事療養費の創設等平成6年10月から施行──健保法等改正案は一部修正のうえ成立」）。このなかで改正原案・修正条文・付帯決議もまとめられている。

円へと引き下げる経過措置を設ける修正が行われた。これは自民党と社会党が調整した案に与党が相乗りして共同提案となったものであった[21]。改正案は6月21日に衆院本会議で可決され、2日後に参院本会議で可決・成立した。国会会期末を控え、衆院・参院とも審議は短時間であった（『週刊社会保障』1795, 1994.6.27: 36, 44）。

1994年改正の内容

1994年改正の焦点は公的医療保険の給付範囲の見直しであった。主な改正点は以下の通りである（吉原, 和田2008: 449-52;『週刊社会保障』1795, 1994.6.27: 44-53）。第一に、付添看護の見直しが行われた。入院時の看護・介護は医療機関が提供するものと法律上明確化され、付添いに関する保険給付が廃止された。同時に、付添を必要としない院内での看護・介護体制の確立が図られた（関連する診療報酬の点数も引き上げられた）。

第二に、在宅医療の推進が図られた。在宅医療が療養の給付の範囲（公的医療保険の給付対象）として明確に位置づけられ、1992年4月に始まった老人訪問看護が高齢者以外にも適用されるようになった（訪問看護療養費）。1994年には看護等の診療報酬の引き上げが決まっており、診療報酬改定と連動した改正であった（吉原, 和田2008: 511-5）。4月実施分・10月実施分を合わせて前回改定を上回る2.7%の引き上げであった（表4-1）。

第三に、入院時食事療養費が創設され、入院時の給食について各制度共通の定額負担が導入された。1日800円という政府案は衆議院で修正され、1996年9月末まで2年間の経過措置として1日600円に負担が抑制された。

第四に、最低保障24万円だった分娩費が定額30万円の「出産育児一時金」へと改められ、出産・育児支援策としての側面も見られる。また、育児休業期間中の健康保険料（本人負担）が申請により免除されるようになった。

この他に、老人保健福祉審議会の設置が決まった。既存の老人保健審議会、中央社会福祉審議会老人専門分科会、公衆衛生審議会老人保健部会が統合され

---

[21] 共産党は、国の負担ではなく食事代の自己負担化を財源として在宅医療や付添看護解消の費用を賄うことや、老人保健施設や老人訪問看護ステーションを国の負担ではなく「各医療保険からの拠出金、すなわち国民の保険料負担」で賄っていることを批判していた（『週刊社会保障』1795, 1994.6.27: 50）。

第11章　1990年から2000年までの医療保険改革と介護保険の導入 —— 財源改革の先送り

てできた新審議会は、老人保健制度の改革や介護保険制度創設に向けた検討を
担っていく。

財政的帰結

厚生省原案では、1994年改正の財政効果は入院時食事負担の導入と給付改
善の差し引きにより1994年度平年度ベースで70億円の給付費増の予定であっ
た。ところが、国会での修正によって食事負担の軽減措置がとられたため給付
費は1,120億円へと増える見込みとなった（『週刊社会保障』1795, 1994.6.27: 47）。[22]
野党となった自民党は患者負担を引き下げ、財政均衡を妨げるという方向で影
響力を行使したのだった。

同年3月に国会に提出されていた年金改革案に対しても、自民党は財政維持
のために必要とされた基礎年金の支給開始年齢の60歳から65歳への引き上げ
を国庫負担率の3分の1から2分の1への引き上げによって緩和するという与党
よりも「甘い」案を出していた（田中2010: 65）。自民党は政権奪回のために負
担は少なく給付は多くという方向で社会保障政策を打ち出さざるを得なくなっ
た（タルコット2002: 249）。1994年に与党に復帰した後も不安定な政権が続き、
また頻繁に選挙が行われたことで自民党は社会保障財源の確保を後回しにする
ようになる。

健保改正案が成立した6月23日には1994年度予算がようやく成立し、自民
党は内閣不信任案を提出する。羽田首相は辞意を表明し、非自民連立政権は短
期間で終わった。1993年8月に誕生した非自民連立政権は政治改革や国民福祉
税問題への対応に追われ、細川・羽田内閣合わせて1年にも満たない短い期間
に大規模な社会保障改革を実現することはできなかった。健保改正は小規模[23]
なものにとどまり、年金改正は継続審議とされた。

1994年度に各医療保険制度の財政は悪化し、政管健保では約2,800億円、組
合健保全体では約800億円、国民健康保険では約1,400億円の赤字が出ていた
（吉原, 和田2008: 437）。1990年前後に見られた福祉拡大期は過ぎ去り、1990年

---

[22] そのうち国庫負担は350億円（実際には10月実施のため150億円）と見込まれた。

[23] ともあれ、非自民連立政権時代に高齢者福祉の充実・介護の社会化に向けた検討は続け
られており、国民福祉税構想は失敗に終わったものの「21世紀福祉ビジョン」では間接税収
の社会保障財源への充当が改めて示唆された。非自民連立政権がその後の介護政策や社会保
障財源をめぐる議論に与えた影響については、本章11-3.で述べる。

361

第Ⅳ部　日本における社会保障財源改革

代の後半以降、医療保険の財政問題に対処するため患者自己負担率の引き上げ
や診療報酬の抑制が行われるようになる（第5章）。他方、1990年代後半には
医療保険への公費負担引き上げによる財政対策も議論されるようになった。次
節では、この点を検討しよう。

11-2. 幻の公費負担大幅引き上げ （1997年改正〜2000年改正）

a. 1994年から1997年改正までの動向

1997年改正

1992年改正の翌年、政管健保は13年ぶりの赤字となり、1996年度には豊富
にあったはずの積立金が枯渇寸前となった。1990年代半ばには組合健保・国
保とも大半は赤字だった（吉原, 和田2008: 437, 460-1）。被用者保険では、景気停
滞により保険料収入が伸び悩むなかで老人保健制度への拠出金が重荷となり、
保険者は医療保険制度体系の抜本改革を要求するようになった。

しかし、抜本的改革に関する合意は形成されず、1997年の健保改正は患者
自己負担の引き上げ（被用者負担の1割から2割への引き上げ、薬剤別途負担の導
入など）、被用者保険の負担増（保険料率を8.2%から8.5%に引き上げ）、国庫負
担圧縮という1997年度予算を成立させるための財政対策に終わった（第5章）[24]。
また、結局のところ被用者保険の老健拠出金を増やしている。こうした内容か
ら、抜本改革先送りに関する批判が関係団体や与党内からも出され、自民・社
会・さきがけの与党三党による医療制度改革協議会（与党協）では、公費負担
の大幅引き上げを含む高齢者医療制度改革が検討されるようになった。

高齢者医療制度改革に向けた議論 ── 村山内閣発足から1997年改正まで

村山富市内閣（1994年6月〜1996年1月）では、老人保健福祉審議会、社会
保障制度審議会、医療保険審議会といった審議会によって、老人保健制度の見直
しに関する検討と、それに関連付けながら新たな高齢者介護制度の導入に関す

24　1997年改正では、保険料率の引き上げが行われているものの、財政効果としては自己負
担拡大が中心となっており、前後の診療報酬改定率も低く抑えられた。このため、1997年改
正については医療費抑制を扱う第5章で詳しく検討している。

362

る検討が進められた（『読売新聞』1994年12月8日朝刊; 社会保障制度審議会事務局編2000: 217-52; 医療保険審議会1995）。

　1996年1月に橋本龍太郎内閣が発足してからも同様の検討が続けられたが、老人保健制度改革について意見集約には至らなかった。老人保健福祉審議会の意見書「今後の老人保健制度改革と平成9年改正について」（1996年12月2日）では、介護保険実施と同時に老人保健制度に代わる新たな制度を創設して老人医療費の負担方法を見直すとされたが、関係団体の利害を反映して、独立方式・突き抜け方式・全制度の統合一本化・現行制度の微修正という四案併記となった（吉原, 和田2008: 460-1）。

　1990年代後半には医療保険制度体系の抜本改革を求める関係団体の要求は強まっていたが、大規模な改革に関する政府・与党の調整には時間が必要であり、1997年改正は患者負担の引き上げと被用者保険の保険料負担を増やすことで財政危機を切り抜け、また国庫負担額を減らすことで政府予算を成立させようとしたものだった。つまり、国庫負担の増強によって医療保険制度体系を支えようとしたものではなく、1980年代の諸改革と同様に、被用者保険の負担を増やし、国庫負担を縮小しようとした改正であった。国会では、野党から国庫負担増強という対案も出されたが、小泉純一郎厚相は歳出削減の方を重視する答弁を行っている（第5章）。

　老人保健制度への拠出金廃止を求めていた労使の団体や健保連はこうした改革に不満を強めた。与党協では、被用者保険からの拠出金負担引き上げによって老人保健制度を維持するという従来の仕組みの限界が意識され、新たな高齢者医療制度の創設と公費負担の引き上げが議論されるようになる。なお、1997年改正によって被用者の受診率は低下し、医療費抑制効果が見られたが、高齢者の受診率は伸び続けた（『朝日新聞』1998年8月8日朝刊; 吉原, 和田2008: 473）。問題は、高齢者医療費を負担するための公費負担の財源をどうやって確保するかであった。

b. 1997年改正から2000年改正までの高齢者医療制度改革をめぐる議論

　患者自己負担増と被用者保険の保険料負担の増加を中心とした1997年6月の医療保険改革はあくまでも財政危機回避のための応急処置であり、与党三党は

第Ⅳ部　日本における社会保障財源改革

これに続けて抜本改革を実施することを公約していた。6月の初めには健保改正法案成立に先立ち財政構造改革会議も最終報告「財政構造改革の推進方策」[25]のなかで老人保健制度の抜本的改革と高齢者についても定率の患者負担を導入することなどを求めていた。こうした経緯から与党協は健保改正法が施行される9月までに抜本改革案をまとめなければならなかった。

　8月7日に厚生省が与党協に提出した医療保険改革案「21世紀の医療保険制度」はさらなる患者自己負担を求める一方、老人保健制度の改革については地域ごとに医療保険を一本化する案と高齢者医療制度を別建てにする案の二つを併記したものだった。これに対して、与党協は被用者負担の引き上げは抜本改革の成果が出てからとして反発し、8月末にまとめた「21世紀の国民医療」では被用者自己負担の引き上げには言及せず、高齢者医療制度については独立した保険制度の創設を明記した。与党協では、老人保健制度を維持するために被用者保険からの拠出金の引き上げに頼ることの限界が意識され、公費負担割合の3割からの引き上げが主張されるようになった。しかし、老人保健制度の抜本改革について審議会では意見の集約ができない状況が続き、結局、2000年改正では新たな高齢者医療制度は導入されなかった。

　1997年9月に医療保険改革が実施されて以降の経済財政状況に目を向けると、11月には北海道拓殖銀行や山一証券が不良債権により破綻し景気感が深刻に悪化した。同年4月の消費税増税や9月の患者自己負担の引き上げも消費を冷え込ませ不況を悪化させたとみなされた（草場2012: 205; 石川, 山口2010: 194）。財政構造改革に乗り出したはずの橋本政権は1997年度の補正予算で赤字国債を財源とした減税を実施し、翌年4月にも暫定的な所得税減税と公共事業からなる経済対策を発表する（加藤淳子, ロススタイン2005: 67）。結局、1998年7月の参院選で自民党は敗北し、橋本内閣退陣後の自民党は財政再建よりも景気浮揚を重視するようになる。1998年、1999年は実質GDPがマイナス成長となり、景気浮揚策によって財政赤字は拡大した。政策の基調は減税と国債発行であり、高齢者医療費を賄う財源の確保は1990年代を通じて先送りされたのである。以下では、1997年の厚生省・与党協の改革案発表から2000年改正までの財源改革先送りの経緯を検討する。

25　吉原, 和田（2008: 800）に概要が掲載。

第11章　1990年から2000年までの医療保険改革と介護保険の導入 ── 財源改革の先送り

厚生省と与党協による改革案（1997年8月）

厚生省の「21世紀の医療保険制度 ── 医療保険及び医療提供体制の抜本的改革の方向」（1997年8月7日[26]）では、抜本改革の4つの柱として①診療報酬体系の見直し（慢性疾患の原則定額払い方式）、②薬価基準の見直し（参照価格制度の導入）、③医療提供体制の見直し（医療機関の機能分担、長期入院の是正、過剰病床の削減）と並び、④医療保険制度体系の見直し（高齢者を含む全国民が加入する地域医療保険制度の創設という案と、現行の被用者保険と国保の二本立てに加えて高齢者医療制度を別建てとする案の二案）が挙げられている。

また、財政対策としては現役世代3割・高齢者1割（または2割）の定率負担といった患者負担の引き上げが提案されている。この案をリードしたという小泉厚相は、著書のなかで「増税はできる状況にありません。まして、次世代にツケを残す国債の発行は避けなければなりません」と述べており、公費負担の増大ではなく患者自己負担引き上げを重視していた（小泉1997: 39-40, 60）。

これに対して、与党協の座長である丹羽雄哉（自民党）は1997年改正によって9月に自己負担をあげるのにすぐまた自己負担増など論外であると反対した。患者負担増だけでは制度改革ではない、国民の理解は得られないというのが丹羽らの言い分だった（丹羽1998: 107, 126）。丹羽は著書のなかで以下のように憤慨している。厚生省は「とにかく医療保険のつけを自己負担に回し、帳尻を合わすことで、頭が一杯だ。口を開けば『これでは来年度の予算編成ができない』。1年後だけで、5年後、10年後を見据えた発想はみられない」（丹羽1998: 127）。丹羽はもともと持論でもある高齢者の定率負担導入については否定しないものの[27]、被用者の自己負担増は診療報酬・医療提供体制などの抜本改革の成果が出てからだと主張していた[28]。

自己負担増を強調する厚生省案に対して、与党協では老人保健制度に対する公費負担の引き上げが議論されていた。同制度への拠出金を負担してきた被用者保険自体の財政が1990年代に入り急速に悪化したためである。大企業の組

---

[26]　吉原, 和田（2008: 468, 783-98）に概要、全文が掲載。

[27]　「70歳になったら高齢者すべてが優遇されるという制度は、すでに限界に達していた」（丹羽1998: 112）。

[28]　「医療費のムダをできるだけはぶいて、高齢者医療保険制度の創設をもって、被用者保険の患者負担の引き上げは少なくとも向こう10年間は凍結しなければならない」（丹羽1998: 133）。

365

第IV部　日本における社会保障財源改革

合健保の1995年度の保険料収入の伸びは前年度比2.5%であったのに対し、経常支出の伸びは3%であり、なかでも老健拠出金は5%伸びた。また、保険料収入に対する拠出金の割合は平均27%であり、50%を超える組合さえあった（丹羽1998: 173）[29]。このため健康保険組合の間では拠出金負担に対する不満が高まっていた。改正の度に「お年寄りの負担増と各保険者からの拠出金による財政調整で、どうにかここまで取り繕ってきたが、もはや限界にきたといえる」（丹羽1998: 174）。

　こうして「いくら財政再建優先とはいえ、公費を削減することだけでなく、医療に対する国の責任をもっと明らかにすべきだ」という主張が出されるようになった（丹羽1998: 131）。与党協では高齢者の独立した医療保険制度を創設する方向で意見が一致し、社民党は介護保険に合わせて5割の公費負担を主張していた（丹羽1998: 180）。丹羽は独立した制度に「思い切って公費を投入し、独立して保険料、一部負担をとらなければ、現役世代がいくら支援しても限界がある」という考えであった（丹羽1998: 112）。公費の追加投入は与党協だけではなく労使（経団連・日経連・連合）の希望でもあった。ところが、小泉厚相は国庫負担引き上げには消極的であった。1997年8月24日朝のテレビ番組（フジテレビ「報道2001」）で小泉と丹羽は激論を交わし、公費負担引き上げの必要性をうったえる丹羽に対して小泉は「税金は投入したくない。どの税を引き上げるのか。消費税を上げるのは容易ではない」と応じた（丹羽1998: 109）[30]。

　8月29日に与党協がとりまとめた最終報告「21世紀の国民医療 —— 良質な医療と皆保険制度確保への指針」[31]では、出来高払いと定額払いの最善の組み合せ、日本型参照価格制度の導入、医療提供体制改革案（これらの医療費抑制に関わる施策については、第5章参照）が挙げられた。また、高齢者の医療制度については独立した医療保険制度の創設が明記され、中長期的には介護保険との一元化も視野に入れるとしている。財源は高齢者の保険料負担・公費・若年

---

[29]　政管健保では1997年度（改正後満年度ベース）の保険料収入11.9兆円に対して老健拠出金は3.6兆円となっており、後者の前者に対する比率は30%であった（吉原, 和田2008: 460第30-11図）。

[30]　なお、1990年代末には消費税の増税によって基礎年金の国庫負担を3分の1から2分の1に引き上げる案が浮上するが、2001年に小泉が首相に就任すると消費税増税はタブーとなる。

[31]　吉原, 和田（2008: 469）に概要が、丹羽（1998: 237-56）に全文が掲載。

[32]　全国市長会・町村会は地域保険統合論を唱え、日医は独立方式で高齢者からも保険料を徴収すると主張し、日経連・連合は制度間の財政調整反対・突き抜け方式支持で共闘してい

366

第11章　1990年から2000年までの医療保険改革と介護保険の導入 —— 財源改革の先送り

世代の負担であり、公費負担は3割から4割が目安とされた。[33]当時は70歳以上の高齢者でも世帯主である被用者の被扶養者である場合には保険料をとられていなかったが、全ての高齢者から保険料を徴収し、年金から徴収するとした。患者負担は介護保険との整合性をとるために「定率」負担とされた。なお、肝心の制度の運営主体については「今後引き続き検討する」とされている。丹羽は市町村または都道府県を提案したが、社民党は国が運営するべきだとして反対したため曖昧化されたのだった（丹羽1998: 181-3）。

　以上の抜本改革実施は2000年を目途とし、新しい高齢者医療保険制度については「介護保険の導入状況をも踏まえてできるだけ速やかに実現する」とされた。丹羽としては、2000年にまず高齢者からの保険料徴収と定率自己負担を導入し、中長期的には介護保険との一元化も視野に入れるという計画であった（丹羽1998: 182-3）。[34]

　こうして与党三党で合意できる範囲にとどまり詰めの甘い部分を残しつつも、与党協による抜本改革案が一応まとめられた。ところが、これ以降関連審議会では老人保健制度改革について意見をまとめることができず、翌年の参院選で自民党が敗北すると連立与党の組み換えも生じてしまう。結局、2000年改正では老人保健制度が維持されることになる。

1998年度予算編成 —— 被用者保険の負担増再び

　1997年8月には政府・与党の抜本改革案が発表されたが、実際にはその直後にも被用者保険の負担増と国庫負担圧縮という従来の財政対策が繰り返される。1997年11月に橋本内閣は財政構造改革法を成立させ、社会保障費にはキャップ制が設けられた。1998年度予算編成では厚生省はシーリングを切り抜けるために被用者保険からの老健拠出金の増額と薬価引き下げによって国庫負担を圧縮しようとした。

た（丹羽1998: 175-6）。吉原, 和田（2008: 799-802）も参照せよ。

[33]　老人保健制度への公費負担は3割（1992年より介護部分は5割）だったが、国保や被用者保険からの拠出金には国庫負担の助成があるので実質公費負担は46%だった。丹羽は現役世代の制度に対する補助金を減らし、公費を高齢者医療に集中させることで、実質5割負担を目指すべきだとしていた（丹羽1998: 181）。

[34]　丹羽は「地方自治体など関係者間での合意を得るためにはなお相当な期間が必要」であり、「介護保険制度が2000年からスタートすることを考えると、私は早くても3年遅れの2003年ぐらいの導入を目指すのが現実的だと思う」と述べていた（丹羽1998: 133）。

367

第Ⅳ部　日本における社会保障財源改革

再び国庫負担削減と被用者保険の負担増に直面した健保連・日経連・連合は厚生省の姿勢を厳しく批判した。1998年10月には政管健保の標準報酬が定時改定で戦後初のマイナス（0.3%）となる（吉原, 和田2008: 476）。1997年の健保法改正に続き、1998年の国保法改正にも被用者保険から老人保健制度への拠出金を高める規定が含まれていたこともあり（吉原, 和田2008: 472）、現役世代にさらなる負担を求めるのは困難になっていった。

高齢者医療制度改革の挫折 —— 果たせなかった合意形成（1998～1999年）

厚生省は1999年の通常国会への高齢者医療制度改革関連法案の提出を目指していたが、負担の配分をめぐって関係者間の合意形成は難航した（吉原, 和田2008: 475）。結局、1999年になっても合意は形成されず、2000年抜本改革は実現不可能となった。

1998年11月9日に医療保険福祉審議会・制度企画部会が意見書「高齢者に関する保健医療制度のあり方について」を宮下創平厚相に提出し、1割程度の定率負担の実施、被扶養者である高齢者からの保険料徴収、そして独立型と突き抜け型の選択肢を提案した（ただし、両制度の具体像は示されていない）（吉原, 和田2008: 474;『朝日新聞』1998年11月10日朝刊）。

一方、厚生省は1999年1月に医療保険福祉審議会に対し高齢者医療制度改革の方向として、独立方式で医師会の主張に近い制度モデルA案、突き抜け方式で労使の主張に近い制度モデルB案、突き抜け方式だが制度間で財政調整を行う制度モデルB＋年齢リスク構造調整案の三案を提出した（吉原, 和田2008: 474, 803-7）。その後、8月13日になって医療保険福祉審議会・制度企画部会では、報告書「新たな高齢者医療制度のあり方について」がとりまとめられた（吉原, 和田2008: 475[35]）。このなかで、若年者の保険料負担を抑制するためにも高齢者医療の費用抑制が必要であり、高齢者にも1割程度の患者負担を求めるべきであるとの指摘が行われたが、新たな高齢者医療制度のあり方については四つの改革案とそれぞれに対して指摘された問題点が併記され、改革案の一本化には至らなかった。2000年の医療保険改革では、高齢者医療制度の抜本改革は先送

35　冒頭部分を除き、吉原, 和田（2008: 808-17）に原文が掲載。以下の厚生労働省ホームページで全文を閲覧可能 < http://www1.mhlw.go.jp/shingi/s9908/s0813-1_17.html > 2017年12月1日閲覧。

りされることになる。

C. 2000年の健保改正 ── 財源改革の先送り

　2000年の健保改正案は2月に国会に提出され、11月に臨時国会で成立した（経緯については、第5章5-3.参照）。主な内容は、①高齢者1割負担の導入と薬剤別途負担廃止による高齢患者負担の差し引き微増、②現役世代の高額療養費の見直し（患者自己負担上限の増額）であった。なお、同年の診療報酬改定は差し引き0.2%のわずかなプラス改定となった。

　高齢者医療制度改革については、国会審議のなかで津島厚相は改革の方向性について結論を出せていないことを認めており、今後の財源をどこに求めるのかについても明言を避けていた（第5章5-3.）。結局、高齢者医療制度の抜本改革や公費負担の財源問題の解決は2002年に先送りされた。

　今回改正では財源の拡充も見送られた。財政的には、2000年改革は患者自己負担の引き上げによって診療報酬の引き上げに必要な財源を賄うという構造になっており、保険料率の引き上げや老人保健制度に対する公費負担の増強は実施されなかった。[36] 1997年8月の厚生省・与党協の高齢者医療制度の改革案に含まれていた、全ての高齢者からの保険料徴収という案も先送りされた。次節で述べるように、2000年改革の内容が議論されていた1999年には介護保険料の徴収延期も決められている。

　2000年度には介護保険制度の実施により従来医療費とされてきたものが介護費に移し替えられたので、国民医療費・老人医療費ともに減少した（表5-1）。このため被用者保険からの老健拠出金も減少した。しかし、政管健保は黒字化せず、健保組合も65%が赤字であり解散する組合もあった（『朝日新聞』2001年10月12日朝刊、25日朝刊）。1980年代には経済成長を背景に大企業労使の保険料という財源に頼ることで制度間財政調整が実現されてきた。ところが、1990年代には政管健保・大企業の組合健保とも赤字基調に転落し、後者では解散する組合が現れた。現役世代の保険料負担引き上げを回避するとなれば、残る財源調達方法は高齢者からの保険料徴収の強化か、公費負担の増強であっ

36　ただし、標準報酬月額の下限が9万2千円から9万8千円に引き上げられた。

第Ⅳ部　日本における社会保障財源改革

たが、前者は見送られ、後者に関しては政府と自民党のなかで方向性さえ定まっていなかった。次節では、介護保険においても財源の確保が不十分であったこと、負担の先送りを国債で賄ったことを指摘し、その後で1990年代に関するまとめを行う。

11-3. 介護保険 ── 不十分な財政基盤

　医療保険の抜本改革が先送りされた一方で、1997年には介護保険法の制定という1990年代の日本の社会保障政策における最も重要な立法が行われた。介護保険創設の目的の一つは社会的入院を解消すること、つまり介護サービスの充実によって高齢者医療費を削減することであった。厚生省は40歳以上の人々が収める介護保険料という新たな社会保障財源を獲得し、その一部は従来医療保険によって賄われてきた費用に用いられることになった。

　ただし、新たに導入された介護保険制度は医療保険制度と同様の財源制約の下に置かれ、介護保険料の徴収が開始されたからといって介護サービスの需要（とくに施設サービスの需要）が充足されるだけの財源が確保されたわけではなかった。つまり、財政基盤の脆弱性と厳しい費用抑制圧力という日本型福祉国家の特徴（衛藤 1995: 94-5; 西尾 1984: 242-4）は介護保険においても再生産されたのである。介護保険制度の財源のうち50％は40歳以上の被保険者が納める介護保険料によって賄われるが、残りの50％は公費負担（国25％・都道府県12.5％・市町村12.5％）とされた。専門家たちが指摘していた通り（例えば、西村1997: 86-92）、厚生省は介護保険実施後の介護サービス需要を過少に見積もっていたため、2000年の制度実施後にはサービス利用量の急増によって介護保険制度はすぐに費用を抑制しようとする圧力にさらされることになった。[37] 戦後の医療保険の発展過程においては、保険料の不足を国庫負担で補填することができたが、2000年代の日本では国・地方ともに財政的な余力は乏しく、2003年の最初の介護報酬の改定でも続く2006年改定でもマイナス改定が行われて

---

[37] 国民健康保険とは異なり、介護保険について市町村は赤字を一般会計からの繰り入れで補填することが認められていない。各市町村は財政均衡のために保険料を引き上げて財源を増やすか、サービス量を減らすか（例えば、介護施設を建設しない）の選択を迫られる（池上2010: 176, 191）。

第11章　1990年から2000年までの医療保険改革と介護保険の導入 —— 財源改革の先送り

いる。2005年の最初の介護保険法改正では給付範囲も縮小された[38]。

1989年の消費税実施、1997年の税率引き上げは高齢者福祉予算の増額によって正当化されてきたが、急速に進む高齢化のなかで介護重要を充足できるだけの財源は確保されず、介護保険導入後も介護従事者の低賃金、利用者負担の拡大、介護施設の供給不足といった問題が指摘されてきた[39]。また、介護保険の導入が福祉国家の財源改革の突破口になることもなかった。介護保険料という一種の福祉目的財源が新設されたのは事実だが、それがより大きな社会保障財源改革への道を開いたわけではない[40]。残りの5割の公費負担についても、国と地方の財政がそもそも公債に依存している以上、介護保険制度への費用抑制圧力をビルトインしたものという理解も可能である[41]。そのうえ、制度実施の直前になって自民党は赤字国債を発行することで介護保険料の徴収猶予措置をとることに決めた。後述するように、介護保険制度の実施までに自民党は繰り返し保険料負担の軽減と先送りを行っている。

弥縫策に終始した1997年、2000年の医療保険改革とは異なり、介護保険導入の経緯に関しては多数の先行研究が存在している（日本医師会総合政策研究機構1997; 衛藤1998; 増山1998; タルコット2002; 増田2003; 二木2007a; 吉原、和田2008; 介護保険制度史研究会編2016など）。そこで、以下では福祉国家の財源に関する議論との関連に焦点を絞って、介護保険導入の準備・法制化・実施に至るまでの過程を検討することにする。1990年代を通じて日本では福祉国家の財源改革が進まなかったこと、1990年代末の自民党が医療保険に関する保険料負担引き上げに消極的であったように（第5章5-3.）、介護保険についても負担先送りを行ったことが示されよう。

---

[38]　介護の必要性が少ないと判定された「要支援者」については給付が「予防給付」（筋力トレーニング、栄養改善の指導、口腔機能の向上など）のみに限定された（2006年4月から実施）。また、2005年10月から介護保険施設の入所者は1割の自己負担と食費に加えて居住費（調理費・光熱水費・個室料金）を支払わなければならなくなった。

[39]　公費の投入を拡大しさえすれば介護保険制度に関連する諸問題が全て解決に向かうというわけではないが、問題解決のための必要条件ではあるだろう。

[40]　強いていえば、高齢者は個人単位で介護保険料を納めており、医療保険について先送りされていた全ての高齢者からの保険料徴収（正確には、世帯単位ではなく個人単位の保険料徴収）が先に実現している。

[41]　同様の見方として、二木（2007a: 44-5）参照。

371

第IV部　日本における社会保障財源改革

a. 細川内閣での動き —— 国民福祉税構想と「21世紀福祉ビジョン」（1994年）

　厚生省は1980年代半ば以降、高齢者福祉の拡大に関する検討を行っており、1989年4月の消費税導入、7月の参院選での自民党大敗によって政治的な推進力が得られることになった。1989年末にゴールドプラン（高齢者保健福祉推進10カ年戦略）が策定され、翌年に老人福祉法等の改正によって市町村に老人保健福祉計画の策定が義務づけられると、ゴールドプランの目標以上に介護需要があることが判明した。その後、1993年8月に成立した非自民連立政権下において介護システムの充実が社会保障政策の課題として打ち出され、間接税収が財源として示唆されることになる。

　細川護熙内閣が誕生した1993年には景気停滞のため税収が前年度当初見積もりを下回り、大蔵省は財政危機を明確に認識していた。当時同省は1994年から所得税を5兆円程度減税し、その財源をつなぎ国債で賄い、1995年から消費税率を6%程度に引き上げることで増減税一体の租税構造改革を実現することを目標にしていた（加藤淳子1997: 266, 268）。細川首相も8月23日の所信表明演説のなかでバブル崩壊と高齢化の進展を念頭においた税制改革の必要性をうったえている[42]。翌月、政府税制調査会は首相から「直間比率是正など抜本的改革」についての諮問を受け、11月19日に「今後の税制のあり方について —— 公正で活力ある高齢化社会を目指して」と題した答申を行った（加藤淳子1997: 267;『朝日新聞』1993年11月20日朝刊）。答申のなかでは、所得税・住民税の減税（両者を合わせた最高税率の65%から50%への引き下げ）と、その代わり高齢化社会に必要な安定した税収を消費税によって確保することがうたわれた。消費税の具体的な引き上げ率は明示されなかったが、経団連・日本商工会議所など経済団体や連合、消費者団体はそれぞれ消費税引き上げを批判した

---

[42] 「……また、税制については、平成元年度に抜本的な税制改正を行って以来、約5年が経過しておりますが、その間、バブルの発生とその崩壊、高齢化の一層の加速などの事態が生じております。私は、このような経済社会情勢の変化に現行の税制が即応したものになっているのかどうかを点検し、公正で活力ある高齢化社会を実現するため、年金など国民負担全体を視野に入れ、所得、資産、消費のバランスのとれた税体系の構築について、国民の皆様方の御意見にも十分耳を傾けながら総合的な検討を行ってまいりたいと存じます」。東京大学東洋文化研究所田中明彦研究室ホームページ（データベース「世界と日本」）< http://www.ioc.u-tokyo.ac.jp/~worldjpn/documents/texts/pm/19930823.SWJ.html > 2017年12月1日閲覧。

372

（加藤淳子1997: 268）[43]。連立与党内でも、社会党が反発することは容易に予想できた。

　ところが、1994年2月3日に細川首相は税率7％の国民福祉税構想を突如発表した。これは連立与党の合意に基づいて発表されたものではなく、大蔵省の一部の官僚と小沢一郎新生党代表幹事、市川雄一公明党書記長が密かに合意し細川首相を説得して発表させたものだった[44]。内閣官房長官だった新党さきがけの武村正義代表は蚊帳の外であり、福祉税という名称にもかかわらず、厚生大臣であった大内啓伍民社党委員長も知らされていなかった[45]。保革を横断した八党からなる連立政権で増税に関する合意を形成するのは容易ではなく、一挙に既成事実化を狙ったのであろう。しかしながら、新税の税収をいかなる福祉政策に用いるのかも明らかにされておらず、記者会見でその点を質された首相は3月までに「福祉ビジョン」を策定すると答えた。突然の国民福祉税構想の発表は与党内からの強い反発を招き直ちに撤回されたが、その後も間接税の引き上げは社会保障との関連で議論されていくことになる。

　大内厚相の私的諮問機関として発足していた福祉ビジョン懇談会は3月28日に「21世紀福祉ビジョン ── 少子・高齢社会に向けて」を発表し、介護システムの充実と、間接税増税の際には税収の一部を「緊急の課題である介護対策の充実等」に用いることを提案した（高齢社会福祉ビジョン懇談会1994）。

　「21世紀福祉ビジョン」のなかの社会保障の財源に関する記述は以下のよう

---

[43] 社会保障研究者の間でも、逆進税制である消費税を社会保障財源に充てることには強い抵抗があった。例えば、高藤昭は以下のように述べている。「連立与党の、税率引き上げ後の間接税の一部を漠然と福祉財源に回すとの案は、逆進課税を納得させるための子供だまし的言辞以外のものでない」（高藤1994: 24）。仮に消費税増税に伴って社会支出の増額が行われ、税制と社会保障制度を通じたトータルの再分配効果が向上することが期待できれば、消費増税に対する反発は緩和されるであろう。ところが、日本では1980年代に保守政権によって所得税の最高税率引き下げと累進性緩和が行われた一方で、消費税導入によって庶民増税が行われ、またその後の高齢者福祉予算の増額が限られたことで、そうした期待の形成が困難になった。

[44] このパラグラフの記述は、衛藤（1998: 77）、加藤淳子（1997: 271）による。

[45] 当日の夕刊には大内の「『国民福祉税』という名前なのに、厚相が何も知らない税金が出てくるのは、バカな話だ」という発言が引かれている（『朝日新聞』1994年2月3日夕刊）。また、小沢としては社会党が受け入れやすいように消費税を国民福祉税という福祉目的税に改め、税率も持論の10％ではなく7％に抑えて提案することで黙認をとりつけたはずであったが、村山富市委員長は聞いていなかったと主張しており、証言が食い違っている（草野1999: 38-9）。

なものであった。まず、少子高齢社会において増大する社会保障費を賄うためには、相当の負担増は避けられないという認識から出発し、租税負担と社会保険料負担の関係については「受益と負担の関係が最も明確である社会保険料負担中心の枠組みは……今後とも、基本的に維持する必要がある」として、社会保険料中心主義をうったえている。ただし、租税財源も増大は不可避であるとした上で、現行の直接税中心の税体系では税収が不安定化する恐れがあり、また所得税・社会保険料負担の増加によって現役世代、とくにサラリーマン層の負担が過重となる恐れがあるとして、財源構造の改革を促している。消費税を何％引き上げよという直接的な提案は行われてはいないが、「間接税の増収措置が講じられる場合には、その一定程度を社会保障の経費に充当するといった考え方についても検討するに値するものと考えられる」と述べられ、社会保障政策のなかでも「当面の方向としては、緊急の課題である介護対策の充実等に充てていくことが適切であろう」としている。なお、福祉目的税の導入は財政の硬直化を招く懸念から「慎重な対応が必要である」として退けられている。要するに、①今後の社会保障財源は社会保険料を中心とする、②福祉目的税は導入しない、③租税財源としては間接税収の一部を介護の充実に利用するというわけである。

　これは大蔵省・厚生省双方の利害を代弁した提案となっており、実際にこれ以降の介護政策はこの線に沿って実施されていく。つまり、1989年の消費税導入以来、大蔵省には税収の一部を福祉財源にまわすことで間接税増税と税制構造改革を進めようとする考え方があった。もともと大蔵省は、社会保険制度は社会保険料のみで運営されるべきであり、社会福祉制度の水準は必要最低限にとどめるべきであるとの立場であったが（衛藤1995: 95）、二度にわたる付加価値税導入の失敗以降、福祉の充実は増税に際して「国民を納得させる切り札」となった（衛藤1998: 84）。他方、厚生省としては社会保険特別会計という一般会計とは区別された自分たちの聖域を守りつつ（衛藤1998: 76）、間接税の増収の一部を厚生省予算として利用しようとしていた。

　実際に、1994年には村山内閣のもとで消費税増税が福祉予算の上積みを条件として決められ、1997年には新たな社会保険制度として公的介護保険が法制化されるが、その財源の半分は税とされることになる。後者について補足すると、厚生省としては保険料のみで介護保険を運営しようとすれば貧弱な給付

しか行うことができないため、公費による支援を必要としており、大蔵省の側では将来の増税の布石のために介護保険の財源に国庫負担を導入することに利益を見出すことができた（衛藤1998: 84）。

また、「21世紀福祉ビジョン」では当時の年金・医療・福祉などの給付費の比率が5：4：1となっていたのを改め、「年金制度の安定化、医療制度の安定化、効率化を図るとともに福祉等の水準を思い切って引き上げることにより、そのバランスをおよそ5：3：2程度とすること」を目指す方針が示された。これはその後の介護保険導入論議のなかで老人医療費の削減が論点の一つとなったこと[46]、また1990年代半ば以降、年金支出は上昇を続けたのに対して、医療費の方は伸びが低く抑えられたことを考えると示唆的である。1995年度から2005年度にかけて公的年金給付費は33.5兆円から46.3兆円へと10兆円以上伸びたのに対して、医療給付費は24.1兆円から28.1兆円へと4兆円の伸びにとどまった（国立社会保障・人口問題研究所2008）。また、同じ期間に介護対策を含む「福祉その他」の給付費は7.2兆円から13.4兆円へと6兆円以上伸びた。この結果、年金・医療・福祉その他の比率は52：37：11から53：32：15へと変化した。概ね「21世紀福祉ビジョン」で示された方針に沿って推移したといえよう。

介護サービスについては新ゴールドプランの策定が提案され、「施設サービスと在宅サービスを通じて目標水準の思い切った引き上げを行う」としている[47]。今後の制度設計の方向としては、高齢者本人の意思・選択を重視した「利用者本位のサービス」やサービス提供者間の「健全な競争」などが強調され、その後の介護保険論議における論点が既に見られる。

こうして非自民連立政権下における国民福祉税構想と「21世紀福祉ビジョン」によって、間接税引き上げと福祉（高齢者介護）充実をセットで行うという流れができた。もっとも、こうした流れは1989年には既に出現しており、

---

[46] 「21世紀福祉ビジョン」自体のなかにも、医療に関する項で「ゴールドプランの進展に伴う長期入院患者の減少などの動向によっては、将来において医師が過剰となる可能性もある」という記述が見られ、介護の充実による高齢者医療のスリム化という方向性が示唆されている。

[47] 医療に関する提案は、高齢化時代に適した医療供給体制の整備、疾病の予防・健康づくりのための支援、入院日数適正化と在宅医療の推進などからなっており、介護サービスの充実と合わせた医療供給体制の再編と医療費の効率化が志向されている。

第Ⅳ部　日本における社会保障財源改革

「21世紀福祉ビジョン」の内容も自民党政権時代の政策を覆すというより、その充実を狙ったものであった。新ゴールドプラン策定の提案はその典型である。消費税の増税と介護保険の創設は自民党の与党復帰後に現実のものとなっていく。

b.自社さ連立政権での動き① ── 消費税増税と新ゴールドプラン（1994年）

　連立与党内での合意を経ずに国民福祉税構想が発表されたことで新生党・公明党と社会党・さきがけの亀裂は深刻化し、この対立が非自民連立政権の崩壊と自社さ連立政権の誕生へとつながっていった。1994年6月30日に自民党・社会党・さきがけの三党によって発足した村山富市内閣では、消費税増税の決定およびそれと連動した新ゴールドプランの策定が行われている。

　連立与党の組み替えが起きた後も税制改革は課題であり続けた。[48]バブル崩壊後のゼロ成長による税収の低迷と宮澤・細川内閣の財政出動を通じた景気回復策は国家財政を急速に悪化させていった。村山首相は7月18日の所信表明演説で「年内の税制改革の実現に努力」すると述べ、[49]翌日には与党三党による税制改革プロジェクトチームが発足している。村山内閣を構成する自民党・社会党・さきがけは景気対策のための減税の実施では一致していたが、その後の赤字償還財源として消費税増税を行うという大蔵省の主張に対する態度はまとまっていなかった。自民党は増減税の一体処理による歳入中立型の改革を支持していたが、社会党は1980年代以来消費税撤廃の立場をとっており、さきがけも減税の穴埋めのためだけに増税を行うことに消極的であった（加藤淳子1997: 281-3）。

　ここで消費税増税に関して連立与党が合意する上で鍵となったのが新ゴールドプランであった。税制改革を好機として厚生省は社会保障予算拡大に向けた動きを活発化させ、1994年9月6日には新ゴールドプランを与党福祉プロジェクトチームに提示している（加藤淳子1997: 283）。新ゴールドプランでは

---

[48] 1994年の消費増税を含む税制改革の経緯については、加藤淳子（1997: 第8章第3節）を参照した。

[49] 「第130回国会における村山内閣総理大臣所信表明演説（1994年7月18日）」首相官邸ホームページ < http://www.kantei.go.jp/jp/murayamasouri/speech/murayama.html > 2017年12月1日閲覧。

第11章　1990年から2000年までの医療保険改革と介護保険の導入──財源改革の先送り

1995年度から1999年度までの5年間に新たに5兆2,500億円（このうち国費は2兆5,000億円）の事業費が必要であるとしていた。これに先立ち大蔵省も5月に発表した「税制改革に関する機械的試算」のなかで、消費増税が必要となる根拠として「21世紀福祉ビジョン」に示された福祉サービスの充実のために社会保障関係費を5.5兆円計上することを挙げており、社会保障費の増額と消費増税をセットで提示していた（加藤淳子1997: 278-9; 石2008: 615-8）。福祉支出の増額を条件にさきがけや社会党が消費増税に積極的になる可能性が浮上したのである。1980年代末に消費税反対を掲げて党勢を回復した社会党は消費増税の容認に慎重であったが、9月22日に大蔵省が福祉予算をさらに上積みすることを提案したことで妥協し、与党の税制改革大綱が決定されるに至った（加藤淳子1997: 285）。

　その後、税制改革関連法案は11月に成立している。その要点は1994年4月からの所得税減税と1997年4月からの消費税増税を一体処理することであった。具体的には、1994年度から所得税の減税（3兆5,000億円）、相続税の減税（3,000億円）および景気対策としての1996年度までの一律減税（2兆円）が実施され、1997年4月から消費税率の5%への引き上げが行われることとなった（加藤淳子1997: 286）。この際、消費税の各種減免措置の縮小も決められた。また、消費税5%のうち1%は地方消費税として地方自治体に配分された。村山首相にとっては、消費税増税を福祉と地方分権に結びつけることで社会党らしさを出そうとした税制改革だった（木寺2015: 26-8; 薬師寺編2012: 181; 加藤淳子1997: 294）。

C. 1994年の税制改革が福祉国家にもたらした影響

　上述のように、福祉支出の上積みが消費税増税に関する連立与党の合意を成立させる上での条件となった。しかし、今回の税制改革が福祉国家の財政基盤を強化したかという点に関しては、いくつかの留保が必要である。

　第一に、1989年のゴールドプランの時と同様に新ゴールドプランにも十分な予算は与えられなかった。1994年の税制改革の際に大蔵省から提案された福祉予算の上積み額は1995年度には1,000億円であり必要額の8分の1にすぎなかった（加藤淳子1997: 288）。

377

第IV部　日本における社会保障財源改革

　第二に、今回も消費税の福祉目的化はなされなかった。大蔵省は財政の硬直化を招く福祉目的税には反対であり、新ゴールドプランが予算化されることも危惧していた。厚生省の側でも、大蔵省から提示された少額の予算で新ゴールドプランの目標を達成できるという見方を否定するために、今回の福祉予算の上積みとプランとの関係を否定していた（加藤淳子1997: 289）。

　第三に、大蔵省の狙いとは異なり、連立与党にとって今回の税制改正は最初から純増税を目指したものではなく、消費増税を所得減税の後で実施するという増減税一体処理が辛うじて合意されたものだった。

　幸い1994年から景気が復調しはじめ、一般会計税収は1994年度の51.0兆円を底として1997年度には53.9兆円まで回復する（財務省ホームページ「一般会計税収の推移」）。消費税収は増税によって1996年度の6.1兆円から翌年度には9.3兆円へと増加し、その後2000年代に至るまで毎年10兆円前後の税収が得られている。しかし、1997年から景気が後退し始め、一般会計税収は1998年度には49.4兆円、1999年度には47.2兆円まで落ち込んでしまう。国家財政の悪化も続き、1996年度には7年ぶりに赤字国債の発行が再開された。橋本内閣の後半から再度減税と財政出動による景気対策が図られたため、歳出と歳入のギャップは大幅に拡大していった。要するに、日本型福祉国家の財政基盤の脆弱性が持続したのである。

　その後、1999年度予算から消費税の（一部）福祉目的化がようやく決まったが、これは社会保障財源の拡大には結びつかなかった。参議院での過半数割れによって国会運営に苦しむ自民党は小沢一郎率いる自由党との接近を図り、両党の連立交渉のなかで消費税の福祉目的化が確認され、1999年度から予算総則に「消費税の使途を基礎年金、老人医療及び介護に限る」ことが明記された（小池2008: 9）。正確には、消費税5％のうち1％は地方消費税であり、さらに国税分4％のうち29.5％は地方交付税として地方に移転されるため、これらを除いた結果、消費税収全体のうちの56.4％が高齢者の社会保障費に充当されることになった。[50]

---

[50]　なお、自由党は景気対策として消費税の一時凍結か引き下げを要求していたが、宮澤喜一蔵相はマスコミに対して「福祉はやめられないのだから、（その財源になる）消費税をゼロの方向にすることはない」と述べ、自由党案を否定していた（『朝日新聞』1999年1月19日朝刊）。

しかし、1999年度の段階で高齢者の社会保障費を賄うために必要な国庫負担額8.8兆円に対して利用できる消費税収は7.3兆円にとどまり、最初から必要な額を賄えていなかった。その後、社会保障費は増大する一方なのに対して消費税の増税は回避され続けてきたため、この差は広がり続けた（財務省「『福祉目的』及び『「社会保障・税一体改革」による社会保障の安定財源確保』の推移」）。消費税の8％への増税が行われる前年の2013年度当初予算では、必要経費17.8兆円に対して利用できる消費税収は7.5兆円にとどまり、その差は10.3兆円にものぼった。結局、その他の税収や国債発行に頼らなければ高齢者の社会保障に必要な費用を調達できなかったのである。

「失われた10年」の間に各内閣は減税と景気対策を繰り返したが、1980年代のような高成長は到底取り戻すことができず、一般会計税収は1990年度の60.1兆円をピークに1998年度には49.4兆円、99年度には47.2兆円と1990年代で最低の水準に至る（財務省「一般会計税収の推移」）。公債発行に依存して減税と財政出動を行い、景気浮揚と支持獲得を目指す自民党の戦略によって、財政赤字は拡大していった。1999年度の当初予算では、国債依存度は38％に達した（『朝日新聞』1999年1月19日朝刊）。少ない財源と大きな赤字という福祉国家の財政状況は2000年代の社会保障改革の方向性を規定していく（第6章）。

d. 自社さ連立政権での動き② —— 介護保険法の制定（1997年）

合意形成の難航

村山内閣では新ゴールドプランの策定に加え、介護保険法案の議論も進められた。先述のように、介護保険の創設過程に関しては多数の研究が生み出されているため、以下では、第一に、自民党が（とりわけ高齢の）有権者に社会保障負担増を迫るのを避けようとしたことが介護保険の創設を遅らせた一因となったこと、第二に、同様に介護保険実施初期に保険料免除措置の財源を赤字国債で賄ったこと、最後に、結局その次の段階として厳しい費用抑制政策が登場したことを示す。

介護保険法案の具体的な中身は村山内閣において検討が始められ、制度的枠組みの設定は厚生省がリードした。羽田内閣時代の1994年4月に同省では事務次官を本部長とする「高齢者介護対策本部」が設置されており、村山内閣発足

第IV部　日本における社会保障財源改革

後の7月には、専門家が参加する「高齢者介護・自立支援システム研究会」が結成される。同研究会は12月に高齢者介護対策本部に報告書を提出し、社会保険方式による介護システムという厚生省の既定路線にお墨付きを与えている（衛藤1998: 78;『読売新聞』1994年12月14日朝刊）。これに先立ち、9月には社会保障制度審議会・社会保障将来像委員会の第二次報告でも公的介護保険の導入が提案されていた。翌1995年の2月から老人保健福祉審議会（老健審）で法案の骨子を固めるための議論が開始される[51]。厚生省としては1996年の通常国会に法案を提出し、1997年4月から消費増税に合わせて介護保険を実施に移したかったのだが（衛藤1998: 84）、老人保健制度改革に関する議論と同様に誰が費用を負担するのかをめぐり老健審での意見集約は難航し、翌1996年まで審議がずれこむことになった。

　厚生省の当初の腹案は、①保険給付の財源は公費（国と地方で分担）と保険料で半分ずつ負担する[52]、②保険者（運営主体）は市町村、③被保険者は20歳以上、受給資格者は65歳以上、④現役労働者の保険料負担は労使折半、⑤家族による介護は給付の対象外、⑥給付率9割（自己負担率1割）、⑦1997年4月から実施というものであった（衛藤1998: 79）。

　厚生省は介護保険の実施によって老人医療費を削減し、国保の負担を軽減することを狙っていたのだが[53]、市町村は介護保険が「第二の国保」となり、赤字が生じて市町村財政が圧迫されることを恐れていた。また、経営者団体と健保連は介護保険のために新たな保険料負担を求められることに反対だった。最終的に厚生省の腹案の大部分は維持されることになるが、被保険者の年齢は40歳以上に引き上げられ、65歳未満であっても「加齢に伴う障害」について

---

[51]　当時の老健審の委員は医療・福祉サービス提供者（三師会・社会福祉施設関係者）、市町村（全国市長会・全国町村会・国保中央会）、健保連、経営者団体、連合、自治労の代表と学識経験者の総勢26名であった（委員長は鳥居康彦・慶応大学塾長）（衛藤1998: 79）。

[52]　50%という公費負担割合はかねて高齢者介護で採用されていたものだった（本章11-1.参照）。

[53]　1994年12月の「高齢者介護・自立支援システム研究会報告」では触れられていなかったが、1995年7月の老健審中間報告「新たな高齢者介護システムの確立について」では、老人医療費対策の必要性が言及されている（二木2007a: 25, 187）。ただし、元厚生省事務次官の幸田正孝は「医療費でまかなっている介護は1兆数千億円にすぎ」ず、「これが介護保険に移ったとしても、医療保険の負担はそれほど軽くならないと強調」していた（『朝日新聞』1995年8月10日朝刊; 二木2007a: 50）。

第11章　1990年から2000年までの医療保険改革と介護保険の導入 —— 財源改革の先送り

は受給資格が与えられた[54]。また、実施の時期は2000年4月まで遅れることになった。

　審議会での審議の難航に加え、連立与党内の調整にも時間がかかった。1996年1月には村山首相辞任の後を受けて自民党の橋本龍太郎が首相の座に就き、厚相にはさきがけの菅直人が就任した。1月末に老健審は第二次報告を提出したが、これへの対応によって連立与党内および自民党内での意見の不一致が明らかになった。社会党とさきがけは厚生省案の早期実現で有権者に与党としての実績をアピールしようとしていた。一方、自民党では厚生族のドンでもある橋本首相は当初厚生省案を支持していたが、保険料負担のあり方が不明確なまま新規事業を行うことに対する党内の反発から、梶山静六官房長官は厚生省案の早期成立を否定していた[55]。3月13日には与党福祉プロジェクトチームの丹羽雄哉座長が私案として、保険料の徴収対象を20歳以上ではなく40歳以上とすること、差し当たり在宅サービスに限って保険制度を発足させて保険料負担を厚生省案の月額2,000円から700円程度に抑制することを提案した（『朝日新聞』1996年3月14日朝刊）。

　1996年4月22日に老健審が最終報告書「高齢者介護保険制度の創設について」（老人保健福祉審議会1996）を菅厚相に提出するが、対立した意見が併記されており、また介護保険制度施行までに「必要な準備期間」を置くよう求めていたため、厚生省は1997年度導入を見送ることになった。ともあれ、同省は国会への法案提出を目指して、先に見た丹羽私案に沿った形で修正した試案を5月15日に老健審に提示したが（『朝日新聞』1996年5月16日朝刊）、合意は形成されなかった。厚生省は事務処理や財政上の負担から反対を続けていた市町村に対して、都道府県単位の「介護保険者連合会」を設置して各市町村に財政支援を行うという案を提示することで妥協を迫った[56]。ようやく市町村が折れて厚生省は5月30日に「介護保険制度案大綱」を決定し、6月6日にこれが社会保障制度審議会と老健審に諮られた。両審議会はこれを了承し、11日に法案は与党審査にかけられた。

　国会では、住専への公的資金による救済策が審議されており、橋本首相は国

---

[54]　老健審での各種の意見対立とその後の調整については、衛藤（1998: 80-5）参照。

[55]　以上、タルコット（2002: 253）による。

[56]　以下の経緯記述は、衛藤（1998: 85-6）による。

381

第Ⅳ部　日本における社会保障財源改革

民に介護保険料という新たな負担を求める法案を提出することに慎重であった（タルコット2002: 255）。1996年の秋には総選挙が予定されており、自民党内では消極論が根強く存在していた（『朝日新聞』1996年5月16日朝刊；タルコット2002: 255-6; 衛藤1998: 86）。介護保険料負担が有権者の反発を招くことが懸念されただけでなく、小選挙区制のもとで重要になるであろう市町村長の支持が得られなくなることも不安視されていた。また、与党福祉プロジェクトチームに属した丹羽のような議員や自社さの連立維持派の自民党議員は法案提出に積極的であったが、新進党との保保連合を狙うグループは自社さ政権のもとで法案が提出されることに反対していた（衛藤1998: 86）。

　厚生省原案が決定されてから、社民党（1996年1月に社会党が党名を変更）とさきがけは今国会への提出という方針を出したものの、自民党は結論を出せなかった。結局、6月17日に与党三党の幹部からなる与党責任者会議では、厚生省原案を検討しなおすことになり、法案の国会提出は見送られた（衛藤1998: 86; タルコット2002: 255）。連立与党内の足並みの乱れ、とりわけ総選挙を前にした自民党が態度を一本化できなかったことで介護保険法案の国会提出は断念され、総選挙後の臨時国会まで先送りされることになった。

国会提出後

　その後、介護保険関連法案は1996年11月に臨時国会に提出され、翌年5月に衆議院本会議で可決された。[57] 1996年10月の総選挙の際に社民党・さきがけの政治家の一部は民主党を結成し野党に転じていたが、介護保険創設と医療保険改革に関しては協力体制ができていた。自民党内では、亀井静香を中心とする議員たちが新進党と接近していたが、山崎拓政調会長・加藤紘一幹事長・小泉純一郎厚生大臣の3人（いわゆるYKK）は自社さ連合の維持を優先し、小泉厚相が民主党の菅直人代表（前厚相）に働きかけた。菅も保保連合への流れが加速することを警戒し、また介護保険法案への協力とひきかえに、国会で審議中の健保改正案（5-1., 11-2. 参照）について修正を求めることを狙った（『日本経済新聞』1997年4月12日朝刊, 16日朝刊）。1997年5月に自民党・民主党が市町村レベルでの市民参加を導入することで合意を形成し、衆議院厚生委員会におけ

---

[57] 以下の法案成立までの経緯については、タルコット（2002: 257-9）を参照した。

382

る介護保険法案の最終的な修正案ができあがった。自民・社民の与党と民主党などの共同提案で「市町村の事業計画作成への被保険者（市民）の意見の反映」などを含む修正を行った上で、介護保険関連法案は1997年5月21日に衆院厚生委で可決され、翌日本会議で自社さの与党三党と民主党などの賛成多数で可決された（『朝日新聞』1997年5月22日朝刊、23日朝刊）[58]。

　法案は参議院に送付されたが、参院では健保改正案や臓器移植法案などの審議を抱え日程に余裕がなく、介護保険関連法案の審議は秋の臨時国会に持ち越しとなった。ともあれ、保保連合を結成しようとする自民党内の動きが失敗したため、参院での審議も5月の自民党・民主党の合意に沿った方向で行われた。参院での審議は10月に再開され、介護保険関連法案は1997年12月3日に参院本会議で一部修正の上可決され、衆議院への回付後、9日に衆院本会議で可決・成立している。既述の通り、厚生省の当初案は大部分が維持されたが、被保険者の年齢が20歳から40歳へと引き上げられ、施行時期が1997年4月から2000年4月へと延期された。介護サービスの単価や要介護認定の基準などの重要事項は施行規則によって定められることになった。

　ところが、法案成立の翌年の参院選で自民党は敗北し、1999年には新たに自由党・公明党との連立政権が組織されることになる。介護保険制度の施行規則作成を前にして、連立政権の組み換えが生じたのである。また、介護保険実施の予定される2000年に衆院選が行われることから、自民党は介護保険の負担を有権者に迫ることに消極的になっていく。医療保険政策に対してと同様に、自民党の政権基盤の脆弱化は介護保険政策にも影響を及ぼした。

e.参院選敗北後の自民党の介護政策

　1998年7月の参院選で自民党は大敗した。これ以降、自民党の高齢者票を重視する姿勢が介護保険法の施行に影響を与えることになる。具体的には、制度施行後に介護保険料の徴収猶予期間を設け、その財源を赤字国債で調達することが決められた[59]。経済財政政策全般についても、橋本内閣の前半期に見られ

58　最大野党であった新進党は社会保険方式ではなく税方式の制度を主張し、共産党は現行の高齢者福祉制度と社会保険方式の組み合わせを主張してそれぞれ反対した。
59　医療保険についても類似した政策展開が見られた。参院選後の12月には1999年度予算編

第Ⅳ部　日本における社会保障財源改革

た財政再建志向が見られなくなり、財政再建を無視してでも景気浮揚をはかることが小渕内閣の課題であった。参院選後に発足した小渕内閣は財政構造改革法を凍結し、1997、1998年度と2年続いたマイナス成長からの脱却を公約して、積極財政路線に方向転換した。また、自社さ連立から保守連立政権へと連立の組み換えが起きたため、介護保険制度の骨格についても見直しの動きが生じることになった。

　介護保険制度の2000年4月からの実施を控え、1999年には春から医療保険福祉審議会で議論が行われていた。一方、与党の側では高齢者の負担軽減を目指す動きが活発化していく。1999年7月に自民党の一部議員が介護保険の保険料を半額にする考えを発表した。小渕首相は参議院での質疑でこれが少数派の意見であると説明したが、秋には保険料減額は多数派の意見になった（タルコット2002: 262）。翌年には総選挙が予定されており、自民党は保険料負担の先送りを狙ったのである。厚生省は財源を確保しようとしていたが、与党の選挙戦略に押し切られた。

　1999年の10月末に自民・自由・公明の三党は介護保険制度について予定通り2000年4月から実施するが、以下のような見直しを行うことで合意した。①65歳以上の第一号被保険者に対して保険料徴収はおおむね6カ月間実施せず、国が肩代わりする、②40歳から64歳の第二号被保険者についてもおおむね6カ月間国が医療保険者に財政支援を行う（サラリーマンの介護保険料は労使折半であり、医療保険の保険者が医療保険料とともに徴収する）、③ホームヘルプサービスを利用する低所得者の利用者負担は当面1割とはせず3%程度に軽減する、④家族による介護を支援するための慰労金を給付する、⑤介護体制の充実を図るため、スーパーゴールドプランを早急に作成する。要するに、保険料負担や利用者自己負担を縮小し、反対に慰労金やスーパーゴールドプランによって給付やサービス量を増大しようとしたのであった（『朝日新聞』1999年10月29日朝刊・夕刊）。

成の最終段階で、高齢者の薬剤特別負担（1997年改正により導入）を翌年7月から国庫負担で肩代わりすることになった（国庫負担増加額は1,270億円）（吉原, 和田2008: 473）。薬剤特別負担の廃止は参院選の際に自民党が医師会と約束したものだった（第5章5-2.）。自社さ連立政権時代の与党医療保険制度改革協議会が医療費抑制とともに高齢者医療への公費負担増強を検討していたのに対して、1998年後半以降、選挙戦略として財源の裏付けが乏しい社会保障費の拡張が行われるようになった。

384

第11章　1990年から2000年までの医療保険改革と介護保険の導入 —— 財源改革の先送り

　自自公の合意内容が明らかになると新聞各紙は選挙目当ての負担の先送りを非難し、家族介護への現金給付も「介護の社会化」という制度の理念に逆行するものとして厳しく批判した[60]。介護保険法案成立当時与党だった社民党も保険料徴収の延期や現金給付に対して批判的だった（社会民主党2000）。自民党内にもこうした見直しに反対がなかったわけではない[61]。上記の見直しは保守連立のキーパーソンでもある自民党の亀井静香政調会長が主張したものだが、同党の社会部会はこうした修正に対して批判的であった。丹羽雄哉厚相は現金給付に強く反対し、厚生省の意向を守ろうとした。しかし、勝利を収めたのは選挙を前にした自民党の補助金戦略だった。

　11月に入り上記の修正案は「特別対策（介護保険法の円滑な支援に向けて）」として政府の決定となり、補正予算を通じて保険料徴収の延期の財源（1兆円）は赤字国債によって賄われることになった（『朝日新聞』1999年11月6日朝刊）[62]。この秋には年金改革も審議されたが、ここでも不況対策として保険料の引き上げが延期されている（田多2007: 220）。当時の財政状況を振り返ると、相次ぐ[63]減税と景気低迷によって税収が低下し、1999年度予算の国債依存度は40％にも達していた。同年度には9兆円を超える大型減税が実施され、秋の補正予算ではさらに公共事業追加のための建設国債と赤字国債が増発された。1999年の第一・第二四半期の実質GDPはプラス成長となり、景気は回復に向かいつつあったが、政府は「だめ押しが必要」（宮澤蔵相）として経済対策の規模を拡大した。このため財政赤字は急増していった。

　1999年12月に99年度第二次補正予算が成立した。高齢者に対しては半年間の保険料支払猶予に加えて1年間の半減措置が決定された。他方、同月には

---

[60]　ただし、神戸新聞のように「離島やへき地などで民間の参入が望めないなどサービス確保が難しい地域に限って、現金給付も選択肢とすべきだろう」という意見もあった（『新聞協会報（紙面展望）』1999年11月16日）。介護保険の実施については、「保険あってサービスなし」という事態が広く懸念されていた。また、二木立は与党による修正について、赤字国債による財源調達には強い危機感を持っているとしながらも、介護保険の基盤整備は厚生省の計画よりも遅れており、また低所得者対策が不備であるため、介護保険制度をそのまま実施すれば混乱は避けられない情勢だったことに注意を促している（二木2007a: 138）。

[61]　以下の自民党政治家の動向については、タルコット（2002: 264）による。

[62]　自由党は介護保険制度の税方式への変更を、公明党は施設サービスについては税方式、在宅サービスについては社会保険方式を主張していたが、結局、社会保険式が維持されることになった（タルコット2002: 263, 265）。

[63]　以下、『朝日新聞』1999年11月9日朝刊による。

385

第Ⅳ部　日本における社会保障財源改革

「ゴールドプラン21」（2000年度から2004年度までの5ヵ年計画）が大蔵・厚生・自治三大臣により合意された（厚生省1999）。こうして負担を先送りする一方、サービスの拡大が決定された。要するに、保守連立政権の介護保険政策は「負担は少なく、給付は多く」という方向を目指したものであった。こうした自民党の参院選敗北後の介護保険見直しをポール・タルコットは「1973年の老人医療費無料化政策に近いもの」であり、「費用を顧みずに高齢者介護を充実させる旨の公約」をしたものと評価している（タルコット2002: 265）。

小　括

　以上のように、介護保険は赤字国債に依存しながら出発することになった。このことをどのように理解すればよいのであろうか。第一に、1998年の参議院選挙敗北後の自民党は政権基盤の脆弱性に悩まされ、財政均衡よりも高齢有権者の得票を重視する立場が強くなった（タルコット2002: 259-66）。第二に、参議院での過半数確保のために新たに自民党のパートナーとなった自由党と公明党は目指す社会保障制度像は異なるものの、負担の軽減という点では一致していた。これらの理由から、1980年代前半の自民党政権下の医療保険改革とは異なり、厚生省の官僚が自民党族議員の支持を得ながら財政健全化を目指すという政策形成過程が成立しなくなっていた[64]。丹羽厚相は厚生省の意向を守ろうとしたが、結局与党に押し切られている。この背景として、上記のように自民党内部で高齢者票を重視する立場が強くなったことと、自由党・公明党との連立合意に逆らえなかったことが挙げられよう[65]。

　公的介護保険制度の創設は1990年代の日本の社会保障政策における最も重要な出来事であったが、その財政基盤は不十分なまま出発した。2000年4月の実施以降、介護保険サービスの利用は厚生省の予想を上回って急増し、政策目標はすぐにサービスの拡大から抑制へと転換した。介護保険料の引き上げが繰

---

[64]　念のため補足すると、第4章で示したように1980年代の医療保険改革でも厚生省原案は与党によって負担を軽減する方向で修正されている。とはいえ、1990年代に連立政権が続くなかで、厚生省が政策形成過程をコントロールする可能性がよりいっそう低下したことをこの事例は示している。

[65]　二木立は1996年に発覚した薬害エイズ問題と福祉汚職事件によって「厚生省全体の政策立案・実施能力とモラール（志気）が極度に低下したため、『政治主導』が強まった」と指摘した後で、「1980～90年代前半までのように、厚生省の独走が続くことは考えられない」と述べている（二木2007a: 138-9）。

第11章　1990年から2000年までの医療保険改革と介護保険の導入 —— 財源改革の先送り

表11-1　1990〜2000年の日本における医療・介護政策

1991年9月	老人保健法改正	介護に関する公費負担を3割⇒5割へ引き上げ
1992年3月	健康保険法改正	政管健保の国庫負担率と保険料率を引き下げ
1994年6月	健康保険法改正	給食費の導入など保険給付範囲の見直し
1997年6月	健康保険法改正	被用者2割負担など患者負担増、保険料率引き上げ、薬剤特別負担導入
		公費負担引き上げ論含む抜本改革論議開始
1997年12月	介護保険法成立	40歳以上が介護保険料を納付することに
1999年11月	特別対策決定	国債発行により介護保険料猶予・軽減措置決定
2000年4月	介護保険制度実施	老人医療費の一部が介護保険へ移行
2000年11月	健康保険法改正	高齢者1割負担導入、薬剤特別負担廃止、高額療養費の自己負担上限額引き上げ、他方で公費負担増など抜本改革は先送り

出典：筆者作成。

り返されたものの、国にも自治体にも新たな費用を支えられるだけの財政力が準備されておらず、医療保険と同様に介護保険も費用抑制政策の対象となっていく。介護保険が実施された2000年には介護保険料を税によって補うはずの国と地方自治体の財政自体が深刻な赤字を抱えており、誕生してすぐにサービス単価の引き下げと給付範囲の縮小が検討されている。

11-4.　結　論 —— 負担増の先送りと財政の悪化

　1980年代には一方での医療費抑制（支出の抑制）と他方での好況による保険料収入の増加によって、財源の拡充に努めずとも公的医療保険制度は財政健全性をなんとか保つことができた。国家財政再建のために国庫負担が圧縮されても、景気拡大に支えられた保険料収入の伸びによって補うことができたのである。1980年代の医療保険改革は零細企業・自営業者・高齢者の医療費を国ではなく大企業労使が支える仕組みにしようとしたものであり、当時の経済状況ではまだそれが可能であった。

　しかし、1990年代には高成長による保険料収入の増加は望めなくなってしまい、給付水準を維持するためには財源調達方式の改革が必要であった。政管健保の標準報酬月額の低下にも見られるように、社会保険料率の引き上げによ

387

第Ⅳ部　日本における社会保障財源改革

る増収という解決策の有効性には陰りが見え始めていた。ここで社会保障支出を賄うためには社会保険料の徴収対象を拡大するか、別途国庫負担を増強することが必要となる。1990年にフランスで導入が決定された一般社会拠出金（CSG）はまさに賃金に対する社会保険料の徴収に依存した社会保障財源システムの限界を乗り越えるという役割を担ってきた。

　ところが、日本では社会保険料の改革もそれに代わる医療保険財源の確保も議論も進まなかった。医療保険の赤字化が明確化した後の1997年改革、2000年改革はどちらも診療報酬抑制と患者負担増[66]という医療費抑制が中心であり、中長期的な財源確保の見通しを立てることは先送りされた。1997年の健保改正のように来年度予算編成のために短期的な財政対策が行われるか、あるいは1999年に決まった介護保険料の免除措置のように選挙を切り抜けるために補正予算によって短期的に有権者の負担を軽減するかのどちらかであり、加速する人口の高齢化を支えるために中長期的に必要となる福祉国家の財源に関する議論が深められたとはいいがたい。

　1990年代に行われた医療保険関連の財源拡大策は保険料率の引き上げと標準報酬の上下限の引き上げにとどまり（政管健保では1997年に保険料率が8.2%から8.5%へと久しぶりに引き上げられ、組合健保や国保では随時引き上げが行われている）、公的医療保険制度全体の財源確保策としては相変わらず被用者保険から他制度への財政移転に依存する政策が繰り返された（1997年の健保改正、1998年の国保改正）。経済的な環境が変化したにもかかわらず、政策の方向性は大企業労使の保険料への依存という1980年代のモデルから転換できなかったのである。被扶養高齢者からの保険料徴収は1997年の夏に一度は政府・与党が提案したものの、2000年改正では見送られた。また、1997年から公費負担の引き上げが主張されるようになったが、その財源をどこから調達するのかについては議論がまとまらぬままであった。1997年の5%への引き上げ以降も消費税が将来的な社会保障財源の有力候補であり続けたが、自民党はいつ何%に引き上げるのかを明らかにしなかった。厳しい国家財政状況のなかで医療への公費負担を増やすには増税が不可避であったが、その具体的な方針は明確化されなかったのである。

---

[66]　国民医療費全体に占める患者負担の割合は1990年の12.1%から2000年には13.4%まで増大した（厚生労働省「国民医療費の概況（平成14年度）」）。

第11章　1990年から2000年までの医療保険改革と介護保険の導入——財源改革の先送り

　日本の医療保険制度体系は老人保健制度と国保を中心に多額の国庫負担を投入することで成り立っていたが、その大本となる国家歳入の拡大も実現しなかった。細川内閣以降、減税と公共支出増による景気対策が各内閣の基本路線となった。1994年の国民福祉税提案の後で1997年に消費税の引き上げが行われたものの、増収分が全て社会保障費に充当されたわけではなく、また減税とセットで決定されたものであり、税収の回復は景気次第であった。消費税収は1997年以降増加したものの、その他の減税と景気低迷により総税収は縮小してしまった。一般会計税収は1990年度から2000年度にかけて60.1兆円から50.7兆円へと減少し、社会保険料も含めた総税収対GDPも28.5%から26.6%へと縮小してしまった（OECD 2016b: 96-9）。結局、1990年代を通じて福祉国家の財源改革は進まず、支出と収入のギャップは最終的には国債発行によって埋められていくことになる。1990年度には10%を下回った国債依存度は1999年度には40%まで上昇していった。

　このように社会保障財源の確保が進まぬ一方で、医療保険の赤字対策として患者自己負担の拡大と診療報酬の抑制が進んだ。1997年には被用者負担が1割から2割へと引き上げられ、2000年には上限つきとはいえ高齢者にも定率1割負担が課せられた。1996年以降の診療報酬改定は実質プラス0.8%（1996年4月）、マイナス1.3%（1998年4月）、プラス0.2%（2000年4月）と低く抑えられた。つまり、1980年代と同じく財源拡大ではなく費用抑制オプションが優先されていた。

なぜ財源改革は進まなかったのか？

　被用者保険の保険料収入への依存という従来の政策のレパートリーの有効性が低下し始めていたにもかかわらず、なぜ財源調達方式の改革は達成されなかったのであろうか。いいかえれば、非自民連立政権の成立以降、社会保障の安定財源の確保が税制改革のテーマとして浮上したものの（1993年11月19日の政府税調答申や「21世紀福祉ビジョン」）、実際にはそれが実現されなかったのはなぜなのだろうか。減税と財政出動が繰り返された背景に深刻な不況があったことは否定できないが、政治的な要因が作用していることにも注意が必要であろう（1990年代に入り深刻な不況に直面したのはフランスなど他のヨーロッパ諸国も同じである）。

389

第IV部　日本における社会保障財源改革

　1990年代の日本で社会保障財源の確保が先送りされた政治的要因として、連立政権が連続するなかで政府・与党とも一体性が低下しており、有権者に税負担の増加を迫ることが困難であったということが挙げられる。政策の異なる八党からなる非自民連立政権は不況脱出のための減税と公共投資には合意できても、増税に関する合意を形成するのは容易ではなかった。細川首相自身は高齢化に備えるための税制改正に積極的であったようだが、国民福祉税構想は社会党などの反発によって撤回され、政権崩壊の引き金となった。他方、野党に転落した自民党も政権回復のために予算拡張的な主張を行うようになった（タルコット2002: 249）。その後の自社さ連立政権では消費増税が合意されるが、先行減税が前提であった。1990年代の日本はOECD加盟国のなかで「唯一、一貫して税負担を軽減してきた」のである（加藤淳子, ロススタイン2005: 68）。このように減税と財政出動が重視される流れのなかで、1997年まで橋本政権が財政健全化路線を追求しえたのは、景気が回復傾向にあったことに加えて、1996年10月の衆議院選挙で自民党が勝利して以降、政府・与党の一体性が向上していたという政治的な背景があった。選挙後に組織された第二次橋本内閣は自民党単独内閣であり、高い内閣支持率は与党に対する橋本の権威を支えていた（竹中治堅2006: 54-5）。しかしながら、1998年の参議院選挙敗北後、自民党の政権基盤は再び脆弱化し、経済政策では積極財政に転じるとともに社会政策については医師会や高齢者の利益を考慮した医療・介護政策を採用するようになった。与党復帰後も自民党は衆参両院を通じた安定した政権基盤の確保に成功せず、差し当たり次の予算、次の選挙を切り抜けるための社会保障改革を優先するようになったのであった。

　こうした政治状況下では、厚生省が重要な政策転換を実現することは困難であった。1980年代前半には厚生省は行財政改革を進めようとする与党の支持を期待することができたが、1990年代に入り財源の拡大が必要となっても、そうした方向で与党と協力することは容易ではなかった。つまり、1980年代には国の歳出を削減するという目標を政府・与党は共有しており、厚生省もその線に沿って老人保健制度・退職者医療制度の創設や医療費抑制政策への転換などを実現することができた（第4章）。しかし、1990年代の非自民連立政権・自社さ連立政権・保守連立政権は減税による景気対策を重視しており、財政再建は後回しにしていた。また、これらの連立与党は社会保障財源改革の方向性

390

第11章　1990年から2000年までの医療保険改革と介護保険の導入 —— 財源改革の先送り

について一致したビジョンを持っていなかった。高齢者医療制度の抜本改革や公費負担の大幅引き上げのような改革について、厚生省は強い政治的推進力を得ることができず、患者自己負担引き上げや診療報酬抑制などの既存のレパートリーに依存するほかなかった。

公的介護保険制度についても、自民・社民・さきがけ・民主の四党が社会保険方式での新制度の導入で一致していたため法制化に漕ぎ着けたものの、法案提出の先送りや実施直前での見直しが観察されることに注意されたい。審議会での意見の調整に時間がかかっただけでなく、自民党が介護保険料の徴収に消極的だったことで、厚生省は思い通りに介護保険制度を実施に移すことができなかったのである。

連立政権時代に困難に直面したのは大蔵省も同じである。大蔵省が自民党のリーダーと考え方を共有し、自民党内の抵抗を克服できれば財政再建に向けて税制改革が可能であった自民党政権時代とは異なり、連立政権時代には大蔵省が政策過程をコントロールする可能性が低下してしまった（加藤淳子1997: 第8章）。消費税増税を決めた1994年11月の税制改革でも、同省は福祉支出の上積みや地方消費税といった譲歩を余儀なくされている（木寺2015: 27-8）。大蔵省は減税と景気対策によって国家財政が悪化することを止めることができず、そのしわよせが社会保障費の抑制として現れることになった。

1990年代の医療関連の財源拡大策は健康保険料の引き上げ（1997年改正）と介護保険料の導入であったが、これらは増大する医療費（とくに老人医療費の増加率は若年層のそれより高かった）[67]を賄えるものではなかった。財源の拡充に向けた政治的推進力が得られなかったため、1990年代も医療費抑制とそれによる国庫負担抑制が政府（大蔵省・厚生省）の医療政策の基本方針であり続けた。1990年代を通じて福祉国家の財源改革は進まず、社会保障制度は直接・間接に公債に依存するようになった。介護保険の保険料免除のように特例的に赤字国債が発行される場合もあったが、1990年代には一般会計自体の公債依存度が上昇していったため、国庫負担に依存する社会保険制度は間接的に公債に依存する度合いが強まっていった。

---

[67]　なお、介護保険制度の導入によって、それまで医療保険が適用されてきた療養病床は介護保険へと移管されるはずだったが、2000年以降も医療保険適用の療養病床の数は増え続けていった（第6章6-4. b.）。

391

第IV部　日本における社会保障財源改革

　1990年の前半には積極的な景気対策を求める意見が強かったが、90年代末には財政赤字への懸念が強まっていき、民主党は保守連立政権の財政政策を批判するようになった。2001年に首相となった小泉純一郎は自身の任期中の消費増税を否定し、徹底的な社会保障費抑制・医療費抑制政策を採用していく。1980年代の前半のように、深刻な公債依存からの脱却は差し当たり公共支出の抑制によって追求されることになった。

第12章 2000年代以降の展開

　小泉政権期（2001〜2006年）には患者負担増、診療報酬マイナス改定などの徹底した医療費抑制政策がとられた。小泉首相は1990年代の行政改革・政治改革の成果を利用し、医療保険改革においてもリーダーシップを発揮しようとした（第6章）。消費税増税という選択肢は首相によって否定され、リーダーシップの強化は社会保障財源の拡大ではなく、費用抑制のために用いられた。以下では、2002年・2006年の医療保険改革を社会保障財源改革の先送りという視点から簡潔に整理し（12-1.・12-2.）、その後で小泉政権以降の動向についてまとめたい（12-3.）。

12-1. 2002年改革

　2001年に小泉政権が発足すると、経済財政諮問会議（以下、諮問会議）による「骨太の方針2001」では株式会社病院の解禁や混合診療の規制緩和などの市場原理志向の医療制度改革案とともに、高齢者医療費の伸び率管理が強調された。厚相経験者である小泉首相は医療制度改革に熱心であった。2002年度には政管健保の積立金を全額投入しても赤字が出ると予想されていた上に、このように首相や諮問会議によって改革を促されたことで、厚労省は患者負担増、保険料負担増、診療報酬マイナス改定の3つを中心とした医療保険改革にとりくんだ。

　坂口力厚労相（公明党）は大臣私案を発表し、増税による高齢者医療に対する国庫負担増強や高齢者医療制度改革の実現を主張したが（『読売新聞』2001年9月16日, 19日）、首相は自己負担増と診療報酬引き下げ、高齢者医療費の抑制を重視していた。結局、2000年改正に続き、老人保健制度の抜本改革はまたしても実現されずに終わった。厚労省は老人保健制度を別の制度に置き換える

393

第Ⅳ部　日本における社会保障財源改革

ことに対して消極的であったし、首相や「骨太の方針2001」の関心も医療費抑制に集中していた。

　医療保険の財源拡大措置としては、被用者保険の保険料がボーナスにも課される総報酬制に変更され、政管健保では総報酬ベースの保険料率が7.5%から8.2%へと引き上げられた。しかし、1990年代後半には被用者の報酬は頭打ちになっており、保険料引き上げによる増収効果には陰りが生じていた。

　また、この改革によってようやく高齢者医療費への公費負担が3割から5割へと引き上げられたが、老人保健制度の対象年齢が70歳から75歳に引き上げられ、また高齢者の患者自己負担が引き上げられたことで、実際には2007年まで国庫負担は増えないという見通しに立っての改革だった。他方、老人保健拠出金については国民健康保険の負担を軽減し、被用者保険の負担を増やす措置が再び導入された（島崎2002: 52-3）。国庫負担は増やさず、被用者保険の負担を増やすという1980年代以来繰り返し用いられてきた公式が再び用いられた。いいかえれば、財源調達方式の改革は成し遂げられなかったのである。

　人口の高齢化、被用者の報酬の伸び悩みや非正規雇用の拡大といった、社会保険料収入を停滞させる要因が存在するなかで、新たな財源をどこに求めていくのかという社会保障財源問題に対する答えはこの改革からは見い出せない。費用抑制を優先する首相の方針や「骨太の方針2001」によって、増税することで公的医療保険を充実させるという選択肢が政権初期の段階でアジェンダから除外されていたことの帰結であった。

12-2. 2006年改革 ── 国庫負担抑制政策の貫徹

　2006年の医療保険改革では、ついに新たな高齢者医療制度が創設され、老人保健制度は廃止された。もっとも、現役世代が加入する保険制度（とりわけ被用者保険）からの支援金に依存する仕組みは存続しており、公的負担の抜本的な増強はまたしても行われなかった。公的医療保険制度体系を維持するための財政対策としては、70〜74歳の患者自己負担の1割から2割への引き上げや全ての高齢者からの保険料徴収のように、高齢者に負担を迫る内容が中心である。また、2006年4月の診療報酬改定は本体部分マイナス1.36%、薬価マイナス1.8%で合計マイナス3.16%という過去最大のマイナス改定であった。

394

第12章　2000年代以降の展開

2005年9月の郵政選挙後に与党に対するリーダーシップを確立した小泉首相は診療報酬の引き下げと患者自己負担の増加を存分に実現したのだった（第6章6-4.）。

　2002年の改革と同様に、今回も増税による対応は政府の選択肢から排除されていた。2006年改革の前年に経済財政諮問会議で議論されていたのは、2002年の改革の際に厚労省・与党議員・医師会などの反対によって退けられた高齢者医療費の伸び率管理（マクロ経済指標と連動したキャップ制）であり、民間議員は「安易に増税や保険料引上げを行わず、総額の目安を決め、制度改革や効率化を図るべきである（傍点筆者）」として、財源の拡充による対応を否定していた（平成17年度第3回経済財政諮問会議・2月15日提出資料「経済規模に見合った社会保障に向けて」）。同様に、小泉首相も「何らかの管理をしないと、誰だって『給付は厚く、負担は軽く』と言うのだから。税負担は嫌だと言うのだから一番難しいところだけれども、何らかの管理が必要です」と述べて、伸び率管理を支持していた（平成17年度第9回経済財政諮問会議・4月27日）。

　結局、与党の反対から高齢者医療費のマクロ管理は法制化されなかったのだが、厚労省は高齢者医療費の抑制に向けた取り組みを強化せざるを得ない立場に追い込まれ、生活習慣病対策の推進と平均在院日数短縮による医療費抑制を打ち出していく。いいかえれば、ミクロな施策の積み上げによって医療費を抑制することを主張したのだった（吉岡, 村上2008: 154）。なお、生活習慣病対策による医療費抑制効果はその後実証されぬままとなったようだが（二木2011b）、平均在院日数短縮に関しては2006年改革のなかで療養病床削減計画として具体化し、実際に介護療養病床は減少に向かった（図6-1）。財務官僚として医療保険改革に関与していた村上正泰は当時の経済財政諮問会議民間議員と厚生労働省の主張を比較して、マクロの給付費とミクロの個別指標という違いはあっても、給付費の削減ありきという点では共通しており、保険料や税の引き上げという選択肢が除外されていたと指摘している（吉岡, 村上2008: 150-6）。

　正確には、小泉首相や諮問会議の方針とは異なり、政府内には税財源の確保なしには社会保障制度を維持することができないという認識も存在していた。2004年7月には「社会保障の在り方に関する懇談会」が細田博之内閣官房長官の私的懇談会として設置されたが、これは「社会保障制度を将来にわたり持続可能なものとしていくため、社会保障制度全般について、税、保険料等の負担

395

第Ⅳ部　日本における社会保障財源改革

と給付の在り方を含め、一体的な見直しを行う」ことを目的としていた。懇談会は官房長官が主宰し、厚生労働大臣のほか経済財政政策担当大臣、財務大臣などの閣僚と、石弘光政府税制調査会長、宮島洋社会保障審議会・年金部会長、労働界代表、経済界代表などによって構成された[1]。なお、石政府税調会長が起用されたのは、今後の社会保障財源確保のための税制改革、具体的には消費税引き上げに関する議論を行うためであったという（『読売新聞』2004年7月7日朝刊, 29日夕刊）。

　しかしながら、小泉は自己の総裁＝首相任期中の大規模な増税は許さなかった。医療費のマクロ管理が「骨太の方針2005」（2005年6月閣議決定）で骨抜きにされた後、9月の総選挙に向けた自民党マニフェストでは、（小泉引退後の）「19年度を目途に、……消費税を含む税体系の抜本的改革を実現する」とされた。

　後期高齢者医療制度の設置に際しても、財政面の見通しとしては健保組合や高齢者の保険料負担が増加し、国庫負担が減少する措置が巧妙に組み込まれていた（厚労省2005b[2]）。要するに、2002年改革、2006年改革とも基本的に医療費抑制・国庫負担抑制を目指したものであった。2006年にも国民医療費の伸びはマイナスとなったため、ともかくも医療費抑制を実現するという目標は短期的には達成されたといえる。しかし、2006年の改革は前期・後期高齢者医療制度の双方について被用者保険の負担を増加させており、組合健保の赤字化が進んだ。

　小泉は患者負担増・診療報酬抑制を優先し、社会保障財源改革を意図的に先送りしていた。その結果、被用者保険の負担増に依存する1980年代以来の仕組みは小泉政権期を通じて強化・温存された。しかし、少子高齢化がますます進むなかで労働力人口は減少し、平均給与は停滞していた。2006年改革によって、ようやく全ての高齢者からの医療保険料徴収がルール化されたことは財源調達手段の拡大には違いないが、引退後の高齢者の保険料拠出能力には多くの場合限界があろう（新たに保険料を負担することになる高齢者については負担軽減措置がとられた）。患者負担の拡大にしても診療報酬抑制にしても、過度に追

1　首相官邸ホームページ < http://www.kantei.go.jp/jp/singi/syakaihosyou/konkyo.html > 2017年12月1日閲覧。
2　詳しくは、吉岡, 村上（2009: 168-71）参照。

求すれば医療機関へのアクセスが困難化したり医療機関の経営難を引き起こしてしまう。実際、2000年代の後半には産科や小児科へのアクセスの困難や、病院勤務医の疲弊などが報道され、「医療崩壊」をタイトルに含む出版が相次いだ（小松2006;『世界』2008年2月号; 村上2009; 岩本裕, NHK取材班2010など）。続く政権にはいよいよ社会保障の財限改革が求められることになった。

　ところが、小泉政権退陣以降、不安定な政権が続くことで社会保障財源改革はさらに遅滞することになる。以下では、小泉退陣後の安倍政権から民主党政権までの医療・社会保障に関する動向を整理したい。

12-3. 小泉政権以降の展開 （2006 〜 2012 年）

a. 生活重視を打ち出す民主党の躍進 （2007年参議院選挙）

　小泉政権時代の医療・介護・社会福祉などの社会保障改革の基本路線は受益者負担の拡大であった。2005年の介護保険法改正では居住費の自己負担化や給付限度額の引き下げが行われ、同年制定された障害者自立支援法では1割の利用者自己負担が導入された。2002年、2006年の医療保険改革が同様の論理に従ったものだったことは第6章で詳しく示した通りである。また、小泉政権が誕生した2001年には失業率が1953年の調査開始以来最高の5%を突破したが、雇用対策の基本は製造業部門での派遣労働の解禁（2004年実施）のように規制緩和であった。こうした「小さな政府」・規制緩和を基本路線とする政策が推し進められる一方で格差社会論や医療崩壊論が流行するようになり、生活不安が高まっていった。[3]

　小泉の後を受けて2006年9月に自民党総裁＝首相となった安倍晋三はこうした世論の動向を意識し、所信表明演説では「新たな日本が目指すべきは、……勝ち組と負け組が固定化せず、……誰でも再チャレンジが可能な社会」であるとしたが、小泉構造改革路線を継続するのか、方向転換を図るのかが不明瞭[4]

---

[3] OECDの研究者によって、日本の相対貧困率は先進諸国のなかで上位に位置すると指摘され、政府の『経済財政白書』でも経済的格差の拡大がとりあげられるようになった（Förster and Mira d'Ercole 2005; 内閣府編2006）。この他に、日本における格差社会論に関する論評を集めた文献として、文春新書編集部編（2006）参照。

[4] 「第165回国会における安倍内閣総理大臣所信表明演説（2006年9月29日）」首相官邸ホー

第IV部 日本における社会保障財源改革

であった。小泉政権が終わったことで、それまで回避されてきた消費税率の引き上げがいよいよ重要課題となっていたが、2007年6月の「骨太の方針2007」では、税制抜本改革は参院選以降に先送りされた（草野2012: 245）。ところが、郵政造反組の衆議院議員の復党を認めたことや「消えた年金記録」問題などが打撃となり、2007年7月の参議院選挙で自民党は大敗し（改選121議席中37議席獲得）、公明党の議席を合わせても過半数を確保できず、いわゆるねじれ国会となった（石川, 山口2010: 218-21）。選挙後の9月には安倍は体調の悪化により辞任している。

　一方、最大野党であった民主党では、2006年3月に小沢一郎が党代表に就任し、翌年の参院選では「国民の生活が第一」というスローガンを掲げ、小泉構造改革路線との対決姿勢を鮮明にしていた（石川, 山口2010: 220-21）。参院選のマニフェストでは、「消えない年金」、「子ども手当」、農家への「戸別所得補償制度」、「雇用を守り、格差を正す」、「医師不足を解消して、安心の医療をつくる」などの政策を掲げ、ついに参議院での第一党の座を得た（改選121議席中60議席獲得）。

　参院選大敗の後で、自民党・公明党の側でも社会保障の強化を目指す動きが強まっていく（五十嵐2008; 武川2009）。2007年9月の自民党総裁選で福田康夫は経済合理主義の副作用に注意を促し、2008年4月からの後期高齢者医療制度実施に伴う患者自己負担増を凍結すると公約した（『朝日新聞』2007年9月17日朝刊）。福田の当選後、自公両党は連立継続のために重点政策課題について合意を交わし、高齢者自己負担増の凍結を確認した（吉原, 和田2008: 502-3）。参院選大敗の衝撃から自民党内では構造改革路線からの方向転換が議論され、公明党からも福祉重視への転換を求める圧力が高まっていた。

b.福田内閣・麻生内閣の「小さな政府」・新自由主義路線からの転換

　福田康夫内閣発足によりこうした政策転換が具体化していく。2008年1月に

ムページ < http://www.kantei.go.jp/jp/abespeech/2006/09/29syosin.html > 2017年12月1日閲覧。

5　「骨太の方針2007」における原文は以下の通り。「平成19年秋以降、税制改革の本格的な議論を行い、平成19年度を目途に、社会保障給付や少子化対策に要する費用の見通しなどを踏まえつつ、その費用をあらゆる世代が広く公平に分かち合う観点から、消費税を含む税体系の抜本的な改革を実現させるべく、取り組む」（経済財政諮問会議2007）。

設置された社会保障国民会議では「社会保障の機能強化」がうたわれ、従来とは異なり費用抑制ありきではなく医療や介護について将来的に必要なマンパワーや費用が予測された（社会保障国民会議2008）。同年4月の診療報酬改定では本体部分が0.38%の引き上げとなり、わずかとはいえ2000年改定以来のプラス改定となった（薬価は引き下げられたので、全体としては0.82%のマイナス改定）（表6-3）。また、医師不足への対応のため四半世紀ぶりに医学部定員の増員も決められた。後期高齢者医療制度は2008年4月から実施に移されたが、上記の合意に基づき70〜74歳までの患者自己負担の1割から2割への引き上げは1年間凍結、高齢者の新たな保険料負担は半年間凍結、続く半年間は9割軽減して国庫負担で肩代わりすることになった。また、健康保険組合などの現役世代の保険料負担が増加し、地方負担も増えた。[6] この他に、7月には医療保険適用の療養病床の削減目標が15万床から22万床へと緩和されている（当初は38万床から15万床へと削減する予定だった）。

　続く麻生太郎内閣（2008年9月発足）でも社会保障費抑制路線からの転換が続けられた。2009年の介護報酬改定は初のプラス改定（3%）となり、とりわけホームヘルパー不足に対処するために訪問介護サービス関連の報酬が引き上げられた（池上2010: 195）。また、小泉内閣最後の「骨太の方針2006」に掲げられた、社会保障費の自然増分を2011年度まで毎年2,200億円抑制するという目標が棚上げされた（経済財政諮問会議2009）。

　医療の市場化に関しては、小泉内閣以降も規制改革会議が混合診療解禁論を主張したが、小泉政権期ほどの勢いは得られなくなった。福田内閣以降、自公連立政権は社会保障費の抑制からの方向転換を図っており、新自由主義的医療制度改革を求める勢力は後退した（二木2009）。

　ただし、福田内閣以降の動きは大幅な福祉増というよりは費用抑制が停止されたという段階であり、社会保障制度の安定・強化のための財源の確保が課題となった。福田内閣以降の自己負担軽減、保険料負担軽減、診療報酬・介護報酬引き上げといった決定は当然社会保険制度の財政、ひいては国家財政を悪

6　新制度は「後期高齢者」という名称に対する批判、新たな保険料負担に対する反発や保険証の発送の遅れなどの実務上の混乱などに見舞われ、野党から政権批判のための格好の標的とされた。2008年5月末に、野党は共同して後期高齢者医療制度の廃止と老人保健制度の復活を柱とした法案を参議院に提出している（吉原, 和田2008: 502-3）。

化させた。福田・麻生内閣は財源改革の問題を解決せぬまま支出増に踏み切ったのだった。社会保障国民会議の『最終報告』でも示されたように、現状の医療・介護のサービス水準を維持するだけでも費用は増加していくのであり、財源の確保がなしとげられなければ費用抑制政策への回帰は避けられない。そのうえ、2008年・2009年は世界金融危機の影響を受け経済成長率はマイナスとなり、税収や社会保険料収入も落ちこんだ。2008年度当初予算では公債発行額25.3兆円、公債依存度は30.5%という2000年代に入り最も良好な財政状況が実現されたが、補正予算ではそれぞれ33.2兆円、37.3%に跳ね上がった（財務省2014）。2008年以降、国家財政の状況は再び悪化していった。国債発行額は2009年度補正予算では53.5兆円へと激増した。また、2000年代に増大した非正規雇用者がリーマン・ショック以降、雇い止め、派遣切りなどによる雇用調整の対象となり、セーフティネットの強化が課題となった。非正規雇用者層の拡大は安定して社会保険料拠出を行うことのできる集団の縮小でもあり、無保険者対策とともに社会保障財源の調達方式の改革が不可欠になった。

　消費税に関しては、福田康夫は党総裁＝首相就任時から引き上げを模索し、2008年1月21日には国会で「社会保障国民会議での議論を踏まえ、消費税を含む税体系の抜本的改革の検討を進める」と明言している。しかしながら、与党および民主党からの合意調達に失敗し、引き上げを達成せぬまま2008年9月に首相を辞任する（読売新聞政治部2008: 357-63）。

　麻生太郎は首相就任の翌月に「新・総合経済対策」を発表する記者会見（10月30日）で、「経済状況をみたうえで、3年後に消費税の引き上げをお願いしたいと考えております」と増税時期の予定を明らかにした。これに対して、中川秀直ら歳出削減を重視する自民党内の上げ潮派や公明党は消費税増税に消極的であり、2009年の総選挙前に与党は具体的な税率や引き上げの日程を決定することはできなかった。8月末の総選挙では消費税増税を否定していた民主党が勝利を収めることになる。ただし、2009年3月の改正所得税法の付則104条において「消費税を含む税制の抜本的な改革を行うため、2011年度までに必要な法制上の措置を講じる」と規定するという形で、麻生内閣は消費税増税のための布石を打っていた。[7]

---

[7] こうした形で消費税増税の準備が進められたのは、財務官僚のアイディアによるという。以上の麻生内閣期の消費税をめぐる動向については、木寺（2014: 29-31）、清水（2013: 第2

自公政権の方向転換により、社会保障政策の方針は他の先進諸国でも見られた新自由主義の問い直しに向かった（武川2009）。そのため厚労省は費用抑制圧力や医療の市場化の要求をあまり受けずにすむようになったが、社会保障の機能強化のための財源の裏付けはなお不透明なままだった。2009年には、必要な税財源を確保できぬまま基礎年金の国庫負担が3分の1から2分の1へと引き上げられ、2012年からつなぎ国債が発行されることになる。

C.民主党政権 —— 道半ばにして終わった生活保障の強化

2009年8月30日の総選挙に向けて、民主党は改めて「国民の生活が第一」というスローガンの下で子ども手当の創設などを掲げるとともに、医療に関連した政策としては社会保障費自然増2,200億円削減という自公政権の方針の廃止、後期高齢者医療制度の廃止、人口1,000人あたり医師数を2.1からOECD平均の3.1まで引き上げる（医学部生の増員）、入院に関する診療報酬の増額などを公約した（「民主党の政権政策Manifesto2009」）。

総選挙で民主党が308議席を獲得して圧勝すると鳩山由紀夫政権はマニフェスト通り社会保障費抑制政策を停止し、小泉政権によって廃止された生活保護の母子加算の復活や子ども手当の創設、高校の授業料の無償化、農家への戸別所得補償などの政策を実施していった（石川, 山口2010: 228-9）。福田内閣によって始められた医学部定員拡大政策も継続され、2010年度の定員は8,846人と過去最多を記録している。2010年の診療報酬改定では本体部分は1.55%のプラス改定となり、薬価を含めても0.19%のプラス改定だった（表6-3）。全体としてのプラス改定は2000年改定以来10年ぶりであった。中医協からは日医の代表が排除され、病院への重点配分も行われた[8]。また、2010年度には協会けんぽの国庫補助率が13%から16.4%へと18年ぶりに引き上げられた（第11章で検討した1992年の健保改正以前の割合に戻された）。

もっとも、景気後退による歳入の低下に加えて、政権公約だった予算の組み替えによる財源の捻出に成功せず、増税が不可避となった。財源の制約に直面した結果、2012年の診療報酬改定は本体プラス1.379%、薬価・材料はマイナ

章, 第3章）による。

[8]　民主党政権の医療政策については、二木（2011）参照。

401

第IV部　日本における社会保障財源改革

ス1.375%でプラス0.004%という実質プラスマイナスゼロ改定となり、目玉公約の一つであった子ども手当は1万3千円の半額支給のまま終わることになる。また、後期高齢者医療制度の廃止は結局見送られた。

d. 社会保障と税の一体改革（2012年）

2010年6月の鳩山由紀夫首相退陣後に首相となった菅直人は消費増税の必要性を主張したが、2009年の衆院選マニフェストには消費増税の記載はなく野党による攻撃の対象となった。2010年7月の参議院選挙で民主党は明確な税制改革のビジョンを示せぬまま敗北し、過半数を確保することができなかった。しかも、福田・麻生政権とは異なり、与党は衆議院で3分の2の議席を確保しておらず、参議院で否決された法案を再可決できない状況に陥った。

もっとも、消費税増税に関しては自民党は参院選のマニフェストで10%への引き上げと社会保障への充当、超党派での合意形成を明確に公約しており（「自民党政策集J-ファイル2010（マニフェスト）」）、公明党も社会保障への充当と低所得者への配慮措置実施などを条件として消費税増税には実質賛成の立場であった（「公明党マニフェスト2010」）。最終的に、2012年8月に「社会保障と税の一体改革」が民主・自民・公明の三党の賛成によって決まり、消費税率を2014年4月に8%に、2015年10月に10%へと引き上げ、増収分全額を社会保障費に充当することになった（伊藤2013; 清水2013）。小泉政権退陣から既に6年が経っていた。

消費税の増税が決定されたのは、1994年以来18年ぶりのことであった。この間に社会保障給付費は1995年度の64.7兆円から2010年度の103.5兆円へと60%増加したのに対し、社会保険料収入は51.2兆円から57.8兆円へと13%の増加にとどまっており、不足分は税と公債発行によって賄われてきた。社会保障財源に占める社会保険料の割合は1995年の60.2%から2010年の51.6%へと低下し、国庫負担の割合は19.5%から26.2%へと増加している。

9　民主党の参院選マニフェスト（「民主党の政権政策Manifesto2010」）での消費税に関する公約は「早期に結論を得ることをめざして、消費税を含む税制の抜本改革に関する協議を超党派で開始します」という曖昧なものだった。

10　以下、社会保障費に関する数値は、国立社会保障・人口問題研究所（2012）に基づく。

第12章　2000年代以降の展開

　ところが、社会保障制度を支えるはずの国家財政も同時に悪化しており、公債依存度が上昇していたため、1990年代以降の日本の医療保険改革は国庫負担の増加傾向に極力歯止めをかけようとしてきたのだった。国庫負担を抑制するためには、第一に患者自己負担の拡大と診療報酬抑制などの医療費抑制政策が行われ、第二に（とくに大企業）労使の社会保険料負担が引き上げられてきた。

　社会保険料収入は1990年代半ばから伸び悩むようになったが、税収に至っては1990年度以来長期的に減少する傾向にあるため、日本では総税収に占める社会保険料の割合が1990年の26.4％から2012年の41.6％へと増加した（OECD 2016: 111）[11]。総税収に占める社会保険料負担の割合の増大は保険料収入以外の租税財源の確保を日本政府が怠ってきたことを示している。医療保険制度体系や年金制度体系の設計上、社会保険料のみによる運営が想定されていないにもかかわらずである。

　では、一体改革による消費税増税によって国庫負担のための十分な税財源が確保され、医療保険制度は支出削減圧力から解放されるのであろうか。財務省は5％の消費増税が実現した場合の税収を約13.5兆円と予測しており、このうち1％分2.7兆円が社会保障の充実に、残りの4％分10.8兆円が社会保障の安定化に用いられるとしていた（財務省2013）。増税前の2013年度の消費税収のうち社会保障に充当される分と対象経費（基礎年金・老人医療・介護）のギャップは10.3兆円とされており（財務省「『福祉目的』及び『「社会保障・税一体改革」による社会保障の安定財源確保』の推移」）、今後も社会保障費が増加していくことを考えると5％の消費増税のみで現在の給付水準を維持することは困難であろう。要するに、ようやく財源の拡充が決まったものの、8割はこれまで先送りされてきた既存制度の財政安定化に用いられるものとされ、それも十分なものとはいいがたいのである。

　このため2013年8月の社会保障制度改革国民会議の報告書では、給付の重点化・効率化が強調されている（社会保障制度改革国民会議2013）。医療に関しては、民主党政権下でも凍結されてきた70〜74歳の自己負担割合を2割に引き

---

[11] 税収が減っているにもかかわらず、社会保障給付費に対する国庫負担の割合が増加可能だったのは、国の一般会計が公債に依存しているためである。端的にいえば、借金に依存して社会保障制度を運営しているのである。

403

第Ⅳ部　日本における社会保障財源改革

上げること、紹介状なしの大病院受診に際して定額負担を導入すること、低所得者の保険料負担・患者負担軽減措置などが提案されている。財政制約が続くなかで、財源を低所得者に重点化しようとする方針が示されたものといえよう。

　また、混合診療の拡大や医療ツーリズムなど医療の市場化に関して民主党政権下で議論が復活し（二木2011a; 真野2012）、2012年末に自民党が与党に復帰して以降も混合診療の拡大は規制改革会議によって採り上げられている（二木2014）。公的医療費や介護費の伸びが続き、医療・介護分野に営利活動の機会が見出される限り、今後も公的医療・介護保険の給付範囲を限定しようとする動きが、影響力の差はあれ存在し続けるであろう。

12-4. 結　論

　小泉政権期の2002年、2006年の医療保険改革はどちらも患者自己負担引き上げと診療報酬マイナス改定などの医療費抑制を中心としており、公的財源の拡大は被用者保険料の引き上げ（2002年改正）、高齢者からの保険料徴収の一般化・個人単位化（2006年改正）にとどまった。どちらの改革でも国庫負担の増強は行われなかった。

　消費税増税を否定していた小泉の引退後、安倍内閣による「骨太の方針2007」では、2007年度を目途に社会保障費の見通しを踏まえつつ「消費税を含む税体系の抜本的改革を実現させるべく、取り組む」との記述が盛り込まれたが、福田・麻生内閣とも与野党からの合意調達には至らず、2009年8月には消費税増税を否定するマニフェストを掲げる民主党に政権を奪われてしまった。2012年8月に社会保障と税の一体改革の一環として消費税増税が決められたのは、小泉政権退陣から6年が経ってのことであった。

　しかし、2014年の消費税率引き上げ後もなお社会保障財源は不足しているといわざるを得ないだろう。確かに、消費税率を8%に引き上げたことで同税収は2013年度の10.8兆円から翌年度には16兆円へと大きく伸びた（財務省「一般会計税収の推移」）。同様に、一般会計全体の税収は47兆円から54兆円へと増加し、2015年度には56.3兆円とさらに伸びている。他方で、「骨太の方針2014」では法人税の実効税率引き下げが提言され、実際に2015年には2.51%、

404

翌年には2.14%引き下げられている（伊藤2016: 53）[12]。また、56.3兆円という一般会計税収は1990年の60.1兆円をいまだ越えておらず、他方で社会保障給付費はこの間に47.4兆円（1990年度）から112.1兆円（2014年度）へと2.4倍増加した（国立社会保障・人口問題研究所2016）。

　社会保障費は公費負担のみで賄うものではないにせよ、財源全体に占める公費負担の割合は1990年代末以降上昇傾向にある（国立社会保障・人口問題研究所2016）。社会保障制度を維持していくためには、消費税収のみならず中央・地方政府の総税収を拡大する努力が今後とも必要であることは間違いない。それができなければ、さらなる給付削減による社会保障の機能低下のみならず、診療報酬・介護報酬の低下によるサービスの質の低下も現実となりかねない。実際、2014年・2016年の診療報酬改定、2015年の介護報酬改定ともマイナス改定となっている。消費税の増税と税収の社会保障への充当は1990年代から議論されてきたものであり、2012年の社会保障と税の一体改革はその終着点のようにも見えた。しかし、実際には消費税を含めた社会保障財源確保のためのさらなる議論と改革に向けた出発点に過ぎないのである。

---

[12] 法人税収や所得税収は2009年度を底に回復傾向にあるものの、ピーク時の税収を大幅に下回ったままである。法人税収はピーク時の1989年度の19兆円に対して2015年度には10.8兆円、所得税収もピークだった1991年度の26.7兆円に対して2015年度には17.8兆円にとどまっている（財務省「一般会計税収の推移」; 伊藤2016: 208）。

405

第Ⅴ部　フランスにおける社会保障財源改革

第13章 社会保険料の引き上げから一般社会拠出金（CSG）導入へ

　石油危機以降のフランスの各内閣は社会保障制度の財政対策として支出削減とともに財源の拡大にも努めてきた（第7章）。本章では、財政対策の中心であった財源の拡大に注目し、社会保険料の引き上げという初期の対応から、1990年の一般社会拠出金（CSG: contribution sociale généralisée）導入までの経緯を検討する。1990年代の初頭の段階でCSGという強力な財源確保の手段を手に入れたことで、フランス政府は1990年代の社会保障赤字の深刻化に対応することができた。

　社会保険制度を中核とし、かつその財源として労使が拠出する社会保険料を用いることを原則としてきた戦後フランスの社会保障システムでは、財源に占める社会保険料の割合が圧倒的に高かった（第2章）。社会保障金庫の管理者であり、費用負担者でもある労使の発言権は強く、税財源への転換は労使の強い抵抗を招いてきた。1980年までの政府の対応は社会保険料率の引き上げと賦課対象の拡大、そして補足的な手段として各種の新税の創設であった。しかし、社会保険料による財源調達は様々な限界に直面することになり、財源調達方法の改革が検討されるようになっていく。

　以下では、1990年のCSG導入に至る経緯と、導入時の政治過程を検討したい。議論の焦点は、第一に、フランスにおける社会保障財源改革はいずれかの政権が一挙に実現したものではなく、左右両政権下での長い準備期間を経て具体化したものであったこと、そして第二に、ロカール内閣によるCSG導入が政府執行部のリーダーシップの発揮を可能とする第五共和制の政治制度によって達成されたということである。

13-1. 社会保険料の引き上げとアドホックな増税 （1970 年代後半から 1980 年代まで）

　社会保障制度の収入を増やす第一の方法は主財源である社会保険料負担を引き上げることである。医療保険料の料率の変更は医療保険金庫が独自に行うか、あるいは政府が政令によって行うことができるが、医療保険金庫は保険料負担増という労使双方にとって好ましくない決定を行うことを回避し続け、結局、政府が社会保障財政再建のための様々なプランのなかで引き上げを決めていた。第一次石油危機以降、医療保険の保険料率は頻繁に引き上げられ（同年中に二回変更されることもあった）、1984 年の時点で賃金全体の 18.1%（事業主負担が 12.6%、被用者負担が 5.5%）に達した（表13-1）。これは同年度の日本で政管健保の保険料率が 8.4%（労使折半）に抑えられ、また賦課対象となる賃金に上限額が定められていたのと比べて非常に重たい負担であるといえる。こうした急速な引き上げが可能になった背景として、保険料率の変更が議会による決定を必要としないこと、そして 1980 年代当時世論が社会保障給付の削減よりも負担増の方を選好していたことが挙げられよう[1]。また、フランス人は租税に比べ使途が明確な社会保険料の支払いに積極的であったことが明らかにされている（Dubergé 1984; Gaxie et al. 1990）。

　なお、保険料収入を拡大する方法には料率の引き上げとは別に社会保険料の算定基礎を拡大するという方法がある[2]。1950 年代、60 年代には主として事業主負担の社会保険料の引き上げが繰り返されたが、賃金の一定額を超えた部分には保険料は課されなかった。1967 年からこうした上限（plafond）を引き上げる動きが始まる（déplafonnement）。これには、定率である上に賃金の一定額以上の部分は賦課対象とされないという社会保険料の逆進性を緩和し、公平性を改善する効果もあった。

　社会保険料の賦課上限は徐々に引き上げられ、やがて賃金全体が賦課対象となっていった。医療保険料については 1984 年に上限が廃止され、家族手当と

---

[1]　Gaxie et al.（1990: 174）。ただし、財政問題に対して給付削減を支持した回答が 11%、財源の拡大を支持した回答が 21% だったのに対して、無回答が 25% あった。フランス人の社会保障制度への愛着の強さについては、第 7 章 7-2. b. で引用した調査結果も参照せよ。
[2]　以下の本節の記述は、Palier（2005: 359-61）に依拠している。

第Ⅴ部　フランスにおける社会保障財源改革

表13-1　全国被用者医療保険金庫の保険料率の推移 (%)、1967 ～ 1988年

施行日	事業主	被用者	合計
1967年10月1日	9.5 2	2.5 1	12 3
1970年8月1日	10.25 2	2.5 1	12.75 3
1971年1月1日	10.45 2	2.5 1	12.95 3
1976年1月1日	10.45 2.5	2.5 1.5	12.95 4
1976年10月1日	10.95 2.5	3 1.5	13.95 4
1979年1月1日	8.95 4.5	1 3.5	9.95 8
1979年8月1日	8.95 4.5	1 4.5	9.95 9
1980年1月1日	8.95 4.5	- 5.5	8.95 10
1981年2月1日	8.95 4.5	- 4.5	8.95 9
1981年11月1日	5.45 8	- 5.5	5.45 13.5
1984年1月1日	- 12.6	- 5.5	- 18.1
1987年7月1日	- 12.6	- 5.9	- 18.5

注：上段は賦課上限（plafond）以下の賃金に対する保険料率、下段は賃金全体に対する保険料率。
出典：Laroque dir.（1999: 534-5）の表より医療保険部分を抜粋。

　労働災害保険についても1989年に上限が廃止されている。年金だけは上限が
残されたが、上限を超える部分の賃金に基づいて補足退職年金（公的年金の二
階建て部分）の保険料が計算される仕組みになっている。したがって、1980年
代の終わりには年金を除いて社会保険料の賦課上限は撤廃されることになった
が、社会保障支出の方は伸び続けた。このため社会保険料とは別の方法で財源
を確保する必要が生じたのである。
　1980年代から主として被用者負担の社会保険料率の引き上げが行われたが、
それと並行して各種の社会保障目的税が導入されるようになった。そのうちの
一つは物品税（taxes sur les produits）である。古くは1967年に自動車保険に対す

第13章　社会保険料の引き上げから一般社会拠出金（CSG）導入へ

る課税が行われ、1982年にはベレゴヴォワ・プラン（第7章7-2.a.）によってタバコ・アルコール・医薬品の広告にも課税されるようになった。その後、これらの物品税は社会保障財政再建計画のなかで繰り返し引き上げられていく。1999年には緑の党が参加する左派連立政権によって環境税が導入され、これも社会保障財源に充当された。もっとも、これらの社会保障目的税が被用者一般制度の収入に占めた割合は1988年の時点で約1%に過ぎず、その後増加したとはいえ小規模なものにとどまっている（Palier 2005: 361）。

　これらの目的税は社会保障財政を短期的に均衡させるための補足的な手段として導入されてきたものであった。社会保障財源に占める目的税の割合が顕著に増大するのは1990年のCSG導入以降のことである。

13-2. 社会保険料に代わる新たな財源の模索（1980年代）

　1970年代以降、社会保険料の経済に対する悪影響を指摘する分析が増加した[3]。また、社会保障給付の対象が全住民へと拡大されるにつれ、社会保険料を納めていない人々への給付までもが社会保険料によって負担されるのは不公正だとみなされるようになった。1970年代から1980年代にかけて社会保障の財源改革を扱った多くのレポートが提出されたが、ブルーノ・パリエによれば新たな財源システムを構築するにあたっての争点は、第一に、より経済的に効率的であること（雇用を阻害しないこと）、第二に、より社会的に公正であること（全ての者が負担すること）、第三に、政治的に実現可能であること（とりわけ労働組合によって受け入れられること）の三つであった（Palier 2005: 361-2）。

　これらのレポートでは、財源改革の必要性の根拠として、社会保険料が雇用に与える悪影響が挙げられている。1970年代後半には付加価値税の活用が有力視されていたが、1981年以降、企業に負担となる付加価値税ではなく家計に負担を求める提案の方が有力となった（Palier 2005: 361-2）。具体的には、所得に対して定率の徴収を行うことが検討されるようになる。計画庁（Commissariat général du Plan）や1987年に召集された社会保障三部会（États

---

3　社会保険料に対する批判からCSG導入に至るまでの議論の経過については、Dupuis（1989）、Join-Lambert et al.（1997: chap. 12）、Palier（2005: 361-4）、小西（2013）などの先行研究がある。

411

généraux de la Sécurité sociale）でも所得に対する定率保険料の創設が提案されており、1980年代の後半には左右の政権を超えて共有される改革案となっていった。

　計画庁は第二次大戦後にジャン・モネによって経済計画の立案と政府内の各部局の調整のために設置された機関である。1990年代前半まで計画庁の経済・社会5カ年計画の枠内で、社会保障政策や医療政策が財源面を含めて定期的に議論されてきた。報告書の作成にあたっては、経済・財務・社会保障などの分野の政府官僚、労使の代表、医師、学者らが招かれ、現状の診断と解決策の提案が行われていた。意見の厳密な一本化は目指されておらず、むしろ野党に近い官僚や利益団体の主張をさぐることで、可能な妥協点を事前調査することが一つの目的となっていた（Jobert 1981; Hassenteufel dir. 1999: 59-64）。この計画は政策決定を直接拘束するものではないが、計画庁での議論が1990年代以降のCSGの導入や医療制度改革に与えた影響は見過ごせない。計画庁は政策の目的や手段が行政府内で組織を超えて共有されるための社会化の基盤となっていた。計画庁内では、1981年に所得に対する定率徴収が検討され（Lescure et Strauss-Kahn 1983）、「第9次計画（1984〜1988年）」の準備資料や「第10次計画（1988〜1992年）」でもとりあげられている（Commissariat général du Plan 1983, 1989: 77-9）。

　また、1987年にシラク首相が召集した社会保障三部会（政府官僚・有識者・労使・共済組合・医師組合など社会保障関係者の意見が聴取された）のピエール・ラロック（Pierre Laroque）をリーダーとする賢人委員会の報告書でも、定率の所得税導入が支持された（États généraux de la Sécurité sociale 1987: 58-61）。

　パリエはデュピュイの研究を参照しながら、所得全般に対して定率の徴収を行うという改革案の根拠としては以下の点が挙げられていたとする（Palier 2005: 362-3; Dupuis 1989）[4]。

- ・　賃金のみに課される社会保険料よりも公正である。
- ・　全ての世帯が徴収の対象となるので、約半分の世帯が課税を免除されている所得税よりも徴税能力が高い。

---

[4]　Dupuis（1989）では、1945年から1980年代末までの社会保障財源改革に関する政府レポート、雑誌論文などが包括的に検討されている。

第13章　社会保険料の引き上げから一般社会拠出金（CSG）導入へ

- 企業の収入ではなく家計の収入（全ての収入）が徴収の対象となるので、企業活動が阻害されない。企業の「社会保障負担（charges sociales）」を抑制できる[5]。
- 普遍的な給付を実現している家族手当の財源として、労使に課される社会保険料よりも適切である[6]。

パリエはこの施策がより公正であるという点で左翼にとって魅力的であるだけでなく、より経済的に効率的であるという点で右翼にとっても魅力的であることを強調している（Palier 2005: 363）。左右双方の政党にとって受け入れ可能な解決策となるためである。他方、一部の労働組合（CGTとFO）はこうした施策には反対であった。社会保険制度はあくまでも労使の保険料拠出、とりわけ資本の側の負担によって運営されるべきであるという考え方をとっていたためである。

　差し当たり新たな社会保障財源の導入は小規模なものとして始まった。1983年にはベレゴヴォワ・プランに基づき1%の定率負担が全ての課税所得から徴収されることになった。これはもともと時限的な措置であり、1983年から一般制度が黒字化したこともあり、1985年には賃金からの徴収は廃止され動産収入からの徴収のみ維持されたが、1986年の総選挙の後でシラク保守内閣は赤字対策のために賃金からの徴収を復活させている（0.4%）（Palier 2005: 363）。

　1980年代後半には全ての所得に定率の課税を行い社会保障財源とすることについて政官のエリートの間でコンセンサスが醸成されていった。保守内閣では社会保障担当相のセガンのみならず、予算担当相のジュペも全ての所得に広く薄く課税され、源泉徴収され、議会によって決定される新税の導入に好意的であった（Shaughnessy 1994: 411）。1988年春の大統領選挙を前にして、シラクは新税の導入に関する議論を控えたが、同年の3月にシラク内閣では密かに

5　この点について、社会保障三部会の賢人委員会報告書では以下のように述べられている。「今後新たに徴収が必要になる場合、…企業が追加的な負担を背負うのではなく、全ての個人とあらゆる種類の収入が徴収の対象となるべきであろう」（États généraux de la Sécurité sociale 1987: 58）。

6　年金や失業保険は被保険者の保険料拠出によって受給権が発生するが、フランスの家族手当は就労や拠出が受給要件となっていない。基本的な家族手当（allocation familiale）については所得制限もない。こうした万人が受給できる給付の財源は万人が負担するべきだということである。

413

低率の所得税の導入が決められていたという（Shaughnessy 1994: 412）。もっとも、選挙後に社会保障財源として定率所得税が（再）導入されるであろうことは予想されていた。欧州単一市場創設を前に西欧各国は税制の調整を求められており、このため1988年当時フランスでは付加価値税や資産課税の引き下げが予定され、また法人税の減税や企業の家族手当負担の税負担への切り替え、そして定率の社会保障目的所得税の導入（後述するようにこれには個人所得税改革という側面もあった）が左右の主要政党の間ではコンセンサスとなっていた（Valance 1988）。

13-3. ロカール内閣によるCSG導入 (1990年)

1980年代初頭以来検討と実験が行われてきた社会保険料に代わる新たな社会保障財源は1990年の年末に一般社会拠出金（CSG: contribution sociale généralisée）として導入されることが決まった。ミシェル・ロカールを首相とする社会党政権は少数与党政権であったにもかかわらず、10月に閣議決定が行われてから短期間で新たな税の導入が決着したことは注目に値する。いかなる政治的な条件の下で新税の導入が可能になったのであろうか。結論を先取りして述べると、第一に、政府のレベルではクロード・エヴァン（Calude Évin）社会保障担当大臣のCSG導入に向けたイニシアティブをミッテラン大統領・ロカール首相が支持し、執政府のリーダーシップが発揮されたことが重要である。第二に、議会のレベルではロカール首相が憲法49条3項の規定を利用したことで、下院で過半数の議席を確保できていないという政権の弱点が克服された。第三に、市民社会のレベルではCSG導入に反対する労働組合が大規模な反対運動の組織化に失敗してしまった。1990年代以降の社会保障改革の切り札となるCSGはこうして導入されたのである。

1988年5月の大統領選挙でミッテランは再選を果たしたものの、続いて行われた下院の総選挙で社会党が単独で過半数を確保できなかったため、中道保守政党フランス民主連合（UDF: Union pour la démocratie française）にも閣僚ポストを用意しなければならなかった。第五共和制のそれまでの内閣に比べ、少数与党政権であるロカール内閣は議会の影響を受けやすいはずである。議会で法案を可決するには野党の協力が必要であり、野党は不信任動議によって内閣を倒

第13章　社会保険料の引き上げから一般社会拠出金（CSG）導入へ

すこともできたからである。ロカール首相の政権運営は困難なものとなることが予想される。議会内に「拒否権プレイヤー（veto player）」（Tsebelis 2002）が存在しており、CSGの導入も共産党を含む野党による攻撃の対象となった。ところが、CSGを含む予算法案は無事に成立したのである。

ロカール内閣では、ベレゴヴォワが経済・財務大臣に、社会保障担当大臣には社会党のエヴァンが任命された。組閣後にエヴァンは社会保障財源改革に関するプロジェクトチームを発足させ、1989年5月には「全ての所得に対する徴収（prélèvement sur tous les revenus）」を年内に創設すると宣言する[7]。11月にはプロジェクトチームの基本構想が閣議にかけられ、社会保障財源のための定率所得税を創設する法案を国民議会に提出することが決まった。財務省は消極的であったが、ロカールはCSG導入を支持する立場を明確にしたのだった。この過程は首相府による調整と裁定のあり方を見る上での好例ともいえる。

まず、社会問題省の意図を見てみよう[8]。第一に、10年来の議論をベースにしつつ、社会問題省はエヴァン大臣を筆頭に社会保障目的税として全ての所得に課税される定率所得税の導入を推進していた。給与所得以外にも課税することで社会保障財源の安定性と公平性を同時に実現することができるというわけである。第二に、社会問題省によれば、新たな税は上記のように公平であるから将来的な増税が比較的容易であり、増加が予想される社会保障費を賄う役割が期待されていた。第三に、同省は社会保険料から新税への財源の切り替えとともに社会保障金庫の運営見直しに踏み込むことには消極的であった。社会保障金庫の監督官庁たる社会問題省は労使とのつながりが深く、労使の意見を取り入れつつ改革案を作成した。こうしてなるべく既存の社会保険料に近い形での改革が目指された。具体的には、新税の税収は一般会計を通過せずに直接家族手当金庫に振り込まれ、課税標準についても従来社会保険料で用いられていたものが提案された[9]。

---

[7]　ロカール内閣におけるCSG導入過程については、小西（2013）、Shaughnessy（1994）、Kato（2003: 100-1）を参考にした。

[8]　以下の社会問題省・財務省の対立と首相府による調整については、小西（2013: 351-6）に依拠している。

[9]　従来から医療保険料については年金などの所得代替給付からも徴収され、年金保険料は資産所得から徴収されていた経緯から、社会問題省はこうした既存の保険料徴収ベースを基礎とすることを主張していた。

第V部　フランスにおける社会保障財源改革

　他方、財務省はこうした社会問題省による財源改革案に反対だった。第一に、財務省は垂直的公平性の観点から、既存の累進所得税の付加税として新税を徴収し、それを社会保障支出に充当する方が望ましいという立場であった。第二に、財務省はCSG導入によって既に高水準に達しているフランスの社会保障負担がさらに上昇してしまうことを懸念しており、社会保障支出の抑制の見通しが立たない限り新税の導入には反対だった。第三に、国民連帯に基づく支出（拠出を要件としない福祉支出）は国の予算で行うべきであり、CSGも国民連帯のための支出に用いられるのであれば、税収は労使が管理する社会保障金庫ではなく、国が管理する基金に振り込むことが適切であると主張した。

　両者の対立は平行線をたどり、当初法案の提出が予定されていた1990年の春までに妥協案を形成することはできなかった。最終的な判断は首相府に委ねられ、社会問題省と財務省の対立の調整はロカール首相と側近の官僚によって行われた。首相府は、幅広く所得に課税される定率所得税を創設すること、税収を直接社会保障金庫に振り込むことについては社会問題省を支持し、新税導入と同時に社会保障費の増加を抑制するという点では財務省を支持した。

　さらに、首相府独自のアイディアとして、新税の創設を契機として社会保障金庫の運営のあり方を見直すことが提案された。社会保障費の抑制は1970年代後半以降ミッテラン政権の初期を除けば各内閣にとって重要課題であったが（第7章）、社会保障金庫（とくに労働組合）は費用抑制に対して消極的であった。このため、費用抑制を実現するためには社会保障金庫のあり方自体の見直しが必要とみなされてきたのだった。首相府の官僚は新税の導入、政府と議会による社会保障金庫に対する権限の強化、社会保障費の抑制の三つを明確に関連づけていた。すなわち、首相府でロカールの社会保障顧問を務めていたドミニク・ルフェーヴル（Dominique Lefebvre）は1990年4月3日にロカールに宛てたノートのなかで、新税の税率を議会が決定し、社会保障支出を操作するようになれば、議会の権限が増し、議会・政府・労使の権限配分を見直すきっかけになると述べていた（小西2013: 355）。このようにCSGの導入は単に社会保障財源の確保策であるというだけでなく、社会保障制度全体の構造改革につながっていく可能性を有していた。

　CSGの創設はミッテラン大統領の支持するところとなり、1990年10月3日の閣議で家族手当金庫の財源として税率1.1%のCSGを導入するために関連法

案を国会に提出することが決定される。エヴァンはCSG創設を1981年の富裕税、1988年の参入最低所得（RMI: revenu minimum d'insertion）創設と並ぶ「社会正義の大改革」としてその意義を強調した（*Le Monde*, 4 octobre 1990）。大統領・首相のCSG支持が明確になり、ベレゴヴォワ財務相やファビウスらの社会党の政治家は沈黙を余儀なくされた（Shaughnessy 1994: 413）。同月中にCSG創設法案は1991年財政（予算）法案の一部として議会に提出される。

　野党はCSG法案を激しく攻撃した。政府の説明では、CSG導入に伴い労働者の年金保険料を引き下げるので歳入中立であり、低所得者にとってはむしろ減税効果があるため社会保障負担の公平性が高まるということを強調していたが、RPRのジュペ（前予算担当大臣であり、定率所得課税の支持者でもあった）はCSGの社会的性格など誰も信じておらず、RPRは反対すると述べた（Shaughnessy 1994: 413）[10]。RPRからは他にも社会保障費の抑制努力が不十分なままに新たな財源を導入しようとすることに対する批判や、1.1%という税率が将来にわたって不変なのかといった点に関する疑念が出された。

　CFDTを除く労組も反対の立場であった（Palier 2005: 369）。とりわけCGTとFOは政府案を厳しく批判した。これらの労組は社会保険制度と国民連帯制度（低所得者に対する各種手当）の分離と、前者の国家に対する自律性の確保を求めており、CSGは自分たちの要求に反して社会保障の国家化（étatisation）を進めるものだとして断固反対していた。先の首相府の提案に見られるように政府内にそうした思惑があったのは事実だが、ロカールは国家化に対する批判をかわすべく、CSGの導入は財源の租税代替化であり社会保障金庫の国家化ではないこと、税収は従来通り社会保障金庫に振り込まれることを強調した（小西 2013: 355）。

　他方、もともとロカールの主張する非マルクス主義系の「第二の左翼（deuxième gauche）」に近いCFDTはジャン・カスパル（Jean Kaspar）書記長（1988〜1992年）の時代に政府との協調を強め、全ての所得に財源を求めるというアイディアを政府と共有していた。1990年代にCFDTは社会保障の財源改革の方向性として、財源を多様化すること、とりわけ従来あまり社会保険料負担が課されてこなかった代替所得（社会保障給付）からも徴収すること、また社会保

---

[10]　ただし、彼は首相になってからCSGの引き上げを決定する（次章参照）。

障目的財源を確保することで政権のきまぐれによる影響を受けないようにすることを挙げている[11]。CFDTはCSG導入以降も政府の社会保障改革に協力する姿勢をとり、1990年代の医療保険改革の推移にも影響を及ぼすようになっていく（第8章）。CFDTが全ての所得に対する課税を受け入れる立場をとったことで労働組合は統一戦線を組織できなくなっていた（Palier 2005: 363）。

　フランス経営者全国評議会（CNPF）は家族手当を事業主の負担による制度ではなく税負担の制度に改革することには賛成だったが（Palier 2005: 367）、CSG導入に伴って企業の保険料負担が引き下げられない以上、今回の改革の熱心な支持者ではなかった。事業主の家族手当保険料は引き下げられるのだが、その分だけ年金の保険料が引き上げられることになっていた（松本2012: 285-6）。

　下院でのCSG法案の審議を翌日に控えた11月14日に、CGT、FO、CGCがそれぞれ全国抗議デーを組織した（*Le Monde*, 15 novembre 1990）。幹部職員の組合であるCGCは、社会保障財源改革によって高所得者の負担が高まることに反発していた（*Le Monde*, 26 septembre 1990）。また、年金へのCSGの課税に反対して退職者の団体も反対運動を支持していた。とはいえ、これらの運動は政府案を覆すほどの広がりには至らなかった（*Le Monde*, 12 décembre 1990）。

　11月15日の下院国民議会で、ロカールは現行の社会保障財源は社会的に不公正かつ経済的に非効率であり改革する必要があること、CSGは社会正義の改革であることを強調した（*Le Monde*, 17 novembre 1990）。具体的には、CSGは税であり控除の対象にはならないこと、全ての所得に課税されること、ただし、既存の社会保険料に置き換えられるので追加的な税ではないこと、税率は毎年議会によって決定されること、またその税収は全て家族手当金庫へと充当されることを説明した。そして、CSGの創設は、1914年の所得税、1953年の付加価値税、1981年の富裕税の導入に連なり、「我々の税制および社会保障徴収制度の改革の重要な一時期」を画することになるとしてその意義を強調した。

　これに対し、UDFとRPRの議員は、CSGは詐欺にすぎない、年金の財源という真の問題を解決しないと断じた（*Le Monde*, 17 novembre 1990）。他方、UDC

---

[11]　Palier（2005: 369-70）。ただし、年金や失業保険のように保険原理に則るべき制度については社会保険料による運営を認めている。

（Union du centre: 中道連合）[12] のジャック・バロは数カ月後であれば自分たちは賛成するだろうとしながらも、CSG導入は現時点では時期尚早であり、説明が不十分なせいで良い改革が不人気になってしまうことを懸念した。バロはレイモン・バール内閣時代の1979年に社会保障担当大臣として退職者に医療保険料を課しており（第7章7-1.）、社会保障財源の拡大というアイディアを共有していた。最後に、共産党ナンバー2のジャン＝クロード・ゲソ（Jean-Claude Gayssot）はCSGが全くもって左翼のものではなく、不信任動議に賛成せざるを得ないだろうと述べた。[13]

10時間におよぶ審議の末、16日未明に首相は1991年財政法案のうちCSGに関する条文について内閣の責任をかけた。憲法49条3項[14]にうったえることで、なんとしてもCSGを創設しようとしたのである。これに対してUDF、RPR、UDCは不信任動議を提出し、共産党も同調した。不信任動議の内容はUDCの要求によりCSGそのものを否定するのではなく、新税が十分な検討なしに導入されようとしていることを問題にする形となった。社会党は無所属議員と海外領土の議員の支持をあてにできたため、不信任動議は成立しないと考えられていた（Le Monde, 15 novembre 1990）。19日の下院での不信任案の審議に際してロカールは改めてCSGが全ての所得に課されること、家族手当のような万人のための支出は万人によって負担されるべきことを主張した（Beau dir. 1995: 140）。下院の定数は577議席なので不信任動議の成立には289票が必要だが、結果は284票にとどまり、CSG導入法案は成立することになった。[15]12月に入り上院でCSGを含む予算案が否決されてしまうが、政府は再度49条3項を利用して再可決している。また、野党は憲法院（Conseil constitutionnel）にCSG法

12　1988年の総選挙後に一時的に結成されていたUDF系の中道派政治家の議員団。ロカール内閣期の1988年、1989年秋の予算審議におけるUDCの振る舞いについては、Huber（1999）参照。

13　ただし、共産党は与党時代の1983年に定率所得課税を含むベレゴヴォワ・プランを承認している。

14　首相が法案について議会に責任をかけた場合、24時間以内に提出された内閣不信任動議が可決されなければ、審議なしで法案は成立する。第五共和制憲法が議会に対する政府の優位を保証する上で、重要な条文の一つである（第3章3-1. c.）。Carcassonne（2013: 247-50）参照。

15　本文でも述べたように、これは予想された結果であった。当時シラクとジスカール＝デスタンの対立が再燃しており、RPRとUDFの議員は解散総選挙を戦える状況ではなかった（Le Monde, 15 novembre 1990）。

第Ⅴ部　フランスにおける社会保障財源改革

案を付託することで廃案に追い込もうとしたが、合憲判決が下された。[16] こうして1990年12月29日に1991年財政法が成立し、CSGの導入が決定された。

13-4. 結　論 ── CSG創設はいかにして可能となったか?

第3章で行ったフランスの政治制度に関する検討によって、このCSG導入の経緯はどのように説明できるであろうか。1988年に成立したロカール政権は社会党が単独で下院議席の過半数を確保することができず、少数与党政権であった。それにもかかわらずCSGは無事に導入された。この点をどのように説明すればよいのだろうか。

第一に、執政府とりわけ首相の各省・大臣に対するリーダーシップが確立されていることが重要である。行政府のレベルでは、エヴァン社会保障担当大臣のCSG導入に向けたイニシアティブをミッテラン大統領、ロカール首相が支持し、執政府のリーダーシップが発揮されたことがCSG導入の前提条件であった。財務省は社会問題省の提案に反対であったが、首相府の調整によって全ての所得に課税する社会保障目的税という制度の本質は守られた。

予備的な考察として、執政府の決断によってCSG以外の選択肢がとられる可能性はあったか検討してみよう。全ての所得に対して定率の社会保障目的税を課すというアイディアはロカール政権期に突如登場したものではなく、1980年代を通じて左右両政権で議論と実験が行われてきたものであった。計画庁や1987年の賢人委員会などの報告書で繰り返し提案されるのみならず、ベレゴヴォワ・プラン、セガン・プランにおいて時限的な導入も試みられていた（第7章）。全ての所得に課税する社会保障目的税による財源の確保は官僚制と政権与党の間で共有されてきた政策レパートリーの一部をなしており、いわば社会保障財源改革の既定路線であった。これを覆すにはロカールあるいはミッテランに明確な代替案の構想が必要であり、またそれを助けるスタッフが必要であろう。ところが、実際にはエヴァンが幅広く課税される定率所得税という既存のアイディアを支持し、ロカールやミッテランもこれを追認した。政権与党が明確な代替案の構想を持たない場合、大統領や閣僚の政策立案は基本的に高級

16　憲法院については、第3章注42参照。

420

第13章　社会保険料の引き上げから一般社会拠出金（CSG）導入へ

官僚に依存することになるため、行政官僚制内で蓄積されてきたレパートリーのなかからCSGという既定路線に沿ったアイディアが再利用されることになる。こうしてCSGが財源改革の切り札として改めて打ち出されたものと考えられる。

　第二の要因として、行政府の立法府に対する優位を確立し、議会審議の役割を制限する第五共和制の政治システムの特徴がロカールにとって有利に作用した。この場合、投票結果は僅差ではあったが、ロカールが憲法49条3項にうったえたことが決定的であった。49条3項を利用することで政府は法案の迅速な成立と議会審議による修正の回避を同時に達成することができるのである。政権発足当初、ロカールは共産党と中道派UDCの協力を得ることで49条3項に頼らない法案成立を重視していたが、結局、ロカール内閣は第五共和制で最も49条3項を頻繁に用いることになった（Huber 1999）。同様に、法案の条文や修正案を政府が選択した上でひとまとめにして議決することを議会に求める「一括投票（vote bloqué）」（憲法44条3項）の手続きもしばしば利用された。

　第三に、市民社会との調整を不得手とするのがフランスにおける国家の弱点と指摘されてきたが（吉田2004; Hayward and Wright 2002）、この事例では社会問題省は労使の団体との事前調整を行い、主要労組のうちでCFDTの支持を取り付けることができた。社会保障給付の削減が行われた時とは異なり、CSG導入に反対する労働組合は大規模な反対運動の組織に失敗してしまった。CSGの税率が歳入中立とされたことは世論の反発を抑制したものと考えられる。また、家族手当は保険料拠出を受給要件とする給付ではなく（支給要件はフランスでの合法的な居住であり所得制限もない）、ロカールが議会でうったえたように普遍的な給付にはそれに対応する財源を用いるべきであるという主張には論理的整合性があった。

　要するに、政府の議会に対する優位を確立している第五共和制の政治システムは少数与党政権にとっても有利に作用したこと、また市民社会レベルでの反対勢力が十分に力を発揮できなかったことにより、CSGは無事に創設が決まったのだった[17]。CSGは1990年代以降の社会保障改革の切り札となる。1993年にはCSG引き上げによって年金改革が進められ、1997年、1998年には

17　また、中道や右派の野党議員たちは反対してみせたものの、本文でも述べたように実際にはCSGの政策的有用性を認めていた。

421

第Ⅴ部　フランスにおける社会保障財源改革

繰り返し医療保険料からCSGへの切り替えを行うことで収入の増加が図られた。1990年から2000年にかけてフランスでは歳入面では社会保険料を含む総税収対GDP比が41%から43.1%に増加し（OECD 2016b: 96-9）、支出面では社会支出対GDP比が24.3%から27.5%へと伸びていくが（OECD *Social Expenditure Database*）、こうした大きな福祉国家を財源面から支えたのがこのCSGであった（小西2013: 343-4）。

CSG導入がもたらした効果

　次に、CSG導入によって公平性・経済的効率性などの目標は実現されたのか検討してみよう。CSGの税率は1.1%とされ1991年から徴収が開始された。税収は家族手当の財源に用いられ、事業主が支払ってきた保険料の一部を代替することになった。家族手当のための企業の保険料負担は賃金全体の7%から5.4%に引き下げられ、その代わり年金については一定の報酬限度額内で8.2%だった保険料に加えて、新たに賃金全体に対して1.6%の保険料負担が企業に課されることになった。このため企業の社会保険料負担は全体としては変化しなかった。また、それまで家族手当の財源は全額事業主が負担していたのだが、被用者にも家族手当の負担が発生することになった。ただし、被用者の年金保険料が1.05%引き下げられて6.55%となり、被用者側でも全体として負担増とはならなかった（松本2012: 286）。

　CSG導入によって1980年代を通じて議論されてきた全ての所得に対する定率の所得課税が恒久的な社会保障財源として制度化されることになった。稼働所得だけでなく、年金・失業保険などの代替所得、資産所得や投資運用益にも広く負担を求めることで財源の水平的公平性を高めるという目標は実現した。また、1970年代以来、無拠出制の普遍的な給付となっていた（つまり、受給権者が賃金労働者だけではなくなっていた）家族手当の財源が、社会保険料よりも広い課税基盤を持つCSGによって賄われるようになったことで、負担と給付の整合性がとられるようになった。

　他方、もう一つの目標であったはずの企業の社会保険料負担の抑制は今回の改革では実現しなかった。この点は1990年代の諸改革を通じてより明確になっていく。

　また、社会問題省はCSG導入を将来的な社会保障財源拡大の布石にしよう

としていたが（小西 2013: 352）、ロカール政権以降、実際にCSGは繰り返し引き上げられていく。1990年代に入り不況によって社会保険料が伸び悩み、社会保障赤字が深刻化していくが、賃金のみに依存しないCSGの引き上げによって財政対策がとられた。社会保険料からCSGへの租税代替化（fiscalisation）によって、（とりわけ企業の）社会保険料負担を抑制しつつ社会保障財源を拡大していくという政策手法が1990年代の入り口の段階で用意されたことで、フランス政府はその後の財源調達に苦労せずに済んだのである。次節でその一例を検討したい。

補　論：バラデュール内閣によるCSG引き上げ（1993年）

　ロカール内閣に先行するシラク右派内閣時代にも全所得に対する定率負担の導入は検討されており、またセガン社会保障担当大臣が所得に対する定率負担を実際に利用していたことからも分かるように、右派政党（RPR・UDF）もCSGの利用価値は理解していた。1993年の総選挙によってRPRとUDFが与党に復帰してから、右派内閣はCSGの税率引き上げに踏み切ることになる。

　1993年の7月にエドゥアール・バラデュール内閣はCSGの1.3%引き上げを決定した。税収は新設された老齢連帯基金（FSV: Fonds de solidarité vieillesse）の財源に用いられることになった。これは現役時代に十分な保険料を納めることができなかったため、少額の年金しか受給できない高齢者のために、無拠出制の最低保障年金を給付するための基金であった。労働組合はかねてから年金の保険料の一部が高齢者の最低所得保障給付の財源に用いられていることを「不当な負担」とみなし、租税による代替を求めていたので、CSGの税率引き上げ分の税収をその原資にしたのであった。1993年の年金改革の焦点は民間部門の年金の給付削減であり、CSGを引き上げて税収を最低保障年金に充当することは労働組合の反発を抑制するための交換条件であった（Bonoli 1997b: 118-9; Palier 2005: 234-5）。こうしてCSG導入時に家族手当部門について行われた改革が年金部門についても行われることになった。つまり、最低保障年金は保険料拠出実績に応じた給付を受け取るという意味での社会保険の論理には従っておらず、国民連帯の論理に属する無拠出制の制度であり、その財源を労使だけではなく広く国民が負担するようになったのである。やはり、CSGは財源拡大のためのツールであるというだけではなく、社会保障制度の構造を改革

423

するための梃子として用いられているといえる。

　もっとも、1993年の税率引き上げでは財源拡大という側面も重視されていた。1990年代に入ってから一般制度の赤字は急拡大しており、バラデュールが首相となった1993年には不況が深刻化し（マイナス成長）、失業者数は300万人を超えた。CSG導入時にロカールは被用者の年金保険料引き下げなどの措置を同時にとることで歳入中立であることをアピールしつつ導入に漕ぎ着けたが、今回は実質増税であった。CSG引き上げと老齢連帯基金の設立は社会保障赤字の返済という役割も担っていたのである（伊奈川2000: 200注11; 松本2012: 286）。

　その後、1990年代にはジュペ内閣とジョスパン内閣によって医療保険改革と連動した形でCSGの引き上げが行われる（次章）。とりわけジョスパン率いる左派連立政権下においてCSGは大幅に引き上げられることになるだろう。医療費抑制政策が挫折するなかで、財源拡大による財政対策が重視されたのである。

第14章　1990年代以降の社会保障財源改革

　本章では、1990年代にフランスで進められた医療保険財源の抜本改革を検討する。1990年代には医療保険給付費の総枠予算制のような新たな医療費抑制政策が水泡に帰したが（第8章）、その一方で財源調達方式の改革が進められ、これと関連しつつ低所得者の医療保障が改善されたのである。

　14-1.では、1990年代後半に医療保険の財源改革が急速に進み、社会保険料負担の上昇を抑制しつつ医療保険財源が確保されていったことを明らかにする。こうした財源改革と連動して、公的医療保険の未加入者、さらには民間の補足医療保険の未加入者に対する税財源による支援が強化された。1970年代以来、財政対策として患者自己負担の引き上げが少しずつ行われてきた結果、1990年代後半には医療へのアクセスの改善が課題となった。14-2.では、無保険者を減らし、また低所得者の患者自己負担を減らすための制度として普遍的医療保障（CMU）制度が導入された経緯を扱う。

14-1. 医療保険の財源改革 ── 社会保険料からCSGへ

　前章で検討したように、1990年末に導入が決められた一般社会拠出金（CSG）は翌年から家族手当の財源に用いられ、1993年に税率が1.1%から2.4%へと引き上げられた際には最低保障年金の財源に充てられた。家族手当や最低保障年金は社会保険料の拠出に応じて受給権が得られる給付ではない以上、従来のように労使の社会保険料拠出を財源とするのではなく、労働者・退職者・失業者・資産を有する者・投資で利益を得ている者など万人が負担するCSGへと財源を切り替えることが適切であるとの観点から社会保障の財源改革が進められたのである。

　1990年代には、左右の大政党は医療保険の給付も既に全住民が対象となっ

425

第V部　フランスにおける社会保障財源改革

ている以上、医療保険料ではなく租税によって財源を調達することに賛成であった[1]。そうして国家が財源面で責任を持つだけでなく、公衆衛生政策を展開することで医療保険・医療供給体制双方に対する国家の主導性を回復することが検討されていた（Palier 2005: 367-9）。しかし、CGTとFOは社会保険料を支払える者で引き続き医療保険制度を構成し、拠出能力の乏しい者（例えば、失業者）については国家が租税を用いて給付を保障するという二元的な枠組みを望んでいた。医療保険制度の財源に税を用いるとなれば、制度に対する国家の影響力は強化され、労働組合のそれは低下するであろう。CGTとFOは労使が管理する医療保険制度という枠組みに執着し、医療保険の国家化（étatisation）に反対していた。他方、CFDTは普遍的な財源による普遍的な医療保障を選好していた。

　要するに、左右の主要政党とCFDTは戦後社会保障制度の改革に積極的であり、CGTとFOは戦後社会保障制度の理念の徹底を求めていた[2]。これは財源改革に限らず、その他の1990年代の社会保障改革においても見出された構図である。CFDTはCSGの導入・拡大に賛成であり、1996年にCSGの医療保険財源への充当が決定されるとともにCFDTは全国被用者医療保険金庫理事会の理事長ポストを得ている。1990年代の社会保障改革の実現の条件として、CFDTが社会保障に関する立場を変えて政府と協力できるようになったことは無視できない（Palier 2005: 370; Dammame et Jobert 2000）。

　ジュペ内閣（1995〜1997年）以降、実際に医療保険料のCSGへの切り替えが進んでいく。これによって医療保険の収入が拡大するとともに、医療保険制度自体の性格も賃金労働者のための医療保険制度から万人のための医療保障制度へと変化していくことになる。1996年末に成立した1997年社会保障財政法によってCSGの税率は2.4％から3.4％へと引き上げられ、同時に賦課対象が賭博益[3]にも拡大された。この改正によって社会保険料と比べたCSGの収入がさ

---

[1]　ただし、左右の政党間で力点の違いがある。右派政党（および経営者団体）は企業の社会保障負担（charges sociales）を減らすことで労働コストを抑制することに関心を持っており、社会党のメンバーもこうした関心は共有しているが、どちらかといえば社会保険制度の有効性の危機を強調し、低所得者対策を強化すること、そのために賃金以外の収入にも財源を求めることをうったえていた（Palier 2005: 367-9）。

[2]　このパラグラフの記述は、Palier（2005: 370）に依拠してまとめた。

[3]　具体的には、宝くじの賞金、競馬の獲得金、カジノの獲得金が課税対象とされた。CSGの賦課基準は、伊奈川（2000: 190-1）で整理されている。その他の賦課基準拡大措置について

426

らに大きくなった。増収分は医療保険の財源に充当されることになり、反対に
被用者の医療保険料率が6.8％から5.5％へと引き下げられた。こうした財源調
達方法の変更は「普遍的医療保険制度（assurance maladie universelle）」創設の前
提であり、職域連帯ではなく国民連帯に基づく給付には税財源を用いるべきだ
とする論理が医療保険についても適用され始めた（Palier 2005: 370）。

　1997年に成立したジョスパン左派連立内閣はこうした変化をさらに推し進
めた。1998年社会保障財政法によってCSGの税率は3.4％から7.5％まで一気に
4.1ポイントも引き上げられ、その代わり被用者の医療保険料率は5.5％から
0.75％へと4.75％引き下げられた。残された0.75％の被用者保険料は傷病手当
金（indemnité journalière）の財源として用いられている。休業時の所得を保障す
る傷病手当金は拠出実績（従前賃金）に応じて給付されるものであり、年金や
失業保険と同様に引き続き社会保険の論理に属している。他方、医療サービス
の現物給付を賄うための財源については社会保険料ではなくCSGによって負
担されることになった。

　1997年の9月にCSGの大幅引き上げが発表されると、共産党の議員たちは
これに反対し、企業負担のよりいっそうの強化を求めた（Le Monde, 18 septembre
1997, 2 et 15 novembre 1997）。もっとも、ジョスパン内閣による社会保障財源改
革は、賃金から資産への社会保障負担の徴収ベースの移行、すなわち一般被
用者の負担軽減を目指したものであった（松本2012: 288-9）。左派政権は保険料
からCSGへの財源切り替えに加えて、資産と投資所得に課される2％の社会保
障目的の徴収金を新設しており、資産所得からの財源調達を強化したのであ
る。共産党議員たちは投票を棄権し、成立後半年で左派連立政権が分裂すると
いう事態は回避された。上院では修正案が提出されたが、最終的に12月2日に
1998年社会保障財政法は可決された。RPRとUDFの議員たちはこれを憲法院
に付託し、部分的に違憲判決がなされたが、23日に公布された。[5]

　こうして医療保険の現物給付に関しては被用者負担の租税代替化が完遂さ
れるに至り、医療保険財源の約3割がCSGによって占められるようになった。[6]

は、松本（2012: 287-8）を見よ。

[4]　年金などの代替所得に対する税率は3.4％から6.2％へと引き上げられた。

[5]　ジュペ内閣時代の最初の1997年社会保障財政法以来、ジョスパン内閣の間は毎年憲法院へ
の付託が行われ、何らかの規定が違憲とされる状態が続いた（稲森2003: 28）。

[6]　このパラグラフの記述は、Palier（2005: 371-2）に基づく。

第Ⅴ部　フランスにおける社会保障財源改革

1998年にはCSGの税収は3,360億フランに達し、同年の所得税（impôt sur le revenu des personnes physiques）の税収2,900億フランを抜いて、最も税収の多い直接税となった。CSGを筆頭に社会保障目的税の規模は1995年から2000年にかけて1,683億フランから5,294億フランへと3.1倍になった。とりわけ1998年にCSGの税率が大幅に引き上げられた影響が大きい。

　全国被用者医療保険金庫（CNAMTS）の赤字はピーク時の1995年度には386億フランに達していたが、1998年度には景気回復と財源の拡大に支えられ144億フランまで縮小し、2000年度にはほぼ財政が均衡する（表7-1, 表9-1）。財源改革に成功したことでジョスパン内閣は厳しい医療費抑制や給付削減を行わずに済んだのである（Kato 2003; Manow 2010）。その後、2004年にはドスト＝ブラジ・プランによって再度CSGの引き上げが決まる。翌年からCSGの賦課ベースは賃金の95％から97％へと引き上げられ、退職年金・障害年金に対する税率が0.4％引き上げられ6.6％となった（後述）。要するに、1990年代後半以降、医療費抑制政策が停滞するなかで、CSGによる収入拡大が財政対策の鍵となったのである。

表14-1　フランスの社会保障財源の構成割合 (%)

	1974	1981	1990	1995	2000	2005	2006	2007
社会保険料 (1)	76.9	78.4	80.1	75.7	66.7	66.6	66.0	65.4
使用者負担	57.8	54.9	51.9	48.5	46.5	45.5	44.9	44.4
被用者負担	14.7	18.4	22.7	22.3	16.4	17.0	16.9	16.8
非被用者負担	4.3	5.1	5.5	4.9	3.7	4.2	4.3	4.2
公費負担	19.9	17.2	16.4	20.9	30.7	30.9	31.0	31.4
目的税 (2)	3.8	2.3	3.5	7.5	19.4	17.4	21.1	21.4
普通税	16.1	14.9	12.9	13.4	11.3	13.5	9.9	9.9
その他	3.3	4.5	3.5	3.4	2.6	2.5	3.0	3.2
(1) ＋ (2)	80.7	80.7	83.5	83.2	86.1	84.0	87.1	86.9
合計	100	100	100	100	100	100	100	100

出典：Barbier et Théret（2009: 33 Tableau 5）より一部抜粋。

　なお、CSGは企業の社会保険料負担を抑制するという右派政党および左派政党内の右派の目的も達成した。医療保険料の事業主負担は1984年に賃金全体の12.6％とされたが、2015年の料率は12.8％にとどめられている。社会保険

428

料からCSGへの租税代替化は社会保障負担を企業から個人へと移転することでもあった。社会保障財源全体に占める事業主の保険料負担は長期的に減少してきた。[7] 1990年から2000年までに社会保障（protection sociale）費全体に占める事業主の保険料負担の割合は51.9%から46.5%へと低下した（表14-1）。

とはいえ、CSGという新たな社会保障目的税が導入されたことで、社会保障費の財源に占める社会保険料と各種目的税を合わせた社会保障目的財源の割合は同時期に83.5%から86.1%へと向上し、高い水準が維持された（表14-1）。フランスは社会保険料の役割を限定しつつも新たな社会保障財源の確保に成功したのである。

なお、1996年にはジュペ・プランによってもう一つの新たな社会保障財源として、社会保障債務返済拠出金（CRDS: contribution pour le remboursement de la dette sociale）が導入されている。[8] これはCSGをモデルとしたものだがCSGよりもさらに賦課対象が広く、最低生活保障のための社会保障給付以外の収入が課税対象となる。CRDSの税率は所得の0.5%とされ、1991年以降の社会保障赤字を引き受けるために1996年に創設された社会保障債務償還基金（CADES: caisse d'amortissement de la dette sociale）の支払い原資として用いられることになった。当初債務返済の期限は2009年までの13年間とされたが、1997年10月にジョスパン内閣が2014年までの延長を決めた。2004年にはドスト＝ブラジ・プランによってさらに延長されており、時限立法だったはずが恒常的に利用されるようになった。

CSGが医療保険の財源に用いられるようになったことで、労使が保険料を拠出して制度を管理するというフランスのビスマルク型の医療保険制度において、国家が租税によって普遍的な給付を行うという異質な要素が強まることになった。CSGは財源を拡大するという機能を果たしただけではなく、医療保険制度の基本的な性格を変化させたのである。なお、ジョスパン内閣は医療保険料からCSGへの租税代替化による財源の普遍化とともに、給付の普遍化も行った。次節では、この点について検討しよう。

---

[7] これは租税代替化が進んだこととは別に、社会保険料の免除措置が雇用拡大策として繰り返されてきた結果でもある（Palier 2005: 373）。

[8] 以下、CRDSについては、Palier（2005: 371）に依拠してまとめた。

429

14-2. 普遍的医療保障（CMU）制度の導入（2000年）── 低所得者対策の強化

　財源の租税代替化と並んでジョスパン内閣が医療保険に関してもたらした重要な改革は普遍的医療保障（CMU: couverture maladie universelle）制度の創設である。CMU導入の第一の目的は約15万人存在していた無保険者を公的医療保険制度に加入させることであり[9]、第二の目的は任意加入の補足医療保険[10]に加入していない一定所得以下の住民（約600万人）に対して補足CMU（CMU complémentaire）を無償で適用することで、医療機関における自己負担を完全に免除することであった。

　普遍的な医療保障制度の創設は1980年代以降、社会的排除の問題や医療へのアクセスの格差への認識が広まるにつれ医療政策の重要課題となった[11]。従来は職域別の医療保険制度から漏れてしまう人々のためには個人保険制度が用意され、また医療保険料を納めることが困難な低所得者については県の医療扶助による対応が行われてきた。問題は医療扶助を受けるための所得制限を超える所得を有するものの、医療保険料を納める余裕のない所得層の人々が、無保険者となっていたことである。また、医療扶助の水準が県によって異なっていることも問題視されていた。このように、公的医療保険から排除されてしまった人々への対応が求められたのである。

　もう一つの問題は公的医療保険に加入している人々の間でも医療機関へのアクセスに格差があったことである。1980年代以降、公的医療保険の給付水準の低下や給付が適用される範囲の縮小による自己負担の増加に加え、超過料金を請求するセクター2の医師の増加などによって医療へのアクセスの不平等化が進んでいた。公的医療保険に加入していたとしても、共済組合や民間保険などの補足医療保険制度に加入しているか否かによって医療へのアクセスには大

---

[9]　それまで個人保険（1978年創設の公的医療保険）に加入していた約55万人もCMUの対象者とされた（低所得者は保険料拠出を免除される）。

[10]　補足医療保険制度とは、公的医療保険制度の適用外の自己負担部分をカバーするためのものであり、任意加入とはいえ事実上公的医療保険の二階建て部分を形成していた。非営利の共済組合のシェアが大きい。

[11]　CMU導入の背景については、松本（2012: 290-1）、Barbier et Théret（2009）、Volovitch（1999a, 1999b）。

きな違いが生じていた。

　これらの不平等を解消するためジョスパン内閣は1999年に普遍的医療保障（CMU）を創設したのである。CMU導入によって全住民に公的医療保険が適用され（低所得者は拠出を免除される）、さらに補足医療保険に加入していない月収3,500フラン以下の人々（約600万人）には補足CMUが無償で適用されるとともに公費による医療機関における自己負担の免除措置がとられた。[12]公的医療保険制度への加入を確保するだけでなく、低所得者に対する自己負担免除措置を大規模に導入することで、医療機関へのアクセスの実質的な平等化を進めたと評価できよう（松本2012: 294）。

　CMU法案は1999年3月に閣議決定を経て議会に提出された。[13]議会内では右派のRPR・UDF・DL（Démocratie libérale: 自由民主）[14]の議員は普遍的な医療保障の実現には賛同していたが（普遍的医療保険はジュペ・プランの一部でもあったが、議会解散とともに廃案になっていた）、拠出と給付のあり方について対案を出していた。他方、左派の共産党や緑の党は補足CMUの所得制限を月収3,500フランではなく月収3,800フランにするようにと、より寛大な措置を要求していた。法案は共産党の賛成を得て5月5日に国民議会の第一読会を通過し、6月30日に可決されている。下院の右派議員たちが憲法院に提訴したが合憲とされ、7月28日に公布された。

　CMUの財源にはタバコ税、アルコール税、資産所得に対する社会的徴収金、補足医療保険の保険者に対する課税などが用いられ、一定所得以下の受益者には拠出義務を課さないため保険原理には則っていない。[15]参入最低所得（RMI）[16]と同様に無拠出制の所得制限付き給付である。1997年以降のCSGによる医療保険料の代替は医療保険の財源について職域連帯から国民連帯への移行を促したが、CMUの導入は給付の面で同様の変化を引き起こしたといえよう（笠木2007: 21）。[17]税財源の投入と無拠出者の受給権の保障によって、フランスの医

---

[12] CMU導入によって県の医療扶助は廃止された。

[13] 以下、*Le Monde*, 2, 6 et 28 mai 1999, 4 juin 1999, 2 et 25 juillet 1999による。

[14] 1998年にUDFから分離した。

[15] 以下のCMUに関するまとめは、尾玉（2010: 73-4）を加筆・修正したものである。

[16] RMIは1988年にロカール政権によって社会的排除対策のかなめとして導入された、25歳以上の人々を対象とした税財源の最低所得保障制度である。詳しくは、都留（2000）参照。

[17] 本文で述べたように、CMU自体の財源にはCSGではなくその他の税収が利用されているが、社会問題省の官僚は両者を関連づけて議論している（Brocas 2001: 228）。なお、財源の

第V部　フランスにおける社会保障財源改革

療保険制度においては社会保険料を財源とする職域ごとの社会保険という職域連帯の論理が希薄化し、税財源による普遍的な給付という国民連帯の論理が強まったのである。雇用環境の悪化によって、社会保険料拠出を前提とするビスマルク型の社会保障制度が財源と給付の両面で危機に陥ったのに対して、CSGとCMUはこれまでとは異なる仕方でそれらを保障したのだった。それゆえ、1990年代以降、経営者団体は自分たちに医療制度を管理する正統性がないことを認めている（Bras 2009: 1129）。名称としては医療保険のままだが、財政面に関しては税財源によって普遍主義的な医療保障を達成しようとするイギリスや北欧の医療保障制度に接近したといえよう。

14-3. 1990年代の財源改革に関する小括

　1990年代には医療費抑制政策が行き詰まる一方、医療保険の財源改革が進められた。ジュペ政権は1997年社会保障財政法によってCSGを2.4%から3.4%へと引き上げ、医療保険についても財源の一部がCSGによって賄われるようになった。さらに、ジョスパン政権が1998年社会保障財政法でCSGを一挙に7.5%まで引き上げ、医療保険給付のうち治療費の財源については租税代替化が完了した。一部労働組合（CGT・FO）は社会保険料からCSGへの財源切り替えに反対していたが、左右の主要政党は租税代替化の推進による社会保障財源の多様化、企業の社会保険料負担抑制に積極的であり、ジュペ内閣・ジョスパン内閣とも社会保障財政法を通じた租税代替化に成功した。1990年から2000年にかけてフランスでは社会保険料を含む総税収対GDP比が41%から43.1%に増加し（OECD 2016b: 96-9）、社会支出対GDP比が24.3%から27.5%に増加したが（OECD *Social Expenditure Database*）、こうした大きな福祉国家路線を支えたのがCSGであった（小西2013: 343-4）。また、1996年に社会保障債務返済拠出金（CRDS）が2009年までの時限立法として所得に対して0.5%徴収されることになり、左派連立内閣によって5年間の延長が決められている。医療保険金庫

租税代替化を進めながらも、公営医療保障制度への移行が行われず、CMUが既存の公的医療保険や補足医療保険を残した形になっているのは、労働組合や共済組合の抵抗を避けるためだったという（Brocas 2001: 228-9; Palier 2005: 268）。つまり、既存のシステムの内部で既得権を有している集団の抵抗を抑制できるように配慮した制度設計が行われたということである。

432

第14章　1990年代以降の社会保障財源改革

の赤字はピークだった1995年度の386億フランから1999年度には83億フランまで減少した（表7-1）。全国被用者医療保険金庫の赤字は解消されなかったものの、一般制度全体（医療保険・年金・家族手当）としては1999年度から2001年度まで黒字が続く（Palier 2005: 171-2）。

　社会保険料よりも賦課基準が広いCSGへと財源が変更されたのに合わせて、給付面でも普遍的医療保障（CMU）の導入が決まった（2000年実施）。これによって公的医療保険の未加入者対策がとられるとともに、補足医療保険の未加入者への財政支援も行われることとなった。1993年に医師の診察料の償還率が75%から70%へと引き下げられたのを始めとして、医薬品の償還率の引き下げや適用除外などの措置が行われたことで医療費全体に占める公的医療保険の割合は微減したが[18]、これに対しては補足医療保険への加入を促進するという解決策がとられることになった。このため患者自己負担（家計負担）が総医療費に占める割合は1990年には11.7%だったが、2000年には7.3%に縮小している（巻末資料・付表3）。日本と比較すると、最終的な家計負担の割合は低くなっているが、その代わり公的医療保険・補足医療保険を合計した医療保険負担は大きくなっている。

　最後に、国家財政全体の収支は、1997年から景気が回復に向かい、また公営企業の民営化収入が得られたことで改善に向かった。1998年から2000年には実質GDP成長率が3%台で堅調に推移し（巻末資料・付表5）、失業率も2000年には8.5%まで低下した（INSEE 2016）。一般政府の単年度財政収支の赤字は1990年代後半に縮小が続き、2000年度にはマイナス1.3%まで低下した。一般政府累積債務残高（グロス）は1990年度の35%から1998年度には61%へと増加したが、その後縮小に向かい2000年度には59%となった。フランスは無事にヨーロッパ通貨統合に参加することができ、1999年に単一通貨ユーロが誕生した。

---

[18]　治療費が医療保険によって償還される割合は1980年には76.5%だったが、1990年には74%、1994年には73.5%、1995年には73.9%となった（Marie-Thérèse Join-Lambert et al. 1997: 510 Tableau 99）。

433

第V部　フランスにおける社会保障財源改革

14-4. 2000年代の状況 ── CSG引き上げから民間保険へのコスト・シフティングへの戦略変更

　1990年代にはCSGの実施（1991年）と繰り返しの引き上げ（1993年、1997年、1998年）によって社会保障財源の租税代替化とが進むとともに、財源の拡大が達成された。CSGなどの税財源の拡大は、補足CMUのような無拠出制給付の導入とも連動していた。これに対して、2000年代の医療保険改革では1990年代ほどの顕著な財源拡大措置はとられなくなった。

a. 2004年の医療保険改革

　とはいえ、2004年8月のシラク－ラファラン保守政権による医療保険改革でも、最も財政効果が大きかったのはCSGの増税であった。[19]医療保険制度の赤字拡大に対する2004年改革の財政対策のうち、自己負担拡大措置による財政効果が10億ユーロ（入院定額負担金の引き上げや、外来受診に対する1ユーロの保険免責制の導入）、増収措置による財政効果が42億ユーロと見込まれ（Palier 2011: 107=2010: 114-5）、後者への依存度が大きい。財源拡大策のうち最も大きな財政効果が期待されたのが様々な形でのCSG負担の引き上げであった（合

表14-2　CSGの税率の推移（%）

	稼働所得	代替所得	資産所得	投資益	賭博益
1991.2.1	1.1	1.1	1.1	1.1	──
1993.7.1	2.4	2.4	2.4	2.4	──
1997.1.1	3.4	3.4(1.0)[1]	3.4	3.4	3.4
1998.1.1	7.5	6.2(3.8)	7.5	7.5	7.5
2005.1.1	7.5	6.2 / 6.6[2](3.8)	8.2	8.2	9.5
2011.1.1 （現行）	7.5	6.2 / 6.6(3.8)	8.2	8.2	6.9 / 9.5[3]

出典：柴田（2016: 12表5）の字句を修正して作成。
注1：（　）内の値は低所得者に対する軽減税率。
注2：一時的な就労不能に関する代替所得（失業手当、休業補償手当など）に対して6.2%、職業生活からの引退に関する代替所得（老齢年金、拠出制障害年金など）に対して6.6%。
注3：くじの獲得金に対して6.9%、カジノの獲得金に対して9.5%。

---

[19] 2004年改革の財政対策について、詳しくは第9章9-1. b.参照。

計23億ユーロの増収）。すなわち、CSGの税率が年金については6.2%から6.6%に、資産所得・投資益については7.5%から8.2%に、賭博益については7.5%から9.5%に引き上げられ、賃金に対する課税標準が95%から97%に拡大された。同時に、社会保障債務返済拠出金（CRDS）の算定基礎も稼働所得の97%に引き上げられ、債務の返済が完了するまで存続することになった。賃金に対する税率は7.5%で不変とされたものの、やはり左派政権のみならず保守政権もCSGを利用した財政対策を採用していることが注目される。

b.増税を否定したサルコジ政権（2007〜2012年）—— 民間保険の役割増大

　社会保障の財政再建のために、フランス政府は政権の左右を問わず社会保障負担の引き上げを機動的に実施してきた。1980年代までは社会保険料の引き上げによって、1990年代にはCSGの増税によって財源拡大が達成された。政府の予算法案・社会保障財政法案とも憲法49条3項が適用可能であり、政府は議会審議を強行突破することもできた。しかし、そうした財源拡大が実現したのは、あくまでも政治リーダーがそれを望んだ場合である。

　2007年に大統領となったニコラ・サルコジは大統領選挙戦の公約で、フランスの高すぎる税負担を軽減すること、それによって経済と雇用を回復させることを公約した[20]。実際、5年間にわたる彼の政権期間中にはついにCSGは引き上げられなかった。残業代に対する社会保険料の免除も行われている。その代わり、財政対策として実施されたのが、医薬品などに対する保険免責制（franchise médicale）の導入（医薬品の容器一つにつき0.5ユーロなど）や、入院時の定額負担金の引き上げといった患者自己負担拡大策であった。

　こうした政策に対応して、2005年から2010年にかけて医療費全体に占める公的医療保険の割合は76.8%から75.8%へと減少し、家計負担は9%から9.4%へと増加した（DREES 2011: 241）。注目されるのは、この間に共済組合などの民間の補足医療保険による医療費負担の割合が13%から13.5%へと増加していることである。2000年のCMU実施により、住民の約90%が補足医療保険を利用するようになったが、加入者の増大というだけでなく、公的医療保険の給付

20　サルコジの選挙公約と実際の社会保障政策については、第9章9-2.参照。

第Ⅴ部　フランスにおける社会保障財源改革

の後退を補うという意味でも2000年代以降、補足医療保険の役割が強まってきたといえよう。[21]

14-5. 結　論

　日本で長期的に医療費の抑制（診療報酬の抑制）が政治的妥協の対象となり、医療費を賄う財源調達方式の改革が先送りされてきたのに対して、フランスでは増大する医療費を集合的な財源の拡大によって賄うという傾向が強い。1980年代には社会保険料の引き上げが、1990年代にはCSGの引き上げが主たる財源調達方式であったが、2000年代に入ってからは補足医療保険による治療費の負担が役割を増すようになっている。企業の医療保険料負担、被用者の保険料とCSGの負担、さらに補足医療保険の保険料負担を組み合わせると、フランスでは治療費を賄うための集合的負担の規模が非常に大きなものになっている。[22]

　さらなる財源をいかにして確保することになるのだろうか。2010年度に116億ユーロだった医療保険の赤字は2011年度には86億ユーロ、2012年度には59億ユーロへと減少した（表9-1）。とはいえ、今後も医療保険の財政対策が必要になることは間違いない。2012年5月の大統領選挙でサルコジは社会的付加価値税（TVA sociale）を主張していたが、当選した社会党のフランソワ・オランドはこれを否定した（柴田2016:14）。

　オランドは大統領選挙公約の一つとして、CSGと所得税の一本化という「大改革」を提案していたが（柴田2016：14-5）、2016年秋の時点で実現していない。医療保険の財政対策では、薬価引き下げや診療側への医療費抑制が優先され、社会保障負担の抑制が重視されている。賃金に対するCSGの税率は7.5%、企業の医療保険料負担は12.8%のままである。他方、2016年から被用者を補足医療保険に加入させることが企業に義務付けられ、公的医療保険と補足医療保険の二本立てで患者自己負担を抑制するという路線が強化・継続されていることが注目される。

---

[21]　フランスの補足医療保険の最近の動向については、笠木（2012）、柴田（2014）参照。

[22]　本章14-2.で検討したように、低所得者は補足CMUを利用することで加入費を国に肩代わりしてもらうことができる。

オランド政権の医療保険改革に関する総括は別の機会に譲るとして、最後[23]にフランスにおける医療保険財源問題の将来を考える上で重要となるであろういくつかの論点を整理しておきたい。

第一に、公的医療保険のさらなる財源を今後どこに求めていくのかである。本書の基本認識だが、医療費抑制のみで医療費の増大に対応し続けることは困難なはずであり、やがては新規の公的財源の獲得が必要になるであろう。単純にCSGの税率引き上げとなるのか、あるいは新たな社会保障財源のカテゴリーが新設されるのかが、一つの分岐点となろう。

第二に、民間保険の役割の位置づけである。今世紀に入り、政府の医療保険政策との関連でフランスの民間医療保険はますます権限と責任を増している。今後、民間保険に何の費用を、どこまで任せるのかによって、公的医療保険の給付総額（したがって、財源総額）にも影響がはねかえってくるであろう。

第三に、社会保障（負担）に関する世論がどう推移しているのかという点である。フランスの高水準の社会保障負担の背景には、これまで強調してきたように政府が保険料引き上げや増税を容易に実施できるような制度的なコンテクストがあるということに加えて、有権者が社会保障のためであれば負担増を受け入れようとする傾向があることも指摘されてきた（Dubergé 1984; Gaxie et al. 1990; Palier 2005）。ところが、2007年にはサルコジは税負担・社会保障負担の抑制をうったえて大統領となり、実際に社会保障負担の増大をなるべく回避した。また、オランドは高所得者に対する所得税の最高税率を一時的に75％とするという左派政権らしい政策を実施したものの、企業や家計の社会保障負担をなるべく抑制する方針をとってきた。2015年には高所得家庭への家族手当を減額するという重要な給付削減も行っている。要するに、2000年代後半以降、社会保障財源を拡大して、給付を維持・拡大するという路線から右・左の政権とも距離をとるようになったと思われる。こうした政策変化が見られるなかで、世論の社会保障制度や社会保障負担に対する考え方はどのように推移しているのだろうか。最近（そして今後）の政策展開を理解する上で、十分に検

---

23 2016年1月には「医療制度現代化法（loi de modernisation de notre système de santé）」という大型法案も成立し、第三者払い方式の一般化（償還払い方式の廃止）などの重要な規定も含まれている。オランド政権は2014年には年金改革を実施し、2015年には家族手当に所得条件を導入するという重要な政策変更も行っている。とはいえ、社会党政権は低支持率に悩まされ続け、2017年の大統領選挙・総選挙では社会党は惨敗を喫した。

討する必要があるだろう。

終　章

　1970年代以降、低成長や高齢化などによって公的医療保険制度における収入と支出のギャップが拡大するようになると、先進諸国では一方での医療費の抑制と他方での必要な財源の確保が課題になった。日本では、医療費抑制に成功し、反対に財源改革には成功しなかった。そしてフランスでは、財源改革が成功を収め、医療費抑制はしばしば挫折した。なぜそうなったのだろうか。これが序章で提示したリサーチ・クエスチョンであった。本章では、この問いに対して本書が提示してきた答えを改めて整理し、また本書の意義と今後の課題をまとめたい。

1. 医療保険改革の分岐を説明する

　日本では、1980年代以来診療側への報酬抑制と患者側への自己負担引き上げによる医療費の抑制、そして社会保障負担の抑制が基本政策であり、財源の拡大については1990年代以降の医療保険料負担の拡大を除けば顕著な改革は行われてこなかった。1990年代には一般会計税収は低下し、公債依存度が高まっていった。低成長下での社会保険料収入の伸び悩みを補い、社会保障制度を支えるため安定財源の確保は絶えず後回しにされてきたのである。2000年代に入ってからも、小泉政権時代の2002年と2006年には診療報酬本体のマイナス改定が実現し、国民医療費がマイナス成長となった一方で、財源調達方式の改革は先送りされた。日本における医療保険財政対策の基本戦略は、診療報酬システムを通じた医療費抑制であり、財源の拡大は後回しにされてきた。国家財政の公債依存が深まるにつれ、国庫負担に依存した医療保険制度体系も間接的に公債によって維持されるようになり、これが医療費抑制圧力を生み出してきた。

439

他方、フランスでは1970年代後半から医療費抑制と財源拡大の両面からの財政均衡が追求されてきた。1980年代までの医療費抑制政策は患者負担の引き上げと公立病院への総枠予算制導入（1984年から実施）であったが、1990年代には開業医の診療所部門にも予算制の導入が試みられた。ところが、一部の医師組合が反対運動を繰り広げたことでキャップ制は機能しなかった。結局、医療費は高水準に保たれた。一方、財源の拡大については、1980年代まで社会保険料率の引き上げと賦課上限の撤廃が行われ、1990年代からは保険料よりも賦課対象の広い一般社会拠出金（CSG）へと財源を切り替えるという財源改革が進められた。また、公債発行は欧州通貨統合に伴う制約から低水準に抑えられた。このためフランスにおける医療保険財政対策の要は財源の拡大であり、開業医部門では医療費を構造的に抑制できるような仕組みの制度化に失敗してきた。

　ではなぜ日本では医療費抑制に成功し、反対に財源改革には成功せずに公債に依存した社会保障制度の運営を続けたのだろうか。そして、なぜフランスでは医療費抑制に失敗し、その反面社会保障目的財源の確保には成功したのであろうか。本書では、両国の医療保険制度の特徴および医療をとりまく政治的構図から、この問いに答えようとしてきた。以下でその概要を示す。

日仏の政治制度の違い —— 政府・与党の一体性とリーダーシップ

　医療費抑制に伴う損失を誰に負担させるか、また医療費の財源を誰に負担させるかは政治的な駆け引きの対象であり、政治家・官僚・利益団体（医師や労使の団体など）がどのような条件下で活動しているのかを知ることは、医療保険改革の展開を見る上で不可欠の作業である。

　自民党長期政権下の日本では、行政府・与党それぞれの一体性が低く、また首相が内閣・与党に対してリーダーシップを発揮することが困難であった。政府が医療費抑制や財源拡大に取り組もうとすれば、野党のみならず利益団体の意向を受けた与党議員までもが反対に回るというのが日本の議院内閣制の実態であった。このため、日本では消費税の増税のような重要な改革は先送りされたり、当初案が骨抜きにされたりすることがしばしば見られる。いいかえれば、政策は経路依存的なものになりやすい。

　一方、第五共和制のフランスでは、行政府・与党それぞれの一体性が高く、

終 章

大統領・首相のリーダーシップが確立されている。また、行政府の議会に対する優位が憲法上保障されており、政府原案が議会審議によって重大な変更を迫られることは稀である。執政府によるトップダウン式のリーダーシップが発揮されやすく、政策革新が実現しやすいものと考えられよう。

そうであれば、なぜ日本では医療費抑制政策が成功し、フランスでは失敗したのだろうか。この点を解明するには両国の医療保険制度の設計をより詳しく検討する必要がある。

医療費抑制の日仏比較

1970年代以降の日仏の医療保険改革のあり方は、当然ながら既存の医療保険制度の設計によって影響を受ける。日本の医療保険制度体系においては、中小企業被用者については政府が保険者となり（政府管掌健康保険）、被用者保険に加入できない者については地方政府（市町村）が保険者となっていた（国民健康保険）。このため政府は保険者の監督にとどまらず、政府自身が直接制度の運営主体となり、医療関係者との診療報酬の交渉に参加してきた。

医療費抑制政策の成否にとって重要なのは、政府がそれを有効に実現する手段を有し、かつその手段が政治的に利用可能であることである。日本の場合、必要な医療サービスには基本的に全て公定診療報酬が設定されており、これを操作することで総医療費の抑制が行われてきた。

診療報酬全体の改定率の決定は2年に一度政府の予算編成との関連で、政府・与党トップと医師会トップとの間で閉鎖的に行われてきた。この点、法律の改正が必要なため与党議員が政策決定過程に参加し、先送りされることもある患者自己負担の引き上げや増税に比べて、診療報酬抑制は政治的により確実な手段であった。日本医師会としても診療報酬改定率の抑制をある程度受け入れることで、混合診療解禁などのより大きな影響のある改革案を撤回させるという取引を行う戦略をとりえた。また、診療側において日本医師会は最大の発言権を有し、個別の診療報酬の点数配分においてなお開業医の利益を守る余地があった。

自民党政権は利益団体からの圧力に脆弱だったが、診療報酬システムという医療費抑制の手段を有し、かつ医師会との政治的妥協によって医療費抑制を行うことができた。2000年代に入って政府・与党それぞれの一体性が高まり、

441

かつ世論の支持によって首相のリーダーシップが強化されると、診療報酬抑制・患者自己負担引き上げの両面から医療費抑制政策がさらに強化されるようになった。

これに対してフランスでは、第二次世界大戦後、社会保険制度の管理運営は労使の代表に委ねられ、財源も労使の社会保険料を用いることを原則としてきた。診療報酬は労使が管理する医療保険金庫と医師の組合が協約として定め、政府がこれを認可してきた。

診療報酬システムに関する日本との違いとして、全体の改定率を決定する仕組みが存在しないこと、また少なからぬ医師に対して公定料金に対する上乗せ料金の請求権が認められていることが挙げられ、このため公定料金の操作による総医療費抑制の射程が限定されている。

また、医療費を抑制するための妥協の形成も困難であった。支払側では政府と保険者の間で意見の食い違いがあり、診療側では医師の組合が複数に分裂・競合し、組合間の利害を調整する仕組みがなかったためである。ここには一体性が高く強いはずの国家の無力が見出される。

1990年代には診療所部門に対する医療保険給付費の年間目標を議会が決定し、目標超過時には医師に報酬の返還を求める措置が政府主導で導入されたが、制裁措置を盛り込んだ協約に対して反対派の医師組合が取消訴訟を含む抵抗を行ったことで、結局制裁措置は無効化されてしまった。

このように、政府・議会は医療費総枠をコントロールする仕組みの制度化に失敗してきた。このため、2000年代には医療費抑制政策のなかでも診療側ではなく患者側に対する施策（自己負担拡大）が重視されるようになった。患者負担拡大は政令や法律によって政府・議会が決定することができ、執政府のリーダーシップによって迅速に実現に持ち込むことができた。もっとも、患者負担増による受診抑制は短期的にしか効果が生じないため、構造的な解決策にはなりえなかった。

医療保険財源改革の日仏比較

日本では、診療報酬システムが医療費抑制政策を実現する上で重要なツールであった。また、医療保険の財源構成によって日本の医療保険制度は厳しい費用抑制圧力にさらされてきた。国民健康保険を中心として、日本の医療保険制

終 章

度には多額の国庫負担が投入されており、1970年代まで国庫負担の拡充が医療保険制度体系の維持・拡充の前提であった。しかしながら、国家財政の状況が悪化すると、国庫負担への依存度の高い医療保険制度は大蔵省（財務省）による厳しい支出削減圧力を受けることになった。国庫負担の維持・拡充には増税が必要だが、これは政治問題化しやすく、一体性に乏しい日本の政府・与党にとって実現は容易ではなかった。

　日本では、政府・与党それぞれの一体性の低さ、内閣と与党の二重権力状態、これらから帰結する政治的なリーダーシップの弱体性によって政策革新が実現しにくい。「負担は少なく給付は多く」という与党政治家の姿勢によって、社会保障財源の拡大は先送りされがちであった。社会保障財源改革は厚生省（厚生労働省）が自由にできるものではなく、強い政治的リーダーシップが不可欠である。しかし、1990年代を通じてそうしたリーダーシップは発揮されず、高齢化に伴い増大する医療費の財源確保は先送りされた。前任者たちに比べてリーダーシップ行使の条件に恵まれていたはずの小泉純一郎首相は医療費抑制による財政均衡を明確に選好していたため、社会保障財源改革はさらに遅延した。小泉の引退後には税制改革が課題となったが、政権の不安定性が再び高まった結果、小泉内閣退陣から6年経ってようやく2012年に消費税の増税と社会保障への充当が決まった。

　一方、フランスの医療保険は原則的に医療保険料によって運営されてきたため、国家予算と社会保障予算の分離が相対的に明確であり、財務省からの支出削減圧力が小さくなる。社会保険料負担は政令で変更可能であり、第一次石油危機以降1980年代までは医療保険料の引き上げが財政対策の基本戦略であった。さらに、1990年代からは社会保障目的税の導入に成功したことによって費用抑制圧力が緩和された。

　財源改革に関してはフランスの一体性の高い国家構造が有効に機能した。政府内では大統領・首相という政治リーダーを頂点としたヒエラルキー的な調整が発達しており、政官のトップエリートが迅速に意思決定を行うことが可能になっている。また、行政府の立法府への優越が憲法上確立されており、与党の一体性も高いことから、社会保障の財源改革が貫徹されやすい。1990年のCSG（社会保障目的の定率所得税）の導入が、大統領・首相のリーダーシップの下、議会に対して政府の信任を問う憲法上の規定（49条3項）を用いて一挙に

443

実現したのは、行政府の集権性の高さと立法府に対する優位を示す典型的な例である。その後、フランスではCSGの引き上げが繰り返されることで社会保障財源が調達されていった。

　以上を要約すれば、日本では歴史的に公的医療保険制度における政府の役割が運営面・財源面ともに大きく、医療保険関連制度による医療機関への統制が強いのに対して、フランスでは歴史的に医療保険制度の国家からの自律性が大きく、そのうえ医療保険制度からの医療機関の自律性が大きいため、政府が医療費をコントロールしにくくなっているのである。

2000年代までの医療保険改革の帰結

　両国における過去数十年にわたる医療保険改革が2010年代の初頭においてどのような帰結をもたらすことになったのかを簡潔にまとめたい。

　日本では、医療費抑制が徹底された結果、2000年代後半には医療現場の疲弊、医療機関へのアクセスの困難が社会問題化してしまった。公的医療保険の民営化や混合診療解禁こそ起きなかったものの、患者負担は着実に増加している。また、社会保障財源改革が遅延した結果、様々な弊害が生じている。社会保険料負担の増大は現役世代へと社会保障負担を集中させ、企業には非正規雇用を増やすインセンティブを与えている。非正規雇用者は不十分なセーフティネットしか利用することができず、また保険料拠出能力が乏しいため社会保障制度の収入が減ってしまう。国民健康保険では、保険料拠出能力の乏しい高齢者や非正規雇用者が多く加入するため、高所得の加入者への保険料負担が過重となっている。そして、膨大な国家財政赤字が蓄積されてきた結果、今後も医療保険を含め社会保障支出には多かれ少なかれ厳しい削減圧力がかかるだろう。

　フランスでは、社会保障財源の多様化と総税収の拡大に成功してきたため、医療保険に対する支出削減圧力が相対的に低く抑えられてきた。しかしながら、開業医の診療所を中心として診療側に対する医療費抑制に失敗してきた結果、公的医療保険適用外の患者自己負担率は日本以上に高い（巻末資料・付表4）。このため、共済組合などの民間医療保険の普及が進み、2000年から大規模な公費による支援が開始されたことで、利用率はさらに高まった。しかし、人口の数％にあたる人々は民間保険に加入しておらず、こうした人々の自己

終 章

負担額はかなりの水準に達しているものと考えられている（笠木2012: 28-30）。
医療費抑制の困難さを考えると、今後さらに社会保障負担の引き上げを行い、
医療費をカバーしていくのか、それとも公的保障の範囲を縮小して民間保険で
補っていくという公私二階建て方式を推し進めるのかが大きな選択肢となろ
う。

2. 本書の意義

　以下では、本書の学術的な意義をまとめたい。第一に、制度研究としての意
義である。本書では、日本とフランスの医療保険制度・政治制度に関する分析
を行い、比較によってそれぞれの特徴をより明確に浮かび上がらせることがで
きた。また、医療保険制度・政治制度のあり方がもたらす政策的帰結を明らか
にしたことで、ある制度設計がもたらす強みと課題を示唆することができた。
　第二に、政策展開を理解し、説明する上での貢献である。本書では、日本で
医療費抑制が進み、財源改革が先送りされたこと、そしてフランスでは医療費
抑制に関する妥協がまとまりにくく、財源改革は実現されてきたことを、両国
の政治制度・医療保険制度のあり方から、一貫して説明してきた。
　この点をより一般化した形でいえば、本書の意義は医療保険制度に関する知
見と政治制度に関する知見を総合することで、それぞれの国において実現しや
すい具体的な政策選択肢を解明したことにある。
　政治制度のみを見ていれば、弱体なはずの政府が医療費抑制に成功し、強力
なはずの政府が失敗したという逆説を説明しがたい。日本では、厚生省（厚生
労働省）と日本医師会は、国民皆保険体制と医療行為の公定価格制の維持に関
しては一致しており、その結果、医療費の伸びが抑えられつつもそのなかでの
公的医療費の水準は高くとどめられた。医療保険制度と関連したアクターの利
害を詳しく検討することで、利益団体や与党に対して弱体な政府が、強力な医
師の団体と妥協する余地があったことが分かるのである。一方、フランスで
は、大統領や首相が行政府内での最終的な調整主体であり、与党のリーダーで
もあるものの、診療側の分裂・競合した医師組合を代表する頂上団体が存在せ
ず、医療費抑制に関する妥協形成が困難であった。確かに、政府としては診療
報酬の凍結や患者自己負担の引き上げを決定してきたのだが、総医療費を抑制

445

する枠組みに関して妥協が形成されなかったため、総医療費は大規模なものにとどまっている。このように考えれば、政治制度上予想される結果と、実際の帰結とのかい離は、整合的に理解される。

　また、医療保険制度のみを見ていても、当該国における改革の展開を予測することは困難であった。新税の導入や増税に関する意思決定は医療保険部門の内部で決定されるものではない上に、医療保険政策に限っても、その国固有の政治制度の影響を受けるためである。いいかえれば、ある社会保障制度の改革の展開を理解する上では、その制度・政策のみに着目しているだけでは不十分であり、より広い政権の戦略や政治的意思決定とその背景にある政治制度を考慮する必要がある。

　医療保険制度の設計と医療保険政策部門における政治的構図、さらにその国のより広い政治制度（政府・政党や両者の関係）を考慮に入れることで、ある国における医療保険政策の展開やその帰結を説明するという本書のアプローチは、日本やフランス以外にも応用できるものであるし、また医療保険に限らず、その他の社会保障制度改革も含めた今後の政策研究の方向性について、示唆を与えているように思われる。

3. 今後の研究課題

　最後に、本書の限界と今後の研究課題についてまとめたい。まず、本書では掘り下げることができなかった主題について簡潔に触れ、続いて医療保険制度改革の比較歴史研究の方向性についてやや詳しく述べたい。

財政再建の比較政治研究・医療供給体制の国際比較研究

　本書では、主として医療費抑制と社会保障財源改革に着目しており、財政対策の第三の選択肢として挙げた「公債発行」に関するルールや意思決定の日仏比較は行うことができなかった。国債の発行をめぐる両国の制度的条件は大きく異なっており、独立した研究対象とすることができるだろう。

　増税や公債発行に関する意思決定（あるいは非決定）は極めて政治的な過程であり、財政学の研究者も財政健全化のためにはその国の政治や行政の仕組みに着目する必要があることを認識している（例えば、田中2013）。本書では、フ

終章

ランスのCSGの導入過程に着目し、同国では行政府内で社会保障の新規財源に関する議論が進められたのに対して、日本の行政府内ではそうした動きが乏しかったことを示した。より様々な増税に関するフランスの行政府内での議論・調整・決定の仕組みを分析することで、日本における財政再建や社会保障財源確保のために必要な制度的枠組みについて、さらなる有益な知見を得ることができるのではないだろうか。

また、本書では、医療保険の財政対策を研究対象としたが、医療制度のもう一つの構成要素である「医療供給体制」の比較には踏み込んでいない。ある国において医療機関がどのように組織されているのかは、総医療費の規模に影響を与えるだけでなく、医療の質にも関わってくる。一国の医療供給体制がどのような政治的経緯によって成立していったのか、またひとたび確立された医療供給体制がどのような政治的力学を生み出すのかは、その国の医療政策の長期的な展開を把握する上で重要な視点となろう。

医療保険制度形成の比較歴史分析

最後に、本書で検討の対象としてきた医療保険制度について、一つの研究の方向性を示すことにしたい。本書では、1970年代までに確立された医療保険制度の設計をそれ以降の改革を説明するための前提とし、日仏の医療保険制度の形成過程については簡潔な整理を行うにとどまっている。また、両国では医師の組織化のされ方や組織目標・政策選好に顕著な違いが見られたが、これらの異同が生じた歴史的な背景についても解明できなかった。本書を通じて見てきたように、日仏で医療保険制度が完成された1960 〜 1970年前後の時期の制度の設計や医師の団体のあり方は、2000年代に至るまで医療保険政策の展開に強い影響を及ぼし続けていた。それでは、最近の政策展開を規定している制度的な枠組みは、いかにして生み出されたのだろうか。なぜ国によって異なる形で医療保険が制度化され、異なる仕方で医師は医療保険の創設へと対応しようとしたのだろうか。これらの問いに答えるためには、時代を遡って医療保険制度形成期の国際比較研究を行う必要がある。以下では、二つの研究課題を指摘したい。

医療保険制度形成の比較歴史分析の第一の課題は、公的医療保険による医師に対する統制が強い国と弱い国が存在する原因を解明することである。本書で

447

述べてきたように、日本の医師が診療報酬の公定価格制（価格統制）と、医療機関が保険者に給付を請求する第三者払い方式を受容した一方、フランスの場合、一部の開業医（専門医）には公定料金に対する超過料金の請求権が認められており、患者は費用を全額支払った上で自分で保険給付を申請する償還払い方式がとられてきた。つまり、日本の医師はフランスの医師に比べて医療保険制度による強い統制下に置かれており、医療保険制度を通じた医療費抑制が行われやすくなっている。こうした医療保険制度と医療機関の関係の相違は、長期にわたって医療費の規模にも影響を与えており、その歴史的な起源を比較分析することが第一の課題である。

医療保険による医師の統制に関しては、先行研究（例えば、Immergut 1990, 1992）では医師を統制しようとする政府・保険者とそれに抵抗する医師の対立が描かれてきた。しかしながら、こうした二項対立図式を前提とせず、医師の選好の形成過程を経験的に明らかにする必要がある。実際、日本医師会は国民皆保険と診療報酬公定価格制の下での平等な医療を支持し、ドイツの医師たちも公的医療保険の枠内で保険医として資源配分における役割を果たすことを重視してきた歴史がある。医師と政府・保険者が対立する局面にのみ着目するのではなく、医師と保険者の協力を可能とする政治的メカニズムを明らかにすることで、医療政治研究の見取り図を描き直す必要があろう。

医師の団体は公的医療保険制度の普及に反対ばかりしてきたわけではなく、医療保険の存在に利益を見出す場合がある。それゆえ、公的医療保険をめぐる政治を理解するためには、政府が診療の価格統制などを医師に押し付けることが可能な政治状況が存在したか否かに着目する研究（Immergut 1990, 1992）に加えて、公的医療保険制度に対する医師の利害がどのように定義されるのか、医師の側に統制を受け入れるインセンティブがあったか否かを問う必要がある。したがって、政権が連立与党か否か、与党議員の規律の高低、政府と議会の関係といった、医師が影響力を行使するための政治的機会の構造を分析するだけにとどまらず、19世紀以降の医師の団体の形成過程や、医師の医療保険に関する選好の形成過程を詳しく研究することが求められよう。

仮説を示すならば、フランスのように医師の内部でも高度（高額）な治療を担う専門医が強い影響力を持つ場合と、日本のように病院の医師よりも開業医の方が強い影響力を持つ場合とでは、医師の利害の表出のされ方が異なってく

終　章

るのではないだろうか。フランスでは、専門医が自由に報酬を得ることで一般医との差別化を図り、日本では、日本医師会が医療費のパイを開業医に平等に配分することを目指してきた。このため、医師の団体の形成過程と内部の権力構造を研究する必要がある。

第二の研究課題は、公的医療保険制度の設計が職域保険型・地域保険型・折衷型など、国によって異なるものとなった原因を解明することである。フランスの医療保険制度が職域によって分立したドイツ型職域保険の典型であるのに対して、日本では雇用者は職域保険に加入し、農民など自営業者は北欧型地域保険（市町村の国民健康保険）に加入するという独特の二本立て体制（折衷型）が成立してきた。後者の場合、地域保険を中心に国庫負担への依存が顕著となり、国家財政が悪化すると、医療費抑制を目指す財務担当官庁の介入を招くことになる。これに対して、自主財源によって運営される職域保険制度はそうした介入を受けにくい。本書で示したように、こうした医療保険の制度設計の異同は医療保険の財政対策の選択肢に影響を与えてきた。第一の研究課題が医療費の規模に関係する制度設計上の差異を扱うのに対して、こちらはその財源に関する制度設計上の差異を問題にしている。

公的医療保険の制度設計の分岐については、広井（1999）をはじめとした先行研究では、日本独特の折衷型の医療保険が経済発展の後発性や農村人口の大きさによって説明されてきた。労働者保険だけでは皆保険を実現できないため、地域保険との折衷型になるというのだが、これではフランスのように農村人口が比較的大規模であり続けた国で職域保険が採用された理由を説明できない。

これに対して、農民と他の社会集団との連合関係（の不成立）についての国際比較研究を行うことで、職域保険（ドイツ型）・地域保険（北欧型）・折衷型の分岐がどのように生じるのかを政治学的な観点から解明することができるのではないだろうか。こうした観点に立てば、農村人口割合の大小にとどまらず、大農中心か、小農中心かといった農業部門の構造の差異や、他の社会集団との連合関係を考慮する必要があろう（Baldwin 1990）。賃金労働者中心主義を離れ、農民や自営業者をも分析対象とすることで、福祉国家形成の比較政治研究にも貢献することができるだろう。

以上のように、医療保険制度の形成期に関する比較歴史分析は未だ不十分であり、さらなる研究を行っていく余地と学問的意義があるものと思われる。

巻末資料

付表1　総医療費対GDP比 (%)

	1970	1975	1980	1985	1990	1995	2000	2005	2010
フランス	5.2	6.1	6.7	7.6	8.0	9.8	9.5	10.2	10.7
ド イ ツ	5.7	8.0	8.1	8.5	8.0	9.5	9.8	10.2	11.0
日　本	4.4	5.5	6.4	6.5	5.8	6.4	7.4	8.1	9.5
イギリス	4.0	4.9	5.1	5.1	5.1	6.0	6.3	7.4	8.5
アメリカ	6.2	7.2	8.2	9.5	11.3	12.5	12.5	14.5	16.4

出典：OECD（2016a）.

付表2　一人当たり総医療費 (購買力平価・USドル)

	1970	1975	1980	1985	1990	1995	2000	2005	2010
フランス	192	363	650	1004	1401	2038	2484	3101	3860
ド イ ツ	258	556	941	1372	1722	2185	2613	3297	4359
日　本	141	281	545	863	1117	1470	1915	2464	3205
イギリス	148	276	447	654	888	1274	1719	2568	3036
アメリカ	327	561	1036	1735	2700	3598	4559	6446	7929

出典：付表1に同じ。

付表3　患者自己負担が総医療費に占める割合 (%)

	1970	1975	1980	1985	1990	1995	2000	2005	2010
フランス	18.0	15.4	13.1	14.7	11.7	7.8	7.3	7.4	7.7
ド イ ツ	14.6	10.0	10.8	11.6	11.5	10.4	12.2	14.3	14.1
日　本	..	..	..	..	..	14.5	15.9	15.7	14.6
イギリス	..	..	9.1	..	11.4	11.5	11.6	10.2	9.9
アメリカ	37.2	30.8	24.7	23.2	20.5	15.1	15.5	13.9	12.2

出典：付表1に同じ。

451

付表4　公的医療費が総医療費に占める割合 (%)

	1970	1975	1980	1985	1990	1995	2000	2005	2010
フランス	74.9	77.5	79.6	78.0	76.0	79.1	78.9	78.7	78.1
ド イ ツ	71.4	78.1	77.8	76.6	75.4	82.1	79.6	76.5	83.7
日　　本	69.8	72.0	71.3	70.7	77.6	81.8	80.4	81.2	81.9
イギリス	86.4	90.9	89.5	86.1	84.3	84.1	79.1	81.1	82.9
アメリカ	37.2	41.6	42.0	40.3	40.2	46.2	44.2	45.4	48.4

出典：付表1に同じ。

付表5　日仏のマクロ経済指標の推移 (%)

	実質GDP成長率（日　本）	実質GDP成長率（フランス）	一般政府財政収支対GDP比（日　本）	一般政府財政収支対GDP比（フランス）	グロス一般政府債務残高対GDP比（日　本）	グロス一般政府債務残高対GDP比（フランス）
1980	3.2	1.8	-4.8	-0.4	50.0	20.8
1981	4.2	1.1	-4.2	-2.4	54.7	22.0
1982	3.4	2.5	-4.0	-2.8	58.6	25.3
1983	3.1	1.3	-4.2	-2.5	64.1	26.6
1984	4.5	1.5	-2.8	-2.7	65.6	29.0
1985	6.3	1.6	-1.5	-2.9	65.9	30.6
1986	2.8	2.4	-1.4	-3.2	69.1	31.2
1987	4.1	2.6	-0.4	-2.0	71.6	33.5
1988	7.1	4.7	0.4	-2.5	69.5	33.5
1989	5.4	4.4	1.1	-1.8	66.5	34.3
1990	5.6	2.9	1.7	-2.4	66.3	35.4
1991	3.3	1.0	1.7	-2.8	65.7	36.3
1992	0.8	1.6	0.5	-4.6	70.4	40.0
1993	0.2	-0.6	-2.5	-6.3	76.4	46.3
1994	0.9	2.3	-3.8	-5.4	84.2	49.6
1995	2.7	2.1	-4.3	-5.1	91.9	55.8
1996	3.1	1.4	-4.9	-3.9	98.5	59.7
1997	1.1	2.3	-3.5	-3.6	107.0	61.1
1998	-1.1	3.6	-10.2	-2.4	118.1	61.0
1999	-0.3	3.4	-6.8	-1.6	131.5	60.2
2000	2.8	3.9	-8.0	-1.3	139.0	58.6

2001	0.4	2.0	-6.2	-1.4	148.0	58.1
2002	0.1	1.1	-7.4	-3.1	157.8	60.0
2003	1.5	0.8	-7.5	-3.9	163.7	64.1
2004	2.2	2.8	-5.3	-3.5	173.8	65.7
2005	1.7	1.6	-4.4	-3.2	184.9	67.1
2006	1.4	2.4	-3.0	-2.3	184.3	64.4
2007	1.7	2.4	-2.8	-2.5	183.3	64.3
2008	-1.1	0.2	-4.1	-3.2	191.3	68.0
2009	-5.4	-2.9	-9.8	-7.2	208.6	78.9
2010	4.2	2.0	-9.1	-6.8	215.9	81.6
2011	-0.1	2.1	-9.1	-5.1	230.6	85.2
2012	1.5	0.2	-8.3	-4.8	236.6	89.5
2013	2.0	0.6	-7.6	-4.0	240.5	92.3
2014	0.3	0.6	-5.4	-4.0	242.1	95.2

出典：IMF（2017）.

参考文献

日本語文献

【書籍・論文】

相澤與一, 2003,『日本社会保険の成立』日本史リブレット.

青木泰子, 1988,「健保改正の政治過程」内田健三, 金指正雄, 福岡政行編『税制改革を
　　めぐる政治力学：自民優位下の政治過程』中央公論社, pp. 213-44.

安達功, 2001,『知っていそうで知らないフランス：愛すべきトンデモ民主主義国』平
　　凡社新書.

天野拓, 2013,『オバマの医療改革：国民皆保険制度への苦闘』勁草書房.

有馬元治, 1984,『健保国会波高し：海の男たちの群像』春苑堂書店.

井伊雅子, 2009,「日本 —— 医療保険制度の歩みとその今日的課題」井伊雅子編『ア
　　ジアの医療保障制度』東京大学出版会, pp. 237-58.

飯尾潤, 1995,「政治的官僚と行政的政治家 —— 現代日本の政官融合体制」『年報政治
　　学』, pp. 135-49.

飯島勲, 2006,『小泉官邸秘録』日本経済新聞社.

五十嵐仁, 1989,「中曾根元首相におけるリーダーシップの研究」『レヴァイアサン』5,
　　pp. 167-82.

五十嵐仁, 2008,『労働再規制：反転の構図を読みとく』ちくま新書.

池上直己, 2002,『医療問題（第2版）』日経文庫.

池上直己, 2010,『医療問題（第4版）』日経文庫.

池上直己, ジョン・C・キャンベル, 1996,『日本の医療：統制とバランス感覚』中公
　　新書.

池上直己, 遠藤久夫編, 2005,『医療保険・診療報酬制度（講座：医療経済・政策学2)』
　　勁草書房.

石弘光, 2008, 『現代税制改革史：終戦からバブル崩壊まで』東洋経済新報社.

石川真澄, 広瀬道真, 1989, 『自民党：長期支配の構造』岩波書店.

石川真澄, 山口二郎, 2010, 『戦後政治史（第3版）』岩波新書.

板垣英憲, 1987, 『族の研究：政・官・財を牛耳る政界実力者集団の群像』経済界.

伊藤周平, 2016, 『消費税が社会保障を破壊する』角川新書.

伊藤裕香子, 2013, 『消費税日記：検証増税786日の攻防』プレジデント社.

伊奈川秀和, 2000, 『フランスに学ぶ社会保障改革』中央法規.

稲森公嘉, 2003, 「フランスの医療保険制度改革」『海外社会保障研究』145, pp. 26-35.

今関源成, 1993, 「第五共和制の基本的枠組み」奥島孝康, 中村紘一編, 1993, 『フランス
　　の政治：中央集権国家の伝統と変容』早稲田大学出版部, pp. 35-62.

岩本裕, NHK取材班, 2010, 『失われた「医療先進国」：「救われぬ患者」「報われぬ医
　　師」の袋小路』講談社ブルーバックス.

印南一路, 堀真奈美, 古城隆雄, 2011, 『生命と自由を守る医療政策』東洋経済新報社.

埋橋孝文, 2011, 『福祉政策の国際動向と日本の選択：ポスト「三つの世界」論』法律
　　文化社.

内田健三, 金指正雄, 福岡政行編, 1988, 『税制改革をめぐる政治力学：自民優位下の政
　　治過程』中央公論社.

内山融, 2005, 「政策アイディアの伝播と制度 —— 行政組織改革の日英比較を題材と
　　して」『公共政策研究』5, pp. 119-29.

内山融, 2007, 『小泉政権：「パトスの首相」は何を変えたのか』中公新書.

内山融, 2010, 「日本政治のアクターと政策決定パターン」『季刊政策・経営研究』3,
　　pp. 1-18.

江口隆裕, 1999, 「医療保険制度と医療供給体制」藤井良治, 塩野谷祐一編, 1999, 『先進
　　諸国の社会保障6：フランス』東京大学出版会, pp. 201-22.

衛藤幹子, 1995, 「福祉国家の『縮小・再編』と厚生行政」『レヴァイアサン』17, pp.
　　91-114.

衛藤幹子, 1998, 「連立政権における日本型福祉の転回 —— 介護保険制度創設の政策
　　過程」『レヴァイアサン』臨時増刊号, pp. 68-94.

遠藤久夫, 1998, 「医療における市場原理と計画原理の相互補完性」『医療と社会』
　　8(2), pp. 183-205.

遠藤久夫, 2005, 「医療制度のガバナンス —— 医療制度運営における計画原理と市場

原理」『季刊社会保障研究』41(3), pp. 224-37.

遠藤久夫, 2010,「日本経済と医療・介護政策の展開」宮島洋, 西村周三, 京極高宣編『社会保障と経済3：社会サービスと地域』東京大学出版会, pp. 3-23.

大田晋, 1989,「医療保険」社会保障研究所編『フランスの社会保障』東京大学出版会, pp. 265-83.

大田弘子, 2006,『経済財政諮問会議の戦い』東洋経済新報社.

大嶽秀夫, 1996,「フランスにおけるネオ・リベラル合意の形成 —— 日本との比較の試み」『法學論叢』140(1/2), pp. 25-57.

大嶽秀夫, 野中尚人, 1999,『政治過程の比較分析：フランスと日本』放送大学教育振興会.

大山礼子, 2003,『国会学入門（第二版）』三省堂.

大山礼子, 2011,『日本の国会：審議する立法府へ』岩波新書.

大山礼子, 2013,『フランスの政治制度（改訂版）』東信堂.

岡光序治編, 1993,『老人保健制度解説：第一次、第二次改正と制度の全容』ぎょうせい.

尾形裕也, 2005,「高齢者医療制度の改革 —— 介護と医療の連携の方向」川野辺裕幸, 丸尾直美編『高齢者福祉サービスの市場化・IT化・人間化：福祉ミックスによる高齢者福祉改革』ぎょうせい, pp. 161-80.

奥健太郎, 2014,「事前審査制の起点と定着に関する一考察 —— 自民党結党前後の政務調査会」『法学研究』87(1), pp. 47-81.

奥田七峰子, 池田俊也, 2001,「フランスにおける保険者機能の動向 —— 薬剤費抑制策を中心に」『海外社会保障研究』136, pp. 39-49.

押村高, 1993,「国家体制史」奥島孝康, 中村紘一編『フランスの政治：中央集権国家の伝統と変容』早稲田大学出版部, pp. 11-34.

尾玉剛士, 2010,「フランスにおける福祉国家の再編 —— 労使自治の衰退と国家の優越」『ソシオロゴス』34, pp. 65-84.

尾玉剛士, 2011,「医療費抑制の比較政治経済学 —— 日本とフランスを事例として」『レゾナンス』7, pp. 54-61.

尾玉剛士, 2013,「フランスにおける厚生官僚の人事と政策形成における自律性 —— 医療保険改革の日仏比較に向けて」『日仏政治研究』7, pp. 53-65.

尾玉剛士, 2014,「サルコジ政権の社会政策 —— 減税路線と福祉削減」『レゾナンス』

8, pp. 82-3.

介護保険制度史研究会編, 2016, 『介護保険制度史：基本構想から法施行まで』社会保険研究所.

笠木映里, 2007, 「医療制度 —— 近年の動向・現状・課題」『海外社会保障研究』161, pp. 15-25.

笠木映里, 2008, 『公的医療保険の給付範囲：比較法を手がかりとした基礎的考察』有斐閣.

笠木映里, 2012, 『社会保障と私保険：フランスの補足的医療保険』有斐閣.

笠木映里, 2014 「フランスの医療保険財政：最近の動向」『健保連海外医療保障』103, pp. 12-19.

梶田孝道, 1985, 「テクノクラートと現代フランス —— グランゼコール、グランコールとフランス政治」宮島喬ほか『先進社会のジレンマ：現代フランス社会の実像をもとめて』有斐閣選書, pp. 219-88.

加藤淳子, 1991, 「政策決定過程研究の理論と実証 —— 公的年金制度改革と医療保険制度改革のケースをめぐって」『レヴァイアサン』18, pp. 165-84.

加藤淳子, 1995, 「政策知識と政官関係 —— 1980年代の公的年金制度改革、医療保険制度改革、税制改革をめぐって」『年報政治学』, pp. 107-34.

加藤淳子, 1997, 『税制改革と官僚制』東京大学出版会.

加藤淳子, ボー・ロススタイン（前田健太郎訳）, 2005, 「政府の党派性と経済運営 —— 日本とスウェーデンの比較」『レヴァイアサン』37, pp. 48-74.

加藤智章, 1984, 「フランス社会保障制度の構造とその特徴 —— ラロックプランの成立まで」『北大法学論集』35(3/4), pp. 451-513.

加藤智章, 1995, 『医療保険と年金保険 —— フランス社会保障制度における自律と平等』北海道大学図書刊行会.

加藤智章, 2006, 「フランスにおける医療費抑制策の変遷 —— 2004年8月13日の医療保険に関する法律をめぐって」『社会保険旬報』2272, 2006.3.1, pp. 18-27.

加藤智章, 2015, 「フランスにおける超過報酬請求権に関する規制」『健保連海外医療保障』108, pp. 25-33.

加藤智章, 2016, 「フランス」加藤智章編『世界の診療報酬』法律文化社, pp. 8-33.

金指正雄, 1988, 「売上税登場の経緯」内田健三, 金指正雄, 福岡政行編『税制改革をめぐる政治力学：自民優位下の政治過程』中央公論社, pp. 11-38.

上川龍之進, 2010, 『小泉改革の政治学：小泉純一郎は本当に「強い首相」だったのか』東洋経済新報社.

川北隆雄, 2011, 『財界の正体』講談社現代新書.

神原勝, 1986, 『転換期の政治過程：臨調の軌跡とその機能』総合労働研究所.

木代泰之, 1985, 『自民党税制調査会』東洋経済新報社.

木寺元, 2015, 「税制改革と民主主義ガバナンス ―― リスク・ラバーたちの消費税」『年報政治学』2014 Ⅱ, pp. 11-40.

金成垣, 2013, 「ポスト『三つの世界』論の可能性 ―― 比較福祉国家研究における類型論と段階論」武川正吾編『公共性の福祉社会学：公正な社会とは』東京大学出版会, pp. 167-91.

草野厚, 1999, 『連立政権：日本の政治1993 〜』文春新書.

草野厚, 2012, 『歴代首相の経済政策全データ（増補版）』角川oneテーマ21.

軍司康史, 2003, 『シラクのフランス』岩波新書.

権丈善一, 2005, 『再分配政策の政治経済学Ⅰ：日本の社会保障と医療（第2版）』慶應義塾大学出版会.

小池拓自, 2008, 「消費税を巡る議論」『調査と情報』609, pp. 1-11.

小西杏奈, 2013, 「一般社会税（CSG）の導入過程の考察 ―― 90年代のフランスにおける増税」井手英策編『危機と再建の比較財政史』ミネルヴァ書房, pp. 341-61.

小松秀樹, 2006, 『医療崩壊：「立ち去り型サボタージュ」とは何か』朝日新聞社.

小松秀樹, 2007, 『医療の限界』新潮新書.

坂口正之, 1985, 『日本健康保険法成立史論』晃洋書房.

佐口卓, 1977, 『日本社会保険制度史』勁草書房.

佐々木毅, 1986, 『保守化と政治的意味空間：日本とアメリカを考える』岩波書店.

佐藤主光, 2013, 「社会保険料を社会連帯税へ」『エコノミスト』2013.5.28, pp. 52-3.

地主重美, 1985, 「高齢化社会の医療保障 ―― 老人医療保険の展開を中心に」『福祉国家5：日本の経済と福祉』東京大学出版会, pp. 289-352.

柴田洋二郎, 2012, 「フランス社会保障財源の「租税化」（fisclaisation）―― 議論・帰結・展開」『海外社会保障研究』179, pp. 17-28.

柴田洋二郎, 2014, 「フランスにおける補足医療保険改革の動向：社会的地位か市場原理か?」『健保連海外医療保障』104, pp. 8-14.

柴田洋二郎, 2016, 「フランスの社会保障と税」『健保連海外医療保障』110, pp. 8-16.

島崎謙治, 2002,「健康保険法等の一部を改正する法律」『ジュリスト』1231, 2002.10.1, pp. 48-55.

島崎謙治, 2005,「わが国の医療保険制度の歴史と展開」池上直己, 遠藤久夫編『医療保険・診療報酬制度（講座：医療経済・政策学2)』勁草書房, pp. 1-53.

島崎謙治, 2011,『日本の医療：制度と政策』東京大学出版会.

島崎謙治, 2015,『医療政策を問いなおす：国民皆保険の将来』ちくま新書.

清水真人, 2013,『消費税：政と官との「十年戦争」』新潮社.

初宿正典, 辻村みよ子編, 2014,『新解説世界憲法集（第3版)』三省堂.

新川敏光, 2005,『日本型福祉レジームの発展と変容』ミネルヴァ書房.

新川敏光, 2009,「福祉レジーム変容の比較と日本の軌跡」宮島洋, 西村周三, 京極高宣編『社会保障と経済1：企業と労働』東京大学出版会, pp. 29-51.

新藤宗幸, 1989,『財政破綻と税制改革』岩波書店.

神野直彦, 1992,「日本型福祉国家財政の特質」林健久, 加藤榮一編『福祉国家財政の国際比較』, pp. 217-38.

菅谷章, 1988,『日本社会政策史論（増補改訂)』日本評論社.

『世界（特集：医療崩壊をくい止める)』岩波書店, 775, 2008.2.

高木安雄, 2005,「わが国の診療報酬政策の展開と今日的課題 —— 技術評価と医療費配分のジレンマ」池上直己, 遠藤久夫編『医療保険・診療報酬制度（講座：医療経済・政策学2)』勁草書房, pp. 93-122.

高橋秀行, 1986,「日本医師会の政治行動と意思決定」中野実編『日本型政策決定の変容』東洋経済新報社, pp. 237-66.

高藤昭, 1994,「目下の社会保障・高齢化財政論議とその議論に欠けるもの」『週刊社会保障』1795, 1994.6.27, pp. 22-5.

滝沢正, 2002,『フランス法（第2版)』三省堂.

田口富久治, 1969,『社会集団の政治機能』未來社.

武内和久, 竹之下泰志, 2009,『公平・無料・国営を貫く英国の医療制度改革』集英社新書.

竹岡敬温, 2001,「世界恐慌期フランスの失業率」『大阪学院大学経済論集』15(1), pp. 1-17.

武川正吾, 2009,『ネオリベラリズムを超えて』ミネルヴァ書房.

竹中治堅, 2006,『首相支配：日本政治の変貌』中公新書.

竹中平蔵, 2006, 『構造改革の真実：竹中平蔵大臣日誌』日本経済新聞社.

田多英範, 2007, 『現代日本社会保障論（第2版）』光生館.

田多英範, 2009, 『日本社会保障制度成立史論』光生館.

辰濃哲郎, 医薬経済編集部, 2010, 『歪んだ権威：密着ルポ日本医師会積怨と権力闘争の舞台裏』医薬経済社.

建林正彦, 曽我謙悟, 待鳥聡史, 2008, 『比較政治制度論』有斐閣アルマ.

田中秀明, 2013, 『日本の財政：再建の道筋と予算制度』中公新書.

田中雅子, 2010, 「連立政権下の福祉縮減過程 —— 1994年と2004年の年金改正を中心に」『公共政策研究』10, pp. 59-69.

田端博邦, 1985, 「フランスにおける社会保障制度の成立過程」東京大学社会科学研究所編『福祉国家2：福祉国家の展開1』東京大学出版会, pp. 113-68.

田原総一郎, 1986, 『日本大改造：新・日本の官僚』文藝春秋.

ポール・タルコット（打越綾子訳）, 2002, 「日本の医療政策における連立政権の影響（1990 ～ 2000年）」『社会科学研究』53(2/3), pp. 243-68.

ポール・タルコット（渡瀬義男, 根岸毅宏, 櫻井潤訳）, 2003, 「福祉国家日本における1990年代の医療改革」『経済学論纂』43(3/4), pp. 221-48.

辻哲夫, 2008, 『日本の医療制度改革がめざすもの』時事通信社.

辻中豊, 1988, 『利益集団』東京大学出版会.

土田武史, 1991, 「医療保険の制度改革」横山和彦, 田多英範編, 1991, 『日本社会保障の歴史』学文社, pp. 277-98.

都留民子, 2000, 『フランスの貧困と社会保護：参入最低限所得（RMI）への途とその経験』法律文化社.

寺内順子, 国保会計研究会, 2011, 『国保の危機は本当か？：作られた赤字の理由を知るために』日本機関紙出版センター.

中上光夫, 1979a, 「19世紀末におけるフランスの共済組合（上）」『三田学会雑誌』72(4), pp. 63(467)-93(497).

中上光夫, 1979b, 「19世紀末におけるフランスの共済組合（下）」『三田学会雑誌』72(5), pp. 62(620)-79(637).

中静未知, 1998, 『医療保険の行政と政治：一八九五～一九五四』吉川弘文館.

中野実, 1992, 『現代日本の政策過程』東京大学出版会.

中村秀一, 2001, 「老人医療費の適正化と公平分担を」『週刊社会保障』2134, 2001.5.7,

pp. 8-11.

中山洋平, 1999,「フランス」小川有美編『EU諸国』自由国民社, pp. 229-80.

二木立, 1994,『「世界一」の医療費抑制政策を見直す時期』勁草書房.

二木立, 2001,『21世紀初頭の医療と介護：幻想の「抜本改革」を超えて』勁草書房.

二木立, 2007a,『介護保険制度の総合的研究』勁草書房.

二木立, 2007b,『医療改革：危機から希望へ』勁草書房.

二木立, 2009,「小泉・安倍政権の医療改革 ―― 新自由主義的改革の登場と挫折」『社会政策』1(2), pp. 12-21.

二木立, 2010,「医療・健康の社会格差と医療政策の役割（二木立教授の医療時評その80）」『文化連情報』390, pp. 14-21.

二木立, 2011a,『民主党政権の医療政策』勁草書房.

二木立, 2011b,「集中検討会議『社会保障改革案』を読む（二木教授の医療時評その92）『文化連情報』400, pp. 26-31.

二木立, 2014,『安倍政権の医療・社会保障改革』勁草書房.

西尾勝, 1984,「政治の変動と社会保障」社会保障研究所編『経済社会の変動と社会保障』東京大学出版会, pp. 235-49.

西崎緑, 1991,「社会保険制度の歩み」横山和彦, 田多英範編『日本社会保障の歴史』学文社, pp. 42-63.

西田和弘, 2013,「オーストラリア」加藤智章, 西田和弘編『世界の医療保障』法律文化社, pp. 130-46.

西村周三, 1997,『医療と福祉の経済システム』ちくま新書.

西村万里子, 1996,「診療報酬改定のメカニズムに関する歴史的考察 ―― 医療費の規定要因：新改定率の決定と医療政策」社会保障研究所編『医療保障と医療費』東京大学出版会, pp. 37-70.

丹羽雄哉, 1998,『生きるために：医療が変わる』日経メディカル開発：日経BP出版センター.

野中尚人, 1995,『自民党政権下の政治エリート：新制度論による日仏比較』東京大学出版会.

野中尚人, 2005,「高級行政官僚の人事システムについての日仏比較と執政中枢論への展望」日本政治学会編『日本政治を比較する』早稲田大学出版部, pp 165-228.

野中尚人, 2008a,「幹部行政官僚の人事システムと政策の総合調整 ―― フランスと日

本」『学習院大学法学会雑誌』43(2), pp. 1-35.

野中尚人, 2008b,「フランスの公務員制度」村松岐夫編『公務員制度改革：米・英・独・仏の動向を踏まえて』学陽書房, pp. 207-65.

野中尚人, 2015,「フランス：第五共和制の『半大統領制』と『合理化された議会主義』——大統領・首相・議会と集権化された統治システム」佐々木毅編『21世紀デモクラシーの課題：意思決定構造の比較分析』吉田書店, pp. 299-347.

橋本五郎, 1981,「官界人脈地理（厚生省の巻）」『月刊官界』12, pp. 36-47.

畑山敏夫, 2012,『フランス緑の党とニュー・ポリティクス：近代社会を超えて緑の社会へ』吉田書店.

早川純貴, 1991a,「福祉国家をめぐる政治過程(1)——84年健康保険法改正過程の事例研究」『駒澤大学法学論集』43, pp. 111-59.

早川純貴, 1991b,「福祉国家をめぐる政治過程(2)——84年健康保険法改正過程の事例研究」『駒澤大学政治学論集』33, pp. 33-93.

葉山滉, 1991,『現代フランス経済論』日本評論社.

速水佑次郎, 1995,『開発経済学：諸国民の貧困と富』創文社.

久塚純一, 1991,『フランス社会保障医療形成史：伝統的自由医療から社会保障医療へ』九州大学法学叢書.

広井良典, 1992,『アメリカの医療政策と日本：科学・文化・経済のインターフェイス』勁草書房.

広井良典, 1997,『医療保険改革の構想』日本経済新聞社.

広井良典, 1999,『日本の社会保障』岩波新書.

樋渡展洋, 1995,「55年体制の『終焉』と戦後国家」『レヴァイアサン』16, pp. 121-44.

深澤敦, 2013,「『福祉国家』とマルチチュード的抵抗主体」『社会政策』4(3), pp. 1-3.

藤井良治, 1996,『現代フランスの社会保障』東京大学出版会.

藤井良治, 1997,「フランスにおける医療費適正化政策」『海外社会保障情報』120, pp. 15-31.

藤井良治, 1999,「フランス社会保障における改革」藤井良治, 塩野谷祐一編『先進諸国の社会保障6：フランス』東京大学出版会, pp. 373-83.

藤嶋亮, 2015,「半大統領制の下位類型に関する一試論——ヨーロッパの事例を中心に」佐々木毅編『21世紀デモクラシーの課題：意思決定構造の比較分析』吉田書店, pp. 101-38.

藤田由紀子, 1994,「昭和50年代以降の医療政策における行政の管理手法」『季刊社会保障研究』30(3), pp. 261-73.

文春新書編集部編, 2006,『論争格差社会』文春新書.

堀勝洋, 1980,「これからの社会保障を考える —— 昭和55年高齢化問題調査結果から」『厚生』12, pp. 20-6.

堀勝洋, 1981,「日本型福祉社会論」『季刊社会保障研究』17(1), pp. 37-50.

堀真奈美, 2016,『政府はどこまで医療に介入すべきか：イギリス医療・介護政策と公私ミックスの展望』ミネルヴァ書房.

前田健太郎, 2014,『市民を雇わない国家：日本が公務員の少ない国へと至った道』東京大学出版会.

牧原出, 2016,『「安倍一強」の謎』朝日新書.

増田雅暢, 2003,『介護保険見直しの争点：政策過程からみえる今後の課題』法律文化社.

増山幹高, 1998,「介護保険の政治学 —— 政策理念の対立と収斂」『日本公共政策学会年報』1, pp. 1-26.

松田晋哉, 2013,『医療のなにが問題なのか：超高齢社会日本の医療モデル』勁草書房.

松村文人, 2000,『現代フランスの労使関係：雇用・賃金と企業交渉』ミネルヴァ書房.

松本勝明編, 2015,『医療制度改革：ドイツ・フランス・イギリスの比較分析と日本への示唆』旬報社.

松本由美, 2012,『フランスの医療保障システムの歴史的変容』早稲田大学モノグラフ.

真野俊樹, 2011,「フランス医療制度から日本への示唆 ——日本に近い制度を持つ国からの学び」『共済総合研究』63, pp. 64-81.

真野俊樹, 2012,『入門医療政策：誰が決めるか、何を目指すのか』中公新書.

真野俊樹, 2013,『比較医療政策：社会民主主義・保守主義・自由主義』ミネルヴァ書房.

真渕勝, 1989,「大蔵省主税局の機関哲学」『レヴァイアサン』4, pp. 41-58.

水野肇, 2003,『誰も書かなかった日本医師会』草思社.

水巻中正, 2003,『ドキュメント日本医師会：崩落する聖域』中央公論新社.

宮本太郎, 2008,『福祉政治：日本の生活保障とデモクラシー』有斐閣.

宮本太郎, イト・ペング, 埋橋孝文, 2003,「日本型福祉国家の位置と動態」G・エスピン＝アンデルセン編『転換期の福祉国家』（埋橋孝文監訳）早稲田大学出版部,

pp. 295-336.

村上正泰, 2009,『医療崩壊の真犯人』PHP新書.

村松岐夫, 2010,『政官スクラム型リーダーシップの崩壊』東洋経済新報社.

森田朗, 2016,『会議の政治学Ⅲ：中医協の実像』慈学社出版.

薬師寺克行編, 2012,『村山富市回顧録』岩波書店.

矢野聡, 2009,『保健医療福祉政策の変容：官僚と新政策集団をめぐる攻防』ミネルヴァ書房.

山岸敬和, 2014,『アメリカ医療制度の政治史：20世紀の経験とオバマケア』名古屋大学出版会.

結城康博, 2006,『医療の値段：診療報酬と政治』岩波新書.

横山和彦, 1991,「分立型国民皆保険体制の確立」横山和彦, 田多英範編『日本社会保障の歴史』学文社, pp. 123-39.

横山和彦, 田多英範編, 1991,『日本社会保障の歴史』学文社.

吉岡充, 村上正泰, 2008,『高齢者医療難民：介護療養病床をなぜ潰すのか』PHP新書.

吉田一生, 2001,「健康保険法等の一部を改正する法律」『ジュリスト』1195, 2001.3.1, pp. 71-3.

吉田徹, 2004,「フランス ── 避けがたい国家？」小川有美, 岩崎正洋編『アクセス地域研究Ⅱ』日本経済評論社, pp. 107-26.

吉田徹, 2008,『ミッテラン社会党の転換：社会主義から欧州統合へ』法政大学出版局.

吉原健二, 和田勝, 2008,『日本医療保険制度史（増補改訂版）』東洋経済新報社.

吉村仁, 1983,「医療費をめぐる情勢と対応に関する私の考え方」『社会保険旬報』1424, 1983.3.11, pp. 12-4.

吉村仁, 1986,「高齢化社会へ向かう医療政策 ── 厚生事務次官吉村仁氏にきく」『社会保険旬報』1527, 1986.1.1, pp. 12-7.

読売新聞政治部, 2008,『真空国会：福田「漂流政権」の深層』新潮社.

李蓮花, 2011,「社会政策における『東アジア的な道』── 日本・韓国・中国の国民皆保険体制の比較」『社会政策』3(2), pp. 110-20.

臨時行政調査会OB会編, 1983,『臨調と行革：2年間の記録』文真舎.

渡辺和行, 南充彦, 森本哲郎, 1997,『現代フランス政治史』ナカニシヤ出版.

渡邊啓貴, 1998,『フランス現代史』中公新書.

【資　料】

医療保険審議会, 1995,「検討項目III、IV、Vを中心としたこれまでの検討内容の中間取りまとめ（1995年8月4日）」（国立社会保障・人口問題研究所, 2005,『日本社会保障資料IV』国立社会保障・人口問題研究所ホームページ＜http://www.ipss.go.jp/publication/j/shiryou/no.13/data/kaidai/03.html＞2017年12月1日閲覧).

医療保険制度研究会編, 各年,『目で見る医療保険白書：医療保障の現状と課題』ぎょうせい.

医療保険福祉審議会制度企画部会, 1999,「新たな高齢者医療制度のあり方について（1999年8月13日）」厚生労働省ホームページ＜http://www1.mhlw.go.jp/shingi/s9908/s0813-1_17.html＞2017年12月1日閲覧.

久保田勇夫編, 1990,『図説日本の財政（平成2年度版）』東洋経済新報社.

経済企画庁編, 1957,『経済白書（昭和32年版）』至誠堂.

経済企画庁編, 1976,『昭和50年代前期経済計画：安定した社会を目指して』大蔵省印刷局.

経済企画庁編, 1979,『新経済社会7カ年計画』大蔵省印刷局.

経済企画庁国民生活政策課編, 1977,『総合社会政策を求めて：福祉社会への論理』大蔵省印刷局.

経済戦略会議, 1999,「日本経済再生への戦略（1999年2月26日）」（国立社会保障・人口問題研究所, 2005,『日本社会保障資料IV』国立社会保障・人口問題研究所ホームページ＜http://www.ipss.go.jp/publication/j/shiryou/no.13/data/syakaihosyou01.html＞2017年12月1日閲覧).

経済団体連合会, 1996,「国民の信頼が得られる医療保障制度の再構築（1996年11月12日）」（国立社会保障・人口問題研究所, 2005,『日本社会保障資料IV』国立社会保障・人口問題研究所ホームページ＜http://www.ipss.go.jp/publication/j/shiryou/no.13/data/kaidai/03.html＞2017年12月1日閲覧).

健康保険組合連合会, 1996,「医療保険等改革に対する考え方（1996年11月15日）」（国立社会保障・人口問題研究所, 2005,『日本社会保障資料IV』国立社会保障・人口問題研究所ホームページ＜http://www.ipss.go.jp/publication/j/shiryou/no.13/data/kaidai/03.html＞2017年12月1日閲覧).

健康保険組合連合会, 2011,『平成22年度健保組合決算見込の概要（2011年9月8

日）」健康保険組合連合会ホームページ<https://www.kenporen.com/include/press/2011/201109082.pdf>2017年12月1日閲覧.

健康保険組合連合会編, 1984,『社会保障年鑑』東洋経済新報社.

健康保険組合連合会編, 2013,『図表で見る医療保障（平成25年度版）』ぎょうせい.

厚生省, 1997,「21世紀の医療保険制度 —— 医療保険及び医療提供体制の抜本的改革の方向（1997年8月7日）」（吉原健二, 和田勝, 2008,『日本医療保険制度史（増補改訂版）』東洋経済新報社, pp. 783-98）.

厚生省, 1999,「今後5カ年間の高齢者保健福祉施策の方向 —— ゴールドプラン21（概要）（1999年12月21日）」厚生労働省ホームページ<http://www1.mhlw.go.jp/houdou/1112/h1221-2_17.html>2017年12月1日閲覧.

厚生省（厚生労働省）, 各年,『国民医療費の概況』厚生労働省ホームページ<http://www.mhlw.go.jp/toukei/list/37-21c.html>2017年12月1日閲覧.

厚生省編, 1976,『厚生白書（昭和50年版）』大蔵省印刷局.

厚生省編, 1977,『厚生白書（昭和52年版）』大蔵省印刷局.

厚生省編, 1983,『厚生白書（昭和57年版）』大蔵省印刷局.

厚生省五十年史編集委員会編, 1988,『厚生省五十年史（記述編・資料編）』厚生問題研究会：中央法規出版.

厚生省保険局企画課監修, 1985,『医療保険制度59年大改正の軌跡と展望』年金研究所.

厚生大臣官房政策課, 1990,『社会保障入門（平成2年度版）』中央法規出版.

厚生労働省, 2001,「医療制度改革試案（2001年9月25日）」厚生労働省ホームページ<http://www.mhlw.go.jp/houdou/0109/h0925-2.html>2017年12月1日閲覧.

厚生労働省, 2002,「健康保険法等の一部を改正する法律案の概要（2002年3月6日）」厚生労働省ホームページ<http://www.mhlw.go.jp/houdou/2002/03/h0306-2.html>2017年12月1日閲覧.

厚生労働省, 2005a,「医療制度改革について（社会保障の在り方に関する懇談会・第7回2005年3月18日）」首相官邸ホームページ<http://www.kantei.go.jp/jp/singi/syakaihosyou/dai7/7gijisidai.html>2017年12月1日閲覧.

厚生労働省, 2005b,「医療制度構造改革試案（2005年10月19日）」厚生労働省ホームページ<http://www.mhlw.go.jp/topics/2005/10/tp1019-1.html>2017年12月1日閲覧.

厚生労働省, 2011,『医師・歯科医師・薬剤師調査（平成22年）』厚生労働省ホームページ2011年12月6日<http://www.mhlw.go.jp/toukei/saikin/hw/ishi/10/index.html>

2017年12月1日閲覧.

厚生労働省, 2016, 『平成27年医療施設（動態）調査・病院報告の概況』.

厚生労働省, 各年, 『病院報告』.

厚生労働省編, 2007, 『平成19年版厚生労働白書：医療構造改革の目指すもの』ぎょうせい.

厚生労働省高齢者医療制度等改革推進本部事務局編, 2001, 『医療制度改革の課題と視点：解説・資料編』ぎょうせい.

高齢社会福祉ビジョン懇談会, 1994, 「21世紀福祉ビジョン ── 少子・高齢社会に向けて（1994年3月28日）」（国立社会保障・人口問題研究所, 2005, 『日本社会保障資料Ⅳ』国立社会保障・人口問題研究所 < http://www.ipss.go.jp/publication/j/shiryou/no.13/data/syakaihosyou01.html > 2017年12月1日閲覧）.

国立社会保障・人口問題研究所, 2008, 『社会保障給付費（平成18年度）』.

国立社会保障・人口問題研究所, 2010, 『人口統計資料集（2010年版）』国立社会保障・人口問題研究所ホームページ < http://www.ipss.go.jp/syoushika/tohkei/Popular/Popular2010.asp?chap=0 > 2017年12月1日閲覧.

国立社会保障・人口問題研究所, 2012, 「社会保障費用統計（平成22年度）」国立社会保障・人口問題研究所ホームページ 2012年11月29日 < http://www.ipss.go.jp/ss-cost/j/fsss-h22/fsss_h22.asp > 2017年12月1日閲覧.

国立社会保障・人口問題研究所, 2016, 「社会保障費用統計（平成26年度）」国立社会保障・人口問題研究所ホームページ 2016年8月 < http://www.ipss.go.jp/ss-cost/j/fsss-h26/fsss_h26.asp > 2017年12月1日閲覧。

財務省「一般会計税収の推移」財務省ホームページ < http://www.mof.go.jp/tax_policy/summary/condition/010.htm > 2017年12月1日閲覧.

財務省「『福祉目的』及び『「社会保障・税一体改革」による社会保障の安定財源化』の推移」財務省ホームページ < http://www.mof.go.jp/tax_policy/summary/consumption/d05.htm > 2017年12月1日閲覧.

財務省, 2001, 「医療制度改革の論点（2001年10月5日）」.

財務省, 2013, 「税制について考えてみよう（2013年1月）」財務省ホームページ < http://www.mof.go.jp/tax_policy/publication/brochure/backnumber.htm > 2017年12月1日閲覧.

財務省, 2014, 「財政関係基礎データ（2014年2月）」財務省ホームページ < http://www.

mof.go.jp/budget/fiscal_condition/basic_data/201402/index.html > 2017 年 12 月 1 日閲覧.

社会保障国民会議, 2008,『最終報告（2008 年 11 月 4 日）』社会保障国民会議ホームページ < http://www.kantei.go.jp/jp/singi/syakaihosyoukokuminkaigi/saishu.html > 2017 年 12 月 1 日閲覧.

社会保障審議会・医療保険部会, 2005,「医療保険制度改革について（意見書）（2005 年 11 月 30 日）」（吉原健二, 和田勝, 2008,『日本医療保険制度史（増補改訂版）』東洋経済新報社, pp. 860-70）.

社会保障制度改革国民会議, 2013,「報告書 —— 確かな社会保障を将来世代に伝えるための道筋（2013 年 8 月 6 日）」社会保障制度改革国民会議ホームページ < http://www.kantei.go.jp/jp/singi/kokuminkaigi/ > 2017 年 12 月 1 日閲覧.

社会保障制度審議会, 1995,「社会保障体制の再構築（勧告）—— 安心して暮らせる 21 世紀の社会を目指して（1995 年 7 月 4 日）」（社会保障制度審議会事務局編, 2000,『社会保障の展開と将来：社会保障制度審議会五十年の歴史』法研, pp. 217-52）.

社会民主党, 2000,「介護保険制度の施行にあたって（声明）（2000 年 4 月 1 日）」社会民主党ホームページ < http://www5.sdp.or.jp/comment/2000/ > 2017 年 12 月 1 日閲覧.

自由民主党, 1979,『日本型福祉社会（自由民主党研究叢書 8）』自由民主党広報委員会出版局.

人事院, 1999,『フランス ENA 官僚の実像：人事院創立 50 周年記念セミナー報告書』人事院.

政府・与党医療改革協議会, 2005,「医療制度改革大綱（2005 年 12 月 1 日）」厚生労働省ホームページ < http://www.mhlw.go.jp/bunya/shakaihosho/iryouseido01/ > 2017 年 12 月 1 日閲覧.

政府・与党社会保障改革協議会, 2001a,「社会保障改革大綱（2001 年 3 月 30 日）」首相官邸ホームページ < http://www.kantei.go.jp/jp/kakugikettei/2001/syakaihosyou/syakaihosyou.html > 2017 年 12 月 1 日閲覧.

政府・与党社会保障改革協議会, 2001b,「医療制度改革大綱（2001 年 11 月 29 日）」（吉原健二, 和田勝, 2008,『日本医療保険制度史（増補改訂版）』東洋経済新報社, pp. 823-8）.

総務省統計局『国勢調査』.

第二次臨時行政調査会, 1981,「行政改革に関する第一次答申（1981 年 7 月 10 日）」（臨

時行政調査会OB会編, 1983,『臨調と行革：2年間の記録』文真舎, pp. 237-61).

第二次臨時行政調査会, 1982,「行政改革に関する第三次答申 —— 基本答申（1982年7月30日）」（臨時行政調査会OB会編, 1983,『臨調と行革：2年間の記録』文真舎, pp. 273-357).

中医協の在り方に関する有識者会議, 2005,「中央社会保険医療協議会の新たな出発のために（2005年7月20日）」厚生労働省ホームページ< http://www.mhlw.go.jp/shingi/2005/07/s0720-7.html > 2017年12月1日閲覧.

中央社会保障医療協議会・診療報酬調査専門組織・慢性期入院医療の包括評価調査分科会, 2005,「慢性期入院医療実態調査（中間集計結果）（2005年11月11日）」厚生労働省ホームページ< http://www.mhlw.go.jp/shingi/2005/11/s1111-3.html > 2017年12月1日閲覧.

内閣府編, 2006,『経済財政白書（平成18年版）』国立印刷局.

日本医師会, 1986,『日本医師会創立七十周年記念誌』日本医師会.

日本医師会, 2010,『日本医師会会員数調査（平成22年12月1日現在）』.

日本医師会総合政策研究機構, 1997,『介護保険導入の政策形成過程』.

日本医師会創立50周年記念事業推進委員会記念誌編纂部会編, 1997,『日本医師会創立記念誌：戦後五十年のあゆみ』日本医師会.

村上泰亮, 蠟山昌一ほか, 1975,『生涯設計（ライフサイクル）計画：日本型福祉社会のビジョン』日本経済新聞社.

与党医療保険制度改革協議会, 1997a,「医療保険改革の基本方針（1997年4月7日）」（丹羽雄哉, 1998,『生きるために：医療が変わる』日経メディカル開発：日経BP出版センター, pp. 93-9).

与党医療保険制度改革協議会, 1997b,「21世紀の国民医療 —— 良質な医療と皆保険制度確保への指針（1997年8月29日）」（丹羽雄哉, 1998,『生きるために：医療が変わる』日経メディカル開発：日経BP出版センター, pp. 237-56).

老人保健福祉審議会, 1996,「高齢者介護保険制度の創設について（1996年4月22日）」（国立社会保障・人口問題研究所, 2005,『日本社会保障資料IV』国立社会保障・人口問題研究所ホームページ< http://www.ipss.go.jp/publication/j/shiryou/no.13/data/kaidai/10.html > 2017年12月1日閲覧.

【政府の方針（年代順）】

「介護保険法の円滑な実施に向けて（1999年11月5日）」国立社会保障・人口問題研究所, 2005,『日本社会保障資料IV』国立社会保障・人口問題研究所ホームページ< http://www.ipss.go.jp/publication/j/shiryou/no.13/data/kaidai/10.html > 2017年12月1日閲覧.

規制改革委員会, 2001,「規制改革推進3カ年計画（2001年3月30日）」総合規制改革会議ホームページ< http://www8.cao.go.jp/kisei/siryo/010330/index.html > 2017年12月1日閲覧.

経済財政諮問会議, 2001,「今後の経済財政運営及び経済社会の構造改革に関する基本方針（骨太の方針）（2001年6月26日）」経済財政諮問会議ホームページ< http://www5.cao.go.jp/keizai-shimon/cabinet/2001/decision0626.html > 2017年12月1日閲覧.

総合規制改革会議, 2002,「規制改革推進3カ年計画（改定）（2002年3月29日）」総合規制改革会議ホームページ< http://www8.cao.go.jp/kisei/siryo/020329/ > 2017年12月1日閲覧.

「健康保険法等の一部を改正する法律附則第2条第2項の規定に基づく基本方針（医療保険制度体系及び診療報酬体系に関する基本方針について）（2003年3月28日）」厚生労働省ホームページ< http://www.mhlw.go.jp/shingi/2003/04/s0421-7d.html > 2017年12月1日閲覧.

「いわゆる『混合診療』問題に係る基本的合意（2004年12月15日）」厚生労働省ホームページ< http://www.mhlw.go.jp/houdou/2004/12/h1216-1.html > 2017年12月1日閲覧.

経済財政諮問会議, 2005,「経済財政運営と構造改革に関する基本方針2005（2005年6月21日）」経済財政諮問会議ホームページ< http://www5.cao.go.jp/keizai-shimon/minutes/2005/0621/agenda.html > 2017年12月1日閲覧.

経済財政諮問会議, 2007,「経済財政改革の基本方針2007――『美しい国』へのシナリオ（2007年6月19日）」経済財政諮問会議ホームページ< http://www5.cao.go.jp/keizai-shimon/minutes/2007/0619/agenda.html > 2017年12月1日閲覧.

経済財政諮問会議, 2009,「経済財政改革の基本方針2009――安心・活力・責任（2009年6月23日）」経済財政諮問会議ホームページ< http://www5.cao.go.jp/keizai-shimon/cabinet/2009/index.html > 2017年12月1日閲覧.

英・仏語文献

【書籍・論文】

Bachelot, Carole, 2011, « Le Parti socialiste, la longue marche de la présidentialisation », Pierre Bréchon (dir.), *Les partis politiques français*, Paris : La documentation Française, pp. 103-28.

Baldwin, Peter, 1990, *The Politics of Social Solidarity : Class Bases of the European Welfare State 1875-1975*, Cambridge [Cambridgeshire] ; New York : Cambridge University Press.

Barbier, Christophe, « L'Europe sociale, c'est possible », *L'Express*, 2385, 20 mars 1997, pp. 24-7.

Barbier, Jean-Claude et Bruno Théret, 2009, *Le système français de protection sociale*, Paris : La Découverte, « Repères ».

Beau, Pascal (dir.), 1995, *L'œuvre collective : 50 ans de la sécurité sociale*, Paris : Observatoire européen de la protection sociale.

Berger, Suzanne, 1987, "Liberalism reborn : the new liberal synthesis in France," Jolyon Howorth and George Ross (eds.), *Contemporary France : A Review of Interdisciplinary Studies*, vol. 1, pp. 84-108.

Blank, Robert H. and Viola Burau, 2014, *Comparative Health Policy* (4th ed.), Basingstoke : Palgrave Macmillan.

Blondel, Marc, 1996, « L'étatisation, antichambre de la privatisation », *Droit social*, 3, pp. 241-5.

Bonoli, Giuliano, 1997a, "Classifying Welfare States : a Two-dimension Approach," *Journal of Social Policy*, 26(3), pp. 351-72.

Bonoli, Giuliano, 1997b, "Pension politics in France : Patterns of Co-operation and Conflict in Two Recent Reforms," *West European Politics*, 20(4), pp. 111-24.

Bras, Pierre-Louis, 2004, « Notre système de soins sera-t-il mieux gouverné ? », *Droit social*, 11, pp. 967-78.

Bras, Pierre-Louis, 2006, « *Le médecin traitant : raisons et déraison d'une politique publique* », *Droit social*, 1, pp. 59-72.

Bras, Pierre-Louis, 2009, « La création des agences régionales de santé : notre système de santé sera-t-il encore mieux gouverné ? », *Droit social*, 11, pp. 1126-35.

Bréchon, Pierre, 2011, « La droite, entre tradition gaulliste et recomposition unitaire », Pierre Bréchon (dir.), *Les partis politiques français*, Paris: La documentation Française, pp. 45-75.

Breuil-Genier, Pascal et Fédéric Rupprecht, 1999, « La maîtrise des dépenses de santé, la réforme de l'assurance-maladie (1996-1999) », *Revue française d'économie*, 14(3), pp. 129-66.

Brocas, Anne-Marie, 2001, « L'universalisation à la française », Christine Daniel et Bruno Palier, *La protection sociale : le temps des réformes*, Paris : La Documentation française, pp. 225-9.

Cahuc, Pierre et André Zylberberg, 2010, *Les réformes ratées du président Sarkozy*, Paris : Flammarion, « Champs actuel ».

Campbell, John Creighton, 1977, *Contemporary Japanese Budget Politics*, Berkeley : University of California Press（= 1984, 小島昭, 佐藤和義訳『予算ぶんどり：日本型予算政治の研究』サイマル出版会）.

Campbell, John Creighton, 1992, *How Policies Change : the Japanese Government and the Aging Society*, Princeton, N.J. : Princeton University Press（= 1995, 三浦文夫, 坂田周一監訳『日本政府と高齢化社会：政策転換の理論と検証』中央法規）.

Carcassonne, Guy, 2013, *La Constitution* (11e éd.), Paris : Seuil.

Cole, Alistair M., 1989, ˝Factionalism, the French socialist party and the fifth Republic: An explanation of intra-party divisions,˝ *European Journal of Political Research*, 17(1), pp. 77-94.

Crisol, Pierre et Jean-Yves Lhomeau, 1977, *La machine RPR*, Paris : Fayolle.

Dammame, Dominique et Bruno Jobert, 2000, « Coalitions sociales et innovations intitutionnelles : le cas du ˈplan Juppéˈ », Michèle Tallard, Bruno Théret et Uri Didier (dir.), *Innovations institutionnelles et territoires*, Paris : L'Harmattan, pp. 185-203.

De Kervasdoué, Jean, 2004, *L'hôpital*, Paris : Presses Universitaires de France, « Que sais-je ? ».

De Kervasdoué, Jean (dir.), 2000, *Carnet de santé de la France en 2000*, Paris : Syros.

Downs, Anthony, 1967, *Inside Bureaucracy*, Boston : Little, Brown（= 1975, 渡辺保男『官僚制の解剖：官僚と官僚機構の行動様式』サイマル出版会）.

Dubergé, Jean, 1984, « Résistance comparée à l'impôt et aux cotisations de couverture sociale »,

Revue française de finances publiques, 5, pp. 35-67.

Dupeyroux, Jean-Jacques, 2005, *Droit de la sécurité sociale,* (15e éd.), Paris : Dalloz.

Dupuis, Jean-Marc, 1989, *La reforme du financement de la protection sociale : inventaire - bilan,* Universite de Caen.

Duval, Julien, 2007, *Le mythe du « trou de la sécu »,* Paris : Raison d'agir.

Duverger, Maurice (dir.), 1986, *Les régimes semi-présidentiels,* Paris : Presses Universitaires de France.

Esping-Andersen, Gøsta, 1990, *The Three World of Welfare Capitalism,* Cambridge : Polity Press（=2001, 岡沢憲芙, 宮本太郎監訳『福祉資本主義の三つの世界：比較福祉国家の理論と動態』ミネルヴァ書房）.

Esping-Andersen, Gøsta, 1997, "Hybrid or Unique? : the Japanese Welfare State Between Europe and America," *Journal of European Social Policy,* 7(3), pp. 179-89.

Esping-Andersen, Gøsta, 1999, *Social Foundations of Postindustrial Economies,* Oxford ; New York : Oxford University Press（=2000, 渡辺雅男, 渡辺景子訳『ポスト工業経済の社会的基礎：市場・福祉国家・家族の政治経済学』桜井書店）.

Fantino, Bruno et Gérard Ropert, 2008, *Le système de santé en France : diagnostic et propositions,* Paris : Dunod.

Förster, Michael and Marco Mira d'Ercole, 2005, "Income Distribution and Poverty in OECD Countries in the Second Half of the 1990s," *OECD Social, Employment and Migration Working Papers,* 22, Paris : OECD.

François, Bastien, 2011, *Le régime politique de la Ve République* (5e éd.), Paris : La Découverte, « Repères ».

Freeman, Richard, 2000, *The Politics of Health in Europe,* Manchester : Manchester University Press.

Galant, Henry C., 1955, *Histoire politique de la sécurité sociale française,* Paris : Armand Colin.

Gaxie, Daniel (et al.), 1990, *Le « social » transfiguré : sur la représentation politique des préoccupations « sociales »,* Paris : Presses Universitaires de France.

Genieys, William, 2005, « La construction d'une élite du Welfare dans la France des années 1990 », *Sociologie du travail,* 47, pp. 205-22.

Giaimo, Susan, 2001, "Who Pays for Health Care Reform?," Paul Pierson (ed.), *The New*

Politics of the Welfare State, New York : Oxford University Press, pp. 334-67.

Gibaud, Bernard, 1986, *De la mutualité à la sécurité sociale : conflits et convergences*, Paris : Editions ouvrières.

Guillaume, Pierre, 1999, « L'assurance maladie-maternité-invalidité-décès dans les années trente », Michel Laroque (dir.), *Contribution à l'histoire financière de la Sécurité sociale*, Paris : La Documentation Française, pp. 243-71.

Guillaume, Sylvie, 2002, *Le consensus à la française*, Paris : Belin.

Haegel, Florence, 2007, « Le pluralisme à l'UMP », Florence Haegel (éd.), *Partis Politiques et Système Partisan en France*, Paris : Presses de Sciences Po, pp. 219-54.

Haegel, Florence, 2014, « L'UMP: un dixième anniversaire sous tensions (2002-2012) », Pascal Delwit (éd.), *Les partis politiques en France*, Bruxelles : Editions de l'Université de Bruxelles, pp. 149-66.

Hassenteufel, Patrick, 1997a, *Les médecins face à l'État : une comparaison européenne*, Paris : Presses de Scinces Po.

Hassenteufel, Patrick, 1997b, « Le ˈplan Juppé': fin ou renouveau d'une régulation paritaire de l'assurance maladie? », *La Revue de l'IRES*, 24, pp. 175-89.

Hassenteufel, Patrick, 2003, « Le premier septennat du plan Juppé : un non-changement décisif », Jean De Kervasdoué (dir.), *Carnet de santé de la France 2003*, Paris : Dunod, pp. 123-47.

Hassenteufel, Patrick, 2012, « La sécurité sociale, entre *ruptures* affichées et transformations silencieuses », Jacques de Maillard et Yves Surel (dir.), *Les politiques publiques sous Sarkozy*, Paris : Presses de SciencesPo, pp. 341-60.

Hassenteufel, Patrick (dir.), 1999, *L'émergence d'une "élite du Welfare"? Sociologie des sommets de l'État en interaction. Le cas des politiques de protection maladie et en matière de prestations familiales (1981-1997)*, Rapport de recherche pour la MIRE.

Hassenteufel, Patrick (dir.), 2008, *Les nouveaux acteurs de la gouvernance de la protection maladie en Europe (Allemagne, Angleterre, Espagne, France)*, Rapport de recherche pour la MIRE.

Hassenteufel, Patrick et Bruno Palier, 2005, « Les trompe-l'œil de la *gouvernance* de l'assurance maladie. Contrastes franco-allemands », *Revue française d'administration publique*, 113, pp. 13-27.

参考文献

Hatzfeld, Henri, 1963, *Le grand tournant de la médecine libérale*, Paris : Les éditions ouvrières.

Hatzfeld, Henri, 1971, *Du paupérisme à la sécurité sociale : essai sur les origines de la sécurité sociale en France 1850-1940*, Paris : Armand Colin.

Hayward, Jack and Vincent Wright, 2002, *Governing from the Centre : Core Executive Coordination in France*, Oxford : Oxford University Press.

Huber, John D., 1996, *Rationalizing Parliament : Legislative Institutions and Party Politics in France*, Cambridg : Cambridge University Press.

Huber, John D., 1999, "Parliamentary Rules and Party Behaviour during Minority Government in France," Wolfgang C. Müller and Kaare Strøm (eds.), *Policy, Office, or Votes? : How Political Parties in Western Europe Make Hard Decisions*, Cambridge ; New York : Cambridge University Press, pp. 258-78.

Ikegami, Naoki, 2006, "Should Providers Be Allowed to Extra Bill for Uncovered Services? Debate, Resolution, and Sequel in Japan," *Journal of health politics, policy and law*, 31(6), pp. 1129-49.

Immergut, Ellen M., 1990, "Institutions, Veto Points, and Policy Results : A Comparative Analysis of Health Care," *Journal of Public Policy*, 10(4), pp. 391-416.

Immergut, Ellen M., 1992, *Health Politics : Interests and Institutions in Western Europe*, Cambridge : Cambridge University Press.

Jeong Hyoung-Sun and Jeremy Hurst, 2001, "An Assessment of the Performance of the Japanese Health Care System," *Labour Market and Social Policy Occasional Papers*, 56, Paris : OECD.

Jobert, Bruno, 1981, *Le social en plan*, Paris : Éditions ouvrières.

Johanet, Gilles, 1998, *Sécurité sociale : l'échec et le défi*, Paris : Seuil.

Join-Lambert, Marie-Thérèse (et al.), 1997, *Politiques sociales* (2e éd.), Paris : Presses de la Fondation nationale des sciences politiques et Dalloz.

Kato, Junko, 2003, *Regressive Taxation and the Welfare State : Path Dependence and Policy Diffusion*, Cambridge : Cambridge University Press.

Lacam, Jean-Patrice, 2000, *La France, une République de mandarins? : les hauts fonctionnaires et la politique*, Bruxelles : Éditions Complexe.

Laroque, Michel (dir.), 1999, *Contribution à l'histoire financière de la Sécurité sociale*, Paris :

La Documentation Française.

Laroque, Pierre, 1946, « Le plan français de Sécurité sociale », *Revue française du travail*, 1, pp. 9-20.

Lefebvre, Rémi, 2014, « Le parti socialiste », Pascal Delwit (éd.), *Les partis politiques en France*, Bruxelles: Editions de l'Université de Bruxelles, pp. 35-56.

Lescure, Guy et Dominique Strauss-Kahn, 1983, « Pour une réforme du prélèvement social », *Droit Social*, 4, pp. 245-50.

Manow, Philip, 2010, "Trajectories of Fiscal Adjustment in Bismarckian Welfare Systems," Bruno Palier (ed.), *A Long Goodbye to Bismarck?*, Amsterdam : Amsterdam University Press, pp. 279-99.

Masnago, Franz, 1978, « Les charges indues », *Droit social*, 9/10, pp. 116-27.

Merrien, François-Xavier, 2000, *L'État-providence* (2ᵉ éd.), Paris : Presses Universitaires de France, « Que sais-je? » (=2001, 石塚秀雄訳『福祉国家』文庫クセジュ).

Niskanen, William A., Jr, 1971, *Bureaucracy and Representative Government*, Chicago : Aldine, Atherton.

OECD, 1981, *The Welfare State in Crisis*, Paris : OECD (=1983, 厚生省大臣官房政策課調査室ほか監訳『福祉国家の危機：経済・社会・労働の活路を求めて』ぎょうせい).

OECD, 1987, *Financing and Delivering Health Care: A Comparative Analysis of OECD Countries*, Paris: OECD (=1991, 福田素生, 岡本悦司訳『保健医療の財政と供給：OECD諸国の比較分析』社会保険研究所).

Olson, Mancur, 1965, *The Logic of Collective Action : Public Goods and the Theory of Groups*, Cambridge, Mass. : Harvard University Press (= 1996, 依田博, 森脇俊雅訳『集合行為論：公共財と集団理論（新装版）』ミネルヴァ書房).

Palier, Bruno, 2005, *Gouverner la sécurite sociale. Les réformes du système français de protection sociale depuis 1945*, Paris : Presses Universitaires de France, « Quadrige ».

Palier, Bruno, 2010a, "Ordering Change : Understanding the 'Bismarckian' Welfare Reform Trajectory," Bruno Palier (ed.), *A Long Goodbye to Bismarck? : the Politics of Welfare Reform in Continental Europe*, Amsterdam : Amsterdam University Press, pp. 19-44.

Palier, Bruno, 2010b, "The Dualizations of the French Welfare System," Bruno Palier (ed.), *A Long Goodbye to Bismarck? : the Politics of Welfare Reform in Continental Europe*,

Amsterdam : Amsterdam University Press, pp. 73-99.

Palier, Bruno, 2011, *La réforme des systèmes de santé* (5ᵉ éd.), Paris : Presses Universitaires de France, « Que sais-je ? » （= 2010, 林昌宏訳『医療制度改革：先進国の実情とその課題』文庫クセジュ）.

Passeron, André, 1984, « Le parti d'un homme », *Pouvoirs*, 28, pp. 27-34.

Pierson, Paul, 1994, *Dismantling the Welfare State? : Reagan, Thatcher, and the Politics of Retrenchment*, Cambridge, England ; New York : Cambridge University Press.

Pierson, Paul, 1996, "The New Politics of the Welfare State," *World Politics*, 48(2), pp. 143-79.

Pierson, Paul (ed.), 2001, *The New Politics of the Welfare State*, New York : Oxford University Press.

Piketty, Thomas, 1998, « L'emploi dans les services en France et aux États-Unis : une analyse structurelle sur longue période », *Économie et Statistique*, 318, pp. 73-99.

Ranade, Wendy, 1998, "Reforming the British National Health Service : all change, no change?," Wendy Ranade (ed.), *Markets and Health Care : A Comparative Analysis*, New York ; London : Addison Wesley Longman, pp. 101-21.

Rochaix, Lise and David Wilsford, 2005, "State autonomy, policy paralysis : paradoxes of institutions and culture in the French health care system," *Journal of Health Politics, Policy and Law*, 30(1/2), pp. 97-119.

Rosanvallon, Pierre, 1992 [1981], *La crise de l'État-providence*, Paris : Seuil, « Points ».

Ross, George, Stanley Hoffmann and Sylvia Malzacher (eds.), 1987, *The Mitterrand Experiment : Continuity and Change in Modern France*, [Oxford] : Polity.

Shaughnessy, Scott S., 1994, "The *Cotisation Sociale Généralisée* : an idea whose time had come," *Modern and Contemporary France*, 2(4), pp. 405-19.

Silberman, Bernard S., 1993, *Cages of Reason : the Rise of the Rational State in France, Japan, the United States, and Great Britain*, Chicago : University of Chicago Press （= 1999, 武藤博己ほか訳『比較官僚制成立史：フランス、日本、アメリカ、イギリスにおける政治と官僚制』三嶺書房）.

Steinmo, Sven and Jon Watts, 1995, "It's the institutions, stupid! Why comprehensive national health insurance always fails in America," *Journal of Health Politics, Policy and Law*, 20(2), pp. 329-72.

Stephan, Jean-Claude, 1978, *Économie et pouvoir médical*, Paris : Economica.

Tabuteau, Didier, 2006, « Politique d'assurance maladie et politique de santé publique : cohérence et incohérences des lois des 9 et 13 août 2004 », *Droit social*, 2, pp. 200-5.

Tabuteau, Didier, 2010, « La métamorphose silencieuse des assurances maladie », *Droit social*, 1, pp. 85-92.

Tsebelis, George, 2002, *Veto Players : How Political Institutions Work*, New York : Russell Sage Foundation ; Princeton, N.J. : Princeton University Press（=2009, 眞柄秀子, 井戸正伸監訳『拒否権プレイヤー』早稲田大学出版部）.

Valance, George, 1988, « Impôts : ce qui va monter, ce qui va baisser », *le Point*, 809, 21 mars 1988, pp. 55-9.

Vinot, Didier, 2002, « Les conférences régionales de santé au milieu du gué : un outil en transition pour une politique de santé publique », *Politiques et management public*, 20(2), pp. 97-115.

Volovitch, Pierre, 1999a, « L'accès aux soins pour tous », *Alternatives Économique*, n° 169, pp. 44-7.

Volovitch, Pierre, 1999b, « Egalité devant les soins, égalité devant la santé : quel rôle pour l'assurance-maladie? », *Revue de l'IRES*, 30, pp. 149-76.

Wilsford, David, 1991, *Doctors and the State : the Politics of Health Care in France and the United States*, Durham ; London : Duke University Press.

Wilsford, David, 1995, "States Facing Interests : Struggles over Health Care Policy in Advanced, Industrial Democracies," *Journal of Health Politics, Policy and Law*, 20(3), pp. 571-613.

Wilsford, David, 2001, "Paradoxes of health care reform in France : state autonomy and policy paralysis, " Mark Bovens, Paul 't Hart and B. Guy Peters (eds.), *Success and Failure in Public Governance : A Comparative Analysis*, Northampton, Mass. : Edward Elgar, pp. 184-98.

Zysman, John, 1983, *Governments, Markets and Growth : Financial Systems and the Politics of Industrial Change*, Oxford : Robertson.

【資　料】

Chadelat, Jean-François, 2003, *La répartition des interventions entre les assurances maladie*

参考文献

obligatoires et complémentaires en matière de dépenses de santé, Commission des comptes de la sécurité sociale, La Documentation française.

CNAMTS, 2008, « Démographie et honoraires des médecins libéraux en 2006 », *Points de repère*, 23.

Commissariat général du Plan, 1983, *Financement de l'économie : choix et méthodes*, Paris : La Documentation française.

Commissariat général du Plan, 1989, *Rapport de la Commission « protection sociale » du Xe Plan*, Paris : La Documentation française.

Commissariat général du Plan, 1993, *Santé 2010*, Paris : La Documentation française.

Commissariat général du Plan, 1994, *Livre blanc sur le système de santé et d'assurance maladie : rapport au Premier ministre*, Paris : La Documentation française.

Coulomb, Alain, 2003, *Médicalisation de l'ONDAM*, Commission des comptes de la sécurité sociale, La Documentation française.

CREDES, 2001, « La démographie et l'activité des médecins », *Éco-Santé infos*, 3.

De Foucauld, Jean-Baptiste, 1995, *Le financement de la protection sociale : rapport au Premier ministre*, Paris : La Documentation française.

Direction de la Sécurité sociale, 2015, *Les chiffres clés de la Sécurité sociale 2014*, Le portail du service public de la sécurité sociale ホームページ 2017.6.28 < http://www.securite-sociale.fr/Chiffres-cles-de-la-Securite-sociale-2014> 2017年12月1日閲覧.

DREES, 2001, « Les médecins - Estimations de 1984 à 2000 - Séries longues », *Série statistiques*, 22.

DREES, 2005, *Les comptes nationaux de la santé 2003*, Paris : La Documentation française.

DREES, 2011, *Comptes nationaux de la santé 2010*.

DREES, 2013, « Comptes nationaux de la santé 2012 », *Série Statistiques*, 185.

États généraux de la Sécurité sociale, 1987, *Rapport du comité des sages*, Paris.

Eurostat, 2003, *European Social Statistics : Social Protection Expenditure and Receipts Data 1991-2000*, Luxembourg : Office for Official Publications of the European Communities.

Haut Conseil pour l'avenir de l'assurance maladie, 2004, *Rapport du Haut Conseil pour l'avenir de l'assurance maladie : 23 janvier 2004*, Paris : La Documentation française.

IMF, 2017, *World Economic Outlook Database*, IMF ホームページ April 2017, < https://www.imf.org/external/pubs/ft/weo/2017/01/weodata/index.aspx > 2017年5月28日閲覧.

479

INSEE, *Taux de chômage en 2015*, INSEE ホ ー ム ペ ー ジ < http://www.insee.fr/fr/themes/ tableau.asp?reg_id=0&ref_id=NATnon03337 > 2016年10月10日閲覧.

Juppé, Alain, 1996, « Intervention du Premier ministre Alain Juppé sur la réforme de la protection sociale », *Droit social*, 3, pp. 221-37.

OECD, 2009, *OECD Economic Surveys : Japan*, Paris : OECD（=2010, 吉 川 淳 ほ か 訳 『OECD対日経済審査報告書2009年版：日本の経済政策に対する評価と勧告』明 石書店）.

OECD, 2016a, *OECD Health Statistics 2016*, OECD ホ ー ム ペ ー ジ October 2016 < http:// www.oecd.org/health/health-data.htm > 2017年5月22日閲覧.

OECD, 2016b, *Revenue Statistics 1965-2015*, Paris: OECD.

OECD, *Social Expenditure Database*, OECD ホ ー ム ペ ー ジ < http://www.oecd.org/social/ expenditure.htm > 2017年12月1日閲覧.

Ruellan, Rolande, 2002, *Rapport sur les relations entre l'État et l'assurance maladie*, Commission des comptes de la sécurité sociale, La Documentation française.

UN, 2015, *World Population Prospects : The 2015 Revision*, UN ホームページ July 2015 < https://esa.un.org/unpd/wpp/ > 2016年10月1日閲覧.

あとがき

　本書は、筆者が2014年に東京大学総合文化研究科に提出した博士論文「医療保険改革の比較政治学：日本とフランス」を大幅に改稿し、加筆・修正を行ったものである。2000年代の後半にこの研究テーマに取り組んだ頃、日本とフランスの医療や社会保障を比較する研究はめずらしがられ、比較可能性に関する質問をよくいただいた。幸いフランスの医療から学ぼうとするいくつかの日本語文献に出会うことができ、日仏の医療を比較することがそれほど突飛なものではないと自信を持っていえるようになった。日仏両国の住民は自国の医療制度について日頃様々な不満を述べているが、比較によって両国の医療保険制度の特徴を冷静に明確化していくことが本書の狙いの一つであった。

　また、久しぶりの消費税引き上げなどにより日本で社会保障財源問題への関心が高まったことに関連して、フランスの一般社会拠出金（CSG）に着目した論考も2010年代に入り改めて発表されるようになった。フランスの場合、社会保険料に依存した社会保障制度運営の限界が早くから認識され、1990年代には政府主導で財源のCSGへの切り替えと社会保障制度改革が一挙に進められた。これに対して日本の場合、医療保険の財源としては労使の保険料拠出に依存して国庫負担を抑制するという1980年代型の対応が2000年代に入ってまで続けられた。こうしたコントラストを描き出すことが本書のもう一つの狙いであった。

　そして、本書では日仏両国の政治制度や利益団体のあり方に着目して社会保障改革の展開を理解しようとしてきたが、これにはどれだけ良案があったところでそれを実現可能とする政治的枠組みなしでは机上の空論となってしまう、あるいは、政治や行政の仕組みによってはそもそも良案が政治アジェンダに上がって来ない可能性があるということを示したかったためである。

　以上のような狙いが本書でどれだけ上手く達成できたのか甚だ心許ないが、拙いながらも自分なりの成果を公表して読者のご批判をいただくことで、より

優れた研究を目指していくしかないと思い本書を上梓する。

　本書の完成までには多くの先生方や友人・知人に助けていただいた。まず、学部生の頃よりご指導をいただいた石井洋二郎先生に深く感謝したい。いつも即座に研究の本質を見抜き、改善点も含めて的確な助言をくださったおかげで、先生には幾度となく助けていただいた。また、学生からの相談に迅速に対応され、コンスタントにご著書を発表し続ける先生は、目指すべき教育者・研究者像を絶えず示してくださった。同じく、学部生の頃から大学院博士課程までご指導をいただいた増田一夫先生・森山工先生にも感謝を申し上げたい。多分野の先生方が一堂に集まる駒場の環境のなかで、筆者は自由奔放な研究生活を送ることができ、また様々な研究分野の視点からのコメントやアドバイスをいただくことができた。

　フランス留学から帰国し、日本とフランスの比較研究を完成させるに当たっては、加藤淳子先生にご指導をいただいた。他研究科の学生であった筆者を丁寧にご指導くださったことに対して心から感謝申し上げたい。また、博士論文の審査に当たっては、日仏の比較政治研究の大先輩である野中尚人先生にご参加いただいた。日仏の政治制度について長く研究を続けられてこられた先生に論文に対するコメントをいただくことができたのは幸運であった。改めて感謝を申し上げたい。

　東京大学では武川正吾先生・大沢真理先生のゼミでも度々研究報告の機会をいただいた。ゼミの内外で先生方や参加者の皆様からいただいたアドバイスは研究を改善・修正する上で不可欠であった。この場を借りて感謝申し上げたい。また、留学を終え帰国してから研究生活のリズムを維持する上では、筆者を含む当時の東京大学の大学院生たちによって立ち上げられた社会政策研究会がほぼ毎月開催されたことが大きな助けとなった。米澤旦氏・角能氏のお二人をはじめとするメンバーとの議論から得られる知的刺激は今でも筆者の研究生活にとって重要な起爆剤となっており、いつも感謝している。同研究会の内外で元厚労官僚の立場から本書の研究に対してアドバイスをくださった粥川正敏氏にも謝意を表したい。また、本書の草稿をご覧いただきコメントをくださった田多英範先生、金成垣先生、近藤正基先生、城下賢一先生にもお礼を申し上げたい。

　フランスでお世話になった方々については、まず留学時に指導教授となって

いただいたパトリック・アッサントゥーフル先生に心からの謝意を述べさせて
いただきたい。帰国後もフランスの研究文献や政府資料を紹介してくださった
り、インタビューのための仲介をしていただいたりとご指導・ご援助をいただ
いている。今後は英語やフランス語の論考を発表することで先生への恩返しに
努めていきたい。また、ブルーノ・パリエ先生は、渡仏時に本書の研究計画に
ついてアドバイスをくださり、文献の紹介もしてくださった。フランスを代表
する社会保障政策研究者の一人である先生から日仏比較の研究計画を後押しし
ていただいたことは筆者にとって大いに励みになった。記して感謝申し上げ
る。両先生に加えて、フランス滞在時にインタビューに応じてくださった行政
官や研究者の方々に対しても謝意を表したい。

　筆者のこれまでの研究生活を一言でまとめるならば、優れた先生方・友人た
ちに恵まれたということに尽きる。全ての方のお名前を挙げることができず恐
縮だが、お世話になった方々への感謝の気持ちとなんとか恩返しをしたいとい
う気持ちが本書を完成させる上での大きな原動力となった。

　なお、本書に至る研究に取り組むに当たっては、2009-2010年度科学研究費
補助金・特別研究員奨励費（DC2）09J10123、2011-2013年度科学研究費補助
金・特別研究員奨励費（PD）11J10065の助成を受けた。本書の刊行に際して
は、2017年度科学研究費補助金・研究成果公開促進費（学術図書）17hp5148の
助成を受けている。

　出版を引き受けていただいた明石書店、とりわけ辛抱強くアドバイスをくだ
さった神野斉編集部長、また編集に尽力してくださった矢端泰典氏に深くお礼
を申し上げたい。

　最後に、なかなか一所に身を落ち着けず好きな勉強ばかりしている筆者を支
え続けてくれている家族に本書を捧げたい。

2017年12月

尾　玉　剛　士

索　引

あ

赤字国債　139-140, 144, 174, 177, 186-187, 195, 335-336, 339, 348, 350-351, 353, 364, 371, 378-379, 383, 385-386, 391

麻生太郎　197, 217-218, 220, 259, 399-400, 402, 404

アッサントゥーフル（Hassenteufel），P.　33, 59, 77, 126, 268, 272, 274, 279, 288-289, 296-298, 300, 302-304, 306-308, 311-314, 317, 319, 323-326, 328-329, 331, 412

アッサントゥーフル（Hassenteufel），P. ＆パ
リエ（Palier），B.　20, 77, 126

安倍晋三　248, 255, 397-398, 404

い

医学的抑制　295, 307

医学部定員　139, 172, 232, 268, 275, 399, 401

池上直己　69, 204-205, 249-250, 252, 256, 351, 370, 399

池上直己＆キャンベル（Campbell），J. C.　53, 72, 75, 78-79, 87, 91, 112-114, 116, 118, 122-123, 138

石弘光　377, 396

一括投票　421

一体性　86

一般社会拠出金（CSG）　21, 24-25, 35, 37, 80, 82, 88, 109, 112, 132, 263, 273, 280-281, 284, 296-297, 301, 305, 310, 313, 315, 321-322, 324-325, 330, 388, 408, 411-412, 414-429, 431-437, 440, 443-444, 447

一般消費税　137, 140, 144-145, 334-340

医療国営化　138, 167, 263, 271, 289

医療費適正化　162-164, 236-237, 245, 251

医療費適正化計画　236, 241, 252, 254

医療費の伸び率管理　120, 191, 203, 207-214, 216-220, 223, 227-228, 233-235, 246, 253, 393, 395

医療法　118, 172, 191-192, 232-233, 251, 358

医療崩壊　20, 232, 258, 397

医療保険給付費全国目標（ONDAM）　296-298, 305-308, 318-321, 326, 331

医療保険審議会　177, 180, 185, 355-356, 359, 362-363

医療保険の将来のための高等評議会　311-314

医療保険の民営化　184, 205, 208, 229-230, 233, 254, 279, 300, 322, 326, 328, 444

医療保険福祉審議会　185, 187-188, 355, 368, 384

インマーガット（Immergut），E.　38-41, 56, 58, 125, 448

う

ウィルスフォード（Wilsford），D.　40-41,

124-126, 131, 271, 273-275, 277-279, 288

ヴェイユ（Veil）, S.　267, 292-293, 295

植松治雄　218, 239, 247-248

埋橋孝文　347

内山融　85-88, 99, 197-200, 207, 234, 239, 255-256

売上税　342-344

え

エヴァン（Évin）, C.　289, 414-415, 417, 420

エスピン＝アンデルセン（Esping-Andersen）, G.　28-29

衛藤幹子　146, 370-371, 373-375, 380-382

遠藤久夫　70, 229-233

お

大きな政府　18, 255, 322

大嶽秀夫　129, 266

大嶽秀夫＆野中尚人　32, 87, 93-94, 96, 100, 102, 106-110, 222

大平正芳　24, 111, 137, 140-141, 144-145, 334, 336-338, 340, 345

大山礼子　32, 87, 91, 93, 109, 111

小沢一郎　373, 378, 398

尾辻秀久　231, 235-236, 238

小渕恵三　187, 226, 233, 255, 384

オバマ（Obama）, B.　19

オランド（Hollande）, F.　95, 436-437

オルソン（Olson）, M.　125

オルドナンス　62-63, 109, 127, 302, 304-305, 307

か

介護報酬改定　235, 248, 259, 370, 399, 405

かかりつけ医　68, 111, 126, 131, 138, 184, 286, 288-289, 293, 296, 298, 301, 307-309, 331

笠木映里　28, 34, 63, 70, 77-78, 296-297, 308, 321, 331, 431, 436, 445

加藤淳子　33, 36, 42, 92, 107, 111, 116-117, 146-147, 158-159, 161-162, 164-170, 335-337, 339-345, 364, 372-373, 376-378, 391

加藤淳子＆ロススタイン（Rothstein）, B.　186-187, 364, 390

加藤智章　56, 58, 61-62, 64, 66, 76-77, 315, 317, 331

株式会社による医療機関経営、株式会社の参入、株式会社病院　117, 120, 207, 209-210, 214, 217, 228, 231, 256, 393

上川龍之進　92, 197-198, 201, 225-226, 239, 246, 255-256

菅直人　90, 381-382, 402

き

共済組合　37-38, 47, 51-52, 56-57, 59, 61, 63, 70, 77-78, 84, 122, 258, 267-268, 277, 295, 311, 313-314, 320-321, 326, 330-331, 412, 430, 432, 435, 444

規制改革委員会　203, 230

規制改革会議　399, 404

規制改革・民間開放推進会議　230, 239-240

キャンベル（Campbell）, J. C.　33, 91, 147, 151, 153-154, 157-158, 160

凝集性　86

強制加入　57-58, 60-61, 124, 229, 232

拒否権プレイヤー　39, 121, 125, 415

拒否点　38-39, 116, 120, 125, 127

く

グラン・コール　95-97, 286, 312

け

計画庁　112, 286-287, 307, 312, 328, 411-412, 420

経済企画庁　54, 141-142, 198, 336

経済協力開発機構（OECD）　20, 30, 35, 146, 249, 265, 329, 389, 397, 401, 403, 422, 432, 451

経済財政諮問会議　89, 196-199, 203, 206-211, 214-215, 222, 226-229, 234, 236-237, 239-241, 245, 255-257, 331, 393, 395, 398-399

経済戦略会議　203-204, 208

経団連（経済団体連合会）　140, 145-146, 154, 178, 200, 231, 340, 342, 366, 372

経路依存　40-41, 91, 110, 440

憲法院　111, 306-307, 419-420, 427, 431

健保連（健康保険組合連合会）　122-123, 133, 152-156, 158-159, 165, 167, 172, 178, 182, 213, 257-258, 352-353, 358, 363, 368, 380

こ

コアビタシオン　32, 94, 105, 301, 314

小泉純一郎　24, 36, 72-74, 80, 89, 99, 108, 117, 120-121, 133, 177, 180-181, 183-184, 191, 194-203, 205-208, 211, 214-217, 219-226, 228-234, 236-240, 244-248, 253-259, 330, 363, 365-366, 382, 392-393, 395-399, 401-402, 404, 439, 443

高額療養費　168, 171, 185, 191-192, 212, 223, 240-241, 244, 252-253, 277, 369, 387

後期高齢者医療制度　122-123, 196, 203, 234, 241-242, 252, 254, 257, 396, 398-399, 401-402

厚生族　73, 107, 113, 178, 189, 215, 339, 381

拘束力のある医療指標（RMO）　285, 292-293, 296, 298, 307-309

幸田正孝　173, 202-203, 380

高等医療庁（HAS）　313, 317, 320, 327

公認権、公認候補　100-102, 104, 200

合理化された議会制　108

高齢者保健福祉推進10カ年戦略（ゴールドプラン）　346-347, 352-353, 372, 375, 377

厚労族　214-215, 219-220, 225, 237, 244-247, 253

国保中央会（国民健康保険中央会）122, 165, 213, 380

国民医療費の概況　55, 80, 150, 171, 175, 193, 227, 243, 388

国民皆保険　16, 30, 46, 49-54, 65, 69, 73-74, 79, 117-118, 158, 171-172, 183-184, 208, 221, 229, 233, 239, 251, 255, 258, 445, 448

国民福祉税　361, 373, 375-376, 389-390

国立医療認証評価庁（ANAES）　296, 298,
　　318

国立行政学院（ENA）　95, 97

国立社会保障・人口問題研究所　20, 48,
　　375, 402, 405

国家化　67, 78, 278, 317, 417, 426

小西安奈　411, 415-417, 422-423, 432

混合診療　70, 74, 77, 83, 117, 153, 164, 177,
　　189, 204-205, 207, 209-211, 217,
　　228-233, 242, 247, 251-252, 256-257,
　　294, 393, 399, 404, 441, 444

コンセイユ・デタ　97, 99, 291, 306-307

さ

財政構造改革法　186-187, 367, 384

財政制度審議会　140, 336

財政調整　80-81, 150-154, 157-158, 161,
　　164, 168, 170, 172, 178, 182, 241,
　　258, 349, 366, 368-369

坂口力　72, 202, 209, 212, 214-215, 218,
　　220, 393

サッチャー（Thatcher）, M.　42, 229, 233

サルコジ（Sarkozy）, N.　37, 95, 103, 110,
　　279, 300, 310, 321-325, 327-330,
　　435-437

参照価格制度　177, 183-185, 188-190, 365-
　　366

し

ジアイモ（Giaimo）, S.　19, 31, 69

シーリング（概算要求基準）　144, 146-148,
　　161, 163, 186, 238, 367

ジスカール＝デスタン（Giscard d'Estaing）,

V.　94, 265-266, 274, 419

事前審査　106, 108, 220

島崎謙治　47-48, 51, 53, 71-74, 78, 153, 157,
　　221, 224-225, 230, 243, 251, 357, 394

自民党税制調査会（自民党税調）　92-93,
　　338, 342, 344

社会的入院　184, 249-250, 350-351, 370

社会保険審議会（社保審）　153, 155, 165,
　　355-356

社会保障国民会議　399-400

社会保障財政法　109, 296-298, 304-308,
　　311, 318-319, 325-327, 329, 426-427,
　　432, 435

社会保障債務返済拠出金（CRDS）　37, 296-
　　297, 304-305, 315, 429, 432, 435

社会保障三部会　411-413

社会保障審議会　153, 209, 242, 244, 248,
　　355, 396

社会保障制度改革国民会議　403

社会保障制度審議会（社制審）　52, 141,
　　153, 155, 165, 180, 356, 358-359,
　　362, 380-381

社会保障と税の一体改革　259, 379, 402-405

社会保障の在り方に関する懇談会　236, 395

自由医療憲章　59, 78

自由開業医制（開業の自由）　60, 116, 172,
　　328

集権性　86

自由診療　132, 231

受益者負担　142, 184, 253, 255, 326, 397

首相官邸　197, 216-217, 219, 221-222, 228,

255

首相府　415-417, 420

ジュペ（Juppé）, A.　94, 101, 103, 132, 284, 294-295, 299-303, 305, 323, 413, 417, 426-427, 432

ジュペ・プラン（ジュペ改革）　23, 109, 128, 283-284, 294-297, 300-306, 308-310, 312, 315, 317-319, 321, 327, 429, 431

ジョアネ（Johanet）, G.　286, 299

償還払い方式　60-61, 63-64, 67, 77, 119, 224, 359, 437, 448

小選挙区制　199-201, 382

小選挙区二回投票制　102, 109

消費税　343-348, 376-379, 393, 396, 398, 400, 402-405

職域保険　46-47, 49, 51, 53, 61-62, 78, 449

ジョスパン（Jospin）, L.　94, 102, 104-106, 271, 308-309, 322, 329, 424, 427-432

シラク（Chirac）, J.　94-95, 101-103, 105, 129, 132, 263-266, 273-276, 279-281, 295, 300-302, 305, 314, 323, 412-413, 419, 423, 434

シルバーマン（Silberman）, B. S.　32

新川敏光　29, 33, 123, 140-143, 145-147, 151, 153, 155-156, 158-160, 188, 190, 192, 213, 215, 220, 335-337

新ゴールドプラン　346, 375-379

新自由主義（ネオリベラリズム）　41, 118, 196, 207, 257, 266, 275, 279, 323, 399, 401

人頭払い方式　31, 48, 69, 152, 157

新藤宗幸　158, 339, 343-344

診療報酬改定　148, 218

診療報酬本体のマイナス改定　23, 72-73, 120, 194-195, 202, 210, 217, 219-222, 226, 228, 235, 238-239, 247-248, 439

す

鈴木善幸　145, 150, 155, 158, 160, 339

せ

政策転換　147, 199, 338, 343, 390, 398

政治改革　199, 361

政治献金　99, 113, 118, 200

政治資金　99, 100, 166, 199-200

税制族　342

政府税制調査会（政府税調）　92, 239, 335-336, 341-342, 372, 389, 396

政務調査会（政調会）　89, 106-107, 214, 217, 356

セガン（Séguin）, P.　276-279, 413, 420, 423

セクター2　70, 126, 263, 268-269, 280, 287-289, 291, 293, 430

選挙制度改革　100, 199

全国医療保険金庫連合（UNCAM）　128, 316-317, 320

全国協約（全国医療協約）　64, 76-77, 84, 123, 126-127, 129, 268-269, 287-289, 291-292, 294-295, 298-299, 306, 308, 317-318, 320, 330-331

全日本病院協会（全日病）　114, 213, 355

選別主義　45

489

そ

総合規制改革会議　196, 207, 228-231, 256-257, 331

増税なき財政再建　23, 113, 119, 137, 140, 144-147, 149-150, 158, 160-161, 169, 171, 334, 339

総評（日本労働組合総評議会）153, 165

組織率　113-114, 120-121, 124-125, 127

租税代替化　296, 417, 423, 427, 429-432, 434

た

第三者払い方式　59-60, 77-78, 298, 448

退職者医療制度　137, 160, 164-165, 167-171, 210, 241, 258, 349, 390

第二次臨時行政調査会（第二臨調、臨調）137, 144-147, 149-153, 156, 158-163, 165, 168, 171, 348, 351

高藤昭　373

竹下登　24, 111, 142, 165, 177, 187, 335, 341-345

竹中平蔵　199, 206-207

武見太郎　115, 118-119, 123, 151, 155, 157, 167, 237

田多英範　47, 51-52, 55, 79, 140-143, 145, 150, 156, 159-160, 169, 171, 346, 351, 385

建林正彦＆曽我謙悟＆待鳥聡史　32, 86

田中角栄　107, 165, 167

タルコット（Talcott）, P.　187, 192, 350, 357-358, 361, 371, 381-382, 384-386, 390

ち

地域医療計画　172, 232

地域圏医療庁（ARS）313, 317, 327-328

地域圏病院庁（ARH）296, 298, 303, 305, 313, 327

地域保険　46, 49-54, 61, 65, 78, 366, 449

小さな政府　18, 145, 199, 225-226, 228, 241, 253, 255, 266, 397-398

中医協（中央社会保険医療協議会）71-74, 114, 116, 118-119, 121, 123, 151-152, 155-157, 189-190, 219, 235, 238, 242, 245, 247-248, 252, 317, 330, 401

中選挙区制　100

超過料金（の請求）23, 61, 63, 64, 67, 70, 71, 77, 83, 125, 132, 148-149, 263, 268-269, 280, 284, 291, 295, 298, 316, 430, 448

直接契約　48, 204-205, 207, 209, 211-212, 229, 231-233, 256

つ

ツェベリス（Tsebelis）, G.　39, 415

坪井栄孝　74, 120, 189, 215, 217-219, 223, 247

て

定額払い方式　74, 179, 183-185, 188, 190, 365-366

出来高払い方式　20, 30-31, 40, 49, 59, 61, 63-64, 69, 72-73, 139, 152, 154-157, 159, 172, 183-184, 273, 366

と

当事者自治　62, 65-66, 129, 284, 286, 288, 293, 299, 305, 308

同盟（全日本労働総同盟）　153, 165

ドゴール（De Gaulle）, C.　93-94, 101

ドスト＝ブラジ（Douste-Blazy）, P.　292, 315-317, 320-321, 330, 428-429

ドロール（Delors）, J.　271-272

な

内閣府　89, 198, 397

中曽根康弘　24, 89, 111, 160-161, 166-168, 335, 337, 339-342, 344-345

ナショナル・ヘルス・サービス（NHS）　19, 42, 46, 68, 138, 228, 233

に

二木立　72, 75, 157, 189, 197, 202-205, 207-210, 212, 216, 218, 230-231, 233-234, 236, 238-242, 250, 259, 371, 380, 385-386, 395, 399, 401, 404

21世紀福祉ビジョン　351, 361, 373, 375-377, 389

日経連（日本経営者団体連盟）　123, 154, 165, 178, 213, 353, 366, 368

日本型福祉社会論　141-142, 146, 149, 163

日本歯科医師会（日歯）　114, 166, 213, 238

日本商工会議所　140, 154, 337, 342, 372

日本製薬団体連合会（日薬連）　189

日本病院会（日病）　114, 213, 355

日本薬剤師会（日薬）　114, 166, 213

丹羽雄哉　178-179, 181, 183-185, 187-189, 205, 214, 217-219, 237, 365-367,

381-382, 385-386

の

野中尚人　87, 90, 93-96, 100-104, 107-109, 344

は

バール（Barre）, R.　263-264, 266, 268-270, 274, 288, 419

橋本龍太郎　177, 186-187, 197-198, 208, 214, 219, 246, 363-364, 367, 378, 381, 383, 390

羽田孜　355, 359, 361, 379

鳩山一郎　52

鳩山由紀夫　401-402

花岡堅而　151, 157, 166

派閥　89-90, 100, 103-108, 161, 167, 197, 199-200, 337-338, 344

バラデュール（Balladur）, É.　94, 292, 325, 423-424

パリエ（Palier）, B.　17, 30, 41, 45-46, 58-59, 66-68, 80, 82, 88, 99, 125, 130-131, 195, 263-268, 271-272, 276-278, 292, 306, 311-312, 315-317, 319, 321, 325-328, 409, 411-413, 417-418, 423, 426-427, 429, 432-434, 437

バルビエ（Barbier）, J.-C. & テレ（Théret）, B.　45, 70, 269, 275, 285, 428

バロ（Barrot）, J.　267, 302, 304, 419

半大統領制　31

ひ

ピアソン（Pierson）, P.　36, 41-42

ビスマルク（Bismarck）, O. von　48, 58

ビスマルク型　45, 48-49, 53, 55, 66-67, 81,
　　88, 264, 429, 432

ヒューバー（Huber）, J. D.　32, 87, 419, 421

病床規制　139, 232

比例代表制　63, 102-104

広井良典　50, 53-55, 78-79, 157, 204, 449

ふ

ファビウス（Fabius）, L.　94, 104-105, 272,
　　417

福田康夫　196, 220, 259, 398-402, 404

藤井良治　63-64, 267, 269, 288-293, 296-
　　297, 299-300

普遍主義　29, 45, 432

普遍的医療保障（CMU）　88, 300, 315, 327,
　　425, 430-433, 435

フランス医師組合連合（CSMF）　124-125,
　　127, 130, 269, 275-276, 288-289,
　　291-292, 304, 306

フランス医師連盟（FMF）　124, 126-127,
　　130, 269, 276, 288-289, 291-292, 304

フランス一般医連盟（MGフランス）　124-
　　127, 131, 288-289, 291-292, 300-301,
　　304, 306, 316, 318

フランス経営者全国評議会（CNPF）　129-
　　131, 288, 293-294, 300-301, 418

フランス民主主義労働同盟（CFDT）　131,
　　266, 272, 277, 300-301, 304, 306,
　　309, 417-418, 421, 426

フリーアクセス　31, 40, 68, 138, 205, 208,
　　231, 286

へ

平均在院日数　233, 236, 240-241, 245, 248,
　　250-251, 258, 395

ヘイワード（Hayward）, J. & ライト（Wright）,
　　V.　87-88, 93-94, 98, 128, 303, 305,
　　421

ベヴァリッジ（Beveridge）, W. H.　45

ベヴァリッジ型　45

ベレゴヴォワ（Bérégovoy）, P.　271-274,
　　276, 411, 413, 415, 417, 419-420

ほ

包括化　149, 157, 191, 230

包括払い方式　119, 139, 156-158, 160, 172,
　　188, 190, 193, 212, 230

ボールドウィン（Baldwin）, P.　56-58, 449

保険医総辞退　118-119, 121, 166

保険免責制　240, 245, 247, 267, 310, 313-
　　315, 321, 325-326, 330, 434-435

細川護熙　187, 359, 361, 372-373, 376, 389

補足CMU　320, 327, 430-431, 434, 436

骨太の方針　198, 202, 207-208, 215, 222,
　　234-238, 393-394, 396, 398-399, 404

ボノーリ（Bonoli）, G.　45, 423

堀勝洋　141, 159

ま

マクロ指標　236-238, 240, 245, 247

松本由美　56-58, 60-64, 78, 124, 275, 291,
　　297, 307, 418, 422, 424, 427, 430-431

マノウ（Manow）, P.　18, 43, 66-67, 79-82,
　　99, 144, 195, 428

索引

み

三木武夫　140-142, 336-337

ミッテラン（Mitterrand）, F.　37, 94-95, 102-105, 129, 262-263, 270-271, 273, 414, 416, 420

宮澤喜一　177, 342, 376, 378

宮本太郎　341, 348

む

村上正泰　20, 234, 236, 249, 395, 397

村山富市　362, 373-374, 376-377, 379, 381

も

モーロワ（Mauroy）, P.　264-266, 271-272

森喜朗　191, 198, 202, 216, 226

ゆ

結城康博　72, 112-114, 118-119, 121

よ

予算制　23, 31, 37, 69, 72, 84, 98, 111, 128, 138, 263-264, 268-269, 272-275, 279, 281, 284-285, 288, 290, 298, 305, 425, 440

吉岡充＆村上正泰　234, 238-239, 243, 249-251, 395-396

吉田徹　88, 128, 271, 305, 421

吉村仁　146-147, 158, 160-163, 167, 169-170, 173

与党医療保険制度改革協議会（与・党協）　178, 181-184, 362-367, 369, 384

ら

ラファラン（Raffarin）, J.-P.　94, 310, 312, 314, 318, 325, 434

ラロック（Laroque）, P.　62, 65, 80, 412

り

療養病床　212, 232, 241, 248-250, 252-254, 256, 258, 358, 391, 395, 399

れ

レーガン（Reagan）, R.　42, 340

連合（日本労働組合総連合会）　123, 178, 185, 213, 353, 356, 366, 368, 372, 380

ろ

老人医療費無料化　137, 139, 142, 150, 153, 159, 386

老人保健拠出金　123, 152, 154-156, 173, 176, 178, 180, 182, 186, 189, 210, 213, 224, 242-243, 352-353, 356, 362-369, 394

老人保健審議会　155-157, 159, 360

老人保健制度　123, 154-156, 164, 177-179, 190, 193, 203, 210-213, 224-226, 242-243, 252, 280, 349, 352, 361-365, 367, 369, 380, 389-390, 393-394, 399

老人保健福祉審議会（老健審）　177-178, 180, 185, 355, 360, 362-363, 380-381

労働者の力（FO）　129-131, 133, 267, 272, 277, 288-289, 301, 304, 306, 309, 413, 417-418, 426, 432

労働総同盟（CGT）　58, 129, 131, 266-267, 272, 277, 301, 304, 413, 417-418, 426, 432

ロカール（Rocard）, M.　94, 131, 273, 279, 281, 408, 414-421, 423-424, 431

493

【著者紹介】

尾玉 剛士（おだま・たかあき）

1981年生まれ。東京大学大学院総合文化研究科博士課程単位取得退学。博士（学術）。同志社女子大学現代社会学部助教などを経て、現在、獨協大学外国語学部専任講師。主な著作に、「フランス　巨大保守政党の結成、右傾化戦略とその後の混迷──二一世紀の動向」阪野智一・近藤正基編『刷新する保守：保守政党の国際比較』所収（弘文堂・2017年）、「フランス」土田武史編『社会保障論』所収（成文堂・2015年）など。

医療保険改革の日仏比較 —— 医療費抑制か、財源拡大か

2018 年 2 月 20 日　初版第 1 刷発行

　　　　　　著　者　　尾　玉　剛　士

　　　　　　発行者　　大　江　道　雅

　　　　　　発行所　　株式会社明石書店
　　　　　　〒 101-0021 東京都千代田区外神田 6-9-5
　　　　　　　　　　　電話　03 (5818) 1171
　　　　　　　　　　　FAX　03 (5818) 1174
　　　　　　　　　　　振替　00100-7-24505
　　　　　　　　　　　http://www.akashi.co.jp
　　　　　　装　丁　　明石書店デザイン室
　　　　　　Ｄ Ｔ Ｐ　　レウム・ノビレ
　　　　　　印刷・製本　モリモト印刷株式会社

（定価はカバーに表示してあります）　　　　　ISBN978-4-7503-4622-9

JCOPY 〈（社）出版者著作権管理機構　委託出版物〉
本書の無断複写は著作権法上での例外を除き禁じられています。複写される場合は、
そのつど事前に、（社）出版者著作権管理機構（電話 03-3513-6969、FAX 03-3513-
6979、e-mail: info@jcopy.or.jp）の許諾を得てください。

地図でみる日本の健康・医療・福祉
宮澤仁編著 ◎3700円

図表でみる世界の保健医療
OECDインディケータ(2015年版)
OECD編著 鐘ヶ江葉子訳 ◎6000円

OECD医療政策白書
OECD編著 鐘ヶ江葉子訳
費用対効果を考慮した質の高い医療をめざして ◎3800円

医療の質国際指標2
OECD編著 小林大高、坂巻弘之訳
OECD医療の質指標プロジェクト報告書 ◎2800円

英国における高齢者ケア政策
井上恒男著 児玉知子、岡本司訳
質の高いケア・サービス確保と費用負担の課題 ◎4000円

フィンランドの高齢者ケア
笹谷春美著
介護者支援人材養成の理念とスキル ◎3000円

高齢者の「住まいとケア」からみた地域包括ケアシステム
中田雅美著 ◎4200円

地域包括ケアと生活保障の再編
宮本太郎編著
新しい「支え合い」システムを創る ◎2400円

アジアにおける高齢者の生活保障
金成垣、大泉啓一郎、松江暁子編著
持続可能な福祉社会を求めて ◎3200円

福祉国家の日韓比較
金成垣著
「後発国」における雇用保障・社会保障 ◎2800円

QOLと現代社会
青木紀編
「生活の質」を高める条件を学際的に研究する ◎3800円

ケア専門職養成教育の研究
猪口孝監修 村山伸子、藤井誠二編著
看護・介護・保育・福祉分断から連携へ ◎3800円

増補改訂版 看護と介護のための社会学
濱野健、須藤廣編著 ◎2500円

介護サービスへのアクセスの問題
李恩心著
介護保険制度における利用者調査・分析 ◎4000円

介護保険と階層化・格差化する高齢者
水野博達著
人は生きてきたようにしか死ねないのか ◎2700円

介護行財政の地理学
杉浦真一郎著
ポスト成長社会における市町村連携の可能性 ◎4500円

〈価格は本体価格です〉